国家社科基金
GUOJIA SHEKE JIJIN HOUQI ZIZHU XIANGMU
后期资助项目

霸权的惯性：
美国国家安全委员会
与美国国际战略

The Inertia of Hegemony: National Security Council
and U.S. International Strategy

杨　楠　著

社会科学文献出版社
SOCIAL SCIENCES ACADEMIC PRESS (CHINA)

国家社科基金后期资助项目
出版说明

后期资助项目是国家社科基金设立的一类重要项目，旨在鼓励广大社科研究者潜心治学，支持基础研究多出优秀成果。它是经过严格评审，从接近完成的科研成果中遴选立项的。为扩大后期资助项目的影响，更好地推动学术发展，促进成果转化，全国哲学社会科学工作办公室按照"统一设计、统一标识、统一版式、形成系列"的总体要求，组织出版国家社科基金后期资助项目成果。

全国哲学社会科学工作办公室

序

对美国国家安全战略和外交政策的研究者和爱好者来说，美国国家安全委员会是一个经常出现在眼前的名词。无论是冷战时期美国政府制定对苏冷战的 NSC－68 号文件，还是拜登政府 2021 年 3 月颁布的《临时国家安全战略》，都是在美国国家安全委员会的参与甚至主导下完成的，凸显了国家安全委员会在制定美国国家安全战略和外交政策方面的重要地位。美国学者戴维·罗特科普夫（David Rothkopf）将其称为"操纵世界的手"，中国学者孙成昊和肖河将其称为"白宫掌权者"。说法不同，但都肯定了国家安全委员会在美国制定大战略和外交政策中的重要性。尽管国家安全委员会在不同政府时期的地位和所发挥的作用不尽相同，但对于美国这样一个具有"自愈"特性的政治体系而言，国家安全委员会依然是美国国家安全体系和对外决策体系中最重要的政府机构。

2014 年秋天，应"选举制度国际基金会"（IFES）邀请，我作为观察员到大华府地区（含哥伦比亚特区、马里兰州和弗吉尼亚州的几个县）观摩美国中期选举，其间参加了卡内基国际和平基金会举办的罗特科普夫新书发布会。2014 年 10 月 30 日傍晚，卡内基国际和平基金会的会议室云集了美国国家安全委员会的重要亲历者和主要研究者：1977 年至 1981 年担任吉米·卡特总统国家安全顾问的布热津斯基（Zbigniew Brzezinski），1975 年至 1977 年和 1989 年至 1993 年分别担任杰拉尔德·福特总统和乔治·布什总统国家安全顾问的布伦特·斯考克罗夫特（Brent Scowcroft），2006 年至 2009 年，担任乔治·W. 布什总统白宫办公厅主任的约书亚·博尔滕（Joshua Bolten）等。曾经在克林顿政府时期担任商务部副部长帮办、近距离参与过国家安全委员会活动，并采访过多达 130 多位曾经在政府各部门包括国家安全委员会担任要职、参与制定美国国际政策官员的罗特科普夫，与上述三位美国前国安团队的重要成员，围绕其新书《国家不安全：恐惧时代的美国领导地位》所阐述的"9·11"事件以来的美国外交政策趋势和挑战展开了讨论。这是我第一次聆听美国国家安全委员的前重量级官员分析美国面临的国家安全形势和外交政策。

回国后，我的博士生杨楠流露出希望将美国国家安全委员会作为自己的博士论文选题的想法，我将罗特科普夫的新书交给他，作为他对美国国家安全委员会系统了解的开始。杨楠从撰写罗特科普夫新书的书评入手，逐渐开始了自己对美国国家安全委员会的研究。经过三年寒窗苦读，完成了以美国国家安全委员会为主题的博士论文——《冷战时期美国国家安全委员会研究（1947～1987）》，学位论文以 5 个总评"优秀"顺利通过匿名外审，并在答辩中获得答辩委员会的高度肯定。2020 年，杨楠博士的研究成果获得了国家社科基金后期资助项目的立项。经过不断的修改和补充，这一课题终于完成，呈现在读者面前的是一部近 500 页的巨著。尽管未能成为国内第一部关于美国国家安全委员会的研究专著，却是第一部从国家安全委员会的角度探讨美国国际战略的专著。《霸权的惯性——美国国家安全委员会与美国国际战略》一书不仅具有较高学术价值，尤其是弥补了国内学术界在相关领域研究的不足；而且，作为"他山之石"，对于在总体国家安全观指导下构建中国国家安全体系、在百年未有之大变局中制定中国的国际战略，具有一定的参考价值。

美国国家安全委员会是在冷战的大环境中诞生的，从某种角度也可以说是冷战的产物。尽管历史较为悠久，但即使是美国学术界，对这一机构的系统研究也比较晚，较有影响的系统性研究成果出现在 21 世纪。如科迪·布朗（Cody M. Brown）所著《国家安全委员会：总统最有权势顾问的法律史》、伊沃·达尔德（Ivo H. Daalder）与德斯特勒（I. M. Destler）合著的《在椭圆办公室的阴影下：国家安全顾问和他们服务的总统简介——从肯尼迪到乔治·W. 布什》，以及卡尔·因德福斯（Karl F. Inderfurth）等合编的《重大决定：国家安全委员会内部》。在所有关于美国国家安全委员会的著作中，最有影响力的还是具有"旋转门"经历的戴维·罗特科普夫的《操纵世界的手：美国国家安全委员会内幕》（中文版书名）和《国家不安全：恐惧时代的美国领导地位》。出现这样的情况，主要原因在于美国国家安全委员会的神秘性。许多参与其中的人包括一些美国总统，特别是缺乏从政经验的总统，未能充分理解国家安全委员会的重要性，当然也不明白如何充分发挥该机构的作用。身处局外的研究者更是难以搭建起系统的研究该机构的框架。

与中国学者相比，美国学者尤其是有"旋转门"经历的罗特科普夫对美国国家安全委员会的研究有着得天独厚的条件。而其亲身经历或与亲历者的交流，不可避免地导致其研究带有相当强烈的感情色彩，再加上以美国国家利益为主要判断标准的思维方式，使得其研究成果尤其是一些重要的结论难言客观和公正。尤其是在罗特科普夫看来，在美国国家安全机制中担任高级职务的重要人物中，大部分人都能力出众、卓尔不群，不仅美国人应感到幸运，整个世界都应为此感到幸运，因为他们为解决这个世界的问题，制定了"符合美国人民、盟国人民及全世界人民利益的解决方案"。因为美国要对世界和历史负责，要对他们的行为负责。这样的结论是美国"使命观"和"例外论"的典型体现。这更凸显了站在客观立场研究美国国家安全委员会的重要性，而这也正是本书最重要的价值之一。

美国国家安全委员会是根据 1947 年美国国会通过的《国家安全法》建立起来的。它所体现的是第二次世界大战结束后，美国所面临的国际地位的巨大变化，以及随着科技的发展，特别是大规模杀伤性武器和远程运载武器的出现，传统地缘政治理念正在发生颠覆性变化。由此引发了美国战略界关于国家安全观念的巨大变化，以及在此基础上对国家安全体制的调整。国家安全委员会应运而生并逐渐发展成为联邦政府最有影响力的机构，而总统国家安全顾问的影响力，尤其是在近几十年来对美国国家安全战略、外交政策的影响力，在大多数情况下要大于包括国务卿在内的其他内阁成员。

就美国的宪政体制而言，自从 1947 年通过《国家安全法》以来，国会一直没有改变国家安全委员会的基本目的、职能和职责，但每位总统都独立决定了最适应自己执政方式的国家安全委员会的类型，这种演变并非国会行动的结果，而是基于总统的判断。它根源于美国宪法所授予的总统行政特权，即在维护美国国家利益和国家安全名义下，总统可以采取一切"必要和适当"的行动。对此，美国首位国家安全顾问罗伯特·卡特勒说，"根据创建国家安全委员会的国会灵活法案，每位总统都可以以他认为最适合自己需要的方式利用该机制"。美国国家安全委员会自成立如今，一直处于不断的变动中。本书对国家安全委员会从一个职能有限的咨询平台，发展成为一个庞大的跨机构团体网络，并深入参与整合国家安全政策的制定、执行监督和危机管理的过程进行了非常细致的分析，并详细阐述了不同时期美国国家安全委员会的调整对美国国际战略调整的影响。

　　如作者在书中所言，美国国家安全委员会在后冷战时期呈现出"组织惯性"，并内化为美国的"战略惯性"。无论是应对恐怖主义威胁还是应对大国竞争局面，美国国家安全委员会的战略设计师都习惯于对手的建构，形成了过度强调外部威胁的"支配性组织文化"。但即使是罗特科普夫本人也承认：美国最大的敌人绝非方兴未艾的恐怖组织，也非日渐强盛的新兴国家，更非形式多元的非传统安全挑战，而是被桎梏的旧有国家安全体制自身；美国若是希望持续发挥对现有国际体系的塑造作用，就必须重新审视自己的国家安全政策，革新现有国家安全机构运作模式，并以此为契机来调整其外交政策的重心。

　　尽管美国庞大的官僚体制一直为人所诟病，美国国家安全委员会的研究者也认为，美国国家安全委员会所存在的问题症结就是组织问题。尤其是为应对新的威胁而采取的一些举措，为本就臃肿和低效的国家安全委员会增加了新的"脂肪"。我们也不可低估美国国家安全委员会的调整和适应能力。如在美国战略界形成共识的对华大国战略竞争领域，几乎普遍认可在中美大国竞争中，科技创新能力是最为关键的因素，更有效创新的一方将占据大国竞争的优势。拜登政府上台后，在国家安全委员会设置了负责网络与新兴技术的副国家安全顾问，就是一个非常重要的信号。再考虑到美国对华战略竞争的"全政府、全社会"理念，国家安全委员会的职能很有可能得到进一步增强。从这一角度看，希望本书的出版能够带动国内学术界对美国国家安全委员会的更深入研究，也期待更多相关研究成果的涌现。

刘国柱

2022 年 5 月 4 日于浙江大学紫金港校区成均苑

目　录

图表目录

前　言

一

二战后，伴随自身在国际格局中相对实力的提升，以及战争随时可能爆发的不安全感等因素，美国迅速调整了其原有的"反国家主义 – 反军国主义 – 孤立主义"三位一体的政策模式导向，转而致力于对"国家安全国家"（national security state）① 的构建与塑造。"国家安全"自此成为主导美国政治生活与战略规划七十余年的核心理念与最高要务。

在美国这一漫长而逐步深入的历史转型进程中，1947 年无疑因承载着诸多重大历史事件而具有特殊的地位。在这一年，"杜鲁门主义"出台，美苏冷战爆发，全球政治格局发生重大变化。自此，世界范围内大部分国家的战略规划与调整都难以避免地受到持续四十余年的紧张态势的影响。也正是在 1947 年，美国制定并出台了其近现代历史上最为重要的一部法律，即《国家安全法》。这部法律构筑了"国家安全国家"的基本框架，对后来美国的国家安全政策与战略走势产生了重大影响，是美国法律史上的里程碑。正是在冷战与"国家安全国家"这种统御性理念的双重作用下，美国国家安全的战略优先权才得以确立。

《国家安全法》是美国铸造"国家安全国家"的首要依据和行动指南。从宏观上看，战后美国国家安全体系的运作机制与行动理念借此得到初步确立；从微观上看，一系列为国家安全服务的政府机构随之应运而

---

① 有关"国家安全国家"的描述，参见 Douglas T. Stuart, *Creating the National Security State：A History of the Law That Transformed America*, Princeton, NJ：Princeton University Press, 2012；关于这一译法，参见牛可《美国"国家安全国家"的创立》，《史学月刊》2010 年第 1 期。在文章中，他指出，该译法"非为最佳，而属于取'最不坏者'"，"一个译名中出现两个涵义不同的'国家'，不符合汉语构词法习惯……但再三权衡后，为求准确和学术史方面的合理性，仍作此译"。

生。其中，在法律中被首先提及的美国国家安全委员会（National Security Council, NSC, 本书此后将其统一简称为国安会）对日后美国国家安全政策与战略的制定、实施产生了深远影响。

作为总统幕僚团队中唯一的法定组织，国安会一经创设便成为"国家安全国家"庞大"工程群组"中最为重要的"设施"，在评估、规划、统筹美国国家安全政策的进程中占据着独特的地位，其重要性不言而喻。与此同时，国安会本身所承担的重要职能及与权力中心的距离也令其与美国总统之间衍生出了一种特殊的、相互依赖却又"若即若离"的关系：总统依照自身的偏好与需求塑造国安会的组织架构，国安会也因组织架构的差别在总统的政治体系内发挥迥异的作用。该机构因此被认为处于"椭圆形办公室的影子"之中①。

虽然美国国安会的建立被打上了冷战的烙印，但其并非单纯是冷战的产物。早在二战期间，包括珍珠港事件在内的几次经验教训让美国国内深刻认识到建立跨部门协调机构的必要性。然而，尽管类国安会的机构在美国政府中层出不穷，但存在时间均十分短暂。究其原因，无疑是正式法律支撑的欠缺使这些机构成为"临时办事处"，无法在宏观战略中发挥自身应有的作用。在冷战之初，至少两方面的因素加速了美国决策层对这一构想的实践。其一便是冷战之初美苏两方因意识形态的差异性而奠定的"零和博弈"竞争模式让美国人深感忧虑，担心战后脆弱的国际秩序会被突如其来的战争再次打破；其二便是在战后欧洲传统国家失势的情况下，美国承担了塑造西方世界国际秩序的责任，这便意味着任何一次外交决策上的失误或总体战略上的偏移都会导致难以想象的严重后果。

从这个意义上讲，美国国安会可谓应运而生，其旨在确保各部门人员在统一的机制内集思广益，从而协助总统持续制定出相对完善的短期政策，以及与国家利益相适配的长期战略，确保其在与苏联的竞争中占得"先机"，从而能够有更多空间按照自身意志塑造国际秩序。国安会不仅是冷战的缩影，也是战后美国以自我意志塑造世界秩序的重要工具和美国国家安全诉求的集中体现。而这种利用法律将政府内高级跨部门机制确立并传承、延续的举措，同样是当代西方政治体制的一次革新与进步。

---

① Ivo H. Daalder and I. M. Destler, *In the Shadow of the Oval Office: Profiles of the National Security Advisers and the Presidents They Served—From JFK to George W. Bush*, New York: Simon & Schuster, 2009, p. 3.

二

伴随时间推移与安全议题的泛化，美国国安会这一参与塑造"高位政治"① 的政府组织在美国国家安全体系中的地位逐步稳固，重要性日益凸显，也逐渐为人们所熟知。由于美国国安会的发展在某种程度上影响了该国国家安全政策规划和制定的方式，越来越多的学者将对国安会的考察纳入对理性主义国际政治理论的批判研究之中，重点关注该组织在美国对外决策进程中发挥的影响。这些研究成果得出了一些共通性的结论，如：美国国安会是美国总统个人意志的体现，其在不同总统任期内的组织架构更多地契合了决策者的施政偏好；国安会的正式会议在某些总统任期内发挥了重要作用，但在其他时间则被边缘化；等等。总而言之，现有研究大多认为，美国国安会本身在组织架构和运作模式上更多地体现了一种随机性与不确定性。这种结论源自将国安会系统局限于外交决策这一相对狭窄的领域之内。鉴于对外政策是政府内部在特定时期内意志的集中体现，若是在这一视阈下开展有关美国国安会的研究，将不可避免地受到限制，从而难以洞悉该组织与外部环境的整体互动。

从这个意义上讲，有必要将国安会这一美国国家安全系统的顶层机制置于更为宏观的视角下看待，探寻其在美国长期调动国内各类资源、回应外部挑战这一过程中所发挥的持续性作用，即美国国安会与美国国际战略之间的关系。而这恰恰也是现有研究的不足之处。基于对美国国安会的历史发展、运作机制以及组织文化进行系统性的梳理和探析，本书所要探讨的核心议题在于，如何看待美国国安会与美国国际战略之间的关系。该问题又可以被细化为两个子议题，即美国国安会组织架构的变革对美国冷战时期基于遏制的国际战略演进究竟产生了何种影响？后冷战时期的美国国安会机制的稳定性与美国的"首要地位"大战略之间存在怎样的深层逻辑关系？对这些问题的回答，构成了本书写作的主旨。

本书试图以对美国国安会这一组织的系统性研究作为内核，厘清该组织对美国战略的发展与调整起到的重要作用。这就需要从宏观与微观两种

---

① "高位政治"（high politics）一词出现于冷战初期，意指涉及国家安全以及国家存亡的重要政策领域。与其相对的是"低位政治"（low politics），其从属于"高位政治"，强调其在国家安全政策面前的次要性。详见 I. M. Destler, "National Security Advice to U. S. Presidents: Some Lessons from Thirty Years," *World Politics*, Vol. 29, No. 2, 1977, p. 172。

不同视角解读美国国安会对美国战略发展的意义：一方面，美国国安会是美国国家安全战略规划体系的有机组成部分，而后者的研究内容涉及美国国家安全的方方面面，点多面广，错综复杂；另一方面，每一届美国政府中，国安会的办公模式、人员调整、决策制定等都是需要剖析的重要部分。为完成这一要务，阅览大量原始文档、参考诸多相关文献，是十分必要的。与此同时，为了确保本书的科学性，在对客观事实进行归纳和总结的同时，亦需要借助多学科的基础理论对该组织的一般性规律进行发掘、研判。要在现有研究资料中梳理出线索，建立可供分析的框架，并依次对这些亟待解决的问题予以回应，无疑是一项庞大的工程。因此，这项研究也难免会存在不足之处。

三

本书共由十章构成。第一章主要对国内外现有有关美国国安会和美国国际战略的研究成果进行系统梳理与评述，并在此基础上提出一种基于组织行为理论的"组织 - 战略"分析框架。这部分试图通过对文献的归纳证明，有关美国国安会的大部分研究成果关注其对于对外决策的影响，更具外交史学而非国际政治学方面的学术价值；而有关国际战略的研究成果多从系统层面、国内因素与跨政府三种路径出发，鲜有探讨国内战略组织对其发展与演变产生的重要意义。两者之间的"灰色区域"仍未得到系统研究。为弥补这种缺失，本书搭建了一种基于艾利森（Graham Allison）所提出的"组织行为模式"理论的分析框架，用于解释美国政府内部的战略相关组织如何通过长时段的发展与变革来影响国家的总体战略；而作为美国行政机构内部诸多机构战略观念的"汇集地"，美国国安会的建立与发展降低了从组织层面分析国际战略所需的信息成本，与该分析框架高度适配。

本书的第二、三、四章重点分析冷战时期国安会的组织演进及其对美国总体遏制战略的影响。其中，第二章论述了二战结束初期的国际战略环境对美国国安会建立的意义。作为政府内部的跨部门机制，美国国安会在建立的过程中被打上了军方的烙印，但其不仅仅是狭隘部门博弈及冷战意图的产物。在构建"国家安全国家"的宏观战略预设下，其更多承担了通过履行高位政治事务协调与管理等职能，遏制官僚"竞争者"的责任；同时，《国家安全法》中对国安会系统的模糊描述给予了美国总统根据战略环境需要组织调整甚至改革国安会的权力，为此后国安会的制度摇摆埋下了伏笔。这两种"设计理念"使得一种基于"风险管理与威胁建构"的组织文化自始便根植于国安会系统之中。

本书在第三到五章分别探讨了国安会在冷战时期衍生的两种主要组织形式，即"统筹－协调"模式与"咨议－顾问"模式，并证明了冷战时期历任国安会的组织结构调整都是基于这两种模态基础之上衍生的。前者源自艾森豪威尔入主白宫后对国安会组织架构与进程的强化，而后者则来自1959年"杰克逊小组委员会"对国安会"去机制化"及"人性化"的倡议。通过对这两种组织形式的分别考察可以发现，国际形势、美苏关系的变化与美国国安会架构的样貌始终保持着高度的一致性：在美苏刚刚步入冷战的20世纪40年代末到50年代初，古巴导弹危机爆发、越南战争逐步深入的60年代初到70年代末，以及"星球大战"计划和"新遏制战略"提出并实施的80年代前期，美国国安会几乎都表现为以总统主导、国家安全顾问为主要策动者、整体结构相对简单并倾向于危机治理的"咨议－顾问"型架构模式。相比而言，冷战史学家公认的冷战中的三次缓和期——美苏领导者先后提出"遏制－解放"策略与"三合路线"的50年代、美国从越南撤军并遭遇经济危机的70年代，以及苏联经济改革失利并提出"新思维"的80年代中后期——都造就了职能繁复、具备长期规划能力、有助于国安会在美国战略体系中占据中流砥柱地位的"统筹－协调"型架构模式。这佐证了国际环境的变化能够影响国内机制的走势这一论断。

同时，本书还在这一部分探讨了美国官僚机构的组织形态与战略制定之间所存在的相互塑造的关系：外部战略环境的改变为国安会在冷战时期四十年的机制变动注入动力，而变动后的组织又成为美国强化既定战略的重要工具。

本书的第六章主要探讨后冷战时期国安会在外部威胁缺失的情况下组织制度稳定性的根源，以及这种稳定性之于美国在战后"首要地位"大战略的意义。因此，该章主要分为两个部分。前半部分主要分析为何斯考克罗夫特模式主导了后冷战时期国安会的组织设计。从冷战末期到后冷战初期，美国在全球的相对优势地位逐步凸显，形成了维持并扩大基于自由主义霸权的"首要地位"大战略；而斯考克罗夫特模式所倡导的三级委员会结构，加之"伊朗门"事件后被强化的组织文化，促使国安会成为稳定推进这一大战略的重要工具。

　　该章的后半部分论述后冷战时期国安会逐渐出现的"组织惯性",及其是如何内化为美国的"战略惯性"的。从打击恐怖主义到维护其持续收缩的全球"领导力",国安会幕僚长期致力于对手建构。只关注战术而非目标本身的"操作思维定式",加之过度强调外部威胁的"支配性组织文化",使国安会逐步失去了长期战略规划能力,"组织惯性"也成为美国难以诉诸更为克制的大战略的重要诱因。该章也论述了奥巴马与特朗普两任政府"克服惯性"的尝试,指出其均面临不同程度的阻力,致使自身时常落入"新语言"诠释"旧路径"的困境之中。

　　本书的第七到九章先后对美国国安会系统内部的三个重要的功能性单元,即正式会议、国家安全顾问以及国安会幕僚在组织的发展中发挥的作用进行了评估,并分别对其之于美国国际战略的影响进行分析。本书认为,在外交决策方面,正式会议与国家安全顾问因其更接近决策中心而具备优势;在长期战略规划方面,幕僚群体则扮演了更为重要的角色。本书论述了斯考克罗夫特模式下政策协调委员会、正式与非正式工作小组的"次级官僚政治"(sub - bureaucratic politics),以及这种现象所导致的国安会幕僚中"区域性事务单元"与"功能性事务单元"彼此割裂的现象。

　　本书的最后一章,即第十章,旨在梳理国安会历史上的"组织学习"进程,探寻这些进程对国安会改革的意义以及对美国大战略的影响。美国国安会的纠错机制源于美国政府、国会的临时或常设委员会。冷战时期,国安会三次重要的组织学习进程分别基于1949年的《艾伯斯塔特报告》、1961年的《国家安全组织报告》以及1986年的《托尔委员会报告》,先后对组织的发展产生了深远影响。正是惯性的强化使得组织学习的边际效益递减,令其长期处于路径依赖状态。

四

　　随着国家实力的逐步增长以及国际局势的日趋复杂,中国于2013年11月宣布成立国家安全委员会。这不仅标志着"国家安全"理念得到了应有的重视,也体现了中国国家安全政策与战略制定进程的制度化与机制化。未来中国国家安全委员会"将会在国家安全战略与政策、风险管理,以及危机应对等方面,成为集中有效的安全事务领导核心"①。在中国国安会未来发展的道路上，中国的决策者们应当认识到，国安会不仅是论坛和会议，更是对一国国家安全战略予以统筹和协调的系统化制度形式。作为世界范围内历史最为悠久的政府内部国家安全问题协调机制，美国国安会在经历了冷战的洗礼后，逐步发展出了一套相对稳定的制度和运作模式。尽管这种模式也存在许多问题，但其能够起到的借鉴作用仍是不言而喻的。因此，梳理并总结美国国安会的历史，并探讨其对美国国际战略制定、发展与调整起到的影响，有助于我们从更为宏观的视角理性看待该组织的优势和缺陷。

应当认识到的是，美国国安会的发展并不是一帆风顺的。美国国安会的制度和机制中仍存在诸多漏洞，而这将不可避免地对其国际战略的统筹、规划与推行造成负面影响。在中国国安会的组织发展过程中，一方面，我们应当借鉴美国国安会的经验，汲取其"黄金时期"的经验，并在此基础上加以完善；另一方面，我们应当冷静地看待美国国安会的运作模式，吸取其"低潮时期"的教训，最终发展出适合中国国情、富有中国特色的国家安全政策系统，并利用这一系统为决策者谋筹行之有效的安全战略。

---

① 　白云真：《国家安全委员会何以必要》，《国际关系研究》2014 年第 5 期。

第一章 组织行为模式与美国
国际战略研究

在探讨美国国安会与美国国际战略之间的关系前,摆在我们面前的重要问题是,所谓"国际战略"的内涵与外延到底是什么?应当采用什么模式对这种关系进行分析?为此,我们一方面需要对"国际战略"这一泛化的概念进行明确界定,另一方面需要在此基础上建立一种勾连美国国安会这一组织层面与美国国际战略这一战略层面的理论框架。在这种情况下,有必要对两个领域的现有研究展开系统性的梳理与归纳,并对其优势和不足进行分析。

一 美国国际战略研究的发展演变

(一)"国际战略"的概念界定

谈到国际战略,首先应当从作为国家对外行为起点的外交(diplomacy)说起。作为主权国家通过国际互动来维护自身利益的行为,外交不仅是国家内政的延续,也是国际关系最为重要的组成部分。为了妥善地诉诸这一行为,各国政府势必要制定相应的对外政策(foreign policy),并依照一定优先次序将这些政策转化为具体行动。这些行动可能体现为联盟的缔结,双边关系的建立或终止,经济制裁的实施或军事力量的使用。

鉴于国家对外政策的内核在于确保国家利益,而这一利益主要在于确保国家自身的安全、经济繁荣以及主权独立,因此,国家的对外政策又可以被分为旨在维护国家领土完整以及政治独立的国家安全政策(national security policy)、谋求对外经济目标的国际经济政策(international economic policy)以及借助谈判等手段在国际舞台上捍卫国家利益的外交政策(diplomatic policy)。为了实施并贯彻自身的对外政策,国家必须采取与其适配的措施与手段，而这些措施和手段就构成了"国际战略"①。

作为一种对国家综合力量、资源的配置及应用，国际战略至少包含三个层面的基本属性。首先，国际战略是一种全局性战略。这种战略从宏观角度考量目标，因此需要调动和应用国家的全部资源，同时议题也囊括了几乎所有种类的国家行为，无论是军事、政治还是经济、文化，都在国际战略的谋筹范围之内。其次，国际战略是一种世界性战略。这种战略以国家为起点，着眼于全球政治，包含了国家对地区与国别等诸多领域的总体规划。最后，国际战略也是一种预见性战略。其立足于对历史经验的汲取和对现有局势的分析，旨在为国家预判未来长时段内国际政治事务的潜在可能性，从而建立一套系统性的应对性行为准则。

然而，在美国的国际政治语境中，"国际战略"的说法并不存在。如果要在美国国内寻找出一种与国际战略等同或近似的表述，"国家战略"（national strategy）无疑是与之最为接近的概念。与此同时，在后冷战时期，由于美国成为全球唯一的超级大国，其国家战略与大战略之间的概念界限逐渐模糊，这使得其国内战略概念一再泛化，美国国际政治研究领域开始逐渐接受并应用源于英国的"大战略"（grand strategy）概念。尽管我国的"国际战略"、美国的"国家战略"以及英国的"大战略"三组表述之间存在一定程度的差别，但其本质均为基于国家在中长时段内的利益需求所制定的最高战略。为了避免歧义以及对于概念内涵的过度探讨，本书不对这三者做进一步区分。

作为一种宏观统筹之策，国际战略的规划与制定长期居于美国对外政策体系的核心地位。这种旨在维护国家安全、谋求国家利益的整体方略具有重要的导向性意义，并在很大程度上左右了战后美国外交、经济及军事等政策的制定与发展。鉴于当前美国国家政治生态中的诸多因素均可置于大战略之下加以认知及讨论，美国自身对该理念的诠释自始至终都备受世界各国政府瞩目，其中的利益取舍亦长期成为学界的重要议题。

大战略属典型意义上实践先行于理论的概念。尽管直至20世纪初期

---

① 对于国际战略概念更为系统性的描述，参见李少军主编《国际战略学》，中国社会科学出版社，2009，第21页。

这一命题方为军事学家哈特（Liddell Hart）所正式提出并定义①，但早期的美国决策者们在厘定国家治理路径时，大多有意或无意地遵循了该概念所蕴含的内在逻辑。冷战成为美国大战略理论及实践的试金石。为在旷日持久的两极对峙情势中占得先机，同样也为了凸显自身施政的特性，历任美国总统都倾向于在上任初期设立一种长期有效、用以统筹规划各领域政策的理论框架，并尽可能确保日后采取的行动皆处于这一既定结构之中。也正是由于这种"整体规划"的传统长期得以延续，在苏联解体、冷战结束后，美国才"出现了真正的大战略"②。自21世纪初以来，大战略频频出现于美国各类书刊的文章之中，成为当之无愧的热词。由于其涵盖的内容过于广阔，甚至有学者一度将其视为一种不具备实质性意义的"时髦用语"（buzzword）③。

冷战时期，美国学界已对大战略有了初步的认识，并尝试超越"战术"对"战略"的桎梏，从更为宏观的视角去看待这一概念。一方面，如柯林斯（John Collins）等军事史学家开始意识到大战略不仅包括军事战略，而且是政治、经济、社会、科技和心理等各要素的汇集体④；另一方面，其他领域的学者以历史现实与大国战略案例为基础，陆续加入有关美国大战略的探讨之中，充实了其理论内涵，比如威廉斯（William A. Williams）与拉费伯尔（Walter LaFeber）等新左派史学家正是基于对不同时期美国经济、贸易与国内资源等诸多要素进行比照分析，才提出了对美国外交政策的批判⑤。总体而言，早期西方学界对美国大战略的研讨呈现模糊与碎片化的特征。

冷战结束初期，大量以美国大战略为主题的学术作品出现。此时美国

---

① 哈特认为，大战略的首要任务在于"调节和指导一个或几个国家的一切资源，以达到战争的政治目的"，而该目的是"由国家政策所决定的"。见〔英〕利德尔·哈特著《战略论》，中国人民解放军军事科学院译，战士出版社，1981，第449页。

② 〔美〕巴里·波森：《克制：美国大战略的新基础》，曲丹译，社会科学文献出版社，2016，第37页。

③ Richard Betts, "The Trouble with Strategy: Bridging Policy and Operations,"*Joint Forces Quarterly*, Vol. 29, No. 3, 2001, p. 23.

④ 〔美〕约翰·柯林斯：《大战略》，中国人民解放军军事科学院译，战士出版社，1978，第43页。

⑤ William Williams, *The Tragedy of American Diplomacy*, New York: W. W. Norton Company, 2009, pp. 306–326；〔美〕沃尔特·拉费伯尔：《美国、俄国和冷战：1945~2006》（第10版），牛可等译，世界图书出版公司，2011，第289~312页。

的空前优势地位使得其国内学界对"大战略"这一核心的概念界定体现出多样性与差异性。总体上看，美国学界对大战略的认识可大体上被划分为以下三类。

第一类倾向于沿袭哈特、柯林斯等早期战略学家的传统，仍将国际战略视为一种相对抽象的"顶层规划"，并着重强调决策者在制定该规划中至关重要的地位。基于冷战这一鲜活的蓝本，沃尔特（Stephen Walt）与肯尼迪（Paul Kennedy）在20世纪80年代末先后对美国大战略进行了探讨，推动相关研究迈入全新阶段。前者认为大战略的实质即国家"为保自身安全所做的规划"，而政治和军事行为则作为一种手段被纳入其中①；后者在《战争与和平的大战略》一书中明确指出大战略虽超越了军事战略，但仍是一种"克劳塞维茨主义的艺术"，是一种"领导者通过发动国内军事及非军事要素来长期保持并提高国家利益"的规划，而完成这一规划将依靠其"智慧和判断力"②。"9·11"事件后，美国政府推行的单边主义政策促使学者们在界定大战略时更加强调决策者的个人意志在其中的效用。例如曾经在国安会任职并参与制定美国对伊拉克战略的菲弗（Peter Feaver）就认为大战略是"一系列计划及政策的集合体"，而"领导者的想法与期望决定了其是一种有目的的行动（purposive action）"③。克拉斯纳（Stephen Krasner）视大战略为"刻意设计"的计划，外交、军事和经济等国内要素都要"主动适配"这种计划④。甚至有学者指出大战略中掺杂了过多的个人因素，颇为讽刺地称其不过是"政治家、将军和外交官蜷缩在地图周围，盘算着如何在一个充满敌意的世界里保护捍卫自身'国家利益'"的过程⑤。

第二类定义着重强调国际战略所带有的导向性作用，将其视为某一长时段内左右国家具体行动与资源分配的"指导原则"。这种认知大部分出自冷战史学家，他们的研究倾向于将国际战略作为一种更为具体且细化的

---

① Stephen Walt, "The Case for Finite Containment: Analyzing U. S. Grand Strategy," *International Security*, Vol. 14, No. 1, 1989, p. 6.

② Paul Kennedy, "Grand Strategy in War and Peace: Toward a Broader Definition," in Paul Kennedy, ed., *Grand Strategies in War and Peace*, New Haven: Yale University Press, 1991, p. 4.

③ Peter Feaver, "What is Grand Strategy and Why do We Need It?" *Foreign Policy*, 2009, http://foreignpolicy. com/2009/04/08/what-is-grand-strategy-and-why-do-we-need-it/.

④ Stephen Krasner, "An Orienting Principle for Foreign Policy," *Policy Review*, October 2010, p. 2.

⑤ 〔美〕凯文·纳里泽尼：《大战略的政治经济学》，白云真等译，上海人民出版社，2014，第8页。

"指南"与"守则"加以研讨；其中，颇具代表性的便是加迪斯（John Gaddis）"用尽其所能，完成其所需"的经典定义①；而马特尔（William Martel）"国家通过调动所有国内外资源以实现自身战略目标的一套操作指南"②的界定亦反映了这种观念。与此同时，这些学者大多认为国际战略的开展是基于政客、外交家、军方领导者、情报官员等的"共同战略视野"（shared strategic vision）③，而非国家最高领导者的个人任务，如乔列特（Derek Chollet）与戈德盖尔（James Goldgeier）就认为凯南（George Kennan）的"长电文"引导了冷战初期美国大战略的走向④。

第三类认为国际战略是一种表现国家具体行为的术语，是匹配国家资源和国际环境的"概念工具"；同等条件下，遵循既定的大战略路径有助于纠正一国可能出现的行为偏差，从而实现其自身利益的最大化。正如波森（Barry Posen）所述，大战略即"民族国家用来维护自身安全，同时整合军事、政治因素的目的链"⑤。布兰茨（Hal Brands）与米勒（Paul Miller）这些当代美国战略学家也同样倾向于将大战略视为实现国家安全利益的"一系列行为"（pattern of behavior），其实质是对"相互矛盾的事项之间进行权衡"⑥。近几年来，美国国际关系学界有关大战略的考察几乎都是在这一视阈下开展的。

上述学者对美国国际战略的认知大多基于特定时段的国际背景，并在此基础上嵌入其对国际局势的深入分析，及对美国与世界各国之间关系的

---

① 在这次演说中，加迪斯指出，大战略具有多元化的特征，是一系列不同战略的集合。例如，冷战时期美国所采取的遏制战略并非一项"四十五年未变的大战略"，而是美国的决策者通过对原有战略的调整和充实，来"解决苏联这一压倒一切的问题"。见 John Lewis Gaddis，"What is Grand Strategy?" February 26，2008，http://indianstrategicknowledgeonline.com/web/grandstrategypaper.pdf，p. 7。

② William Martel，*Grand Strategy in Theory and Practice: The Need for an Effective American Foreign Policy*，New York: Cambridge University Press，2015，p. 45.

③ John Hattendorf，"Alliance, Encirclement, and Attrition: British Grand Strategy in the War of the Spanish Succession, 1702 – 1713,"in Paul Kennedy，ed.，*Grand Strategies in War and Peace*，New Haven: Yale University Press，1991，p. 11.

④ Derek Chollet，James Goldgeier，*American between the Wars: From 11/9 to 9/11*，New York: Public Affairs Press，2008，p. 65.

⑤ Barry Posen，*The Sources of Military Doctrine: France, Britain, and Germany between the World Wars*，New York: Cornell University Press，1984.

⑥ Paul Miller，"On Strategy, Grand and Mundane,"*Orbis*，Vol. 60，No. 2，2016，p. 238; Hal Brands，*What Good is Grand Strategy?: Power and Purpose in American Statecraft from Harry S. Truman to George W. Bush*，New York: Cornell University Press，2014，pp. 13 – 20.

评估，而这种认知模式无疑具有一定程度的局限性。也正因如此，美国学界长期试图以持续四十余年之久的冷战为蓝本，为美国建构一个更具有前瞻性的国际战略概念，并借此探讨如何运用其各种形式的力量和资源来维持并改善自身的全球地位。正如一些战略理论家所意识到的，有效的美国国际战略理念应既具备"诊断性"（diagnostic）的作用，也体现"规定性"（prescriptive）的特质①。综上所述，本书认为，美国的国际战略可视为美国利用"国家基于内外战略环境与自身行事原则对维护自身利益的路径予以规划，并依照该路径调动所有资源，从而诉诸行动"的总体构思。

（二）有关美国国际战略延续性的既有解释

环境塑造战略这一论断在后冷战时期的美国体现得尤为明显。二战结束后，世界政治与经济中心明显地由欧洲向美国偏移，美国承担了重建所谓西方世界秩序的责任，并投入与苏联为首的东方阵营旷日持久的对抗之中。"不仅象征着更为民主的国内生活方式的灯塔"且"还会成为国际行为中更为民主和道德的模式"②的政治文化塑造了美国在冷战时期追求在科技、经济、军事等领域与苏联竞争、赶超及压制的全面遏制战略。20世纪90年代初期冷战结束后，美国在世界范围内一时拥有难以匹敌的优势，相应地，其国际战略的规划与推进皆致力于塑造一种有助于维护自身优势地位的国际秩序。然而近几年来，国际局势的明显变化使华盛顿面临颇为严峻的挑战；美国的"绝对优势"地位已越发富有争议性，2017年特朗普的上任及随后其采取的一系列行动更被相当一部分人视为"后冷战时代终结"的标志③。在

---

① Colin Kahl, Hal Brands, "Trump's Grand Strategic Train Wreck," *Foreign Policy*, January 31, 2017, http://foreignpolicy.com/2017/01/31/trumps-grand-strategic-train-wreck/.

② 〔美〕斯帕尼尔：《第二次世界大战后美国的外交政策》，段若石译，商务印书馆，1992，第11页。

③ 21世纪初，著名战略家弗里德曼便率先做出"后冷战时期已经终结"的论断，见 George Friedman, "The End of the Post-Cold War Era," *Startford Worldview*, 2001, https://worldview.stratfor.com/article/end-post-cold-war-era。近年来，特别是特朗普执政以后，越来越多的学者认同这一观点，如 Hal Brands, Eric Edelman, *Why is the World So Unsettled? The End of the Post-Cold War Era and the Crisis of Global Order*, Center for Strategic and Budgetary Assessments Report, 2017, https://csbaonline.org/uploads/documents/Why_Is_the_World_So_Unsettled_FORMAT_FINAL.pdf; Tobias Bunde, Wolfgang Ischinger, "European Security Policy at the End of the Post-Cold War Era," Wiley Global Policy, 2017, https://onlinelibrary.wiley.com/doi/full/10.1111/1758-5899.12431; 等等。

这种背景下，新一轮围绕美国国际战略合法性与延续性的探讨随之
涌现。

此次探讨的核心在于，美国战略界为何对后冷战时期的"美国优先"
国际战略长期存有"执念"。在大部分学者看来，21 世纪初期后，美国存
在较为明显的"霸权衰退"迹象。然而，美国决策群体不仅未能汲取学界
意见、审视既有战略目标的合法性，反而通过调整战略内部诸多支撑性实
践基础的"优先次序"予以回应，从而进一步了强化了既定战略。对这种
延续性根源的研判，成为理解当前和未来世界秩序的关键。目前，国内外
学界鲜有对该议题的专门探讨，相关内容仅散见于各类有关国际战略整体
分析的文献之中。

表 1 - 1　现有文献对美国国际战略延续性的解释视角

解释视角	国际战略的动力源	国际战略成因
系统层面解释路径	国家权力与国际机制	国家安全、国际责任
国内因素解释路径	决策精英与领导风格	施政偏好、妥协折中
跨政府解释路径	社会精英与利益群体	文化制约、经济利益
组织视角解释路径	组织程序与官僚主义	路径依赖、组织惯性

资料来源：杨楠：《政府组织如何制约美国国际战略转型：基于美国国安会的分析》，《美国
研究》2020 年第 6 期，第 112 ~ 113 页。

1. 基于系统层面的系统解释路径

将国家视为统一行动者的理性主义认知模式旨在考察宏观决策及其背
后的目标，并将基于"国家最优选择"的行为逻辑作为解释客观事实的手
段①。自二战结束至今，美国学界围绕美国应当"主导"国际事务进程，
抑或回归美洲、成为克制的"普通国家"这一战略抉择展开了长期论战，
而对国际战略的探讨在某种意义上成为其"副产品"，大体上可被分为以
下三种归因。

其一，国际战略的选择源于美国长期的海外责任。冷战时期，美国致
力于通过建立军事与安全伙伴关系、构筑联盟体系对抗苏联，并通过创设
海外基地、提供"核保护伞"来保障其盟国的安全；尽管有时"并不情

---

① Mark Petracca, "The Rational Choice Approach to Politics: A Challenge to Democratic Theory,"
Review of Politics, Vol. 53, No. 2, 1991, p. 289.

愿"，但却是一种必不可少的"义务"①；冷战结束后，美国通过塑造并主导自由主义国际秩序延续了这种义务。为扩大全球经济繁荣并实现国内利益的最大化，美国势必要维系现有多边机制并持续提供国际公共产品，确保必要的国家间合作。因此，美国的首要地位是国际社会良性运转的根本，以及各国国际行为的动力源②，而"稳定、守法和合作的邻居"与"强大的条约盟友"使其能够为全球持续增添"革新的动力"③。这种说辞在阐释美国长期追求首要地位的同时，也为美国大战略的延伸赋予了合法性。

其二，国际战略的选择源于美国对权力的维系及追求。正如施韦勒（Randall Schweller）所述，"处于满足和维持现状的国家对已有的利益比可能的利益更加重视"④。在诸多现实主义者眼中，国际社会无政府状态带来的"自助秩序"给美国施加了强大的压力，促使其将绝对权力视为维系国家安全的重要保障。后冷战时期的美国为获取更多权力而持续追求"区域外霸权"（extra – regional hegemony）⑤。苏联的崩溃并非意味着"单极时代"的到来；唯有继续维持国际社会的权力结构均衡，方能够保持美国的首要地位⑥。因此，进攻性与防御性现实主义者都认为美国当前的国际战略并非一种良性延续，对既定战略的继续遵循将会使其在与崛起大国

---

①　Melvyn Leffler, "The American Conception of National Security and the Beginnings of the Cold War 1945 – 48," *American Historical Review*, Vol. 89, No. 2, 1984, pp. 346 – 381.

②　参见 John Ikenberry, "Institutions, Restraint, and the Persistence of American Postwar Order," *International Security*, Vol. 23, No. 3, 1998, pp. 43 – 78; John Ikenberry, *After Victory: Institutions, Strategic Restraint, and the Rebuilding of Order after Major Wars*, Princeton University Press, 2001; Henry Nau, Richard Leone, *At Home Abroad: Identity and Power in American Foreign Policy*, New York: Cornell University Press, 2002。

③　Kori Schake, "Republican Foreign Policy after Trump," *Survival*, Vol. 58 No. 5, 2016, p. 44.

④　Randall Schweller, "Nationalism's Status – Quo Bias: What Security Dilemma?" *Security Studies*, Vol. 5, No. 3, 1996, p. 101.

⑤　Christopher Layne, "The Unipolar Illusion Revisited: The Coming End of the United States' Unipolar Moment," *International Security*, Vol. 31, No. 2, 2006, p. 22; 关于莱恩对于"区域外霸权理论"的进一步探讨，参见 Christopher Layne, *The Peace of Illusions: American Grand Strategy from 1940s to the Present*, New York: Cornell University Press, 2006, pp. 15 – 38。

⑥　参见 Kenneth Waltz, "The Emerging Structure of International Politics," *International Security*, Vol. 18, No. 2, 1993, pp. 44 – 79; "Structural Realism after the Cold War," *International Security*, Vol. 25, No. 1, 2000, pp. 5 – 41; 〔美〕约翰·米尔斯海默：《大国政治的悲剧》，王义桅、唐小松译，上海人民出版社，2003。

的竞争中处于下风①。

其三，国际战略的选择源于美国对外部威胁的制衡。美国的战略行为源自其对外部威胁的评判和感知②。冷战时期，美国将以苏联为首的"东方阵营"视为主要威胁，在此基础上形成了基于遏制（containment）的战略意图，并通过长期评估外部战略环境与提高威慑能力来"平衡恐惧"，从而最大限度消解威胁③；这种模式被长期继承，并在21世纪初面对恐怖主义威胁时得以再次验证④。近年来，国际社会的权力格局发生显著改变，中国被美国视为其地位与安全的最大威胁。为确保"首要地位"得以延续，美国决策者再次套用这一模式，缓慢地完成了战略手段的转移⑤。正如沃尔特（Stephen Walt）所言，美国的大战略是为"制衡威胁""确保自身安全"所做的规划，而政治和军事等具体行动则作为一种战术被纳入其中⑥。

国际战略外部的强延续性是相对于其内部手段的变化性而言的，而学界论战的实质"不外乎现实主义与自由主义、孤立主义与国际主义、单边主义与多边主义之辩"⑦。传统西方国际政治理论家们在以规范化视角探

---

① John Mearsheimer, "Back to the Future: Instability in Europe after the Cold War," *International Security*, Vol. 15, No. 1, 1990, pp. 5 – 56; John Mearsheimer, "The Gathering Storm: China's Challenge to US Power in Asia," *Chinese Journal of International Politics*, Vol. 3, No. 4, 2010, pp. 381 – 396; Stephen Walt, "The End of the American Era," *The National Interest*, No. 116, Nov/Dec, 2011, pp. 6 – 16, https://nationalinterest. org/files/digital – edition/1319494178/116 DigitalEdition. pdf.

② 有关威胁评估与美国国家战略间关系的论述，参见樊吉社《威胁评估、国内政治与冷战后的导弹防御计划》，《美国研究》2000年第3期，第66~88页；左希迎：《威胁评估与美国大战略的转变》，《当代亚太》2018年第4期，第34~49页。

③ Melvyn Leffler, "National Security," *Journal of American History*, Vol. 77, No. 1, 1990, pp. 143 – 152; Christopher Layne, "Rethinking American Grand Strategy: Hegemony or Balance of Power in the Twenty-First Century?" *World Policy Journal*, Vol. 15, No. 2, 1998, pp. 8 – 28; Anthony Lake, "Confronting Backlash States," *Foreign Affairs* Vol. 73, No. 2, 1994, p. 55.

④ Derek Chollet, James Goldgeier, *America between the Wars: From 11/9 to 9/11*, New York: Public Affairs Press, 2008, p. 65.

⑤ 左希迎：《威胁评估与美国大战略的转变》，《当代亚太》2018年第4期，第34~49页。

⑥ Stephen Walt, "The Case for Finite Containment: Analyzing U. S. Grand Strategy," *International Security*, Vol. 14, No. 1, 1989, p. 6; 有关沃尔特对美国大战略中威胁要素的探讨，参见〔美〕斯蒂芬·沃尔特《联盟的起源》，周丕启译，北京大学出版社，2007。

⑦ 潘忠岐：《冷战后美国大战略的理论思辨》，《国际观察》2006年第1期，第25页。

讨权力和义务的同时，往往"无暇过多顾及进程之中的非系统性因素"①，从而难以充分解释战略的内部逻辑与深层动因。

2. 基于国内因素的微观解释路径

系统层面的解释路径由于并未能有效对接国际与国内两个层面的因素，解释力较为有限。为研究战略的本源，学者们增加了决策机制、群体与环境等诸多细节性议题在战略研究中的比重。

首先，美国的外交史学家开启了政治黑箱。有人指出，二战结束至冷战初期的战略路径趋同源自美国国内持续的不安全感；而相比孤立主义，美国的决策者们认为基于全球主义的战略考量更有助于保障安全，这也成为战后国际体系的稳定因素②。在艾森豪威尔政府时期，NSC – 68 号文件中的思想被机制化并长期延续③。一些修正主义外交史学家通过对美国政治经济政策的比照分析证明，19 世纪末期旨在对外扩张的"门户开放"是贯穿美国历史的最为重要的战略理念，而战略的延续也源于其对"新全球经济"与意识形态的关切④。尽管处于衰落期，美国仍是一个与 1600 年前后的西班牙帝国或 1900 年前后的不列颠帝国相似的"大战略义务继承者"，这使其不仅难以正视自身难以避免的颓势，更有可能步入与旧帝国殊途同归的道路⑤。

其次，新古典现实主义者搭建了连通国内要素与战略导向的桥梁。尽管仍坚持国家中心的系统认知模式，但相关学者更倾向于聚焦"单元层级"的变量，从而将观念等方面的因素引入对国际体系权力分配的考察之中⑥。杜克（Colin Dueck）在自己颇具代表性的作品中指出，美国国际战略是国内政界对外部威胁程度与外部环境刺激的综合产物，美国拥有对战略自主选择和构建的权利，而追求"首要地位"则是诸多战略

① Steven Lobell, *The Challenge of Hegemony: Grand Strategy, Trade, and Domestic Politics*, Michigan: University of Michigan Press, 2005, p. 3.

② 〔美〕刘易斯·加迪斯：《长和平：冷战史考察》，潘亚玲译，上海世纪出版社，2011。

③ Robert Bowie, Richard H. Immerman, *Waging Peace: How Eisenhower Shaped an Enduring Cold War Strategy*, New York: Oxford University Press, 1998.

④ William Williams, *The Tragedy of American Diplomacy(Fiftieth Anniversary Edition)*, New York: W. W. Norton & Co. , 2009; Walter LaFeber, Michael Jordan and the New Global Capitalism, New York: W. W. Norton&Co. , 1999.

⑤ 〔英〕保罗·肯尼迪：《大国的兴衰：1500～2000 年的经济变迁与军事冲突》，陈景彪等译，国际文化出版公司，2006，第 503 页。

⑥ Gideon Rose, "Neo – classical Realism and Theories of Foreign Policy," *World Politics*, Vol. 51, No. 1, 1998, pp. 144 – 172.

预设中一种"理想的"模式①。新古典现实主义者的贡献在于将外交史学家所提出的"不安全感"予以理论化，并在追加"偏好""道德""伦理"等变量的基础上对美国战略的"变与不变"展开探讨②。

此外，一些微观政策分析也从侧面对强延续性给出了一定程度的解释③。这些学者汲取其他学科理论来迭代现有的解释模式，在追溯美国外交决策发展过程中勾画出美国战略演进的图景④。同时，一些聚焦总统与关键决策者的作品将美国战略的稳定性归因于领导人物的意志⑤。这一视角催生了诸多探讨个人对政府决策和宏观战略的影响的作品，并关注信号与承诺、情感与偏好等非理性因素对美国战略调整的限制⑥。

---

① Colin Dueck, *Reluctant Crusaders: Power, Culture, and Change in American Grand Strategy*, New Haven: Princeton University Press, p. 165.

② Richard Rosecrance, Arthur Stein, ed. , *The Domestic Bases of Grand Strategy*, New York: Cornell University Press, 1993; Peter Trubowitz, Emily Goldman, Edward Rhodes, *The Politics of Strategic Adjustment*, New York: Columbia University Press, 1998; Nicholas Kitchen, "Systemic Pressures and Domestic Ideas: A Neoclassical Realist Model of Grand Strategy Formation," *Review of International Studies*, Vol. 36, No. 1, 2010, pp. 117 – 143; Benjamin Miller, "Explaining Changes in U. S. Grand Strategy: 9/11, the Rise of Offensive Liberalism, and the War in Iraq," *Security Studies*, Vol. 19, No. 1, 2010, pp. 26 – 65; Jonathan Monten, "Primacy and Grand Strategic Beliefs in US Unilateralism," *Global Governance*, Vol. 13, No. 1, 2007, pp. 119 – 138; Tudor Onea, "Putting the 'Classical' in Neoclassical Realism: Neoclassical Realist Theories and US Expansion in the Post – Cold War," *International Relations*, Vol. 26, No. 2, 2012, pp. 139 – 164; Michael Clarke, Anthony Ricketts, "US Grand Strategy and National Security: the Dilemmas of Primacy, Decline and Denial," *Australian Journal of International Affairs*, Vol. 71, No. 5, 2017, pp. 479 – 498.

③ 有关决策者在外交决策分析中地位与意义的论述，参见张清敏《外交决策的微观分析模式及其应用》，《世界经济与政治》2006 年第 11 期，第 15~23 页；卢凌宇、林敏娟：《外交决策分析与国际关系范式革命》，《世界经济与政治》2015 年第 3 期，第 74~102 页。

④ 例如，有学者利用经济学和心理学领域的"前景理论"（prospect theory）来解释美国战略决策的稳定性，指出"相比激进、残忍的扩张战略，美国往往选择长期、可持续的生存战略"，参见 Ross McDermott, *Risk – Taking in International Politics: Prospect Theory in American Foreign Policy*, Michigan: The University of Michigan Press, 1998, p. 36。

⑤ Ionut Popescu, *Emergent Strategy and Grand Strategy: How American Presidents Succeed in Foreign Policy*, Washington: Johns Hopkins University Press, 2017.

⑥ 如 Carnes Lord, *The Presidency and the Mangagement of National Security*, New York: Free Press, 1988; Meena Bose, *Shaping and Signaling Presidential Policy: The National Security Decision Making of Eisenhower and Kennedy*, Texas: Texas A&M University Press, 1998; David Milne, *America's Rasputin: Walt Rostow and the Vietnam War*, New York: Hill and Wang Press, 2009; Andrew Preston, *The War Council: McGeorge Bundy, the NSC, and Vietnam, Columbia*, New York: Harvard University Press, 2010; 等等。

个体变量的强大解释力使其成为洞悉决策本质、探寻战略走势的一个重要侧面。然而，鉴于美国外交决策圈子缺乏严谨的自我意识，相关研究侧重战略进程中的偶然性，并在界定感情因素时带有主观色彩，这不免降低了其对宏观战略特质的解释力。

3. 基于社会因素的跨政府解释路径

国家的行动始终是"在特定社会环境中行动的特定个人的活动"[1]，战略制定者、执行者及其组成的决策群体具备同质或差异的社会属性；同时，国家内部的社会情境也必然对这些行为主体施加不同程度的约束。伴随建构主义等聚焦社会层面的国际政治理论勃兴，学界开始重视这种客观现实，并逐步在有关美国国际战略的学术探讨中融入更多跨政府层面的要素。

一方面，文化与认同成为解释美国战略延续性的关键词。冷战时期，施奈德（Jack Snyder）率先提出"战略文化"的概念，并认为美国的战略文化源自如兰德公司这样的政府外部智库[2]。学者们借此探寻美国战略文化的实质，如追求进步性的科学浪漫主义（technological romanticism）文化[3]，或黩武的新军国主义文化[4]，等等。冷战后，这一命题得到更为深入的研究，大战略被视为一种普遍和持久的偏好。例如，有人观测到美国核心决策圈（inner–circle）中存在的文化及其体现出的内聚力，正是这种"华盛顿规则"让美国走上了一条确保领先的"永久战争之路"[5]。美国的总体

---

[1] Colin Wight, "State Agency: Social Action without Human Activity?" *Review of International Studies*, Vol. 30, No. 2, 2004, p. 279.

[2] 在施奈德看来，所谓战略文化即"国家战略共同体（national strategic community）内部成员通过分享或模仿所共享的一系列思想、条件性情绪反应以及习惯性的行为模式"，这是国家总体战略趋向稳定且可被预测的重要因素，参考 Jack Snyder, "The Soviet Strategic Culture: Implications for Limited Nuclear Operations, "Rand Corporation Report, September 1977, https://www. rand. org/content/dam/rand/pubs/reports/2005/R2154. pdf; 此外，有关战略文化左右美国长期战略走势的代表性文章，见 Alastair Iain Johnson, "Thinking about Strategic Culture, "*International Security*, Vol. 19, No. 4, 1995, pp. 32 – 64; Geoffrey Wiseman, "Pax Americana: Bumping into Diplomatic Culture, "*International Studies Perspective*, Vol. 6, No. 4, 2005, pp. 409 – 430。

[3] Antulio Echevarria Ⅱ, "American Strategic Culture Problems and Prospects, "in Hew Strachan. Sibylle Scheipers ed. , *The Changing Character of War*, New York: Oxford Press, 2011, pp. 431 – 445.

[4] 石斌：《美国"黩武主义"探源》，《外交评论》2014 年第 4 期，第 78～106 页。

[5] 〔美〕安德鲁·巴塞维奇：《华盛顿规则：美国通向永久战争之路》，于卉芹译，新华出版社，2011；David Edelstein, Ronald Krebs, "Delusions of Grand Strategy: The Problem with Washington's Planning Obsession, "*Foreign Affairs*, Vol. 94, No. 6, 2015, pp. 109 – 116。

战略"并非是塑造国际秩序的长期战略",基于"最大权力和自由"所塑造的世界秩序实际上是某部分人或群体的直接利益诉求,终将导致美国变得更为孤立①。战略文化的稳定性成为美国长期追求"首要地位"的重要注脚。

另一方面,诸多学者顺势探寻文化对美国战略的制约。与大部分西方国家相似,美国政府往往对特定社会阶层和群体比对其他群体更开放,并倾向于选择或支持这部分人的策略。伴随特朗普在竞选期间对"深层国家"(deep state)的大肆批判,该群体受到更多关注。然而,尽管对于"华盛顿内部存在抑制战略转向的内聚性群体"这一论断大体达成一致看法,但对该群体的成员来源、内部成员及其行为之间的逻辑关系仍众说纷纭。大部分人认为该群体等同于美国政治语境中的"国家安全权势集团"(national security establishment),其成员主要由共和党人组成且混合了政商人士,美国成为世界秩序塑造者正源于该集体"长期、统一的意图"②。波特(Patrick Porter)而后更新了这一观点,指出该"集凝聚力与政治潜力于一身的'聚团'(Blob)"混合了两党成员,其内部权力与习惯的互动是"首要地位"大战略长期不变的重要原因③。也有学者认为这一群体是

---

① 〔英〕巴里·布赞、〔丹〕奥利·维夫:《地区安全复合体与国际安全结构》,潘忠岐译,上海人民出版社,2010,第288页。

② Lawrence Jacobs, Benjamin Page, "Who Influences U. S. Foreign Policy?" *American Political Science Review*, Vol. 99, No. 1, 2005, pp. 107 – 123;付随鑫:《美国的"深层国家"及其与特朗普的矛盾》,《当代世界》2017 年第 5 期,第 30 ~ 33 页。有关"国家安全权势集团"的进一步论述,参见 Christopher Layne, "The US Foreign Policy Establishment and Grand Strategy: How American Elites Obstruct Strategic Adjustment," *International Politics*, Vol. 54, 2017, pp. 260 – 275; Stephen Walt, *The Hell of Good Intentions: America's Foreign Policy Elite and the Decline of U. S. Primacy*, New York: Farrar Straus and Giroux Press, 2018;金君达:《特朗普时代美国共和党"建制派"的行为模式分析》,《美国研究》2018 年第 5 期,第 126 ~ 140 页。

③ Patrick Porter, "Why America's Grand Strategy Never Changed? Power, Habit and the U. S. Foreign Policy Establishment," *International Security*, Vol. 42, No. 4, 2018, pp. 9 – 46. "聚团"这一称谓最初来自奥巴马政府时期负责战略规划的助理国家安全顾问罗兹(Benjamin Rhodes)。在他看来,无论是盖茨(Robert Gates)这样的共和党人,还是克林顿(Hilary Clinton)等民主党人,都应被纳入"外交政策建制派"这一范畴,参见 David Samuels, "The Aspiring Novelist Who Became Obama's Foreign – Policy Guru: How Ben Rhodes Rewrote the Rules of Diplomacy for the Digital Age," *The New York Times Magazine*, May 5, 2016, https://www.nytimes.com/2016/05/08/magazine/the – aspiring – novelist – who – became – obamas – foreign – policy – guru. html。

"拥有相似利益诉求和政策倾向"并试图影响决策的"社会力量结合"①，或以全球商业利益为驱动的"企业精英网络"（corporate elite networks）②。尽管在称谓与认知上存在差异，但国内外学界都敏锐地意识到，该群体导致美国大战略的实施长期停留在"操作分析层面"，即探讨如何在不评估目标的情况下尽最大可能实现目标③。

跨政府解释路径将延续性根源定位至精英群体这一中观层面。然而，相关文章大多缺乏理论支撑，并淡化了正式组织机制的作用，将美国战略视为一种"深层政府"主导下"非形态化"的集体行为，使其脱离了学术考察的路径，甚至步入"阴谋论"的误区。

4. 基于中层理论的组织解释路径

上述三种解释路径凸显了美国国际战略这一议题的内生矛盾：一方面，国际战略所包含的内容纷繁，涉及区域广，动用资源多，因此相关决策机制及对应进程高度复杂；另一方面，美国政府的实质决定了其"少数人主导大部分政策"的现实。为追求短期效率，决策者在制定政策或应对危机时往往在不同程度上舍弃正式机制，做出"最不坏的"而非"最好的"选择。

正如米尔斯（C. W. Mills）所述，"如果精英没有在重要机构中任职……就不会拥有最多资源。这种资源是权力、财富和声望的必要基础，也是行使权力、获得和保持财富并支付声望的主要手段"④。介于"国家"与"个人"之间的组织层级理应成为理解美国大战略延续性的重要出发点。然而，现有的"中级理论"（mid – range theory）⑤大多聚焦于静态外交

① 王浩：《社会联盟与美国自由国际主义战略衰落的逻辑（1968 ~ 1989）》，《美国研究》2017 年第 1 期，第 82 ~ 102 页。

② Bastiaan Apeldoorn, Nana Graaff, "Corporate Elite Networks and US Post – Cold War Grand Strategy from Clinton to Obama," *European Journal of International Relations*, Vol. 20, No. 29, 2014, pp. 29 – 55.

③ Benjamin Friedman, Justin Logan, "Why Washington Doesn't Debate Grand Strategy," *Strategic Studies Quarterly*, Vol. 10, No. 4, 2016, pp. 14 – 45.

④ 〔美〕查尔斯·C. 米尔斯：《权力精英》，王许荣译，南京大学出版社，2004，第 7 页。

⑤ 国际关系与 FPA 领域所指的"中级理论"是相对于"大理论"（grand theory）而言，将组织或集团作为研究对象、探析其决策、演变对于国家决策之影响的理论。相关论述参见 Johan Eriksson, "On the Policy Relevance of Grand Theory," *International Studies Perspectives*, Vol. 15, No. 1, 2014, pp. 94 – 108；王鸣鸣：《外交政策分析：理论与方法》，中国社会科学出版社，2008，第 87 页；沈本秋：《美国对外政策决策的分析——层次、视角与理论》，《世界经济与政治》2011 年第 4 期，第 122 ~ 142 页。

决策事件，针对组织发展与战略演变之间的关系则尚缺乏深入的探讨。

有关组织行为的奠基性论述来自艾利森（Graham Allison）的经典著作《决策的本质》。在他看来，政府是一个松散的、各类组织构成的联盟，而外交决策则是政府组织的输出①。尽管组织行为模式中的许多要素对于解释战略延续性大有裨益，但包括艾利森本人在内的大部分学者却在日后逐步将关注点转移至他提出的另一种"官僚政治模式"（bureaucratic politics model）②，从而未能进一步探析长期、稳定的组织输出对国家战略的发展的意义。除艾利森外，贾尼斯（Irving Janis）借助小集团思维（groupthink）的概念描述了一种异化的组织模式，指出思维的同质化可能造就对外决策的从众行为，进而降低决策的成功率③。然而这种基于特殊情势的分析模式仍未能建立组织行为与战略行为的一般联系。

通过对比现有"中层理论"中的三个代表性范式可以看出，相比小集团决策与官僚政治模式，重点关注具体工作人员日常互动的组织行为模式更能反映政府在长时段内的施政偏好，具备解释宏观战略走势的能力。目前，已逐渐有学者意识到这一点④。但由于起步较晚，加之艾利森最初提出的理论体系较为宽泛和零散，有关探讨尚未形成系统，这就为本书的理论架构提供了更多空间。

二　组织行为理论与国际战略研究

（一）组织行为与战略行为

组织是"由若干个人或群体所组成的、有共同目标和一定边界的社会

---

① 〔美〕格雷厄姆·艾利森、菲利普·泽利科：《决策的本质：古巴导弹危机的真相》，王伟光、王云萍译，商务印书馆，2015；Jerel A. Rosati, "Developing a Systematic Decision - Making Framework: Bureaucratic Politics in Perspective," *World Politics*, Vol. 33, No. 2, 1981, p. 237。

② Graham Allison and Morton Halperin, "Bureaucratic Politics: A Paradigm and Some Policy Implications", *World Politics*, Vol. 24, 1972, pp. 40 - 79; 有关"官僚政治模式"的具体论述，参见周琪《官僚政治模式与美国外交决策研究方法》，《世界经济与政治》2011 年第 6 期，第 34 ~ 51 页。

③ 〔美〕欧文·贾尼斯：《小集团思维：决策及其失败的心理学研究》，张清敏等译，中央编译出版社，2016。

④ David Cooper, Nikolas Gvosdev, Jessica Blankshain, "Deconstructing the 'Deep State': Subordinate Bureaucratic Politics in U. S. National Security," *Orbis*, Vol. 8, No. 9, 2018, pp. 518 - 540.

实体"①。这种以目的为导向的聚合通过"征用"行动者的自由为代价换取效率，是人类集体行动的重要载体②。而作为这些载体在当前社会中的特定表现形式，政府组织是政府内部交错重叠的权力关系下形成的一系列特定结构，其所呈现的张力成为集体行动的动力来源。一国的政府体现为多个内部组织构成的共同体，因此任何重要的政府行动，即组织行为（organizational behavior）实际上"都是多个政府组织输出的结果"，领导人会部分协调这种输出③。

格里芬（Ricky Griffin）等将组织行为研究的重心拆分为"特定环境中人的行为、该行为与其所属组织间的关系以及组织本身"三个相互通联的层次④，恰如其分地体现了该研究既应包括组织的主观行动，也应涵盖这些行动所塑造的客观现实；既应探讨组织本身，也应关注位于其两端的"输入"（input）与"输出"（output）。因此，政府组织的行为源于以下四个基本的组织要素：

（1）组织结构（organizational structure），即组织在设立之初以及后来演进的正式或非正式结构。

（2）组织进程（organizational process），即组织进行常规化运作时沿用的路径和方式。

（3）组织文化（organizational culture），即组织成员所共同拥有的知觉和共同抱持的意义体系。

（4）组织学习（organizational learning），即组织在遇到问题时对其原有架构与进程进行调整以适应新情况的能力，是其创新及纠错行为的来源。

目前看来，管理学领域内组织与战略之间的联系早已得到广泛建构，而政治学尚未出现有效搭建起两者联系的有效研究。战略分析者倾向于视特定政府内部组织的行动为对外整体实践的一个侧面，认为其无法反映一国的大战略全貌。这种偏见人为地割裂了政府内的分工协作体系及决策权

① 萧浩辉：《决策科学辞典》，人民出版社，1995，第8页。

② 〔法〕米歇尔·克罗齐耶、埃哈尔·费埃德伯格：《行动者与系统——集体行动的政治学》，张月等译，上海人民出版社，2007，第30页。

③ 〔美〕格雷厄姆·艾利森、菲利普·泽利科：《决策的本质：古巴导弹危机的真相》，王伟光、王云萍译，商务印书馆，2015，第164页。

④ 〔美〕里基·格里芬、格里高里·摩海德：《组织行为学：组织与人员的管理》（第八版），刘伟译，中国市场出版社，2008，第4页。

划分体系，从而使组织与战略所产出的效用长期处于各自视阈内。

　　打破这种"中观层面壁垒"的关键在于厘清这一进程的内部存在的逻辑。首先，组织在战略要求的框架内做出决策。在艾利森等看来，"作为组织输出的政府行动"是国际政治中发生的客观现象，也应当是组织行为范式的基本分析单位①。组织的领导者在决策进程中起到的引导性作用，亦会受到组织结构的约束。其次，战略是方向性的把握，而决策是具体的动作，决策的累加推动战略的形成。作为在一系列选项中进行选择的逻辑，战略只有在指导外交政策和其他决策时，才称得上是"大战略"。长期以来，"单纯因国内与国际政策难以协调而认为大战略与决策之间不存在关联"的想法"严重误导了人们"②。每个政府内部机构所做的决策都会成为战略实施进程中的一部分。单独决策的实施效果不佳甚至完全无效并不意味着大战略的失败。从这个意义上讲，决策从属于战略，而战略则成为"一组指导决策的基本原则"③。最后，战略对组织施加影响。组织最初因战略需求而设立，在运作过程中也会受到业已形成的战略输出与外部战略环境的持续塑造。通过评估战略效用以决定是否对组织进行结构性的变革，是战略长期具备合法性的关键。通过图 1-1 可以看出，这种战略环境-组织设计-战略规划/实施的逻辑思维是一个闭合、循环的过程。

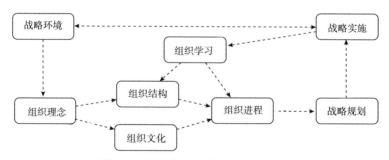

图 1-1　组织行为与战略行为的关系

资料来源：笔者根据相关文献自制。

---

① 〔美〕格雷厄姆·艾利森、菲利普·泽利科：《决策的本质：古巴导弹危机的真相》，王伟光、王云萍译，商务印书馆，2015，第 188 页。

② Alasdair Roberts, "Grand Strategy isn't Grand Enough," *Foreign Policy*, February 20, 2018, https://foreignpolicy.com/2018/02/20/grand-strategy-isnt-grand-enough/.

③ Hal Brands, "Barack Obama and the Dilemmas of American Grand Strategy," *The Washington Quarterly*, Vol. 39, No. 4, p. 101.

（二）组织行为与组织惯性：一种有关战略延续性的解释框架

作为物理学领域的重要概念，惯性（inertia）意指物体本身所具有的保持原有静止状态或匀速直线运动状态的特征，是一切物体的根本属性。惯性的本质反映了物体内部存在的稳定性，也体现了其难以改变现有状态并对任何可能性变化存在抵制的趋势。在 20 世纪 80 年代初被引入社会科学领域后，惯性旋即成为管理学与社会学等学科的重要概念。以汉南（Michael Hannan）等为代表的斯坦福学派学者认为，每个组织都受到一种"结构性"惯性力量的控制，这是组织对环境变化反应速度滞后于变化速度、维持现状的重要原因，即所谓的组织惯性[1]。由于秉持了环境决定论的观点，管理学惯性理论认为组织只能被动地适应环境，因此必然会形成战略惯性。基于该论断，国内外的诸多学者尝试对该理论进行进一步丰富与完善[2]，并完成了从组织惯性理论到战略惯性理论的初次迭代[3]。

政治学视野下的惯性理论则更多体现了国家对既定战略的长期遵循，认为其"伴随人类进程而来，是历史进程中人类行为的沉淀，实际上是一种潜在的稳定力量"[4]。国家一旦长期深陷这种惯性所带来的负面影响之中，便会土崩瓦解，招致与企业破产同样的下场。有学者已经证明，冷战末期的苏联正因难以克服战略延续性所带来的负面影响而最终走向崩溃[5]。然而，目前鲜有人思考这种延续性的根源。

---

[1] Michael Hannan, John Freeman, "Structural Inertia and Organizational Change," *American Sociological Review*, Vol. 49, No. 2, 1984, pp. 149 – 164.

[2] Dawn Kelly, Terry Amburgey, "Organizational Inertia and Momentum: A Dynamic Model of Strategic Change," *Academy of Management Journal*, Vol. 34, No. 3, 1991, pp. 591 – 612;〔美〕格雷厄姆·艾利森、菲利普·泽利科：《决策的本质：古巴导弹危机的真相》，王伟光、王云萍译，商务印书馆，2015，第 170 页；我国国内方面，以严家明为代表的管理学学者认为，企业自身对变革具有抵制特性，在没有受到压力、威胁、危机与挫折等"外力"作用时，发展模式与运行路径将保持不变的态势。参见严家明《惯性管理：企业持续发展之道》，经济科学出版社，2005。

[3] 管理学中的战略惯性理论认为，公司、企业等组织在制定和实施自身战略的过程中，倾向于从经验主义的视角套用旧有战略模式，而由此所策动的战略改革迟缓且渐进。参见刘海建《企业战略演化中的惯性：概念、测量与情境化》，《中央财经大学学报》2012年第 4 期，第 55~60 页。

[4] 门洪华：《和平的纬度：联合国集体安全机制研究》，上海人民出版社，2002，第 105 页。

[5] 关于这一结论的具体论述，参见门洪华《国际战略惯性与苏联的命运（1979~1989）》，《中国社会科学》2011 年第 6 期，第 184~192 页。

本书认为，战略延续性源于国家内负责制定和贯彻相应战略的组织内部保持原有思维模式和行为方式的趋势；当外部环境改变时，由于受到惯性力量的制约，组织很少能够及时在行动上实现根本性的转变，这将导致组织输出的决策及战略难以调整。组织惯性在短期有助于维系国家总体战略的稳定性和可靠性，但也导致组织难以适应外部环境的变化，阻碍国家战略的转向。

首先，组织固定的框架结构会催生"标准化操作程序"（standard operational procedure），即组织为指导和规范日常工作所建立的规范。从管理科学角度讲，对常规路径（routine）的遵循有助于政府提高自身的决策效率，更从容地应对危机，并最大限度地降低运营成本。这种"程序清单"式的运作模式在美国五角大楼的军事计划及战略产出过程中体现得尤为明显①。然而，为保持决策产出的持续高效，标准化操作程序会尽可能"消灭"组织中与众不同的行为，亦会令异议个体出于压力而被迫从众，从而导致决策的实质高度趋同。

其次，组织的长期规范化运作进程会使其内部成员形成一种"共有的前提假设"（shared assumptions），即大部分人倾向于避免谈论战略目标，而是将重心放在实现目标的手段上。这种情况被弗里德曼（Benjamin Friedman）等称为"操作思维定式"（operational mind-sets）②。作为一种常见于各类私营企业或公共部门中的状态，"操作思维定式"源于组织成员长期对标准化操作程序的遵循，即组织成员长期不变的行事模式终会导致一种固化思维的出现，使其更难改变既有的行事方法与路径③。

再次，当一个组织衍生出彼此冲突的内部文化时，关键决策者会促成

---

① 例如，根据维基解密（WikiLeaks）网站的信息，在伊拉克战争期间，美国陆军第一步兵师专门编了"战术标准作战程序"（TACSOP），详细说明了士兵应当如何按照固定流程应对及处理战场的突发情况，从而避免犯下战争罪。参见"US Army Tactical Standard Operating Procedure for Iraq,"March 5, 2008, https://wikileaks.org/wiki/US_Army_Tactical_Standard_Operating_Procedure_for_Iraq。

② Benjamin Friedman, Justin Logan, "Why Washington Doesn't Debate Grand Strategy", *Strategic Studies Quarterly*, Vol. 10, No. 4, 2016, p. 15.

③ 在现有的文献中，这一组织层面的异化现象大多被视为"习惯"导致的路径依赖，例如 Patrick Porter, "Why America's Grand Strategy Never Changed? Power, Habit and the U. S. Foreign Policy Establishment,"*International Security*, Vol. 42, No. 4, 2018, p. 9; Ted Hopf, "The Logic of Habit in International Relations,"*European Journal of International Relations*, Vol. 16, No. 4, 2010, p. 541。

"支配性组织文化"的出现。这种统御性理念将给制度造成软约束，为那些对"共识"存有意见的人施加额外成本，并将与组织文化中信仰体系相契合的目标提升为"优先事项"。一个组织文化追求支配性话语的意图越强烈，其领导者越倾向于成员在价值观方面的一致性，这将抹杀其成员思维多样化所带来的优势，导致决策的单调，降低组织的活力。

最后，为确保组织的生命力与先进性，领导者倾向于定期安排专业人员对组织机制的合法性及运作效率予以审查。这种周期性评估会让成员出现一种"自省"的倾向，即"评价思维"（evaluative mind）。"评价思维"被视作判定某一群体是否为"学习型组织"的重要标准。然而，当"操作思维定式"成为组织成员的"第二天性"后，其直接代价便是造成"评价思维缺失"[1]，组织对于环境变化所做出的反应也随之变得异常迟缓。如图1-2所示，在一种上述四种现象交织的内部环境中，组织的稳定性得以强化，但创新和应变能力却日渐式微，最终形成组织惯性，即使出现"实现目标的成本超过实现目标可获得的收益的情况，也不会轻易停止"[2]。同时，在组织惯性的影响下，作为组织输出的战略决策体现出高度同质性，进而导致战略评估及执行进程出现强大的路径依赖，战略的延续性随即出现。图1-2有助于加深我们对这一过程的理解。

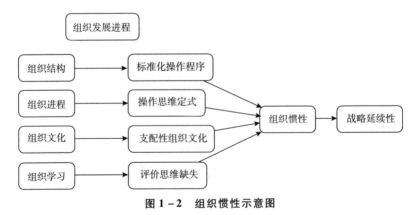

图1-2 组织惯性示意图

资料来源：笔者根据相关文献自制。

---

[1] Stephen Van Evera, "Why States Believe Foolish Ideas: Nonself - Evaluation by States and Societies," in Andrew Hanami, ed., *Perspectives on Structural Realism*, Palgrave Press, 2003, p. 165.

[2] 〔美〕格雷厄姆·艾利森、菲利普·泽利科：《决策的本质：古巴导弹危机的真相》，王伟光、王云萍译，商务印书馆，2015，第205页。

（三）美国国安会与新解释框架的适配性

在研究人员与政府之间信息大致对称的情况下，新的分析框架在剖析特定组织及其对应的战略方面具有较强解释力。然而，大国在进行总体战略考量的过程中，倾向于将其拆分为诸多子议题，分派给多个战略相关组织处理。在这种情况下，通过考察组织变化探寻美国国际战略的学术考察看上去就变成了一项高成本甚至难以完成的任务。对美国国安会的系统性研究是解决这一窘境的重要途径。

第一，无论是业已解密的、不定期在政府内部发布的总体战略形势回顾报告，还是国家安全顾问每日为总统提供的情报简报（daily intelligence review），都能凸显美国国安会的"信息枢纽"（information hub）地位。

第二，正如乔治（Roger George）等所述，"大多数战略决策都是在环城公路内，而不是在大使馆、军事指挥部或安全屋内进行的"[1]。理论上，美国总统、国务卿与国防部长等重要政治精英都在机制上依附于国安会这一法定系统，通过正式会议表明其战略观点，并在关键时刻相互博弈，并赋予决策和议案的合法性。这也是"小圈子"决策模式难以替代的。

第三，1989 年美国《戈德华特 – 尼科尔斯国防部重组法》将制定与发布《国家安全战略》的重任放在了白宫与美国总统的身上。正是在法律赋予的跨部门协调能力基础上，国家安全顾问和国安会幕僚（NSC staff）被赋予权力对这份美国官方最具导向性意义的宏观战略文件施以"制度上的监护"[2]，确保其反映大多数战略机构的意愿。

第四，通常状态下，战略的推进是自上而下的。依据标准化战略规划理论，顶层机制应当通过将导向性战略思维具体化为一系列从属战略，来体现战略的健全性与连贯性[3]。而国安会的协调职能不仅有助于促进政策整合，对推进战略也大有裨益。

---

①　Roger George, Harvey Rishikof, *The National Security Enterprise: Navigating the Labyrinth(second edition)* , Washington: Georgetown University Press, 2017, p. 2.

②　Carnes Lord, "Strategy and Organization at the National Level, "in James Gaston, ed. , *Grand Strategy and the Decision-making Process*, Washington: National Defense University Press, 1992, p. 144.

③　Richard Kugler, *Policy Analysis in National Security Affairs: New Methods for a New Era*, Washington: National Defense University Press, 2006, p. 85.

三　通过美国国安会考察美国国际战略的意义

美国国安会的历史由四十年的变动期与三十年的稳定期组成。与主导了后冷战时期国安会的斯考克罗夫特模式相比，从 1947 年到 1987 年，美国国安会始终处于一种不稳定的状态①。纵观这段时间内国安会的制度变化，可以发现这种变动来自多个维度，包括机构内部的职能设置、权力分配、与总统间关系的定位以及与国家安全系统内其他机构互动形式的调整等。总的看来，在整个冷战时期，美国国安会的架构与运作理念是与不同时期美国对美苏力量对比的感知相适应的，并伴随世界政治权力两极化的加深而逐步完善；而后冷战时期外部威胁的缺失给美国塑造国际秩序提供了更大的便利，美国国安会无疑是最为重要的工具之一。从这个意义上讲，美国国安会较好地适应了当时美国国内外政治环境对其的需求，也促进了美国国家安全决策体系的完善。然而，国安会的发展也并非一帆风顺。在这四十年的探索过程中，美国决策层，特别是美国总统在利用国安会时常出现失误，这往往直接导致了该机制效用的下降，严重时甚至无法发挥应有的作用，进而影响美国国家安全决策的合理性。这种曲折的经历为后冷战时期美国国安会的机构设置以及职能分配提供了宝贵的经验。因此，首先对美国国安会的历史进行梳理，是深入了解该机制以及美国国家安全系统的绝佳途径。

政治学家查尔斯·蒂利（Charles Tilly）曾经说过，"历史是过去的政治，政治是现实的历史"。就历史本身谈论历史，或是就政治本身提及政治，都是不全面、不完整的研究路径。历史归纳只有与政治分析联系在一起，才能做到同时对宏观与微观意义上的政治体制进行相对深入的研究。作为美国国家安全系统中的标志性机构，美国国安会的创立与发展，不仅是美国国家安全政策变化的集中体现，也是冷战史的重要组成部分。传统的国内外相关研究大部分将美国国安会制度与运作模式的变化归因于美国

---

① 到目前为止，大多数来自美国学界的相关研究将美国国安会的发展分为三个阶段，即成长期（growth years, 1947 ~ 1969）、成熟期（maturing years, 1969 ~ 1992）以及后冷战期（post - cold war years, 1992 ~），基辛格对国安会制度的改组以及非传统安全观的兴起分别是这三个时期的分水岭。具体参见 Christopher C. Shoemaker, *The NSC Staff: Counseling the Council*, New York: Westview Press, 1991, pp. 10 – 19, 110; Edward A. Kolodziej, "The National Security Council: Innovations and Implications," *Public Administration Review*, Vol. 29, No. 6, 1969, pp. 579 – 581。

总统等决策者个人偏好的差异，而这种过于简单的结论显然不能对复杂的国际环境与美国国内政治机构变化之间潜在的联动做出解释。为此，本书的首要任务便是打破这种传统的认识，对看似无迹可寻的国安会制度史进行系统化的梳理和归纳，并在此基础上加以抽象和提炼。本书将通过搜集和分析美国国安会的历史史实和文献材料，对美国国际战略运作暗含的规律进行研判，从而更好地把握美国国安会机构变迁和职能变化的实质，证明国安会的制度发展有其特定规律，并分析这种规律之于美国总体战略的重要意义。

总的来说，深入研究美国国安会与美国国际战略之间的关系富含三个层面的意义。

（一）学术意义

本书兼具冷战史研究、美国国家安全机制研究与美国国际战略研究三个层面的意义。"均衡观念"是政治系统理论的核心概念之一。该理论认为"政治活动过程"的成分有一种"趋于一致的真实倾向"[①]，只有处在某个特殊的时间点上，政治机制才会发生实质上的变化。而造成这种变化的内外动因则可以从制度的变迁中寻找答案。由于国安会在美国对外决策与战略体系中的特殊性，其制度和机制的变化与美国的冷战决策息息相关，同时也与后冷战时期"首要地位"大战略的延续性有着千丝万缕的联系。因此，研究美国国安会的机制发展是从"决策关键点"考察美国国家安全制度变迁甚至冷战走势之缘由的重要手段之一。在过去的国内外研究中，有关学者往往忽略了美国国安会正是连接美国国内官僚政治与国际战略的重要"桥梁"这一事实。尽管美国国安会制度的发祥和演变深受冷战影响，同时又对美国国际战略具有塑造性作用，但由于美国国安会幕后工作的性质，该机构始终远离报纸、电视等大众媒介，其重要作用也往往被漠视；同时，传统的历史研究往往从美国外交政策方面解读美国国家安全政策的演化，忽略了机构内部制度的调整对整体战略产出的影响。这两点导致了美国国安会制度研究在冷战研究中的地位形同鸡肋，造成相关研究的缺失。学者泽加特就曾一针见血地指出，国安会在学界长期处于研究的

---

① 〔美〕戴维·伊斯顿：《政治体系——政治学状况研究》，马清槐译，商务印书馆，1993，第 274 页。

"盲区"，是因为"国际关系专业的学生认为其属于国内政治范畴，而历史学和政治学专业的学生却认为其实质过度偏向国际政治"①。从冷战的视角俯瞰美国国内政治单元的研究方式不仅有助于透视冷战与国内因素对美国国家安全政策制定的影响之间的关系，也可以解释美国政府调整不完善制度方式所使用的手段及其内涵，从而进一步理解美国对外决策与战略的形成过程。因此，本研究在一定程度上填补了冷战史研究与美国国际战略研究的某些空白。

（二）现实意义

本书具备两个方面的现实意义。首先，通过研究美国国安会的组织机制，可以更加准确地对当前美国国际战略的动因、形式、过程及影响因素进行准确把握。虽然后冷战时期的传统安全概念日渐式微，非传统安全概念逐步兴起，但美国国家安全政策仍是历史的延续，美国国安会也在某种程度上遵循新制度主义政治学理论所强调的"制度依赖"，是原有制度路径的扩大与深化；虽然冷战的烙印逐渐淡化，但其对美国国安会政策制定与机构架设的方式仍有一定影响。本书研究能够加深我国学者和政府对美国国安会制度实质的理解，为我国国安会建设以及国家安全政策制定提供借鉴。

其次，进入核时代以来，确保自身领土、经济与人民不受侵犯成为每个国际行为主体所追求的首要目标，国家安全成为一国国际战略的第一要务。二战后，美国将国家安全置于国家对外战略的最高要务，并对政府内部的决策机制进行改革。其中，美国国安会的整合、协调、战略预判等都在各项以国家安全为主的战略制定中发挥了不可替代的作用。例如，发生于1962年的古巴导弹危机是历史上人类最为接近核战争的时刻，该事件也证实了在危机情势下小集团决策危机管理模式确实是战后不可或缺的国家安全方略。这种由上至下进行安全政策制定与实施的模式与中共中央在"十二五"规划中提出的"顶层设计"十分契合。世界上有超过70个国家拥有国家安全委员会或具有类似职能的机构，但鲜有国家能够像美国一样，拥有相对成熟的组织架构与运作模式。因此，有选择地借鉴美国国安

---

① Amy Zegart, *Flawed by Design: The Evolution of the CIA, JCS, and NSC*, New York: Stanford University Press, 2000, p. 7.

会的发展经验，对中国的国安会发展大有裨益。

（三）文献学意义

尽管美国政府有关国家安全委员会的文件大部分类属绝密，但根据美国 1967 年颁布的《信息自由法》（Freedoom of Information Act，FOIA），这些文件得以重见天日，被收入向公众开放的美国学术科研机构以及诸多数据库之中。首先，本书所利用的档案资料大部分来源于盖尔（Gale）数据库公司的"美国解密文件在线"（USDDO）、ProQuest 数据库公司的"数字化国家安全档案"（DNSA）、美国乔治·华盛顿大学的"国家安全档案库"（The National Security Archive）以及美联储建立的"联邦经济档案研究系统"（FRASER）。这些数据库涵盖了大部分冷战时期美国国安会正式会议、国安会幕僚及下属各委员会的会议纪要，收录了与国安会系统相关的国家安全决策，并提供了冷战时期历届财年国安会及其幕僚团队的机构预算，相关文件多达四万余份[①]。其次，美国国务院历史协会整理出版的《美国对外关系文集》（Foreign Relations of the United States，FRUS）也是本文重要的参考资料。截至 2019 年 1 月，该系列中自杜鲁门政府到福特政府时期的卷册已全部出版，而卡特时期的卷册也已部分出版。其中，每届政府的国家安全卷中都有特定的部分涉及美国国安会以及国家安全机制成形的背景、发展以及改革，对本书具有重要的参考价值[②]。再次，网络上有大量资源能够作为本书研究的理论依据，例如美国中央情报局图书馆网站有卷帙浩繁的解密文件，专门涉及美国国安会与美国情报系统之间的关系、美国国安会对信息情报的处理以及在具体国家安全事件中美国国安会起到的作用等；美国历任总统图书馆网站中也存有大量的政府文件，其中国家安全委员会的文件被单独分类，供研究人员参考；成立于 1945 年的美国科学家联盟（FAS）公布了美国政府的各类机密文件，其中

---

① 美国解密文件在线：http://infotrac. galegroup. com/default/ecnu? db = USDD. 数字化国家安全档案：http://search. proquest. com/legacyredirect/dnsa/index. 乔治华盛顿大学电子国家安全档案：http://www2. gwu. edu/ ~ nsarchiv/NSAEBB/index. html. 联邦经济档案研究系统：https://fraser. stlouisfed. org/title/54#! 19011。

② 例如 FRUS, 1952 - 1954, National Security Affairs, Volume Ⅱ, Part 1, Government Printing Office, 1984; FRUS, 1955 - 1957, National Security Policy, Volume XIX, Government Printing Office, 1990; FRUS, 1958 - 1960, National Security Policy; Arms Control and Disarmament, Volume Ⅲ, Government Printing Office, 1996; 等等。

就包括与国安会息息相关的国家安全研究文件以及指令文件①。最后，政府内外"第三方"组织团体对国安会的研究成果也是本书重要的借鉴资料。其中，美国政府内部先后成立的胡佛委员会、杰克逊小组委员会、托尔委员会等机构在研究国安会的过程中举办了多场听证会，这些会议的纪要文件也是本书不可或缺的资料来源。同时，由著名学者、美国国安会研究专家伊福·达尔德（Ivo H. Daalder）与 I. M. 戴斯特勒（I. M. Desteler）领导，由马里兰大学政府管理学院国际安全研究中心（CISSM）与美国布鲁金斯学会共同开展的国家安全委员会研究项目（National Security Council Project）为研究美国国安会提供了大量素材，两位学者在 1998 到 2000 年的三年中举办了七次"口述历史圆桌会议"（Oral History Roundtables），邀请到了数量众多的、曾在历任美国政府国安会中任职的成员围绕美国国安会的历史以及制度展开讨论，并留下了大量有价值的参考资料②。这些一手资料使得本课题研究不但具备了丰富的文献学基础，同时也有史学文献整理的学术价值。

四　有关美国国安会的既有研究

（一）国外学术界对"美国国安会"相关主题的考察

美国国安会在成立至今的 70 余年时间中经历了国际格局的深刻变化。这种时间与环境的双重塑造作用使其具备了相对成熟的组织结构与决策机制，使国外的学者、政府机构以及科研单位能够围绕美国国安会机能进行深入而且不间断的研究。可以说，国外学界与美国国安会相关的著作卷帙浩繁，且角度不一，各有建树。为此，本书从五个研究层次出发，由宏观到微观，对国外涉及美国国安会的著作与研究成果进行了大致划分与整理。

1. 美国国家安全战略中的美国国安会

作为宏观美国国家安全战略体系的一部分，美国国安会内嵌于美国国

---

① http://fas. org/irp/offdocs/direct. htm.
② 该项目的详细介绍可在马里兰大学政府管理学院 CISSM 网站上浏览，参见 http://www. cissm. umd. edu/projects/national－security－council－project，该项目的会议纪要以及具体成果可在布鲁金斯学会的网站上免费浏览及下载，参见 http://www. brookings. edu/about/projects/archive/nsc/overview。

家安全概念之中，是美国宏观国家战略机制的组成部分。因此，在卷帙浩繁的冷战史著作中，有关学者往往都会利用一定的篇幅对美国国安会的作用进行分析与讨论，该机构在他们眼中被视为冷战时期美国国家建设的重要单元之一。在早期的冷战史学家中，以小施莱辛格为代表的学者试图证实在美国政府中"帝王式总统权"（imperial presidency）逐渐出现之时，便将国安会视为总统汲取权力的重要工具[1]。梅通过对冷战前后的对外政策制定体制进行考察，得出了当代美国政府机构——自然也包括国安会——是冷战的产物这一结论[2]。汉蒙德和霍根更是将国安会视作自己研究结论中的重要一环，前者认为美国国安会的诞生与美国军界统一有着直接的关系[3]，而后者则在前者研究结论基础上更进一步，将国安会视为冷战初期美国政府与军界各领导人相互博弈的结果。在这种情况下，也有一些著作将国安会视为美国文官群体而非军队控制政府的重要工具和手段[4]。总之，尽管涉及国安会的篇幅有限，出发点也各不相同，但对该机构的剖析都出现在了这些对世界冷战史学界影响深远的著作中。

　　在冷战末期以及后冷战时期，由于长期对美国外交及国家安全政策实施情况的观察，同时也由于对之前大量研究成果的汲取，美国学者能够以更为理性的方式对美国国安会在国家安全战略中的作用进行归纳及思考，表现为在他们的作品中开始强调国安会自身的局限性。1984年由辛巴拉所编著的论文集《国家安全策略：选择与局限》收录了37篇美国学者对美国国家安全战略规划与实施进行分析的论文[5]。在这些论文中，威廉斯的《国家安全建设：政策产出的机构框架》就美国国安会创立的背景、过程以及运作进行了探讨。作者认为美国国家安全战略是主体（决策精英、

[1]　Arthur M. Schlesinger, Jr. , *The Imperial Presidency*, New York: Houghton Mifflin, 1973.

[2]　Ernest R. May, "The Development of Political – Military Consultation in the United States," *Political Science Quarterly*, Vol. 70, No. 2, 1955, pp. 161 – 180.

[3]　Paul Y. Hammond, *Organizing for Defense: The American Military Establishment in the Twentieth Century*, Princeton: Princeton University Press, 1961.

[4]　例如 William T. R. Forx, "Civilians, Soldiers, and American Military Policy," *World Politics*, Vol. 7, No. 3, 1955; Wendell E. Little, *White House Strategy-Making Machinery*, 1952 – 1954, Maxwell: U. S. Air University Press, 1954; Samuel Huntington, ed. , *Changing Patterns of Military Politics*, New York: The Free Press, 1962; 等等。

[5]　Stephen J. Cimbala, ed. , *National Security Strategy: Choices and Limits*, New York: Praeger Publishers, 1984.

决策机构、智库）对客体（国家需要）的反应，国家安全战略的形成可分为战略思考、战略制定和战略执行三个过程①，国安会在这三个过程中都发挥了不同程度的作用。在历史上，美国国安会面临的最大挑战与危机就是国家主要的战略导向为政府内外的其他决策团体所左右，这往往会导致该机构成为纯粹的秘书机构，甚至被架空②。著名学者斯图尔特于 2008年出版的《创造国家安全国家：一部改变美国历史的法律》一书以 1947年美国《国家安全法》为研究对象③。作者认为 1937～1960 年是现代美国国家安全概念形成、创立与发展的关键时期，而 1947 年颁布的《国家安全法》不仅是一部里程碑式的法律，更是左右战后美国国家安全与大部分外交决策的风向标和指南针，其重大意义不言而喻。在这部法律的指导下，一系列确保美国国家安全利益不受侵害的政府机构最终建立，这其中就包括在冷战时期发挥重大作用的美国国安会。在作者看来，建立统一的政策制定、整合和协调机构的理念在二战时期就萌芽了，但从此时到《国家安全法》最终颁布却经历了相对曲折的过程。美国国安会的建立不仅受冷战环境驱使，更是两次世界大战的直接结果。此书还就美国国安会如何使美国国务院在国家安全政策塑造中逐步被边缘化进行了深入分析。在 2009 年出版的《美国历史上的国家安全与核心价值》一书中，作者沃克描述了二战以来美国对国家安全概念的理解和实践。他认为"国家安全"的概念是随着时代的演进而改变的，同时处于不同时代的"国家安全"概念也在某种程度上反映了美国的核心价值。在他看来，美国国安会的设立在一定程度上"保证了灾祸发生概率的最小化"，却"把诸多重任置于极少数人身上"④，这使得国安会不可避免地走向了美国民主原则的对立面。同时他也认为，该机构在历史上不同时期的运作制度与人员选择正是美国自 1947 年后持续演变的国家安全观的集中

---

① John Allen Williams, "The National Security Establishment: Institutional Framework for Policymaking," in Stephen J. Cimbala, *National Security Strategy: Choices and Limits*, New York: Praeger Publishers, 1984, p. 326.

② 有人认为这种挑战和危机就是美国国安会和国务院在国家安全和外交政策制定上的夺权过程。见 Christopher C. Shoemaker, *The NSC Staff: Counseling the Council*, New York: Westview Press, 1991, p. 11。

③ Douglas T. Stuart, *Creating the National Security State: A History of the Law that Transformed America*, New York: Princeton University Press, 2012.

④ William O. Walker Ⅲ, *National Security and Core Values in American History*, New York: Cambridge University Press, 2009, p. 116.

反映。虽然涉及美国国安会的篇幅不多，但作者始终强调该机构随着时间推移而越发凸显的重要作用。

此外，诸多论述宏观美国国家安全问题的著作也对美国国安会进行了或简或繁的剖析。例如著名冷战史学家加迪斯的著作《美国与冷战的终结：意义、反思与激发》①、斯坦利和马尔卡西合著的《美国国防与国家安全》② 等，这些关于美国国家安全的著作都对美国国安会的作用与效能进行了阐释。但由于在这些作品中国安会并非主要研究对象，因此对其鲜有深入、实质性的分析。

2. 美国国家安全系统中的美国国安会

作为国家安全政策的统筹和协调机构，美国国安会不仅是美国国家安全系统中不可或缺的一环，也肩负着与其他国家安全部门共同协作、衡量相关政策取向的重任。大量美国学者在研究美国国家安全系统时，对国安会多有提及。相比诸多冷战史著作，涉及国安会的篇幅在这些作品中明显增多，相应的分析也更加详细。在这一类划分中，最富有代表性的作品莫过于加州大学洛杉矶分校教授、胡佛研究所高级研究员泽加特于 2000 年出版的《设计缺陷：CIA，JCS 与 NSC 的演化》一书。该书对美国国家安全系统中的诸多机构提出了质疑与批判③。在作者看来，美国国家安全政策之所以自始至终受到多种束缚与困扰，并不是因为这些机构本身在运作中出现了问题。泽加特认为，基于 1947 年《国家安全法》所创立的多个机构部门之所以长期处于制度困境之中，是由于这些机构在起初的设计上就存在致命的缺陷，而这种缺陷在中央情报局、参谋长联席会议与国家安全委员会上体现得最为明显。她指出，虽然杜鲁门总统试图创立一个能够达成事倍功半效果的美国国安会，但是受到了官僚机构、立法机构以及军方领袖的阻挠，使得本应在国际舞台上大显身手的美国国安会成为总统处理国家安全问题时的桎梏。这部书通过对历史上美国政府文件的解读，将研究重心置于美国国家安全系统创立

---

① John Lewis Gaddis, *The United States and the End of the Cold War: Implications, Reconsiderations, Provocations*, New York: Oxford University Press, 1994.

② Timothy W. Stanley, Kevin V. Mulcahy, *American Defense and National Security*, Washington, D. C. : Public Affairs Press, 1956.

③ Amy Zegart, *Flawed by Design: The Evolution of the CIA, JCS, and NSC*, New York: Stanford University Press, 2000.

伊始的制度设计上，探讨了杜鲁门、艾森豪威尔、肯尼迪与约翰逊四届政府时期的"机构瑕疵"是如何一步步扩大的，可以说对本研究具有重要的参考价值。

约翰·霍普金斯大学教授沃利在其所著的《统筹权力之器：美国国家安全系统的重要实践》一书中另辟蹊径①。在大部分人看来，多数美国人认为国家安全决策仅掌握在少数人的手中，国家安全政策的制定仅是少数内部人士的游戏，对于美国公众来说遥不可及。但沃利并不这样认为，在他看来，冷战时期美国国安会的架构并不能满足后冷战时期国际局势对国家安全政策的要求，为此，他列举了诸多因素。虽然这部书的主旨在于探讨美国国家安全系统与国家安全观的历史流变，且多着墨于后冷战时期的美国国家安全机构，但其仍有单独的章节对国安会的历史进行了梳理，尤其是对杜鲁门和艾森豪威尔时期的美国国安会的机制、架构、人员与思想进行了细致描述，并指出了其缺陷和不足。

作为美国国家安全政策的长期批判者，波士顿大学的巴塞维奇认为国安会与长期存在于华盛顿决策圈中的"小决策团体"有着千丝万缕的联系。他编著的《长战争：战后美国国家安全史》一书从不同角度对美国国家安全系统进行了解读②。作为前美军陆军上校，巴塞维奇因对美国呈现的"新军国主义"趋势进行批评而名闻一时。在这本论文集中，虽然十六篇论文的切入角度各异，但其秉持的思想是一致的：美国的行为受到少数人的左右，外交政策如此，国家安全政策亦如此。作为国家安全的统筹机构，美国国安会因其持续不断的小集团思维而受到批评。在该书中，作者认为权力的过于集中造成了一种国家安全政策由少数人定夺的恶性模式，而后他在《华盛顿规则：美国通向永久战争之路》一书中对这种模式进行了进一步分析③。

---

① Robert Worley, *Orchestrating the Instruments of Power: A Critical Examination of the U. S. National Security System*, New York: Lulu. com Press, 2012.

② Andrew J. Bacevich, *The Long War: A New History of U. S. National Security Policy Since World War Ⅱ*, New York: Columbia University Press, 2009.

③ 巴塞维奇认为"内圈决策模式"（inner - circle model）即所谓少数人对国家安全事务进行决策是决策失调的主要原因。他将这种方式称为"华盛顿规则"。详见 Andrew J. Bacevich, *Washington Rules: America's Path to Permanent War*, New York: Metropolitan Books, 2010。其直接导致的结果就是美国"新军国主义"倾向的出现。详见 Andrew J. Bacevich, *The New American Militarism: How Americans Are Seduced by War*, New York: Oxford University Press, 2013。有关国内学术界对这一问题的探讨，参见石斌《美国"黩武主义"探源》，《外交评论》2014 年第 4 期。

实际上，巴塞维奇的这种观点并不新鲜。早在 1954 年，学者霍布斯便在自己的作品中阐述了相似的观点，认为国安会是美国核心决策者打破官僚主义掣肘、凭借少数人进行重要决策的重要工具之一①。普雷斯顿则认为只有"人"而非"机构"才能够对总统的最终决策产生实质性影响，因此国安会与总统的亲密顾问相比不具备任何优势②。波克更是一针见血地指出，国安会在经历了长期的发展之后，其幕僚团队已经与白宫行政人员融为一体，国家安全顾问更是摘掉了昔日"事务助理"的帽子，在政策进程中被赋予了更多本不应属于其的权力。这些因素使国安会不可避免地走向集体议政原则的对立面③。总之，相比第一类作品，在美国国家安全体系中对国安会进行剖析的这类作品往往能够体现美国国安会在美国国家安全体系中的地位，具有两个较为鲜明的特征：首先，这些作品往往问世于冷战后期或后冷战时期，这使得作者们能够摆脱冷战思维的束缚；其次，仍旧没有成为主要研究对象的美国国安会在诸多学者和研究者眼中还是一个统筹协调职能大于政策决断职能的"秘书处"，在国家安全体系中作用十分有限。鉴于这种局限性，大多数此类作品忽视了对国安会本源的探讨。

3. 美国总统与美国国安会

美国总统作为美国国家军事、安全与外交政策的最高决策者以及国安会为数不多的法定成员之一，并非仅被动地接收美国国安会政策评估的结果。整个冷战期间，历任美国总统都或多或少地参与到作为政策论坛的国安会正式会议之中，亲自与机构内的其他成员交换看法并进行互动，以便听取和采纳更多意见。因此，美国总统与美国国安会的关系会在很大程度上影响美国国家安全政策的基调与走势，可谓国安会系统具体形态的重要塑造者。从这一角度对美国国安会进行探讨的著作自然不在少数。美国海军战争学院教授洛德于 1988 年出版的著作《总统与国家安全治理》是这

① Edward H. Hobbs, *Behind the President: A Study of Executive Office Agencies*, Washington, D. C.: Public Affairs Press, 1954.

② Thomas Preston, *The President and His Inner Circle: Leadership Style and the Advisory Process in Foreign Affairs*, New York: Columbia University Press, 2001.

③ Joseph G. Bock, *The White House Staff and the National Security Assistant: Friendship and Friction at the Water's Edge*, New York: Greenwood Press, 1987.

类研究方向的代表作①。洛德从总统与国安会之间的关系出发，将这种政府内部的"双边关系"视为左右美国国家安全政策动向的重要因素。在该书中，作者认为美国国安会本应具有的战略规划职能被大部分人所忽略和误解，官僚机构的异常状态、缺乏指挥与控制大大削弱了该机构的效率。在洛德眼中，美国总统的第一要务就是要给予自己选定的、负责统领国家安全事务的人以极大的权力——足够处理机构中的顽疾。实质上就是建议提高国家安全顾问在决策圈中的地位，令其达到内阁成员级别，超过中情局局长以及参谋长联席会议主席。洛德的这种呼声自1947年该机构建立以来一直存在，并随时间推移逐渐加强。除了洛德外，纽曼的《国家安全政策治理：总统与进程》一书从管理学的角度对美国总统制定国家安全政策的手段和方式进行了总结和归纳，颇具代表性②。在书中，作者特意创造了一个相对复杂的模型，依此分析美国总统自二战后至今决策进程方式的演变。在作者看来，美国国安会是国家安全诉求的接收者、国家安全政策的处理者以及国家安全政策的输出者，而美国总统就是管理这个进程的"工程师"。该机构建立之初，出于对整体决策体系的不信任，时任总统杜鲁门采取"内圈模式"制定国家安全政策，将美国国安会成员排除在外，导致国家安全进程制定缺乏应有的机制，最终无法应对变幻的国际局势。作者认为，总统越是希望简化国家安全政策制定流程，就越容易制定出偏离宏观战略的政策，出现失误的概率就越大，约翰逊政府时期的"星期二午餐会模式"就是政策制定功能性失调的一个案例。因此，虽然大多数总统不情愿将国家安全政策的权力下放给国安会，认为这样做会导致自身在决策体系中的地位下降，但这是避免出现谬误的唯一途径。

　　艾森豪威尔模式是国安会发展史上一种富有争议的机构运作模式③。该

---

① Carnes Lord, *The Presidency and the Management of National Security*, New York: Free Press, 1988.

② William W. Newmann, "Reorganizing for National Security and Homeland Security," *Public Administration Review*, Vol. 62, Special Issue, 2002, pp. 126 – 130.

③ "艾森豪威尔模式"意指在艾森豪威尔政府时期，由总统和时任国家安全顾问罗伯特·卡特勒规制出的一种组织架构相对合理、政策实施相对高效但机制日趋冗杂的国安会运作模式。艾森豪威尔模式是美国国安会系统在探索时期一种富有代表性的机构范式。此后基辛格对美国国安会的改革与后冷战时期的斯考克罗夫特模式都是该范式的改良和延续。参考〔美〕戴维·罗特科普夫《操纵世界的手：美国国家安全委员会内幕》，孙成昊、赵亦周译，商务印书馆，2013，第93页。本书将在第三章中重点对该模式做出进一步分析及讨论。

模式有助于总统最大限度地获取来自政府内部的相关政策谏言，但同时也因其复杂的结构而饱受指责，并一度为美国决策层所摒弃。而在后冷战时期，由于非传统安全问题频发，国际局势日趋复杂，这一模式又被一部分学者重新提及。他们倡导对后冷战时期美国国安会进行改革。鲍威与伊默尔曼就是这群新艾森豪威尔派的代表性人物。两人在《实践和平：艾森豪威尔如何塑造持久冷战战略》一书中对艾森豪威尔总统的国家安全政策管理手段与模式进行了重新评估，字里行间颇有为其"平反"的意味①。他们认为，在提出了"新面貌"战略后，艾森豪威尔致力于打造接下来30年美国冷战的战略框架。为此，他以国家安全委员会为中心，建立了一个相对完整和高效的决策系统。他充分利用各机构的专业知识及数据，将其整合于美国国安会的高级决策团体中，借此制定出宏观和长远的战略。伊默尔曼在另一篇文章中则更进一步，认为后冷战时期学界对于艾森豪威尔国家安全政策模式的赞赏皆是由于他对美国国安会的善加利用②。他指出，虽然在总统任期末，艾森豪威尔的决策系统陷入了效率低下与官僚内斗等诸多困境之中，但其在美国国安会内架设"计划委员会"和"协调委员会"的行为对后来的国家安全政策发挥了重大影响，而机构内部的顾问设置也让之后的美国国安会相形见绌。新艾森豪威尔派在学界的崛起恰恰说明，在后冷战时期，国安会的机制根源问题并未伴随斯考克罗夫特模式的出现而解决③。

除此之外，从美国总统与美国国安会之间关系切入美国国家安全政策分析的著作还有历史学家索尔顿-艾宾的《里根档案：走进国家安全委员会》④、博斯的《总统政治的塑造与讯号》⑤ 等。总的来说，这类著作大多

① Robert R. Bowie, Richard H. Immerman, *Waging Peace: How Eisenhower Shaped an Enduring Cold War Strategy*, New York: Oxford University Press, 2010.

② Fred I. Greenstein, Richard H. Immerman, "Effective National Security Advising: Recovering the Eisenhower Legacy," *Political Science Quarterly*, Vol. 115, No. 3, 2000, pp. 335 – 345.

③ 另一位新艾森豪威尔派的学者米勒就秉持这种观点。在他的文章中，米勒分析并列举了斯考克罗夫特模式存在的缺陷，并态度鲜明地指出唯有艾森豪威尔模式才符合全球化时代美国政府对国安会的发展诉求。参考 Paul D. Miller, "Organizing the National Security Council: I Like Ike's," *Presidential Studies Quarterly*, Vol. 43, No. 3, 2013。

④ Jason Saltoun – Ebin, *The Reagan Files: Inside the National Security Council(Discovering Reagan)* (Volume 2), New York: Seabec Books, 2014.

⑤ Meena Bose, *Shaping and Signaling Presidential Policy: The National Security Decision Making of Eisenhower and Kennedy*, Texas: Texas A&M University Press, 1998.

以批判的眼光看待总统与国安会之间的关系，认为美国国安会建立后，大部分美国总统看轻了这个本应职能强大的机构，限制了其发展和应发挥的重要作用，一致希望通过机构改革等方式提高美国国安会的地位，让其在国家安全政策制定中得到应有的重视。

4. 国家安全顾问与美国国安会

尽管作为非法定政府成员的国家安全顾问一职在艾森豪威尔政府时期才得以确立，但担任该职位的人员在美国国家安全政策进程中的权力始终在扩张。冷战的大部分时期，国安会系统的架构都是由国家安全顾问所设计的。同时，作为该机构的领导者，国家安全顾问的行为方式对美国国安会的决策模式具有决定性作用。因此，将国家安全顾问作为研究美国国安会切入点的作品不在少数，包括诸多回忆录、论文与学术论著等。例如历史学家普雷斯顿试图在自己的《战争委员会：麦克乔治·邦迪、国安会与越南》一书中回答一个老问题，即越南战争是否可以避免[1]。虽然该问题引发了美国史学界的长期论战，但从国家安全顾问的角度出发对该问题做出回答尚属首次。在他看来，肯尼迪政府时期，美国国家安全顾问一职首次得到了专业化，而作为时任国家安全顾问的麦克乔治·邦迪有效利用了这种专业化，建立起与肯尼迪总统的亲密关系。作者认为邦迪对美国介入越南战争负有重大责任，这也是其无法回避的历史责任。美国国家安全体系内所存在的行事方式与官僚作风都带有邦迪时期的影子。作为总统的肯尼迪与约翰逊本意并不想介入一场遥遥无期且复杂棘手的战争，然而美国国安会"灵巧的官僚主义手法"使其对椭圆形办公室中的美国总统产生了巨大影响，导致一场本可避免的战争最终爆发了。邦迪本人在这个过程中扮演了一位"十分忠诚但动机可疑的战士"角色。该书的逻辑便是国家安全顾问通过利用自身在决策层级中的优势地位影响了国安会的走向，进而左右美国总统的判断乃至美国国家安全政策，最终达到左右世界政治格局的目的。秉持这种观点的作品还有传记作家米尔恩的《美国的拉斯普京：沃尔特·罗斯托与越南战争》。他在该书中将注意力放在继邦迪之后，约翰逊政府时期第二任国家安全顾问罗斯托的管理方式上[2]。在书中，作者

---

[1]　Andrew Preston, *The War Council: McGeorge Bundy, the NSC, and Vietnam*, Columbia: Harvard University Press, 2010.

[2]　David Milne, *America's Rasputin: Walt Rostow and the Vietnam War*, New York: Hill and Wang, 2009.

着重强调了罗斯托的草根出身，认为他年轻时期的经历对其后来的行为方式产生了重大影响。虽然他强硬且冷静的行事风格让其在国家安全系统内受到尊敬，但其排外的管理方式同时也使其在当政的几年中树敌无数。许多人认为，正是罗斯托对约翰逊"星期二午餐会"政策商讨模式的支持，导致了"集体迷思"的出现。"如果邦迪是让美国走向越战噩梦的始作俑者，那罗斯托就是让美军深陷越南泥潭的推手。"美国著名外交官艾夫里尔·哈里曼因此将罗斯托称为"美国的拉斯普京"[1]。米尔恩认为，一方面，罗斯托为实践自己的民主理想奋斗终生，是一位名副其实的民主斗士；另一方面，正是他的这种教条思想，使其最终将美国在越战的歧路上越引越远。该书也试图证明，国家安全顾问个人的思想品性与行为方式对于美国国家安全政策的制定与实施的确是具有引导性作用的。

也正是因为看到了国家安全顾问的特殊地位，佛蒙特大学政治学教授、美国总统奖获得者博克在自己的著作中从美国国家安全顾问的角色出发，对自艾森豪威尔至小布什的历任美国总统的国家安全决策体系进行分析，并从中抽象出了被学界广泛引用的"诚实掮客"之概念[2]。作者认为，作为国家安全决策进程的中心，美国国安会将协助美国总统做出在全世界范围内产生影响的外交和安全决策。贯穿该书的中心议题是，我们该如何理解国家安全顾问的角色？这种角色随着时间的推移将会如何改变？国家安全顾问该如何执行和影响决策？在他看来，理想的国家安全顾问应当扮演所谓"诚实掮客"的角色，而不是引导和倡导任何特定的政策方向。在书中，他通过六个具体案例，用批判性的思维分析了随着时间的推移国家安全顾问角色和职能的微妙变化。

从国家安全顾问的角度分析美国国安会机构与制度的演化的论述不仅有助于读者了解国家安全顾问在美国国家安全决策中扮演的角色及发挥的

---

① 拉斯普京（Григорий Ефимович Распутин）是沙皇尼古拉二世时期的宫中宠臣，出身农民家庭，因称有"预压能力"而受到众多信徒追捧，并得到了沙皇的信任。许多历史学家认为是拉斯普京将沙皇俄国推向覆灭的深渊。哈里曼和米尔恩之所以将罗斯托与拉斯普京对比，是因为他们认为罗斯托带有"神秘主义"的国家安全体系经营模式排除了异己的意见，最终让越战成为他"一厢情愿的战争"。冷战史学家大多因此给予罗斯托负面评价，但也有反对的声音，例如 Kevin V. Mulcahy, "Rethinking Groupthink: Walt Rostow and the National Security Advisory Process in the Johnson Administration," *Presidential Studies Quarterly*, Vol. 25, No. 2, 1995, pp. 237 – 250。

② John. P. Burke, *Honest Broker?: The National Security Advisor and Presidential Decision Making*, Texas: Texas A&M University Press, 2009.

作用，同时也便于从更为微观的角度探究美国国安会在不同时期体现出不同特征的缘由，以及不同时期美国政府决策机制的形成过程。不可否认的是，某些传记类作品在一定程度上含有虚构、夸张的成分。尽管如此，这类作品对于本书的研究来说仍具有重要的参考价值。

5. 作为主要研究对象的美国国家安全委员会

与此前几类相比，专门论述美国国安会的作品在数量上明显不足，也缺乏研究的深度和广度。这类著作往往以美国国安会从建立至今的历史为枢轴，对每个政府时期国安会的背景和现实进行历史性描述，将"国安会的发展"视为"根据总统任期来划分的'分段函数'"[1]。在这类作品中，出版时间较早也最知名的一部是普拉多斯在 1991 年出版、已被翻译成中文的《掌权者》一书。该书着重描写了这个在杜鲁门时期名不见经传的机构是如何一步步发展到里根政府时期的"守门人"的[2]。普拉多斯在书中坚信，国家安全委员会将最终成为"小国务院"（例如尼克松政府时期由基辛格担任国家安全顾问造成人员超编的窘境）。作者也兼论了他对国安会领导者的观点，即国家安全顾问应当履行一名秘书的职责，而不是参与具体的政策规划和制定。在整部书中，普拉多斯试图传递一种思想，即总统应当有效利用美国国安会，但也应时时刻刻对其职能加以限制。《掌权者》在早期有关美国国安会的相关研究中占有重要地位，书中也收录了大量国安会正式会议的照片与图像资料。然而，尽管侧重史料分析，由于当时能够供作者使用的解密文件非常有限，许多文章所得出的结论在今天看来是值得商榷的。

除《掌权者》以外，前任乔治·华盛顿大学校长因德弗斯与学者约翰逊于 1988 年编辑出版的《最高决策：透视美国国家安全委员会》一书也是该研究领域的重要参考书籍[3]。该书于 2004 年再版，更名为《至关重要的抉择：深入国家安全委员会》[4]，并加入了对小布什政府国家安全委员

---

① 肖河：《美国国家安全委员会机制的创立与演变》，《国际经济评论》2015 年第 6 期，第 109 页。

② John Prados, *Keepers of the Keys: A History of the National Security Council from Truman to Bush*, New York: William Morrow & Co. , 1991.

③ Karl F. Inderfurth, Loch K. Johnson, eds. , *Decisions of the Highest Order: Perspectives on the National Security Council*, New York: Brooks/Cole Pub Co. , 1988.

④ Karl F. Inderfurth, Loch K. Johnson, eds. , *Fateful Decisions: Inside the National Security Council*, New York: Oxford University Press, 2004.

会的思考和建议。这两部书的重大意义有三点。首先，书中囊括了自 1947
到 2003 年间几乎所有重要的、研究美国国安会的重要文章、报道以及解
密文件，并论述了国安会从一开始不受重视，到最后占据战略制定主导地
位的过程。其次，两书同样以邦迪、基辛格、斯考克罗夫特、布热津斯
基、伯杰等历史上著名的国家安全顾问为例，探讨了国家安全顾问职能的
演变。最后，两书还以美国冷战史上几次重大的外交与国家安全事件，例如
古巴导弹危机、伊朗人质危机为例，剖析其成败原因，并提出了相应的改革
建议。

　　而近几年比较好的以美国国安会为主要研究对象的系统性专著是知名
杂志《外交政策》主编、布鲁金斯学会访问学者罗特科普夫于 2006 年出
版的《操纵世界的手：美国国家安全委员会内幕》①。该书一经发售便引
起了学界广泛关注。作为克林顿政府时期的商务委员会帮办，罗特科普夫
曾与诸多参与或曾经参与管理美国国家安全事务、制定相关政策的重要人
员发展成亲密关系。这部著作就是他对包括亨利·基辛格、布伦特·斯考
克罗夫特、康多丽扎·赖斯等站在国家安全权力之巅的人物多达 130 余次
的访谈的集合。罗特科普夫认为，在世界历史上，从未有人的权力超过美
国总统和他的国家安全政策团队，美国国安会毫无疑问是世界上最有权力
的机构。然而在过去的几十年中，这个机构往往不被理解。在他看来，历
史上最为优秀的三支国家安全团队分别存在于艾森豪威尔政府时期、尼克
松政府时期以及老布什政府时期，驱动团队前进的鞭策者分别是艾森豪威
尔、基辛格与斯考克罗夫特。通过回顾美国国安会的整体历史，人们应当
再次对该机构的架构进行理性反思——"没有最佳的决策模式，只有最适
宜的决策模式"。这部书行文截至克林顿政府时期。2014 年，这部书在某
种意义上的续作《国家非安全：恐慌时代的美国领导地位》出版，两者共
同构成了一部完整的美国国家安全委员会史②。与前著相同的是，后书同
样涵盖了大量口述史料，具有一定的客观性、可鉴性，对本书具有重要的
借鉴和参考意义。但同时应该冷静地认识到，这些史料中往往有夸大和不
真实的成分，罗特科普夫本人的政治倾向性使得其叙述带有一定程度上的

---

① David Rothkopf, *Running the World: The Inside Story of the National Security Council and the Architects of American Power*, New York: Public Affairs, 2006.

② David Rothkopf, *National Insecurity: American Leadership in An Age of Fear*, New York: Public Affairs, 2014. 也译为《国家不安全：恐惧时代的美国领导地位》。

主观色彩。

（二）美国马里兰大学的"国家安全委员会课题"

值得一提的是，美国知名智库布鲁金斯学会与美国马里兰大学公共政策学院下属国际安全研究中心（CISSM）于 1998 年开展合作，共同启动了"美国国家安全委员会课题"（National Security Council Project）。主持该课题的是马里兰大学教授 I. M. 戴斯特勒[①]与克林顿政府时期美国国安会顾问、布鲁金斯学会高级研究员伊沃·达尔德。该课题于 2009 年结题，并留下了一系列重要研究成果。这些成果可分为三类。

其一，1998 年至 2000 年，围绕美国国家安全委员会的机制、决策以及人事安排，该课题组开展了七次"口述史圆桌会议"，主题分别为1998 年 12 月 8 日的"尼克松政府与国家安全委员会"，1999 年 11 月 2日的"国际经济决策与国家安全委员会"，1999 年 4 月 29 日的"小布什政府与国家安全委员会"，1999 年 10 月 25 日的"国家安全顾问的职责"，1999 年 11 月 4 日的"中国政策与国家安全委员会"，2000 年 3 月23 日的"军控与国家安全委员会"，以及 2000 年 9 月 27 日的"克林顿政府与国家安全委员会"[②]。每次圆桌会议都会邀请 10～15 名美国国安会成员或前国安会成员参加，就会议的议题制定出 5～10 个问题依次向每位成员提问。会议期间，与会人员会陈述自己在美国国安会的就职经历，并对该机构过去的历史和未来的发展进行梳理和展望。与会者的发言经整理形成的会议纪要被上传到网络，以供下载。

---

① 戴斯特勒本人是美国学界长期从事国安会相关研究的重要学者之一。他早在 1972 年出版的著作《总统、官僚与外交政策》一书便率先对国家安全顾问存在的必要性提出了质疑，而后他在《在椭圆办公室的阴影下：国家安全顾问和他们服务的总统简介——从肯尼迪到乔治·W. 布什》更是明确指出该职务应当被废弃。参见 I. M. Destler, *Presidents, Bureaucrats, and Foreign Policy: The Politics of Organizational Reform*, Princeton, NJ: Princeton University Press, 1972。戴斯特勒关于国安会的代表性作品还有：I. M. Destler, "Comment: Multiple Advocacy: Some 'Limits and Costs'," *American Political Science Review*, Vol. 66, No. 3, 1972, pp. 786 – 790; I. M. Destler, "A Job That doesn't Work," *Foreign Policy*, No. 38, 1980, pp. 80 – 88; I. M. Destler, "National Security Advice to U. S. Presidents: Some Lessons from Thirty Years," *World Politics*, Vol. 29, No. 2, 1977, pp. 143 – 176; I. M. Destler, "National Security Management: What Presidents have Wrought," *Political Science Quarterly*, Vol. 95, No. 4, 1981, pp. 573 – 588; 等等。

② 会议的内容可在布鲁金斯学会相关网站上下载，参见 http://www.brookings. edu/about/projects/archive/nsc/overview。

其二，课题组对第一阶段口述史会议收集到的资料和数据加以分类、总结和归纳，形成了一系列论文，主题包括对美国国家安全委员会在美国国家安全政策体系中所扮演的角色的探究、对国家安全顾问职能的考察以及对美国国安会成员在外交政策中作用的分析等①。这些论文大多侧重里根时期到小布什时期的美国国安会，因此对本书的参考价值有限。即便如此，这些论文在提及和论述美国国安会建立之初的机构设置时，仍旧做了相对完整的描述，有独到的见解。

其三，戴斯特勒与达尔德于 2011 年 2 月出版《在椭圆办公室的阴影下：国家安全顾问和他们服务的总统简介——从肯尼迪到乔治·W. 布什》，作为该课题的总结性成果②。在书中，两位作者利用口述史会议中获得的资料与数据，着重论述了国家安全顾问一职的定位与在政府中的作用。他们认为，虽然美国总统应该义不容辞地维护国家尊严，但他无法独自完成这一重任。因此，个人能力再突出的总统也应当善加利用国家安全委员会，与国家安全顾问发展密切的关系。书中对从麦克乔治·邦迪至康多丽扎·赖斯的十五位美国国家安全顾问的角色进行了评估，着重评析了这些不同性格的人对机构的塑造与影响。在他们看来，美国国安会在邦迪时期就已经实现了制度化，但之所以历史上人们对该机构评价不一，原因就在于国家安全顾问。优秀的国家安全顾问——如斯考克罗夫特——不仅能够时刻站在美国总统角度衡量决策，同时也不会存在权力越界、集体迷思等问题，最终能够让国家安全体系高效、顺利地运作；反之，权力的过度集中或极度分散则会导致机构效能下降，决策进程出现阻塞。

（三）中国学术界对“美国国安会”这一机构的考察

虽然美国国安会在美国国家安全决策体系中地位十分重要，但中国国内直到 2010 年后才开始对该机构进行系统性研究。这些研究大多集中在分析小布什与奥巴马政府时期的外交政策方面，鲜有对国安会自身历史进行梳理和分析。随着中国政治、经济和军事实力的迅速增长以及国际局势

---

① 课题的具体成果，见 http://www.cissm.umd.edu/projects/national - security - council - project。

② Ivo H. Daalder and I. M. Destler, In *The Shadow of the Oval Office: Profiles of the National Security Advisers and the Presidents They Served—From JFK to George W. Bush*, New York: Simon & Schuster, 2009.

的进一步严峻化、复杂化，中国政府于 2013 年 11 月 12 日宣布成立国家安全委员会。作为世界上成立最早的国安会，美国国安会发展的历史值得关注。然而在这方面，中国学者的研究显得尤为不足，至今没有一部以"美国国安会"为主题的著作出版。近年来，随着我国国安会的逐步发展，以及中美学术交流的深入，中国学术界对"美国国安会"的研究如雨后春笋般出现，具体表现在以下几个方面。

　　首先，关于美国国安会的译著首次出现。如前文所述，在美国，关于该主题的专著数量颇多，但除《掌权者》一书外，其余作品似乎没有得到中国学者和译者的关注。这种尴尬的情况伴随着中国国安会的成立才有所改善。最能够体现这一点的无非是罗特科普夫关于美国国安会的两部重要作品《操纵世界的手》以及《国家不安全》的中译本分别于 2013 年和 2016 年先后问世①。尽管两书并非标准的历史类著作，但恰到好处的翻译让更多国内学者甚至大众都乐于通过它们了解这个"世界上最有权力的机构"。相信在接下来的几年中，关于该主题的译著将会越来越多。

　　其次，高校中有一定数量的研究生选择美国国安会作为毕业论文的研究主题，这意味着年轻科研群体逐步意识到了该机构在研究冷战史以及美国国家安全政策中的特殊地位及重要意义。其中，以国安会为研究对象的博士学位论文仅有一篇，即北京外国语大学陈征的《国家安全顾问在美国外交决策机制中的角色与作用》②。文章从新制度主义视角出发，认为美国外交决策存在一种"大三角机制"，而国家安全顾问正是其中不可或缺的一环。相比之下，硕士学位论文不仅数量居多，切入点也各异。例如张杨的《艾森豪威尔时期美国制定西藏政策研究》探讨了该机构历史上首次关注西藏问题的背景，及其在美国西藏政策制定中的重要作用③；张若凡的《美国国家安全委员会体制及功能变迁研究》梳理了国安会自建立至今

---

① 〔美〕戴维·罗特科普夫：《操纵世界的手：美国国家安全委员会内幕》，孙成昊、赵亦周译，商务印书馆，2013；〔美〕戴维·罗特科普夫：《国家不安全：恐惧时代的美国领导地位》，孙成昊、张蓓译，社会科学文献出版社，2016。
② 陈征：《国家安全顾问在美国外交决策机制中的角色与作用》，北京外国语大学博士学位论文，2015。
③ 张杨：《艾森豪威尔时期美国国家安全委员会制定西藏政策研究》，东北师范大学硕士学位论文，2006。

的发展简史①；周亚男的《冷战后美国"国家安全"理念下的国家安全委员会变革》从国际政治的角度分析了后冷战时期国际格局的深刻变化是如何影响国安会研讨政策的方式的②；蔡舒皖的《论国家安全委员会在外交决策中的作用——以美英印国安会为例》分别就三个国家国安会的组织架构以及外交决策因素进行了分析③；张逯婧的《论冷战初期美国国家安全委员会的建立》关注美国国安会的发祥，梳理了该机构建立的历史背景、建立过程以及对后世的影响④；等等。这些论文在某种程度上填补了该领域的一些研究空白。

最后，中国学者也开始了对美国国安会这一主题的探索。2002 年，《国际观察》刊登夏立平研究员的文章，分析美国国家安全委员会在美对外和对华政策制定中起到的作用⑤。此后，虽然国内未曾有涉及该研究方向的专著问世，但与此有关的学术论文并不罕见，在近几年尤多，如《操纵世界的手》一书的译者孙成昊分别在《国际关系研究》、《现代国际关系》以及《国际研究参考》等期刊上陆续发表了多篇论文，讨论了美国国安会的发展模式，提出了其历史发展中的经验教训、模式变迁和相关思考，并分析了奥巴马政府中该机构的运作理念，等等⑥。国际关系学院教授毕雁英在《国际安全研究》杂志上发表《美国国家安全委员会变迁探析》一文，分析了该机构的制度规范，对其建立至今的效能进行了评析⑦。中国社会科学院世界经济与政治研究所肖河于 2015 年发表的《美国

---

① 张若凡：《美国国家安全委员会体制及功能变迁研究》，天津师范大学硕士学位论文，2016。

② 周亚男：《冷战后美国"国家安全"理念下的国家安全委员会变革》，吉林大学硕士学位论文，2011。

③ 蔡舒皖：《论国家安全委员会在外交决策中的作用——以美英印国安会为例》，外交学院硕士学位论文，2011。

④ 张逯婧：《论冷战初期美国国家安全委员会的建立》，陕西师范大学硕士学位论文，2012。

⑤ 夏立平：《美国国家安全委员会在美对外和对华政策中的作用》，《国际观察》2002 年第 2 期。

⑥ 孙成昊、肖河：《美国国家安全委员会的发展经验及教训》，《国际关系研究》2014 年第 5 期；孙成昊：《美国国家安全委员会的模式变迁及相关思考》，《现代国际关系》2014 年第 1 期；孙成昊：《奥巴马对美国国安会的调整评析》，《国际研究参考》2014 年第 1 期；孙成昊：《特朗普执政后美国国家安全委员会的变化》，《现代国际关系》2019 年第 11 期。

⑦ 毕雁英：《美国国家安全委员会变迁探析》，《国际安全研究》2014 年第 5 期。

国家安全委员会机制的创立与演变》①，以及中国社会科学院美国研究所李枬于 2018 年发表的《美国国家安全委员会决策体制研究》② 是目前国内学界对于美国国安会机制较为系统的研究成果。两位作者都洞察到，冷战时期美国国安会的机制变迁并不单纯为美国国内因素所左右，而且与冷战环境、美苏间力量对比有着千丝万缕的联系。同时，国安会的正式决策体制与非正式决策过程相辅相成，从而确保了决策的有效性。本书也试图将这一思维脉络延伸至整个冷战时期的美国国安会研究之中，并证明美苏间力量对比与国安会机制之间确实存在联动关系，且美国国安会中的"非机制性因素"具有重要影响。

总之，由于我国国安会的建立，中国学术界就美国国安会这一研究领域的研究有了一定的进展，但仍十分有限。目前最大的问题在于，大多数关于该主题的文章注重实效性和实用性，将目光聚焦于后冷战时期的美国国安会，希望借此来探究该机构对中国的启迪性意义，导致研究过于功利化。应当指出的是，美国国安会之所以能够成为世界上公认的体系最为完整、机制最为健全、运转相对流畅的国安会，是由于其政府和学界不断对过去的经验教训进行总结，这是建立在其 70 余年历史经验基础之上的。因此，其看似顺畅的运作模式实际上却蕴含着从实践到理论、再从理论到实践的深刻政策内涵，而梳理并分析该机构背后的历史是深入了解这种内涵的唯一途径。

（四）对中美相关文献的评价

从国内外相关文献来看，中美有关美国国安会的研究的差异性主要表现在以下四个方面。第一，研究成果的数量方面。由于在二战后就意识到了该机构的重要性，美国学界对于美国国安会的研究发展至今已成果颇丰，不仅关于美国国家安全的众多学术作品中有美国国安会的影子，也有相当数量的以该机构为主要研究对象的专著问世。而中国学界除少量论文外，以美国国安会为主题的研究寥寥无几，对 20 世纪 50 至 70 年代的美国国安会进行考察的，更是没有。

第二，科研群体方面。在美国，有四个研究群体对美国国安会这一主

---

① 肖河：《美国国家安全委员会机制的创立与演变》，《国际经济评论》2015 年第 6 期。
② 李枬：《美国国家安全委员会决策体制研究》，《美国研究》2018 年第 6 期。

题进行过专题研究。首先是前美国政府内部人士。他们凭借"近水楼台"优势，以自身的经历和经验为基础发表对国安会机制的意见及建议①。其次，美国政府也时常组织特定的委员会对一段时间内的国安会效能进行评估②。再次是科研机构以及智库的学者以及研究人员，除了上述布鲁金斯学会的"美国国安会课题"以外，美国还有很多智库或科研团体对与国安会相关的课题展开了研究③。他们的研究成果往往以论文形式出现在美国政治学学术期刊上，或是形成专著出版。最后是记者与传记作家，他们针对安全系统内部人士进行了大量采访，从侧面探究了这些人对美国国安会以及美国国家政策的影响。而在中国，针对美国国安会的研究才刚刚起步，大部分科研成果是由高校以及研究院所的学者和科研人员完成的。同时，也有少数人试图挖掘该机构的奇闻轶事，作品往往缺乏足够的史料支撑。

第三，研究方法方面，美国学界不仅长期保持对国安会的关注，同时其视阈也是非常宽泛的。除利用一手史料以及口述史料对国安会进行阐释

---

① 自索尔斯开始，几乎每位美国国安会的领导者都会在任期内或卸任后发起针对该机构运作方面的探讨。例如 Sidney W. Souers, "Policy Formulation for National Security," *American Political Science Review*, Vol. 43, No. 3, 1949, pp. 534 – 543; Robert. Cutler, "The Development of the NSC," *Foreign Affairs*, Vol. 34, No. 4, 1956, pp. 441 – 458; 等等。这一群体往往对于国安会有着独到的见解，例如布热津斯基卸任后，他在自己的回忆录中将国安会机制分为"总统管理型"与"国务卿管理型"两类，见 Zbigniew K. Brzezinski, *Power and Principle: Memoirs of the National Security Adviser*, 1977 – 1981, New York: Farrar, Straus, Giroux, 1983。

② 在这方面，颇有盛名的便是由参议员亨利·M. 杰克逊在 1959 年成立的参议院国家政策机制小组委员会，又被称为"杰克逊小组委员会"。该委员会通过大量的听证会对杜鲁门和艾森豪威尔时期的国安会系统各部分进行了细致的探研，其成果被公认为 20 世纪 60 年代有关美国国安会最为系统、全面的著作。见 Subcommittee on National Policy Machinery, *Organizing for National Security: Hearings before the Subcommittee on National Policy Machinery of the Committee on Government Operations, United States Senate*, Vol. 1 – 3, Washington: U. S. Government Print Office, 1961。除了杰克逊小组委员会外，还有例如胡佛委员会、墨菲委员会、托尔委员会等类似的政府内国安会临时研究机制先后成立，对该机构的发展起到了重要的影响作用。本书将在第八章对这些委员会之于美国国安会的作用和意义进行深入探讨。

③ 这些研究大多数集中在后冷战时期，例如卡托研究所对美国国安会在美国隐蔽行动中作用的探讨，见 David Isenberg, "The Pitfalls of U. S. Covert Operations," Washington, D. C. : Cato Institute Press, p. 118; 以及兰德公司的研究员戴维斯先后于 2002 年和 2004 年进行的研究涉及美国国安会在美国国土安全政策以及反恐政策中的作用，见 Lynn E. Davis, "Organizing for Homeland Security," California: RAND Corporation Press, 2002; Lynn E. Davis, "Four Ways to Restructure National Security in the U. S. Government," in Robert Klitgaard and Paul C. Light, eds. , *High – Performance Government: Structure, Leadership, Incentives*, California: RAND Corporation Press, 2005; 等等。

的普拉多斯与罗特科普夫等外，还有许多学者尝试从政治学、管理学、经济学、决策学甚至心理学中寻找切入点并展开研究，希望从不同途径寻找出国安会的"理想范式"①。反观中国学界，采用这些理论对美国国安会运作机制进行研究的寥寥无几，且这些学者的作品几乎都将目光聚焦于小布什政府时期之后，不仅缺乏相应的理论依据，同时可供利用的资料也不多，说服力也不足。成果在整体上较为薄弱。

第四，研究内容方面。对于美国学界来说，无论是针对美国国安会的历史梳理，还是有关决策模式、人员设置以及演化规律等方面的研究，都有相关著作问世，可以说内容较为翔实，形成了相对完整的研究体系。而中国对美国国安会的研究起步较晚，研究内容也大多关注后冷战时期该机构在美国国家安全决策中的作用，或从比较政治学的角度对不同国家的国家安全委员会进行探析，而缺乏对该机构本身的深入思考。

总体而言，国内外对美国国安会的研究呈现不对称性：美国对该机构的研究相对完整、完善，而中国则刚刚起步。然而，无论美国或中国学界，从国安会出发探析其对美国国际战略影响的作品仍未出现。鉴于国安会机制本身的重要性，相信未来几年国内关于该机构的研究成果将会逐步增多，研究内容也将逐步完善。放眼国内外相关研究，对美国国安会这一组织仍有深入探究的余地。探究这一组织在美国战略规划体系中所发挥的作用，对理解与洞悉美国总体行为模式非常重要，这也正是本书写作的初衷。

---

① 例如，政治学者乔治就曾利用决策分析理论对国安会的机制进行梳理分析，并在此基础上提出了著名的"多重谏言"（multiple advocacy）管理模式，见 Alexander L. George, "The Case for Multiple Advocacy in Making Foreign Policy," *The American Political Science Review*, Vol. 66, No. 3, 1972, pp. 751 – 785. 在而后的学术生涯中，他又将这一理论延伸至整体美国对外政策的机制之中，见 Alexander L. George, *Presidential Decision – making in Foreign Policy: The Effective Use of Information and Advice*, New York: Westview Press, 1980. 此外，利用其他科学性分析方法对与国安会相关的问题进行研究的作品还有 Paul A. Anderson, "Decision Making by Objection and the Cuban Missile Crisis," *Administrative Science Quarterly*, Vol. 28, No. 2, 1983, pp. 201 – 222; Fred Block, "Economic Instability and Military Strength: The Paradoxes of the 1950 Rearmament Decision," *Politics and Society*, Vol. 10, No. 1, 1980, pp. 35 – 58; George J. Saba, *The Power of the National Security Adviser*, Center for International Security and Cooperation Freeman Spogli Institute for International Stidies, California: Stanford University Press, 2015; Kevin V. Mulcahy, "Rethingking Groupthink: Walt Rostow and the National Security Advisory Process in the Johnson Administration," *Presidential Studies Quarterly*, Vol. 25, No. 2, 1995, pp. 237 – 250; 等等。

第二章　战后国际战略环境与美国国安会的建立

美国国安会的创建并非偶然，而是美国整体国家安全观的集中体现，是美国政府长期以来寻求将抽象的国家安全理念诉诸具体机制的必然结果。尽管美国的国家安全理念是美国地理环境、民族性格及国家战略的高度统一体，但其内部始终存在诸多分歧与矛盾。这体现在美国国家政治建构的方方面面，同样也根植于与美国国家安全理念密切相关的国安会系统机制之中。

美国国安会最初是作为美国政府内部商讨国家安全政策的论坛而设立的。这个单一的会议机制在一段时间后发展成为立体的国安会系统。这并非一蹴而就。首先，鉴于美国政府长期缺乏针对国家安全政策的统一协调机制，美国政府曾在第二次世界大战结束前多次尝试建立"类国安会"机构，其均在不同程度上带有战时机构的特征，发挥的作用十分有限。这些实践成为日后国家安全法出台、国安会最终建立的基础，其内嵌的应对战争的特质也不可避免地体现于国安会的机制之中。其次，国安会的建立也是美国政府内部多方博弈的结果。在其建立过程中，军方与政府之间利益的冲突与弥合使得1947年《国家安全法》对国安会职能的描述十分模糊。这为总统在日后塑造国安会机制和推动其进程留下了较大余地，也给国安会系统在历史演进中日益凸显的矛盾与缺陷埋下了伏笔。最后，国安会的创立是理念与机制的有机结合，也是权力和权益竞争的结果：正是由于分裂的国家安全观以及对立的利益角逐，国安会一经建立便被埋下了制度上的隐患，并最终导致冷战时期的国安会系统在运作中时常陷入误区。因此，厘清前国安会时期美国战略文化与国家安全观念的发展，并追溯国安会建立的过程，有助于从历史延续性角度更好地理解国安会及其系统机制与进程的演进，以及其存在的诸多问题和缺陷。

一　美国战略文化的历史演进

（一）孤立主义与扩张主义：美国早期国家安全观念的对立统一

在"国家安全"（national security）一词正式成为政治学及国际关系学中的常用规范概念之前，其形式伴随时间的推移、国际局势的变化及科技的进步得到了演化，其内涵也随之进一步延伸。国家安全是世界范围内大部分主权国家建立伊始便出现的国家衍生品，是一组基于对国家内部及外部环境感知而出现的概念。对于这一概念的起源，学界众说纷纭，其中大部分学者认同英国学者彼得·曼戈尔德（Peter Mangold）的考证，即国家安全概念首次出现于美国著名政治专栏作家沃尔特·李普曼（Walter Lippman）在 1943 年出版的著作《美国外交政策：共和国之盾》中①。而直到 1945 年 8 月，时任海军部长，同时也是美国国安会的重要塑造者之一的詹姆斯·福莱斯特（James Forrestal）在出席参议院听证会时提到国家安全的重要性，"国家安全"一词才首次得以在官方场合出现②。尽管这一概念直到二战接近尾声时才有明确的语言表达，但美国追求安全的实践毫无疑问具有先行性，国家安全也因此成了"迟来的新概念"。

与大多数政治学概念一样，国家安全长期缺乏统一的定义。李普曼在提出国家安全的概念时将其定义为"一个国家可以避免战争，而又不必牺牲其核心利益；若遭到挑衅，可在战争中取得胜利以维护其核心利益，即为国家安全"③。著名政治学家拉斯韦尔（Harold Lasswell）则直截了当地将其定义为"在其他国家的命令下仍能保证自由的能力"④。长期以来，大量学者试图对"国家安全"这个"模糊的符号"进行解读，然而却鲜有恰当且全面的诠释出现⑤。造成这种问题的根本原因无非是不同国家所

①　Peter Mangold, *National Security and International Relations*, London: Rutledge, 1990, p. 2.

②　Daniel Yergin, *Shattered Peace: The Origins of the Cold War and the National Security State*, Boston: Houghton Mifflin, 1977, p. 194.

③　Joseph J. Romm, *Defining National Security: The Nonmilitary Aspects*, Washington: Council on Foreign Relations, 1993, p. 5.

④　Harold D. Lasswell, *National Security and Individual Freedom*, New York: McGraw – Hill Press, 1950, p. 51.

⑤　其他对于"国家安全"一词较为经典的定义，参见 Arnold Wolfers, "'National Security' as an Ambiguous Symbol, "*Political Science Quarterly*, Vol. 67, No. 4, 1952; Harold Brown, *Thinking about National Security: Defense and Foreign Policy in a Dangerous World,* New York: （转下页）

面对内外环境的巨大差异。国土面积、地理位置、思想方式以及政治体制的差异使得国家之间发展轨迹迥异，其眼中的"国家安全"也因此千差万别。

不同国家对于"国家安全"的定义取决于其国家安全观。国家安全观是主权国家内部政治精英及民众对国家安全的主观解读，是国家安全战略的思想基础。相比广义上的"国家安全"概念，国家安全观更能够反映特定国家的现实与其面临的安全环境。国家的建立决定了国家安全观的认知基础，国家的发展决定了国家安全观的未来走向。美国作为世界范围内屈指可数的政治、经济以及军事大国，取得国际霸权的过程曲折而漫长。在不同历史时期，美国在国际政治舞台上扮演的角色不尽相同，其国家安全观也随之处于变动之中。这种变动在某种意义上可以被视为美国历史发展的缩影，也是最终促成美国国安会及其他国家安全机构设立的原因。因此，美国"国家安全委员会"中的"国家安全"更多意指美国的国家安全观，国安会系统也可以被视为基于美国国家安全观念而逐步形成的实体机制。因此，对历史上变动的美国国家安全观进行分析是理解美国国安会系统的必要步骤。

1776年7月4日《独立宣言》的发表宣告了美国的诞生。立国之初，美国的经济与军事实力十分赢弱，外部环境也错综复杂：在国内，拥有财富和土地的亲英分子希望让美国重回英国主导的政治轨道，诸多天主教移民也冲击了以清教为主的美国宗教社会；在国外，欧洲诸多君主制国家试图对这个国际政治格局中的新兴力量进行打压。尽管此时美国的政权尚未完全稳固，但由于民众的团结，也是由于欧洲君主之间的纷争使其没有过多精力插手美国事务，美军最终在1781年大败英军，双方签订《巴黎和约》，美国的政治根基得到了巩固。建国之初便经历的抗争与牺牲让美国民众深切感受到国家实力的重要性，这为其日后国家安全观的形成及塑造奠定了基础。

面对来之不易的政权，美国的开国政治精英们希望尽全力去对其进行维护，因此"保护主权与领土完整、捍卫共和政体、确保和平的发

（接上页）Westview Press Inc., 1983; Charles S. Maier, "Peace and Security for the 1990s," Unpublished Paper for the MacArthur Fellowship Program, Social Science Research Council Report, 1990; 等等。

展环境"成为"基本的安全目标"①。美国的首位总统华盛顿（George Washington）在任期内率先践行了这一安全目标。他主持制定了《联邦宪法》，让美国从过去松散的政治联盟过渡到政府主导的联邦共和国家，为国内的政治运作提供了更为安全的环境；与此同时，他按照英国模式建立了银行，并稳定货币、确立税法，确保了国家的经济安全，促进了国力的壮大。而他对于国家安全观最为重要的实践莫过于他在1793年英法战争中签署《中立宣言》。在这份美国外交史上的里程碑式文稿中，他明确指出，"美国的职责和利益要求其应该真诚地、善意地采取并力求对所有的参战国都持友好而公正的态度"②。很明显这种考量是基于美国自身情况的：国力有限的美国无力介入欧洲各国，尤其是英法两国的缠斗。保持中立、远离战火并发展自身实力最为符合美国的国家安全利益。这也反映了彼时美国政府以及大部分民众的国家安全观。

《中立宣言》所传递的理念正是主导美国整个19世纪甚至20世纪前半段外交决策制定的孤立主义思想的基础，是美国早期对外政策的基石，也是这一时期其整体国家安全观的集中体现。1796年9月，华盛顿在告别演说中重申了这种思想，并在此基础上将其内涵进行了延伸。他指出，"我们对待外国应循的最高行动准则是在扩大我们的贸易关系时，尽可能地避免政治上的联系……欧洲必定经常忙于争执，其起因实际上与我们的利害无关……我们真正的政策是避开与外界任何部分的永久联盟"③。在演讲中，华盛顿将美国的实用主义哲学精神注入孤立主义国家安全观之中，告诫美国人保持与欧洲的相对独立是为了增强国家实力，而成为纯粹的孤立者并不符合美国的国家利益。自此以后，孤立主义思想由一种理论思潮转化为政策方针，历经几任美国总统的诠释，其应用日臻成熟，内涵逐渐丰满，成为这一时期美国国家安全观的代名词。

彼时，美国得天独厚的地缘政治条件成为其国力日益强盛的重要助推器，也成为未来美国国家安全观发生转向的催化剂。除1812年第二次美英战争及1865年内战性质的南北战争以外，美国从未因发生大规模战争

---

① 周琦、付随鑫：《中美国家安全观的比较与分析》，《当代世界与社会主义》2014年第6期，第18页。

② George Washington, "The Proclamation of Neutrality, 1793," http://avalon.law.yale.edu/18th_century/neutra93.asp.

③ 〔美〕乔治·华盛顿：《华盛顿选集》，聂崇信等译，商务印书馆，2012，第308~309页。

而生灵涂炭。两大洋的"天然屏障"让美国在地理位置上孤立于世界军事列强，从而免遭战火的摧残。自建国以来，美国始终能够最大限度地保证自身的领土完整，其主权也几乎从未受到威胁。在20世纪末非传统安全威胁开始显现以前，几乎没有国家及其他国际行为体有能力对美国领土和民众的安全构成直接威胁。同时，相对于其他发达资本主义国家，辽阔的疆域、丰富的自然资源也让美国对世界资本主义经济体系的依存度较低。这些因素为美国国力的发展奠定了基础。在步入前后持续近一个世纪的大陆扩张时代后，美国人口快速增长。从1790年的390万人，到1830年的1280万人，到1850年的2320万人，再到1880年的5000万人[1]，美国在不到100年的时间里人口增长了近12倍；同时，美国也通过1803年从法国购买路易斯安那、1810年和1813年占领佛罗里达、1867年从俄国购买阿拉斯加以及1846年美墨战争后夺取得克萨斯等将领土最终扩张至太平洋沿岸。人口的增长以及领土的扩张预示着美国的崛起，而也这很容易被视为孤立主义思想以及外部安全环境共同造就的结果。

然而，外部威胁的缺失以及内部资源的富足使得美国政府以及民众的国家安全观中具有"天然安全"的感知，让美国有足够的能力在对外孤立的基础上专心进行对内发展，同时也注定了其不会永远局限于单一的孤立主义国家安全观。正如华盛顿所指出的，孤立主义并不是一个纯粹、绝对的概念，其实质"只是一个抵制欧洲干涉、实现国家自身利益的策略口号"[2]，是一种在达成最终目的前进行准备和伪装的手段。而"经济上的孤立与资本主义的外向性的要求相抵触；政治上和外交上的孤立也不是绝对地与外界隔绝"[3]。无论是与英国之间的贸易往来，还是奴隶交易的日益膨胀，抑或移民带来的经济增长，都透露出美国没有将自身的发展局限于领土内部。到20世纪30年代，美国已经可以"号称世界第二大贸易国"了[4]，在这种情况下，如果仍认为美国完全受到孤立主义国家安全观的指导，着实很难让人信服。因此，扩张主义和孤立主义实质上是"双胞

---

① 数据来源：美国人口普查网（census. gov），参见 http://www. census. gov/population/census-data/table – 2. pdf.

② 杨生茂主编《美国外交政策史（1775～1989）》，人民出版社，1991，第3页。

③ 刘德斌主编《国际关系史》，高等教育出版社，2003，第73页。

④ William E. Weeks, "American Nationalism, American Imperialism: An Interpretation of U. S. Political Economy, 1781 – 1861," *Journal of the Early Republic*, Vol. 14, No. 4, 1994, p. 489.

胎"：孤立主义思想的实质是能够早日实现对外扩张，两者是同时问世的；孤立主义以文字和演讲形式被提出，高调地使美国远离欧洲的纷争，而扩张主义则受到国力的制约，只能以海外经济扩张的形式保持与外界的联系；在美国逐步形成孤立主义国家安全观的过程中，扩张主义国家安全观的萌芽也被同时孕育了。

　　因此，尽管史学界倾向于将 1897 年美西战争视为美国由孤立主义大陆扩张转向海外扩张的标志①，但鉴于两者的相辅相成，这种转向在实际上"并没有明确的分界线"②。虽然孤立主义的国际安全观仍然在美国政治精英群体中占据重要地位，然而用汉娜·阿伦特（Hannah Arendt）的话说，扩张才是资本主义国家"永恒和最高的政治目标"③。在国力仍不及欧洲列强的情况下，孤立主义国家安全观主导的政策可以在成本最低的情况下较好地实现自身的扩张意图。而在国力逐步强盛后，美国便迅速走上了传统扩张主义道路。在这种背景下，美国在日后超越孤立主义国家安全观、超越大陆扩张和海外经济扩张的安全路径抉择也是可以预见的。自 1846 年美墨战争开始，美国对于海外的干涉似乎从未停止，且干涉对象也超越了门罗宣言中所强调的南美洲各国（见表 2-1）。

表 2-1　1846 年到 1868 年美国海外干涉

	美洲	亚太地区	近东	非洲
1846 年	墨西哥			
1849 年			士麦那*	
1851 年			土耳其	
1852 年	阿根廷			
1853 年	阿根廷/尼加拉瓜	日本		
1854 年	尼加拉瓜	中国		
1855 年	乌拉圭	中国/斐济		
1856 年	巴拿马	中国		
1857 年	尼加拉瓜			

① 杨生茂主编《美国外交政策史（1775～1989）》，高等教育出版社，2003，第 9 页。
② 〔法〕菲利普·戈卢布：《动摇的霸权：美帝国的扩张史》，廉晓红、王璞译，中国民主法制出版社，2014，第 44 页。
③ Hannah Arendt, *The Origins of Totalitarianism*, New York: Harcourt, 1994, p. 125.

	美洲	亚太地区	近东	非洲
1858 年	乌拉圭	斐济	土耳其	
1859 年	巴拉圭/墨西哥	中国	土耳其	
1860 年	哥伦比亚			安哥拉
1863 年		日本		
1864 年		日本		
1865 年	巴拿马			
1866 年	墨西哥	中国		
1867 年	尼加拉瓜	中国台湾		
1868 年	乌拉圭/哥伦比亚	日本		

注：士麦那为如今土耳其西部城市伊兹密尔。

资料来源：〔法〕菲利普·戈卢布：《动摇的霸权：美帝国的扩张史》，廉晓红、王璞译，中国民主法制出版社，2014，第 45 页；Richard F. Grimmett, *Instances of Use of United States Armed Forces Abroad*, 1798 - 2007；CRS Report for Congress, Washington, D. C. , Congressional Research Service, 2008。

　　造成这种情况的原因在于资本主义市场经济的特殊性——西进运动为美国在领土上的扩张画上了句号，但国内资本继续无限制扩张，造成国内市场无法满足经济扩张的需要。在这种情况下，美国国内要求寻求海外市场的呼声不断上升，国内政治压力居高不下。为了稳定国内民众的情绪①，也为谋求更好的发展，美国试图通过调整原有政策走向，做出符合自己国家利益的选择。正是基于对海外利益的追求，扩张主义逐步由原有"只存在于意识中的安全观"走向了具体政策措施，如发动美西战争，以及提出"门户开放"政策等。

　　综上所述，自美国建国到 20 世纪初，美国国家安全观是孤立主义和扩张主义的杂糅，其实质可以理解为在国内确保经济的增长和发展，促进社会繁荣与进步，在国外进行有限度的扩张以获取财富并增大自身影响，同时仍不放弃相对于欧洲纷争的孤立姿态。这两种国家安全观既相互交叉又一脉相承，左右了美国二百多年历史中诸多决策者的思维方式，是美国国家安全实践的理论与基础，也是日后美国进行对外战略规划的根源。然

---

①　美国分别在 1874 年、1877 年以及 1886 年爆发了三次规模较大的工人罢工。

而归根结底，孤立与扩张之间是存在一定程度上的矛盾的。对于这两种国家安全观的取向抉择成为历任美国领导人面临的难题之一。这种矛盾贯穿美国历史的每个时间节点，形成了所谓孤立主义与扩张主义之争，也为美国国际战略制定中存在的诸多问题埋下了伏笔。

（二）第一次世界大战与美国战略文化的演进

尽管美国对外干涉的脚步从未停止，但在 20 世纪到来之前，美国仍将大部分精力放在国内的建设上，对外干涉的战略目标仅局限于美洲诸国与少数亚太地区。拉丁美洲作为美国的“后院”，是美国国家安全的根本保障。因此，美国在自门罗宣言提出之后的相当一段时间内试图阻止欧洲各国将势力渗透进这一地区，以防对美国的国家安全造成威胁。在整个 19 世纪，孤立主义国家安全观仍是主导美国政治决策及行为的主要思想，而相对应地，扩张主义则属于“间歇性发作”①。这种“孤立为主，扩张为辅”的方式增强并巩固了美国在美洲的地位，同时也确保了其经济发展和输出不至于停滞、在国际范围内的影响力稳步上升。

尽管国家的宏观规划仍以内敛型的经济发展为主导，但美国在美西战争中取得胜利也让美国人在内心逐步建构出了一种对自身力量的笃信，这种认知也对美国的战略文化产生了直接的影响。尽管孤立主义是美国确保自身安全的根深蒂固的理念，但扩张的趋势已经伴随其自身实力的强大以及国内的经济需求而呈现出不可逆性。与此同时，在第二次工业革命的推动下，世界范围内的资本主义向帝国主义过渡。在面向全球寻求市场与殖民地的过程中，这些资本主义国家之间经济贸易相互依存也初现端倪。在这种情况下，相比美西战争前，美国的执政者对于这两种主导国家政策制定的安全观的看法似乎发生了微妙的变化，美国开始积极参与殖民扩张，并投身全球竞争行列。

尽管在第一次世界大战爆发后，时任美国总统伍德罗·威尔逊（Woodrow Wilson）第一时间发表的声明以及演说仍强调美国不会介入欧洲的战事，同时也呼吁美国人民保持严格的中立，但此时美国的进出口贸易已经深深根植于资本主义经济体系之中，纯粹的中立对其来说已不切实际。扩张主义的国际战略文化尤其是经济方面的扩张文化一旦出现，便难

---

① 牛可：《美国“国家安全国家”的创立》，《史学月刊》2010 年第 1 期，第 67 页。

以抑制。为此，美国在宣布中立之后仍向获取了制海权的协约国大量出口钢铁、工业成品以及农产品。"1913～1916 年，美国对欧洲出口总额从 15 亿美元一下增加到 38 亿美元，美国在世界市场上的出口总额也由 1913 年的 25 亿美元激增为 1916 年的 55 亿美元。同期美国的进口总额从 18 亿美元增为 24 亿美元左右"①。美国采取的这种"中立贸易"的国家安全政策，实质上反映了一种以政治孤立为幌子、以经济扩张为主导、加之以大炮护持的国际战略文化，是美国建国以来传统国家安全观的延续，充满了实用主义色彩。就连威尔逊自己也承认，"和平而体面地征服国外市场"才是其真正的目的②。

　　经济领域的安全一旦遭到破坏，美国所追求的绝对安全状态便被打开了缺口；政治作为与经济密不可分的共生体，也同时被暴露在来自外界的威胁之下。因此，即便美国被认为是不得已改变中立的立场并被"卷入"第一次世界大战中，也不得不承认这一结果是其长期以来持续不断对外进行经济扩张，同时却不切实际地希冀在一体化趋势明显的国际关系体系中仍旧保持政治孤立的直接结果。通过考察德国对协约国的潜艇攻势，可以侧面观测美国战略文化的演变：自 1915 年开始，德国开始诉诸潜艇战，希望借此来阻拦美国对协约国日益明显的援助。如图 2－1 所示，德国的潜艇行动的频繁程度与美国出口总值成正比：美国出口贸易额越高，协约国被德国潜艇所击沉的船只就越多，美国也就越陷入不安全状态之中。这种与其最初的国家安全考量适得其反的结果让美国处于一种非常尴尬的境地。尽管美国本希望通过观望而等待欧洲均势的重新出现，但由于其与英国及其他协约国之间在经贸上的密切联系，引发了与德国的利益冲突，美国不得已逐步倾向于支持协约国的事业，最终走出了政治中立。1917 年 3 月 18 日，当美国国会仍在纠结是否应当对德宣战的时候，德国潜艇突然击沉了三艘美国商船，给美国造成了重大损失，使得美国最终走上了战场。

　　一战是人类历史上首次世界范围内的战争，对美国传统的国家安全理念与国际战略认知产生了长远而深刻的影响。美国的安全威胁不再来自那

---

① 余志森：《美国通史第四卷：崛起和扩张的年代（1898～1929）》，人民出版社，2001，第 389 页。

② Arthur S. Link, ed., *The Papers of Woodrow Wilson*, Vol. 38, Princeton: Princeton University Press, 1982, p. 269.

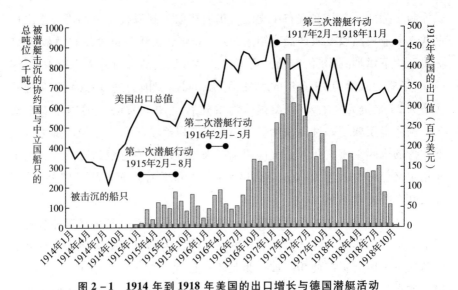

图 2 - 1　1914 年到 1918 年美国的出口增长与德国潜艇活动

资料来源：Benjamin O. Fordham，"Revisionism Reconsidered：Exports and American Intervention in World War I," *International Organization*, Vol. 61, No. 2, 2007, p. 288。

些侵占其固有势力范围的欧洲诸国，而是来自国际政治秩序和国际经济秩序的新晋挑战者。美国必须调整其国家安全观的实践方式，重新规划其旧有国际战略布局，以适应新的国际局势所带来的剧烈变化。在这次调整的进程中，威尔逊的安全理念发挥了重要作用。在知晓中立手段已经无法确保美国国家政治及经济安全的时候，威尔逊选择对本不受重视的国际道义行为准则进行加权。一改效仿过去欧洲诸帝国趋之若鹜的均势、殖民、征服或结盟等实现安全的传统手段，威尔逊将道德、自由、民主原则等抽象意识形态提升到了国家安全观念中前所未有的高度，将美国人根深蒂固的"天定命运"思想具体化，为美国后来的行动提供了合法性，同时也让转型后的国家安全战略占据了道德的制高点。

　　威尔逊的思想得到了美国国内的广泛赞同，逐步形成了人们所熟知的威尔逊主义或理想主义国际战略观念。这种思想的巧妙之处在于没有赤裸且生硬地将资本主义固有的扩张意图暴露在国家安全理念中，而是利用道德准则作为粉饰，将美国发动战争的目的描述为追求和平，实现世界范围内的自由及民主。为此，威尔逊在对国会的国情咨文中指出"正义比和平更宝贵，我们应当为我们内心中一直珍视的事业而战斗，为民主而战斗，为那些迫于强权的人们在自己政府内拥有发言权而战斗，为弱小国家的权利、自由而战，为自由人民的普遍权利而战斗……这会给世界本身以自由"[1]。而在对德宣战的时候，威尔逊也提出"必须构建一个对于民主社会来说安全的世界"[2]。

然而一战结束之前威尔逊所提倡的理想主义国际战略文化更多体现的是一种符号上的意义。理想主义的实质仍是一种基于现实环境的考量。相比威尔逊个人的雄心壮志，对于绝对安全的追求似乎更能够贴切地解释美国参加一战的根本原因。战争是为了保护和捍卫国家利益而使用的手段。正如上文所述，若不是自己的海外贸易和政治、经济安全受到了侵害，美国的中立政策仍会继续下去，其传统的"政治孤立、经济扩张"的国家安全观也很难被撼动。因此，威尔逊的理想主义只是特殊背景与环境的衍生品，是美国传统孤立和扩张主义国家安全观的外延。

伴随一战的结束，供美国理想主义国家安全观实践的土壤也消失了。然而威尔逊并没有认识到这一点，继续在国际社会推行"十四点原则"，将道德作为一种属性赋予国家和其他国际行为体，并借此建立了国联这个凌驾于国家之上但并无实权的组织，最终导致理想主义成为名副其实的"乌托邦主义"。著名现实主义国际关系理论学者爱德华·卡尔（E. H. Carr）在其著作《二十年危机》中对威尔逊主导的理想主义观念提出了全面且深刻的批判。他指出，理想主义者认为国家与个人需要遵循同样的道德义务，但"关于道德是否可以归之于国家的争论不仅具有误导性，而且是毫无意义的。否认国家具有人性，与坚持国家必有人性一样，都是荒谬的观点"[3]。在他看来，这种思想正是第二次世界大战的主要诱因。

归根结底，国际战略基于国家对整体实力的考量，乌托邦主义也仅是威尔逊个人的乌托邦主义。即便一战后的美国在经济、军事实力上取得了长足进步，完全有能力在国际权力格局中占据一隅之地，但其决策群体在对自身力量进行了冷静评估后放弃了融入国际政治体系的机会，仍旧坚持

---

① Matthew J. Stark, "Wilson and the United States Entry into the Great War," *OAH Magazine of History*, Vol. 17, No. 1, 2002, p. 46.

② Lloyd E. Ambrosius, *Wilsonism: Woodrow Wilson and His Legacy in American Foreign Relations*, New York: Palgrave MacMillan, 2002, pp. 8 – 9.

③ 〔英〕爱德华·卡尔：《二十年危机（1919～1939）：国际关系研究导论》，秦亚青译，世界知识出版社，2005，第137页。

选择以孤立主义为主导的国家发展理念：一方面，虽然自身的实力有所增强，但相比传统欧洲大国，美国在经济、政治和科技方面仍略显稚嫩，并不具备主导、影响其他国家的能力；另一方面，美国政府与民众都不希望在非战争时期增加过多的军事开销，维持一支庞大军队会间接导致美国精神中重要元素的逐渐缺失。用扎卡利亚的话说，这个时期的美国仍是"一个因过于虚弱而不能持续汲取国内资源，同时因过于分散而不能以系统连贯的方式采取行动的国家"①。在这种情况下迅速退回国内，并将大部分精力重新放在处理国内事务上，不能不说是一种基于现实的考量，向人们证明了美国的国家安全观秉持国家利益至上这一核心准则，并伴随外部环境随时调整和变化。这也再一次印证了美国国际战略取向中的实用性。

（三）　第二次世界大战对美国战略文化的冲击

美国在国联建立之后便迫于国内压力，不得已从国际体系中抽身而退。1929 年的经济大萧条与富兰克林·罗斯福（Franklin D. Roosevelt）总统随之实施的"新政"让美国人将重心置于国内的经济发展，而无暇顾及国际体系逐步产生的异变。在世界大战再次爆发后，美国仍旧在第一时间本能地选择在政治上远离战争。与第一次世界大战一样，大部分美国人认为"卷入第二次世界大战是一个错误"，这种错误不能再重演；且"日本和德国的侵略看上去是发生在远在天边的事情"②，参战没有任何必要。政治上的孤立主义主导了美国国会，以至于 1935 年起美国的立法者们再次起草并出台了一系列中立法③。美国再次在战争面前摆出了回避的态度。与此同时，美国的商人们却没有停止从海外市场获取利润的脚步：福特汽车（Ford）、通用汽车（GM）以及标准石油公司（Standard Oil）

---

① 〔美〕法利德·扎卡利亚：《从财富到权力》，门洪华、孙英春译，新华出版社，2001，第 184 页。

② 〔美〕埃里克·方纳：《给我自由：一部美国的历史》，王希译，商务印书馆，2010，第 1095～1096 页。

③ 在加入二战前，美国国会曾分别于 1935 年 8 月、1936 年 2 月、1937 年 1 月以及 1939 年 11 月四次起草出台《中立法案》，有学者认为这些法案是美国战时对轴心国绥靖政策的集中体现。参考 Ronald E. Powaski, *Toward an Entangling Alliance: American Isolationism, Internationalism, and Europe*, 1901 - 1950, Westport: Greenwood, pp. 70 - 78; 韩莉：《评美国 1935 年中立法的产生及应用》，《北京师范学院学报（社会科学版）》1992 年第 6 期，第 71～76 页。

都与纳粹德国保持密切的经济来往①，而作为当时日本重要进口物品之一的原油则有 80% 来自美国②。美国再次回到了"经济扩张、政治孤立"的时代。

1941 年 12 月 7 日爆发的珍珠港事件是美国再次被迫加入战争的催化剂，也是美国国家安全观的重要转折点。美国人对于自己的安全认识从此发生了重大改变。一方面，伴随科技的进步和军事技术的现代化，新式武器层出不穷，战争的方式也随之发生了深刻改变，昔日能够让美国维持政治孤立的地理优势以及海洋屏障已经无法确保美国的国家安全。换句话说，美国本土的"绝对安全"已经不存在了，即使在战争与政治纷争中保持中立也无法让自身免遭欧亚大陆战火的荼毒；另一方面，经历了珍珠港事件的美国认识到和平与安全的含义已然不同以往：既然自己的安全利益是全球性的，那么全球范围内的安全问题也会最终演化成美国自身的安全问题。因此，美国再也无法逃避自己在全球治理中的义务，也不得不承担起在国际体系中的责任。总而言之，美国发现自己的国内外安全环境实际上是非常脆弱的，这种不安全感使美国不得已暂时放弃了长期依赖的孤立主义国家主义安全观。

讽刺的是，虽然美国最初竭力避免自身被卷入这次大战之中，但也正是这次战争让美国得以全面崛起，在政治、经济以及军事实力等众多方面超越传统大国，跃居西方资本主义世界的领导者地位。尽管在这个过程中美国付出了巨大的牺牲，但由于"战争造就了高度繁荣，使这些牺牲显得并不太痛苦"③。可以说，二战对美国的重要意义在于，这次残酷的战争让美国的决策层意识到本国之于世界的责任。这种责任感来源于国力的增长、资本主义经济扩张的诉求以及世界局势的复杂化，并伴随战争的深入而逐渐增强。很难证明美国自 20 世纪 40 年代便急剧膨胀的扩张欲望是否源于国家实力的提升，但不言自明的是，战后的美国已经在政治和经济

---

① Michael Dobbs, "Ford and GM Scrutinized for Alleged Nazi Collaboration," *The Washington Post*, September 30, 1998, http://www.washingtonpost.com/wp – srv/national/daily/nov98/nazicars 30.htm.

② 〔美〕埃里克·方纳：《给我自由：一部美国的历史》，王希译，商务印书馆，2010，第 1095 页；Yuichi Arima, "The Way to Pearl Harbor: U.S. vs Japan," *ICE Case Studies*, No. 118, December 2, 2003, http://www1.american.edu/ted/ice/japan – oil.htm。

③ 〔美〕沃尔特·拉菲伯等：《美国世纪：1890 年以来的美国史》（第 5 版），黄磷译，海南出版社，2008，第 252 页。

上深嵌于国际体系之中，此时若是再拘泥于政治上的孤立不仅不切实际，也会侵害美国业已取得的成果。既然融入国际政治体系是不可避免的，那么唯有尽可能创造更适合自身发展的国际环境才是最为符合国家安全利益的选择。欧洲的百废待兴以及自身力量的空前强大给予了美国宝贵的机会，可以去塑造一个由自身主导的崭新国际秩序。因此，美国在这时放弃了孤立主义思维，可以被认为是以其利益最大化作为根本考量的。

同样值得注意的是，第二次世界大战也是美国社会变革的催化剂。战争永久性地加强了联邦政府和总统直辖机构的权力。国会在外交政策制定上的放任、在国家安全问题上发言权的缺失以及将自身传统权力向总统的让渡给予了白宫、国务院以及众行政机构以前所未有的权力，这就间接地为冷战时期美国总统获得"帝王式总统权"[1] 提供了条件。在这种情况下，"国家安全观"作为一个整体的衡量标准，成为少数战略精英的思考，其涵盖的方面越发狭窄，反映的内容更加狭隘，在某些时候甚至等同于"总统安全观"。

尽管孤立主义不再是国家安全观的主要组成部分，但填补其空白的绝不是扩张主义或其他某种单独的战略思想。观念是一种基于客观条件形成的意识，是长期、连续对于内外环境的感知和反映，也是无法脱离历史基础而凭空形成的。美国国家安全观发祥、演变的历史告诉人们，无论是孤立主义、扩张主义，还是理想主义、现实主义，其始终在伴随外部环境的改变而调整，使自身更好地为美国的国家安全利益服务，其实质是一种"实用主义安全观"。简单来说，就是"它不是简单地让自己的计划适应环境，而是让环境适应自己的计划"[2]。这种灵活的安全观是历史上美国国家安全观的杂糅，非常适合刚刚融入国际体系就承担了治理和引导责任的美国，其具备几个明显的特征。

首先，"实用主义国家安全观"是宏观性与微观性的结合，不仅是"大安全观"[3] 的反映，更体现了一种事必躬亲、细致入微的态度。二战后深刻变化的国际环境要求美国决策者时刻进行纵览全局的考量，同时，

① Arthur M. Schlesinger, Jr. , *The Imperial Presidency*, New York: Houghton Mifflin, 1973, p. 205.

② 〔法〕菲利普·戈卢布：《动摇的霸权：美帝国的扩张史》，廉晓红、王璞译，中国民主法制出版社，2014，第46页。

③ 孙成昊、肖河：《美国国家安全委员会的发展经验及教训》，《国际关系研究》2014年第5期，第39页。

核武器的出现以及科技的进步使得过去看来细枝末节的琐事变得十分重要。只要是涉及国家安全的问题，都有必要在进行细致的研究和思考后再做出决断，以避免最糟糕的结果出现。这就要求执政者不仅需要对美国本身的内外政治问题力求审慎，同时也必然耗费大量精力对国际秩序中的国别问题及其他相关细节进行维护和治理。在这种情况下，宏观的治理是必要的，但微观的协调机制更为重要。

其次，"实用主义国家安全观"是稳定性和灵活性的结合。在美国历史上，对于孤立主义与扩张主义国家安全观的应用很好地体现了这一点。早在1823年的"门罗主义"正是这两者有机融合的极致体现，以至于时至今日仍为美国政府所应用[①]。在美国国力强于开国时期，但仍弱于欧洲各国时，门罗主义一方面重申了孤立主义的国家安全观，提出不干涉原则，强调了美国对于欧洲事务的独立性，另一方面，"美洲体系原则"阻挡了欧洲对美洲的势力侵略，也将美洲划定为自身的势力范围。门罗主义中的孤立主义与扩张主义相辅相成，主导了美国外交政策的发展，也引领了未来美国国家安全观的走向。每当美国在对外关系中遭受重大挫折，海外冲突的成本大于美国所获得的收益，抑或国际局势相对稳定时，孤立主义思想就占据上风。但当美国的政治军事实力增加、国内政治斗争混乱，或者需要扩大海外市场的时候，扩张主义往往又会主导外交政策的走向。而对于在何时采用何种国家安全观作为指导，美国有自己的解释，且这种解释权永远掌控在自己手中。

最后，也是最为重要的，"实用主义国家安全观"是理想与现实的结合。在美国基于该安全观采取行动时，往往用理想主义的理论指导现实主义的行动。二战后美国的全球治理结合了其民族性格中根深蒂固的价值观与宗教观。这些"山巅之城"的"上帝选民"在采取任何行动之前往往会通过各种方式宣布自己道义上的合法性，而在实际行动时往往采取最适合国家利益的方式。美国在战后建立的包括国际货币基金组织、世界银行以及关税及贸易总协定等国际经济组织及机制就是理想主义的现实延伸。

---

① 值得一提的是，奥巴马政府时期的国务卿克里（John Kerry）于2013年11月18日的美洲国家组织会议上宣称"门罗主义的时代已经终结"。见 John Kerry, "Speech at the Organization of American States in Washington D. C. ，"November 11, 2013, http://www. state. gov/secretary/remarks/2013/11/217680. htm。

　　总之，虽然在二战将近结束之时，"国家安全"才正式作为政治学中一个较为新颖的概念为人所熟知，但美国对于实用主义国家安全观的实践是一以贯之的。这种体现了美国"治国术"（statecraft）的思维方式融合了其国家安全运作生态的方方面面，但对于如何将这种不成文的国家安全观转化为具体实践，诸多华盛顿决策圈内的人物各执一词。在接下来的时间里，这种实用主义国家安全观会逐步在"国家安全国家"的塑造中发挥作用，进而根植于美国国安会的制度和运作理念之中。

二　国际战略环境与美国早期跨部门协调机制的实践

　　美国自二战爆发以来的外部战略环境伴随其自身在国际体系中地位的提升而逐渐紧张。二战期间，美国曾感受到共产主义苏联的强大将会在未来对自身造成一定程度的威胁，但并没有形成系统化的认知，出于对战时同盟的维系，美国的国家政策方针尽量避免强调苏联对其的威胁，也没有制订相应的应对策略。伴随二战的结束，原有国际政治格局发生了深刻变化。饱受战火摧残的欧洲诸国再也无法承担起维持国际体系的责任，旧有以欧洲为主导的国际秩序被摧毁，权力中心随之转移，最终形成美苏两极对峙的雅尔塔国际关系体系。在这种情况下，美国承担起了复兴资本主义世界经济及遏制苏联等重任。在"实用主义国家安全观"的指导下，美国不需要再追求广阔的领土，而是通过"军事联盟和自由贸易、投资和信息流动的世界经济体系"等更加切合现实需要的手段来建立"新型的全球化帝国"①。实现这个目标的首要条件就是确保自身处于安全状态，而必要的运作机构及机制是达成这一条件的首要因素。

（一）战后美国政府对跨部门协调机制的需求

　　面对战后的国际战略环境，美国亟待建立国家安全相关跨部门协调机制。这出于三个方面的考量。首先，美国执政者的需求是政府建立跨部门协调机制的主要动因。正如前文所述，美国的实用主义国家安全观更多地反映了总统以及少数政策精英的决策意识。一方面，这些人在进行战略制定时，必然要融入实用主义哲学理念，让政府机制的运作路径不仅能够为

---

　　① Susan Strange, "Cave! Hic Dragones: A Critique of Regime Analysis,"*International Organization*, Vol. 36, No. 2, 1982, p. 482.

国家的安全利益服务，同时也契合自己的施政理念，给予其存在的合理性。更为正式和合理的政策协调机制在理论上不仅可以让决策者在参与全球事务时事半功倍，同时也能极大降低错误政策的产出率。

其次，来自苏联的现实威胁是美国政府试图建立跨部门协调机制的契机。"如果战争从来就不局限于军事，那么二战比以往的任何战争都更多地涉及军事以外的内容……如果说第一次世界大战已经使美国人领略了现代总体战（total war）的酷烈和复杂，那么二战才最终迫使美国人认真面对这一新的世界历史因素，使其在对当代世界的认知中融入了对外部威胁空前强烈的恐惧和危机感。"① 虽然二战最终以同盟国的胜利而告终，但苏联在 1945 年的一系列行动，包括 8 月提出苏联土耳其共管黑海海峡的要求、斯大林对北海道领土的强硬要求②，以及支持（实际上是策划）12 月阿塞拜疆的政变，都让美国感受到了其扩张性和攻击性，塑造了其共产主义在全球范围内推进的感觉，导致美国认为危机并未结束。这种变化的情势使美国决策者们逐步意识到遏制苏联并对抗社会主义阵营的重要性。1946 年凯南的长电文③强调了苏联的威胁是切实存在的，也是十分致命的。尽管没有指明美国应该具体以何种方式应对外部威胁，也没有提到"遏制"一词，但这份电报被认为是美国遏制战略的发轫，在其广泛流传于华盛顿之后，成为决策者们制定对苏政策的逻辑依据。到了 1947 年，美苏两国的战时盟友关系已岌岌可危。美国总统杜鲁门在国会中明确指出，"坦率地讲，极权主义政权通过直接或间接的方式对自由人民施加威胁，这破坏了国际和平的基础，进而破坏了美国的安全"④。同时，苏联

---

① 牛可：《早期冷战中美国的国家建设》，北京大学北京论坛学术委员会：《文明的和谐与共同繁荣：危机的挑战，反思与和谐发展：北京论坛（2009）论文选集》，北京大学出版社，2009，第 7 页。

② "Draft Message from Joseph Stalin to Harry S. Truman," August 17, 1945，威尔逊中心电子档案，http://digitalarchive. wilsoncenter. org/document/122330. pdf? v = 2b3db5fa9379c780f1210739bfd9cba7。

③ "Telegram The Charge in the Soviet Union(Kennan) to the Secretary of State," February 22, 1946，乔治华盛顿大学电子国家安全档案，http://nsarchive. gwu. edu/coldwar/documents/episode – 1/kennan. htm。

④ "Special Message to the Congress on Greece and Turkey: The Truman Doctrine," March 12, 1947，"美国总统计划"，《美国总统公开文件集》（The American Presidency Project, Public Papers of the Presidents，以下简称"The American Presidency Project"），http://www. presidency. ucsb. edu/ws/? %20pid = 12846。

也为美国的持续动员和国际扩张提供了理由[1]，让美国积极参与国际社会活动并主导国际秩序走向具有了更多的合法性。

最后，旧有国家外交与军事决策程序的混乱无序是美国政府急于建立跨部门协调机制的根源。历史上的美国作为一个地区性国家，"经济扩张，政治孤立"，因此军队规模相对较小，军费支出相对较低，外交事务也大多局限于南美洲等传统势力区域。同时，美国的法律给予美国总统以军队的总指挥权，同时给予他在外交事务上宽泛的权力。因此，大多数美国总统将精力置于国内事务中，而外交及国家安全相关事务则分别由总统本人、以国务卿为代表的美国国务院和诸多临时的非正式性小组来处理。尽管随着时间的推移，美国决策层关于机制化的国家安全意识逐步增强，但在两次世界大战前，政府没有试图将这种意识转化为具体行动。战前美国总统主导的统筹协调机制在当时已经足以应对带有区域性色彩的国际事务。结合美国两大洋的天然屏障，总统及其内阁足以应对危机。

然而二战却打破了这种"总统治理下的安定"。一方面，美国意识到自己的军队如同"一盘散沙"，在组织协调方面暴露出无数弊病，分立的陆军部和海军部在战场上各行其是，缺乏有效的合作。尽管美国的军队无论是从人员数量还是装备质量上都有了飞跃式发展，但军队的"整体动员方式仍处于乔治·华盛顿时代"，以至于其英国盟友被"美国方面的无序惊呆了"[2]。美国参议院军事委员会在 1947 年的报告中指出，美国在战争中存在的问题为"缓慢而昂贵的战争动员……关于地方意图和能力有限的情报……政治和军事目标的不充分的结合，以及我们对资源的肆意挥霍"[3]。另一方面，除军方以外，美国政府在美国国家安全政策制定过程中的诸多缺陷也暴露无遗，而总统管理模式是这些缺陷中最为明显的一个。罗斯福不喜欢循规蹈矩的国家正式机构程序，偏好以非正式管理方式运作自己的政府、管理国家。1939 年由他提出并经国会批准出台的《政

① 关于这种观点，参见 Richard Perle, "Interview with Richard Perle," March 30, 1997, National Security Archive Cold War Project, https://www2.gwu.edu/~nsarchiv/coldwar/interviews/episode - 19/perle1.html 以及 Zbigniew Brzezinski, "Recognizing the Crisis," *Foreign Policy*, No. 17, 1974, pp. 63 - 74。

② 北京太平洋国际战略研究所：《应对危机：美国国家安全决策机制》，时事出版社，2001，第 24 页。

③ 中国社会科学院美国研究所：《美国研究参考资料》（1990 年第 5 期），中国社会科学出版社，2008，第 8 页。

府改组法案》以及由此组建的总统幕僚团队给予总统的非正式管理风格更为自由的发挥空间。该机构直接对总统负责，其成员也都服务于总统的需要和目标。该机构的建立是国会将自身传统责任向总统的再次重大让渡，导致总统权力进一步扩大，对冷战至今美国总统的政府管理模式产生了重大影响。幕僚在总统周围形成了一层"保护膜"，让他摆脱了内阁机构的监管和牵制，同时也纵容了其对非正式管理路径的利用。在二战时期，罗斯福处理跨部门问题的"三大法宝"是"参谋长联席会议，哈里·霍普金斯（Harry Hopkins）为代表的幕僚成员以及与丘吉尔之间的沟通"①，而正式机制则被弃置一旁。尽管对于罗斯福来说，这种方式提高了他处理国内外事务的效率，但削弱了正式官僚机构的地位和作用，打消了他们在具体政策运作中的积极性。

由于二战后美国面临的国际战略环境是多种因素的结合，无论是深度还是广度都不同于以往。而当时的平行机制不足以应对瞬息万变的国际局势，也很难让美国在与苏联的未来对抗中占得先机。这并不符合实用主义国家安全观对于美国国家利益的表述。因此，唯有在原有国际安全机制的基础上建立统一、协调的机制，才能为冷战时期的美国国家安全提供制度和机制保障。因此，虽然华盛顿决策者对于具体的改革路径看法不一，但意愿是一致的：若要实现美国的全球战略利益，就必须吸取二战时期的经验教训，高效利用现有资源。而达到这一目标首先需要建立一个多层次的整合与协调机制，从而适应外部环境的变化，以在最短的时间内做出正确的选择。当时的国家安全机制，包括国务院和参谋长联席会议，在权力和职能上相互平行、交叉，各部门在自己的职能范围内解决相关问题，但无法看清问题的实质。为此，美国国家安全机制的结构性改革已经势在必行。

（二）20 世纪以来美国建立跨部门协调机制的尝试

自 20 世纪初到美国国安会正式建立前，美国政府曾有过多次建立跨部门协调机制的尝试，最终使得包括国防委员会、常驻联络委员会等多个协调机构问世（见表 2 - 2）。在建立的过程中，美国的实用主义国家安全观在这些机制中均得到了不同程度的体现。

---

① Gordon Hoxie, "The National Security Council," *Presidential Studies Quarterly*, Vol. 12, No. 1, 1982, p. 108.

表 2 – 2　20 世纪以来美国政府曾经建立的协调机制

英文名称	中文名称	成立时间	解散时间	协调部门	协调内容
National Defense Council	国防委员会	1916	1921	白　宫 军　方 外部企业	政府、国防、军工
Foreign Service Buildings Commission	外事建筑委员会	1926	1945	国务院 白　宫	使馆建设、外事工作
Interdepartmental Advisory Council on Technological Cooperation	科技协作跨部门顾问委员会	1938	1953	国务院 白　宫	科技
Interdepartmental Committee on the Procaimed List	"黑名单" 跨部门委员会	1917 1941	1919 1948	国务院 财政部 司法部	经济安全、国家安全
Standing Liaison Committee	常驻联络委员会	1938	1943	白　宫 战争部 海军部	联络协调
National Defense Research Committee	国防研究委员会	1940	1942	白　宫 军　方 科学界	核相关科技研发
Interdepartmental Patent Interchange Committee	跨部门专利交换委员会	1941	1959	美　国 英　国	专利归还
State – War – Navy Coordinating Committee	三方协调委员会	1944	1949	国务院 陆军部 海军部	战时联络协调
Policy Committee on Arms and Armaments	武器军备政策委员会	1945	1949	美　国 外　国	科技转让军事协调

资料来源："Records of Interdepartmental and Intradepartmental Committees," 美国国家档案馆网站，https://www.archives.gov/research/guide – fed – records/groups/353.html.

　　两次世界大战是这些机构得以问世的主要诱因，但也让机构的设置带有明显的危机治理色彩，以至于在危机过后，这些机构大多走向衰败或解体。除此之外，这些前国安会时代的统筹协调机构存在诸多不同缺陷，在处理具体问题时有很明显的局限性。而国安会也在某种程度上继承了这些机构的缺陷，包括在国安会的危机处理职能。为此，对这些前国安会时期协调机制的运作进程及问题进行分析是十分必要的。

1. 政界与工商界的统筹协调：1916 年国防委员会（Council of National Defense）

国家防御委员会的建立基于 1916 年 8 月 24 日《军队预算法案》的出台，旨在"协调国家安全及人民福祉相关的工业与资源"[①]，是美国政府对第一次世界大战的反应。欧洲情势的逐步恶化让美国感受到准备战争的必要性。"当国家仍处于和平状态时，最好为战争做准备"，为此政府早在 1911 年未正式参战时便着手法案的起草[②]。该法案不仅以增加美国军方的军费开支方式宣告了美国政府及国会对外部战争环境的感知，更是对自 20 世纪初以来美国政府便希望在和平时期建立政策协调机制等诉求的一种回应。

国家防御委员会为内阁级别，由三部分组成。第一部分是正式成员，皆为美国政府人士，包括军方高级官员（战争部和海军部的部长）与国内资源相关机构的领导者（内政部、农业部、财政部以及劳工部的部长）。第二部分则是民间托拉斯集团精英组成的无薪顾问团，首批七名成员于 1916 年 10 月得到总统任命，由俄亥俄铁路公司董事长丹尼尔·维拉德（Daniel Willard）担任主任，其余六名成员分别为美国劳工联合会主席、知名外科医生、铁路大亨、汽车制造业巨头和高级工程师[③]，都是民防工业界的佼佼者。委员会的第三部分由一系列州立防御委员会（State Council of Defense）和小组委员会组成。地方委员会的职责是支持并分担国防委员会的工作，不同的州所肩负的任务不尽相同，而小组委员会则细致到涵盖美国国家与军事安全的各个方面，比较有特色的委员会是主管女性军事动员的妇女委员会（Women's Committee）。

从法律文本以及委员会的设置可以看出，美国政府并不希望建立一个

---

① U. S. Code: Title 50: War and National Defense, Ch. 1: Council of National Defense, http://uscode. house. gov/view. xhtml? path = /prelim@ title50/chapter1 &edition = prelim.

② Paul Y. Hammond, "The National Security Council as a Device for Interdepartmental Coordination: An Interpretation and Appraisal,"*American Political Science Review*, Vol. 54, No. 4, 1960, p. 899.

③ "President Names Defense Advisers," *The New York Times*, October 12, 1916, http://query. nytimes. com/gst/abstract. html? res = 9C06EFD6153AE633A25751C1A9669D946796D6CF&legacy = true.

应急机构，而是建立一套可以对军事技术、国防资源以及经济行为进行整合及协调的系统化机制，并让这种机制处于政府的管理下。理想状态下，这一机制不仅可以让美国在战争中抢得先机，同时也能在和平时期充当连接美国政府内部决策机构与外部军工企业的桥梁，对军事与工业资源进行有机整合。若是该机制顺利运作，则美国政府内外将形成一种良性循环。一旦战争爆发，政府将在第一时间获得关于当前制造业以及生产设施的所有信息并进行分析，从而完成对危机的快速反应。同时，国内进行军事动员所耗费的时间和资源也将会被降至最低。委员会的建立在理论上非常符合美国实用主义国家安全观的要求。

　　然而这种职能预期最终成为一种美好的愿景。委员会的机制在最初被设置得过于庞大，仅顾问就已经超过 350 人。建立没多久，不少军工企业的委员会人员相继提出辞职，政府也因为其体积赘涨而叫停了许多小组委员会的工作[①]。随着美国正式加入一战，委员会的职能发生了转向，一度成为一个巨大的应急部门。大部分委员会的工作人员忙于帮助行政部门处理紧急事件，而并非进行正常的研究，成了名副其实的战争委员会。委员会成立的一系列与战时物质资源问题紧密相关的小组委员会凸显了这一特性，例如负责向英国运输原油等资源的石油小组委员会（Petroleum Sub – Committee）[②]，以及向同盟国各国运输战地食品的食物小组委员会（Food Sub – Committee）[③]。由于其战时机制的特性，该委员会的重要性伴随战时局势的逐步明朗而日益走低。在 1921 年，国防委员会最终解散，该委员会仅仅存在不到五年的时间[④]。

---

① "All Committees to be Abolished, Work of the Council of National Defense to be simplified," Meriden Morning Record, October 10, 1917, https://news. google. com/newspapers? nid = 2513&dat = 19171009&id = JGw1AAAAIBAJ&sjid = 5RMLAAAAIBAJ&pg = 4626, 857003&hl = zh – CN.

② "The British Embassy to Secretary of State, No. 365, Requirements of Tanker Tonnage for Oil Transport to United Kingdom," October 4, 1917, *Foreign Relations of the United States* (hereafter cited as *FRUS*), 1917 Supplement 2, Vol. I, Washington, D. C. : Government Printing Office, pp. 627 – 628.

③ "The Secretary of State to the Ambassador to the Great Britain(Page)," December 4, 1917, FRUS, 1917, Vol. I, p. 652.

④ 1940 年，罗斯福在国家防御委员会的基础上重新建立了国防顾问委员会（National Defense Advisory Committee），但该委员会运作不超过一年便宣告解散。参见 *The National Defense Advisory Commission, Functions and Activities*, Washington D. C. : U. S. Government Printing Office, 1940。

作为 20 世纪美国政府首次对建立跨部门协调机制的尝试，国家防御委员会在某种程度上是美国军工复合体①（industrial – military complex）的开端机制。但由于其超过了当时美国国内外环境所能够承受的限度，因此缺点比较明显。首先，过于细致的构造导致该机制的规模不断增长，最终使得日常运作效率下降。其次，战争的爆发使得美国政界过于重视其实用职能，大部分研究机制处于停摆状态，最终导致委员会整体成为一个战时机构，缺乏跨部门协调机制应有的宏观和长期政策规划能力。这一点在日后艾森豪威尔时期的国安会机制上得到了重演。最后，虽然该委员会试图整合国内外政治，但是却将国务卿和国务院置于机构的边缘地位，这是国防委员会中存在的最为重大的误区。

2. 国务院与军方的首次统筹协调：1938 年常驻联络委员会（Standing Liaison Committee，SLC）

自 1921 年国防委员会解散后，美国的实用主义国家安全观中孤立主义占据主导地位，政府在较长一段时间内没有建立任何跨部门统筹协调机制，而由美国总统充当外交、军事和国内政策的协调者和仲裁者。进入 30 年代，伴随国际局势的恶化，潜在的战争威胁再次成为华盛顿决策层发展协调机制的动机。为短期内做好战争相关规划和动员，时任国务卿赫尔（Cordell Hull）以及副国务卿威尔斯（Sunlner Welles）希望通过加强外交部门与军方的合作来弥补彼此间信息的不对称。1938 年 4 月，赫尔在给罗斯福的一封信中提议，建立一个以国务院、战争部以及海军部三部门副手为代表的常驻委员会，以起到联络、协调以及监管各部门行动的作用②。罗斯福认为，这种机制可以有助于他在无须通过国务院充当中间人的情况

---

① 所谓"军工复合体"，意指美国乃至欧洲由军方，军工企业、国会议员以及国防研究机构在美国政府内外组成的庞大利益集团。由于其涉及范围横跨政界与商界，因此对美国政府的决策及社会影响极其深远。在 20 世纪 50 年代，美国总统艾森豪威尔在其卸任的演说中明确告诫美国民众"警惕军工复合体这头怪兽带来的危害"，然而伴随时间推移，军工复合体变得难以限制，并在背后操纵美欧国家的政治、军事、外交以及军事战略。参见 Dwight Eisenhower, "Farewell Radio and Television Address to the American People," January 17, 1961, The American Presidency Project, http://www. presidency. ucsb. edu/ws/?pid = 12086。有关美国学术界对"军工复合体"富有代表性的研究作品，参见 Ernest May, "The Development of Political – Military Consultation in the United States," *Political Science Quarterly*, Vol. 70, No. 2, 1955, pp. 161 – 180。

② Richard A. Best, Jr., *The National Security Council: An Organizational Assessment*, New York: Nova Science Publishers, 2001, p. 2.

下直接得到军方有关外交的看法与建议，因此批准了这一提议①。1938 年末，常驻联络委员会正式成立。尽管被称为委员会，但其成员仅包括陆军、海军的副参谋长以及副国务卿三人，并由副国务卿威尔斯担任该委员会的主任。

　　按照建立的初衷，该委员会的机制可以使外交政策与军事信息更好地整合，从而为总统的最终决策而服务，同时，这一渠道不仅能够让白宫和国务院考虑到战争部与海军部对政治建议的诉求，同时也满足了国务院的领导者希望能够将他们对美国军事的想法更好地传达给军方的愿望。早在威尔逊政府时期，总统和国务卿便预见到"穿着军服的军官和戴着黑色领带的外交官坐在一起商讨外交和军事政策问题"的可能性②，而这一机制的建立无疑可以弥补长期这一可能性缺失所带来的遗憾和问题。可以说，常驻联络委员会的设计构思十分贴近后来的国安会机制。

　　然而不巧的是，委员会的建立时间再次处在大战前夕。受实用主义国家安全观影响颇深的罗斯福此时的首要目标仍是确保美洲（最起码是美国）不会受到攻击，而这种想法也得到了大部分政府内外人员的支持。因此，在 1938 年年底常驻联络委员会召开第一次会议的时候，即将其主要职能框定为"关注美洲防御及政策发展"，并"紧密地控制商业航空公司"③。委员会的职能和具体运作再次受到了战争的影响，沦为了"战争委员会"。

　　这种构思与实践上的差异并非偶然。在委员会成立之前，美国国务院和军方在职能上相对割裂，政策实施上各行其是。然而此时国务院却一反常态，提出与军方加强合作，可以说是受到 30 年代初德国等轴心国在拉美地区的渗透行动以及欧洲、远东地区危机日益深化的影响。让军方染指外交领域并非国务院的初衷，委员会的建立在某种程度上也属于对国务院固有权力的削弱和掠夺。利益上的矛盾使得这种合作注定不会一帆风顺。

　　同时，委员会自身的运作进程也存在缺陷。虽然委员会属于沟通性机

①　David B. Woolner, Warren F. Kimball, David Reynolds, *FDR's World: War, Peace, and Legacies*, New York: Palgrave Macmillan, 2008, pp. 65 – 66.

②　Ernest May, "The Development of Political – Military Consultation in the United States," *Political Science Quarterly*, Vol. 70, No. 2, 1955, p. 166.

③　Sean Dennis Cashman, *America Ascendant: From Theodore Roosevelt to FDR in the Century of American Power*, 1901 – 1945, New York: NYU Press, 1998, pp. 398 – 399.

制，但国务院始终限制委员会的职能，让其关注拉美而非更广泛的全球政策问题。出于对国务院的失望，陆军部在此后直接向罗斯福提出意见和建议，而忽略国务院的意图。1939 年，军方的傲慢使得威尔斯迫切要求在委员会下建立一个特殊的联络办公室，代替委员会成为跨部门委员会，以行使协调外交政策和军事的职能，通过建立高度权威的委员会以确保政府内文官在紧急情况下控制军队。同时，法律对该委员会的职能概述不清晰，虽然给予委员会广泛的权力以协调外交和军事计划，却没有给出具体的运作框架，导致其职能与预期有很大出入。在委员会建立后，美国驻远东大使霍恩贝克（Stanley Hornbeck）即对这种机制提出强烈反对意见。在他看来，由于陆军部和海军部存在矛盾，国务院应当独自掌控外交事务，并限制军方参与外交事务。

内部的分裂以及制度的缺陷导致该机制除了拉丁美洲相关的政治与军事事务以外不处理任何问题，其仅有的贡献就是给予军队和国务院互相了解对方政策意图的机会，降低了些许信息方面的不对称。珍珠港事件爆发后，该委员会人员也不再举行例会，最终在 1943 年年中走向了解体。

常驻联络委员会是二战期间美国首个正式的跨部门协调机制。尽管该委员会在设计上存在缺陷，实际运作时起到的协调作用微乎其微，也没有有效行使政策规划职能，"相比一个新的协调以及指导性机构，其更像是一个用以交换信息的论坛"①，但其建立首次提供了一个为国家外交和军队方面交流意见的渠道，成为美国历史上首次建立一个整合文官和武官的协调机构的尝试，开创了军方与外交人员共事的先河，为后来国务院与军方的协调机制——三军协调委员会的创立奠定了重要基础。同时，这种设计理念也对日后美国国安会的建立产生了重要影响。

3. 政界与科学界的统筹协调：1940 年国防研究委员会（National Defense Research Committee）

1939 年 9 月德国闪击波兰给美国各界人士带来巨大震撼。作为前国防委员会成员，卡内基基金会主席范内瓦·布什（Vannevar Bush）意识到科技的进步已使战争的性质发生了实质性改变，在这种背景下，将学界的力

---

① Mark Skinner Watson, *United States Army in WWII, Chief of Staff: Prewar Plans and Preparaions*, Washington, D. C.: U. S. Government Printing Office, 1950, p. 197, http://www. history. army. mil/html/books/001/1 – 1/CMH_Pub_1 – 1. pdf.

量整合进美国宏观战略规划中已是不可避免的趋势。为此，他组织起各大科研机构以及政府内外与科学研究相关的人士，经共同商议后决定向罗斯福政府请愿，建立一个能够统筹政府政策以及科学界最新研究成果的协调机制，使美国最新的科技成果更好地为军事及国家安全服务。鉴于布什与罗斯福的心腹顾问霍普金斯是大学室友，他顺理成章地成为这次请愿的代表。1940 年初，布什正式向罗斯福提出建立委员会的请求。由于法国的溃败给罗斯福造成了很大的心理阴影，总统"花了不到十分钟就同意了布什的请愿"①。1940 年 6 月，国防研究委员会最终建立，布什担任该委员会的主任。

根据有关描述，该委员会在组织上隶属于 1916 年国防委员会，最初由八名成员组成，包括两名总统顾问，两名分别由战争部和海军部任命的成员以及四名政府外的科技界人士。从人员的配置可以看出，委员会的职能为"协助战争相关器械以及设备的研究……协助并补充战争部及海军部的相关研究活动……改良现有战争相关的材料、方式以及设施"②。可见，该机构的设置是希望弥补政府内部科研机构的不足，组织并整合国家的科技资源，并且发动民间知识资源来共同发展国家安全相关领域的研究，以应对在未来某个时刻不可避免的战争。这种属性使国防研究委员会每年得到大约 650 万美元的财政拨款，成为前国安会时代协调机制中预算最多的委员会。

最初，该委员会的研究主要集中在雷达、近炸引信以及反潜艇武器等传统军事武器的改良与研发上，而后伴随"铀委员会"（Uranium Committee）的成员被整合进委员会中，转而专注于核武器相关研究。出于安全考虑，布什将外国出生的科学家阻挡在了委员会之外，并且限制军方的参与。这种行为招致了政府以及军方人士的批评，有人认为布什此举是为了提高自己在科技界和政治圈的影响力。对此，布什在自己的书中毫不避讳："有人认为委员会的设立就是一些小公司中的科学家和工程师借政府的钱扩充自己的实力，实际上我们确实是这样的。"③

---

① Jeffrey Strickland , *The Men of Manhattan: Creators of the Nuclear Era*, New York: Lulu Press, 2011, pp. 83 – 85.

② "Order Establishing the National Defense Research Committee, "June 27, 1940, 罗斯福总统图书馆，http://docs. fdrlibrary. marist. edu/psf/box2/a13v02. html。

③ Vannevar Bush, *Pieces of the Action*, New York: Morrow, 1970, pp. 31 – 32.

可见，布什对于委员会所应当起到的协调职能不以为然，他的侧重点仍旧是科研，而政府也逐步默许了这种职能。到了 1941 年，罗斯福在总统幕僚下建立了科学研究与发展办公室（Office of Scientific Research and Development），布什成为该办公室的主任，国防研究委员会也被顺势整合于其中。科学研究与发展办公室直到 1943 年都负责主管曼哈顿计划，至此，国防研究委员会已经完全成为一个科研机构，不再发挥协调职能。1942 年后，该委员会成员不再定期召开会议。

国防研究委员会发挥协调机制的时间并不长，但其能够在有效时间内对政府外部知识界、大学的科技资源与政府和军方进行整合，开创了政府内外的技术合作模式，仍具有一定的特殊性。除此以外，该委员会与英国中央科学局（British Central Scientific Office）密切合作[1]，例如在铀–235 裂变研究上与英国进行技术交流和共享[2]。这种不仅能够协调国内相关机构进行研发，同时也能调动国外机构共同采取行动的机制在美国历史上也是十分罕见的。历任美国总统在安排国安会幕僚人员时，都不会忘记吸收政府外部的学界人士，这在某种程度上可以被视为国防研究委员会精神的延续。

4. 国务院与军方的再次统筹协调：1944 年国务院–陆军–海军协调委员会（State–War–Navy Coordinating Committee，SWNCC，三方协调委员会）

在二战接近尾声时，由于局势逐渐明朗，美国开始考虑战后欧洲恢复与重建相关问题。此时，经历了战争的美国政府仍旧没有正规的跨部门协调机制可用，这给相关工作带来巨大麻烦。为此，国务院、陆军部与海军部的领导人重新开始举行定期会议，来商讨重建相关问题。1944 年，在新任国务卿爱德华·斯特蒂纽斯（Edward Stettinius, Jr.）走马上任后就立即着手将国务院和军方的商议机制正式化。3 月 5 日，他委派时任副国务卿迪恩·艾奇逊（Dean Acheson）致信陆军部部长以及海军部部长，号召他们建立正式的商谈机制，并在财政部的帮助下，共同协商欧洲的战后重

---

[1]　"Report of the National Defense Research Committee for the First Year of Operation," June 27, 1940，罗斯福总统图书馆，http://docs. fdrlibrary. marist. edu/psf/box2/a13f05. html。

[2]　Document 3 "Prime Minister Churchill to the President's Special Assistant(Hopkins)," February 27, 1943, *FRUS*, Conference at Washington and Quebec, 1943, p. 3.

建问题，希望借此完成美国外交政策的整合①。在时机成熟时，他在 11 月两次亲自致信两部长，表达了对建立该机制的热切希望。值得注意的是，在 11 月 29 日的信中，斯特蒂纽斯指出，"鉴于该委员会大部分时间都将处理外交相关事宜，应由国务院的代表担任该委员会的主任"②，突出了国务院在该协调机制中的主导性地位。当时，后来在国安会成立进程中发挥重要作用的福莱斯特刚刚出任海军部部长，军方对国务院的倡议做出了积极回应③。在几次交流意见后，三方协调委员会于 1944 年 12 月建立，正式成员仅有三名，即副国务卿、陆军部副部长以及海军部副部长，由副国务卿詹姆斯·邓恩（James C. Dunn）担任委员会主任④。委员会的职能有两点：一是对国务院、陆军部、海军部与参谋长联席会议所涉及所有部门所重视的重大事项进行探讨；二是改善国务院获得政治与军事相关意见的渠道，同时就三个部门共同关心的事项进行协调，协商过后，委员会将结果呈参谋长联席会议批准⑤。

随着时间的推移，在三方协调委员会机制下建立了诸多小组委员会，职能分为两类。一类负责处理区域问题，包括远东、欧洲、拉美以及中东。其中比较有代表性的是 1945 年 3 月建立的"德国政策非正式委员会"（Informal Policy Committee on Germany，IPCOG）。该委员会负责处理战后德国重建相关问题。另一类负责处理特定问题，例如军事信息控制、联合国机制、安全问题以及国外政策信息研究等。比较有代表性的是负责心理战相关研究的"特别研究与评估小组委员会"（Subcommittee on Special Studies and Evaluations）。1946 年，该委员会被要求研发一项心理战策略，以便让战后的美国能够在任何时刻为战争做准备。他们的研究成果称应当

---

① Dean Acheson, *Present at the Creation: My Years in the State Department*, New York: W. W. Norton, 1969, p. 226.

② Document 988, "The Acting Secretary of State to the Secretary of the Navy(Forrestal) ," September 11, 1944, *FRUS*, 1944, General, Vol. I. Diplomatic Papers.

③ Document 989, "The Secretaries of War(Stimson) and the Navy(Forrestal) to the Secretary of State," September 11, 1944, *FRUS*, 1944, Vol. I.

④ 对于三方协调委员会较为细致的描述，参见 Harold W. Moseley, Charles W. McCarthy, and Alvin F. Richardson, "The State – War – Navy Coordinating Committee," *The Department of State Bulletin*, Vol. 13, No. 33, 1945, pp. 745 – 747, https://babel. hathitrust. org/cgi/pt? id = umn. 31 9510012284281; view = 1up; seq = 753。

⑤ Document 990, "Minutes of First Meeting of State – War – Navy Coordinating Committee Held in Room 300, State Department Building," December 19, 1944, *FRUS*, 1944, Vol. I.

建立一个心理战略相关机构，来指导和协调全国心理战行动。

1946 年 4 月 14 日，来自三方协调委员会的一份报告认为"应当对战后欧洲尤其是德国进行积极的经济援助，这是能够让局势稳定的战略而关键的手段"[1]。这份报告可以被视为马歇尔计划的前瞻性研究。一些参与研究的低级官员后来成为对欧洲援助计划的主要倡导者[2]。同年 7 月，三方协调委员会第 216/1 号指令允许作战地的指挥官隐瞒可能损耗或是危害美国与其他国家政府关系的信息情报。这份指令使得参谋长联席会议授权委员会裁定来自国务院或军方的情报请求，委员会也因此成为裁定日本细菌武器科学家豁免权的仲裁者[3]。

由于独立的空军部的出现，三方协调委员会在 1947 年改为四方协调委员会，直到 1949 年，委员会仍持续发挥作用，但其职能逐渐被国安会所吸纳[4]。三方协调委员会是美国在整个 20 世纪初到国安会正式成立这段时间中跨部门协调机制中的佼佼者，也因此成为国安会的一个重要前鉴。委员会的运作从侧面证实了部际协调的必要性。但不可否认的是，该委员也存在一些明显缺陷。首先，委员会的正式成员都是各部门的"二把手"，而不是部长级别的成员，这就造成了委员会只能提供政策建议而无法发展政策的窘境；同时，委员会仅限于处理上级部门提交给它的事项，而没有相关的研究机制，因此也难以做出长期规划。尽管如此，该委员会仍不失为一战以来真正具备全球视野的协调机制，让美国文官与武官之间的沟通交流达到了一个新层次，可以被称为国安会最终诞生的序曲。

（三）对前国安会时代跨部门协调机制的评价

20 世纪以来美国政府建立的跨部门机制中大部分最终遗憾地走向了

---

[1] "Report of the Special ' Ad Hoc' Committee of the State – War – Navy Coordinating Committee," April 4, 1947, FRUS, The British Commonwealth; Europe, Vol. Ⅲ, p. 209.

[2] Michael J. Hogan, *The Marshall Plan: America, Britain and the Reconstruction of Western Europe*, New York: Cambridge University Press, 1987, p. 40.

[3] Anne Clunan, Peter Lavoy, Susan Martin, ed. , *Terrorism, War, or Diease?: Unraveling the Use of Biological Weapons*, California: Stanford Security Studies Press, 2008, p. 176.

[4] Edward Lilly, "The Psychological Strategy Board and Its Predecessors: Foreign Policy Coordination 1938 – 1953," in Gaetano L. Vincitorio, ed. , *Studies in Modern History*, New York: St. John's University Press, 1968, pp. 337 – 382.

衰亡，未能成为两次世界大战的制度遗产。尽管这些机制在特定的国际战略背景下发挥了不同程度的作用，却未能将整个政府各个部分有机地串联起来，以至于在国内外环境发生变化后走向解体。前国安会时代这些跨部门协调机制之所以没有得以延续，原因是多方面的。总结起来，这些机制的缺陷集中在以下几个方面。

首先，虽然这些机构在建立时都被寄予能够在长期战略协调与规划上发挥效用的期望，但不可否认的是，它们中的大多数在最初的制度设立上便被打上了战时机构的烙印，"临时性"成为这些机构最为明显的特征。例如，国防委员会在具体运作中侧重于对战地物资的协调，国防研究委员会的职能被限定为"改良现有战争设施"，而三方协调委员会在运作过程中偏向战后重建时期这一特定时间段的相关政策探讨，这就使它们在战后仍能持续发挥作用的可能性微乎其微，也难以实施连贯的军事政策并协调好各军种的关系。"美国需要负责协调的委员会，但是也同样需要一个在所有问题上有权力审视未来、回顾过去的政策制定机构。"① 在这种情况下，这些机制的生命周期短，视野受限，不具有常设机构的重要特征——机制的延续性。特定的战争环境造就了这些机构，同时这些机构也被打上了其烙印。这使得失去外部威胁后，机制沦为总体战略的附庸，最终走向解体。

其次，20世纪以来的跨部门协调机构职能太过单一，导致其协调作用十分有限。也许是缺乏相关经验，大部分机构的架构在最初过于细致和谨慎，以至于在发展过程中逐渐变得臃肿、庞大。例如，国家防御委员会的法定职能是在政府与军工企业之间进行协调，其实质是一个在经济方面进行协调的委员会。但随着时间的推移，其领导者在机构下设立了过多、过于冗杂的小组委员会，职能延伸到国防相关各个领域，其中许多甚至超越了领导机构的职能权限②，最终导致国家防御委员会在政策产出上的碎片化，也造成了与战时工业委员会（War Industries Board）在诸多职能上重合的窘境。这在某种程度上降低了其运作速度和效率，与建立时的初衷

---

① Ernest R. May, "The Development of Political – Military Consultation in the United States," *Political Science Quarterly*, Vol. 70, No. 2, 1955, p. 178.

② 关于国家防御委员会详细的小组委员会目录，见 "Council of National Defense: Subordinates Committees Lists," https://babel. hathitrust. org/cgi/pt?id = loc. ark: /13960/t9c543 p5j; view = 1 up; seq = 1。

完全相悖。

再次，作为统筹机构，委员会正式成员的职权范围存在重大问题。综观这一时期的所有协调机制，内部包括领导者以及办公室成员在内的所有人并非对总统负责，而是归其隶属部门的上司管辖。最为典型的例子就是三方协调委员会。该委员会的最高领导层由副国务卿、海军部和陆军部的副部长组成，在做出相关决策并就职能分工进行协调时，三名成员代表各自部门的利益，在大多数情况下仍旧考量本部门在政策实施中所面临的相关问题，提出的意见中往往带有主观的官僚主义色彩，导致这一机制下对于各项问题的探讨以及最终做出的决策极其容易出现利益上的冲突。而作为美国国家安全政策的最终定夺者，美国总统往往刻意与这些机制保持一定距离。在这种情况下，这些机制便失去了存在的意义。国安会在建立后的发展初期也面临类似问题。

最后，虽然这些委员会解决了一些战时外交、军事机构间的政策分歧，但在整个二战时期，大部分协调工作和政策的监管、完成都是由总统及其亲密顾问完成的，个人之间的非正式沟通渠道仍旧占据政策协调的主导性地位。造成这种情况的原因一方面是总统本人对于利用个人渠道而非机制渠道来完成这一职能的偏好，另一方面也是机制本身的不完善使得大部分政策精英对这些机制的有效性持怀疑态度。在协调机制与负责协调的人物同时存在的情况下，后者能够更为灵活迅速地处理问题，弥合分歧。三方协调委员会时期，罗斯福仍旧倾向于利用非正式的交流机制解决问题便是最好的例证。

总之，在国安会正式建立之前，美国进行的建立协调机制的摸索并不成功。在两次世界大战中，由于这些机制无法对分立的陆海空三军的战略规划进行协调和管理，美国军方在时间和资源上造成了很大的浪费。在实用主义国家安全视野下，结合自身在战后世界秩序中的位置，美国意识到战后国际环境的复杂性，对自己的指挥和协调决策体制感到忧虑，最终导致了美国国内关于政治与国防协调体制改革的全面论战。

三　多方博弈与美国国安会的建立

实用主义国家安全理念要求美国执政者在诸多安全抉择中进行切换和甄选，最终目的是让美国国家安全利益得到保障。因此，两次世界大战中建立的统筹协调机制往往只是时代与环境的产物。面对冷战这一崭新的国际战略环境,国家安全理念再次左右了美国决策层的制度考量:二战后的国际局势以及美国的安全需要要求他们必须克服组织上的本位主义,从更高层次、更加统一和更为宏观的角度对美国国家安全体系进行彻底改组。

然而改组中最为重要的一环并非协调机制。尽管美国国安会系统最终诞生,但其却是美国"国家安全国家"塑造过程中的副产品。这一时期,由于军事能力这一"硬实力"仍是国家权力最为重要的衡量标准,美国切入这次改革的出发点仍是传统战略机制的代表——美国军队。始于二战末期的军种论战是《国家安全法》最终出台的重要基础,而美国国安会系统可以说是这场论战中美国政府内不同势力相互妥协的产物。也正是由于这点,《国家安全法》对国安会系统的描述十分模糊,带有明显的实用主义色彩。这种过度含糊的描述给其日后的发展埋下了人为的隐患,并随着时间的推移逐步明显,最终成为冷战扩大化并逐步深入的主要诱因。

(一) 统一军事机制的诉求与《埃伯斯塔特报告》的问世

如前文所述,尽管美国在两次世界大战过程中始终尝试建立类似国安会的机制,但鉴于罗斯福对非正式渠道行政手段的偏爱以及战争本身的特性,这些机制最终无法避免地走向纷杂与混乱,没有能够适应战后世界秩序的变化。与此同时,二战的经验让美国诸多精英逐步意识到,以苏联为首的诸多社会主义国家拥有在极短时间内将政策转化为行动的能力。相比自身三权分立的政治系统,这种体制更能够在现代战争中迅速动员,占得先机。内忧外患导致华盛顿政治圈在二战尚未结束时就对战后美国国家军事以及外交体制进行重新整合和规划的意图达成了共识。当时出现了一系列围绕"一体化"(unification)、"协调"(coordination)以及"整合"(integration)等关键概念而开展的研究①。

美国著名战略家乔治·马歇尔(George Marshall)是战时决策的主要"建筑师",也是战后进行制度改革最为积极的倡导者。早在1943年,他

---

① 例如1944年3月联合战略调研委员会 (Joint Strategic Survey Committee, JSSC) 的报告,以及1945年4月理查德森委员会 (Richardson Committee) 的报告。

就意识到，英国的"战时内阁"（Imperial War Cabinet, IWC）① 无论是在规模还是机制上都对美国战后国家军事－外交体系的重建具有重要的借鉴性意义。在他看来，"英国方面的诸多成员通过一位秘书和机制与政府内其他机构相沟通，过程精确而缜密。而我们这边并没有这样一位成员，为此我们代价惨重"②。为此，他特地向英国首相丘吉尔进行了咨询，后者毫无保留地将该机构的建制与运作原理介绍给了自己的战时盟友。建立一个类似机构的提议在白宫、国务院以及军方引发了不同程度的反响。海军部部长福莱斯特非常支持马歇尔的提议。1944 年 11 月，福莱斯特与霍普金斯交流后在日记中写道："我认为，如果我们不创立一个与英国的政府协调系统相近的机制的话，就难以处理战后与其他国家的关系，难以面对频发的危机……没有什么比在接下来的四年中创立这样的机制更为重要的事情了。"③

　　伴随这种"协调意识"的逐步兴起，在美国的军队中又逐渐出现了所谓"军种论战"，即分立的海军部与陆军部就是否应在战后建立统一的军事部门而展开的博弈。这种博弈伴随战争局势明朗而逐渐在军队内外发酵，以至于最终引发了一场关于国家安全体制的全面论战。这次论战的内容有关美国在战后军事机构以及外交机构的具体改组路径，涉及"如何看待和总结美国在第二次世界大战中决策和指挥体制上的基本经验教训，如何对军事体制进行改组，乃至战后应建立全面协调军事和文职部门的组织体制"④。主要博弈双方为陆军部与海军部，同时国会和媒体也积极参与其中。尽管论战的内容颇多，但最根本的分歧仍旧集中在是否应当建立统

---

① "战时内阁"是英国在两次世界大战时期用于统筹协调并进行战略规划的重要机制，始建于 1917 年。其决定战争相关的一切重大问题，包括确定战略方针、组织战时经济、动员人力和资源等。其最大的特点就是不干涉军事行动，并将一切有关具体作战的军事行动交予英国参谋长委员会处理。当面临较大的意见分歧时，则召开"国防委员会会议"进行讨论。参考 Robert Livingston Schuyler, "The British War Cabinet," *Political Science Quarterly*, Vol. 33, No. 3, 1918, pp. 378 – 395。

② Larry Bland ed. , *The Papers of George Catlett Marshall: Aggressive and Determined Leadership, June 1, 1943 – December 31, 1944* (Volume 4), Washington, D. C. : Johns Hopkins University Press, 1996, p. 50.

③ James Forrestal, "23, November, 1944," in Walter Millis, ed. , *The Forrestal Dairies*, New York: The Viking Press, 1951, p. 19.

④ 牛可：《美国"国家安全国家"的建构》，载王辑思、牛军编《缔造霸权》，上海人民出版社，2013，第 115 页。

一的军事体制上。陆军部主张将海陆两军部合并至统一的国防部，并建立一体化的军事指挥体制。他们认为统一的国防部将让他们在战后得到更多的国防预算，同时也符合该部门等级森严、纪律严明的传统①。而海军部则坚决主张维持军种间的独立性，对于他们来说，统一意味着他们将失去当时与其他军种平等的地位，从此受制于陆军部。同时，海军部偏好松散和均衡的决策环境，这与陆军部的行事风格相去甚远。

值得注意的是，在两次世界大战期间，无论是陆军部还是海军部，都反对建立统一的军事指挥机构。造成这种情况的原因有两个：一方面是两军种都希望能够在战争中有更大的权限，从而保证自身行动的顺利进行，而达成这一目标的唯一手段就是保证自己军种的独立性；另一方面，仍处于孤立主义外交政策占主导地位时期的两军对国会以统一为借口来削减军费支出的行为嗤之以鼻，维持军种的独立性也是为了让国会的盘算落空。1932 年，麦克阿瑟（Douglas Macarthur）便在一次声明中明确表示，他"认为合并军种的想法将会威胁美国最终的胜利……该法案若是得以通过，美国的每个敌人都会欢欣鼓舞"②。这种观点可谓美国军方在战时对于是否应当建立统一的军事机构所秉持态度的一个缩影。

然而到二战接近尾声时，这些人中已有相当数量的人改变了看法和观点，认为统一是大势所趋，机构的建立不可避免。1943 年 10 月，战争部特别策划委员会主任汤普金斯在给马歇尔的信中写道："毫无疑问，当前以及未来的战争在很大程度上是地面部队、海上部队与空中力量的整合……因此，他们必须在同一个领导机制的指挥下协同作战。"③ 这种立场的改变主要来自陆军部，但不局限于陆军部，包括国会和公众都开始支持建立统一国防部的提议。同时，马歇尔本人也在与福莱斯特共进午餐时

---

① 战争部的观点被通常称为柯林斯计划（Collins Plan)或是马歇尔－柯林斯计划，是当时美国战争部中将劳顿·柯林斯（Lawton Collins)向国会提出的建议，反映了陆军对单独国防部长领导下的统一国防机制的偏好。见 U. S. Congress, Senate, *Committee on Military Affairs, 79th Congress, 1st Session, Hearings on Department of Armed Forces(S. 84)*, Washington D. C.: U. S. Government Printing Office, 1947, pp. 1251 – 1255。

② U. S. Congress, House of Representatives, *Committee on Expenditures in Executive Departments, 72nd Congress, 1st Session,* Washington, D. C.: U. S. Government Printing Office, 1932, pp. 249 – 250.

③ Larry Bland, ed. , *The Papers of George Catlett Marshall:"Aggressive and Determined Leadership," June 1, 1943 – December 31, 1944* (Volume 4), Washington, D. C.: Johns Hopkins University Press, 1996, p. 156.

明确对他表示将"毫不动摇地支持单一文官和参联会主席领导下"的国防部①。

福莱斯特感受到了舆论以及情势在朝着对自身不利的方向发展。若是不及时采取措施,任由情况发展,恐怕独立的海军部这个"二战的遗产"将不复存在。在这种情况下,这位海军部长想到了依靠建立类似早些时期丘吉尔推荐的"战时内阁"机构来化解军种合并带来的威胁的点子:若是该机制能够顺利建立,便可以借这个协调机制来代替统一的国防机制,甚至最起码也能够代替一位单独的军务领导者。这样,即使海军部被归纳进统一的国防部,也仍因与其他军种处于同一平行等级而在国防部内保持独立性,换句话说,这是一种"用机制代替人"的希冀。为此,福莱斯特代表整个部门做出了非常矛盾的选择:即使不得不"承认统一军事机制的必要性,但也否认必须有一个国防部长"②。尽管福莱斯特"对党派政治嗤之以鼻"③,但由于整个海军部的利益受到了威胁,他只得投身到华盛顿的官僚体系中,争取这场军种间博弈的胜利。

尚不明确福莱斯特"以建立国家安全协调机制的方式减缓军事一体化"是何时从一个模糊的想法转为具体的行动方针的,但可以确定的是,在1945年6月13日与新总统会面时,福莱斯特对未来海军部的行动做好了预期。在这次会面中,杜鲁门表明自己对于"如何利用战争的经验为未来的国家安全政策发展增光添彩有了明确的想法,但仍在犹豫是否应当将独立的陆军部和海军部进行统一整合",同时,总统称一旦自己从国际事务中腾出手来,就会在第一时间组建类似英国"战时内阁"的协调机制。对此,福莱斯特称自己将热切支持总统建立这种协调机制,称"建立这种机制将会让政府在未来的两年内对复杂问题的处理更加有效率"④。可以明显看出,福莱斯特的心中此时已经有了一套完善的计划以对抗陆军的改组提议,而探明总统的想法便于他更好地开展行动。

---

① James Forrestal, "The Papers of George Marshall 9, 1945, Hopkins – King – Marshall Lunch, "in Walter Millis, ed. , *The Forrestal Dairies*, New York: The Viking Press, 1951, p. 60.

② Paul Hammond, "The National Security Council as a Device for Interdepartmental Coordination: An Interpretation and Appraisal, "*American Political Science Review*, Vol. 54, No. 4, 1960, p. 901.

③ Paul Hammond, *Organizing for Defense: The American Military Establishment in the Twentieth Century*, Princeton: Princeton University Press, 1961, p. 232.

④ James Forrestal, "13 June, 1945, Aide – Memoire of Conversation with the President, "in Walter Millis, ed. , *The Forrestal Daires*, New York: The Viking Press, 1951, p. 62.

在亲自参与国会辩论、为海军的独立性而抗争①的同时，他也深知海军部在组织反对军种统一的斗争中存在的最大问题是目的性过于强烈：当反对统一成为其唯一的目的时，人们就会认为他们因一己私利而阻碍改革发展。因此，他希望能够提出实在的、强有力的替代方案，从而从理论上推翻陆军部的统一提议。为此，福莱斯特委托自己早年的合伙人及挚友、美国军工业精英埃伯斯塔特（Ferdinand Eberstadt）进行了一次针对现有国防、外交及两者协调机构的研究。这次研究促成了冷战史中最为重要的文件之一——《埃伯斯塔特报告》②的问世。

此前，埃伯斯塔特对于美国国家安全体制已经有了自己的设想。在接到福莱斯特的委托后，埃伯斯塔特迅速成立了一个以自己为核心，成员来自商界、学界及海军部的研究团队。该团队主要需要解决的问题在福莱斯特的正式指令中交代得非常清楚：

（1）将陆军部与海军部进行整合，并让其处于单独一人的领导之下是否有助于增进我们的国家安全？

（2）如果不会，从战争的经验来看，各军种及军事部门将做出何种调整才有助于增进我们的国家安全？

（3）为了保证我们的国家安全，军事机构与其他政府部门的高效协作是非常必要的。为此，应当建立什么样的战后机构来迎合这种需要？……③

在这种方针的指导下，埃伯斯塔特的团队仅花费短短三个月时间便向福莱斯特递交了最终的研究报告。这份报告的大部分内容由顾问们编写，且没有太大的创新之处，报告所提及的问题"取决于福莱斯特自己的想法，取决于新总统关于其内阁的动摇的观点，取决于海军政策制定

---

① 例如 1945 年 9 月 19 日福莱斯特在众议院海军事务委员会就"为何在战后仍旧维持独立的海军"而进行的听证会，见 Walter Millis, ed. , *The Forrestal Daires*, New York: The Viking Press, 1951, p. 97。

② U. S. Congress, Senate, *Unification of the War and Navy Departments and Postwar Organization for National Security: A Report to the Honorable James Forrestal*, Printed for the Use of the Committee on Naval Affairs, October 22, 1945, Washington, D. C. : U. S. Government Printing Office, 1945, 以下简称《埃伯斯塔特报告》。该文件中，有关国安会部分的节选摘自 Karl F. Inderfurth, Loch K. Johnson, eds. , *Fateful Decisions: Inside the National Security Council*, New York: Oxford University Press, 2004, pp. 17 – 23。

③ James Forrestal, "19 June, 1945, To F. Eberstadt, "in Walter Millis, ed. , *The Forrestal Daires*, New York: The Viking Press, 1951, p. 63.

的传统，也取决于已经起步的改革本身"①，最大的贡献是首次把这些零散、碎片化的观点加以整理并呈现在一个文件中，同时也简述了采取行动的方法。

报告首先对美国自一战以来的军事、组织以及动员体制进行了批判，认为协调机制的缺乏是美国战时军事和外交体系冗杂、运作混乱的根源，分散的、互相竞争的国防机制更有助于国家安全，并提出了十二项基于严格推论的具体建议，作为美国应对外部局势变化及挑战的方略。而最为重要的组成部分是对美国国家安全机制的具体建设和运作模式的列举，例如参谋长联席会议、中央情报局以及国家安全资源委员会等。而在这些机制中最为引人瞩目的莫过于其第二条提出的，建立总统亲自担任主席的国家安全委员会②，作为国家安全组织结构中的"基石"（keystone）③。该委员会的成员除总统外，还应包括国务卿以及三军部的部长。其将全面负责美国外交及军事领域政策的规划与整合。这一机制与总统和福莱斯特所青睐的英国"战时内阁"相似，可以代替统一的国防军事体制，在形式统筹和协调机能的同时，也通过将三军的部长设置为委员会正式成员的方式从侧面防止了军种合并。"有迹象表明，埃伯斯塔特并不将国安会视作一个决策机构，或咨询机制，而是将其视作一个战争内阁，可以承担集体的责任。"④ 报告强调反对建立统一的军事机制，认为这会破坏文官控制军队的基本原则，并试图通过国安会的建立而转移对统一国防系统的注意。海军因此成为这场博弈中首个积极促进国安会建立的部门。也许是从国家利益出发，为了建立一个类似英国战时内阁的机构；也许是从部门利益出发，希望国安会的出现能够抵消国防部的出现。然而，无论哪种选择，都不完美。埃伯斯塔特将总统的权力置于一个单独的委员会中，这本身就是对总统权力的一种误读。

---

① Paul Y. Hammond, *Organizing for Defense: The American Military Establishment in the Twentieth Century*, Princeton: Princeton University Press, 1961, p. 206.

② 这是该名称第一次在历史上出现。

③ Karl F. Inderfurth, Loch K. Johnson, eds. , *Fateful Decisions: Inside the National Security Council*, New York: Oxford University Press, 2004, p. 19.

④ Paul Y. Hammond, "The National Security Council as a Device for Interdepartmental Coordination: An Interpretation and Appraisal,"*American Political Science Review*, Vol. 54, No. 4, 1960, p. 900.

需要注意的是，这份报告虽然体现了海军部的利益，却并非与海军部长最初的设想完全一致。首先，该报告中提议取消预算部，并将其职能并入国安会之中，这与福莱斯特的初衷相悖。在他看来，独立的预算部更加具有客观性，对于海军来说非常必要，而具备了预算职能的国安会可能会在未来的官僚争斗中失去控制，损害海军部的利益。其次，报告认为空军应当从海军部中分离出来，作为一支平行于陆军部和海军部的独立力量存在。这对于海军部的权威以及力量是非常明显的削弱。

尽管如此，这份报告仍旧十分契合海军部及福莱斯特的利益。鉴于埃伯斯塔特的身份，很难说这份报告不带有一定的倾向性。由于报告中暗含着对总统权威的分散，埃伯斯塔特本人也深知这份报告很难得到杜鲁门的赞同。因此，在这份报告问世后，没有经过与白宫的意见调和便被直接递交给了美国国会，而后白宫特别助理罗森曼（Samuel Rosenman）才正式收到这份报告的复印件。报告的内容、体现的思想以及提交的方式或多或少会让白宫方面反感。尽管如此，该报告还是在发布后成功吸引了杜鲁门总统、美国国会以及陆军部的注意。报告中对利用单独协调机构来处理多个独立军种的运作的支持成为福莱斯特以及海军部在这次论战中的旗帜与理论基础，显示出强烈的部门利益色彩。其虽然是以涉及国家安全和利益为由而提倡建立国家安全委员会，但在更大程度上其应当被视为一体化军事体制的替代品，是海军部用来进行博弈的筹码。这份报告也是促使白宫方面最终加入这场因军种统一而引发的多方博弈的诱因。

（二）美国国安会机制塑造过程：从军种论战到多方博弈

在军方内部对有关国家安全机构建制进行探讨和争论时，白宫方面也始终关注事态的发展。杜鲁门总统对美国国防体制以及运作模式十分熟悉。一战时期，他曾经是美国炮兵连的上尉。在投身政治并担任参议员后，其领导 1941 年组建的参议院国防计划调查特别委员会（Senate Special Committee to Investigate the National Defense Program，即杜鲁门委员会）对当时美国军方混乱的运作机制以及资源浪费进行调查。从军以及在国会小组委员会工作的经历让杜鲁门深刻意识到改革国防体制的必要性。1944 年，当时仍任密苏里州参议员的杜鲁门发表文章称：

毋庸置疑的是，珍珠港惨剧的根源就在于我们没有一个统一的国家安全机构……我们必须将美国国防相关部门整合为单个机构，并让其在一位负责的权力能人的管理下运作。除此之外别无他法。你可以叫它战争部、国家安全部（Department of National Security）或任何名称，总之是一个独立的部门……海、陆、空军将会成为部门中的一个单元，这样其力量和效率就不会受到部门间竞争和嫉妒的损害。[1]

可见，在 1945 年正式上任前，杜鲁门是一名"合并各军种并建立统一军事体制"的坚定支持者。同时，人们也都认为这位前密苏里州参议员很难独自面对眼前的挑战，需要一个新的顾问机构来帮助他塑造战后的领导权力[2]。这种明显的倾向性让很多海军部内部的人士产生了一种错觉，即他们已经无法扭转军种壁垒将被消除、部门将被合并的局势[3]。

然而，在正式出任总统后，杜鲁门在这个问题上却一改往日的激进态度，在推进改革的手法上变得更为灵活，而前文中提到的杜鲁门与福莱斯特的首次会面最能够证实这一点。在会面中，杜鲁门暗示，尽管他强烈支持军事机构的一体化，但对于该机构应由一名专职人员担任领导者，还是利用一个协调机制来引领运作，并无定论[4]。可见，杜鲁门深知统一的必要性，但也了解如果白宫方面与福莱斯特在改革进程中"硬碰硬"，说不定会造成两败俱伤的结果。在这种情况下，能以较小的代价取得较大的收益，才最符合杜鲁门及白宫的利益，而在这场军事论战中为两军都留下空间的方式也便于他在后期掌控整体局势。正如时任白宫顾问艾尔西（George Elsey）所指出的，杜鲁门给人的感觉是"认为统一非常必要，但

---

[1] Harry S. Truman, "Our Armed Forces Must Be Unified, "August 26, 1944, *Collier's Weekly*, p. 64, http://www. unz. org/Pub/Colliers – 1944aug26 – 00016.

[2] Anna Kasten Nelson, "President Truman and the Evolution of the National Security Council, "*The Journal of American History*, Vol. 72, No. 2, 1985, p. 361.

[3] Douglas T. Stuart, *Organizing for National Security*, Carlisle: Strategic Studies Institute, U. S. Army War College, 2000, p. 20.

[4] James Forrestal, "13 June, 1945, Aide – Memoire of Conversation with the President, "in Walter Millis, ed. , *The Forrestal Daires*, New York: The Viking Press, 1951, pp. 62 – 63.

对于统一的具体形式却无所谓"①。在这种情况下，尽管他声称自己倾向于军事机制的统一，内心预期也更契合陆军部的改革方案，但仍表示在陆军部与海军部的这场博弈中会暂时持保留意见。这对于福莱斯特来说是一个利好消息。也正是在这次会面中，他了解到杜鲁门希望建立一个与英国"战时内阁"相似的机制，为其另辟蹊径留下了足够的余地。《埃伯斯塔特报告》也正是在这种背景下出台的。

伴随《埃伯斯塔特报告》的问世，陆军部也加紧编写自己关于国防体制改革的方案。在 10 月，国会先后收到了来自两个部门的方案。为此，参议院军事事务委员会召开了持续两个月之久的听证会。其间，杜鲁门及其幕僚始终在紧张准备白宫方面的改组方案。在这个过程中，总统的特别顾问罗森曼及其助理克利福德（Clark Clifford）对《埃伯斯塔特报告》进行了细致研究。几经修正后，这份草案于 12 月 19 日被杜鲁门以咨文形式提交至国会。至此，杜鲁门及其幕僚正式加入了这场关于军事及外交体制改组的博弈之中。

然而，与杜鲁门在前期与福莱斯特会面时的态度有所不同，这份报告中对建立国安会或相关机制只字未提，其七项具体建议都集中在对军事体制的改革上，不仅包含"建立统一国防部，并将武装力量都内嵌于统一的军事部门之中"这种传统的观点，也出现了更为激进的观点，例如提议"空军脱离海军部，成为单独的分支"，"由一名单独的文官来担任国防部领导，同时增设总参谋长职务"，以及"三个军种分别由一位助理部长级别的人来领导等"②。这份方案的改革程度甚至超出了陆军部的"柯林斯计划"，与《埃伯斯塔特报告》和海军部的观点则几乎完全相悖。因此，这份报告一面世便遭到了海军方面的强烈抵制。

白宫方面采取这种强硬立场实际上并不出人意料。为了在这场三方博弈进程中给自身增添更多讨价还价的余地，杜鲁门在一开始就必须将改革的内容定于高位。在未来与军方的斡旋中，其做出的退让可为未来国家安全协调机制的出现留有余地。这也是他为了实现自身利益而采取的一种手

①　Robert Donovan, *Conflict and Crisis: The Presidency of Harry S. Truman*, 1945 – 1948, New York: W. W. Norton, 1977, p. 140.

②　"Special Message to the Congress Recommending the Establishment of a Department of National Defense," December 19, 1945, 杜鲁门总统图书馆，http://www. trumanlibrary. org/publicpapers/index. php? pid = 1580&st = &st1。

段。因此，尽管这份文件中并没有提到建立类似"战时内阁"这样的外交与军事协调机制，并不意味着杜鲁门放弃了这一想法。在第二天的记者会上，当有人问及杜鲁门是否试图通过这份咨文"封住海军方面的嘴，让他们别再就统一问题讨价还价"时，杜鲁门矢口否认，声称"希望每个人都能陈述自己的真实观点，也希望尽可能得到最好的结果"[1]，显然这是为他后期的三方斡旋而埋下的伏笔。

整个 1946 年上半年都伴随着争吵的声音，海军部和陆军部继续坚持各自的观点，并在政府内外为自己造势，杜鲁门对此颇为不满，公开表示海军持续不断的抗议行为没有任何道理[2]。然而，实际上，杜鲁门和福莱斯特的分歧并没有大部分人认为的那样大，这一点可以从两人在 3 月的一次会面中看出[3]。到 5 月中旬，杜鲁门认为僵持的局势对各方没有任何好处，便提议召开一次由杜鲁门、福莱斯特和陆军部部长帕特森（Robert P. Patterson）参加的小型会议，会后海军部和陆军部在 5 月 31 日发表了一篇阐明双方观点的联合报告。这份报告将国安会（报告中称之为"Committee of Common Defense"，即共同防御委员会）作为一种博弈筹码的角色体现得淋漓尽致。海军部在其中明确表示"存在整合的必要性，但不应该用如此剧烈和极端的方式……建立国防委员会有更好的效果"[4]。国安会在其中很明显是一种"替代品"式的存在，也是福莱斯特计划中最为核心的部分。

在考量了两军的意见后，杜鲁门于 6 月 15 日分别向陆军部、海军部以及国会两院的军事委员会递交了信件，其中的内容可以被视为杜鲁门第二个版本的整合计划方案。在这份整合计划中，声称受到了《托马斯法

---

[1] "The President's News Conference," December 20, 1945, The American Presidency Project, http://www. presidency. ucsb. edu/ws/index. php? pid = 12256.

[2] "The President's News Conference," November 4, 1946, The American Presidency Project, http://www. presidency. ucsb. edu/ws/index. php? pid = 12627.

[3] 据福莱斯特在日记中的记载，这次会面中总统对于共同防御委员会的理解有所转变。"虽然与我心中的有所区别，但我认为最后他开始明白我的意思了。"见 James Forrestal, "18 March 1945, Unification," in Walter Millis, ed., *The Forrestal Daires*, New York: The Viking Press, 1951, pp. 148 – 149。

[4] "The Secretaries Joint Report," May 31, 1946, Congressional Record (Vol. 92, p. 7425), in "138. Letter to the Secretaries of War and Navy on Unification of the Armed Forces," 杜鲁门总统图书馆, http://www. trumanlibrary. org/publicpapers/index. php? pid = 1580&st = &st1 =。

案》（Thomas Bill）的启发①，杜鲁门一改之前的态度，既建议创立统一的国防部门、设立文官领导者职务，又承诺设立国防委员会（即国安会），来整合美国的外交与军事政策②。在杜鲁门看来，这可谓一举多得之策：既能够满足海军部的需求，也可以满足杜鲁门建立单一文官领导下的军事体制的需要，更能够消除白宫与军方（主要是海军部）之间的分歧，以促进整合计划的发展。相比第一次方案，这次的整合更为折中，为整合计划开辟了新的路径。

　　然而，福莱斯特对此并不买账。尽管报告中声称建立国安会的说法迎合了福莱斯特和海军部的需要，但其坚持设立统一的国防部、将空军从海军中分离出来，以及在各军种之上设立一个总参谋长的说法，令福莱斯特难以满意。为此福莱斯特以辞职相威胁，试图让杜鲁门再次退让。这再次向人们证明，国安会从来就不是福莱斯特和海军部的真正要求，部门利益而非国家安全利益的诉求才是海军部考虑的主要因素。海军部是否会被陆军部吞并，会不会出现一个凌驾于三军之上的参谋长，这些才是海军部真正关注的问题，而国安会仍旧是一个部门博弈的工具和替代品。

　　为了达成一致，白宫、陆军部以及海军部分别派出一名代表，对原有草案进行修订和改正。1947 年 1 月 16 日，这份首次由三个部门代表在中和各部门利益的基础上而共同起草的文件被发送给了总统③。文件的问世意味着福莱斯特和帕特森终于达成了一致。福莱斯特最终允诺统一的国防部和国防部长的出现，前提是这名国防部长应当发挥协调而不是指挥的职

①　"Letter to the Secretaries of War and Navy on Unification of the Armed Forces," June 6, 1945, 杜鲁门总统图书馆，http://www. trumanlibrary. org/publicpapers/index. php? pid = 1580&st = &st1 = 。所谓《托马斯法案》，是在行政机构内部就军事统一问题进行激烈争论期间，国会通过一系列相关听证会最终于 1946 年 3 月形成的研究成果。该成果由参议院艾德森 - 托马斯小组委员会（Edson - Thomas Board）起草，因此得名《托马斯法案》（S. 2044）. 在三方博弈期间被总统及海军部反复提及的"共同防御委员会"就出自这份法案。与《埃伯斯塔特报告》中提到的国家安全委员会的唯一差别在于，共同防御委员会不受总统领导。福莱斯特对于《托马斯法案》持反对态度。见 Gordon W. Kelser, *The U. S. Marine Corps and Defense Unification* 1944 –47, Washington, D. C. : National Defense University Press, pp. 72 - 76。

②　"Letter to the Chairmen, Congressional Committees on Military and Naval Affairs on Unification of the Armed Forces," June 15, 1945, 杜鲁门图书馆，http://trumanlibrary. org/publicpapers/index. php?pid = 1579&st = &st1 = 。

③　"Letter to Secretary Patterson and Secretary Forrestal Concerning Unification of the Armed Services," January 16, 1947, 杜鲁门总统图书馆，http://www. trumanlibrary. org/publicpapers/index. php? pid = 2049&st = &st1 = 。

能。同时，这份文件对于国安会的意义在于，三方就建立协调机制达成了一致，并首次将其"共同防御委员会"的名称换为了"国家安全委员会"①。此外，对于国安会机制，这份文件在几个方面做了一定的修改。首先，文件就总统在国安会中的身份问题做了调整：总统并不是会议的法定成员，但可以选择性参加会议。在与会的情况下，由总统负责主持会议。同时，这份报告也确立了国安会指导中情局行动的原则，其成员包括国务卿（拟任国安会主任）、国防部长、三军的部长以及国家安全资源委员会主任，主要责任是"在总统指导下整合美国的外交与军事政策"②。至此，无论是陆军部和白宫，还是福莱斯特和海军部，都已经做出了一定的妥协和让步。这次三方博弈似乎已经接近了尾声，统一的军事机构和国安会的问世只是时间问题。

此时，一直关注这份草案制定进程的美国预算部行政管理预算办公室（Division of Administrative Management）的主任史东（Donald Stone）开始发声。他认为福莱斯特以及其他推崇国安会建立的人在采取一种特殊的策略，为了使决策得以通过，总统不得不参加国安会会议，从而间接受制于国安会。同时，过多的与军事有关的工作会削弱文官对委员会的控制。为了避免这种情况的发生，在预算部部长韦伯（James Webb）的委托下，史东起草了一份基于1月16日统一草案的备忘录。备忘录对统一草案中陆军部和海军部预设的国安会机制进行了批评，认为这种机制会让总统深陷其中而走入歧途。在美国的宪法中，唯有总统才具有对外交与军事政策的规划和定夺权力。而统一草案中的国安会将间接导致军队掌控外交内政，是对总统权的严重篡夺。为此，史东提出了以下建议："（国安会）应当是总统的顾问机制；法律中对于总统参与委员会正式会议的要求应当被降低；限制参议院对于行政秘书的委任；鉴于国安会成为纯粹的顾问机制，其不应该在法律中被赋予任何权力职能。"③

---

① 需要注意的是，这并不单纯是名称上的更改，而意味着总统将直接参与该机制的运作，这也是《埃伯斯塔特报告》中"国家安全委员会"与《托马斯法案》中"共同防御委员会"的主要区别。

② "Letter to Secretary Patterson and Secretary Forrestal Concerning Unification of the Armed Services,"January 16, 1947, 杜鲁门总统图书馆，http://www.trumanlibrary.org/publicpapers/index.php?pid = 2049&st = &st1 = 。

③ Alfred D. Sander, "Truman and the National Security Council, 1945 – 1947," *The Journal of American History*, Vol. 59, No. 2, 1972, p. 379.

　　史东将国安会视为"顾问机构"对国安会未来的发展产生了深远影响。他起草的这篇备忘录具有很强的前瞻性，其中罗列的诸多有可能发生在国安会运作时的问题后来都出现了。他担心国安会成为总统决策的掣肘，并因此造成总统权的削弱。他也因此成为这次三方博弈中少见的"白宫和总统的利益捍卫者"。可以说，史东强调国安会作为顾问机构的职能定性，是希望在一开始就让国安会受到限制，借此让其作为总统的"论坛"存在，而去除了它的决策职能。这种新的身份认同对福莱斯特和军方思想中作为"协调机构"而存在的国安会产生了巨大挑战。杜鲁门不仅吸收了这份备忘录的意见，也对备忘录中提到的问题铭记于心。

　　尽管国安会是福莱斯特计划中最为重要的一环，但这位海军部长并不关心其具体机制。因此，杜鲁门在吸收史东备忘录意见后制定的最终法案没有受到他的阻拦。2月26日，杜鲁门将这份修改后的最终统一草案提交至国会①，这场没有硝烟的战争最终告一段落。

　　1947年《国家安全法》的出台过程是多方相互妥协的过程，而这种妥协折中的过程反倒引发了更多的问题。在这个过程中没有所谓的赢家，各部门都为了自身的利益退而求其次，只是看谁在这场博弈中与自己最初的目标更相近一些。对于总统与陆军部来说，虽然防务总长一职最终设立，但是没能建立结构紧凑的国防部；虽然永久的参谋长联席会议得以确立，然而会议主席不具备统筹三军领导人的能力。对于福莱斯特和海军部来说，尽管机构仍旧独立，但是福莱斯特不得不面对一个新的防务总长；尽管国安会最终创立，但与福莱斯特最初设想的机制相去甚远。尽管法律最终让新生的统一国防机制成为"松散的联盟，难以充分行使统率机关的职权"②，然而1949年《国家安全法》修正案出台证明这种胜利仅仅是暂时的。

　　历史的偶然性向我们证明，尽管国安会是福莱斯特"无心插柳"的成果，却左右了后来冷战的发展以及美国国家安全政策的轨迹；其原本单一的机构模式在发展过程中逐渐形成了机制体系，扮演着越来越重要的角色。这一点恐怕是福莱斯特自己也没有想到的。与此同时，正如图

---

① "Letter to the President of the Senate and to the Speaker of the House Transmitting Draft of National Security Act," February 26, 1947, 杜鲁门总统图书馆, http://www.trumanlibrary. org/publicpapers/index. php?pid=2205&st=&st1=。

② 黄爱武：《战后美国国家安全法律制度研究》，法律出版社，2011，第31页。

2-2 所示，《国家安全法》是多方博弈的折中方案，而依其设立的国安会最终作为妥协的产物出现。这就注定了其在未来的发展中会面临诸多问题。

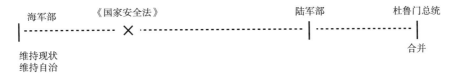

图 2-2　泽加特：《国家安全法》在海军部、陆军部与杜鲁门偏好中的坐标

资料来源：Amy Zegart, Amy Zegart, *Flawed by Design: The Evolution of the CIA, JCS, and NSC*, New York: Stanford University Press, 2000, p. 73。

（三）1947 年《国家安全法》的出台与国安会的最终建立

经历了近两年的纷扰，最终的军事统一计划以《国家安全法》法案的形式被呈予美国国会。与出台前的坎坷经历形成鲜明对比，该法案在国会几乎没有遭到任何阻碍。参议院以口头表决的形式对其一次性通过（S. 758），众议院方面对法案做出了七项微调，其中六项是有关军队的，而涉及国安会的只有一项，即众议院对国安会幕僚的领导者职务存在异议：在递交的法案中，国安会的文职工作由一位来自政府内部其他部门的成员兼职担任。然而鉴于幕僚成员大部分为全日制文职人员，而且可以预期其工作强度会很大，在这种情况下，任命一位非专职人员领导国安会是欠妥的。为此，众议院经提议，恢复了行政秘书这一职位。而后法案也得到通过（H. R. 4214）。1947 年 7 月 26 日，《国家安全法》正式出台①。

作为美国战后国家安全相关建设的指导性文件，《国家安全法》的出台在某种意义上可以被看作二战与冷战国家安全建设的分水岭，标志着"国家安全国家"的建立②，可以被认为是美国历史最为重要的国家安全相关法律。该法律最初颁布时仅有三个章节，共 28 条。其中第一章为

---

①　"National Security Act of 1947," Public Law 235 of July 26, 1947; 61 STAT. 496，该法律在出台后经历过数次修改，因此应对《国家安全法》与《1947 年国家安全法》的称谓加以区分和澄清：前者是该法律经历不同修正案后实时的状态；而后者，也是下文选取分析的，则指的是 1947 年的最初版本。参见 https://research. archives. gov/id/299856，以下简称 1947 年《国家安全法》。

②　牛可：《美国"国家安全国家"的建构》，载王辑思、牛军编《缔造霸权》，上海人民出版社，2013，第 119 页。

"国家安全的协调"，第二章为"国家军事部①"，第三章为"杂项"。在该法律的描述下，五个具体机构得以建立：被埃伯斯塔特称为"基石"的国安会、作为军事部门一体化理念的"国家军事部"、军队的最高级组织"参谋长联席会议"、负责和平时期国内资源动员的"国家安全资源委员会"以及情报中枢"中央情报局"。

综观整部法律，第二章毫无疑问是"军种论战"以及三方博弈的主要目的。新成立的"国家军事部"由一位防务部长与三个军种的部长组成，且该防务部长与三军部长之间不存在权力上下级关系。比起陆军部最初的提议，这更像是一个机制松散、上下级权力关系不明显的联盟，很难称得上是宏观军事御统性机制。这种夹杂着海军部"协调为主，命令为辅"的宽松型决策模式毫无疑问是福莱斯特的胜利，同时也再次证明了部门利益而非国家利益才是《国家安全法》最终形态的首要决定因素。

相比之下，关于建立国安会的描述仅是第一章中的第一条。尽管这样，法律仍突出了国安会作为国家安全机构中的枢纽性机构的地位。鉴于法律对国安会"惜字如金"的描述，对其进行详细、深入的分析是十分必要的。

首先，法律在一开始对于国安会性质的描述体现了其重要性：

> 特此建立国家安全委员会（以下简称"国安会"）。国安会正式会议由美国总统主持；当总统不能出席时，他可指定国安会的一名正式会议成员代其主持会议。
>
> ……
>
> 国安会的功能是向总统提出与国家安全相关的内政、外交和军事政策整合问题的建议，以确保这些军事机构和政府部门在国家安全事务方面更有效地协作②。

可以明显看出，"国安会"作为一个协调性机制，并不等同于"国安会正式会议"（meetings of the Council），前者是一个宏观上的机制，在日

---

① 在1949年《国家安全法》修正案出台以前，军队的最高机制被称为"国家军事共同体"（National Military Establishment），而非"国防部"（Department of Defense）。

② 1947年《国家安全法》，Section 101(a)。

后逐步发展为所谓的国安会系统，而后者则是前者最为重要的组成部分；同时，"总统或他指定的人主持会议"的原则在一开始便被确立下来，这可以说是对总统权的一种保护：尽管总统在国安会正式会议中负有重要的主持责任，但并不代表他一定要行使这种责任。

最为重要的是，这句话中不仅强调了国安会"高位政治"机制的特性，也突出了国安会的第一个本质性职能：向总统提出建议（advise the president）。可见，国安会应当扮演的根本角色之一是总统的"顾问机制"（advisory mechanism），而提出建议的范围涵盖了美国国内政治、外交事务以及军事问题，包含了所有的国家安全相关问题。

其次，法律对国安会正式会议的成员进行了列举：

> 国安会组成人员如下：总统；国务卿；本法律202款下设的防务部长[1]；205款下设的陆军部长[2]、海军部长，207款下设的空军部长；以及103款下设的国家安全资源委员会主席。以下人员将在不同情况下，由总统决定是否参会：各行政部门的主任；213款下的军需品理事会主任，以及214款下的研发委员会主席。除此以外，在获得参议院任命正式成员的许可前，不得指派额外成员参会。[3]

此处列举的是国安会正式会议的首批所谓"法定成员"。虽然新建立的中央情报局隶属国安会，但中情局长并非国安会正式会议的法定成员。从人员配置可以看出，国安会是自20世纪以来首个涵盖白宫、国务院、军方以及其他重要国家安全相关部门最高领导者的协调机制。相比之前的如共同防御委员会和三方协调委员会等协调机制，国安会会议涵盖人员更为全面，设计内容更加广泛，是机制上的创举，也是国会权力在国安会系统机制中为数不多的体现。法律给予总统出席会议人员的选择权，进一步说明了该机制实际上是"总统的机制"。在后来国安会的发展中，除总统、国务卿和军事机构的领导人以外，其余人员都经历了变动。

而最为值得注意的是，除总统以外，其余成员中有四位是来自军方的

---

① 尽管法律中对该职务的命名为"Secretary of Defense"，但由于在1949年《国家安全法》修正案出台前不存在所谓"国防部"，因此将该职务被命名为"防务部长"而非"国防部长"更为贴切。

② 其职能与之前的战争部长（Secretary of War）一致。

③ 1947年《国家安全法》，Section 101(a)。

代表。这种人员配置尽管看上去不起眼，却能够充分体现军方最初在国安会中的优势地位。美国政府运作的重要准则之一是"文官当政"，因而诸如此类的人员安排也为 1949 年《国家安全法》修正案埋下了伏笔。

而后，法律对国安会的附加职能予以进一步限定：

> 除对总统下达的各项职责予以履行，并实现政府部门和机构在国家安全方面更为有效的合作以外，国安会应当遵循总统的指示，履行下列职责：
>
> （1）以国家安全为根本利益，依据我国现实和潜在的军事力量，对美国的目标、义务和风险予以评估，并向总统提出与之有关的建议；
>
> （2）对国家安全有关的政府各部门、机构共同利益相关的政策进行考量，并就此向总统提出建议。[①]

除此以外，国家安全法对于国安会的职能没有再多提及。这种过于简单和模糊的描述可以说是三方博弈的直接后果。除了前文所述的"顾问"功能以外，此处还提到了对政策的"评估"（assess and apprise）以及对于政策的"考量"（consider）。可以看出，法律规定的国安会没有任何决策机能，而是纯粹的顾问 – 协调 – 评估机制，这也可以说是国安会作为总统的"帮手"的最为重要的基本职责。然而，法律对这种职能的描述是非常不清楚的，对国安会具体的运作路径也没有提及，留给总统很大的空间对其进行后期塑造。

法律的最后两款看上去像是前几款的补充，但对国安会未来的机制发展产生了重要影响：

> （3）国安会下设办公室，并由一名由总统任命的、年薪一万美元的文官行政秘书领导。该行政秘书受国安会的指示，遵从《文官服务法》（civil service laws）与 1923 年《职务分类法》修订版的规定。行政秘书有权任命履行国安会相关职能的必要人员，并对其薪金进行调整。
>
> （4）在适宜或总统需要时，国安会应向总统提出建议或呈交报告。

---

① 1947 年《国家安全法》，Section 101(b)。

该款法条建构了国安会系统内部又一个重要的部分——国安会幕僚（NSC Staff）。不言自明的是，在最初的法律描述中，国安会幕僚团队仅被预期为纯粹的"幕僚"。除为国安会正式会议提供文书方面的服务以外，法律并没有指出其应具备一定的政策顾问职能。这种对于幕僚团队含糊、缺省的描述可以被视为未来该团队职能混乱、定位不清的重要原因。在当时，没有人能够预料到这个简单的服务机制能够在冷战后期发展成人数众多、职能冗杂的巨型团体。后文将对国安会幕僚的发展及缺陷进行进一步说明。

行政秘书作为国安会幕僚的领导者，不能被简单看作后期"国家安全顾问"一职的早期形态。通过法律中的描述可以看出，这一职务仅仅是一个文职工作的领导者，不存在任何参政议政职能，属于纯粹的"服务者"。在福莱斯特代替帕特森担任首任防务部长后①，为了增强海军在国安会中的影响力，他推荐海军部将领西德尼·索尔斯（Sidney Sours）担任行政秘书。然而在日后的工作中，索尔斯更为遵从法律中行政秘书的职能，与总统的关系日益亲密，最终的身份认同更贴近国安会，而不是海军部或军方。

以上便是奠定了美国自二战后的国家安全制度框架的 1947 年《国家安全法》。鉴于法律出台过程中遭遇的种种波折，作为副产品的国安会注定在机制的根源上存在不稳定性，这体现在以下几个方面。

首先，1947 年《国家安全法》让美国国安会不可避免地成为一个"战时委员会"。纵观国安会创建的历史可以看出，英国"战时内阁"始终作为该机制的参照物出现，而"战时内阁"是为了对抗战争而出现的协调机制，带有很强的危机治理特性。同时正如前文所述，法律最初设定的国安会正式会议法定成员中，有四名来自军方。对于冷战期间的美国来说，军事问题仍旧是安全议题中最为重要的因素。为此，冷战中的国安会始终没有脱离战时机构的特色。

其次，1947 年《国家安全法》的出台与国安会的创立是基于行政机构内部的博弈，而作为立法机构的国会却在大部分时间保持缄默状态。在最终立法过程中，国会"给予了政府一切他们想要的（国安会机制），仅

---

① James Forrestal, "26 July 1947, Conversation – President Truman," in Walter Millis, ed., *The Forrestal Daires*, New York: The Viking Press, 1951, p. 295.

仅做了一项修改"①。国会在立法过程中的缺失最终赋予了国安会一种隐含的错误属性,即国安会的行动不受国会监管。后来国家安全顾问职权的无限膨胀,以及国安会幕僚成员参与政府具体政策实施进程的行为,都是这种缺陷的直接后果。

最后,部门间的利益纷争是法律出台的主要动力,也严重影响了对国安会的制度预期。"掩盖分歧以求取暂时妥协,而多有含糊不清……对诸多机构的职能和运行程序以及部门间的相互关系未能加以更为清晰的厘定,以至于为无休止的细微制度变动和非正式安排和行为留下广泛的活动空间"②。法律的模糊描述导致国安会机制自创始之日起便走上了一条"自我强化"和"自我调整"的道路,而非正式机制作为历任政府国安会正式机制的衍生品,也在这种模糊的描述中逐步出现。

总之,由于出台期间的波折,国安会最终的面貌与杜鲁门所想的相去甚远,与福莱斯特的想法也颇有差距。因此,虽然国安会最终得以建立,但注定不会在初期就受到总统的青睐,更难以立即投入美国战略决策的规划与制定之中。这个本应承担起冷战重大责任的机制,却无法避免在一开始就陷入低潮的命运。为此,杜鲁门对该机构进行了一次彻底的"驯化"。然而,巧合的是,在美国国安会开始逐渐发挥应有作用时,朝鲜战争爆发了。

---

① Amy Zegart, *Flawed by Design: The Evolution of the CIA, JCS, and NSC*, California: Stanford University Press, 2000, p. 69.

② 牛可:《美国"国家安全国家"的建构》,载王辑思、牛军编《缔造霸权》,上海人民出版社,2013,第121页。

第三章 国安会的第一次"机制摇摆"与遏制战略的缓和

1947 年《国家安全法》在出台过程中追求"统一控制"（unified control）而非"合并"（merger）① 的方式让其在某种程度上成为"妥协折中的结果"，而法律条文中对国安会的模糊描述最终未能弥合关于机构根本属性的分歧。这也成为国安会在日后发展中历经波折的根源。尽管国安会最终得以建立，但白宫与军方都希望能够让该机构按照自己在三方论战中的预期发展，这就导致冷战时期的国安会始终摇摆于分裂的身份认同之间：总统永远会面临一个基本的困惑，即或将国安会系统视为"王室大臣"，倾向于聆听来自正式会议的多重声音；或将其视为"宫殿守卫"，倾向于令其捍卫自己业已成形的战略规划。不同的选择将会导致该机制在未来发展出截然不同的组织文化、组织架构和组织进程。这两种组织模式因不同时期的国际战略环境而生，也在很大程度上推动并强化了这一时期的国际战略。

杜鲁门与艾森豪威尔政府时期是国安会的"制度成形期"。在这期间，美国国际战略环境因美苏冷战对峙情势的形成而趋于紧张，国安会也随之完成了由"咨议－顾问"模式向"统筹－协调"模式的第一次摇摆，其运作空间从无到有，影响力由弱转强。这种变化给国安会未来的发展打下了重要基础。1950 年前，由于二战时期的战略决策模式仍主导了美国政府内的决策者，总统并没有过多参与国安会正式会议，也没有将国安会机制视为政策建议的唯一来源。这种现象被认为是国安会在创建伊始便陷入低潮的标志，这种说法无疑是片面的。总统只是在最初选择了国安会"咨议－顾问"机制的身份认同，从而为自己长期的国际战略规划做好准备。

---

① Trager, Frank N., "The National Security Act of 1947: Its thirtieth anniversary,"*Air University Review*, Vol. 29, No. 1, 1977, p. 10.

伴随朝鲜战争的爆发，国安会正式会议的重要性逐步凸显，机制也随之日臻完善，并在艾森豪威尔时期达到了其制度化的首个高峰，国安会也逐步转为更具重要性的"统筹－协调"模式，开始逐步融入并参与到美国的遏制战略规划体系之中。从 1947 年《国家安全法》出台到艾森豪威尔任期结束是一个对崭新机制的摸索时期，是国安会由单一的会议机制扩展为国安会系统的时期，也是国安会第一次属性转换后的发展阶段。

一　杜鲁门政府时期的国安会与国际战略

尽管持续已久的美国军事体制改革尘埃落定，但由于 1947 年《国家安全法》对国安会的表述过于模糊，政府内部成员难以清晰地认识该机构的实质。福莱斯特与预算部众成员都深知首次国安会正式会议的重要性，因此在会议召开之前就进行了内部运作，希望自己关于国安会的理念和认识能够影响总统，进而在该机制未来发展中更具说服力。这在某种程度上可以被看作此前双方博弈的延伸。

在朝鲜战争爆发前，杜鲁门汲取了预算部观点中的精华，试图将新生的国安会塑造成一个纯粹的顾问机构。自 1950 年后，杜鲁门与艾森豪威尔共同充实国安会的内涵，让其在不到十年的时间内发展成为一个立体的系统化机制，然而过度机制化也最终让国安会在艾森豪威尔任期末走上了另一个极端，难以为美国长期战略规划进行服务。

（一）国安会"运作理念之争"与 1949 年《国家安全法》修正案

1947 年《国家安全法》在美国政府内部开启了新的疑惑。关于国安会究竟应当在美国国家安全体系中扮演什么样的角色这个问题，人们很难从法律的字里行间中读出答案。国安会处于"理念未定，机构先行"的状态，而这种状态导致包括内阁各部门、军方以及国务院在内的旧有政策倡导者一种不安全感。

正如前文所述，在国安会的创立阶段，有两个在根源上相互矛盾的运作理念始终伴随。其一是由福莱斯特作为统一军事机构的替代品提出，而后代表军方总体观点的"统筹－协调"机制运作模式。这种模式以英国的战时内阁为参照物，强调国安会在美国国家安全政策产出结构中的枢纽性地位，认为国安会正式会议是总统最终决策前最为重要的来源，因此所有内政、外交及军事等国家安全相关机构都应通过这一机制来达成协调。另一个则是在法律最终出台前不久，由预算部主任史东提出且后来成为预算部总体观点的"咨议－顾问"机制运作模式。这种模式将国安会视为一个单纯的顾问机构，而国安会正式会议仅是一个供总统获取多方面意见的"论坛"，也不应该成为总统获取国家安全相关信息的唯一渠道。这种观点还主张限制该机制的权力性职能，避免其成为总统决策的障碍和总统权力的掠夺者。

这两种分裂的国安会发展理念使得第一次国安会正式会议非常重要，因为在这次会议上，杜鲁门势必明确国安会未来发展的方向、具体职能以及人员安排。如果总统认为国安会应当发挥"统筹－协调"机制的效用，那么军方凭借在国安会正式会议中人员数量的优势，就有能力左右未来美国国家安全政策的发展走向；相反，如果总统将国安会视为"咨议－顾问"机制的话，总统权就得到了保障，内阁各部门——包括预算部——也不致沦为国家安全政策进程中的附庸。为此，无论是福莱斯特还是预算部众成员，为了使国安会未来的发展更符合自身的利益，都应做好充足的准备，将更为完善的运作理念灌输给总统。

事实也的确如此。福莱斯特在军事一体化进程中最终得到了大部分自己所希冀的东西。然而作为国安会这一概念最早也是最为持久的践行者，他意识到法律的含糊描述以及预算部的干涉很有可能使政府内各股势力围绕国安会产生摩擦，导致这一机制日后的发展与《埃伯斯塔特报告》中的设想相去甚远。在距国安会召开首次正式会议还有不到十天的时候，他举行了一次自助午餐会以探讨未来国安会的运作模式。包括三军部长、三军参谋长、国安会首任行政秘书索尔斯以及国家安全资源委员会主任亚瑟·希尔（Arthur Hill）等与国安会相关的重要人员悉数出席[①]。在当天的日记中，福莱斯特这样写道：

> 很明显，在国安会的问题上，我们和预算部以及一些白宫幕僚将

---

① James Forrestal, "17 September, 1947, "in Walter Millis, ed. , *The Forrestal Daires*, New York: The Viking Press, 1951, p. 317. 值得注意的是，这些人中就包括时任陆军参谋长的艾森豪威尔（Dwight Eisenhower）. 可以说，艾森豪威尔与福莱斯特的理念非常相近，认为国安会应当作为"统筹－协调"机构而存在。这也从侧面解释了为何国安会系统的机制在艾森豪威尔时期得到了显著发展。

会出现分歧。这些分歧将集中在国安会的功能、国安会和总统的关系以及国安会和我的关系等诸多方面。我将国安会视为国防组织的组成部分，并且坚信国会也是这样认为的。就如同我早先强调的，我并不认为国安会是制定政策的地方，而是帮助总统制定政策的地方。在这一点上我的观点很明确。①

福莱斯特对于国安会的认识始终没有太大动摇，他确信这种机制最为符合军方的利益，同时也不允许其他人破坏他奋斗的成果。在写这篇日记的前一天，福莱斯特得知国务院在艾奇逊（Dean Acheson）的煽动下对于国安会的建立持有怀疑态度：他们承认军事与政治问题在当时已经不可割裂，但担心军队过多参与外交及国家安全问题会带来不可预料的结果。为此，福莱斯特赞同"军人总在克制，外交官时常过激"的观点，认为国安会存在的意义在于"对局势和事件做出细致的评估，避免堕入战争的深渊"②。而发挥这种作用的前提条件是将国安会视为一个"统筹－协调"机构。

福莱斯特将自己的这种观点坚持到了最后一刻。1947 年 9 月 25 日，也就是在国安会首次正式会议的前一天，福莱斯特在自己的办公室中提前召开了一次小规模的会议，将其视为翌日会议的"预演"。参会人员包括代国务卿罗伯特·洛维特（Robert Lovett）、三军部长及索尔斯等人③。第二天会议中九人中的六位都出现在了这次会议中。福莱斯特希望通过会议来为总统以及参会人员缩小探讨的范围，同时，也试图寻找将国安会塑造为"统筹－协调"机构的方式。为此，福莱斯特委托洛维特草拟了第二天的会议文件，并由他交与总统④。在福莱斯特坚持自己的观点的同时，却忽略了自己的行为正是总统不希望国安会按照福莱斯特预期发展的最大原

---

① James Forrestal, "17 September 1947, Meeting at 1 : 00 p. m. , "in Walter Millis, ed. , *The Forrestal Dairies*, New York: The Viking Press, 1951, p. 316.

② James Forrestal, "16 September 1947, Lunch – General Norstad and Admiral Ramsey, "in Walter Millis, ed. , *The Forrestal Dairies*, New York: The Viking Press, 1951, p. 315.

③ "Minutes of a Meeting Held in Secretary Forrestal's Office, "September 25, 1946, Records of the Office of the Secretary of Defense, National Archives, 转引自 Anna Kasten Nelson, "President Truman and the Evolution of the National Security Council, "*The Journal of American History*, Vol. 72, No. 2, 1985, p. 360。

④ James Forrestal, "26 September 1947 National Security Council, " in Walter Millis, ed. , *The Forrestal Dairies*, New York: The Viking Press, 1951, pp. 320 – 321.

因。如果国安会真的成为总统最为重要的咨议机制，那么在正式会议中人数占优的军方便成了总统制定决策的代言人，这样的"预演会议"也绝对不会是最后一次出现。

另一方面，在福莱斯特和军方加紧准备首次国安会正式会议的同时，预算部也没有忽视这次会议的重要性。1949 年《国家安全法》出台前，史东的备忘录可以被视为预算部对总统的一个提醒。而在国安会初次会议前，预算部部长韦伯希望将史东的提醒转化为系统、成熟的国安会系统运作方针，以对抗军方关于国安会的理论旗帜——《埃伯斯塔特报告》。为此，在《国家安全法》出台一个月后，韦伯向杜鲁门提交了一份由预算部成员制定的备忘录，作为史东备忘录的补充，并对总统和国安会之间的关系做了进一步阐释。

在这份备忘录中，韦伯对史东的补充和延伸体现在四个方面。第一，总统永远是国家安全问题的决策者与定夺者，这种身份不应当被国安会会议机制所束缚或削弱，否则就会受到军方思想的牵制。第二，国安会的根本属性是总统办公厅的外延部分①，总统最需要的是在白宫内自由制定政策的权力，而不应迫于机构的压力而妥协。在总统缺席的情况下，应由国务卿代替他主持国安会正式会议。第三，总统应将国安会行政秘书视为自己的顾问，借此保证对国安会的控制权，防止自身权力的流散。为此，总统应当先任命行政秘书，而后再与行政秘书共同确定国安会幕僚的人选，确保国安会成为"总统的国安会"。这一点为未来国安会领导者从"国王的大臣"（King's ministers）转变为"宫廷守卫"（Palace guard）奠定了重要基础②。第四，确保新生的国安会和国家安全资源委员的领导人得到与总统幕僚其他关键顾问同等的地位对于机构塑造来说是非常必要的，因此韦伯建议将两个部门的办公地点设置在白宫旧行政大楼（Old Executive Building），确保国安会的领导者及办公厅成员能够随时见到总统。③

此外，这份备忘录也厘清了内阁与国安会之间的关系，这是非常难能

---

① 需要指出的是，此时国安会仍不是总统办公厅的一部分，国安会幕僚与白宫幕僚之间的分立非常明显，办公地点也距离较远（分别位于旧行政大楼与白宫）。

② Amy Zegart, *Flawed by Design: The Evolution of the CIA, JCS, and NSC*, California: Stanford University Press, 2000, p. 76. 关于这两种称谓，后文中将做出进一步说明。

③ James E. Webb to Truman, Aug. 8, 1947, James E. Webb Papers（Harry S. Truman Library, Independence, Mo.），转引自 Alfred D. Sander, "Truman and the National Security Council, 1945 – 1947," *The Journal of American History*, Vol. 59, No. 2, 1972, p. 369。

可贵的一点。由于国安会主要关注国家安全问题，而国家安全问题又涉及内阁中大部分部门的利益，因此若是不加以注意，总统很容易将国安会当作"第二个内阁"。备忘录提示总统将国安会视为内阁级别的团体，但不能用其取代内阁，解决方法在于让国安会只关注国家安全领域的相关问题。

韦伯的备忘录再一次提醒杜鲁门应将国安会视为自己庞大顾问集团的一部分，而非美国国家安全界的"利维坦"。备忘录中的意见和建议与半年前史东所表述的思想高度一致，同时在对总统权力和利益的维护上超越了史东备忘录。这两份文件的结合可以被视为"咨议－顾问"国安会运作模式的指导性纲领。与福莱斯特的"统筹－协调"机制相比，这种模式给予总统更多的灵活性，让其有足够的空间和时间周转于日常事务中，也不会导致自由决策能力受限①。与此同时，该模式也大大削弱了国安会正式会议的地位和作用，间接导致了国安会的议题范围缩小，视野受限，从侧面鼓励了总统利用非正式渠道协助自己进行决策。

正如前文所述，军事部门和预算部对国安会的机制预期都是将自身利益作为首要考虑因素。然而，"统筹－协调"模式将总统内嵌于国安会机制中，以索取一部分总统权作为自身发展的基础；而"咨议－顾问"模式则认为总统与国安会机制相互分离，将捍卫、保护总统权视为机制存在的主要目的。同样是为了保证自身利益，军方的方式是利用总统权，预算部的方式是保护总统权。相比之下，预算部的理由看上去更为正当、更具合法性，而军事部门则相形见绌。

对国安会运作模式享有最终发言权的还是总统本人。作为以副总统身份接替罗斯福的人，杜鲁门在其任期内坚定不移的信念就是自己的决策权力绝不可受到任何形式的侵害，只有总统才是国家安全决策的最终定夺者。为此，杜鲁门对"任何会侵犯总统权的事情都持怀疑态度"②，其中也包括新生的国安会。史东的备忘录已经唤醒了杜鲁门对国安会的警惕态度，而韦伯则让总统在原有基础上更加坚信自己应当与这个机构保持一定的距离。在这个过程中，杜鲁门本人对预算部的信任也在国安会机制塑造

① Anna Kasten Nelson, "President Truman and the Evolution of the National Security Council,"*The Journal of American History*, Vol. 72, No. 2, 1985, p. 365.
② 〔美〕约翰·普拉多斯：《掌权者：从杜鲁门到布什》，封长虹译，时事出版社，1992，第 11 页。

过程中起了重要作用。韦伯声称,杜鲁门"相信我们,认为我们是真正以总统的机构为总统服务的"①。不难想象总统在这种心态下会做出什么样的抉择。

1947 年 9 月 26 日,国安会历史上的第一次正式会议如期召开。参加会议的人员除了会议的法定成员以外,还有中情局局长罗斯科·希伦科特(Roscoe Hillenkoetter)② 和行政秘书索尔斯。这次会议共有五项议题,包括限定国安会行政办公厅的职能、人员安排,审议并通过 9 月 19 日中情局提交给国安会的一份备忘录③,宣布开展对国际局势的评估等。而其中最为重要的莫过于总统对国安会系统未来运作理念和主要职责的阐释。

杜鲁门首先厘清了国安会的性质。他强调,"《国家安全法》将国安会设计成了一个纯粹的顾问机构,除了其中的中情局以外没有任何政策制定(policy-making)或是政策监管(supervisory)的职能。我认为,从现在开始,这种原则应该被严格遵守"④。杜鲁门认定国安会的唯一职能就是提供建议,这实际上是对福莱斯特和《埃伯斯塔特报告》中设想的"统筹-协调"型国安会职能的削弱,也是预算部最为重要的主张。

有关国安会正式会议的参与人员,杜鲁门认为"应当严格限制法律中指定的成员担任国安会正式会议的永久成员……在我无法参会的情况下,依次由国务卿和防务总部长代替我主持会议,这是我的意愿"⑤。其他人若是希望参加会议,应当事先向行政秘书提出申请,而后由会议主持人批准方可参会,但"中情局局长应当长期作为观察员和顾问与会"。指派代理主持人的做法让杜鲁门得以从国安会正式会议机制中解脱出来。在这一点上,杜

---

① "Oral History Interview: With the Truman White House" by Hugh Heclo and Anna Nelson, February 20, 1980, 杜鲁门总统图书馆, http://www.trumanlibrary.org/oralhist/trumanwh.htm #87。

② "Minutes of the 1st Meeting of the NSC," September 26, 1947, CK2349372691, *U. S. Declassified Documents Online*(hereafter cited as *USDDO*) Gale Group, Inc. (美国解密档案在线是美国 Gale 公司开发的数据库,此前名称为美国解密档案查询系统,即 DDRS)

③ Document 222, "Memorandum From the Director of Central Intelligence(Hillenkoetter) to the National Security Council," Washington, September 19, 1947, *FURS*, 1945 – 1950, Emergence of the Intelligence Establishment.

④ "National Security Council, Opening Statement at First Meetingof the President on National Security Council," September 26, 1947, *USDDO*, CK2349431608.

⑤ "National Security Council, Opening Statement at First Meetingof the President on National Security Counci," September 26, 1947, *USDDO*, CK2349431608.

鲁门再次听从了韦伯的建议。此外，他还强调了对会议内容保密的要求。

　　同时，杜鲁门在这次会议上也声明国安会正式会议将不采用例会制的形式①。这很明显是为了保护总统的权力和自由。除了艾森豪威尔任期内的一段时间以外，整个冷战期间的美国总统都继承了杜鲁门的这一设定，这严重削弱了国安会规划中长期政策的能力。

　　这次会议意味着杜鲁门正式将国安会划定为自己的势力范围。在会议中，总统表示"国安会是总统的委员会……在其中不应有任何'首席明星'（prima donna）存在"②。这种明确的表态让福莱斯特吃了闭门羹。

　　塑造国安会最初运作理念的过程凸显了总统不可替代的作用，自此，该机构未来的发展再也无法脱离总统对其机制施加的影响。对于杜鲁门来说，第一次正式会议仅是他为国安会日后运作打下基础，而想让这一机制真正成为预算部所提倡的"咨议 – 顾问"机构的话，总统仍需在今后对国安会的机制进行进一步的"修剪"。而对于当时的国安会来说，最大的问题在于正式会议中军方的势力过于强大，在这种情况没有得到解决之前，总统很难对国安会善加利用。

　　这种尴尬的情况并没有持续多久。一方面，早在1947年《国家安全法》出台之前，美国国会便建立了"政府行政机构组织委员会"（Commission on Organization of the Executive Branch of the Government），负责审查国家安全组织及运作机制，史称"第一次胡佛委员会"。委员会下属的"国家安全机制任务小组"在1949年提交给国会的最终研究报告中，对国安会的机制提出了自己的见解，明确指出"总统的权威由于国安会正式会议成员的安排和设置而受到了损害"③。为此，他们建议对国安会进行制度调整。另一方面，过多的会议法定成员也制造了很多麻烦。文官和武官之间的矛盾似乎是与生俱来的，这使得会议中很多提案难以顺利通过④，以至于越

---

①　"Minutes of the 1st Meeting of the NSC, "September 26, 1947, *USDDO*, CK2349372691.

②　James Forrestal, "26 September 1947, National Security Council, " in Walter Millis, ed. , *The Forrestal Dairies*, New York: The Viking Press, 1951, p. 320.

③　The Commission on Organization of the Executive Branch of the Government, *The National Security Organization: A Report to Congress*, February 1949, p. 8, 美国中情局网站电子解密档案，https://www. cia. gov/library/ readingroom/ document/ cia – rdp86b00269r000200010002 – 6。

④　例如国安会第五次正式会议时洛维特与福莱斯特在美国对希腊问题上的矛盾，见 "Minutes of the 5th Meeting of the NSC, "January 13, 1948, *USDDO*, CK2349372693, 以及第十三次正式会议时陆军部长洛伊尔（Kenneth Royall）在美国对土耳其军事援助方面的异议，见 "Memorandumto the President, "June 18, 1948, *USDDO*, CK2349395258。

来越多的人把国安会视为"一个笨拙而又庞大的决策辩论机器"①。这种现象甚至在 1948 年总统竞选期间被杜鲁门的竞争者杜威用来充当批判的工具，后者认为总统在外交决策中让太多军事人物享有优先权，而这恰恰不是杜鲁门的本意。

在这种情况下，杜鲁门意识到应当对 1947 年《国家安全法》做出修改②。修正案得到了国会的通过，并于 1949 年 8 月 10 日成为法律③，修正案取消了三军部长内阁成员以及国安会正式会议成员的身份，增加副总统为正式会议的法定成员，增添参联会主席和中情局局长分别作为正式会议的军事顾问和情报顾问。总统缺席会议时，代替其主持会议的人依次为副总统、国务卿、国防部长④。这次调整后，国安会正式会议成员减少了两名，且文官和武官的比例由原来的 3∶4 变为了 4∶1，军方在正式会议中的影响力再次被削弱，体现了"总统的国安会"原则。与此同时，总统随修正案提交的第四号重组计划也让国安会成为总统幕僚团队的一部分⑤。在这份计划中，杜鲁门再次强调国安会的主要职责是"向总统提出有关内政、外交、军事等国家安全相关政策，以及军事、工业和国防动员协调整等方面的建议"⑥，落实了国安会的顾问机制属性，使国安会的机制显得更加精简、有序。国安会的"去军方化"在于让文官在跨部门决策进程中

---

① 〔美〕约翰·普拉多斯：《掌权者：从杜鲁门到布什》，封长虹译，时事出版社，1992，第 13 页。

② 应当注意到的是，军方对国家防御部中一些机制感到不满也是促成这份修正案出台的重要原因。在福莱斯特担任防御部长之后，他发现自己缺乏对三军部长的领导权，而这恰恰是他自己一手造成的。为此他希望改善这一尴尬状况。而形同虚设、权力过小的参联会同样也是当时军方面临的机制缺陷。

③ "Act of August 10, 1949(National Security Act Amendments of 1949) ，"Public Law 81 – 216,63 STAT 578，美国国家档案馆网站，https：//research. archives. gov/id/299860。

④ 1949 年《国家安全法》修正案将"国家军事部"的名称调整为"国防部"，因此，此后该机构的领导者才可被称为"国防部长"。

⑤ "Reorganization Plan No. 4 of 1949，"August 20, 1949, 14 F. R. 5227, 63 Stat. 1067, http://uscode. house. gov/view. xhtml？req = granuleid: USC – prelim – title5a – node83 – leaf99&num = 0&edition = prelim. 总统幕僚（the Executive Office of the President, 总统行政办公室）成立于 1939 年罗斯福总统的第二任期内，最初只有白宫办公厅及当时从财政部划出的预算局（行政管理和预算局的前身）。经历近 70 年的发展，已经成为一个拥有十多个部门、拥有约 2000 名工作人员、年预算超过两亿美元的庞大官僚机构。可以说，其扩张是全球化时代美国国内、国际事务日趋复杂的侧面反映，同时也是自冷战开始至今美国总统"帝王式总统权"形成的主要原因之一。国安会幕僚团队是总统幕僚的重要组成部分。

⑥ "Message of the President，"June 20, 1949, in"Reorganization Plan No. 4 of 1949，"美国国家档案馆网站，https：//research. archives. gov/id/299860。

掌握更多的话语权，而文官在美国历史上往往被认为是战略规划进程中更为理性的群体。

（二）国安会的"国务院化"与 NSC-68 号文件的出台

从 1947 年《国家安全法》出台到第一次国安会正式会议的召开，再到 1949 年《国家安全法》修正案的实施，杜鲁门通过不到两年的时间打造了一个初具雏形的"咨议-顾问"机构（见图 3-1）。1950 年前，国安会共召开了 50 次正式会议，尽管此时期其采取的行动都是对业已制定的文件的解释、修改或补充说明，但在正式会议上提出的一些建议最终都成为杜鲁门政府的政策①，其出台的一些文件也具有深远影响力②。这充分说明此时国安会已经走上了正轨。

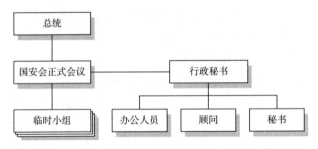

图 3-1　杜鲁门时期的国安会系统结构（1947~1950 年）

资料来源：笔者根据相关文献自制。

尽管如此，杜鲁门并没有参加大部分国安会正式会议。尚不清楚杜鲁门此举是否"旨在建立国安会对总统的尊重，并且阻止一切可能削弱他作为最高领导人权威的可能"③，但是这种行为与他致力于落实国安会顾问属性的目的是相匹配的。正如索尔斯所指出的，"允许自由交换意见的环

---

① 包括关于希腊内战的建议、对意大利和柏林进行封锁的讨论以及对中国政策的讨论。

② 例如美国第一份对苏联采取隐蔽行动的 NSC-4/A 文件，以及成为日后欧洲复兴的"马歇尔计划"的主要理论源泉的 NSC-20/4 文件。见 "Memorandum from the Executive Secretary(Souers) to the Members of the National Security Council NSC 4-A," December 9, 1947,美国科学家联盟网站，http://fas.org/irp/offdocs/nsc-hst/nsc-4.htm。

③ Falk Stanley, "The National Security Council Under Truman, Eisenhower, and Kennedy," *Political Science Quarterly*, Vol. 79, No. 3, 1964, p. 406.

境对于国安会的顾问职能来说至关重要"①，而创造这种环境的最好手段就是让总统与国安会保持一定的距离。因此，杜鲁门是否亲自参加国安会的正式会议与他对国安会的重视程度没有任何关系。

这种弱势也体现在国安会幕僚的职能上。由于在会议中特别强调了要保证幕僚团队"相对较小的规模"②，索尔斯将幕僚成员分为三部分，分别是办公人员（staff members），秘书（secretariat）与顾问（consultants to the Executive Secretary）。办公人员分别来自不同的国家安全相关部门，而由国务院派出一名成员负责担任这些人的"协调员"③。

就在国安会"咨议-顾问"机制日臻成熟时，其弊端伴随冷战局势的发展而逐步显现。日趋恶化的国际战略环境动摇了美国政府内部对外决策的合法性。1949 年对于美国国务院来说是"多事之秋"，在"丢失中国"以及苏联核试验成功等一系列让美国处于对苏弱势的事件上，国务院没有相应的应对方式，被认为应当负起主要责任，因而备受指责。在 1 月马歇尔卸任后，接替他的新任国务卿艾奇逊心中有一套系统性的考量。他试图继续在国内加大冷战宣传，强调苏联带给美国的威胁，希望借此获得民众的支持，从而增加美国政府投入冷战的预算。而在政府内部，艾奇逊希望进一步扩大国务院的影响力，不仅在传统的外交政策领域占据主导性地位，更要在整个国家安全政策与战略规划进程中维持高存在感。

作为美国政府内部负责国际事务的传统部门，国务院长期在美国的国际战略规划中占据核心地位，其内部常设的政策规划委员会（Policy Planning Staff，PPS）被公认为美国政府制定长期战略规划与重要决策的首要组织。然而，国安会自成立以来，其所涉及的议题以及发挥的职能或多或少与国务院之间有重叠，这一点让国安会在刚刚成立时就被国务院视为自身固有权力的蚕食者。这两个机构竞争的序幕也从此拉开。实际上，尽管国务院在创立国安会的"三方论战"时期没有太大的动作，但马歇尔在这一时期不止一次代表国务院强调过他对建立这种机制的忧虑。接替马歇

---

① Sidney W. Souers, "Policy Formulation for National Security," *The American Political Science Review*, Vol. 43, No. 3, 1949, p. 541.

② "National Security Council, Opening Statement at First Meeting of the President on the Secretariat and Staff," September 26, 1947, *USDDO*, CK2349431611.

③ Sidney W. Souers, "Policy Formulation for National Security," *The American Political Science Review*, Vol. 43, No. 3, 1949, p. 537.

尔的艾奇逊对国安会的态度则更为激进。在尚未出任国务卿时,他便公开表示"对于国安会的有效性感到怀疑,并将尽一切可能去抹杀其有效性,让其最终失去力量"①。

国务院对国安会的偏见是一种"天然的警惕"。然而实际上,作为一个刚刚创设不久的机构,此时的国安会是无法与历史悠久、机制完善、人员齐整的国务院相提并论的。在总统对国安会"咨议-顾问"机构的明确定位下,其成员的地位实际上并不高。一方面,总统对于"小规模团队"的强调让其成员的数量在1949年仅维持在31人左右,约为同时期其他相关部门的一半②;另一方面,总统需要在国安会正式会议中看到集思广益且具备强有力指导性意见的文件,而显然这是此时的国安会幕僚们无法驾驭的。这使索尔斯处于非常尴尬的境地,也使他认清了重要的一点,即初生的国安会若是希望在华盛顿官僚决策圈中发展壮大,就不得不借助国务院等有影响力的传统部门的力量。因此,在艾奇逊出任国务卿时,他采取了一种更为圆滑的方式来实现自己当初的承诺:与其将这个新生的机制拖垮,不如顺水推舟,进一步加强自身在国安会中的影响力,最终让其成为国务院庞大机构的一部分。

国务院利用自己的传统地位和实力在美国的官僚政治结构中对国安会施压,而索尔斯为了让国安会正式会议得以良好运作,不得不以牺牲国安会幕僚为代价,默许国安会的"依附发展"。这种情况最终造成了国安会在杜鲁门任期内的"国务院化"。这在以下几个方面体现得十分明显。

首先,国安会幕僚在工作过程中,不得不与以国务院为主导的外部机制进行协调和商议。这些机制中比较有代表性的是前文提到过的三方协调委员会。在国安会第一次正式会议召开并确立行政秘书和幕僚团队的职能后,索尔斯便致力于寻找"维持小规模成员数量的同时仍能进行政策协调"的方法,而他的第一个对策便是寻求三方协调委员会的帮助。在9月30日给委员会主任的备忘录中,索尔斯指出"国安会幕僚应当与三方协调委员会保持密切联系……为此,委员会业已制定但未经决策的文件都应

---

① James Forrestal, "16 September 1947, Lunch – General Norstad and Admiral Ramsey, "in Walter Millis, ed. , *The Forrestal Dairies*, New York: The Viking Press, 1951, p. 315.

② John Burke, "The National Security Advisor and Staff: Transition Challenges, "*Presidential Studies Quarterly*, Vol. 39, No. 2, 2009, p. 285.

交与国安会幕僚加以审议"①。此后很长一段时间内，三方协调委员会制定的文件和研究报告都会被提交给国安会，作为国安会幕僚团队制定会议文件的基础。鉴于国务院在该委员会中的重要地位，索尔斯特别强调这种方式能够"让来自不同渠道的意见——尤其是国务院的意见——被纳入国安会的讨论范畴中"②。三方委员会于1949年7月宣布解散，其职能大部分被并入国安会之中③。

其次，如果说三方委员会对国安会幕僚发挥的是间接性影响，那么国务院的政策规划委员会则直接包揽了这一时期几乎所有国安会会议的政策文件起草工作。这是国安会"国务院化"最为重要的原因。就在《国家安全法》出台的几个月前，马歇尔在国务院中设立了政策规划委员会，其主要职能之一便是"为达成美国的外交政策目标，规划并开发相应的长期计划"④，即长期的国际战略规划。当国安会刚刚组建完成，准备起步时，政策规划委员会已经在机制和人员配备上非常成熟，并开始针对苏联和冷战局势进行系统、宏观的研究了⑤。该小组的首任领导者正是美国冷战政策的奠基人之一乔治·凯南（George Kennan），而也正是他通过自己的努力，将政策规划委员会"顺利演变为国务院中能够服务于国安会的关键部门"⑥。在为国安会拟定政策文件的过程中，政策规划委员会的知名度逐渐提高，也越来越重要，慢慢地成为美国国家安全政策进程中不可或缺的一分子。同时，国安会幕僚中也少不了小组成员的身影：凯南是国务院驻国安会总统行政办公室的顾问代表，而曾经担任行政办公厅协调员的马克思·毕晓普（Max Bishop）和乔治·巴特勒（George Butler）

①　"Coordination between NSC staff and State – Army – Navy – Air Force Coordinating Committee (SANACC) Discussed, "September 30, 1947, *USDDO*, CK2349297641.

②　"Memorandum, to the President, "June 6, 1948, *USDDO*, CK2349372700.

③　"Memorandum by the Executive Secretary of the National Security Council (Souers) to the Council, "May 11, 1949, *FRUS, 1949, National Security Affairs, Foreign Economic Policy*, Vol. I, pp. 299 – 300; "NSC25: Interim Terms of Reference of SANACC, "August 12, 1948, *USDDO*, CK2349353801.

④　Document 47, "Memorandum by the Director of the Policy Planning Staff (Nitze) to the Under Secretary of State (Smith), "February 12, 1953, *FRUS*, 1952 – 1954, National Security Affairs, Vol. II, PART 1, https://history. state. gov/historicaldocuments/frus1952 – 54 v02 p1/d47.

⑤　"PPS – 13, Resume of World Situation, "September 6, 1947, *USDDO*, CK2349344264.

⑥　Wilson D. Miscamble, *George F. Kennan and the Making of American Foreign Policy*, 1947 – 1950, Princeton: Princeton University Press, 1992, p. 77.

都来自该小组①。政策规划委员会与国安会幕僚之间的机制和人员在杜鲁门时期多有重叠是国安会"国务院化"最为有力的证明。尽管同一时期军方也开展研究的数量不亚于该小组，但最终还是"国务院——特别是政策规划委员会的文件对杜鲁门时期的国安会产生了至关重要的影响"②。自此，美国国安会的组织文化传统中便打上了承担制定长期国际战略规划的烙印。

同样应该意识到，总统本人也是国安会"国务院化"的主要推手。这并不是出于杜鲁门对国安会的不信任，而是他着实将国安会视为自己众多信息渠道中的一个。相比之下，总统更青睐通过业已成熟的国务院机制制定出的政策文件，认为这些文件便于自己做出正确的决策。为此，杜鲁门委任国务卿代替自己主持了大部分国安会正式会议，并坚信国务卿引领的国安会会议机制作用能够发挥得更出色。为了让国安会早日成为"咨议 - 顾问"机构，杜鲁门实际上默许了国安会的"国务院化"。

通过对国安会事务的参与，这个以外交政策制定为主的传统机构逐步将触角延伸到了国家安全的方方面面。政策规划委员会把持着大部分国安会的政策文件制定工作，源源不断地向总统输送国务院对于国际事务的态度和对策。伴随 1948 年到 1949 年美苏对抗的全面形成，冷战政策逐渐成为国务院与国安会工作的主要内容。在这期间，国安会通过政策规划委员会的协助而制定并最终通过的首个重要文件便是 NSC - 20/4 号文件，其中确定了苏联对美国的具体威胁，以及美国的应对策略③。这份文件不仅被提交给国安会会议法定成员，也被发送至内阁所有涉及国家安全事务的部门④，可见其影响力之大。文件遭到了军方，尤其是接替福莱斯特担任国防部长的约翰逊（Louis Johnson）的强烈反对，这种反对也可以被视为军方不满国务院主导国家安全战略塑造进程的一个缩影，这同时也是艾奇逊

---

① "Memorandum by the Deputy Under Secretary of State for Administration(Peurifoy) ,"September 17, 1949, *FRUS*, 1949, p. 410.

② Anna Kasten Nelson, "President Truman and the Evolution of the National Security Council,"*The Journal of American History*, Vol. 72, No. 2, 1985, p. 370.

③ "NSC - 20/4, A Report to the President of National Security Council on U. S. Objectives with respect to the USSR to Counter Soviet Threats to U. S. Security,"September 23, 1948, *USDDO*, CK2349354052.

④ "List of Individuals to Receive NSC report on ' U. S. Objectives with Respect to the U. S. S. R. to Counter Soviet Threats to U. S. Security' (NSC - 20/4) ," December 3, 1948, *USDDO*, CK23 49258076.

和约翰逊两人后来关系恶化的原因之一。

军方的这种不满随着国务院在美国国家安全政策上影响力的扩大而增加。1949 年，苏联成功原子弹爆炸成功的消息传到了白宫，打破了美国的"核霸权"，深刻地改变了美国的国际战略环境，引发了广泛讨论。自冷战伊始，保持对核武器的垄断性地位被美国决策层甚至美国民众视为自身在硬实力方面胜于苏联的重要标志。当这种地位不保时，自然会引发美国国内的忧虑与恐慌，以及政府内部与国家安全相关人士的讨论。同年年底，索尔斯在给国安会正式会议法定成员的一份备忘录中提议对"美国现实与潜在的军事力量进行全面的评估和计划"以制定出满足美国国家安全需要的政策①。这份政策文件也就是后来奠定了美国"全面和无差别遏制"冷战战略的 NSC - 68 号文件。尽管该提议在国安会第 56 次会议中通过时，明确授权国安会在"所有相关的行政部门、机构的指导及帮助下"完成这项工作②，但真正的政策文件拟定则是由一个国务院与国防部共同组建的联合小组完成的。小组在起草政策文件时面临的首要问题就是"是否应当在现有基础上增加政府各部门，尤其是军方的预算"③。在这一点上，艾奇逊代表的国务院认为应当加大军费开支，而约翰逊和国防部则认为对五角大楼的财政预算应当加以限制。最终，在该小组委员会领导者、不久前刚刚接替凯南出任政策规划委员会主任的保罗·尼采（Paul Nitze）的带领下，这份出台的文件成功证明美国应当投入更多国防开支，提议增加常规武器以减少对核武器的依赖。在讨论这份文件的过程中，约翰逊与艾奇逊的矛盾彻底激化④。而杜鲁门最终对这份文件的肯定态度证明国务院已经在国家安全政策与国际战略产出的象牙塔中站上了塔尖。反观国防部在这一领域的影响力自国安会首次正式会议便持续走低，而这次在 NSC - 68 号文件中观点的失守更让其在国安会中的影响力跌入了谷底。

① Document 157, "Memorandum by the Executive Secretary of the National Security Council (Souers) to the Council," December 20, 1949, *FRUS*, 1949, https://history. state. gov/historicaldocuments/frus1949v01/d157.

② "Record of Actions by the National Security Council at its 56th Meeting," January 5, 1950, *USDDO*, CK2349395290.

③ "Summary of 1st Meeting of Ad Hoc Committee on NSC - 68, Ways and Means of Waging Cold War More Effectively," May 2, 1950, *USDDO*, CK2349328960.

④ "Memorandum of Conversation at the Department of State," March 22, 1950, *FRUS*, 1950, National Security Affairs; Foreign Economic Policy, Vol. I, pp. 203 - 205.

　　而对于国安会来说，无论是正式会议还是幕僚，在这份可以被视为美国冷战战略基石的文件的产出过程中发挥的作用微乎其微。国务院主导了政策的最终走向，国安会正式会议只是赋予这份文件合法性的"橡皮图章"；而国安会幕僚所做的只是文案工作，或在 NSC – 68 号文件得到总统的认可后，对其做出三份补充文件（NSC – 68/1，NSC – 68/2 以及 NSC – 68/3），并组织相关人员估算实施计划所需的开支①。这成为国安会在朝鲜战争爆发前"国务院化"的顶峰。这是杜鲁门限制国安会权力，希望将其打造成"咨议 – 顾问"机构的必然结果。这一时间国安会的一些机制深嵌在国务院之中，不仅隔断了幕僚的自主思考能力，也让正式会议沦为了一个仅供意见交换和讨论的空壳，最终造成其顾问性日渐式微。

（三）机制调整：朝鲜战争爆发与国安会系统的初步形成

　　到 1950 年时，国安会正式会议在国务院的引领下逐步成功发展为一个"咨议 – 顾问"机制。然而这种发展是以牺牲国安会幕僚的权力为代价的。为了让国安会成为一个纯粹的"顾问机构"，无论是总统还是国务卿、国防部长等重要内阁成员，都尝试削弱幕僚团队制定和执行政策的能力②。不仅幕僚成员会在政策规划委员会指定政策领域"而后跟进文件的拟制"③，就连索尔斯本人也习惯了咨询国务卿后再组织幕僚进行相关文件的研究和起草④。到了 1950 年，国安会幕僚所在的旧行政大楼成为真正意义上的"办公地点"。与此同时，这一办公室内部的人员之间也衍生出了一系列问题。各国家安全相关部门委派到国安会幕僚团队的成员在一段时

---

①　"NSC to Discuss U. S. Objectives and Programs for National Security at Its 12/14/50 Meeting," December 13, 1950, *USDDO*, CK2349252127.

②　这一点在 1949 年中旬以来体现得非常明显，国务卿和国防部长都多次明确提出不建议国安会幕僚参与决策性文件的起草，且不应该参与政策的实施（implementation）。见"Memorandum of Conversation, by the Under Secretary of State(Webb)," May 4, 1949, *FRUS*, 1949, Vol. I, pp. 296 – 298 以及"Memorandum by the Secretary of Defense(Johnson) to the Executive Secretary of the NSC(Souers)," June 20, 1949, *FRUS*, 1949, pp. 345 – 346。

③　例如国安会最初对希腊和意大利的行动，见"NSC Executive Secretary Sidney Souers informs Acting Secretary of State Robert Lovett of Status of NSC Policy Planning Staff Papers on Greece and Italy," *USDDO*, October 15, 1947, CK2349297584。

④　例如 1947 年 11 月 20 日关于阿拉伯石油特许权的问题的探讨，见"NSC Considers Oil Concessions in Southeast Arabia," *USDDO*, September 20, 1947, CK2349297602。

间的工作以后，逐渐被原有机构视为"外来者"。伴随时间的推移，他们逐渐失去了与原部门之间的联系，也就无法代表本部门的意见和观点；而这些部门也深知国安会下属的工作成员"犹如鸡肋"，逐渐习惯于跨过该机制直接将政策建议递交给国安会正式会议。

无论是出于对新生机制的怀疑，还是为了保持国安会机制的顾问性质，美国总统和政策精英们对国安会幕僚的打压似乎有些过火了。《埃伯斯塔特报告》中那个可以在美国国家安全政策机制中发挥重要协调作用的机制荡然无存，留下的只是一些处理"外部纸张"的"文员"，以及连专职成员都谈不上的各部门委派人员。就连索尔斯自己都承认国安会下属的这个支撑群体"工作进程非常混乱，职能定位非常模糊"①。

这种情况并不是没有得到政府内部人员的注意。随着 NSC-68 号文件逐渐浮出水面，莱（James Lay）接替索尔斯担任行政秘书一职。在此之前，他一直担任国安会的副行政秘书一职。作为索尔斯的副手，莱对幕僚内部的混乱情况可谓洞若观火。1950 年 4 月 17 日，莱率先提议在国安会内部建立一个"高级参谋小组"（Senior Staff），其中的参谋人员将不再承担原部门的任何工作，并起到协调国安会与其原所在部门的作用；同时，莱也建议参谋长联席会议派一名成员加入该小组②。莱的提议在 5 月 18 日的国安会正式会议上得到了会议成员的广泛赞同③，开启了杜鲁门政府国安会机制的转向进程。

朝鲜战争的爆发加速了这一进程。在朝鲜军队跨过三八线后的第一时间，杜鲁门就通过国安会进行了讨论④，并于 7 月 19 日向国安会递交了一封信件，正式命令在国安会幕僚团队内建立高级参谋小组。他指出该小组的成员将"不仅仅处理国安会相关事务"，这就意味着总统希望在国安会会议上讨论所有外交以及国家安全问题。8 月 3 日，高级参谋小组正式成

---

① "Memorandum of Conversation, by the Under Secretary of State(Webb) ," May 4, 1949, *FRUS*, 1949, p. 297.

② "Proposed Procedure for Handling NSC-68," April 17, 1950, 转引自 John Prados, *Keepers of the Keys: A History of the National Security Council from Truman to Bush*, New York: William Morrow and Company, Inc. , 1991, p. 41。

③ "Memorandum for the President of NSC-57th Meeting," May 18, 1950, *USDDO*, CK2349 431615.

④ "Memorandum for the National Security Council on Future U. S. Policy with Respect to North Korea," July 17, 1950, *USDDO*, CK2349217000.

立，六位成员分别是来自国务院、国防部、参联会、财政部、国家安全资源委员会以及中情局的副部长级别成员①。

由此可以看出，尽管杜鲁门改革国安会的坚决态度受到了朝鲜战争的影响，但更多还是由于他自身感受到了被过度去机制化的国安会在运作中存在的问题。尽管对国务院引领的国安会"咨议-顾问"机制并没有什么不满，但国安会幕僚们的尴尬处境着实也给总统带来了许多麻烦。在国务院和国防部领导人存在矛盾的情况下，本应发挥协调作用的国安会却哑了火，这将杜鲁门推入了尴尬境地。

尽管如此，在朝鲜战争爆发后，杜鲁门虽然更多地亲自参与国安会正式会议，但这并不意味着他对于国安会的"咨议-顾问"性质的看法发生了转变。他建立高级参谋小组，协调众多部门意见，是为了让这种机制在危机时期发挥更大的作用。可见，外部的冷战战略环境对国安会的机制塑造和发展是起到了一定作用的，尽管这种作用在目前看来并不明显。

与此同时，在尼采组建制定 NSC-68 号文件的临时委员会时，也有一系列负责回顾国家安全相关领域议题的小组委员会应运而生。这些小组委员会中的"政府管理小组"由预算部直接领导，通过一系列访谈对国家安全相关机制（尤其是国安会）进行研究。小组委员会的研究成果被收录进 NSC-68/3 号文件中的第九个附录中（Annex 9）。

小组的研究结论指出，应当加强对国安会幕僚的管理，扩大这一办公室的规模，并在国安会内引入新的机制，这样其才能够承担 NSC-68 号文件中列举的诸多宏观战略规划的制定职能。委员会认为在过去的三年里，总统在处理宏观问题的时候缺乏稳定的组织和工作人员的协助，这在很大程度上是由于国安会幕僚团队中充斥着"不愿意为白宫做出贡献的员工"②。为此，应当对该机制进行一次重组，让其发挥一定的协调职能，在跨部门政策进程中发挥更为重要的作用。

这份文件同样是对国安会自创立以来机制过于简单的厘正。文件支持杜鲁门于 7 月建立的"高级参谋小组"，认为"在国安会下设一个经过改

---

① "Minutes of the 8/3/50 NSC Meeting," August 3, 1950, *USDDO*, CK2349174133.

② "Annexes to NSC-68/1: United States Objectives and Programs for National Security," September 21, 1950, *Microfilm: Documents of the National Security Council, Eighth Supplement, Reel 1.*（国家图书馆缩微胶片，卷号 0001）

建并得到加强、具有真正权力的参谋机构"有助于帮助国安会正式会议出谋划策,这与过去预算部"不顾一切"地希望削弱国安的机制化进程形成鲜明对比。

这份重要的战略文件中包含着对国安会这一组织改革的建议,充分证明美国决策者意识到了该组织在美国战略产出中的特殊意义。现在看来,小组委员会的这篇文章完全摸清了国安会的实质与脉络,具有深刻的洞察力和先见之明。一方面,其发现了杜鲁门政府在打造"咨议-顾问"模式的国安会时去机制化程度过深,建议适度向《埃伯斯塔特报告》中"统筹-协调"模式的国安会进行转型;另一方面又强调这种转型应当适度,否则会适得其反。这份文件断定,只要掌握好机制化的程度,国安会完全可以在规模不必过大的服务团队基础上承担起美国国家安全枢纽性机制的重任。现在看来,这种观点与后冷战时期得到广泛认可的斯考克罗夫特模式有异曲同工之妙。尽管没有解决机制内部的根本矛盾,但也证明了国安会在创立伊始就完全有机会避免后来近五十年间走过的曲折道路。然而讽刺的是,国安会在此后不到十年内却发展成了一个"不切实际的超级机构"。

无论是莱的建议、杜鲁门的信件,还是预算部小组委员会的研究成果,都表明杜鲁门政府意识到了国安会协调职能方面的缺陷,并且急切希望进行弥补。与此同时,朝鲜战场的局势的日趋复杂加快了他们调整的速度,也赋予了其合法性。正是自1950年开始的这次机制转向让国安会发展成了系统化机制,从原有的国安会正式会议-幕僚团队的二元结构走向立体化,最终在1951年趋于稳定(见图3-2)。这种调整是通过三个方面来实现的。

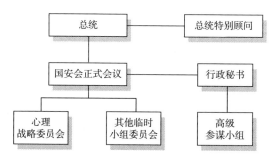

图3-2 杜鲁门时期的国安会系统结构(1951~1953年)

资料来源:笔者根据相关文献自制。

首先，正式会议在"咨议－顾问"机制国安会机制中的核心地位得到了巩固。在 19 日的信中，总统命令国安会每周四召开例会（尽管在后期没有被严格遵守），自己也参加并主持了任期结束前 71 次会议中的 62 次①。当时，国安会也面临参会人员越来越多的问题。在 7 月 6 日召开的第 60 次会议上，与会人数居然达到了破天荒的 29 人，被杜鲁门认为"妨碍了人们进行自由讨论"②，并指示限制参会人数。一周后，参会人数再次回到了十人以下③，并在后来始终维持在同等数量规模。逐渐增大的会议频次以及精简的人员数量从侧面体现了国安会正式会议在总统诸多正式决策机制中地位的提升。

其次，艾夫里尔·哈里曼（Averell Harriman）被杜鲁门任命为"总统特别顾问"，他在杜鲁门任期的最后三年中为国家安全政策规划提供了重要帮助，并在后来国安会与国务院、国防部等诸多内阁部门之间的协调中发挥了巨大作用。"总统特别顾问"作为后来国家安全顾问的前身，是"咨议－顾问"国安会机制中的重要组成部分，是连接国安会正式会议与总统非正式机制之间的必要纽带。在此之前，总统苦于无法发挥国安会的协调职能，哈里曼的出现缓解了这种压力。后来国安会的历史再证明了这一职位在"咨议－顾问"国安会机制中首屈一指的重要性。

再次，国安会幕僚的跨部门协调能力由于高级参谋小组的成立而得到了一定程度的提升，这体现在旧有国安会幕僚团队下三个松散的组成部分——秘书（secretariat）、顾问（consultants）以及办公成员（staff）的职能被统一纳入该小组中。作为杜鲁门恢复该幕僚协调职能的工具，高级参谋小组不再受国务卿或政策规划委员会成员的左右，而是直接由国安会行政秘书负责领导④，象征着对国安会的管辖权由国务院向白宫转移。

最后，在这一时期，作为国安会系统中重要组成部分的国安会委员会（NSC Committees）机制开始兴起。国安会委员会是为了帮助国安会研究

① *Microfilm: Minutes of Meetings of the National Security Council, First Supplement.*（国图缩微胶片）

② John Prados, *Keepers of the Keys: A History of the National Security Council from Truman to Bush*, New York: William Morrow and Company, Inc. , 1991, p. 41.

③ "61st Meeting Minutes, " *Microfilm: Minutes of Meetings of the National Security Council, FirstSupplement, Reel 1.*（国家图书馆缩微胶片，卷号 0434）

④ "Minutes of the 8/3/50 NSC Meeting, "August 3, 1950, *USDDO*, CK2349174133.

或处理特定问题而在系统内部建立的临时或常驻机制。早在 1949 年初，国安会为了应对美国国内频发的间谍问题，在其机制内部建立了两个小型委员会——跨部门情报会议（Interdepartmental Intelligence Conference）与跨部门国内安全委员会（Interdepartmental Committee on Internal Security），负责"协调并调查所有国内的间谍以及其他国内安全相关问题"①。此后国安会又建立了一系列正式或临时的委员会，但由于国安会的人员无力承担这些繁重的工作，仍旧不得不依靠国务院和国防部来填补这些机制。到了任期结束的时候，心理战（psychological warfare）这种非战争性进攻手段开始成为美国政府向以苏联为首的东方阵营施加影响的一种重要战略，而其主要负责单位心理战略委员会（Psychological Strategy Board）是杜鲁门在国安会下设的唯一正式行政单位。然而，作为杜鲁门时期国安会中为数不多的实体单位，它没有能够在国安会系统中站住脚。

心理战略委员会的成立标志着杜鲁门对国安会机制的调整接近了尾声，国安会系统——包括国安会正式会议、国安会幕僚、总统特别顾问以及国安会委员会四部分——最终形成。在心理战略委员会之后，杜鲁门时期的国安会系统机制趋于稳定，没有再经历大的调整或变动，并保持这种状态直到其任期结束。

值得注意的是，在杜鲁门总统任期的最后一天，他批准在国安会内部建立了一个名为特别评价小组委员会（Special Evaluation Subcommittee，SESC）的组织，目的是就苏联对美国发动核攻击的影响准备年度报告，双方的总体损失、人员伤亡、政治后果以及军事后果都在其审核范围之列。这里所谓特别评价，即美国的决策者希望借助这一委员会来实现针对对手的更为有效的评估。该委员会的组建也同样可以被视为美国决策者希望为国安会附加更多国际战略规划能力的举措。

总的来说，这一时期的国安会的特征及其对美国国际战略规划的影响表现为以下三点。首先，国安会正式会议成为一种总统的辅助顾问机制，且并不是唯一的决策建议来源。国务院、国防部甚至商务部等政府各部门皆可以绕过这一跨部门机制直接将战略观点呈送决策者。其次，国安会幕僚及国安会内部为数不多的委员会被边缘化。幕僚中大部分人是职业的公

---

① "Memorandum to the National Security Council on Internal Security,"February 8, 1949, *USDDO*, CK2349431456.

务人员（civil career），承担的更多是日常文书工作。最后，一些以总统利益为重、能独立发挥作用并具有左右政策走向能力的总统私人顾问参与了决策过程，同时，个人而非组织对于特定决策以及中长期战略产生了更多影响。

尽管经历了调整，但在整个杜鲁门任期内，国安会的机制性质没有改变过，始终作为总统的"咨议-顾问"机构存在。这种根本属性决定了国安会不可能扮演除了"政策论坛"以外的角色，也解释了为何国安会诸幕僚即使得到了一定的权力，但发挥的作用"仍然让人失望"①。相比较来看，国务院、国防部等重要内阁部门领导者组成的决策核心集团才是这一时期决策与战略的主导力量。

二　艾森豪威尔政府时期的国安会与国际战略

尽管国安会系统在杜鲁门政府时期经历了从无到有的过程，但美国国际战略环境日趋紧张，且杜鲁门时期弱机制化的"咨议-顾问"组织模式使其在参与决策与战略规划的进程中存在天然的局限性。这种局限性在杜鲁门决策体系外部的诸多人士眼中成为其没有善加利用国家安全机制的标志，进而认为其难以应对来自苏联的战略挑战。1952 年总统竞选期间，艾森豪威尔批判杜鲁门的对外政策过于僵化，战略规划过于死板，而国安会则顺理成章地成为他的主要攻击对象之一。在一次演讲中，艾森豪威尔称杜鲁门的国家安全体制已经毫无活力，而作为其中枢纽性机制的国安会不仅没有发挥重要作用，更由于不受杜鲁门重视而成为"影子机构"②。在担任美国总统之前，这位总统候选人的管理经验大部分来源于其在美国军队中的行政经历，这让他笃信在政府管理中正式化机制与进程的重要性。担任总统后，艾森豪威尔以自己军事化的管理理念为指导，逐步在国安会系统内建立起了高度标准化的幕僚工作流程及复杂的跨部门委员会机制。国安会系统由杜鲁门时期的"咨议-顾问"机构转为了更贴近《埃伯斯塔特报告》中的"统筹-协调"机构，从而令其更适于国际战略的

---

① 这一点体现在高级参谋小组在行使权力过程中的力不从心上。事实证明，小组的成员没有能力获得各部门的意见。参考 "Record of Actions by the National Security Council," January 18, 1951, *USDDO*, CK2349395366。

② Meena Bose, *Shaping and Signaling Presidential Policy: The National Security Decision Making of Eisenhower and Kennedy*, Texas: Texas A&M University Press, 1998, p. 12.

规划与推进。然而，这种进程在艾森豪威尔任期末走向了"过度机制化"，在某种程度上异化为总统进行国家安全决策的桎梏。

（一）艾森豪威尔时期的国际战略环境与国安会系统机制的源起

在艾森豪威尔上任之前，朝鲜战争使白宫和国防部精疲力竭。这场战争非但没有给美国增添任何光彩，还让美国深陷其中。最初，尽管美国武装部队已踏上朝鲜半岛直接参战，但朝鲜人民军仍能同游击队巧妙配合，迅速向南方推进。到1950年9月，南朝鲜的领土几乎全部被占，美军残部仅勉强坚守在釜山地区的一小块地盘上。美国政府预感到在军事上有全面被击溃的危险，便向朝鲜半岛大量增兵。1950年10月，中国人民志愿军跨过鸭绿江，朝鲜军民一起奋力抗敌，取得了辉煌战果，战场形势对于美国来说是急转直下。对美国来说，这场最初被杜鲁门政府内几个核心顾问预计为"速战速决"的战争向旷日持久的方向发展，且前景十分黯淡。

在这种情况下，尽管麦卡锡主义嚣张一时，但美国国内开展了如火如荼的反战运动，并在艾森豪威尔当选美国总统后进一步发展。白宫每天收到大量请愿信，诸多美国民众坚决要求新总统停止朝鲜战争。到艾森豪威尔当选总统之日，朝鲜战场上美军已阵亡21000人，伤91000人[1]。这一耗费高达1299亿美元的战争不仅没有取得实质效果，还让美国在1953年9月出现了战后的第二次经济萎缩，使得其国内通货膨胀、物价上涨，还为美国带来了高达99亿美元的财政赤字[2]。

朝鲜战争的尴尬局面令当时的美国开始反思这一战略决策的有效性，甚至是合法性。该决策同时也让美国在国际社会处于十分被动的地位，因而很难说是善加评估的结果。最为重要的一点是，美国悍然带头出兵朝鲜这一行为，实际上是其总体遏制战略的直接结果。为此，艾森豪威尔首先面临的要务不仅要尝试结束这场严重拖累美国的局部战争，更要对美国的遏制战略进行更为审慎的考量。这其中，对于决策制定与战略规划机制的反思无疑占有重要地位。

---

① 郝晓伟编《艾森豪威尔》，辽海出版社，1998，第105页。
② 〔美〕刘易斯·加迪斯：《遏制战略：战后美国国家安全政策评析》，时殷弘等译，世界知识出版社，2005，第99页。

　　历任美国政府都会刻意与前任划清界限。正如前文所述，杜鲁门在上任前已对胡佛政府以及罗斯福政府混乱的国家安全管理及决策模式提出了猛烈批判。然而可能他没有想到的是，在自己任期即将结束的时候，候选人艾森豪威尔会把他的国家安全政策制定机制与胡佛、罗斯福归为一类。杜鲁门因此也遭到了同样的抨击。在担任总统之前，艾森豪威尔先后担任二战时期欧洲战场的最高司令官、统一国防部中的陆军参谋长、哥伦比亚大学校长以及北约联军最高总司令，这使得他不仅对于战争的本质以及民主的未来都有坚定的信念，也让他笃信国家机构中组织机构与运作过程对于最终结果的重要意义。他曾说过"计划毫无意义，计划的过程才是最为重要的"等类似的话，也曾在日记中写下"有力的组织并不会让庸人变为天才，但混乱的组织必然会导致效率低下，最终引发灾难性后果"① 等箴言。在冷战背景下，艾森豪威尔的这种观念被进一步放大："现实世界的情况瞬息万变，武器和军事科技日新月异，战争的破坏性以不可思议的速度增长……为此，美国总统时刻都需要深入的研究、重要的意见和宝贵的忠告，唯有一个有能力、运转顺畅的办公组织才能给予他这些。"②

　　艾森豪威尔预见了国安会系统在国家安全决策中的重要地位，但主观上很难接受国安会在自己任期内仍旧扮演像杜鲁门时期一样的"咨议－顾问"机制角色。相比较而言，他对于国安会系统的认识与埃伯斯塔特和福莱斯特更为接近。为此，他带着"将国安会提升到1947年《国家安全法》赋予其的重要位置，并且让其担任自己任期内的主要军事、内政和外交有关政策的主要机构"③ 的承诺上任。此时，国安会似乎处于一种"瘫痪状态"，正式会议对政策文件的审核严重滞后。截至1953年2月16日，有3项计划等待超过20个月，3项计划等待超过十个月，5项计划等待超过4个月，1项计划等待超过2个月，8项计划在2月提出但仍旧处于等待之中④，

①　Robert Ferrell, ed. , *The Eisenhower Diaries*, New York: W. W. Norton, 1981, p. 237.

②　Robert Bowie, Richard Immerman, *Waging Peace: How Eisenhower Shaped an Enduring Cold War Strategy*, New York: Oxford University Press, p. 83.

③　Falk Stanley, "The National Security Council Under Truman, Eisenhower, and Kennedy," *Political Science Quarterly*, Vol. 79, No. 3, 1964, p. 418.

④　"Report by the Special Assistant to the President for National Security Affairs(Cutler) ," March 16, 1953, *FRUS*, 1952 – 1954, National Security Affairs, Volume II , Part 1, p. 255.

也有十余份政策文件因没来得及得到正式会议的审议而被彻底搁置①。为此，总统一方面不得不在国安会正式会议上对上届政府的文件进行回顾和评估，另一方面抓紧时间组织人员对改革国安会进行研究。

艾森豪威尔对国安会的改制始于对一个新职务即"总统国家安全事务特别助理"的任命。实际上，在就职前，艾森豪威尔便早早开始着手在国安会系统内建构一个与杜鲁门政府时期由哈里曼担任的总统特别顾问相似的职位，以帮助自己进行国安会系统制度的调整，并在以后的系统中发挥重要作用。来自波士顿的银行家卡特勒（Robert Cutler）承担了这一角色。作为艾森豪威尔竞选团队的重要成员，卡特勒最终被选中的原因"更多是出于他具备良好的组织协调能力，而非外交事务相关知识"②。对卡特勒的任命也侧面说明艾森豪威尔希望建立一个相对复杂的机制，对于这种机制来说一名效率至上的协调者是至关重要的。在卡特勒上任后，艾森豪威尔在第一时间要求他进行国安会机制改组方面的相关研究，并提交相关报告。

在接下来的两个月中，卡特勒不仅参与了国安会幕僚以及委员会的日常工作，对国安会的政策文件和报告进行研究，同时也与曾经深入参与杜鲁门时期美国国家安全进程的埃伯斯塔特、洛维特以及马歇尔分别举行了小型会议。其中，马歇尔的观点十分具有代表性，他认为杜鲁门时期国安会的幕僚人员安排让他们"要么不参与国安会进程，要么就只为自己所在部门的利益考虑"，同时也指出这一时期国安会的政策文件"从来不提出备选意见以供人们参考"③。其他两人的观点与马歇尔大致相同，认为杜鲁门时期的国安会没有发挥出法律赋予其的最大效能。这些人的观点对卡特勒报告的结论产生了重大影响。

1953 年 3 月 16 日，卡特勒将最终的研究报告提交给艾森豪威尔。基于对杜鲁门国安会系统的批判，卡特勒在这份长达 20 页的报告中提倡

---

① 关于具体搁置的国安会议题，见 "NSC Status of Projects," January19, 1953, *USDDO*, CK234 9209142 以及 "NSC Status of Projects," January 26, 1953, *USDDO*, CK2349230357。

② Anna Kasten Nelson, "The 'Top of Policy Hill': President Eisenhower and the National Security Council," *Diplomatic History* 7, No. 4, 1983, p. 309.

③ Greenstein Fred I., and Richard H. Immerman, "Effective National Security Advising—Recovering the Eisenhower Legacy," *Political Science Quarterly*, Vol. 115, No. 3, 2000, p. 339.

"归还国安会在法律中最初被赋予的职能"①。他指出：

> 国安会是帮助总统规划国家安全政策的机制。在这一领域，国安
> 会应按照总统认为最适合他的方式来运作。人们普遍认为若是国安会
> 按照1947年《国家安全法》中对于其职能的描述来运作，将会使其
> 变得更有效率，而不需要对现有的法律进行修改……委员会应当只关
> 注国家安全问题，而不应该成为一个包罗万象的论坛……国安会不应
> 被再次定位为顾问机制，而应当在国家安全决策体系中占有更为重要
> 的位置。②

卡特勒建议总统扩大国安会的职能范围，让其超越杜鲁门时期单一的
"咨议 – 顾问"机制，从而更像一个执行机构。而对1947年《国家安全
法》的反复强调可以很好地体现他对国安会的认识：国安会应当回归当初
《埃伯斯塔特报告》中那个在国家安全体系中居高位的枢纽性机制，不仅
只起到一种顾问机构的作用。值得注意的是，卡特勒强调国安会正式会议
的规模应当扩大，"人数应当超过八人"③。这种判断建立在一种假设之
上，即国安会若是希望发挥更多的职能，就应该具有更大的规模。在报告
中，卡特勒称理想的正式会议成员"除了总统和副总统以外，其余人都可
以按照议题不同来进行调整"④，但法律和历史的限制让这种情况很难出
现。因此，卡特勒建议在国安会正式会议成员中加入财政部长及国防动
员办公室（Office of Defense Mobilization）主任，同时强调这些成员的任
命不需要由美国国会批准。本着扩大国安会正式会议的理念，卡特勒建
议总统增加两类人参加国安会正式会议：观察员（observer）以及民众
顾问（civilian consultants），从而为国安会正式会议的讨论增添"新鲜空
气"。卡特勒报告中扩张正式会议的理念与杜鲁门政府时期长期试图维
持小规模会议的努力形成鲜明对比，也为未来艾森豪威尔时期国安会的

① "Report by the Special Assistant to the President for National Security Affairs(Cutler) ,"March
16, 1953, *FRUS*, 1952 – 1954, p. 255.

② "Report by the Special Assistant to the President for National Security Affairs(Cutler) ,"March
16, 1953, *FRUS*, 1952 – 1954, p. 247.

③ "Report by the Special Assistant to the President for National Security Affairs(Cutler) ,"March
16, 1953, *FRUS*, 1952 – 1954, p. 247.

④ "Report by the Special Assistant to the President for National Security Affairs(Cutler) ,"March
16, 1953, *FRUS*, 1952 – 1954, p. 247.

膨胀埋下了伏笔。

在卡特勒的方案中，政策与战略的制定及规划职能将不再由国安会借助外部机制来完成，而是通过一个叫作计划委员会（Planning Board）的国安会委员会来行使。该委员会在某种程度上等同于杜鲁门时期的"高级参谋小组"，直接受总统国家安全事务特别助理领导，成员由各部门提名，但由总统任命，确保他们将工作重心置于计划委员会。这些成员不仅要在每次正式会议前向自己部门或机构的领导汇报，同时也要在递交政策文件前经过委员会审查，由卡特勒尽自己最大努力达成意见一致。若是问题无法解决，则提交国安会正式会议处理。计划委员会是国安会机制中的一个创举，其设计者寄希望于通过这一内部委员会来强化国安会系统参与长期战略规划的能力，是国安会系统走向机制充实、丰富的标志。

收到研究报告的第二天艾森豪威尔便回信给卡特勒，称"接受了他的观点和建议，并指示将此报告作为指导性方案在国安会系统内部进行传阅"[1]。同时，他也希望卡特勒能够尽快将计划委员的成员预选名单交给他。这封信充分体现了他对卡特勒的信任以及对计划委员会这个新国安会内部机构的厚望。

如果说杜鲁门通过首次国安会正式会议来宣布其机制和架构，是为将政府内部那些意图将国安会打造成"统筹－协调"机构的想法扼杀在摇篮中，那么艾森豪威尔在3月23日以白宫声明的方式提出国安会的运作模式则是为了让全国人民都了解，自己治下的国安会将突破前任"咨议－顾问"机构的局限性，成为美国国家安全机制中不可或缺的部分。该声明是艾森豪威尔对自己竞选期间"重建国安会"这一承诺的兑现，也可以被视为他八年任期内国安会机制发展的纲领性文件。这份声明中所阐释的国安会机制与《卡特勒报告》完全一致，并强调"在目前的关键时期，国安会最有可能在国家安全相关政策决策进程中为他提供重要帮助"[2]。这就从侧面说明艾森豪威尔希望建立职能更为全面、发挥更大作用的国安会机

---

① "The President to the Special Assistant to the President for National Security Affairs(Cutler)," March 17, 1953, *FRUS*, 1952 – 1954, pp. 257 – 258.

② "33 – White House Statement Concerning Steps Taken to Strengthen and Improve the Operations of the National Security Council," March 23, 1953, American Presidency Project, http://www. presidency. ucsb. edu/ws/index. php?pid = 9800&st = statement&st1 = .

制并不仅仅是由于他对正规化决策模式的偏好,同时也是冷战情势发展、外部安全环境日益恶劣的客观反映。无论是指出"总统将定期并有规律地参与国安会正式会议",还是宣称将"扩展国安会的机制,让其不仅限于协调的职能",声明都是围绕着同一个关键词,即"增强"(strengthen)而展开的。至此,艾森豪威尔增强国安会机制的路径已经形成,并在该声明发布后便迅速投入实践。

在研究并确立国安会日后发展路径的过程中,国安会系统并未处于停滞状态,而是通过每周最少一次的正式会议对基本的国家安全政策进行回顾,同时也对当时的重要区域问题进行研究和探讨,从而拓宽了其内部人员的战略视野。总统对于国安会机制化的改革是先行于卡特勒的报告的。国安会正式会议扩大,与会人员数量明显增多。从艾森豪威尔最初入主白宫到3月23日发布白宫声明仅过去两个月的时间,但总统已经参与并主持了九次正式会议,还在会议上提出了建立"自由志愿小队"(Volunteer Freedom Corps)① 的提议。相比之下,杜鲁门执政以来的前两个月内仅仅召开了两次正式会议,且仅参加了其中的一场,足以看出两人对待国安会态度的差别。九次正式会议所探讨的议题都是具体的国家安全问题,不仅涉及宏观的世界局势或安全形势评估,也涉及苏联、朝鲜、欧洲、拉美、埃及等国家和地区的情势,例如在2月11日召开的第131次正式会议上,国安会成员对"NSC - 20/4;NSC - 68/2;NSC - 135/3;NSC - 141"这些被视为"杜鲁门政府遗产"的重要国安会文件进行了细致和深入的研究②,并在此基础上探讨了新任政府对于朝鲜局势、欧洲局势以及心理战略等方面的具体政策。这种集政策回顾与现实探讨于一体的会议在杜鲁门时期很少见,而总统的参与是会议得以顺利进行的关键。

同时,与会人员的数量也是总统试图对国安会机制进行改革的重要体现。1月9日是杜鲁门最后一次国安会正式会议,仅有6人参加③。而在

---

① "Eisenhower Proposes NSC Consider Formation of Volunteer Freedom Corps ,"February 1,1953, *USDDO*, CK2349228030.

② "Memorandum of Discussion at the 131st Meeting of the National Security Council,"February 11, 1953, *FURS*, 1952 - 1954, *National Security Affairs*, Volume Ⅱ, Part 1, p. 236.

③ "Memorandum for the President: Summary of 128th NSC Meeting,"January 9, 1953, *USDDO*, CK2349217163.

艾森豪威尔上任后，这个数字在第一时间便翻了一番[①]；到了 3 月 25 日，也就是总统白宫声明发布后的首个正式会议时，同样的会议室中居然破天荒地挤进了 24 个人[②]。自此以后，国安会正式会议中出席人数很少有低于 30 人的时候。如此庞大的研讨队伍在杜鲁门时期可以说是难以想象的。在国安会正式会议中，担任行政秘书的莱的作用非常重要。他参加了杜鲁门时期自 1950 年后大部分的国安会正式会议，因此对这一时期大部分国安会文件和决议十分了解。他的存在在某种程度上能够给予国安会政策重要的延续性，其经验对于处于过渡时期的艾森豪威尔政府来说是极其珍贵的。卡特勒将莱留任是非常有远见的行为[③]，莱也因此成为国安会历史上任职时间最长的行政秘书。

从卡特勒的研究报告到总统的白宫声明，艾森豪威尔在上任后短短三个月的时间里就初步搭建起了自己政府国安系统的基本框架和结构，将新的国安会运作理念灌输至美国政府内部的每一个角落，继而让国安会在人们心中的形象发生了改变。无论是正式会议人员数量的增加和会议频率的升高，还是计划委员会的设立，都预示着国安会在机制上即将发生转向。美国的外部安全环境固然是这种转向的原因之一，但总统及其政府管理理念或仍占据主导地位。

（二）“政策山”：从行动协调委员会到“统筹－协调”国安会机制的确立

尽管国安会的机制框架被大体厘定，在运作上也渐入佳境，但其机制化的程度似乎没有达到艾森豪威尔的预期。

这种情况伴随着行动协调委员会（Operations Coordinating Board，OCB）的创设而改变了。建立该委员会的意图最早可以追溯到艾森豪威尔刚刚入主白宫的时候。在 1 月 24 日，他建立了一个被称为“国际情报行

---

① 包括总统在内共有 13 名成员参加了 2 月 11 日的第 131 次国安会正式会议。见“Minutes of the 131st Meeting of the National Security Council,”February 11, 1953, *USDDO*, CK2349147792。

② “Summary of 3/25/53 NSC Meeting: U. S. Position in the Forthcoming Talks with the French Ministers; Status of U. S. Programs for National Security,”March 25, 1953, *USDDO*, CK2349198915.

③ “Report by the Special Assistant to the President for National Security Affairs(Cutler) ,”March 16, 1953, *FRUS*, 1952 - 1954, National Security Affairs, Volume Ⅱ, Part 1, p. 252.

动活动委员会"（Commission on International Information Activities）的临时研究机构，负责调查和评估"对自由国家人民至关重要的"国际关系与国家安全领域情报①。该机构的成员大部分来自政府外部，由前中情局副局长威廉·杰克逊（William Jackson）担任主任，卡特勒和他的继任者古登·格雷（Gordon Gray）都是该委员会的成员。该机构主要关注情报问题，而"行动协调委员会"最终作为一个概念被提出，可以被视为该委员会研究的副产品。有证据表明，在委员会的系统性研究仍未开展前，这一概念便已经初步成形了。在一封委员会成员递交给心理战略委员会的备忘录中，行动协调委员会的四个基本特点已经被初步勾勒出来，即"向国安会汇报，对心理战略委员会批准并已经实施行动的协调，与政府各部门建立并维持长期的工作关系，以及发现独立机构在实施政策中出现的问题"②。在建议建立行动协调委员会的同时，杰克逊等强烈要求总统解散心理战略委员会。在他们看来，心理战略委员会是"一个名副其实的骗子机构"③，其提倡的心理战等活动过于"虚幻"，与艾森豪威尔所提倡的政策南辕北辙，应当以行动协调委员会取代之。

艾森豪威尔接受了这一建议。9月2日，总统通过第10483号行政命令正式建立了行动协调委员会④。委员会的成员包括副国务卿、国防部副部长、外事委员会（Foreign Operations Administration）主任、中情局局长以及总统驻委员会的代表，并由副国务卿担任委员会主任。委员会的主要职责是协调并监管国安会正式会议决议或总统决策在各相关部门的执行情况，并在此基础上向国安会提出新的意见和建议。该行政命令同时也宣布了心理战略委员会的解散，其部分未完成的重要任务交与行动协调委员会

---

① "2 – Statement by the President on Establishing the President's Committee on International Information Activities," January 26, 1953, The American Presidency Project, http://www. presidency. ucsb. edu/ws/index. php? pid = 9711&st = &st1 = .

② "Memorandum from Charles R. Norberge to Mallory Browne," January 29, 1953, *USDDO*, CK2349672830.

③ John Prados, *Keepers of the Keys: A History of the National Security Council from Truman to Bush*, New York: William Morrow and Company, Inc. , 1991, p. 64.

④ "Executive Order 10483—Establishing the Operations Coordinating Board," September 2, 1953, The American Presidency Project, http://www. presidency. ucsb. edu/ws/index. php? pid = 60573.

继续实施①。相比心理战略委员会，行动协调委员会的职能范围更广泛，涵盖内容更全面，更像是一个负责统筹的机构。

行动协调委员会是国安会历史上首个同时具备政策协调和监管职能的实体机构。尽管卡特勒认为"行动协调委员会是在心理战略委员会的废墟上凤凰涅槃"②，但两者在诸多方面具有实质性差异。虽为同属国安会系统内决策实施端的机构，但心理战略委员会更多地服务于特定的目标与计划，侧重心理战等具体行动的实施和监管，而其他国家安全相关决议的执行情况则由国安会主要成员亲自向总统汇报；而行动协调委员会监管的范围则涉及包括心理战在内诸多国家安全决议、政策落实的方方面面，具有前者不及的广度和深度。

由此可见，由心理战略委员会向行动协调委员会的转变并非单纯机制上的更迭，而是外部冷战环境由激烈对抗转为缓和的直接反映，也是艾森豪威尔对杜鲁门时期"遏制战略"进行矫正的集中体现。1953年斯大林的突然逝世以及赫鲁晓夫采取的"三和路线"让美苏关系在经历柏林危机和朝鲜战争后得以缓和，艾森豪威尔也获得了对美国战略导向进行调整的机会。1953年1月15日，杜勒斯在参议院外交事务委员会的听证会上指出了杜鲁门政府遏制战略的缺陷，认为其是一种"消极被动"的防御策略，最终会导致苏联集团强大到"世界上没有一个角落会是安全的"③。因此，在前期僵化的对峙过后，美国应采取更为主动、有力的方式来应对苏联的扩张。这种方式既可以是军事化的"大规模报复战略"，即保持美国对苏联在核武器和重型轰炸机方面的绝对优势，也可以是非军事化的"解放战略"，即利用"政治战""心理战""宣传战"等非战争手段让东

---

① 在签署第10483号行政命令前，总统在一份给莱的备忘录中具体注明了行动协调委员会接管的事务，即由行动委员会继续实施1951年10月23日的NSC-10/5号文件、1950年3月9日的NSC-59/1号文件中批准心理委员会实施但并未完成的行动，同时要求行动协调委员会以1948年6月18日的NSC10/2号文件为蓝本发挥自身的政策协调职能。见"Memorandum for the Executive Secretary, National Security Council," August 24, 1953, *USDDO*, CK2349517622; 除NSC-143/2号文件以外，行动协调委员会概不负责9月3日行政命令发布前的所有国安会决议的监管和协调。见"Minutes of the 163rd Meeting of National Security Council," September 24, 1953, *USDDO*, CK2349203455。

② Robert Culter, "The Development of the National Security Council," *Foreign Affairs*, Vol. 34, No. 3, 1956, pp. 441 - 458.

③ 〔美〕刘易斯·加迪斯：《遏制战略：战后美国国家安全政策评析》，时殷弘等译，世界知识出版社，2005，第144页。

欧诸国摆脱苏联的控制。这种全面的、多维的战略预期对艾森豪威尔时期的美国决策机制，尤其是国安会系统，提出了新的挑战。单纯对国安会正式会议和政策规划机制进行强化从长远来看无法满足美国的冷战战略规划需要，而类似心理战略委员会这种单一视角的独立机构在视野上毫无疑问具有局限性。在这种情况下，设立行动协调委员会可以在理论上提高美国国家安全相关机构贯彻总统政策的效率，避免冗杂的国家安全政策在执行过程中的碎片化，是外部冷战环境对美国国安会机制产生影响的又一例证。总之，行动协调委员会的出现可谓恰逢其时，可想而知，也被总统寄予很高的期望。

行动协调委员会的建立标志着艾森豪威尔时期国安会系统结构的最终定型（如图3-3所示）。相对于杜鲁门时期，这一任政府仅用不到一年的时间便让国安会机制改革尘埃落定，这对于国安会尽快确立自己在国家安全系统中的重要地位是至关重要的。此后，艾森豪威尔与卡特勒在两届任期之内先后在国安会系统内建立了诸多常设或临时委员会，例如在1954年到1955年先后通过的NSC-5412号、NSC-5412/1号和NSC-5412/2号文件下建立的、负责规划和回顾中情局隐蔽行动的"5412委员会"[①]，以及1956年建立的"总统国外情报行动顾问委员会"（President's Board of Consultants on Foreign Intelligence Activities）[②] 等。

计划委员会和行动协调委员会的出现，让艾森豪威尔政府时期的国安会摆脱了"寄人篱下"的窘境；无论是在国家安全政策的制定端还是实施端，国安会系统都有具体的机构来行使总统需要的职能。尽管这些机构的成员仍旧来自政府内部其他部门，但相比杜鲁门时期，这些人中的大部分将工作的重心放在了国安会而非各自的机构上。与此同时，总统国家安全事务特别助理的出现也让政府内部的协调机能提升了一个层次。这些因素

---

① 该小组由总统、国务卿和国防部长指定的代表组成，负责审批隐蔽行动相关的计划，并协调白宫、国务院、国防部和中央情报局的意见。其中NSC-5412/2号文件在肯尼迪时期仍作为中情局隐蔽行动开展的指南。参见 "Memorandum for Special Assistant to the President for National Security Affairs on History Background of Functioning of the NSC-5412/2 Special Group and its Predecessors," January 19, 1959, *USDDO*, CK2349402653。

② 该委员会负责研究和回顾来自海外的情报与信息，每半年向总统进行一次汇报。参考 "Executive Order 10656 - Establishing the President's Board of Consultants on Foreign Intelligence Activities," February 6, 1956, The American Presidency Project, http://www. presidency. ucsb. edu/ws/? pid = 106362。

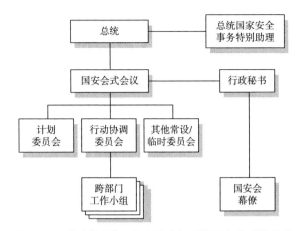

图 3 - 3 "政策山":艾森豪威尔时期国安会系统结构

资料来源:笔者根据相关文献自制。

使得国安会在这一时期顺利地按照艾森豪威尔的预期,成为美国国家安全体系中首屈一指的枢纽性机制。相比杜鲁门时期,艾森豪威尔时期的国安会系统毫无疑问地处于决策金字塔的塔尖,肩负着协调政府内诸多相关政策制定与执行的重任,甚至在某种程度上具有等同于白宫内阁的重要性。这与《埃伯斯塔特报告》赋予国安会的地位相差无几。在机制成形后,艾森豪威尔时期的国安会改变了初创时的性质,最终转而成为重要的"统筹 - 协调"机构。

与杜鲁门时期作为"咨议 - 顾问"机制的国安会不同,艾森豪威尔对国安会系统的宏观架构做出了周密安排,要求其各有机组成单元按照严格的既定路径运作。国安会系统也因此从几个松散的组织转为彼此联系紧密的整体、正式的工作系统。这种系统被卡特勒形象地比喻为"政策山"(Policy Hill)。他指出:

> 假设国安会处于政策山的山巅。在山的一侧,政策建议通过计划委员会上行至国安会,并由国安会筛选后呈予总统。若总统批准了某项建议,这项建议便经由山的另一侧下行至相关部门,以完成政策的执行……而完成这一过程的是行动协调委员会。[1]

计划委员会是国安会系统的"政策输入"部分。自建立以来,委员会

---

① Robert. Cutler, "The Development of the NSC," *Foreign Affairs*, Vol. 34, No. 4, 1956, p. 448.

在卡特勒的带领下基本上一周举行三次会议，并在国安会正式会议举办前十天左右将拟好的政策文件提交给国安会①，确保委员会成员有足够时间将文件提交给其各部门的上司审议。值得注意的是，委员会的工作人员在进行文件编写时秉持一种"趋同"的原则，即尽量追求观点上的协调。若是成员的观点实在难以在委员会内部达成统一，他们就将这些不同的意见全部写入所谓"政策分歧文件"（policy splits papers），提交到国安会进行审议。这个过程被卡特勒称为"酸浴"（acid bath），认为其"有助于排除片面的观点、诡辩的想法、荒谬的建议，同时避免分歧被打压"②。然而在外人看来，这无疑是一把"双刃剑"。在真理掌握在少数人手中时，这种"酸浴"很有可能会产生难以想象的后果。对于这点，卡特勒在1955年4月递交给总统的国安会中期报告中指出，"计划委员会的成员为了解决分歧而做了切实而真诚的努力，但从未试图淡化分歧或掩盖真相……实际上，委员会只是试图用最简练的语言对这种分歧进行描述，使之变得简单易懂，便于国安会正式会议以高效的方式在对立的观点中做出抉择"③。这句话道出了计划委员会的实质：为国安会正式会议上的领导们整理各种建议。作为政策文件的输入端，评价政策委员会工作水平的标准即能否在有限的篇幅内将所有的可能性涵盖进去，这对于任何人来说都绝非易事。为此，委员会在文件制定的初期需要去粗取精也完全在情理之中。也正是秉持这种运作理念，计划委员会才得以成为艾森豪威尔国安会系统的"发动机"。

而行动协调委员会在美国国家安全政策的输出端扮演了重要角色，是"政策山"的下行部分。与计划委员会相似，行动协调委员会的人员也是由相关部门的二把手组成，但其领导者为副国务卿。为便于协调职能得到更好的发挥，委员会在自己的机制下建立了多达四十个跨部门小组（Interagency Working Groups，IWGs），每个小组的人数均不超过五人。行动协调委员会属于国安会正式会议决议的"跟进者"，也是政策实施情况的"汇报者"。与计划委员会的运作理念有所不同，行动协调委员会是以

---

① John P. Burke, *Honest Borker? The National Security Advisor and Presidential Decision Making*, Texas: A&M University Press, 1992, p. 28.

② Robert. Cutler, "The Development of the NSC, "*Foreign Affairs*, Vol. 34, No. 4, 1956, p. 448.

③ "Report to the President on Operations of the National Security Council, January 1953 to April 1955, "April 1, 1955, *USDDO*, CK2349377190.

提高效率为第一要务的。官方在给委员会成员的备忘录中这样写道："委员会的成员应该是具备宽广视野的全才，而非某个狭窄领域的专家。成员应当以最为灵活的方式运作委员会，以便在政策的实施上人尽其才。办公成员的全面性以及组织架构的灵活性最终会带来行动的高效性。"① 而在委员会 NSC-164/1 号文件工作小组的首次会议上，主任佛罗因德（Richard Freund）除了强调第 10483 号行政命令以外，还对委员会的职能做了补充，即"作为（政府内）每日协调工作的补充，特别是为那些日常的工作提出长远的观点"②。行动协调委员会存在的意义在于"协调"和"监管"，而这两种职能唯有在政府内纵横捭阖的人才能更好地驾驭。

必须要指出的是，行动协调委员会没有越过法律对国安会职能限定的"雷池"：其主要负责对政府内部诸多机构的政策执行状况予以监督，却没有权力对这些机构发号施令，亦没有能力改变国安会正式会议业的决议。因此，机制上的天然缺陷导致委员会很难看清政策实施端存在的真正问题，也很难将对政策时效性的正确评估反馈给国安会。为此，艾森豪威尔1957 年 2 月 25 日发布了旨在强化行动协调委员会的第 10700 号行政命令，将委员会的成员吸纳进国安会中，从而确保政策的一致性③。从这时开始，委员会方才得以进入国安会系统的正式框架之中，办公地点也从白宫院外搬进了作为国安会大本营的旧行政办公大楼。通过这次调整，行动协调委员会的管辖范围开始逐步扩大，任务也日趋冗杂，成员逐渐开始涉足诸多责任定位不明确的领域，例如梳理总统在联合国的讲话④、协调科学卫星的发射计划⑤，甚至审查适合给"铁幕国家"放送的电影⑥。这一点也最

① "Memorandum for the Operations Coordinating Board on Table of Organization for OCB Staff," September 22, 1953, *USDDO*, CK2349230993.
② "Memorandum of Meeting Working Group NSC-164/1(Austria)," December 3, 1953, *USDDO*, CK2349483856.
③ "Executive Order 10700 – Further Providing for the Operations Coordinating Board," February 25, 1957, The American Presidency Project, Public Papers of the Presidents, http://www. presidency. ucsb. edu/ws/index. php?pid=60615.
④ "Minutes of Operations Coordinating Board(OCB) Meeting on the Exploitation of Eisenhower's UN Speech," December 10, 1953, *USDDO*, CK2349271261.
⑤ "Memorandum for the OCB on a Proposed Cooperative Scientific Satellite Launching Project," September 19, 1958, *USDDO*, CK2349130089. 此时美国国家宇航局（NASA）尚未成立。
⑥ "Deputy Director of the USIA Abbott Washburn Writes to Elmer B. Staats of the OCB about a List of 37 Films Potentially Suitable for Iron Curtain Showing," June 30, 1954, *USDDO*, CK234902 22141.

终让行动协调委员会异化为艾森豪威尔的国安会的软肋之一，在其总统任期临近结束时，变成了反对者激烈炮轰的靶子。

除了计划委员会与政策协调委员会以外，艾森豪威尔保留了前文所提到的、成立于杜鲁门政府末期的特别评价小组委员会。该委员会在 1953 年 6 月提交了第一份报告。这份报告以假设苏联领导人对美国发动核攻击为起点，进行了战略推演。报告认为苏联将首先使用远程航空兵打击位于美国本土、欧洲和远东的轰炸机基地，受到火力覆盖最为密集的地区包括美国本土的人口中心、工业中心与指挥控制中心①。报告指出，如果苏联在未来的两年内开展攻击，美国将有近三成的战略轰炸机会被击毁，工业基本瘫痪，同时丧失近一半的人口。尽管这份报告远远夸大了苏联的远程轰炸能力，但意味着国安会已经在实质性战略评估上迈出了步伐。在 1955 年，这一小组正式被更名为净评估小组委员会（Net Evaluation Subcommittee）②。

计划委员会和行动协调委员会为"政策山"提供了支撑，使得总统与国安会正式会议能够在山巅稳坐。在艾森豪威尔八年的总统任期内，国安会共举行了 346 次会议，平均每年 43 次会议。根据统计，艾森豪威尔在任职刚满两年时，召开正式会议的次数与采取的行动就已经与杜鲁门整个任期大致相当了（见表 3 - 1）。固定的会议时间（每周四上午）以及固定的会议地点（内阁会议室）是正式会议数量在其八年任期内居高不下的因素之一，而另一个更重要的原因就是总统的亲力亲为。作为制度化国安会系统的践行者，总统参加并主持了任期内的 300 余次会议，用行动证明了自己对正式会议的重视。即使艾森豪威尔在 1955 年由于心脏病而不得不休息时，正式会议也没有因此停滞。由副总统尼克松（Richard Nixon）主持的正式会议"无论起到真正作用也好，还是起到象征性作用也好，都体现了（艾森豪威尔政府）国家安全政策审议的延续性"③。1955 年 9 月 29 日第 259 次国安会会议很好地证明了这一点：在总统缺席的情况下，与会

---

① "NSC - 114/3: Note by the Executive Secretary to the National Security Council on United States Programs for National Security," *FRUS*, 1952 - 1954, National Security Affaris, Vol. II, Part 1.

② "NSC5423: Directicve for a Net Capabilities Evaluation Subcommittee," June 23, 1954, *USDDO*, CK2349208501.

③ I. M. Destler, "National Security Advice to U. S. Presidents: Some Lessons from Thirty Years," *World Politics*, Vol. 29, No. 2, 1977, p. 149.

议相关的 23 名与会者悉数出席①，并照常采取了五项行动。其间，负责主持的尼克松还特别指出，"国安会在总统有恙时将继续发挥其法定作用，会议仍旧每周召开并由副总统主持，议题探讨结果将在稍后呈交总统"②。实际上，随着时间的推移，总统与卡特勒对于机制和纪律的时刻强调让国安会系统在潜移默化中成为一个精密运作的机器，对于既定运作路径的反复强化使得这台机器不会因为缺少了某个关键"零件"而停止运作。"统筹－协调"理念下的国安会系统成了真正的"机构"而非"工具"。

表 3-1 杜鲁门与艾森豪威尔政府时期国安会正式会议与行动的比较
(1947 年 9 月到 1953 年 3 月)

	会议（次）		行动（项）	
	杜鲁门政府 （5 年 3 个月）	艾森豪威 尔政府 （2 年 2 个月）	杜鲁门政府 （5 年 3 个月）	艾森豪威 尔政府 （2 年 2 个月）
1947 年 9 月 26 日至 1949 年 1 月 20 日	31	—	174	—
1950 年 1 月 20 日	20	—	101	—
1951 年 1 月 20 日	29	—	147	—
1952 年 1 月 20 日	31	—	182	—
1953 年 1 月 20 日	17	—	95	—
1954 年 1 月 20 日	—	52	—	316
1955 年 1 月 20 日	—	52	—	296
1955 年 1 月 21 日至 1955 年 3 月 20 日	—	9	—	44
合 计	128	113	699	656

数据来源："Report to the President on Operations of the National Security Council, January 1953 to April 1955," April 1, 1955, *USDDO*, CK2349377190。

艾森豪威尔任期内，国安会正式会议的参与者始终维持在 25 - 30 人的规模，这在历史上十分罕见。参会者中有相当数量的"后座成员"（back benchers），这些人即是卡特勒在最初的研究报告中提到的"观察员"和"民众顾问"。这其中就包括来自贝克博茨律师事务所（Baker

---

① "Minutes of the 259th of the National Security Council," September 29, 1955, *USDDO*, CK2349223801.

② "Record of Actions by the NSC at Its 259th Meeting," September 29, 1955, *USDDO*, CK2349230490.

Botts）的迪伦·安德森（Dillon Anderson），此后他还接替卡特勒担任了一年的总统国家安全事务特别助理。随着时间的推移，"后座成员"的身份越发复杂，迫使艾森豪威尔在 1956 年和 1958 年都推行过缩小国安会正式会议规模的措施。尽管这样，总统还是将其视作"包括自己在内的众多决策者的竞技场，在这里大家可以坦诚地交换意见，都做到心中有数"①。

　　计划委员会 – 国安会正式会议 – 行动协调委员会的立体式结构让国安会系统的机制在艾森豪威尔任期内延伸到了美国国家安全相关事务的各个角落，其重要性也与《埃伯斯塔特报告》中的"统筹 – 协调"机构旗鼓相当。在"政策山"上"站得更高"的国安会系统在政策的产出上也"望得更远"。相比杜鲁门时期，艾森豪威尔时期的国安会明显将重心置于对中长期宏观政策的考量上，对于日常外交事务或突发危机的关注则日渐式微，而这一点甚至在国安会机制尚未最终成形时就已经显露。在 1953 年白宫声明刚刚发布的两个月后，艾森豪威尔即面临抉择：是应当继续秉持被动的"遏制战略"，还是以积极的姿态向苏联集团发动攻势，或对两者进行折中，划清战争与和平的界限？带着对美国该何去何从的疑问，艾森豪威尔着手利用国安会机制对美国未来的战略取向进行规划。为此，他敦促卡特勒尽快建立以国安会为主导的研究小组，发动政府内部的政治精英共同研讨对敌核心政策②。这次提议最终演化为国安会的"853 – a"行动，因在白宫日光浴室进行会议而得名"日光浴计划"（Project Solarium），成为学者们普遍认可的、自冷战以来美国总统最为显著的成就之一。"日光浴计划"的研究摆脱了 NSC – 68 号文件对冷战的悲观考量，更多地认为美国与苏联的全面战争在短期内不会进行③。报告对美国的战略导向产生了重要影响，"与苏联集团正面对抗"的思维被抛弃，中情局和隐蔽行动的作用得到了肯定和强调。作为项目参与者之一的古德帕斯特（Andrew Goodpaster）称，自"日光浴计划"后，"靠武力全面击

① Michael GordonJackson, "Beyond Brinkmanship – Eisenhower, Nuclear War Fighting, and Korea, 1953 –1968", *Presidential Studies Quarterly*, Vol. 35, No. 1, 2005, p. 55.

② "Memorandum for the Record by the Special Assistant to the President for National Security Affairs(Cutler) ,"September 5, 1953, *FRUS*, 1952 –1954, pp. 323 –324.

③ "Memorandum to the National Security Council by the Executive Secretary(Lay) ,"July 22, 1953, *FRUS*, 1952 –1954, pp. 399 –434.

退，或以武力威胁共产主义的路线就再也没有人提过了"①。

"日光浴计划"为艾森豪威尔时期的政策层灌输了一种意识，即国安会系统已经完全可以在总统的领导下，以强大的官僚权力和协调能力调动起行政机构中所有可能的人力资源，为"顶层设计"提供必要的支持。这种意识反过来又增强了总统对国安会系统重要性的认识。在"日光浴计划"后，国安会完全有能力和信心进一步拟定更多宏观政策文件，进而对美国的战略走向施加影响，而他们也确实这么做了。整个艾森豪威尔任期内，共有187份政策性文件在国安会得到通过②，其中有9份被称为"基本国家安全政策回顾文件"（Basic National Security Policy Review，BNSPR），是艾森豪威尔时期国安会正式会议中最为复杂的书面材料，也是"统筹－协调"理念下诸多国安会进程参与者的智慧结晶。这些文件包括提出"对苏联的遏制必须与美国经济的发展和现有资源的有限性相平衡"的 NSC－153/1 号文件③，在此基础上对杜鲁门时期遏制战略进行修正和全面论述的 NSC－162 号、NSC－162/1 号文件④，以及提出"核武器的主要职能在于威慑而非发动战争"的 NSC－5602 号文件⑤等。

在这些文件中最值得瞩目的，便是1953年10月30日批准的 NSC－162/2 号文件。该文件是艾森豪威尔时期国安会"政策山"所产出的典型成果。文件首先对于苏联给西方世界造成的威胁进行了系统性评估，并将其威胁归纳为：1）苏联对于非共产主义国家的根本性敌视；2）苏联强大的军事实力，以及3）苏联对国际共产主义组织等其他"分裂自由世界的工具"的控制，同时针对这些威胁提出了"发展包括核力量在内的强大军事地位"、"维持健康的经济环境"以及"维护道德和自由制度"三大发

① 〔美〕戴维·罗特科普夫：《国家不安全：恐惧时代的美国领导地位》，孙成昊、张蓓译，社会科学文献出版社，2016，第87页。

② I. M. Destler, "The Presidency and National Security Organization, "in Norman A. Graebner, ed. , *The National Security: its Theory and Practice* 1945－1960, New York: Oxford University Press, p. 229.

③ "NSC－153/1, A Report to the National Security Council by the Executive Secretary on Restatement of Basic National Security Policy, "June 10, 1953, *USDDO*, CK2349400244.

④ "Report to the National Security Council by the Executive Secretary, Note by the Executive Secretary to the National Security Council on Basic National Security Policy, "October 30, 1953, *FRUS*, 1952－1954, pp. 577－597.

⑤ "NSC－5602/1, Basic National Security Policy, "March 15, 1956, *USDDO*, CK2349395523.

展目标，并提供了一系列较为详细的行动指南①。该文件提出了以最小代价最大限度地遏制苏联集团并维护美国利益的新路径，并强调将经济平衡与核打击能力置于首要地位的思维模式。同时，NSC－162/2 号文件也提出了与苏联保持长期谈判、使用心理战等和平演变的手段推进战略实施等建议。这份文件奠定了艾森豪威尔时期"新面貌"战略的理论基础。在其指导下，以美苏为首的东西方关系得以走向冷战时期的第一次缓和。

艾森豪威尔整个任期内宏观战略文件的出现不胜枚举。在"政策山"的精密机制下，这些高屋建瓴的政策性文件逐步涵盖了美国国家安全建构的方方面面，比起对客观现实的概述和反映，更像是对冷战内在逻辑的一种洞察。基于"新面貌"战略与"大规模报复"战略的"艾森豪威尔主义"便是在这些文件的基础上被公之于世的。国安会的存在确保总统的理念由一系列实在而连贯的策略所支撑，而不至于沦为口号。这毫无疑问是"统筹－协调"理念下国安会系统所结出的硕果。

（三）"统筹－协调"理念下国安会机制的异化与非正式决策模式的形成

正如前文所述，伴随国安会的规模和影响力的逐步扩大，国安会系统在艾森豪威尔时期更像是一个"机构"，而不再是杜鲁门时期发挥顾问作用的"工具"。然而，作为实体而存在于白宫中的国安会一方面享受着"机构"所为其带来的诸多好处和便利，另一方面也有所有"机构"所固有的天然缺陷。

到了 20 世纪 50 年代末期，严密的机制框架以及规范的运作进程让艾森豪威尔政府的国安会系统达到了整个冷战时期国家安全机构制度化的顶峰。也正是在此时，这种"制度化"标志成为该系统遭到一系列猛烈批判的诱因。1957 年，苏联人造卫星"斯普特尼克"（Sputnik）的顺利升空以及"SS－6"型洲际弹道导弹的成功试射使国际局势发生了微妙变化。冷战双方力量对比的天平似乎再次向苏联一侧倾斜，进而导致美国国内一度因艾森豪威尔上台而受到抑制的冷战自由主义（cold war liberalism）重新

①　"NSC－162/2, A Report to the National Security Council by Executive Secretary on Basic National Security Policy, "October 30, 1953, *USDDO*, CK2508364424.

兴起①。政府内外的冷战自由主义者们认为艾森豪威尔政府上任初期采取的"新面貌"战略过于注重削减军事开支，并将战略重心放在隐蔽行动、心理战以及其他非常规军事因素方面，这让美国在与苏联的对峙中处于弱势，从而在美国政府内外造成了一种不安全感。人们开始追溯这种不安全感的来源，而国安会系统"高处不胜寒"，沦为了罪魁祸首。一时间，白宫内外出现了诸多艾森豪威尔政府内部国家安全机构尤其是国安会系统的批评者。这些人称，艾森豪威尔的国安会运作过于死板，由"机制化"逐步走向了"仪式化"，最终不免沦为"造纸厂"。总统过度依赖冗杂且繁复的制度，注定导致美国无法应对瞬息万变的冷战局势②。

针对这些批评，1958 年取代卡特勒出任总统国家安全事务特别助理的格雷在美国政治学会（American Political Science Association，APSA）的年会上敏锐地指出，"任何一个富有学识的人对国安会系统及其进程的不悦都源于其产出的文件，而非国安会机制本身。这才是根本的分歧点。对此，唯一的解决之道似乎就是换一位总统了"③。的确，这一时期大多数针对国安会系统的批判都来源于人们对总统本人的怀疑。在 1957 年获得连任后，艾森豪威尔进一步发展了自己的战略思想。他仍旧不迷信核武器的力量，继续秉持"在全球范围的核战争中，赢得战争比输掉战争更糟糕"④ 的观点。同时，即使在苏联军事科技突飞猛进的时期，这位军人

---

① "冷战自由主义"是冷战时期美国政府内部重要的意识形态，秉持这种观点的人（大部分来自民主党）主张在外交上积极遏制集权主义以及共产主义，军事上大幅度增加开支，特别是常规武器，批判麦卡锡主义，并坚决反对共产主义与保守主义。详见 Alonzo L. Hamby, *Liberalism and Its Challengers: From F. D. R. to Bush*, New York: Oxford University Press, 1992。

② 比较有代表性的批判性书籍或文章例如 Walter Millis, Harvey C. Mansfield, Harold Stein, *Arms and the State: Civil - Military Elements in National Policy*, New York: Twentieth Century Fund, 1958, pp. 390 - 391; Dean Acheson, "*Thoughts on Thought in High Places,*" *The New York Times Magazine*, October, 11, 1959; 等等。关于这一时期的描述，参见 Gary Reichard, "Divisions and Dissent: Democrats and Foreign Policy, 1952 - 1956," *Political Science Quarterly*, Vol. 93, No. 1, 1978; Anna Kasten Nelson, "John Foster Dulles and the Bipartisan Congress," *Political Science Quarterly*, Vol. 102, No. 1, 1987。

③ Gordon Gray, "Role of the National Security Council in the Formulation of National Policy," Prepared for Delivery at the 1959 Annual Meeting of the American Political Science Association, 9/10 - 12/1959, in Subcommittee on National Policy Machinery, *Organizing for National Security*, Washington: U. S. Government Printing Office, 1961, Vol. 2, p. 189.

④ "Memorandum by Special Assistant to the President for National Security Affairs(Cutler) ," July 16, 1953, *FRUS*, 1952 - 1954, p. 397.

出身的总统也丝毫没有改变自己"仰仗非军事方式取得冷战胜利"的原则。他的这些战略理念被原原本本地反映在了国安会系统产出的诸多政策文件之中，因此在政府内外人士眼中，国安会就是艾森豪威尔思想的代言人。从这个角度上讲，某些针对国安会的批判确实是有失偏颇的。

然而，这些批判中也有大部分并非空穴来风。没有完美的运作机制，任何委员会也无法做到兼具灵活性和稳定性。艾森豪威尔时期国安会系统的高度机制化在某种程度上确实是以牺牲其灵活反应能力为代价的。这种问题在 1957 年后显得越来越严重，制度的僵化以及进程的冗杂逐渐导致艾森豪威尔的国安会失去了跨部门机构应有的活力，系统内部的几个有机组成部分均出现了程度不同的机能失调。

艾森豪威尔和卡特勒倡导"大规模，多人数"的国安会正式会议逐渐成为总统的掣肘。"后座成员"成分日益复杂，而且几乎"从不发言"①；许多与正式会议日程无关的"观察员"或"外部顾问"也不得不坐在会议室中，听取与自己无关的讨论。这些人的参与导致会议时间延长了许多。总统迫使自己从头到尾参加完这些冗长的会议，听取越来越多对已成文的国安会文件的观点和看法，这占用了总统更多的时间。比较有代表性的例子是 1956 年 8 月 30 日的正式会议上，杜勒斯与参联会主席拉德福德（Arthur Radford）因为文件中对盟友进行军事援助方式的描述不统一而吵了起来，最终不得不由艾森豪威尔出面，以一个相对模糊的概述结束了两个人的争吵②。在 1958 年 4 月 2 日的正式会议后，总统终于发怒了。他在会后找到即将辞职的卡特勒，告诉他以后的会议应当"多些关于实质性问题的讨论"，而不是周旋于计划委员会文件的字句之中③。他对卡特勒说："我们在第一个任期里对所有的政策文件进行回顾，这是非常必要的，但是我们现在已经完成了这项工作，应该探讨一些能够撩拨起高等级思维的问题。"④ 可见，总统还是非常重视正式会议的顾问职能的，希望让成员

---

① John Prados, *Keepers of the Keys: A History of the National Security Council from Truman to Bush*, New York: William Morrow and Company, Inc. , 1991, p. 69.

② "Memorandum on Discussion at the 295th Meeting of the NSC," August 30, 1956, *USDDO*, CK2349231826.

③ "Note by the President's Special Assistant for National Security Affairs(Cutler) ," April 2, 1958, *FRUS*, 1958 – 1960, National Security Policy; Arms Control and Disarmament, Volume Ⅲ, p. 58.

④ "Note by the President's Special Assistant for National Security Affairs(Cutler) ," April 2, 1958, *FRUS*, 1958 – 1960, National Security Policy; Arms Control and Disarmament, Volume Ⅲ, p. 58.

们的激烈讨论成为自己最终决策的参照，而不是单纯修订制定好的政策文件。

使艾森豪威尔怒火中烧的不仅是国安会正式会议，作为国安会系统"支撑点"的计划委员会和行动协调委员会同样存在比较明显的问题。计划委员会由于特殊的机制，其产出文件的数量十分惊人。除了供国安会正式会议研讨的政策文件以外，委员会还负责起草国家安全进程相关的研究和回顾报告，书写"政策分歧文件"等。在这一点上可谓智者见智，批评者们把计划委员会称为笨重、迟缓的"造纸厂"[1]，进程的亲历者则认为"制造这些堆叠给总统的政策文件绝不是装装样子那么简单"[2]。无论这些如山的文件是否真的派上了用场，产出这些文件的过程着实令人怀疑。正如前文所述，计划委员会与杜鲁门时期国务院的政策规划委员会虽同属国安会制定政策文件的单元，但两者的工作机制有所不同。政策规划委员会的成员全部来自国务院，因此在草拟政策文件的时候不会存在太大的政策裂痕；而计划委员会的成员则来自政府内各个部门，这些人始终很难不考虑部门利益，针对某些特定问题的认识存在差异似乎是常态。正式会议的压力迫使成员们不得不求同存异，最终达成了一种"精疲力竭的和解"（compromised by exhaustion）。在理论上，如果分歧在"政策山"的底层无法解决，将会以"政策分歧文件"的形式移到上层。然而1958年的事情证明，艾森豪威尔本人实际上是并不喜欢看到这种政策分歧的。

这里体现了一个杜鲁门和艾森豪威尔都未能克服的问题。无论是"高级顾问小组"还是计划委员会和行动协调委员会，都是由政府内其他部门派遣人员组成的。相比杜鲁门时期，艾森豪威尔和卡特勒的进步在于特别强调了这些成员应当"抛弃部门的成见"，"了解自己是在为国安会而不再是原来的部门工作"[3]。在整个任期内，艾森豪威尔都试图对国安会系统内这些所谓外来人员进行"去部门意识化"的尝试，然而仍

---

[1] Fred I. Greenstein, Richard H. Immerman, "Effective National Security Advising: Recovering the Eisenhower Legacy," *Political Science Quarterly*, Vol. 115, No. 3, 2000, p. 340.

[2] William P. Bundy, "The National Security Process: Plus Ca Change ... ?" *International Security*, Vol. 7, No. 3, 1982, p. 98.

[3] "Report by the Special Assistant to the President for National Security Affairs(Cutler) ," March 16, 1953, *FRUS*, 1952 – 1954, p. 245; "Executive Order 10483—Establishing the Operations Coordinating Board," September 2, 1953, The American Presidency Project, http://www.presidency. ucsb. edu/ws/index. php?pid = 60573.

旧没有切断这些人与原部门之间的纽带。这种想法最终成为一厢情愿。或许是体会到国安会系统的这种状态并非长久之计，艾森豪威尔富有预见性地在一次国安会正式会议中提到了"国安会独立幕僚"的概念。"这些人凭借他们个人的能力为总统提出建议，而不再是各部门的代表；他们发挥的作用将根据他们的背景来决定。这将使得国家安全问题得到'政治家般'（statesmanlike）的解决，而不用每次都依赖彼此的妥协。"①尽管艾森豪威尔在自己的任期内未能实现这一理想，但其正确地洞悉了国安会系统未来的发展方向。这次会议后不到十年时间，这种理想最终成为现实。

对于艾森豪威尔政府的国安会系统的批判在当时引发了另一类判断，即艾森豪威尔是"一位被安置了错误位置的军人"，他依靠"等级制的从属机构，让自己远离多种多样的建议和信息"，而这些对于总统的领导高效与否来说是至关重要的②。秉持这种观点的人认为，正是这种情况让美国国安会系统在艾森豪威尔时期过多地关注长期政策而失去了灵活性，无法解决突如其来的危机。伴随后冷战时期美国政府和国家安全文件的逐步解密，人们发现，艾森豪威尔无疑是一位无辜"蒙冤"的总统。诸多证据表明，艾森豪威尔对于正式国安会系统的依赖远没有那么强。他本人在白宫中有一只"隐藏之手"始终把握着美国决策的动向③。这只隐藏之手就是参谋秘书室（Office of Staff Secretary），它甚至在国安会系统仍未最终成形时便以完善的机制出现在总统身边。相比国安会，参谋秘书室称不上是正式机制，但总统始终与该部门的领导者——先是卡罗尔（Paul Carroll）后来是古德帕斯特——保持着亲密关系。

参谋秘书一职填补了"统筹–协调"模式国安会系统在危机治理方面的缺陷，也在总统身边形成了一个"小决策团体"。不仅古德帕斯特，国务卿杜勒斯，甚至后来的总统特别国家安全顾问格雷皆处于其中，成为总统名副其实的"心腹"。在冷战期间，历任总统总会经意或不经意

---

① "Minutes of the 166th Meeting of the National Security Council," October 13, 1953, *USDDO*, CK2349203402.

② Fred I. Greenstein, Richard H. Immerman, "Effective National Security Advising: Recovering the Eisenhower Legacy," *Political Science Quarterly*, Vol. 115, No. 3, 2000, p. 336.

③ Fred I. Greenstein, *The Hidden-Hand Presidency: Eisenhower as Leader*, Washington, D. C.: Johns Hopkins University Press, 1994, pp. 128 – 129.

地创造一个类似的非正式团队，作为自己正式机制的补充。相比国安会系统，这种团体更贴近椭圆形办公室，对具体政策具有更为强大的潜在影响力。

小决策团体的出现给国安会带来的并非总是负面的影响。相反，这种非正式机制若是利用得当会与国安会系统形成互补，相得益彰。正如前文所述，无论是"统筹－协调"模式还是"咨议－顾问"模式的国安会系统都有显著的优势，也都存在着难以克服的缺陷。在国安会系统成形后衍生出的非正式机制，正是总统试图对这种缺陷进行弥补的有力措施。而将两种机制有效地结合起来，根据不同的问题和情况在两者间进行灵活切换，使之为自己和美国国家安全利益服务，无疑是总统能力的体现。事实也证明，冷战时期的大部分总统都倾向于在国安会内听取意见，在国安会外做决策。作为顾问系统存在的国安会与帮助总统做决定的小决策团体可谓尽到了各自的本分。

因此，国安会系统是无法与非正式机制或者说小决策团体割裂的，后者的活动情况实际上正是对前者运作状态的侧面阐释。在这一点上，艾森豪威尔可以说是成功的。他深知国安会的复杂机制导致其难以被赋予危机治理的职能，便借助非正式机制来处理突发事件。发生于1956年的苏伊士运河危机就是很好的例证。艾森豪威尔很早就断定埃及在7月26日宣布运河的国有化并非战争的借口，因此便迅速叮嘱杜勒斯寻求和解的方案。国务卿不仅在第一时间飞往伦敦进行相关斡旋，还承担了接下来几个月中的主要任务。8月6日，时任总统国家安全特别顾问安德森致电杜勒斯，称总统将要在周四（9日）召开国安会正式会议，这引发了国务卿的不满，要求安德森"制定一些模糊文件供国安会讨论"①。在9日的会议上，该问题被放在了议程的最后，并简单附上了可能的行动计划②。接下来几个月中，计划委员会和正式会议没有再对苏伊士运河危机进行过多的研究、探讨，而是将重心放在拉美、民主德国等其他冷战焦点区域，进行长期政策规划。在10月29日，危机即将解除之

---

① Document 65, "Memorandum of a Telephone Conversation between the President's Special Assistant for National Security Affairs (Anderson) and the Secretary of State," August 6, 1956, *FRUS*, 1955 – 1957, Suez Crisis, July 26 – December 31, 1956, Volume XVI, https://history.state.gov/historicaldocuments/frus1955 – 57v16/d65.

② "Record of Actions by the NSC at Its 292nd Meeting," August 9, 1956, *USDDO*, CK23492 48601.

前，总统将杜勒斯和古德帕斯特等几个人召集起来举行了几次重要会议，杜勒斯称"争取到了宝贵的 24 个小时"①。最终，这次危机得到了解决，国安会在这其中仅作为一个通知局势进展的工具发挥作用，而非正式机制作为国安会的替补，起到了至关重要的作用。此外，小决策团体还在 1958 年黎巴嫩问题上发挥了重要作用。

非正式机制下的"小决策团体"正是国安会系统缺陷的集中反映。对于艾森豪威尔来说，参谋秘书室无疑相当于一颗"定心丸"，有足够能力协助自己进行关键时刻的决策，填补国安会遗留下的空白。唯有在这种情况下，国安会系统才能得以履行自己的职责，并得到长远发展。在这位军人总统的带动下，国安会系统在他的任期内成功发展成为"统筹－协调"运作模式的典范，以下几个特征在这一时期体现得非常明显：首先，国安会正式会议一跃成为总统的主要顾问机制，大部分政府内的重要战略决策都是在这一机制的运作下做出的；其次，国安会幕僚及国安会委员会开始在长期战略规划中发挥重要作用，这一点在撰写政策文件、推动决策落实等方面尤为明显；再次，国家安全顾问（总统国家安全事务特别助理）以国安会利益为重，充当部门之间的斡旋者与协调者，起到了疏通"决策梗塞"的作用；最后，国安会系统外部、非正式渠道下的"小决策团体"大多数被用来进行危机治理、处理突发性事件等。

总的来说，对国家跨部门决策系统的改革是艾森豪威尔在就任早期应对外部战略环境恶化的一个直接结果。这种改革使得国安会系统得以机制化，获得了更多长期战略规划的能力与权力。在这种情况下，这一机制成为艾森豪威尔政府进行国际战略调整的重要支撑性机制，拟制了许多在冷战史中举足轻重的战略文件，并进而降低了东西方的对峙烈度，缓和了冷战的局势。然而，艾森豪威尔始终执着于"建立明确的组织结构"，对系统、连贯的决策过程过于迷恋。这种指导思想也确实让国安会在某些方面走向了"仪式化"。在 1961 年肯尼迪上台前，艾森豪威尔政府的国安会系统虽具有高度复杂的机制，但很难称得上运转良好。这无疑是对政府内资源的浪费，并造成了总统权力的流失。诸多机制化带来的弊病最终导致艾森豪威尔任期结束后相当一个时期内美国总统都没有接纳"统筹－协调"模式的国安会理念，并将总统权牢牢地控制在自己手中。

---

① "Editorial Note," *FRUS*, 1955－1957, Volume XVI, pp. 813－814.

第四章　国安会的第二次"机制摇摆"与遏制战略的深化重组

人们认为，艾森豪威尔政府在与苏联的竞争中"过于软弱"，令美国"处于下风"。肯尼迪就任总统后，对美国的国际战略进行了调整，使东西方由缓和再度转向对抗。一方面，日新月异的技术发展使美苏双方的军备竞赛更加激烈，第二次柏林危机与古巴导弹危机更是让世界一度处于战争边缘；另一方面，肯尼迪一改艾森豪威尔在国际问题上的稳健作风，以咄咄逼人的进攻态势与赫鲁晓夫的"和平攻势"相撞击。这些冷战的新变化直接反映在国安会的组织架构上。出于自身的领导风格，同时也出于对总统权的认知，肯尼迪对国安会系统进行了大刀阔斧的组织简化与机制改革，开启了国安会机制转向的大门。约翰逊政府近乎全盘接纳了肯尼迪政府的班子成员，其中就包括国安会系统的团队。在机制上，约翰逊使国安会的"去机制化"趋势进一步加深，"周二午餐会"的出现更让国安会正式会议一度陷入停摆。尼克松上任后，试图改善这种情况，并复兴"统筹－协调"的国安会系统，但最后适得其反。基辛格的出现让国安会系统最终异化为"杰克逊小组委员会"嗤之以鼻的"超级内阁"。国安会在这段时间内完成了其第二次"机制摇摆"。

从肯尼迪政府到尼克松政府这段时间是国安会系统发展、成熟的时期，国安会的运作主要体现为"咨议－顾问"模式向"统筹－协调"模式的再次转变。总的来说，这一时期国安会正式会议和国安会委员会的影响力持续走低，幕僚的规模逐步缩小，但总统国家安全事务特别助理的影响力日益增强。国安会系统失去了1947年《国家安全法》赋予其的一些基本职能，但在政策的推进及实施等方面取得了诸多成效。

一　肯尼迪政府时期的国安会与国际战略

肯尼迪上任时，美国正处于一种矛盾的国际战略环境之中。一方面，美国人民对这位年轻的总统寄予厚望，希望他带领美国走出低谷，再次成为世界领袖；而另一方面，美国的"外患"在这一时期略显严重。苏联的实力，尤其是军事实力正逐步逼近美国。在发射人类第一颗人造卫星"斯普特尼克号"之后，苏联又于1961年4月抢在美国之前成功发射了世界上第一颗载人卫星。同时，美国的西欧盟友似乎也从二战的阴霾中走了出来，外交上的独立自主倾向日益增强。西方阵营一度处于外患内忧状态。作为一名民主党人，肯尼迪在外交思想上继承了杰斐逊和威尔逊的理想主义；同时，他的头脑中也深植着战后美国以反苏、反共为核心的冷战现实主义思维。作为一名"实用主义"国家安全观的践行者，肯尼迪没有对这两者进行取舍，而是将自身的责任感与取得冷战胜利的愿望进行了有机结合，"箭与橄榄枝"的国际战略正是在这种背景下应运而生的。

在"箭与橄榄枝"的指导思想下，肯尼迪提出以"灵活反应"军事战略来代替艾森豪威尔时期僵化的"大规模报复"战略。这种军事战略提倡军事力量的多样化，讲求国家安全机制的灵活性，这些也直接体现在国安会的机制上。1960年6月14日，当时是民主党候选人的肯尼迪在参议院的一次演讲中指出，"进入20世纪60年代，我们已经具备了许多与对外政策相关的正规机构。我们有统一的军事力量，有对外援助计划，有西方盟友……当然还有国安会。然而我们却没能根据世界局势的变化对这些机构进行重新评估或整体规划"①。正式上任后，为了摆脱艾森豪威尔时期国安会系统的形象，肯尼迪对其进行了"去机制化"改革，以迎合"灵活反应"战略和巩固总统权的需要。国安会系统在肯尼迪时期再次回摆到了"咨议－顾问"模式。

（一）新国安会运作理念的源起与实践

尽管对艾森豪威尔的国家安全机制和运作模式颇有微词，但在总统竞选期间，肯尼迪并没有在公开场合对此展开系统、富有针对性的批评。这种批判的任务落在了来自华盛顿州的参议员杰克逊（Henry Jackson）及其领导的"国家政策机制小组委员会（Subcommittee on National Policy Machinery）"的身上。该小组委员会在50年代末到60年代初期对美国国

---

① "John F. Kennedy Speeches: Remarks of Senator John F. Kennedy in the Senate, Washington, D. C.,"June 14, 1960, 肯尼迪总统图书馆网站，https://www.jfklibrary.org/Research/Research-Aids/JFK-Speeches/United-States-Senate-U-2-Incident_19600614.aspx。

家安全体制，尤其是对国安会进行了一次全面、细致的研究，并在此基础上建议下一任政府对国安会系统的机制进行大幅度简化①。

该小组委员会的结论在政府内外都产生了巨大反响，这引发了艾森豪威尔的担忧，他担心自己苦心经营的系统化国安会机制将被继任者彻底推翻。为此，他希望通过自己的努力来劝说肯尼迪保留国安会系统内的几个重要机制，并让其得以延续。在政府过渡时期，艾森豪威尔曾多次与肯尼迪进行会晤。在 1960 年 12 月 6 日的会谈中，肯尼迪表示希望了解有关国安会的具体结构及运作模式方面的信息，艾森豪威尔抓住这次机会，向肯尼迪详细介绍了国安会系统的工作性质与目的。他强调了国安会正式会议的重要作用，称其为"整个政府每周最为重要的会议"②，并指出计划委员会与行动协调委员会是确保会议顺利进行的必要机制。

面对艾森豪威尔的热情"推销"，肯尼迪持保留态度，称自己"并不指望在一次简单的会谈中就了解国安会的全部运作程序"。艾森豪威尔看出了肯尼迪的疑虑，于是建议他尽快确定总统国家安全特别顾问的人选，而自己将派遣格雷协助其完成国安会的交接工作。在会谈结束前，总统还特别叮嘱这位继任者"在自己完全了解问题的实质之前不要进行任何的机制重组"③。

艾森豪威尔的策略是不言而喻的。他仍然坚信自己"政策山"机制的优越性，并希望通过格雷将这种优越性灌输给新任特别顾问，进而对肯尼迪施加影响。这样，新总统便不会对国安会系统的架构做出太过剧烈的改革。然而，肯尼迪心中却早有打算，他选择听从自己过渡政府时期的顾问——政治学者理查德·诺伊施塔特（Richard Neustadt）的意见。在肯尼迪与艾森豪威尔会晤两天后，诺伊施塔特在一份备忘录中向肯尼迪建

---

① "Concluding Statement by Senator Henry M. Jackson," September 15. 1961, in Senator Henry M. Jackson, ed. *The National Security Council: Jackson Subcommittee Papers on Policy - Making at the Presidential Level*, New York: Frederick A. Praeger, 1965, pp. 65 - 74. 该委员会的研究结论对国安会机制的未来发展产生了重要的影响，对此，本书将在第十章中进行详细的分析与探讨。

② "Editorial Note," *FRUS*, 1958 - 1960, National Security Policy; Arms Control and Disarmament, Volume Ⅲ, p. 493.

③ "Editorial Note," *FRUS*, 1958 - 1960, National Security Policy; Arms Control and Disarmament, Volume Ⅲ, p. 493.

议，总统国家安全特别顾问这一职务"应当在已被确定的内阁成员对自己职务有明确的认识之后再加以任命"，从而为国安会系统未来的改造留有足够余地①。为了确保自身对国安会系统的绝对支配，肯尼迪听从了这一建议，这也就预示着该机制将不再拥有艾森豪威尔时期的地位，更多地扮演内阁的从属角色。

在各重要部门的领导者被陆续确定后，特别顾问的人选才最终浮出水面。1961 年新年当日，肯尼迪在自己位于佛罗里达棕榈滩的别墅接受记者采访时宣布，这一职位将由哈佛大学文理学院院长麦克乔治·邦迪（McGeorge Bundy）来担任。肯尼迪要求邦迪"细心地对现有国安会的组织以及机制进行回顾，并且在此基础上尽可能地对其进行简化。这样我们最后就会拥有一个单一（single）、规模小（small）但强有力（strong）的工作组织"②。他同时指出，"在改革的相关进程中，邦迪将作为我的私人顾问……他职责的一部分就是要将国安会改造为总统的顾问机构……我希望国安会的机制能够比过去更加灵活"③。

从肯尼迪的言辞中可以明确感受到他对国安会的态度。与杜鲁门相似，肯尼迪视国安会系统为自己在决策制定过程中集思广益的论坛，因此着重强调了自己对机制灵活性的要求。然而，"规模小"与"强有力"的要求似乎有些自相矛盾——为了实现前者，总统和邦迪就必须削减国安会的成员数量，撤销国安会的实体机构；而人员短缺和机制贫乏反过来又会成为实现后者难以逾越的鸿沟。可见，这种改革理念从根源上就存在问题。

在接到任命后，邦迪立即着手对艾森豪威尔政府的国安会系统进行研究。到了 1 月 11 日，他先后与多位艾森豪威尔国家安全决策圈的重要成

---

①　"Memorandum for President – Elect John F. Kennedy, The National Security: First Steps," December 8, 1960, in Charles O. Jones ed. , *Preparing to Be President: The Memos of Richard E. Neustadt*, Washington, D. C. : The AEI Press, p. 75.

②　"Announcement by President-elect Kennedy of the Appointment of McGeorge Bundy as Special Assistant to the President," January 1, 1961, in Senator Henry M. Jackson, ed. , *The National Security Council: Jackson Subcommittee Papers on Policy-Making at the Presidential Level*, New York: Frederick A. Praeger, 1965, p. 302.

③　"Announcement by President-elect Kennedy of the Appointment of McGeorge Bundy as Special Assistant to the President," January 1, 1961, in Senator Henry M. Jackson, ed. , *The National Security Council: Jackson Subcommittee Papers on Policy-Making at the Presidential Level*, New York: Frederick A. Praeger, 1965, pp. 302 – 303.

员进行会晤，试图进一步了解现有国安会的决策模式。格雷是第一个与邦迪会谈的人，也肩负着对整个艾森豪威尔国安会架构与机制进行概述的重任。尽管他声明自己"并不是来'游说'邦迪的"，而是"尽一切可能去帮助他"①，但在具体的谈话中，格雷时刻不忘强调对"政策制定"与"具体行动"在机制上进行分离的重要性，话里话外对现有国安会机制有非常明显的偏袒。对此，邦迪的态度十分鲜明：比起现有国安会的优势所在，他对其存在的缺陷更感兴趣。而在谈话的最后，邦迪的话更是让格雷"心灰意冷"。他指出，"当前没必要迫切地对过去的所有政策文件进行全面的回顾"，并大胆地预测"美国的政策在很大程度上是由外部环境塑造的，我并不认为未来的政策会发生明显的转变"。因此，邦迪希望让他和国安会的大部分时间"都花费在处理迫在眉睫的问题上"②。对于邦迪的这种态度，格雷束手无策，只好劝说他最起码也要将"国家安全基本政策文件"做一次回顾。

这次会面透露了一个重要的讯息，即邦迪对新政府国安会系统即将成形的架构已经了然于胸，与这些人的谈话不会对改革的结果产生任何实质性影响。肯尼迪需要的是更为简化的国安会系统，而邦迪此时的唯一任务便是向他提供简化的具体方式。当格雷开玩笑地对邦迪说"我对废弃行动协调委员会的反应，就相当于你对哈佛大学文理学院倒闭的反应"时，邦迪实际上已经知道这一机构的废弃在所难免。与其说这位新任特别助理是即将到来的国安会改革的推动者，倒不如说他是总统的"代言人"。

削减机制总是比强化机制容易得多。卡特勒在艾森豪威尔上任近两个月后才完成相关研究报告，而邦迪关于改革的基本设想则在肯尼迪就职三天后就已经定型。1961 年 1 月 24 日，邦迪向肯尼迪提交了一份关于国安会系统的专题备忘录。在这份备忘录中，他向总统阐述了自己对国安会的认识，指出了其现有机制需要改善的地方。邦迪将国安会正式会议视作"总统就国家安全问题展开定期讨论的相对正规的场所"。总统可以在那里"讨论问题，探明细节，并且决定下一步行动"，而成员间的讨论也

---

① "Memorandum for Reocrd, "January 11, 1961, *FRUS*, 1961 – 1963, Volume XXV, Organization of Foreign Policy; Information Policy; United Nations; Scientific Matters, pp. 5 – 6.

② "Memorandum for Reocrd, "January 11, 1961, *FRUS*, 1961 – 1963, Volume XXV, p. 9.

有助于"给他们信心，让他们了解你当时的所做所想"①。但同时他也指出，艾森豪威尔时期的正式会议过于庞大，应当减少参加会议的人数和会议召开的次数。最后，邦迪表示自己和副特别助理沃尔特·罗斯托（Walter Rostow）正在检视艾森豪威尔时期的政策文件。邦迪对于这些文件有非常明显的偏见，称"平心而论，我认为这些文件中有一大部分都是'废纸'，完全可以被忽略。但其中有对行政机构富有指导性意义的基本政策文件还是值得一看的"②。邦迪建议在2月1日举行第一次国安会正式会议，并在这次会议上向国安会成员宣布未来系统的组织架构和运作理念。

在这封备忘录被提交给肯尼迪的时候，艾森豪威尔的国安会系统实际上已经沦落到"墙倒众人推"的地步，甚至就连行动协调委员会的主任罗伯特·约翰逊（Robert Johnson）都在建议肯尼迪政府"撤销计划委员会与行动协调委员会，并将二者的职能转移到总统国家安全特别顾问的身上"③。邦迪也深知在第一次正式会议后的很短时间内，机制的重大调整就将尘埃落定，为此他必须提前填补好原有机构被废弃后留下的权力真空。1月30日，肯尼迪致信负责政治事务的助理国务卿利维斯顿·麦钱特（Livingston Merchant）和负责国际安全事务的助理国防部长尼采，希望两人与自己共同努力，创立一个"对我们用途很大，也能帮助领导人的委员会。委员会可以召开周例会，成员包括国务院、国防部、中情局以及总统办公厅的成员……也许这个委员会会成功代替过去的行动协调委员会，并成为与之截然不同的机制。这不仅便于每个部门的定期回顾，也有助于国安会顺利开展工作"④。总统在此时选择让国务院和国防部这两个内阁中最有分量的机构承担计划委员会和行动协调委员会的大部分工作，然而日后的局势发展证明这次选择是失败的。

---

① "Memorandum from the President's Special Assistant for National Security Affairs (Bundy) to President Kennedy, "January 24, 1961, *FRUS*, 1961 – 1963, Volume XXV, pp. 12 – 13.

② "Memorandum from the President's Special Assistant for National Security Affairs (Bundy) to President Kennedy, "January 24, 1961, *FRUS*, 1961 – 1963, Volume XXV, p. 15.

③ "Draft Paper by the Executive Assistant of the Operations Coordinating Board(Johnson) , "January 27, 1961, *FRUS*, 1961 – 1963, Volume VIII, National Security Policy, p. 16.

④ "Memorandum for Merchant and Nitze: A Proposal for the NSC Meeting on Wednesday, February 1, 1961, "January 30, 1961, *USDDO*, CK2349416567.

1961 年 2 月 1 日，肯尼迪的首次国安会正式会议按计划召开了①。为了从一开始就把出席人数控制在最低标准，这次会议只有 17 名成员参加，与艾森豪威尔时期庞大的与会团体形成了鲜明对比。而在会议召开的前一天，邦迪特地向肯尼迪提交了一份备忘录，列举了总统应当在第二天会议上强调的几个内容。肯尼迪基本上接受了他的建议。

首先，肯尼迪与邦迪再次确定了国安会的"顾问"性质，强调其不具备决策职能。邦迪认为，这种本应"不言自明"的问题在过去被一再忽略，以至于"国安会的政策文件中总是会写上'经委员会批准'或'经委员会同意'"②。总统应当自己选择是在正式会议上还是在私下场合做出最终的决策。其次，肯尼迪与邦迪强调正式会议只是国安会工作的一部分，幕僚除了准备会议以外还有其他职能。这是对国安会正式会议影响力的极大削弱，推翻了正式会议在国安会系统中占主导地位这一艾森豪威尔时期国安会的重要运作理念。同时，邦迪在备忘录中也向肯尼迪指出，总统不应被国安会限制住。但由于政府内外总是对政策制定进程充满怀疑，我们还"不得不依靠国安会正式会议这个正规渠道来处理问题"。毫无疑问，邦迪将国安会正式会议视为赋予政策合法性的一种工具。

邦迪在会议结束前进行了总结，他说：

> 为了迎合总统的需求，国安会从今往后将开启新的篇章，其中最为重要的是由更杰出的人员组成更小规模的国安会幕僚团队。政策建议将在没有受到跨部门进程的干扰同时得到了足够的提前咨询意见后提交到国安会正式会议。③

会议最终通过的国安会第 2401 号决议确认了国安会的转型④。幕僚成

---

① "National Security Council meetings, 1961: No. 475," February 1, 1961, 肯尼迪总统图书馆，http://www. jfklibrary. org/Asset – Viewer/Archives/JFKNSF – 313 – 002. aspx。

② Document 7, "Memorandum from the President's Special Assistant for National Security Affairs (Bundy) to President Kennedy," January 31, 1961, FRUS, 1961 – 1963, Volume XXV, https://history. state. gov/historical documents/frus1961 – 63v25/d7.

③ "National Security Council meetings, 1961: No. 475," February 1, 1961, 肯尼迪总统图书馆，http://www. jfklibrary. org/Asset – Viewer/Archives/JFKNSF – 313 – 002. aspx。

④ "Record of Actions Taken at the 475th Meeting of the National Security Council," *FRUS*, 1961 – 1963, Volume Ⅷ, p. 23.

员的转变可以用三个关键词来概括，即规模"更小"（smaller）、人数"更少"（fewer）以及资历"更高"（more senior），提交到正式会议的政策建议也不会再受到跨部门进程的干扰。

（二）"小国务院"①：肯尼迪时期国安系统机制的发展

在第一次国安会正式会议后不久，肯尼迪就对艾森豪威尔时期国安会系统内的两个重要机构——计划委员会和行动协调委员会下手了。2 月18 日，肯尼迪发布了第10920 号行政命令，首先宣布废弃通过1953 年2 月27 日第10700 号行政命令设立的行动协调委员会②。肯尼迪在第二天的白宫声明中指出，行动协调委员会的原有协调职责将被转移至国务院，由助理国务卿负责，持续协调"与区域相关的事务"③；心理战略相关的职能则被转移到了总统办公室、国务院以及美国新闻署（USIA）。这一举措终于让肯尼迪摆脱了行动协调委员会这个被认为是艾森豪威尔时期国安会冗杂机制象征的机构，同时也裁减了国安会中至少一半的工作人员。肯尼迪还特地强调希望这些人回到各自原来的机构后相互之间继续保持"紧密而非正式"的联系。到了3 月末，国务院向邦迪汇报称他们"已经开始接手行动协调委员会的工作"，并"处理特别地区与国别问题"④。

同月，计划委员会的成员也被悄无声息地遣返各自原部门。为国安会

---

① "小国务院"的说法来源于美国学者普雷斯顿（Andrew Preston）. 在他看来，邦迪在肯尼迪和约翰逊时期依靠自己的优势地位不断地为自己和手下汲取权力，最终让国安幕僚行使了国务院的职能。也正是邦迪带领这群顾问最终让美国滑向越战的深渊。见 Andrew Preston, "The Little State Department—McGeorge Bundy and the National Security Council Staff, 1961 – 65," *Presidential Studies Quarterly*, Vol. 31, No. 4 (Dec. , 2001), pp. 635 – 659, 以及 Andrew Preston, *The War Council: McGeorge Bundy, the NSC, and Vietnam*, Cambridge: Harvard University Press, 2006。

② "Executive Order 10920—Revoking Executive Order No. 10700 of February 25, 1957, as Amended(Operations Coordinating Board) ," February 18, 1961, *The American Presidency Project, Public Papers of the Presidents*, http: //www. presidency. ucsb. edu/ws/? pid = 8389.

③ "42 – Statement by the President upon Signing Order Abolishing the Operations Coordinating Board," The American Presidency Project, Public Papers of the Presidents, http: //www. presidency. ucsb. edu/ws/? pid = 8389.

④ "Memorandum from the Counselor of the Department of State and Chairman of the Policy Planning Council(McGhee) to the President's Special Assistant for National Security Affairs (Bundy) ," *FRUS*, 1961 – 1963, Volume XXV , pp. 23 – 24.

起草政策文件的任务被碎片化地分给了国务院、国防部和国安会幕僚，白宫将其统称为"政策规划体系"（planning community），国安会的战略规划职能再一次被削弱了。2 月 23 日，这一体系就"后计划委员会时代该如何进行国安会的文件起草"向肯尼迪提交了一份相关笔记。这份笔记的行文闪烁其词，既没有提出任何能够填补计划委员会空缺的新机制，也没有提出以后制定政策的路径和方式，只是在形式上指出"未来的工作中不单要注重眼前的问题，同时也要兼顾长远的规划"[①]。而后，肯尼迪根据外部局势的变化相继建立了 19 个非正式的政策规划小组（Planning Tasks），以负责区域职能，为国安会正式会议制定相应的文件[②]。不同于杜鲁门和艾森豪威尔时期利用专门的部门进行主动的战略决策制定，这种零散的规划模式将整体战略拆分为不同议题，同时一般是在接到命令后再进行相关的研究和文件起草，提高了效率，更加趋向于对外部客观环境做出被动反应。

拆解委员会的进程打破了艾森豪威尔时期的机制壁垒，让国安会系统业已规范化、独立化的职能分工再次回到这一机制最初创立时模糊的状态，也不可避免地削弱了这一体系参与国家战略规划的能力。经过这次裁员，国安会系统内的编制成员从 71 人下降到了 48 人。"规模小""成员少"的目的已经达到了，而接下来摆在邦迪面前的任务就是增加国安会成员的实质性权力，让这些人能够在各自的领域独当一面。在 2 月末，前行动协调委员会主任、艾森豪威尔政府少数国安会幕僚中留任的成员之一约翰逊向副特别助理罗斯托提交了一份备忘录，指出了强化国安会幕僚团队的几种具体路径。由于深知邦迪的偏好，约翰逊在备忘录中强烈建议"办公室成员不需要按照严格的规则去履行自己的职责，而是应当'以不变应万变'……为此，在办公室中适量增加一些专家是十分必要的"[③]。邦迪听取了这份备忘录中的建议，在接下来的几个月中向幕僚成员中引入了许多有能力独自处理重大问题的顾问和政策精英，其中有些还来自政府外

---

① "Notes for the President on Planning Item, NSC Agenda," February 23, 1961, *USDDO*, CK2349435709.

② Bromley K. Smith, "Organizational History of the National Security during the Kennedy and Johnson Administrations," Monograph written for the National Security Council, pp. 25 – 26.

③ "Memorandum for Mr. Rostow: The Development of Staff Support for You and Mr. Bundy," February 27, 1961, *USDDO*, CK2349431804.

部,例如亨利·基辛格(Henry Kissinger)①。这些"出类拔萃之辈"② 在具体行动时彼此能够形成能力的互补,因此让国安会幕僚团队能更好地处理国家安全问题。邦迪牺牲了明确的职责分工,换来的是成员间更为密切的联系。

在改造国安会幕僚团队的进程中,邦迪逐渐成为肯尼迪身边不可或缺的成员,在政府内的影响力逐日上升。大部分时间他负责管理总统日常外交以及国家安全事务——在艾森豪威尔时期,这些工作是由幕僚长负责的。邦迪角色的演变带动幕僚逐渐由"国安会的成员"转变为"总统的助手"。这些成员的第一要务不再是确保各自机构或国安会正式会议的利益,而是捍卫总统本人的利益,幕僚也因此成为总统在行政机构中的耳目。不仅如此,办公室成员都享有直接向总统汇报工作的权力,这种特权"在肯尼迪任期内是国务院和国防部的大部分成员都不曾享有的"③。

总统国家安全事务特别助理与国安会幕僚成员权力在逐步增大,而国安会正式会议的影响力和重要性却明显降低了。在最初提交给总统的备忘录中,邦迪认为周例会制是没有必要的,"两周召开一次的会议频率为最佳"④。然而实际上,整个肯尼迪任期内正式会议的召开并没有规律可言,数量相比艾森豪威尔时期有了明显下滑,规模也始终保持在十余人。整个1961年,国安会正式会议仅召开了21次,颁布了79次行动指令,且这些

---

① "Memorandum for Bundy Security Arrangements for Henry Kissinger," May 30, 1961, *USDDO*, CK2349315317. 值得注意的是,基辛格最初进入白宫是作为肯尼迪的而非国安会的顾问。由于他在媒体上频繁抛头露面,引发了肯尼迪的反感。而后基辛格逐渐向国安会相关工作靠拢。在一年多的任期里,他主要负责处理柏林危机相关问题。见 "Memorandum for Mr. Rostow on The Development of Staff Support for you and Mr. Bundy," February 27, 1961, *USDDO*, CK2349431804. 除了基辛格以外,肯尼迪时期国安会幕僚中较为著名的成员或顾问包括负责欧洲事务的凯森(Carl Kaysen),负责中东、印度支那以及非洲事务的科莫(Robert Komer),负责东南亚问题的福莱斯特(Michael Forrestal,即杜鲁门时期的国防部长之子)等。

② David Halberstam, *The Best and the Brightest*, New York: Fawcett Publications, 1972.

③ Andrew Preston, "The Little State Department—McGeorge Bundy and the National Security Council Staff, 1961–65,"*Presidential Studies Quarterly*, Vol. 31, No. 4, 2001, p. 646.

④ "Memorandum from the President's Special Assistant for National Security Affairs(Bundy) to President Kennedy," January 24, 1961, *FRUS*, 1961–1963, Volume ⅩⅩⅤ, Organization of Foreign Policy; Information Policy; United Nations; Scientific Matters, p. 15.

行动大部分都是当时三个月内发生的区域问题①。而在古巴导弹危机爆发时，正式会议停摆整整两个月。这一切都标志着这里不再是总统与自己的顾问们进行认真讨论并传达重要指示建议的地方了。

国安会正式会议的产品不再是详细的、以长期战略为导向的文件，而是一种被称作"国家安全行动备忘录"（National Security Action Memorandums, NASM）的指令。国家安全行动备忘录是邦迪的发明，其初衷是迎合肯尼迪希望以简要的决策方向取代冗长的国安会文件的想法。文件中不会出现对潜在危险以及付出的代价的相关评估，而是以命令的方式书写总统确定好的政策。这些指令不仅起到了传递政策信息的作用，也肩负过去行动协调委员会的政策监管职责。行动协调委员会最为致命的缺陷是跨部门监督权力不足，而国家安全行动备忘录由总统签署，在理论上可以弥补这一缺陷。肯尼迪在不到三年的任期内共签署了272份备忘录，平均每年多达90份。国安会系统自此成为"宫殿守卫"。

1961年6月末，一份给邦迪的备忘录显示肯尼迪的国安会幕僚团队"已有三分之二的工作人员步入正轨"②。至此，邦迪算是完成了对国安会行政办公机制的改革。这次改革在国安会的发展史上具有里程碑式的意义，进一步丰富了"国安会系统"的内涵。然而从长远看来，这次改革也在某种程度上背离了1947年《国家安全法》的初衷。国安会的领导者与幕僚以牺牲国安会正式会议的方式为自己谋求到了实质性权力，使得法律中作为国安会系统主体的正式会议的重要性逐步降低，而正式会议的辅助者们的权限却大幅增加。这不免显得有些本末倒置。

经历了邦迪的改革，国安会系统内不再具有严格意义上的规范化机构，所有该由机构履行的职能都由幕僚团队成员来完成。邦迪带领这些人为总统的日常国家安全政策出谋划策，影响力逐步增强，最终在白宫内部形成了一个"小国务院"③。尽管这种以人而非机制带动政府运作的方式并非长久之计，但肯尼迪似乎并不打算在国安会内建立任何相关机制。肯

---

① "Index of NSC Actions Nos. 2367 through 2445 from 1/10 – 12/19/61," January 5, 1962, *USDDO*, CK2349174162.

② "Memorandum for President Kennedy on Current Organization of the White House and NSC for Dealing with International Matters," *FRUS*, 1961–1963, Volume Ⅷ, p. 105.

③ Andrew Preston, "The Little State Department—McGeorge Bundy and the National Security Council Staff, 1961–65," *Presidential Studies Quarterly*, Vol. 31, No. 4, 2001, p. 646.

尼迪的一位顾问的话很好地证明了这一点："肯尼迪计划通过两个步骤完成国安会系统的改革，即首先对旧有国安会机制进行拆解，然后再建立一个新的国安会机制"，但"进行了第一步之后大家就忙得不可开交，恐怕我们永远也没时间进行第二步了"①。

（三）"咨议－顾问"机制下国安会危机治理模式的演化

邦迪和国安会幕僚职能的转向不仅是国安会系统改革的直接结果，也是对肯尼迪上任以来一系列事件的反应。发生于 1961 年 4 月 17 日的猪湾事件使卡斯特罗领导的古巴共产主义政权得以巩固，对于美国来说则是一次彻底的失败，是肯尼迪政府面临的第一场危机。从表面上看，行动失败的原因是计划阶段出现了诸多疏漏，但在根源上暴露了此时华盛顿行政机构在战略规划和协调上的弊病。尽管肯尼迪公开表示自己对这次失败负全部责任，但在私下里他将问题归咎于中情局和参联会——前者负责组织和协助这次入侵行动，而后者则被总统认为是提供了失准的预估和错误的信息。同时，国务院对行动监督不力也是这次失败的重要原因，而在过去这种职能是由行动协调委员会来行使的。肯尼迪对国务院主导的跨部门协调感到失望，同时他也逐渐将中情局和参联会排除在核心决策圈之外②——这在国家安全进程中留下了一个巨大的权力空洞。

猪湾事件再次证明了国际政治环境对国安会机制是具备塑造作用的。肯尼迪深知古巴问题并没有就此画上句号③，也不希望再次出现诸如此类的失败。为了填补内阁部门的权力空洞，肯尼迪将目光转向了始终"对这次行动持怀疑态度"的邦迪以及国安会幕僚④。自 1961 年下半年开始，总统采取了具体措施，让国安会系统（尤其是邦迪和国安会幕僚）转变为自己处理危机或日常政事的首要工具。

---

① Robert Culter, *No Time for Rest*, Boston: Little, Brown and Company, 1966, p. 301.

② Andrew Preston, "The Little State Department—McGeorge Bundy and the National Security Council Staff, 1961 – 65, "*Presidential Studies Quarterly*, Vol. 31, No. 4, 2001, p. 648.

③ 5 月 5 日的国安会会议成了一场关于古巴问题的"专场研讨会"。肯尼迪授权建立一个特别小组来对卡斯特罗的政权进行研究，并采取了一系列相关决策，包括暂停军事干涉、处理古巴流亡者相关问题以及采取适当的经济制裁措施等。见"Memorandum to President on Actions at NSC Meeting, "May 5, 1961, *USDDO*, CK2349324507。

④ "Memorandum from the President's Special Assistant for National Security Affairs (Bundy) to President Kennedy, "March 15, 1961, *USDDO*, CK2349177594.

肯尼迪还在白宫西楼的地下室中建立了一个专门的情报分析中心。这一单元被命名为情况室（Situation Room）[1]。情况室中的工作人员大部分来自中情局，但总统委托国安会来管理其所有工作，总统还为此特意把邦迪的办公室从旧行政大楼挪到情况室的隔壁。情况室成为国外情报的汇集地，而对这些情报进行筛选并上报总统的任务落在了邦迪和情况室主任（由国安会幕僚担任）的身上。自此，中情局失去了直接向总统提交情报分析文件的权力，而国安会幕僚则顺势成为美国外界情报的把持者。

情况室发挥的重要作用是不言而喻的，也进一步拉近了总统与国安会幕僚之间的距离。邦迪深知这一点，也了解肯尼迪此时更加希望自己和国安会办公室能够在未来的国家安全问题中扮演更为活跃的角色。为此，邦迪为情况室在原有基础上增添了一些额外的机制，其中比较知名的是他在1962年年初建立的常设小组（Standing Group，SG）。该小组在情况室召开会议，主要负责"组织和监管国安会相关工作，并且讨论成员提出的其他相关问题"[2]。这一小组在8个月中仅召开了18次会议[3]。在会议中，邦迪和国防部、国务院以及中情局的成员将大部分时间用来审议国家安全行动备忘录的草稿[4]。很明显，邦迪希望通过这一机制将旧行政办公大楼和白宫连接起来。这一机制设计与二战时期的三方协调委员会非常相似——无论是开会地点，还是与会人员，都显示了该小组作为应急机构而非战略规划机构的特征。

然而当危机真正来临的时候，这一机构却没有派上用场。发生于1962年10月的古巴导弹危机向来是美国内外冷战史研究中的重要分析案例。

---

① 需要指出的是，国内一些报纸杂志将其译为"战情室"是不准确的。尽管在历史上，情况室在大多数情况下被用来指挥具体行动，但接替莱出任行政秘书的史密斯（Bromley Smith）还是特别指出，最初之所以将其命名为"情况室"而非"行动中心"（Operations Center）就是为了表明其"仅仅是一个设施（facility），而不是一个战地指挥所（command post）"。见 Bromley K. Smith, "Organizational History of the National Security during the Kennedy and Johnson Administrations," Monograph written for the National Security Council, p. 37。

② "National Security Council Record of Actions on Standing Group Meeting," January 5, 1962, *USDDO*, CK2349196036.

③ Document 16, "Editorial Note," *FRUS*, 1961 – 1963, Volume XXV, Organization of Foreign Policy; Information Policy; United Nations; Scientific Matters.

④ "National Security Council Standing Group Meeting," January 12, 1962, *USDDO*, CK234919 6037.

这次前后持续仅 13 天的危情态势使世界一度处于核大战的边缘，是对肯尼迪"咨议－顾问"国安会运作模式下危机治理机制的一次重要测试。经过总统前期的改造，此时国安会系统内部已不存在阻碍决策快速出台的机构壁垒，具备了高度的灵活性。

在得知苏联在古巴部署导弹的确切信息后，总统首先在 10 月 16 日与政府的高级成员们召开了几次非正式会议，利用有限的情报共同商讨应对方式以及应采取的措施，为即将召开的正式会议做准备①。接下来，肯尼迪在 20 日到 22 日连续召开了三次正式会议，这在国安会历史上是独一无二的。在最初的会议中，美国对古巴的一些侦察影像被公开。参会成员们讨论了美国应采取的措施及这些措施的局限性。到了隔天的会议，成员们的关注点集中在了总统即将进行的演讲上。肯尼迪将在这次演讲中向美国民众传递导弹危机的相关信息，以及政府准备采取的应对措施。演讲的内容与措辞是与会成员讨论的主题②。而第三天的会议主要对苏联可能做出的反应进行预判③。此时，美国政府已经制订出了一套相对完整的危机应对计划。

22 日，肯尼迪在电视讲话中提出将对古巴实施"海上隔离"等几项"初步措施"④。同时，美国开始进行相应的军事动员。国安会正式会议已经协助总统规划了应对危机的大致路径，但接下来的事态发展将充满不确定性。为此，总统需要做的就是有效调动起自己周围的诸多顾问和参谋，集思广益，随机应变。著名的国安会执行委员会（Executive Committee，ExCom，以下简称执委会）就是在这种背景下应运而生的⑤。

执委会在其存在不到半年的时间里，一共举行了 42 次会议，其中有

---

① Document 18, "Transcript of a Meeting at the White House," October 16, 1962, *FRUS*, 1961 – 1963, Volume Ⅺ, Cuban Missile Crisis and Aftermath.

② Document 34, "Minutes of the 505th Meeting of the National Security Council," *FRUS*, 1961 – 1963, Volume Ⅺ, Cuban Missile Crisis and Aftermath.

③ Document 41, "Minutes of the 507th Meeting of the National Security Council," *FRUS*, 1961 – 1963, Volume Ⅺ, Cuban Missile Crisis and Aftermath.

④ "485 – Radio and Television Report to the American People on the Soviet Arms Buildup in Cuba," October 22, 1962, 肯尼迪总统图书馆, http://www. presidency. ucsb. edu/ws/index. php?pid = 8986&st = &st1 = #。

⑤ 值得注意的是，肯尼迪是利用国安会系统的另一个机制——国家安全行动备忘录来建立执委会的。这份备忘录中只是提到了执委会的参会人员，并没有指出其具体职能。这是唯一一份以建立具体机构为目的的备忘录。见 "NSAM – 196, Establishment of an Executive Committee of the National Security Council," 美国科学家联盟网站, http://fas. org/irp/offdo-cs/nsam – jfk/nsam196. htm。

39 次会议的议题与古巴相关，而肯尼迪只缺席过其中的两次。从委员会建立到 28 日苏联撤出武器的六天里，委员会召开了 12 次会议。在被公认为危机高潮阶段的 27 日，肯尼迪几乎整天都耗在执委会中。通过对比危机时期国安会正式会议与执委会的相关数据可以看出，执委会可以算得上是一个真正的危机委员会（见表 4-1）。而与其他应急机制不同的是，执委会的工作并没有在危机结束后戛然而止，而是做了长期的"善后工作"。到 1962 年年底，执委会一共发布了 34 份古巴问题相关文件，这些文件向人们展示了肯尼迪政府在紧急时刻连贯的政策发展进程①。然而执委会最为重要的意义还在于，它让肯尼迪的诸多顾问在危机时期形成了一个紧密的团体。美国著名学者艾利森（Graham Allison）在自己的代表作《决策的本质》一书中敏锐地指出了这一机制在古巴导弹危机时起到的重要作用："危机的开始阶段，根据总统命令召集起来组成执委会的那些人在开会时，唱着完全不同的调子。而在做出最终决定之前，大部分人唱着同一个调子。"②也正是这种坚决的态度，让肯尼迪在这次对峙中取得了最终的胜利。

表 4-1 执行委员会会议与国安会正式会议在古巴导弹危机期间的对比

国安会正式会议	执行委员会会议		
10 月 20 日	10 月 23 日 10：00	10 月 27 日 16：00	11 月 2 日 11：00
10 月 21 日	10 月 23 日 18：00	10 月 27 日 21：00	11 月 3 日 10：00
10 月 22 日	10 月 24 日 10：00	10 月 29 日 18：30	11 月 3 日 16：30
	10 月 25 日 10：00	10 月 30 日 10：00	
	10 月 25 日 17：00	10 月 31 日 18：00	
	10 月 26 日 10：00	10 月 31 日 18：00	
	10 月 27 日 10：00	11 月 1 日 11：00	

资料来源："NSC ExComm Meetings, 1962 – 1963," http：//historyinpieces. com/research/meetings – excomm – executive – committee – national – security – council。

在组建执委会之后，肯尼迪的国安会系统再无大的机构变动，最终发展成了一个倾向于危机治理的"咨议 – 顾问"机构。通过图 4 – 1 可以看

---

① "Cuban Missile Crisis. Thirty-four Documents Record the Deliberations of the NSC Executive Committee during the Crisis," *USDDO*, CK2349422574.
② 〔美〕格雷厄姆·艾利森、菲利普·泽利科：《决策的本质：还原古巴导弹危机的真相》，王伟光、王云萍译，商务印书馆，2015，第 389 页。

出，这一时期的国安会系统除了正式会议以外，其余机制都是为了及时应对客观环境的变化而创设的，等同于一个巨大的"应急指挥部"。尽管在古巴导弹危机中起到了重要作用，但由史密斯负责的正式会议在大部分时间里还是负责为肯尼迪偏爱的非正规渠道铺路，如 1962 年初成立的"反叛乱小组"①等。这种过于随意的国安会管理模式不免会引起政府内外有关人士的质疑。

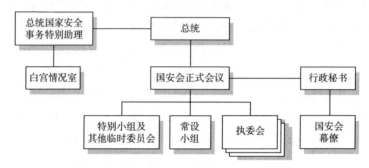

图 4 – 1　1960 年改革后的国安会系统架构

资料来源：笔者根据相关文献自制。

　　质疑的人群中自然少不了满腹怨气的艾森豪威尔。这位前总统在 1962 年年底向时任中情局局长麦科恩（John McCone）倾诉了自己对肯尼迪国安会系统机制的不满。艾森豪威尔指出，缺乏了例会机制的国安会系统无法承担法律赋予的重要职责，难以支撑美国的长期战略，已是"四处漏风"；肯尼迪在去机制化的路上走得太远了，国安会"不应该仅仅是总统的一个办事处而已"②。他强烈建议恢复计划委员会、行动协调委员会以及国安会周例会。

　　艾森豪威尔的建议是不切实际的。由于两位总统对国安会的运作理念有实质性差异，肯尼迪很难做利用艾森豪威尔"统筹 – 协调"模式经营自己的"咨议 – 顾问"模式国安会系统。但艾森豪威尔的批评又是十分中肯的，缺乏正式机制的国安会系统在危机时刻尚能够充当"奇兵"，但无法

---

①　该小组委员会主要负责制订冷战计划、反叛乱相关行动、城市行动计划以及世界范围内的反游击活动，见 "NSC Action Memo on establishment of the Special Group (Counter – Insurgency) ,"January 2, 1962, *USDDO*, CK2349055233. 1963 年，该委员会解散。

②　Document 21, "Memorandum by Director of Central Intelligence McCone,"September 16, 1962, *FRUS*, 1961 – 1963, Volume XXV.

进行系统化的长期政策梳理，也难以对未来局势予以客观展望，从而制定切实的宏观战略；肯尼迪给邦迪和国安会幕僚成员放权的行为虽然有助于他们战胜官僚政治中的种种阻碍，但无法让他们像实体机构一般长期、稳定地发挥作用。从 1962 年 12 月的一份国家安全相关人员的职权列表中可以清楚地观察到，国安会幕僚的高级成员并没有像预期一样成为国安会系统的机制，而是和白宫成员融为一体了①。这一点也被邦迪亲口承认了②。

同样有证据证明，肯尼迪和邦迪都为国安会系统的未来发展担忧，尤其是在国安会参与战略规划的这一短板上。为此，邦迪曾在国安会正式会议上鼓励其成员"多多研究相关文件，在各种问题上提出自己的意见"③。而肯尼迪则要求他们"齐心协力，让委员会的会议更有意义"④。在 1963 年 4 月，总统甚至还考虑过建立一个"计划与行动委员会"（Plans and Operations Committee）⑤。从名称可以看出，这一机制的职能是艾森豪威尔时期计划委员会与行动协调委员会的结合体，无疑被赋予从事长期战略决策与规划的预期。这些证据足以证明肯尼迪和邦迪实际上试图引领国安会系统向着一条不同的道路前进。只可惜这条路在不久后就由于总统的离世而走到了尽头，肯尼迪的国安会系统也不得已最终定格在了"咨议–顾问"机制上。

二 约翰逊政府时期的国安会与国际战略

国安会系统的去机制化趋势并没有因总统遇刺身亡而扭转。约翰逊在上任后，实施了具有连贯性的国内外政策，在对待国安会系统的态度上也与肯尼迪一脉相承。作为执委会的与会成员和古巴导弹危机的亲历者，他

---

① "Memorandum to the NSC Staff, List of Subjects of Interest to White House and NSC Staffs," July 12, 1962, *USDDO*, CK2349155771. 科默甚至还向邦迪提出过让国安会幕僚中的一部分人具有等同于白宫顾问（WH Advisors）地位的请求，见 "McGeorge Bundy and R. W. Komer Discuss the Status Involved in Being on the WH Staff Rather Than being Part of the NSC," May 6, 1963, *USDDO*, CK2349218977。

② Document 108, "Memorandum from the President's Special Assistant for National Security Affairs (Bundy) to President Kennedy," September 16, 1962, *FRUS*, 1961–1963, Volume Ⅷ.

③ "Notes on Meeting of the National Security Council," October 13, 1961, *USDDO*, CK2349 025281.

④ Document 69, "Summary of President Kennedy's Remarks to the 496th Meeting of the National Security Council," January 18, 1962, *FRUS*, 1961–1963, Volume Ⅷ.

⑤ "Memorandum for the President on A Plans and Operations Committee of the NSC," April 2, 1963, *USDDO*, CK2349435710.

深刻体会到保密性强、规模小的会议在处理日常外交或国家安全问题时具有奇效，因此对非正式决策模式十分偏爱。这种观念也让他在对国安会系统"去机制化"的塑造上比肯尼迪走得更远。"周二午餐会"的出现不仅深化了肯尼迪开创的变革，产生了 1947 年《国家安全法》缔造者们难以想象的结果，也让国安会系统的"咨议－顾问"模式在约翰逊时期得到了进一步延续。

（一）肯尼迪－约翰逊时期国安会系统的过渡

在约翰逊刚刚被推到执政前台的时候，大部分被他留用的国安会成员认为这位总统"对外交政策一窍不通"①。这并非仅是一种捕风捉影的猜测。在担任副总统期间，约翰逊在美国外交及国家安全事务决策圈中的存在感始终不强，在人们眼中更像是一名政客而非战略家。而对于约翰逊自己来说，比起一心扑在外交事务上，他更希望在国内改革方面有所建树。或许是自己也有这样的感觉，或许仅是为了确保政府过渡中的延续性，约翰逊全盘接纳了肯尼迪政府的原班人马，国安会系统也不例外。他利用这一举动向美国民众证明政府机构仍然在有条不紊地运作，并没有受到"突如其来的事件"的干扰。

美国政府内国家安全领域的诸多参谋在短期内就做好了为新总统而忙碌的准备。中情局局长麦科恩第一时间为总统准备了一份对当时世界局势（尤其是苏联局势）的评估，其中包含多张中情局利用现有情报绘制的图表。这份文件经国安会幕僚稍加改动后形成了一份长达 41 页的报告，成为首次正式会议中唯一的讨论议题②。12 月 3 日，科莫在给邦迪的一份备忘录中列举了新总统需要处理和应对的国际事务。他希望通过邦迪催促总统对其中几项尽快做出决策。由于不知道新总统的行事风格，科莫还特地指出"我已经尽自己最大可能做到不去给总统添乱，但是这些问题实在是迫在眉睫，没办法再拖延了"③。从这份备忘录中可以清晰地看出，约翰逊给予了这位肯尼迪时期的特别助理极大信任。尽管国家更换了总统，但

---

① John Prados, *Keepers of the Keys: A History of the National Security Council from Truman to Bush*, New York: William Morrow and Company, Inc. , 1991, p. 133.

② "NSC briefing on Soviet Military Strength,"May 12, 1953, *USDDO*, CK2349059449.

③ "NSC Primary Interest, McGeorge Bundy and R. W. Komer Discuss Key Issues that will be Needing Presidential Decision,"December 3, 1963, *USDDO*, CK2349228044.

邦迪仍旧是连接椭圆形办公室和国安会系统的重要桥梁。

约翰逊政府的首次国安会正式会议于 12 月 5 日举行，此时距离总统宣誓就职已过去近半个月的时间了。尽管约翰逊主持了这次会议，但并没有开启任何与国安会系统机制变动相关的话题，而是围绕文件，就美苏力量对比展开了讨论，国务卿迪恩·腊斯克（Dean Rusk）和国防部长罗伯特·麦克纳马拉（Robert McNamara）分别从经济和军事角度对局势进行了分析和预估。除了法定成员以外，总统还邀请了美国宇航局局长詹姆斯·韦伯（James Webb）参会并请其对比美苏两国的航天能力，显示了约翰逊对美国外层空间战略的重视。在最后，约翰逊总结道："在核时代，我们唯一也是最为重要的目标就是寻找一条能够令人类文明得以保全的道路。一次核战争意味着我们所有希望的破灭，我们的任务即确保这种事情不会发生。"① 相比前几任总统，约翰逊的第一次国安会正式会议略显平淡，仅有一项决议涉及了实质性内容②，甚至在过程上也略显平淡。这次"走过场"一般的正式会议同样传递了一个重要信息，即国安会的机制和运作在短期内将"维持现状"。

然而，艾森豪威尔却对约翰逊抱有很大期望。在给肯尼迪政府的建议石沉大海后，这位始终坚持"统筹–协调"国安会运作模式的前总统将改革这一系统的希望寄托在了约翰逊身上。为此，他在新年前特地与麦昆会面，再次重复自己对国安会系统的担忧。艾森豪威尔指出，他"回顾了自己任期内以计划委员会–行动协调委员会为支撑的国安会机制，也确实觉得这种架构有些冗杂，需要提高效率"，但他也认为"缺乏这种机制会导致总统在没有了解实际局势、未经深思熟虑的情况下仓促决策"③。为此，他强烈建议约翰逊咨询古德帕斯特或格雷这些曾深刻参与他"统筹–协调"模式国安会进程的高级成员，并考虑重建系统内部的机构。

一周后，麦昆携夫人做客约翰逊的农场。其间，他向总统提到与艾森豪威尔会面的内容。约翰逊旋即表示他赞同前总统的观点，声称他"就这

---

①　"Summary Record of National Security Council Meeting," December 5, 1963, *USDDO*, CK234 9003368.

②　"NSC Record of Actions: Soviet Military Capabilities（NSC Action 2473），" December 5, 1963, *USDDO*, CK2349003367.

③　Document 139, "Memorandum of Discussion between General Eisenhower and Director of Central Intelligence McCone," December 31, 1963, *FRUS*, 1964 – 1968, Volume ⅩⅩⅩⅢ, Organization and Management of Foreign Policy; United Nations.

个问题与艾森豪威尔进行过交谈，也认为他的建议很有道理"。为此，约翰逊打算"重建类似于计划委员会这样的机构"，并"非常愿意就此向古登·格雷先生进行咨询"①。可就在五个月后，约翰逊在改革国安会系统的问题上却突然变了卦。在被问及是否要重新恢复频繁的国安会正式会议机制并建立计划委员和行动协调委员会时，约翰逊矢口否认，称他"在以前从来没有听说过这种想法"，艾森豪威尔从来没有与他谈论过此类问题，他也不记得他谈论过类似事情②。他也同样表示自己对国安会系统的运作十分满意。

很明显，遗忘只是约翰逊的一个借口。这位总统在 1964 年大选前没有对国安会系统进行任何机制上的改革，而约翰逊本人的管理风格是他放弃改革的重要原因之一。与肯尼迪相似，约翰逊也倾向于利用规模小、非正式的顾问会议，而不是成员固定、等级和纪律严明的国安会正式会议。同时，约翰逊对国安会正式会议存在的泄密问题感到非常头痛。他认为正式会议"漏得像个筛子"③，而类似执委会这种应对危机的临时机制反倒密不透风。同时，约翰逊保留下的几个重要顾问，包括邦迪、腊斯克和麦克纳马拉都养成了与肯尼迪相似的习惯，不喜欢投入太多精力在国安会正式会议上，认为这种讨论"必然会造成信息的泄露"④。

另一方面，自上任以来这段时间对国安会系统进程的亲身经历也是造成他前后判若两人的主要原因。在最初入主白宫时，约翰逊面对的是一个职能模糊、毫无机制的国安会系统，为此他非常容易对艾森豪威尔的话产生共鸣。但在真正参与到进程中时，约翰逊的身份由过去的"参与者"变为了唯一的"领导者"，这改变了他看待国安会机制的态度，让他发觉自己长达三年之久的"肯尼迪模式"在真正运作时是多么的方便和快捷。在这一过程中，他更加确信不应对这个"肯尼迪的遗产"轻举妄动，并就此享受着"咨议－顾问"模式的国安会机制给他带来的便利。

---

① "Memorandum for the Record, Discussion with President Johnson at the LBJ Ranch," January 5, 1964, USDDO, CK2349118732.

② Document 146, "Memorandum for the Record," April 29, 1964, *FRUS*, 1964 – 1968, Volume XXIII.

③ Robert Worley, *Orchestrating the Instruments of Power: A Critical Examination of the U. S. National Security System*, Washington, D. C. : John Hopkins University Press, 2012, p. 385.

④ David Humphrey, "NSC Meetings During Johnson Presidency," *Diplomatic History*, Volume 18, No. 1, 1994, p. 30.

因此，从约翰逊上任到 1964 年底美国大选结束前，国安会正式会议仅召开了 26 次。会议所涉及的内容非常广：无论是吸引了世界目光的古巴和越南问题，还是老挝、东京湾和塞浦路斯等区域问题，都曾成为正式会议的议题。美国外交关系档案的编纂者之一、历史学家戴维·汉佛莱（David Humphrey）在研究这一时期国安会的资料时注意到，这一年召开的正式会议只有两场超过一个小时，平均时长为 38 分钟，而其中的十场甚至 25 分钟都不到①。在这么短的时间内开完一次参与者众多的正式会议，与会者很难就某个具体问题展开深入探讨，起到的作用可想而知。通过研究这一时段正式会议的备忘录可以看出，几乎所有会议都由各种专题汇报组成，成了名副其实的"简报会"。1964 年 5 月 16 日的会议就是一个明显的例子。在腊斯克和麦克纳马拉分别就世界局势和越南问题的发展情况做了阐释以后，会议在没有做出任何决议的情况下就草草结束了②。

代替正式会议成为约翰逊任期内主要顾问机制的是为人熟知的"周二午餐会"。这是一个由约翰逊建立的非正式私人会议机制，因大多数在周二午餐时间召开而得名。参会成员数量不多，基本上都是总统的"爱将宠臣"。与杜鲁门、艾森豪威尔和肯尼迪不同的是，约翰逊的这个非正式核心决策团体出现的时间相当早，在 1964 年 2 月 4 日便举行了第一次会议③。这一机制也伴随约翰逊政府始终。在 1967 年 7 月前，午餐会没有会议记录，其保密性可见一斑。这正是约翰逊认为国安会正式会议所不具备的优势。据统计，约翰逊整个任期内召开了多达 150 余次午餐会，而国安会正式会议的召开次数仅是它的一半④。从创立到 1964 年大选到来之前的30 周里，约翰逊共召开了 27 次午餐会，但仅召开了 21 次正式会议⑤。国安会正式会议在某种意义上成为"周二午餐会"的预演。

国安会正式会议在 1965 年前一再被边缘化，但并不意味着它就此失去了作用。确实，约翰逊在入主白宫的第一年将重心放在 1964 年大选上，

---

① David Humphrey, "NSC Meetings During Johnson Presidency," *Diplomatic History*, Volume 18, No. 1, 1994, p. 32.

② "Memorandum for the Record NSC Meeting on Friday," February 8, 1961, *USDDO*, CK2349112267.

③ Document 142, "Editorial Note," *FRUS*, 1964 – 1968, Volume XXXIII.

④ Document 142, "Editorial Note," *FRUS*, 1964 – 1968, Volume XXXIII.

⑤ David Humphrey, "Tuesday Lunch at the Johnson White House: A Preliminary Assessment," *Diplomatic History*, Volume 8, No. 1, 1984, pp. 82 – 85.

无暇顾及如何将"肯尼迪的政府班子"变为"自己的政府班子"。面对强硬的共和党鹰派候选人戈德华特（Barry Goldwater），约翰逊十分担心出现差池，尽可能对自己的外交政策三缄其口，同时也希望以一个温和的"和平"候选人形象参加大选，以吸引自由派和中间派的选票。这就是为何在这过渡的一年中，尽管越南局势"乱成一锅粥"，约翰逊也没有集中精力加以处理。大选前，约翰逊通过国安会系统处理越南问题的次数不多，其中包括签署几个国家安全行动备忘录①、批准了对北越进行"惩罚性或损耗性打击"的"34－A"行动以及 8 月 4 日商讨"北部湾事件"对策的两次正式会议。

约翰逊轻视国安会系统的做法很快引起了媒体的注意。在大选最为胶着的时期，有许多报道批评约翰逊没有有效利用白宫内的机制参与处理国际危机。针对这一点，约翰逊的特别顾问道格拉斯·卡特（Douglass Cater）在一封备忘录中向他解释了国安会正式会议的意义所在。在卡特看来，尽管正式会议"并不总是对总统的最终决策起到作用"，但是它能够"让总统参与制定政策的过程为世人所见"②。这样的话，不仅媒体和公众都能得知总统在制定政策前确实广泛征集了意见，政府内部的人也能感受到他们为最终政策贡献了力量。

卡特的话体现了正式会议在"咨议－顾问"国安会系统中发挥的一个重要作用：赋予总统决策合法性。约翰逊对卡特的话感同身受，也深知若是放弃带有法律效应的正式机制将会为自己带来政治风险。在这一时期，体现国安会正式会议这种"工具"效用的例子数不胜数，其中 1964 年 10 月 17 日的正式会议非常具有代表性。9 月初，为了全身心投入大选，约翰逊叫停了所有正式会议与周二午餐会。然而 10 月接连发生了两件国际大事：中国成功爆破了第一颗原子弹，赫鲁晓夫"被下台"。为此，约翰逊匆匆召开了一次"敷衍的"正式会议③。这次会议成为 1964 年 9 月到

① 比较有代表性的是强调美国对越立场的第 273 号国家安全备忘录，"National Security Action Memorandum 273,"September 26, 1963, 美国科学家联盟网站，http://fas. org/irp/offdocs/nsam－lbj/nsam－273. htm。

② Document 150, "Memorandum from the President's Special Assistant(Cater) to President Johnson," September 28, 1964, *FRUS*, 1964－1968, Volume XXXIII.

③ 之所以称这次会议"敷衍"，是由于会议进行得非常仓促，且没有任何定论。在麦科恩、腊斯克以及新闻发言人罗文（Carl Rowan）分别就这两件事可能造成的影响做了阐述后，约翰逊仅总结道"我们应当对中国的核能力进行进一步研究"，便结束了这次会议。麦科恩的部分话语尚未解密，但可以推测他是在分析中情局业已获取的情报。见"Summary Notes of 543rd NSC Meeting,"October 17, 1964, *USDDO*, CK2349278427。

1965 年 2 月这近半年来的唯一一次国安会正式会议，与其说是为了商讨相应的对策，倒不如说是一次展示总统领导形象的"亮相会"。

在大选前，总统将国安会正式会议的这种特性利用到了极致。这使他能够将重心放在获取连任上的同时，不被人们认为是以消极的态度对待外部局势。这种巧妙的手段为约翰逊打造并利用属于自己的非正式机制营造了巨大空间，达到了杜鲁门和肯尼迪都望尘莫及的效果。到了自己的第二任期时，尝到了甜头的约翰逊已经没有动力对国安会系统做出过多调整了。

（二）1965 年后约翰逊国安会系统的调整与发展

1964 年底，约翰逊顺利赢得大选。此时，国安会系统的机构数量较肯尼迪时期不增反减。在常任小组这个制度遗产于 4 月 30 日走向消亡之后①，约翰逊的国安会系统内只剩下总统国家安全事务特别助理、幕僚以及一个长达 6 个月之久没有利用过的正式会议机制。

2 月 1 日，约翰逊召开了连任后的首次国安会正式会议，宣布了邦迪的越南之行，并就这一地区的局势展开了讨论②。这次会议意味着总统已经腾出手准备处理越南的乱局了。四天后，局势再次紧张。越共袭击了位于南越博莱古的美军基地，造成 9 名美国士兵身亡，5 架直升机被毁。2 月 6 日，国安会正式会议再度召开，约翰逊宣布了轰炸越南的行动，并分别询问参与者的意见③。从 1965 年 2 月 1 日到 1966 年 6 月 22 日，约翰逊共召开了 14 次国安会正式会议，越南问题（尤其是"滚雷行动"）成为会议的唯一议题。这与大选前会议内容的包罗万象形成鲜明对比。在 2 月 8 日的会议上，约翰逊甚至请来了参众两院的关键成员参会，促使他们同意自己的决策④。这在国安会历史上尚属首次，也显示约翰逊仍旧将国安会看作赋予自己政策合法性的"橡皮图章"。

作为总统国家安全事务特别顾问的邦迪此时已经具备了相当大的影响力。在总统的第二任期开始时，他已经与腊斯克和马克纳马拉并驾齐驱，

---

① Document 147, "Editorial Note," *FRUS*, 1964 – 1968, Volume XXXIII.
② "Summary Notes of 544th NSC Meeting, "February 1, 1965, USDDO, CK2349155697.
③ Document 76, "Summary Notes of the 545th Meeting of the National Security Council, "February 6, 1965, *FRUS*, 1964 – 1968, Volume II, Vietnam, January – June 1965.
④ Document 87, "Summary Notes of the 547th Meeting of the National Security Council, "February 6, 1965, *FRUS*, 1964 – 1968, Volume II.

成为约翰逊身边最为重要的对外事务顾问。但就在此时，他萌生了辞职的念头。正是在国安会领导者发生更迭的这段时间里，代替邦迪出任代理特别顾问的科莫与刚刚出任总统助理的马克斯韦尔·泰勒（Maxwell Taylor）、美国驻日本大使尤·亚力克西斯·约翰逊（U. Alexis Johnson）在约翰逊的授意下开始为国安会系统内部增添一些新的协调机制。在 3 月 2 日，这三个人的成果形成了第 341 号国家安全行动备忘录，这也是约翰逊任期内唯一一份与国安会系统机制相关的官方文件。备忘录涉及了两个新机制，第一个被称为"高级跨部门小组"（Senior Interdepartmental Group，SIG），由副国务卿担任组长，成员包括总统国家安全事务特别助理、国防部副部长、参联会主席和国际开发署主任，主要职责是"解决国务院在跨部门事务上无法与低级别机制沟通的问题"①。第二个是隶属于前者的"跨部门区域小组"（Interdepartmental Regional Group，IRG），由助理国务卿们组成，负责审议区域事务和为高级跨部门小组提供支持。在给约翰逊的备忘录中，科莫也特别强调"两个机制的有效运作离不开您的支持"②。

继杜鲁门之后，约翰逊再度将国务院引入国安会系统机制中。不过这一次，国务院所扮演的角色从会议文件的起草者变成了政策协调者。显而易见，在艾森豪威尔时期的行动协调委员会解散后，国安会系统内再无能够承担起政策协调职能的机构。作为肯尼迪"咨议 - 顾问"模式国安会系统的继承者，约翰逊不希望本应承担这一职责的国安会内部出现任何可能限制自己非正式决策风格的机制。为此，他意图利用国务院来承担主要的政策协调工作，以便自己能够腾出手来处理更多实质性问题，进而实现"伟大社会"的具体计划③。建立这两个委员会成为约翰逊任期内对国安

---

① "National Security Action Memorandum No. 341," March 2, 1966, 约翰逊总统图书馆，http://www.lbjlib.utexas.edu/johnson/archives.hom/NSAMs/nsam341.asp。

② "Robert Komer informs President Lyndon B. Johnson of an Announcement of a New National Security Action Memorandum(NSAM) 341," March 3, 1966, *USDDO*, CK2349509452.

③ 在建立这两个委员会前，约翰逊也发布了一系列国家安全行动备忘录，要求国务院行使协调职能：NSAM - 281(1964 年 2 月 11 日) 授权国务卿管理并公布特定的国家安全文件；NSAM - 280(1964 年 2 月 14 日) 建立了由国务院成员担任主任的跨部门委员会，负责"为越南战争提供有力的、统一的以及熟练的行动方针"；NSAM - 310(1964年 7 月 8 日) 委任国安会幕僚成员福莱斯特担任驻西贡的国务院成员的领导者；NSAM - 308(1964 年 6 月 22 日) 委任负责公共事务的助理国务卿向公众通报战争相关事宜；NSAM - 313(1964 年 7 月 31 日) 要求国务卿、国防部长与中情局局长也按照 NSAM - 308 中的要求向媒体定期发布越南相关信息。

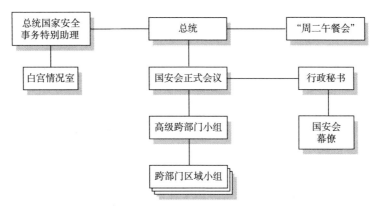

图 4 - 2　约翰逊政府时期的国安会系统架构

资料来源：笔者根据相关文献自制。

会系统机制所做的最后调整。

　　然而，约翰逊自己没有意识到的是，对于"咨议－顾问"国安会运作模式来说，在原有的系统上去机制化是一回事，而在业已去机制化的系统内再重新引入新的机制又是另一回事。高级跨部门小组和跨部门协调小组的建立相当于承认了被肯尼迪和自己视为"工具"的国安会系统在运作中是存在缺陷的，需要进行改革。然而，在业已习惯了以非正式机制为主的政策产出路径后，白宫和国务院内的诸多顾问、国安会系统内的工作人员甚至约翰逊自己都很难接受自己周围再次出现机制的壁垒。整个国安会历史中，尤其是后冷战时期的经验事实证明，国安会系统的机制发展是存在一定程度的"路径依赖"的：决策者在政府组建初期一旦选定了其运作理念，这一系统便会在相应的道路上自我强化。这就解释了为何在冷战期间，尽管历任美国政府的国安会系统机制不尽相同，但都会维持原有的发展模式直到任期结束。

　　在这种情况下，高级协调小组与跨部门协调小组运作得不尽如人意也是意料之中的。一份政府记录显示，这两个委员会存在的问题非常明显，包括"刻意追求意见一致"，"大部分时间用于口头汇报而不是行使协调职能"，"上下级之间的联系不密切"等①。到1967年年中，约翰逊在一份声明中承认，"第341号国家安全备忘录签署已经过去15个月

---

① "Organization of the Senior Interdepartmental Group (SIG) and Its Regional Counterparts during the Administration of President Johnson, "*USDDO*, CK2349197102.

了，但其所提及的内容仍旧没有得到有效实施……我的结论是要么国务院行使备忘录中赋予它们的职责，要么干脆就由白宫来进行领导和协调"①。在约翰逊整个任期内，协调工作始终在一个模糊的职责领域开展，第341号备忘录设立的机制框架则"到最后也没能成为跨部门整合的有效工具"②。

在新的委员会运作出现问题的同时，旧的委员会又被拆解。这一次，负责评估苏联对美战略影响的净评估小组委员会未能幸免。在成立以来的十余年里，这一小组委员会持续不断地就苏联对于美国潜在的摧毁能力提交年度研究报告，并持续跟踪可能根本性造成能力改变的科技、人员或其他方面的变化。但在1964年2月，国防部长麦克纳马拉向约翰逊指出，该小组委员会的研究已经"无法为战略规划提供支撑性的指导意见"，因而不再具有存在的意义和价值③。1965年，邦迪正式宣布撤销这一委员会④，然后退出国安会，由罗斯托接任。

在罗斯托上任前，总统以及他的主要顾问们彻底否定了通过谈判解决越南问题的方案和建议，执意采取战争升级的强硬措施，因此这位国家安全事务特别助理的整个任期的工作都是围绕着美国对越南的"滚雷行动"而展开的。在越南问题上，与邦迪同为冷战斗士的罗斯托甚至比他更激进。他不仅在上任一开始就表明了自己的坚决态度，同时也花费大量时间支持总统扩大美国在越的军事行动，对约翰逊的越南政策产生了重要且"可怕的"影响。这也促使哈里曼在日后将他戏称为"美国的拉斯普京"⑤。

这种信念促使罗斯托在对待和利用国安会系统的态度上比邦迪更富实用性。如果说邦迪是将肯尼迪的国安会系统介绍给约翰逊的话，那么罗斯托则是将其彻底改造为约翰逊的系统。在《华盛顿邮报》对他的一次采访

---

① Document 120, "Statement Prepared by the President's Special Assistant(Rostow) for President Johnson,"June 27, 1967, *FRUS, 1964 – 1968*, Volume XXXIII.

② Karl F. Inderfurth, Loch K. Johnson, eds. , *Fateful Decisions: Inside the National Security Council*, New York: Oxford University Press, 2004, p. 67.

③ Document 72, "Draft Memorandum from Secretary of Defense McNamara to President Johnson," *FRUS, 1964 – 1968*, Vol. X, National Security Policy.

④ McGeorge Bundy, "NSAM 327: Discountinuance of the Net Evaluation Subcommittee of the National Security Council,"March 18, 1965.

⑤ David Milne, *America' Rasputin: Walt Rostow and the Vietnam War,* New York: Hill and Wang, 2009, p. 136.

中，罗斯托指出：

> 整个国家安全机制必须也永远是为了服务于总统的特殊需要而组建的。不存在所谓统一、正确的标准，评判其好坏的唯一标准就是看这一机制是否能够帮助总统完成他所想的事务……为此，我们幕僚成员百分之九十的经历都用来确保两个渠道始终高效：总统下达的指示，以及提交给总统的建议……除此之外，总统需要多种不同类型的会议来协助他解决问题、做决策，这些会议包括周二午餐会以及国安会正式会议。①

最能体现罗斯托对国安会系统管理风格的是他从不避讳"周二午餐会"这一非正式机制的存在。相反，这位特别助理曾特地在公开场合承认午餐会已经"成为整个国安会进程的核心"②。这实际上是一种进步。几乎所有总统都有自己的非正式决策渠道，但承认它则是非常需要勇气的。这将为未来国家安全政策的施行提供诸多便利。在邦迪时期，正式与非正式机制没有明确的职责分工；而在罗斯托上任后，他对这两种机制采取了一种"双轨管理"的方式：中长期战略放在国安会正式会议上进行探讨，急需决策的问题则拿到周二午餐会上解决。后者是总统决策的论坛，而前者是批准总统政策的工具，两者配合，相得益彰。

在这种理念的指导下，罗斯托将正式与非正式机制都看作处理国家安全问题至关重要的工具。因此，尽管约翰逊有将国安会正式会议视为"橡皮图章"和"周二午餐会预演"的可能，但在罗斯托的努力下，总统始终没有放弃利用这一机制。1966年5月，罗斯托和行政秘书史密斯向约翰逊提交了一份备忘录，建议他能够将正式会议调整为两周一次的例会。罗斯托指出，"一方面，我们绝对不能让正式会议成为你做出主要外交决策的地方；另一方面，我们也要避免这一机制像'造纸厂'一样给你提供没完没了的文件"③。罗斯托所描述的对于"咨议–顾问"机制来说是恰到

---

① Document 177, "Memorandum from the President's Special Assistant (Rostow) to President Johnson," May 11, 1967, *FRUS*, 1964–1968, Volume XXXIII.

② Walt W. Rostow, *The Diffusion of Power: An Essay in Recent History*, New York: Macmillan, 1972, p. 360.

③ Document 170, "Memorandum from the President's Special Assistant (Rostow) and the Executive Secretary of the National Security Council (Smith) to President Johnson," May 25, 1966, *FRUS*, 1964–1968, Volume XXXIII.

好处的一种状态。约翰逊接受了这一建议，并指示将会议时长延至 45 分钟左右①。尽管这种传统未能被坚持到其任期最后，但这确实体现了约翰逊对国安会正式会议的重视。

罗斯托在上任后很快成为午餐会中一名固定的成员，并且对这一会议形式有很高的评价。根据他的描绘，会议上"相互冲突的话、试探的话甚至轻佻的话都可以毫无顾忌地表达，人们也不用担心这会在日后造成什么不良影响"②。这一机制既是从肯尼迪到约翰逊时期对国安会系统"去机制化"的直接结果，也是对冷战进一步深化、美国内外部政治局势进一步复杂化的必然反应。美国学者戴斯特勒就曾经指出，对于总统和他的核心顾问来说，"周二午餐会"不失为一个非常有用的机制，其"不仅能够给予顾问们相对较长的时间就越南及其他热点问题与总统进行深入交流，同时也为他们提供了一个处于决策顶端、高屋建瓴的论坛"③。相比正式会议，这一机制更加灵活，处理突发事件以及短期问题时更加得心应手。对 1968 年第三次中东战争的善后处理就是一个有力的证据④。

批评者认为，"周二午餐会"会导致"集体迷思"（groupthink）⑤，进而让持少数意见的人被排除在决策圈之外。通过阅读史料可以很容易地发现这种批判是有失偏颇的。副国务卿乔治·鲍尔（George Ball）在这一时期是众所周知的约翰逊越南政策的反对者。他曾经指出"我们一旦深陷越

---

① Document 172,"Memorandum from the Executive Secretary of the Department of State(Read) to All Assistant Secretaries,"May 30,1966, *FRUS*, 1964－1968, Volume XXXIII.

② Walt W. Rostow, *The Diffusion of Power: An Essay in Recent History*, New York: Macmillan, 1972, p. 360.

③ I. M. Destler, *Presidents, Bureaucrats and Foreign Policy: The Politics of Organizational Reform*, Princeton: Princeton University Press, 1972, p. 109.

④ 第三次中东战争结束后，以色列和阿拉伯之间的对抗并没有告一段落。针对这种局势，"周二午餐会"在整个 1968 年上半年都在探讨应对措施，留下的备忘录体现了一个相对连贯的决策进程。见"Memorandum for the Record, Mid－East Subjects Discussed by Tuesday Lunch Group,"December 20,1968, *USDDO*, CK2349211932。

⑤ "集体迷思"又被称为团体迷思、小集团思维，是外交决策过程中的一种特殊现象，也是外交政策分析的特殊模式。它指一个内聚的小组在进行决策的过程中，为了保持一种"团体精神"而不得不放弃一些有争议的观点、有创意的想法或客观的意见，最终导致不科学的外交政策出台，或政策实施的失败。美国学者詹宁斯（Irving Janis)对这种现象及其影响进行了研究，见〔美〕欧文·贾尼斯《小集团思维：决策及其失败的心理学研究》，张清敏、孙天旭译，中央编译出版社，2016；以及张清敏：《"小集团思维"：外交政策分析的特殊模式》，《国际论坛》2004 年第 2 期，第 74～48 页。

南将很难全身而退",并对越战的前景极度悲观①。按照批评者的理论,鲍尔毫无疑问应当第一个被排除在"周二午餐会"之外。但现实表明,尽管在越南问题上与总统和罗斯托存在极大分歧,但这并不影响他照常出席午餐会,并在其他问题的处理上发挥重要作用。例如1966年9月20日的午餐会议程中,8项议题中有7项是由这位副国务卿来负责的②。在被问及是否被排除出决策圈之外时,鲍尔回答道:"恰恰相反,我总是参与其中。"③

尽管如此,"周二午餐会"终究是一个私密的、不具法律效力的机构。在整个约翰逊任期内,能够进入这一机制的成员寥寥无几。大多数行政机构的工作人员始终徘徊在核心决策圈之外,处于一种迷茫的状态。这难免引发众人对这一时期国家安全机制的不满、猜忌甚至诋毁,最终导致这一时期的国安会系统被公认为历史上的谷底。这也再次向人们证明"机制化"与"灵活性"很难兼得,"统筹－协调"与"咨议－顾问"的运作理念是相互矛盾的。在约翰逊任期即将结束的时候,苏联在核能力上已经与美国相差无几,且军事投入已经开始赶超美国。美国在解决与苏联军事竞争的战略问题时,"再也不能像过去那样只要把钱砸进去就行了",而是"要准确了解美国在各个竞争领域中所处的位置……搞清其在资源转化为军事能力方面是否比美国更有效"④。得到了更加适合自己管理风格的国安会机制,但也为此招致了诸多批评。孰轻孰重,得失几何,恐怕只有这位永远无法摆脱越战阴影的总统本人才知晓。

三　尼克松政府时期的国安会与国际战略

作为艾森豪威尔政府的副总统,尼克松并不打算继承从肯尼迪到约翰逊政府时期一脉相承的非正式国家安全机制,而是更偏好"统筹－协调"的国安会运作模式。在大选期间,他将美国国安会系统当作自己的一个重要竞选议题,承诺"恢复国安会,并让它在国家安全计划工作方

---

①　Document 40, "Paper by Under Secretary of State(Ball): A Compromise Solution for Vietnam," undated, *FRUS*, 1964 –1968, Volume Ⅲ, Vietnam, June – December 1965.

②　"Agenda for WH Luncheon, "September 20, 1966, *USDDO*, CK2349322008.

③　Kevin V. Mulcahy, "Rethinking Groupthink: Walt Rostow and the National Security Advisory Process in the Johnson Administration,"*Presidential Studies Quarterly*, Vol. 25, No. 2, 1995, p. 244.

④　〔美〕安德鲁·克雷佩尼维奇、巴里·沃茨:《最后的武士:安德鲁·马歇尔与美国现代国防战略的形成》,张露、王迎晖译,世界知识出版社,2018,第91~92页。

面起到杰出的作用……我们在国外遭受的严重挫折，是由于艾森豪威尔总统的继任者不能或是不想利用这一重要的委员会"[1]。然而与艾森豪威尔不同的是，尼克松无意打造第二个"政策山"，认为这种政策进程模式将会把自己与大部分新颖的政策观点相隔离。为此，新任总统选择了基辛格作为自己的搭档，希望这位杰出的哈佛大学教授能够将自己的国安会系统打造得"像艾森豪威尔但却不同"[2]。在基辛格的改革下，国安会系统在尼克松任期的前半段走上了一条与艾森豪威尔模式"和而不同"的道路。

然而这种状态没有持续下去。为了贯彻自己的缓和战略，尼克松和基辛格不得不将权力进行中心化，以换取自身更充足的活动空间。尼克松坚持以白宫主导外交及国家安全政策的原则让他不断对国家安全事务顾问这一职位进行强化，而基辛格又反过来利用与总统的亲密关系为自己摄取权力。国安会系统注定无法在承载诸多委员会机制的同时还容纳一位强势的领导者。在尼克松政府后期，国安会系统再度成为"咨议－顾问"机制，并伴随基辛格权力的日益强势最终走向了异化。也正是在这种情况下，尼克松政府有能力改变长期以对抗为主的对华战略，从而带动以缓和为核心的战略向纵深发展。

（一）基辛格主导下国安会的"新理念"

1969年1月20日，尼克松入主白宫。此时，美国的国际战略环境极不乐观，处于内外交困的局面。旷日持久的越南战争给美国带来沉重的负担，多年战事不仅对美国的国内经济造成巨大压力，引发了经济和金融危机，同时也让民众感到彷徨，由此引发的一系列国内社会问题也让美国的综合实力每况愈下。与此同时，苏联方面却发展迅猛。在1950年，苏联的国民收入为美国的三分之一，工业总产值甚至不及美国的三分之一；而到了20世纪60年代末，其国民收入已经接近美国的三分之二，工业总产值已经飙升到美国的80%以上。经济的发展与工业的进步带动了苏联战略力量的发展。无论是洲际导弹数量，还是反弹道导弹系统的研发，苏联已

① 〔美〕亨利·基辛格：《白宫岁月——基辛格回忆录》（第一册），陈瑶华等译，世界知识出版社，1980，第54页。
② 〔美〕约翰·普拉多斯：《掌权者：从杜鲁门到布什》，封长虹译，时事出版社，1992，第305页。

经完全可以与美国平起平坐。苏联的这种长足进步给美国国内造成了巨大压力，美国政府遭受到媒体与民众的严苛批评，一场以知识分子为主体、反对西方社会现实的"新左派"运动在青年人中广泛开展。美国处于动荡不安之中。

在这种背景下，实用主义安全观再次主导了美国领导者的战略取向。尼克松决定调整对外政策的战略重心，实行战略收缩，"以退为进"①，而这又为苏联提供了缓和的条件；同时，从60年代末开始，勃列日涅夫也对西方发起了一场缓和的政治攻势。美苏关系顺势走向了继艾森豪威尔政府时期以来的第二次缓和。

一届新政府不单意味着总统与各部门领导层的更选，同时也意味着机构本身的改组。不同于肯尼迪与约翰逊时期的危机频发，此时较为平缓的国际局势为尼克松重建机制化的国安会系统提供了有利条件。实际上，尼克松在取得大选胜利的第一时间便确定了未来国安会系统的领导者，而这位领导者在总统就职演说前就为未来政府的国安会系统机制做好了规划。1968年11月25日，基辛格受尼克松邀请，来到他位于皮埃尔旅馆的临时总部。两人就新政府国家安全机制进行了探讨。据基辛格回忆，尼克松称"组织问题严重得很"，他对国务院不抱太大希望，"决心要在白宫掌管外交政策"②。在这次谈话后不久，基辛格便得到了国家安全事务助理的职务。值得注意的是，此时国务卿的人选还尚未确定。

基辛格对尼克松的话心领神会，也懂得总统将古德帕斯特等艾森豪威尔时期的重要顾问留在过渡团队中的用意。也正是在这样的背景下，基辛格开始了对国安会系统改革的相关研究。为此，他特别去拜访了当时在福特基金会担任会长的邦迪，后者在给基辛格的一份备忘录中介绍了白宫内部用来处理国家安全事务的机制，并强调"情况室具有重要作用"③。这

---

① 1969年7月25日，尼克松在管道军官俱乐部举行的一次非正式记者会上谈到了美国在亚太的地位问题。这次讲话的核心内容是美国要从越战中"吸取教训"，美国虽然有参与保卫盟国或友邦的义务但"必须由受侵略国自己承担责任"。这种被称为"关岛主义"的战略思想最终发展成为美国的全球战略，成为人们熟知的"尼克松主义"。见沈志华等著《冷战时期美国重大外交政策案例研究》，经济科学出版社，2013，第411~432页。

② 〔美〕亨利·基辛格：《白宫岁月——基辛格回忆录》（第一册），陈瑶华等译，世界知识出版社，1980，第17页。

③ "Memorandum for Dr. Henry Kissinger," December 4, 1968, *USDDO*, CK2349721685.

实际上是提醒基辛格国安会系统应具备随时应对危机的能力，但这些信息显然不足以令这位准安全助理满意。在整个 12 月，基辛格与古德帕斯特、哈佛同僚莫顿·哈普灵（Morton Halperin）在坎布里奇、麻省理工学院以及纽约召开了多次非正式会议，商谈改组国安会相关事宜。

尼克松并不想在约翰逊国安会的基础上发展自己的机制，而是希望对原有系统进行一次彻底革命。为此，基辛格必须将原有机制悉数拆除，这其中当然包括约翰逊时期颇具标志性的高级跨部门小组和跨部门区域小组。为此，基辛格特地找到了其缔造者之一尤·约翰逊，告诉他这一跨部门机制将被废除，并建立一个以自己和国安会幕僚为主导的国安会系统来接管该机制负责的协调工作①。约翰逊对此表示不满，声称以基辛格为首的这些人"根本就不知道国务院领导的这两个机构的重要性"②。

实际上，基辛格的这一举动背后有约翰逊所无法理解的深意。在 20 世纪 70 年代前，除艾森豪威尔时期以外，国务院长期维持自己在国安会系统中的存在，无论在文件的起草上，还是在政策的协调方面都对这一系统产生了不同程度的影响。同时，国务卿与国家安全顾问在职能上也存在一定的重叠和冲突。基辛格深知国务院是国安会系统发展中的"天然障碍"，因此从一开始就打算尽可能地把它排除在国安会系统之外。尼克松对国务院的强烈偏见给了这位国家安全事务助理难能可贵的机会。从表面上看，拆除高级跨部门小组和跨部门区域小组既有助于提高改革的效率，又能够在顺从尼克松本人意愿的基础上为国家安全事务助理职权的扩张扫除障碍，可谓一举两得。

基辛格和哈普灵在 12 月 27 日向总统提交的备忘录中勾勒出了新政府国安会系统的主要框架。在进入正题之前，基辛格首先肯定了古德帕斯特的工作，对他在这次研究中发挥的重要作用表示感谢。这位自肯尼迪时期以来便被排斥的政策精英终于得以在尼克松政府中将自己的经验转化为实践。

这份备忘录分为两个部分。在第一部分中，基辛格从客观的角度对旧有国安会机制进行了评价。在他看来，约翰逊时期国安会的非正式运作机制具有灵活性，使得决策能在极短时间内被做出，但缺乏后续的系统解

---

① Document 2, "Editorial Note," *FRUS*, 1969 – 1976, Volume Ⅱ, Organization and Management of U. S. Foreign Policy, 1969 – 1972.

② Document 2, "Editorial Note," *FRUS*, 1969 – 1976, Volume Ⅱ.

释，导致人们"不清楚决策是什么、为什么如此决策"①，同时也没有正规的渠道确保这些决策能被有效实施。而艾森豪威尔时期的国安会拥有完备的机制，却走向了形式主义和制度僵化，使得总统只能听到一致意见。为此，基辛格提议在新的系统中结合两者的优点，在建立起国安会系统化结构的同时也能给总统和他的顾问们提供"所有现实的选择，每个选择的优劣之处以及所有相关部门的观点"②。可见，基辛格的目标是让国安会系统既有有序的组织又有很高的效率。

在确定了这种发展理念后，基辛格在第二部分对系统内每个部分的机制预期进行了详解。他指出，"国安会正式会议应当成为处理需要跨部门协调的相关问题的首要论坛，尤其是在总统需要制定长期政策的时候"，但"不应该成为国家安全领域独一无二的论坛，总统依旧需要利用国安会系统内诸多委员会处理特定问题"。在此基础上，他提议建立国安会回顾小组（NSC Review Group）、部际区域小组（Inter - Agency Regional Group）以及一系列临时小组。"有了这种精心安排的结构，现有的高级跨部门小组就没必要继续存在了"③，部际区域小组实际上取代了原有的跨部门区域小组。

对于国安会系统的产出品——政策文件，基辛格仿效了更为贴近艾森豪威尔时期的标准。政策文件被称为"国家安全决策备忘录"（National Security Decision Memorandum），与此同时还将出台一种类似于艾森豪威尔时期"基本国家安全政策"的研究报告，名为"国家安全研究备忘录"（National Security Study Memorandum），主要用来"指导对特定问题（通常是国安会负责审议的）的相关研究"④。此外，国安会幕僚还负责对国际形势进行年度回顾。

从理论上看，基辛格提议的这一国安会的具体架构确实结合了艾森豪威尔时期的规范与约翰逊时期的高效。国安会需要解决的问题既可以在正

---

① Document 1, "Memorandum from the President's Assistant for National Security Affairs—Designate (Kissinger) to President-elect Nixon, "December 27, 1968, *FRUS*, 1969 – 1976, Volume Ⅱ.

② Document 1, "Memorandum from the President's Assistant for National Security Affairs—Designate (Kissinger) to President-elect Nixon, "December 27, 1968, *FRUS*, 1969 – 1976, Volume Ⅱ.

③ Document 1, "Memorandum from the President's Assistant for National Security Affairs—Designate (Kissinger) to President-elect Nixon, "December 27, 1968, *FRUS*, 1969 – 1976, Volume Ⅱ.

④ Document 1, "Memorandum from the President's Assistant for National Security Affairs—Designate (Kissinger) to President-elect Nixon, "December 27, 1968, *FRUS*, 1969 – 1976, Volume Ⅱ.

式会议上被讨论，也可以被交与某个特别的工作小组进行处理，具有极大
的灵活性。同时，区域小组的大部分成员仍旧由国务院的人员来担任，在
形式上也确保了国务院在体系中的优势地位。艾森豪威尔时期的计划委员
会与行动协调委员会被缩小成两个隶属于幕僚的办事处，避免其接触政策
的最底层，以免造成不必要的麻烦。

　　基辛格的备忘录很快就得到了尼克松的同意，但引发了国务院和国防
部已经拟定的两位领导者的不满。国防部长莱尔德（Melvin R. Laird）率
先向基辛格发难。在 1 月 9 日给基辛格的一份备忘录中，莱尔德提出了他
对基辛格建议中国安会新体制的几个根本性不同意见：首先，基辛格的国
安会系统对于情报界是不公平的，国家安全助理与幕僚团队成员"剥夺了
他们和总统、国务卿、国防部长以及其他总统团队中的高级顾问直接见面
的权力"①；其次，安全助理与国安会幕僚垄断了政策研究，进而左右正
式会议的议程；最后，增强国安会系统的行为会导致"高级官员围着国安
会团团转"，使得"会见总统成了习惯"②。一方面要求与总统保持距离，
一方面又要求与总统直接见面的权力，莱尔德的建议在某种程度上是自相
矛盾的。基辛格后来证实，他的这一举动只是为了争取"让中情局局长参
加国安会并具有研究的权力"③。在同意了他的这一要求后，国防部方面
便再也没有对基辛格的计划多言。

　　相比国防部的"醉翁之意不在酒"，国务院对基辛格提出的反对意见
则触及他的改制计划的核心部分。正如前文所述，尤·约翰逊在得知国务
院安插在国安会系统中的两个机构即将废止时，第一时间通知了得到任
命不久的国务卿威廉·罗杰斯（William Rogers）和副国务卿理艾略特·
理查德森（Elliot Richardson）④。罗杰斯当然明白高级跨部门小组对于国务
院的重要意义，于是指派理查德森迅速起草一份国务院对国安会系统的改
革计划。这份计划与基辛格唱了反调，着重强调了国务院而不是国家安全
顾问和幕僚在国安会系统中的主导性。为了突出这一点，理查德森甚至直

①　"Memorandum from Secretary of Defense – Designate Laird to the President's Assistant for National Security Affairs – Designate(Kissinger) ,"January 9, 1969, *USDDO*, CK2349688825.

②　"Memorandum from Secretary of Defense – Designate Laird to the President's Assistant for National Security Affairs – Designate(Kissinger) ,"January 9, 1969, *USDDO*, CK2349688825.

③　〔美〕亨利·基辛格：《白宫岁月——基辛格回忆录》（第一册），陈瑶华等译，世界知识出版社，1980，第 62 页。

④　Document 2, "Editorial Note," *FRUS*, 1969 – 1976, Volume Ⅱ.

接将国务院作为国安会系统的一个机制写进了文件①。

实际上，基辛格曾在 1 月 7 日向总统提交过一份对比"国安会为主导"和"国务院为主导"两种国家安全决策模式的备忘录，由于了解总统对国务院的抵触情绪，他大胆地对后者进行了批判，称它"很难保证总统的利益"②。基辛格同样深知国务院这次提交文件无异于以卵击石，无法对自己的改革计划构成任何实质性威胁。为此，基辛格已经提前开始将自己 12 月备忘录中的内容整理成相应的"国家安全决策备忘录"。13 日，尼克松向基辛格明确表示他不接受理查德森文件中提到的内容，同时也同意了基辛格向他提交的几份备忘录③。这就是 NSDM－2 号文件，是尼克松在就职典礼当天一连签署的四份决策备忘录中的一份④。这位总统也就此开启了此后历任政府利用任期内首个总统指令来宣布国家安全机构与机制的惯例。

至此，基辛格对国安会的改革在没有经历多大阻力的情况下便宣告完成。这一过程也充分向人们展示了总统在国家安全决策机制建立过程中的主导性作用。基辛格对新的国安会系统踌躇满志，但事实证明国安会系统的机制并不总是按照理想状态向前演进的。

（二）"白宫行政管理体系"与国安会机制的进一步扩展

尼克松与基辛格的这次改革在国安会系统发展史上占据着独一无二的地位。基辛格没有在"统筹－协调"与"咨议－顾问"的国安会运作模式间做出抉择，而是试图对这两种理念进行有机融合。1969 年 2 月，白宫新闻发布会对这一改革进行了非常恰当的总结，称总统既"让国安会恢复到 1947 年《国家安全法》赋予其的角色"，同时也"重组并强化了国安

---

① Document 4, "Paper Prepared by the Under Secretary of State－Designate (Richardson) ," undated, *FRUS*, 1969－1976, Volume Ⅱ.

② Document 3, "Memorandum from the President's Assistant for National Security Affairs-Designate (Kissinger) to President－elect Nixon," January 7, 1969, *FRUS*, 1969－1976, Volume Ⅱ.

③ Document 8, "Memorandum from President-elect Nixon to the President's Assistant for National Security Affairs－Designate(Kissinger) ," January 13, 1969, *FRUS*, 1969－1976, Volume Ⅱ.

④ "National Security Decision Memorandum 2," January 20, 1969, 美国科学家联盟网站, http://fas. org/irp/offdocs/nsdm－nixon/nsdm－2. pdf; 其余三份备忘录分别是确立国安会政策文件的第 1 号国家安全决策备忘录；协调并监管海外跨部门活动的第 3 号国家安全备忘录以及宣布近期相关研究项目的第 4 号国家安全决策备忘录。这些文件都可以在美国科学家联盟网站上找到。

会幕僚"①。

　　由于极度不信任国务院等传统官僚机构，尼克松希望利用国安会系统将外交和国家安全政策的制定权掌握在白宫手中，以取代以往内阁机构的主导地位。在 1972 年前，国安会系统被基辛格打造成了典型的"统筹－协调"机制，是尼克松主导的"白宫行政管理体系"的重要组成部分，总统甚至将国安会视为自己权力的一部分。

　　国安会正式会议的地位由此自然得到了恢复和巩固。在 1969 年 1 月 21 日的第一次国安会正式会议上，尼克松依照基辛格的建议，确定了国安会每周四的例会制、"不多于 4 个小时"的会议时长，并对与会成员做出了规定，强调"财政部长是唯一可以长期参与会议的非法定成员"。在会议中，尼克松还特别强调，"我是做决定的那个人。为了确保这一点，我需要听到所有的观点。而后我将在私下场合结合这些观点做出自己的决策"②。这次会议反映了尼克松对国安会正式会议的要求：广开言路，提供事实和参考意见，由总统最后决策。到 1971 年底，国安会系统共召开了 99 次正式会议，出产了 199 份国家安全决策备忘录和 166 份国家安全研究备忘录。尽管在产品数量上远远不及艾森豪威尔时期的"造纸厂"，但"为美国未来外交事务的发展提供了难能可贵的连贯性"③。同时，这一时期的正式会议具有一个明显的特点，即商讨的问题不仅有中长期战略，也有突发的危机。1969 年 4 月 15 日，自冲绳嘉手纳空军基地起飞的一架美国 EC－121 侦察机被朝鲜击落，尼克松利用隔天召开的国安会会议商讨应对这一危机的可行方案④。而一周后的正式会议便改为商讨中东问题的长期对策。这种例子在 1972 年前屡见不鲜，新的国安会正式会议也正是在这段时间内对尼克松对对外政策进行大幅度调整起了重要支持作用。

　　国安会幕僚的权限也得到了进一步提升。基辛格在回忆录中说，"作

①　Document 21, "Editorial Note, "*FRUS*, 1969 – 1976, Volume Ⅱ.

②　Document 15, "Minutes of the First Meeting of the National Security Council, "January 21, 1969, *FRUS*, 1969 – 1976, Volume Ⅱ; "Memorandum for the President-elect, Talking Points for the First Meeting of the NSC, "January 17, 1969, *USDDO*, CK2349697230. 此后每次正式会议之前，基辛格都会为尼克松准备一份备忘录，记录他在会议上应当提出的内容。

③　John P. Leacacos, "Kissinger's Apparat, "*Foreign Policy*, Vol. 30, No. 5, 1971, p. 3.

④　"Alternative Courses of Action in Response to Korean Attack on U. S. Aircraft at NSC Meeting, "*USDDO*, CK2349620471.

为白宫助理，我可以不受部门的和文官机构习惯做法的限制。总统当选人又有言在先，叫我从头开始建立一个全新的组织，所以我下定决心要物色我所能找到的、最有能力、最强的人们"①。基辛格正是带着这种自信组建自己的办公室班子的。简宁·戴维斯（Jeanne Davis）取代史密斯担任国安会的行政秘书，约翰逊时期的元老成员也随之被彻底更替。亚历山大·黑格（Alexander Haig）开始崭露头角，担任基辛格的私人助理。他在一封备忘录中向基辛格提出增加成员数量的建议，使国家安全顾问多出了两位行政助理（Executive Assistant）②。除了黑格，基辛格身边还聚集了一群优秀的干才。国安会幕僚们的工作按照第 2 号国家安全决策备忘录中的指示进行了严格的划分，地区专家们探讨各自负责的问题，将文件上交给分管自己的办公室领导处，这些人再将文件转给基辛格审阅。在这一时期，国安会幕僚团队在基辛格的领导下发展出了正规的运作模式，并且达到了前所未有的规模。到了 1970 年，和基辛格"一起工作的幕僚已经达到 100 多人。在他后来的任期内，这一数字又超过了 150"③，而这无论对于建立"统筹 - 协调"的国安会系统还是"白宫行政体系"都是必要的。

而最能显示尼克松 - 基辛格对国安会系统改革成果的莫过于这一时期国安会委员会机制的复兴。这也是国安会系统再度走向机制化的主要象征。第 2 号国家安全行动备忘录创设了四个委员会。除了前文提到过的国安会回顾小组、部际区域小组和临时小组④以外，还有一个被称为副部长

---

① 〔美〕亨利·基辛格：《白宫岁月——基辛格回忆录》（第一册），陈瑶华等译，世界知识出版社，1980，第 33 页。

② Document 24, "Memorandum from the President's Military Assistant (Haig) to the President's Assistant for National Security Affairs (Kissinger) ," February 11, 1969, *FRUS*, 1969 – 1976, Volume Ⅱ.

③ 〔美〕戴维·罗特科普夫：《国家不安全：恐惧时代的美国领导地位》，孙成昊、张蓓译，社会科学文献出版社，2016，第 170 页。

④ 比较有代表性的临时小组是针对越南局势建立的"越南临时小组"（Ad Hoc Group on Vietnam），用来考察华盛顿对西贡政治活动的了解程度，见"National Security Decision Memorandum 21," February 13, 1969, 美国科学家联盟网站，http://fas.org/irp/offdocs/nssm – nixon/nssm_021.pdf. 基辛格认为建立这一临时小组"将美国对越南的军事和政治计划联系在一起，效果立竿见影"。见 Document 25, "Memorandum from the President's Assi-stant for National Security Affairs (Kissinger) to President Nixon," February 13, 1969, *FRUS*, 1969 – 1976, Volume Ⅱ. 此外发挥重要作用的还有 1980 年 7 月在柬埔寨危机过后建立的东南亚特别回顾小组，见"National Security Decision Memorandum 79," August 13, 1970, 美国科学家联盟网站，http://fas.org/irp/offdocs/nsdm – nixon/nsdm – 79.pdf。

委员会（Under Secretaries Committee, USC）的机构，负责处理"国安会回顾小组提交的问题，以及有关美国政府海外跨部门行动的相关事宜"①。该委员会由理查德森担任主任，是国安会系统内少数不由基辛格担任主任的委员会之一，属于国安会系统内的"第三层级"，是国安会回顾小组的一个支撑机制，其向回顾小组提供的副部长委员会决策备忘录和研究备忘录（Under Secretaries Committee Decision Memorandum/Under Secretaries Committee Study Memorandum, USCDM/USCSM）成为国安会决策与研究文件的重要基础②。

　　按照基辛格的预期，在撤销约翰逊时期的高级跨部门小组后，其协调职能将由这四个委员会承担。这也是排除外部干扰、建立"白宫行政体系"进程中非常关键的一步。然而，替换工作比预想的要难。由于希望将国安会系统的机制化程度降到最低，约翰逊和罗斯托赋予了高级跨部门小组太多的责任和义务。为此，基辛格不得不再建立额外的委员会，以补充职能上的缺失。建立这些委员会并不是一蹴而就的，也正是这一过程最终成为国安会系统机制化改革的转折点。

　　最先组建的委员会被称为"华盛顿特别行动小组"（Washington Special Actions Group, WSAG），其实质是一个由政府内顶级成员组成的、处理突发事件和危机的小组。这一委员会是尼克松为了应对 EC - 121 侦察机被击落所引发的美朝紧张态势而于 1969 年 5 月 16 日建立的。尼克松希望赋予这一机制更为重要的协调和监管职能，便指示基辛格利用其"梳理现有的军事计划，评估潜在的危机区域。一旦发现对于某些特定问题准备不足，便马上行动准备相应的计划"③。此后，这一小组先后参与处理过包括 1969 年"珍宝岛事件"导致的中苏边境冲突、1970 年爆发的约旦危机以及 1971 年的印巴战争等危机和突发性问题，弥补了尼克松国安会系统缺乏专门的危机治理渠道的缺陷，也是尼克松任期末基辛格少数没有放弃的国安会机制之一。

---

① "National Security Decision Memorandum 2," January 20, 1969, 美国科学家联盟网站，http://fas. org/irp/ offdocs/nsdm - nixon/nsdm - 2. pdf。

② Document 23, "Memorandum by the Chairman of the NSC Under Secretaries Committee (Richardson)," February 7, 1969, *FRUS*, 1969 - 1976, Volume Ⅱ.

③ Document 45, "Memorandum by the President's Assistant for National Security Affairs (Kissinger)," May 16, 1969, *FRUS*, 1969 - 1976, Volume Ⅱ.

第二个新机构建立于尼克松上任半年后。在这半年中,基辛格与幕僚将大部分精力放在即将到来的第一轮限制战略武器会谈(SALT)上。3月13日,国安会特地下达了一份有关该谈判的研究备忘录指令,要求国家安全各方面力量将可能的军备控制理念与可行的检验方法联系起来,并"讨论苏联对美国有可能采取的应对方式"①。指令还要求建立一支筹备委员会负责具体事宜。伴随基辛格逐渐取得了对战略谈判的控制权,他在7月份将这个筹备委员会更名为"核查小组"(Verification Panel),负责"回顾美国战略武器核查相关能力",并确保对弹道导弹相关问题的"核查始终能够从正确的角度出发"②。该小组在尼克松时代成为有关战略武器谈判的重要决策地。该小组主任理查德森同样也是副部长委员会的领导者。在尼克松的指示下,他在处理具体问题时将这两个机制紧密地联系在一起③。理查德森也是基辛格的至交,因此小组实际上仍然处于安全顾问的掌控之中。这种情况在委员会建立之初就引发了军方的不满④。

华盛顿特别行动小组与核查小组成为尼克松政府内主要的危机与突发事件决策渠道,而司法部长约翰·米切尔(John Mitchell)的定期与会正是其重要性的直接反映。与肯尼迪时期的执委会相似,这个委员会也是针对特定事件设立的,同时也没有在事件结束后就解散,而是转为在宏观的国家安全体系中继续发挥作用。基辛格严格控制着两个委员会的参与人数,不仅防止了权力流散,也尽最大可能杜绝了泄密情况的发生。

而最能体现国安会参与美国国际战略规划与评估的机制,便是建立于1971年的国安会情报委员会(National Security Council Intelligence Committee,NSCIC)。提到尼克松时期国安会的情报委员会,就不得不从前文提到的约翰逊政府时期被撤裁的净评估小组说起。在该小组解散后不到几

① "National Security Study Memorandum 28,"January 20, 1969, 美国科学家联盟网站, http://fas. org/irp/ offdocs/ nssm − nixon/ nssm_028. pdf。

② "Memorandum by the President's Assistant for National Security Affairs(Kissinger) ,"July 21, 1969, USDDO, CK2349701255; Document 64, "Memorandum from the Director of the Program Analysis Staff, National Security Council(Lynn) to the President's Assistant for National Security Affairs(Kissinger) ,"July 14, 1969, FRUS, 1969 − 1976, Volume Ⅱ, Organization and Management of U. S. Foreign Policy, 1969 −1972.

③ "Memorandum for The Under Secretary of State,"September 6, 1969, USDDO, CK23495 86416.

④ "HAK's Talking Points, First Meeting of Verification Panel, "USDDO, CK2349721917.

年时间，有人意识到美国政府内部缺乏能够对美国国际战略态势进行宏观评估的机制，这将影响美国对苏联的战略取舍。早在 1968 年，国防部著名将领，也是净评估小组委员会的前任主任里昂·约翰逊（Leon W. Johnson）就建议重新建立一个这样的战略评估机构，就美国相对于苏联的战略优势——尤其是核方面的优势进行跨部门的评估和分析，并将结果呈送给总统①。一年后，在走马上任后，尼克松立即成立了一个由费茨林（Gilbert Fitzhugh）领导的，名为"蓝色丝带"（Blue Ribbon）的专家小组，对国防部的组织结构和运作情况进行深入研究。1970 年，该委员会在报告中重申了设立这样一个基于"净评估"方法的战略评估机构的重要性②。

此时，"净评估"（net assessment）的概念已经在美国政学两界为人所熟知。不同于美国当时大部分研究机构所采用的系统分析方法，净评估以"诊断"而非"治疗"为核心，旨在对处于战略对抗领域的行为体进行全面且长期的战略评估。此前，系统方法从理性人的角度，依据战场局势以及对抗双方的实力进行建模，并采取静态和动态相结合的科学分析方法来对双方局势进行考量。而净评估的精髓在于将战场上的不确定性因素，即军事学家克劳塞维茨所谓的"战争迷雾"（fog of war）纳入评估指标之中，从而尽可能地逼近客观现实。这种方法一经问世便获得了包括美国诸多决策者与军事将领的广泛赞许，而其创始人——就职于兰德公司的安德鲁·马歇尔（Andrew Marshall）也借此深孚众望。

1970 年底，尼克松对基辛格表示，自己缺乏有用的情报，希望对美国政府内的对外情报机构进行系统性研究，并策动情报界的改革。施莱辛格承担了这一任务，并在 4 个月后提交了一份报告，提出了对情报界进行重组的建议③。为此，尼克松授权在国安会内部成立了情报委员会，负责从情报工作者的角度对美国的情报信息进行评估、指导。两个月后，尼克松又在这一组织内授权建立了专门的"净评估小组"（Net

①　General Leon W. Johnson, "Memorandum to R. B. Foster," December 9, 1968, *USDDO*, CK2359761709.

②　Blue Ribbon Defense Panel, *Defense for Peace: Report to the President and the Secretary of Defense on the Department of Defense*, July 1, 1970, p. 215.

③　〔美〕安德鲁·克雷佩尼维奇、巴里·沃茨：《最后的武士：安德鲁·马歇尔与美国现代国防战略的形成》，张露、王迎晖译，世界知识出版社，2018，第 103 页。

Assessment Group, NSG），负责"审查、评估所有情报产品，并就那些对美国国家安全构成威胁的能力进行净评估"①，马歇尔毫无争议地担任了这一评估小组的主任。不久后，马歇尔在一份名为《净评估的本质与范畴》的国安会备忘录中，对净评估这一模式进行了系统、理论阐释②。

除此之外，基辛格还在 1972 年前陆续在国安会框架内建立了负责"提出国防政策、计划以及预算相关意见"并"为国家安全研究备忘录中的国防政策部分提供研究支持"的国防计划回顾委员会（Defense Program Review Committee, DPRC）③。此外，还将约翰逊时期的"303 委员会"更名为"40 委员会"④。至此，尼克松时期的国安会系统架构基本成形。

在 1972 年大选前，美国国安会系统经历尼克松和基辛格的改革，同时增强了国家安全事务助理、国安会幕僚、委员会以及正式会议，不仅顺利地完成了向"统筹 – 协调"机制的转型，同时也利用这一机制将国家安全相关决策权大部分控制在总统和国家安全事务助理手中，形成了一种"白宫管理体系"。在第 2 号国家安全决策备忘录出台后，基辛格继续建立的委员会大多数属于危机管理机制，而这些机制的设立实际上与国安会最初的设计理念是相悖的。国安会系统内同时存在 8 个以上的委员会，这在历史上也是前所未见的，而基辛格掌控了其中的大多数，更使其获得了前任无法匹敌的权力和地位。随着时间的推移，这种过度的权力集中逐渐超过了国安会系统所能承受的限度。

（三）"超级内阁"：基辛格权力的扩张与国安会机制的转向

在 1972 年 12 月获得连任后，尼克松对自己的"白宫行政管理体系"充满信心，并希望进一步加强对官僚机构的控制，让整个政府按照他的意

① Document 242, "Memorandum by President Nixon," September 5, 1971, *FRUS*, 1969 – 1976, Volume Ⅱ, Organization and Management of U. S. Foreign Policy, 1969 – 1972.

② Document 287, "Memorandum from the Director of the Net Assessment Group, National Security Council(Marshall) to the President's Assistant for National Security Affairs(Kissinger) ," November 24, 1972, *FRUS*, 1969 – 1976, Volume Ⅱ, Organization and Management of U. S. Foreign Policy, 1969 – 1972.

③ "National Security Decision Memorandum 28," October 11, 1969, 美国科学家联盟网站，http://fas. org/irp/offdocs/nsdm – nixon/nsdm – 26. pdf。

④ 该委员会的职责与"303 委员会"一致，并负责对所有业已批准的行动进行年度审议。见 "National Security Decision Memorandum 40," October 11, 1969, 美国科学家联盟网站，http://fas. org/irp/offdocs/nsdm – nixon/nsdm – 40. pdf。

图 4－3　尼克松时期的国安会系统"超级内阁"

资料来源：笔者根据相关文献自制。

愿运作。也就在此时，有一些记者和专栏作家开始对尼克松的政府管理模式提出质疑，指出这位总统实际上在白宫中建立了一个"超级内阁"（Super－Cabinet）。对此，尼克松矢口否认，称"我们确实有些内阁级别的委员会走了捷径，但这一系统没有损害任何人的权力。不存在所谓的

'超级内阁'"①。

"超级内阁"最初为人们熟知是由于 20 世纪 60 年代初杰克逊小组委员会开展的、针对艾森豪威尔国安会系统的研究。该小组委员会的结论是：这一机制不仅不会解决现有的问题，反而会让问题更加复杂。所谓超级内阁在行动上最终会与现实脱节，并成为总统与各部门之间的阻碍②。这也可以解释为何尼克松对这一指责的回应如此激烈。

然而，尼克松不知道的是，"超级内阁"的种子实际上早在 1969 年就被深埋在了他的政府之中。为了让国安会系统成为发动"白宫管理体系"的引擎，这位总统在上任伊始便赋予基辛格远远超出"安全助理"这一职务本身所含的权力，同时给了他"体系策动者"与"总统代理人"的双重身份。随着时间的推移，总统的信任与依赖逐渐转变为一种纵容，给予基辛格充足的理由与条件去进一步扩展自己的权力。于是，"超级内阁"得到了孕育，国安会系统的性质也悄然发生了变化。

向国安会系统内引入多个委员会本身应该是抑制权力过度集中的机制，然而基辛格采取了一种非常高明的手段：他取得了其中大部分委员会的实际控制权，借此主导这些委员会的政策进程③。同时，他在 1970 年 9 月将这些委员会中处于核心地位的"国安会回顾小组"更名为"高级回顾小组"（Senior Review Group），而这种名称变更的背后有特殊的含义④。这与邦迪和罗斯托通过直接削减委员会的数量来抑制权力分流是殊途同归的，在实质上仍是"去机制化"。

---

① Mordecai Lee, *Nixon's Super-Secretaries: The Last Grand Presidential Reorganization Effort*, Texas: Texas A&M University Press, 2012, p. 83.

② "Super-Cabinet Officers and Super-Staffs," in Senator Henry M. Jackson, ed., *The National Security Council: Jackson Subcommittee Papers on Policy-Making at the Presidential Level*, New York: Frederick A. Praeger, 1965, pp. 167 – 191. 本书将在第七章对"超级内阁"相关问题做进一步分析。

③ 在尼克松国安系统的八个正式委员会中，除了副部长委员会以外，其余七个委员会都由基辛格担任主任。临时小组基本上也都由基辛格来领导，如"越南特别小组"，见 Document 25, "Memorandum from the President's Assistant for National Security Affairs (Kissinger) to President Nixon," February 13, 1969, *FRUS*, 1969 – 1976, Volume Ⅱ。

④ 第 85 号国家安全决策备忘录不仅更改了这一委员会的名称，同时也将其职能的描述由"回顾即将在国安会正式会议上讨论的问题"改为"回顾即将提交给国安会正式会议讨论，或供我制定政策的问题"。这给予高级回顾小组更大的权力，也进一步拉大了总统与政策建议之间的距离。见"National Security Decision Memorandum 85," September 14, 1970, 美国科学家联盟网站，http://fas.org/irp/offdocs/nsdm - nixon/nsdm - 85. pdf。

　　相比系统内的诸多委员会，国安会幕僚与基辛格的距离更近，也被赋予更重要的责任。因此，这位国家安全事务助理决不能容忍在这一团队中出现不和谐音符。1970 年美国入侵柬埔寨的行动成为"一场重要的过渡仪式"①。在西哈努克政权被推翻后，尼克松不仅在政治上声援朗诺政权，同时也决定以军事介入方式为其提供实质援助。这不仅招致了被总统排斥在决策体系之外的莱尔德与罗杰斯的反对，也在他自己的"白宫行政管理体系"内部引发了轩然大波。许多国安会幕僚对总统的这一做法表示不解，认为这种"蹚浑水"的举动会直接导致美国国内出现政治危机。为此，以安东尼·莱克（Anthony Lake）和罗杰·莫里斯（Roger Morris）为首的一些办公室成员试图抵制美国对柬埔寨的入侵。在遭到基辛格拒绝后，这两人向基辛格递交了辞职信。在信中，他们称自己"对政策制定进程以及政策本身感到深深的不安"，"我们都曾经为约翰逊政府的高级成员效力过。无论那届政府有什么错误，都从未让我们感受到这几年来在这届政府中经历过的怀疑、暗箱操作以及恶意中伤"②。莱克和莫里斯的离去在幕僚中产生了"多米诺效应"，哈普灵、核查小组中的干将劳伦斯·林恩（Lawrence Lynn）等多位对尼克松和基辛格积怨已久的骨干成员在此后相继辞职。6 月 5 日，基辛格在一次国安会系统的内部会议上强调，"国安会幕僚的成员并不是官僚机制的发言人……一旦总统做出了决策，办公室成员要做的仅仅是贯彻这一决策"③。经历了这次"洗牌"，幕僚在思想上变得更为统一，更多地扮演被动的"执行者"而非主动的"思考者"角色。在填补这些成员的空缺时，基辛格更加注重新成员的政治观点而非个人能力。至此，幕僚团队也成为基辛格"自己的地盘"。

　　在国安会委员会及幕僚团队相继偏离最初的制度设计及预期后，正式会议的走势便可想而知。实际上，早在 1969 年年底，哈普灵就已发现这一机制的运作出现了异样。在一份国安会预案中，他指出，"重要的问题

---

① John Prados, *Keepers of the Keys: A History of the National Security Council from Truman to Bush*, New York: William Morrow and Company, Inc. , 1991, p. 235.

② Document 106, "Draft Letter from W. Anthony Lake and Roger Morris of the National Security Council Staff to the President's Assistant for National Security Affairs(Kissinger) ,"*FRUS*, 1969 – 1976, Volume Ⅱ.

③ Document 106, "Draft Letter from W. Anthony Lake and Roger Morris of the National Security Council Staff to the President's Assistant for National Security Affairs(Kissinger) ,"*FRUS*, 1969 – 1976, Volume Ⅱ.

已呈现出在国安会之外解决的趋势","（各部门）对国家安全研究备忘录的反应越来越迟缓",同时"正式会议决策的事实情况非常不理想",这使其很容易"被人们认为是高层会议,而不是孕育决策的机制。这是非常危险的"[1]。然而接下来正式会议的发展趋势显然证明了哈普灵的建议没有受到应有的重视。对尼克松任期内6年的正式国家安全机制利用情况进行对比就可以看出,国安会正式会议的数量逐年减少,而且在1972年出现了"断崖式"下跌。除1969年外,国家安全决策备忘录和研究备忘录的数量却保持稳定（见表4-2）。这足以说明尼克松和基辛格开始趋向于利用非正式决策机制来处理国家安全问题,而正式会议则一再被边缘化,在1971年后甚至连"文件批示机构"都很难称得上。相比之下,危机处理机制的重要性逐渐提升。例如1973年"十月战争"期间,危机由基辛格和华盛顿特别行动小组全权负责,没有召开一次国安会正式会议;而在上文所述的柬埔寨危机期间,国安会仅仅召开了一次"象征性的"会议,大部分决策还是在华盛顿特别行动小组中做出的。针对这一情况,普拉多斯的描述恰如其分。他认为这个时期的正式会议"成了一个剧院","总统和法定成员们精心编排的歌舞剧得以在这个舞台上表演,目的是套出观众的想法,同时也避开一些不能提及的问题"[2]。

表4-2　尼克松任期内国安会正式会议召开的次数以及国家安全文件的数量

	正式会议（次）	国家安全决策备忘录（份）	国家安全研究备忘录（份）
1969 年	41	36	85
1970 年	23	63	26
1971 年	15	46	31
1972 年	3	55	23
1973 年	2	41	24
1974 年	3	24	16

数据来源：David Coleman,"NSC Meetings in the Nixon Administration," History in Pieces, http：//historyinpieces.com/research/nsc-meetings-nixon-administration;"Presidential Directives and Executive Orders,"美国科学家联盟网站, http：//fas.org/irp/offdocs/direct.htm; Document 178,"Memorandum From Donald Stukel of the National Security Council Staff to the Director of the National Security Council Planning Group (Kennedy)," FRUS, 1969-1976, Volume Ⅱ.

---

[1] Document 66,"Paper Prepared by the Assistant for Programs, National Security Council Staff (Halperin)," FRUS, 1969-1976, Volume Ⅱ.

[2] John Prados, Keepers of the Keys: A History of the National Security Council from Truman to Bush, New York: William Morrow and Company, Inc., 1991, p. 235.

表 4 - 3　尼克松任期内国安会系统各类会议对比

	1969 年	1970 年	1971 年	1972 年	总计
正式会议	37	23	13	3	76
高级回顾小组会议	41	53	50	16	160
副部长委员会会议	4	11	11	4	30
华盛顿特别行动小组会议	12	39	42	55	148
核查小组会议	1	10	17	10	38
情报委员会会议	—	—	1	0	1
总计	95	136	134	88	

数据来源: Document 178, "Memorandum from Donald Stukel of the National Security Council Staff to the Director of the National Security Council Planning Group (Kennedy)," *FRUS*, 1969 - 1976, Volume Ⅱ。

　　同时，尽管国家安全文件系统始终运作，但也逐渐走入了"抄写练习"的误区。有证据证明，基辛格虽然将大量任务分派下去，让国安会系统在表面上处于一种忙碌的工作状态，但自己和总统在做决策时却很少考虑基于这些工作的国安会文件，因此导致文件内容和现实脱节。到1971 年，已经有幕僚意识到，这种行为实际上是一种无意义的"重复劳动"（duplication of effort）[1]。其中最为典型的例子就是关于探讨美国对亚洲核政策的第 69 号国家安全研究备忘录。这一备忘录于 1969 年7 月发布，但是由于未能考虑到"美国合理使用核武器以保护自己的权益的条件"，国防部不得不对这一文件进行了一次长达一年半、殚精竭虑的相关研究[2]。另一例证就是从 1969 年初到 1971 年秋天的近三年时间里，没有关于美苏关系的国家安全研究备忘录问世，这对于号称面向中长期政策的国安会正式会议来说是难以想象的。然而对这种情况，基辛格却不以为然，公开表示这一系统"很好地满足了总统的需要"[3]。

---

[1]　Document 138, "Memorandum from John Negroponte of the National Security Council Planning Group to the Director of the Planning Group(Kennedy) ,"February 2, 1971, *FRUS*, 1969 - 1976, Volume Ⅱ.

[2]　Document 137, "Memorandum from Seymour Weiss of the Planning and Coordination Staff, Department of State to the Staff Director(Cargo) ,"*FRUS*, 1969 - 1976, Volume Ⅱ.

[3]　Document 143, "Memorandum from Secretary of State Rogers to the President's Assistant for National Security Affairs(Kissinger) ,"February 26, 1971, *FRUS*, 1969 - 1976, Volume Ⅱ.

　　国安会委员会、国安会幕僚以及正式会议的变化使得尼克松时期的国安会系统再次回到 1968 年之前的状态。然而，与杜鲁门、肯尼迪和约翰逊时期的"咨议－顾问"系统有所不同的是，尼克松的国安会领导者并没有止步于加入总统的顾问圈子，而是希望在其中获得一种"排他性独占地位"。为此，他将权力触角延伸到了国安会之外，对国务院和国防部等传统部门造成了严重侵蚀。在与国务卿罗杰斯的竞争中，基辛格依靠尼克松的信任及其对国务院的偏见占据了更为有利的位置。在面对苏联、中国以及以色列等至关重要的双边问题时，基辛格积极冲到前线，甚至出任秘密行动的特使，而罗杰斯则被边缘化，国务院在国家安全体系中的地位也因此跌入低谷。1973 年 9 月 3 日，这位国务卿向尼克松提交辞呈意味着基辛格在这次权力博弈中获得了最终胜利，而基辛格则欣然接受了国务院这颗胜利的果实，成为美国历史上唯一一位兼任国务卿和国家安全事务助理的人①。

　　在国防部与国务院这两个抑制基辛格权力扩张的"安全阀"被拔除之后，存在于总统和行政机构之间的新的权力层级——"超级内阁"终于出现了，基辛格也成为"第一秘书"（First Secretary）。到 1973 年，"超级内阁"成为国家安全体系中真正发挥作用的部分，相比之下"整个国安会系统都陷入了无用之中"②。

　　第 2 号国家安全决策备忘录中的设想最终失败了，基辛格也没有冲出1947 年《国家安全法》的束缚。"统筹－协调"的国安会系统在昙花一现后走向了"表面上的机制化"。这一失败证明了一个道理：美国国安会系统无法同时容纳位于"政策山巅"的正式会议、高度系统化的组织结构与一位强大的国家安全顾问；"统筹－协调"机制与"咨议－顾问"模式是不可兼得的。

---

①　"237 – Letter Accepting the Resignation of William P. Rogers as Secretary of State, "August 22, 1973, The American Presidency Project, http://www. presidency. ucsb. edu/ws/? pid = 3938; "268 – Remarks at the Swearing In of Henry A. Kissinger as Secretary of State, "September 22, 1973, The American Presidency Project, http://www. presidency. ucsb. edu/ws/index. php? pid = 3972&st =&st1 =. 在尼克松时期，国安会系统的性质由"统筹－协调"转为"咨议－顾问"是 1947 年《国家安全法》使然，而这一系统又发展成为"超级内阁"则是国家安全事务助理职能的扩张所致。本书将在第五章对基辛格与国务卿罗杰斯的这次博弈做出进一步分析。

②　Ray Cline, "Policy without Intelligence, "*Foreign Policy*, Vol. 30, No. 17, 1974, p. 128.

　　尽管如此，美国国安会在尼克松政府后期所表现出的"咨议－顾问"形式对于美国实现战略转型是大有裨益的。在改善中美、美苏关系的一系列具体决策中，若是跨部门机制给予政府过多的掣肘，那么这种战略转型无疑会遭遇诸多阻碍，甚至令原有的决策意图难以为继。"超级内阁"对遏制战略具有重要意义。在意识到"仅仅诉诸遏制是远远不够的"的同时，尼克松与基辛格采取了一种有别于正面对抗的方式阐释传统的遏制战略。在这种情况下，《国家安全法》中所规定的国安会机制对他们就显得有些多余了。

第五章 国安会的"机制融合" 与遏制战略的终结

1974 年 8 月，在水门事件的喧嚣中，尼克松引咎辞职。接替他的福特在最初上任时保留了基辛格的职务，也延续了原有的国安会系统机制，"超级内阁"在他的任期内持续了一段时间。斯考克罗夫特接替基辛格担任国家安全事务助理是福特对国安会系统做出调整的标志，此后"超级内阁"日渐式微，国安会系统也随之维持了短时间的"统筹－协调"运作模式。尽管两位后基辛格时期的总统——卡特和里根都对"超级内阁"的国家安全运作模式颇有微词，意图回到内阁主导外交政策的时代，但这两人并未漠视正式会议的作用，也没有对国安会系统大幅度地去机制化，而是开始试图在"统筹－协调"与"咨议－顾问"机制中寻求某种折中。这一时期是国安会系统向后冷战时期斯考克罗夫特模式过渡的关键阶段。经历了三十年的摸索，美国总统似乎意识到了 1947 年《国家安全法》中无法解决的矛盾，因此审视国安会系统的眼光更加客观。在这种情况下，决策者在创设国安会机制之时更希望吸取两种模式的优势，摒弃其劣势。国安会在冷战末期逐渐走向了"机制融合"，主导了美国近四十年的遏制战略也在这种背景下步入迟暮。

一 福特政府时期的国安会与国际战略

20 世纪 70 年代中后期对于美国来说是充满痛苦与不安的年代。在外交和军事方面，越南战争给美国民众造成了巨大的心理创伤，一时间反战游行此起彼伏；在内政方面，种族问题、贫困问题与大学制度问题等社会症结使得人们开始质疑美国的民主价值观，尤其是发生于 1974 年的水门事件彻底扭转了美国政府以往的形象，总统和国家政治面临信任危机。美国民众的意识形态由单一转向多元化，"对冷战保持一致"的观念被粉碎了。频发的社会问题削弱了政府的力量，使得福特在上台后面临一个十分难以驾驭的政治及战略环境。为此，他希望通过建立正式化的政府机制重建美国公众对国家政治系统尤其是安全系统的信任。

（一）"超级内阁"的式微与"统筹－协调"国安会机制的恢复

在尼克松政府末期，由于水门事件持续发酵，总统已经无法密切关注国家安全事务了，更没有精力去就美国未来的宏观国际战略进行梳理与重构。为此，他全权委托基辛格负责国务院与国安会系统的工作。这使得"超级内阁"获取了前所未有的权力，"第一秘书"几乎可以下令完成他想完成的任何事务。

尽管如此，基辛格却早就意识到自己"身兼两职的状态不会持续太久"[①]。他在罗杰斯刚刚表明辞职的意愿时便着手与国安会幕僚团队的高级成员劳伦斯·伊格尔伯格（Lawrence S. Eagleburger）商议对策，试图寻找一种能够将自己的权力平稳转移至国务院但又不至于失去在国安会系统的支配性地位的方法。为此，伊格尔伯格特地给基辛格准备了一份备忘录。他在其中写道，尽管基辛格"不应该放弃国家安全事务助理和国务卿中的任何一个头衔或其涵盖的权力"，但"同时兼任两职还能够保持整个系统的良好运作却是非常困难的事情"[②]。针对这种尴尬的情况，伊格尔伯格建议基辛格在作为国安会系统中的一员继续出席各委员会会议的同时，让渡一部分权力给当时担任国家安全事务副助理的布伦特·斯考克罗夫特（Brent Scowcroft），让他担任大部分国安会委员会的领导者，成为"唯一一位有权力联络白宫人员和国安会幕僚的人"[③]，借此填补基辛格步入国务院后给国安会系统留下的权力真空，同时避免官僚系统内的风言风语。

---

① Robert Worley, *Orchestrating the Instruments of Power: A Critical Examination of the U. S. National Security System*, Washington, D. C. : John Hopkins University Press, 2012, p. 388.

② Document 197, "Memorandum from Lawrence S. Eagleburger of the National Security Council Staff to the President's Assistant for National Security Affairs(Kissinger) ," August 17, 1973, *FRUS*, 1969 – 1976, Volume XXXVIII, Part 2, Organization and Management of Foreign Policy; Public Diplomacy, 1973 – 1976.

③ Document 197, "Memorandum from Lawrence S. Eagleburger of the National Security Council Staff to the President's Assistant for National Security Affairs(Kissinger) ," August 17, 1973, *FRUS*, 1969 – 1976, Volume XXXVIII, Part 2.

伊格尔伯格提交这份备忘录的时间是 1973 年 8 月 17 日，正是罗杰斯宣布辞职的第二天。而"超级内阁"的形成则是在基辛格担任国务卿之后。这一点便足以证明基辛格从主观上是并不接受"超级内阁"的，也注定了这一异化的决策层级在未来难以为继。在获得了内阁成员的地位后，基辛格便开始着手将部分权力让渡给斯考克罗夫特这位"代理人"。他将包括伊格尔伯格在内的诸多国安会幕僚核心成员带到国务院后组成了新的决策核心团体①，并为斯考克罗夫特留下了完整的国安会系统框架。"咨议－顾问"性质的国安会机制正是在此时开始悄然转变的。

一年之后，尼克松最终还是因为水门事件而辞去了总统职务。代替他的福特在上任当天就发布了 NSDM－265 号文件，重申将维持 NSDM－1 号与 NSDM－2 号文件中所规定的国安会系统架构，强调"国安会系统将协助我贯彻国家安全相关政策，同时国安会正式会议将成为总统决策的主要政策论坛"②，并任命基辛格继任总统国家安全事务助理，指出"国安会系统的行动将继续在国家安全事务助理的引导下完成……有关国家安全相关的问题和文件，需要通过国家安全事务助理传递给我，而我的决策和指示也将由国家安全事务助理向下传达"③。此后不久，福特又在众议院的一次公开听证会上强调了"政策的延续性"，保证将延续大部分尼克松时期的既定政策方针④。

福特第一时间决定延续国家安全政策与机制是合乎逻辑的。一方面，作为一名未经选举的总统以及"超级内阁"的边缘成员，福特在上任前并未触及外交决策机制的核心，自然无力对国安会系统进行系统化的改革。另一方面，作为"超级内阁"的亲历者，福特非常了解基辛格的个人能力及影响力。在上任初期，国安会系统尤其是正式会议的地位被一再边缘化

---

① 〔美〕约翰·普拉多斯：《掌权者：从杜鲁门到布什》，封长虹译，时事出版社，1992，第 415 页。

② "National Security Decision Memorandum 265," August 9, 1974, 美国科学家联盟，http://fas. org/irp/offdocs/nsdm－ford/nsdm－265. pdf。

③ "Memorandum on the National Security Council System," *Transition Plan(1)*, *National Security Advisor, Presidential Transition File*, 1974, 福特总统图书馆，https://www. fordlibrarymuseum. gov/library/document/0353/1555894. pdf。

④ Document 41, "Address by President Ford," December 8, 1974, *FRUS*, 1969－1976, Volume XXVIII, Part 2.

的事实被"超级内阁"所遮蔽,首先呈现在总统眼前的是国家安全机制在基辛格这位"第一秘书"的引领下有条不紊运作的景象。对于侧重国内事务的福特来说,他没有理由拒绝现有的国家安全决策机制,也就不会对基辛格的职务和扮演的角色进行任何调整。

　　而对于基辛格来说,事情却没有"维持原状"那么简单。在与福特进行了简单的意见交换之后,基辛格紧急召开了一次华盛顿特别行动小组会议。他在会议中指出,"国安会系统必须更加活跃,最起码得达到我们最初的时候。也许在新的政策出台之后我们可以放缓脚步,但是现在,我们必须回到尼克松政府早期的时候……(福特)非常希望能够得知所有人的观点"①。可见,基辛格意识到福特实际上是倾向于"统筹-协调"的国安会运作模式的,因此对现有的国安会系统寄予厚望。然而正如前文所述,在"超级内阁"的影响下,这一系统实际上仅仅停留在"表面的机制化"。为此,基辛格意识到必须将"超级内阁"的部分权力让渡至国安会系统,让其从"自己的工具"转变为"总统的工具"。这实际上也在某种程度上减轻了这位国家安全事务助理的负担。

　　福特在他上任的第二天便主持召开了自己的首次国安会正式会议。除了总统和基辛格以外,会议还囊括了包括尼克松任内末期上任的国防部部长詹姆斯·施莱辛格(James R. Schlesinger)、参联会主席乔治·布朗(George S. Brown)、中情局局长威廉·科尔比(William Colby),以及黑格、斯考克罗夫特等国家安全决策端的所有重要成员。在肯定了这些成员在尼克松任期内发挥的重要作用后,福特与基辛格等开始"探讨"未来国安会的运作进程。在这一过程中,福特始终保持倾听和默许姿态,几乎没有提出任何要求②。而在过去,该会议往往是总统对国家安全系统中的重要成员"虚张声势"的绝佳机会。无论是尼克松、约翰逊还是肯尼迪,都曾在会议上用一种命令式的口吻将自己的理念强加在列席者的头上。然而福特却将其视为自己过渡政府的一部分。这在某种程度上体现了这位总

---

① Document 38, "Minutes of a Washington Special Actions Group Meeting, "August 9, 1974, *FRUS*, 1969 – 1976, Volume ⅩⅩⅩⅧ, Part 2.

② 在这次会议上,福特提出的唯一要求就是希望在今后的正式会议上安排一名国安会委员会的重要成员,以便"让决策更好地得以实施"。"Summary of a National Security Council (NSC) Meeting Called to Inform Newly – Sworn in President Gerald Ford of the Structure and Workings of the NSC System, "August 10, 1974, *USDDO*, CK2349516485.

统在外交和国家安全决策中没什么主见的窘况。可以预见到的是，福特将在短期内仍旧倚靠基辛格，并同时利用国安会正式会议作为自己集思广益的论坛。

这一观念使得"超级内阁"逐步走向瓦解，并让国安会系统得以恢复。由于基辛格大部分时间忙于国务院的工作，尽管1975年前斯考克罗夫特在名义上仍是国安会的副手，实际上已是负责人。因此这一系统的相关事务基本上由这位负责人主持。于是，在"超级内阁"时期一度消失的任务分工再次出现了：基辛格承担大部分外交工作，而斯考克罗夫特则负责日常的国家安全事务。前者由于具有了内阁成员的身份，不再享有自己做决定的自由；而后者则无意挑战基辛格的权威，更多地扮演国家安全政策协调者角色。在不知不觉中，福特"将国务卿的职务与国家安全事务助理的职务区分开来"①，不仅打破了"超级内阁"的权力垄断，也使国安会系统重新回到了"统筹–协调"的机制轨道上。

最能体现福特时期国安会系统"统筹–协调"特性的是国安会正式会议。这一机制在贯穿于福特政府始终的武器控制问题上发挥了重要作用。在1972年5月，尼克松与勃列日涅夫签订了具有里程碑意义的《反弹道导弹条约》。然而基辛格在9月14日的国安会正式会议上提醒福特，尽管美国在轰炸机和多弹头分导重返大气层运载工具（multiple independently targetable re–entry vehicle，MIRV）的数量上领先于苏联，但苏联在洲际弹道导弹（intercontinental ballistic missile，ICBM）、潜射弹道导弹（submarine launched ballistic missile，SLBM）上占据优势，且这些导弹很容易就可以发展为多弹头分导重返大气层运载工具，因此这一协定仅能起到"在一段时间内'冻结'苏联"的作用②。为此，基辛格提议美国与苏联进行第二轮限制战略武器会谈，进一步削减进攻性武器，并延缓苏联导弹运载工具这一威胁的出现。

此后，国安会正式会议成为商议谈判战略的主要论坛，为战略武器限制谈判提供了有力支持。在福特任期内，他先后主持并召开了17次以此为主题的正式会议，几乎占据了这一时期正式会议总数的一半。在这些会

---

① Ray S. Cline, "Opinion: Policy without Intelligence," *Foreign Policy*, Vol. 30, No. 17, 1974, p. 122.

② "Secretary Kissinger's Talking Points Regarding Guided Missile Policies for the Strategic Arms Limitation Talks(SALT) with the U. S. S. R,"September 14, 1974, *USDDO*, CK23491 55185.

议中，福特与国务院、国防部、国安会幕僚和白宫的诸多顾问共同讨论在谈判中可能会面临的问题，商议如何应对来自国会的压力①，并为自己在符拉迪沃斯托克的会谈提前做好准备②。基辛格不再是会议中的唯一主导者，以施莱辛格为首的国防部成为与国务院相当的力量。国安会正式会议一改长期以来的"橡皮图章"地位，而真正成为总统最重要的政策建议来源。施莱辛格也因此对谈判很有信心，认为"尽管有些核查方面的问题，但我们完全有能力解决"③。

此外值得注意的是，在面对危机时，福特也会利用国安会正式会议来集思广益。其对1975年越南南方军民的"春季攻势"的应对便是典型的例子。年初，越南局势恶化趋势开始呈现之时，福特便召开了正式会议商讨"预防性措施"④。而基辛格也召集华盛顿特别行动小组拟定"立即撤离在越南北部的美国公民"的相关计划⑤。4月9日"胡志明战役"打响后，福特在第一时间召开了正式会议，商讨对越南采取什么行动最为合适⑥。基辛格还不时召开特别行动小组会议对撤离计划进行部署⑦。在月底越南统一之前，福特还于24日和28日召开了两次正式会议。

不过总体来说，福特任职期间国际局势始终较为平静，危机情况并不

---

① 在艾森豪威尔任期末崭露头角的参议员杰克逊在1974年初通过国会为战略武器会谈限定了条件，即美国在与苏联签署任何协定时必须保证双边平等原则。在基辛格结束了符拉迪沃斯托克的会谈后，杰克逊还对会谈的结果提出了质疑。

② "Talking Points in Preparation for a National Security Council(NSC) Meeting in Which Discussion will Center on Proposals with Regard to U. S. – Soviet Strategic Arms Limitation Talks(SALT) ," *USDDO*, CK2349590130.

③ Document 94, "Minutes of a Meeting of the National Security Council," March 5, 1975, *FRUS*, 1969 – 1976, Volume XXXIII, SALT II, 1972 – 1980. 尽管如此，国安会正式会议在商讨战略武器会谈相关问题时也暴露出泄密问题，这也是"统筹－协调"理念下国安会正式会议的通病。见 "Memorandum of Conversation Centered on Newspaper Stories Leaking Information," February 7, 1975, *USDDO*, CK2349604618。

④ "National Security Council Meeting," March 28, 1975, 福特总统图书馆，https://www. fordlibrarymuseum. gov/library/document/0312/1552382. pdf。

⑤ "Washington Special Actions Group Meeting," April 2, 1975, *USDDO*, CK2349504260.

⑥ "National Security Council Meeting," April 9, 1975, 福特总统图书馆，https://www. fordlibrarymuseum. gov/library/document/0312/1552383. pdf。

⑦ 基辛格与国防部在撤离的问题上有不同意见。前者相信来自西贡的情报，认为没必要马上撤离，而后者则代表了中情局局长柯尔比、参联会主席布朗（George Brown)等的意见，认为应当立即做出撤离的决定。见 "Washington Special Actions Group Meeting," April 20, 1975, USDDO, CK2349629391。

多，国安会的重要性与其他政府机构相比较弱。这虽然令福特获益匪浅，但也在某种程度上让国安会失去了用武之地。安德鲁·马歇尔所领导的净评估小组在尼克松政府倒台后便宣告解散，马歇尔来到美国国防部继续他的净评估事业，而国安会则失去了一位战略规划的重要人物，对国际战略的整体把控能力也趋于弱化。

（二）美国国会对福特时期国安会系统的挑战

如前文所述，在这一时期，由于国内外环境的变化，政府力量相对较弱，这就使美国国会获得了更多参与和介入国家安全事务的机会。自尼克松刚上台开始，国会便通过一系列改革延伸了原有的势力范围，不仅在内政方面试图扩大自身的影响力，同时也不再默许和纵容总统在国家安全进程中随心所欲，将手伸向了以往彼此之间"心照不宣"的灰色地带。1973年年底出台的《战争权利法》正是这种心态的集中体现。该法律对美国总统不经国会授权就动用军事力量的权力进行了限制，"当美国受到攻击或严重威胁时，总统决定向外国派遣军队前必须得到国会的授权"[1]。尽管该法案出台于尼克松时期，但福特总统最先受到该法律的限制，他在1975年试图对越南进行干涉，但被国会驳回。

水门事件标志着国会对美国国家安全的干预达到了一个高潮，其"引发的国会直接对尼克松总统的调查乃至弹劾，实际上是美国国会向拥有'帝王般的权力'的总统发起的正面挑战和进攻"[2]。在此基础上，到了福特政府时期，国会更是将矛头直指1947年《国家安全法》，希望借此扩大国会在国安会系统中的影响力。

众议院首先对国安会系统发难。1975年6月4日，来自宾夕法尼亚州的众议员罗伯特·埃德加（Robert W. Edgar）提出了 H. R. 7600 号法案。这项非常有野心的法案提议参众两院的多数党及少数党领袖成为国安会正式会议的法定成员[3]。当时，正式会议的法定成员仅为总统、副总统、国

---

[1] "War Powers Resolution," 50 U. S. Code Chapter 33, https://www. law. cornell. edu/uscode/text/50/chapter – 33.

[2] 刘磊：《试析美国国会转向积极监督秘密行动的原因》，《历史教学》2012 年第 1 期，第 42 ~ 47 页。

[3] "H. R. 7600 – A Bill to Designate the Majority and Minority Leaders of Each House of Congress as Members of the National Security Council," https://www. congress. gov/bill/94th – congress/house – bill/7600?q = % 7B% 22search% 22 3A% 5B% 22hr7600% 22% 5D% 7D&r = 3.

务卿和国防部长四人。如果该法案通过，那么此后的正式会议的法定成员数量将会翻一番，且立法机构与行政机构的成员各占一半。这将不可避免地改变国安会的性质。

为此，时任国安会行政秘书戴维斯代表斯考克罗夫特于 7 月 1 日向国会呈交了一份态度激烈的回信，指出"这份拟定的法案将会让行政部门和立法部门之间的权力分工变得模糊，同时也会损害总统作为三军总司令和外交政策制定者的权力"。戴维斯认为，这一法案是对 1947 年《国家安全法》设立国安会初衷的背离。国会成员参与国安会进程是一件非常麻烦的事情，不仅会造成信息泄露，还会使得总统在推行政策时举步维艰。"两个部门之间本着合作的精神，以相互协商的方式完成国安会的工作，是有效地行使宪法的制定者们赋予我们的权力和责任的最佳手段"①。最终，这一法案被搁置。

在试图亲身参与国安会的努力遭遇失败后，国会转而尝试对这一机制进行限制和束缚。1975 年 9 月，紧跟着众议院的脚步，来自密苏里州的参议员斯图尔特·赛明顿（Stuart Symington）向参议院军事委员会提交了 S. 2350 号法案，希望增加财政部部长成为国安会正式会议的法定成员②。此前，无论是总统还是国家安全相关部门的领导者都不希望在推进政策过程中被经济和预算问题束缚住手脚，因此不到万不得已的时候都不会邀请财政部部长与会。因此，财政部部长仅在会议涉及与财政评估相关的议题时才可以参会。这一点在尼克松时期得到了确认③。

也正是看到了正式会议的这一短板，国会才试图将作为内阁成员的财政部长引入正式会议机制中，希望借此限制行政机构外交和国家安全方面的预算，进而加强立法机构对国安会的影响。一份国安会幕僚成员给斯考克罗夫特的备忘录显示，财政部从未主动提出过参加国家安全进程的诉

---

①   Document 201, "Editorial Note, " *FRUS*, 1969 – 1976, Volume XXXVIII, Part 2.

②   "S. 2350 – A bill to Amend the National Security Act of 1947, as Amended, to Include the Secretary of the Treasury as a Member of the National Security Council, " https://www. congress. gov/bill/94th – congress/senate – bill/2350？ q = % 7B% 22search% 22% 3A% 5B% 22s2350% 22% 5D% 7D&r = 1.

③   Document 193, "Memorandum from the President's Special Assistant (Parker) to the President's Assistant for National Security Affairs(Kissinger) , "February 26, 1973, *FRUS*, 1969 – 1976, Volume XXXVIII, Part 2.

求。这次立法完全是参议院的自发行为①。与 H. R. 7600 号法案"胎死腹中"的情况不同，S. 2350 号法案在参众两院都获得了通过。这惊动了福特，他不得已在 1975 年的最后一天对该法案动用了否决权，才使得这场风波最终告一段落②。

实际上，参议院的这一法案并非仅是对表面现象的捕风捉影。早在 1972 年，美国国会就未雨绸缪地建立了"政府外交政策组织委员会"（The Commission on the Organization of the Government for the Conduct of Foreign Policy），负责"调查和研究所有参与规划和实施美国外交政策的机构、部门、独立机制的行动"，并且为改善"相关政策的规划和实施进程"提供意见③，由参议员罗伯特·墨菲（Robert Murphy）担任其领导者，因此该委员会也被称为"墨菲委员会"。经过三年多的相关研究，墨菲委员会于 1975 年 7 月发布了报告。国会在尼克松政府时期埋下的种子到福特政府时期终于结出了果实。

与之前的杰克逊委员会一样，墨菲委员会对几乎所有美国外交和国家安全领域的相关机制都进行了细致研究。参议院的 S. 2350 号法案正是委员会研究结论的直接反映。除了强调财政部部长应当成为正式会议成员以外，委员会对国安会提出了以下建议："应加强其在国内、外交以及国际经济政策制定进程中的顾问职能"，"国家安全事务助理除了领导国安会系统以外不应承担其他的公务责任"，以及"在国安会系统内增加一名能够直接与总统接触的国际经济事务顾问"④。前两项建议很明显是希望削弱国安会正式会议以及国家安全事务助理的影响力，这对于尼克松时期的"超级内阁"很有针对性，而对于福特政府来说便没什么实施的必要了。而第二项建议的概念有些"超前"。实际上，国家经济事务助理这一职务

---

① Document 202, "Memorandum from Leslie A. Janka of the National Security Council Staff to the President's Deputy Assistant for National Security Affairs(Scowcroft) ," October 9, 1975, *FRUS*, 1969 – 1976, Volume ⅩⅩⅩⅧ, Part 2.

② "Actions Overview: S. 2350 — 94th Congress(1975 – 1976) ," https://www. congress. gov/bill/94th – congress/senate – bill/2350/actions? q = % 7B% 22search% 22% 3A% 5B% 22s2350% 22% 5D% 7D&r = 1.

③ Commission on the Organization of the Government for the Conduct of Foreign Policy, *Report by the Commission on the Organization of the Government for the Conduct of Foreign Policy: Background and Principal Recommendations*, Congressional Search Service, 1975, p. 24.

④ Commission on the Organization of the Government for the Conduct of Foreign Policy, *Report by the Commission on the Organization of the Government for the Conduct of Foreign Policy*, p. 7.

直到克林顿政府时期才出现。

　　尽管墨菲委员会提出的针对国安会系统的改良计划基本没有被福特政府所接受，但委员会对美国情报界提出的建议却改变了国安会系统的机制。墨菲委员会指出，美国的情报界如同"一盘散沙"，为此政府必须增强对隐蔽行动的监督，应当建立相应的委员会，扩大国外情报网的范围，并且对业已完成的行动进行定期回顾①。

　　与其说福特是对墨菲委员会的提议做出了回应，不如说在此时他已经开始考虑将继承下来的"尼克松－基辛格"国安会系统打上自己的烙印，以更好地面对即将到来的大选。在这一年的年底，他通过一次被戏称为"万圣节大屠杀"的人事变动替换了美国国家安全机制中最为重要的几位成员。基辛格彻底离开了国安会，而斯考克罗夫特顺势升任国家安全事务助理，取得了与他自1973年上任以来所做工作相称的职位；总是在正式会议上抢福特风头的施莱辛格被拉姆斯菲尔德（Donald Rumsfeld）所代替；而老布什（George H. W. Bush）替换科尔比担任中情局局长则纯粹是为了"压制一下国会搞的旷日持久的吹毛求疵的调查"②。

　　"万圣节大屠杀"进一步限制了基辛格的权力范围，也让福特自己的人马逐渐占据了国家安全系统的半壁江山。与此同时，福特也在试着对国安会的机制进行调整。1975年11月7日，刚扶正不久的斯考克罗夫特应总统要求向他提交了一份备忘录，对国安会各委员会的功能和成员进行了概述③。福特授权斯考克罗夫特以这份备忘录为基础，同时以墨菲委员会关于情报问题的研究结论作为理论指导，着手对这些委员会进行一次改革。

　　斯考克罗夫特的研究形成了第326号国家安全决策备忘录（NSDM－326），并于1976年4月21日被总统签署。根据这份备忘录，国安会委员会机制做出了以下调整：保留了回顾小组、跨部门小组、核查小组、华盛顿特别行动小组和副部长委员会，将国防计划回顾委员会更名为国防回

---

① Document 45, "Memorandum from Kathleen Troia of the National Security Council Staff to Robert C. McFarlane of the National Security Council Staff," July 16, 1975, *FRUS*, 1969－1976, Volume XXXVIII, Part 2.

② 〔美〕约翰·普拉多斯：《掌权者：从杜鲁门到布什》，封长虹译，时事出版社，1992，第415页。

③ Document 205, "Memorandum from the President's Assistant for National Security Affairs (Scowcroft) to President Ford," September 7, 1975, *FRUS*, 1969－1976, Volume XXXVIII, Part 2.

顾小组（Defense Review Panel），废弃了40委员会、情报委员会，并新建了行动顾问小组（Operations Advisory Group，OAG）和外交情报小组（Committee on Foreign Intelligence）[1]。总统还特地发布了一份行政指令来宣布这两个新建小组的职能[2]。尽管常设委员会的总数没变，但整体结构变得更为紧凑。从表面上看，新建立的两个情报机制更加侧重搜集情报的质量和对行动的回顾，很明显是对美国国会和墨菲委员会的正面回应。斯考克罗夫特也指出，委员会的改组是"为了促进情报界的重组"[3]。而实际上，NSDM-326号文件体现了一种"权力等分，各司其职"的思想，主张让这些委员会重新回归内阁成员的领导。在尼克松时期，大部分委员会由基辛格单独控制，而这次改革使得国安会中的权力由国务院、国防部和中情局所共享。权力平衡局面的恢复极大地鼓舞了国安会系统的士气。

福特巧妙地利用了国会对美国国家安全决策机制的干预，顺利完成了对国安会系统的调整，改变了尼克松时期基辛格领导下的"暗箱操作"运行方式。这不能不说是一次非常平稳且成功的过渡。在福特政府之后的时间里，国安会系统的日常工作稳定，在面对例如黎巴危机这样的紧急态势时也有相应的应对机制。基辛格在1969年备忘录中结合"统筹-协调"与"咨议-顾问"模式的国安会系统运作理念在福特政府末期有所实现。此外，这种过渡对于重建公众对国家政治系统的信任、扫除水门事件的阴霾来说更是至关重要。

二 卡特政府时期的国安会与国际战略

"与尼克松和福特这两任总统划清界限"的承诺成为卡特赢下1976年大选的要素之一。他希望在国内外改善因"水门事件"而受损的美国政府道义和名誉，同时也将促进民主人权发展作为自己国家安全战略的优先议题。卡特强调："美国是世界上首个严格遵守道德和原则的国家。

---

① "National Security Decision Memorandum 326," April 21, 1976, 福特总统图书馆, https://www.fordlibrarymuseum.gov/library/document/0310/nsdm326.pdf.

② "Executive Order 11905—United States Foreign Intelligence Activities," February 18, 1976, The American Presidency Project, http://www.presidency.ucsb.edu/ws/index.php? pid = 59348& st = &st1 = .

③ "Memorandum for the President on Functions and Organization of NSC Sub-Groups," March 3, 1976, *USDDO*, CK2349040431.

这些原则包括实现人类的自由、平等以及追求幸福生活的权利，为美国在全球范围内发挥自己的作用奠定了坚实的基础……对此，新政府应当更加重视"①。在这种思想的指导下，卡特在就任总统后便试图将人权发展理念与外交政策进行结合。在圣母大学的一次演说中，卡特称他认为美国"可以利用自己的实力和影响力，以出于人道目的，制定符合美国基本价值观的、更为民主的外交政策"②。卡特将人道、民主和世界新秩序这些"三边委员会"的政治主张融入自己的国际战略，希望以感染力与软实力来对抗苏联，这种理念比尼克松和福特政府之前的"遏制"国家安全战略内涵更加丰富，也颇具理想主义色彩。然而，卡特对于如何实现自己的国家安全战略举棋不定。他选定了同为"三边主义者"的兹比格纽·布热津斯基（Zbigniew Brzezinski）担任自己的国家安全事务助理，并任命了强势的塞勒斯·万斯（Cyrus Vance）担任国务卿。两者不可避免地在外交和国家决策进程中产生了职能冲突。这使得卡特的国安会系统在发展过程中逐渐偏离了其设计初衷。

（一）卡特政府时期国安会系统的源起及演变

也许是出于对"超级内阁"的反感，早在竞选期间，卡特便对尼克松和福特时期的外交、国家安全决策模式提出了质疑和批判，认为这是一种"独行侠"的作风。在一次辩论中，卡特一针见血地指出："在外交政策方面，基辛格简直成了美国总统。"③

为此，卡特力图改革美国的外交政策制定。尽管这位总统没有太多外交方面的经验，却认为自己在马里兰州美国海军军官学校学习工程学以及参与美国第一批核动力潜艇研究的经历足以让他在今后很好地处理外交事务问题④。他认为，对政府的管理需要秩序化和系统化的机制提供支持。

①　David F. Schmitz, Vanessa Walker, "Jimmy Carter and the Foreign Policy of Human Rights: The Developmet of a Post-Cold War Foreign Policy, "*Diplomatic History*, Vol. 28, No. 1, 2004, p. 119.

②　"University of Norte Dame – Address at Commencement Exercises at the University, "May 22, 1977, The American Presidency Project, http://www. presidency. ucsb. edu/ws/index. php?pid = 7552&st = &st1 = .

③　"854 – Presidential Campaign Debate, "October 16, 1976, The American Presidency Project, Public Papers of American Presidents, http://www. presidency. ucsb. edu/ws/index. php?pid = 6414.

④　Kevin V. Mulcahy , "The Secretary of State and the National Security Advisor: Foreign Policy Making in the Carter and Reagan Administrations, "*Presidential Studies Quarterly*, Vol. 16, No. 2, 1986.

为了宣扬自己对国际问题的看法,卡特在竞选期间便将布热津斯基吸纳进了自己的团队。而布热津斯基也被卡特吸引,在 1976 年大选之前就确认卡特是最有潜力的总统竞争者①。这种"双向选择"使得两人的亲密关系在一开始就牢固地确立下来。

肯尼迪过渡团队中的学者诺伊施塔特认为,通过观察总统在过渡时期对国务卿和国家安全事务助理任命的先后顺序,可以看出总统在外交及国家安全事务中的施政偏好。卡特率先确定了国务卿的人选,而后才给布热津斯基打电话邀请他管理国安会系统。通过这点再次可以看出,这位新任总统确实对基辛格时代决策权力过度集中于白宫的情况十分反感,他希望将权力均分给内阁各部门,以实现行政机构在国家安全政策制定进程中的联动。而改革国安会是实现这一理念的关键步骤。

然而,正如前文所述,福特在自己的任期末实际上已经启动了这种分权的尝试,只不过留给这位前总统的时间太少,使他在改革的成果还没有得以清晰地显现前就被扣上了"基辛格模式"的帽子。这导致许多抵触"超级内阁"的人在竞选期间寄希望于卡特当选,从而摆脱国安会面临的窘境。哈佛大学肯尼迪政府学院的劳伦斯·林恩(Laurence E. Lynn, Jr.)教授便是这些人中的一位。1976 年 9 月 16 日,他向卡特的竞选团队递交了一份针对国安会系统和幕僚的系统性研究报告,在梳理了其发展历史的基础上提出了自己的见解,让人眼前一亮。

林恩认为,在最近 20 年来,外交与国家安全政策领域发生了剧烈变化。"杜鲁门、肯尼迪和约翰逊依靠心腹顾问和临时机制来引导国家安全政策的走向。而艾森豪威尔则更加依赖有序的国安会幕僚团队,将听取尽可能多的意见作为自己决策的基础。尼克松也是一样。"然而基辛格的出现使这一时期的机制产生了质的变化。"经验证明,这些机制的运作程序应当适应总统的领导风格与方式,卡特若当选,也应该做出自己的选择。"②

林恩归纳了几种可供他心目中的总统候选人选择的国安会管理模式,

---

① "Zbigniew Brzezinski Exit Interview by Marie Allen," February 20, 1981, 卡特总统图书馆, https://www.jimmycarterlibrary.gov/library/exitInt/Brzezinski.pdf。

② Document 2, "Paper Prepared by L. E. Lynn, Jr.: What Should be the Future of the National Security Council System and Staff?" September 16, 1976, *FRUS*, 1977 - 1980, Volume XXVIII, Organization and Management of Foreign Policy.

其一为"强总统"（strong president）模式，即总统主导一切，国安会起辅助作用，其实质便是"咨议－顾问"国安会运作模式。优点是"避免了仪式化、死板的机制"、"不会让幕僚成员变多"且"将可能出现的官僚主义扼杀在部门内部"①。缺陷是总统可能会漏掉有关的中肯意见。其二为"强国安会系统"（strong NSC）模式，即"总统制定规则，国家安全事务助理代他行使职责"，实质是"统筹－协调"国安会运作模式。这一模式"符合总统的行事风格，且可以保证工作的延续性"②。而"强秘书"（strong secretary）与"行政内阁"（executive cabinet）模式实际上便是所谓的"第一秘书"以及"超级内阁"。只不过在林恩的报告中，实现这种模式的代价是"废弃国安会系统"③。

　　在此基础上，林恩向卡特推荐了被他称为"理想的国安会系统"的"行政总统"（executive president）模式。该模式是"'强总统'和'强国安会'的结合"④，其实质与基辛格1969年提交给尼克松的备忘录中"结合约翰逊和艾森豪威尔的国安会的长处"的理念如出一辙。

　　从中可以看出，在卡特上任之前，已经有观察者意识到了历史上的美国国安会系统始终是围绕着"统筹－协调"与"咨议－顾问"两种模式运作的，并开始寻找突破这种"模式怪圈"的具体路径。基辛格是第一个尝试融合这两种运作模式的先驱者，然而他的实践最后以失败告终。而林恩的研究成果证明这种尝试仍没有结束。其提出的"行政总统"具有重要的前瞻性，证明后冷战时期斯考克罗夫特国安会运作模式在理论上是可行的。

　　林恩的研究报告引起了卡特的顾问们的注意。在卡特赢得大选、进入过渡政府时期后，这些人便马上投入了对国安会系统机制的规划研究之中。戴维·阿伦（David Aaron）曾经深度参与尼克松时期的限制战略武器谈判，也是基辛格国安会幕僚团队的老臣。在卡特竞选期间，阿伦以参议

①　Document 2, "Paper Prepared by L. E. Lynn, Jr. : What Should be the Future of the National Security Council System and Staff?" September 16, 1976, FRUS, 1977－1980, Volume XXVIII.

②　Document 2, "Paper Prepared by L. E. Lynn, Jr. : What Should be the Future of the National Security Council System and Staff?" September 16, 1976, *FRUS*, 1977－1980, Volume XXVIII.

③　Document 2, "Paper Prepared by L. E. Lynn, Jr. : What Should be the Future of the National Security Council System and Staff?" September 16, 1976, *FRUS*, 1977－1980, Volume XXVIII.

④　Document 2, "Paper Prepared by L. E. Lynn, Jr. : What Should be the Future of the National Security Council System and Staff?" September 16, 1976, *FRUS*, 1977－1980, Volume XXVIII.

员身份加入了国会创立的丘奇委员会，并主管该委员会的大部分工作①。布热津斯基注意到该委员会的显著业绩，也对阿伦的能力和背景表示欣赏，便吸纳他加入国安会，担任自己的助手。同时，另一位丘奇委员会成员、后来成为乔治·华盛顿大学国际关系学院院长的卡尔·因德弗斯（Karl Inderfurth）也成为布热津斯基的特别助理。阿伦和因德弗斯在进入布热津斯基的国安会幕僚班子没多久，便开始准备国安会系统改革相关工作。在提交给布热津斯基的研究报告中，两人首先一针见血地指出，"国安会最初创建是为了'整合国内、国际以及军事事务'，是从事对外决策与整体战略规划的组织。而到现在，没有一位总统曾经达成过这一目标"②。同时，两人表示，缺乏经济问题相关考量是国安会系统的最大缺陷，这也直接导致了"自二战后的每一届政府都无法将国内与国际事务进行有效勾连"③。这再次响应了墨菲委员会提议任命一位"经济安全事务助理"的呼声。最后，这份备忘录提出了对国安委员会进行改革的具体方式。阿伦和因德弗斯意识到，尽管"福特已经对国安会系统进行了调整"，但这还不够。为此，他们建议"由内阁部门的成员担任这些委员会的领导者，以便让这些部门拥有更多的权力"④。

阿伦和因德弗斯的报告经布热津斯基稍加修改后形成了一份代表国安会方面意见的备忘录，并由这位国家安全事务助理提交给了总统。这份备忘录建议卡特设立7个不同的委员会，分别负责协调、外交、国防、情报、经济等方面的工作，且大多数委员会"由内阁部长级别的成员担任领

---

① 即"参议院负责调查政府情报行动专门委员会"（Senate Select Committee to Study Governmental Operations with Respect to Intelligence Activities），该委员会负责对美国的秘密行动以及非法情报活动进行调查。因参议员弗兰克·丘奇（Frank Church）担任其领导者，该委员会又被称为"丘奇委员会"。具体参见 https://www.cia.gov/news - information/featured - story - archive/2008 - featured - story - archive/a - look - back - the - church - committee - meets.html。

② Document 3, "Memorandum from David Aaron and Rick Inderfurth to President-elect Carter and the President's Assistant for National Security Affairs - Designate(Brzezinski)," *FRUS*, 1977 - 1980, Volume XXVIII.

③ Document 3, "Memorandum from David Aaron and Rick Inderfurth to President-elect Carter and the President's Assistant for National Security Affairs - Designate(Brzezinski)," *FRUS*, 1977 - 1980, Volume XXVIII.

④ Document 3, "Memorandum from David Aaron and Rick Inderfurth to President-elect Carter and the President's Assistant for National Security Affairs - Designate(Brzezinski)," *FRUS*, 1977 - 1980, Volume XXVIII.

导者"①。万斯、国防部长哈罗德·布朗（Harold Brown）、中情局局长斯坦斯菲尔德·特纳（Stansfield Turner）以及财长迈克尔·布卢门撒尔（Michael Blunmenthal）等均担任一到两个委员会的主任。

另外，还有三个特殊的委员会，即替换核查小组的"战略回顾委员会"、替换华盛顿特别行动小组的"特别协调委员会"和替换行动顾问小组的"情报回顾委员会"。这三个小组将直接由布热津斯基本人负责，其具体行动由总统亲自参与和监督。可见，军备控制、危机治理以及隐蔽行动在当时华盛顿外交和国家安全政策圈子中的地位格外重要。

实际上，布热津斯基在这份备忘录中所建议的国安会系统组织结构与基辛格－福特时期的形式是大体相同的。委员会不仅在数量上与之前一样，职能分工也高度相近，仅参与者和领导人员有所不同。这样显然无法满足卡特想要与前任有明显差别的需求。另外，卡特上任后的一个重要计划便是精简政府内机构的数量，国安会的这些委员会自然也包括在内。因此，卡特没有在这份备忘录的任何一个意见选项中打钩，而是在其封面上写道："兹比格纽（布热津斯基的名字）——我希望看到更为剧烈的变化。这些委员会看上去几乎完全相同，我觉得没有理由再将它们加以细化……请尽最大可能将这些委员会进行简化"②。

为此，布热津斯基只好按照总统的意见对国安会委员会进行了大刀阔斧的削减。为了确保新的设计合乎总统的心意，他特地赶赴卡特在圣西蒙的乡间别墅与之面对面进行商议。这次他拿出的方案是将委员会的数量降至两个。一个是"政策回顾委员会"（Policy Review Committee，PRC），负责处理外交、国防以及国际经济事务，并下设一系列跨部门小组（Interdepartmental Groups），负责编写国安会的回顾文件。该委员会将根据议题的不同更换领导者，但必须保证这些领导者是内阁成员。另一个是"特别协调委员会"（Special Coordination Committee，SCC），负责应对美国武器控制相关问题（尤其是战略武器限制和谈）以及可能发生的危机。该

---

① Document 4, "Memorandum from the President's Assistant for National Security Affairs – Designate (Brzezinski) to President-elect Carter,"*FRUS*, 1977 – 1980, Volume XXVIII.

② Document 4, "Memorandum from the President's Assistant for National Security Affairs – Designate (Brzezinski) to President-elect Carter,"December 23, 1976, *FRUS*, 1977 – 1980, Volume XXVIII.

委员会由国家安全事务助理领导，下设一系列特别小组（Ad hoc Groups）[①]，负责处理特定问题。

卡特对布热津斯基的方案感到很满意。在就职典礼当天，他发布了两份由布热津斯基和他的团队拟定的、有关国安会系统机制的总统决策文件。在第一份文件中，卡特宣布将 1970 年开始的国家安全决策备忘录和国家安全回顾备忘录的名称分别改为总统决策指令（Presidential Directive，PD）和总统回顾备忘录（Presidential Review Memorandum，PRM）[②]。而总统决策指令 2 号文件则宣布了卡特和布热津斯基预先商定的国安会系统架构。该指令特地强调"机制的重组是为了将更多的责任赋予各部门和机构，同时也确保国安会以及我的国家安全事务助理继续发挥整合和促进外交、国防决策的作用"[③]。在一年之后，总统在一份行政命令中又分别赋予政策回顾委员会和特别协调委员会关于情报方面的不同职责[④]。这种国安会系统架构一直持续到了卡特任期结束，没有进行过太大的更改。

卡特对国安会政策文件的调整仅停留在名称上，并没有触及形式。这充分体现了卡特在没有能力通过创新政策文件形式来集中权力的情况下仍希望树立总统权威、视自己为裁决者的心态，实际上是一种缺乏自信的行为。

建立政策回顾委员会和特别协调委员会属于卡特的个人行为。布热津斯基在自己的回忆录中指出，尽管是他在文件中具体列举了这两个委员会的功能和责任范围，但"最初是卡特在一次和我的谈话中提出建立这两个委员会的，甚至连它们的名字都是他想的"[⑤]。这种调整实际上仍旧是表面文章。就连这一机制的缔造者之一阿伦都觉得"过去和现在的国安会在结构上实际上是一致的……正式结构中的组成部分与基辛格时期没什么

[①] Document 5, "Memorandum from the President's Assistant for National Security Affairs – Designate (Brzezinski) to President-elect Carter, "December 23, 1976, *FRUS*, 1977 – 1980, Volume XXVⅢ.

[②] "Presidential Directive/NSC – 1, "January 20, 1977, *USDDO*, CK2349391186.

[③] "Presidential Directive/NSC – 2, "January 20, 1977, 美国科学家联盟网站，http://fas. org/ irp/offdocs/pd/pd02. pdf.

[④] 政策回顾委员会负责确定情报行动的主要需求，评估相关的隐蔽行动以及定期回顾整体情报策略，而特别协调委员会则负责处理敏感的情报行动。见 "Executive Order 12036— United States Foreign Intelligence Activities, "January 24, 1978, The American Presidency Project, http://www. presidency. ucsb. edu/ws/index. php?pid = 31100&st = &st1 = 。

[⑤] Zbigniew Brzezinski, *Power and Princple: Memoirs of the National Security Adviser*, 1977 – 1981, New York: Farrar, Straus, Girous, 1983, pp. 59 – 60.

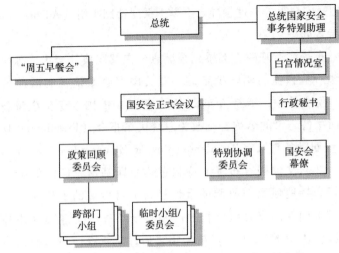

图 5 - 1　卡特政府时期的"二元"国安会系统架构

数据来源：Document 6，"National Security Council Organization and Functions Chart，"*FRUS*，1977 - 1980，Volume XXVIII。

区别"①。在尼克松和福特时代，7 个委员会相互平行，每个委员会的职能更加细化，属于横向结构；而卡特的改革尽管减少了委员会的数量，但增加了每个委员会的职能，让结构在纵向发展。这种"二元 - 纵深"的委员会机制可以在外观上让卡特的国安会系统与基辛格的国安会划清界限，在运作中却更容易造成职能分工上的混乱。

实际上，卡特国安会的机制架构仍属于基辛格和福特时期的"统筹 - 协调"模式。这位总统过于乐观地认为，将不同部门的成员安排到适合其专业的岗位，这些人就会遵循既定路线活动。但他的想法过于理想化，低估了分歧可能发生的程度，及这种分歧带来的政治损耗。这一缺陷导致的"意图和实践的背离"将在国安会系统未来的发展中逐步凸显。

（二）卡特政府非正式国家安全决策模式的兴起

正如前文所述，尽管卡特在布热津斯基和国安会幕僚的协助下打造了一种架构简化的"统筹 - 顾问"国安会系统，但这位总统并没有按照相同的理念去利用它。这体现在以下三个方面。

---

① "David Aaron Exit Interview，"December 15，1980，卡特总统图书馆，https://www.jimmycarterlibrary.gov/library/exitInt/Aaron.pdf。

首先，正式会议并不是总统吸取政策意见的首要论坛。在卡特四年的任期内，他仅仅召开了41次会议①。尽管大多数会议纪要尚未解密，但仍可以看出在每次正式会议前，政策回顾委员会或特别协调委员会都会提前得出结论，而之后的国安会正式会议便沦为了"汇报会"。例如，针对美国对南非罗德西亚和纳米比亚等国政策相关问题，布热津斯基和万斯从1977年2月就开始利用特别协调委员会展开研究。在8日的一次会议中，与会者明确表示"无论英国的行动是否失败都会继续对其进行支持"②。而一个月后的国安会正式会议仅负责传达这一决策，并象征性地就其征求与会者的意见。卡特在会议上的话佐证了这种推断："我们要尽最大可能达成一致，减少选择的数量。"③

其次，相比正式会议的弱势，国安会幕僚和其领导的特别行动委员会在国家安全政策的制定进程中发挥了更为重要的作用，而其应有的协调职能则全部交给政策回顾委员会处理。在最初组建幕僚团队时，布热津斯基缩减了人员的规模，在最开始"仅有24名业务专家"④，而到了政府末期也不过41人⑤。与此同时，他在挑选人员时十分注重这些人的专业背景。享誉盛名的萨缪尔·亨廷顿（Samuel Huntington）就是幕僚团队的一员。这种精简幕僚团队、注重成员综合能力而非协调能力的组织方式不禁让人想到邦迪当年基于"咨议－顾问"理念对国安会系统进行的改革。因此，尽管正式会议被边缘化，但总统指令和回顾备忘录的数量和质量维持在较高的水平⑥。

最后，尽管卡特认为基辛格的权力过于集中，不利于国家安全政策体系的良性发展，但他在任期一开始就给予自己的国家安全事务助理内阁成

---

① David Coleman, "NSC Meetings of the Carter Administration," History in Pieces, http://historyinpieces.com/research/nsc－meetings－carter－administration－2。

② "Summary of Special Coordination Committee meeting on South Africa and Rhodesia," February 8, 1977, USDDO, CK2349062420.

③ "National Security Council Meeting," March 3, 1977, USDDO, CK2349062002.

④ 〔美〕约翰·普拉多斯：《掌权者：从杜鲁门到布什》，封长虹译，时事出版社，1992，第462页。

⑤ Nicholas Ballasy, "Brzezinski, Scrowcroft: Obama Should Shrink 300-Plus National Security Staff," May 15, 2015, http://pjmedia.com/blog/brzezinski－scrowcroft－obama－should－shrink－300－plus－national－security－staff.

⑥ 卡特在任期内签署了63份总统决策备忘录和47份总统回顾备忘录。

员的地位①，并在任期内逐渐将他的权力提升至与基辛格相比有过之而无不及的程度。在刚刚接受国家安全事务助理一职时，布热津斯基在接受《华盛顿邮报》和《纽约时报》采访时明确表示自己"并不负责政策制定工作"；相比之下，他认为自己的职责是"领导总统的行政官员，帮助总统整合政策建议，而最为重要的是帮助他疏通决策渠道"，他只会在卡特向他提出要求时才会表达自己的观点②。这恰是"统筹–协调"机制中国安全事务助理应当肩负的角色。然而随着时间的推移，卡特却逐渐让布热津斯基代替万斯成为自己政策制定中最有分量的谏言者，并让这位并不熟悉中国问题的安全助理代表自己去和中方进行磋商③。而布热津斯基也逐渐习惯了这种角色，并频繁出现在媒体前，取代万斯成为外交政策的发言人。这使得他逐渐远离了国安会系统，也导致了在政府后期他与万斯的决裂④。在万斯辞职后，布热津斯基保持了克制的态度，没有像基辛格一样填补国务卿辞职后的权力真空，这使得"超级内阁"没有在卡特时期再次出现⑤。

在这种情况下，卡特逐渐以"咨议–顾问"理念运作国安会系统，即强调国家安全事务助理的顾问职能，并交替利用正式与非正式决策程序来处理相关问题。因此，卡特在自己的任期内取得了许多外交和安全事务方面的成就，例如签署《巴拿马运河条约》、参与并推进第二阶段限制战略武器和谈、实现与中国关系的正常化、组织戴维营会议以及调整军事政策和核政策等。这些成就大部分没有利用到国安会会议等正式机制，而是在布热津斯基和国安会幕僚的帮助下完成的。

①　"Cabinet Officers in the Carter Administration,"卡特总统图书馆，https://www.jimm-ycarterlibrary.gov/documents/jec/cabinet.phtml。

②　Murrey Marder, "Carter and Brzezinski Stress What NSC Chief will DO," *The Washington Post*, January 24, 1977, A3 ; Leslie Gelb, "Brzezinski Says Hell Give Advice to Carter Only When He Asks for It," *The New York Times*, December 17, 1977, p. 33.

③　Document 120, "Memorandum from the President's Assistant for National Security Affairs (Brzezinski) to President Carter," July 14, 1978, *FRUS*, 1977 – 1980, Volume XIII, China.

④　布热津斯基与万斯之间的矛盾广受卡特政府批评者的诟病，也被他们认为是这一时期政府政策实施出现不连贯的主要原因。关于两人的关系对国安会系统以及卡特国家安全决策进程产生的影响，本书将在第五章中做出进一步说明。

⑤　在万斯辞职后，布热津斯基递交给卡特一封备忘录。在其中他写道："万斯不愿意与我们合作造成的权力真空应当由马斯基来填补，很显然我现在应该保持低调。"见 Document 24, "Memorandum from the President's Assistant for National Security Affairs(Brzezinski) to President Carter," *FRUS*, 1977 – 1980, Volume XXVIII。

　　卡特的第59号总统指令便是一个颇具代表性的案例。这份文件是卡特政府对美国传统核政策进行修正的成果体现,而其制定和出台的过程也显示了这位事必躬亲的总统是如何在布热津斯基的引导下一步步放弃正式机制,转而倾向于非正式机制的。

　　在上任初期,通过限制部分国防开支来实行更为合理的预算方案是卡特的主要目标之一。作为一名曾经的核工程师,卡特自然首先想到的就是削减核武器。为此,对美国核政策进行回顾是非常必要的,卡特通过正式的跨部门决策进程完成了这一任务。1977年2月18日,卡特总统签署了一份名为"总体净评估与军事力量态势评估"(Comprehensive Net Assessment and Military Force Posture Review)的研究指令PD-10,并宣布将开展一次对"整体美国国家战略及能力的全面研究"[1],而核战略也自然是这次研究中重要的组成部分。政策回顾委员会和特别协调委员会为这次研究提供机构支持,前者将在国防部长的带领下完成美国的军事与力量态势评估,而后者负责在布热津斯基的领导下对美国国家安全的每个战略层面进行细致分析。在此基础上,国安会成立了以亨廷顿为主任的专项研究小组[2],并"安排11个任务小组,175人参加工作"[3]。这种庞大的规模让人不自觉地联想起艾森豪威尔时期的"日光浴计划",而这一计划是"统筹-协调"国安会机制下完成的重要成果。

　　这项研究的最终报告于6月完成。除了再次强调"美苏发生核战争的最终结果是两败俱伤,没有'赢家'"[4]以外,报告仅是对美国长期以来的核战略重新进行了一次梳理,并没有对其今后的发展提出实质性建议。

　　负责跟进这一报告结论并开展行动的是特别协调委员会而非政策回顾委员会,这使得布热津斯基在最初就掌握了一定程度上的话语主动。在7月7日的会议上,针对核问题,美国的政策精英们分成了对立的两队。一部分人觉得"确保相互摧毁"的核威慑理论更适合当时的国际环境,另一部分人则主张坚守从尼克松时期源起、在福特时期被正式命名的"有限核

① "Presidential Review Memorandum/NSC-10," February 18, 1977, 美国科学家联盟网站, http://fas.org/irp/offdocs/prm/prm10.pdf。

② "Memorandum for Zbigniew Brzezinski," February 16, 1977, *USDDO*, CK2349594230.

③ 〔美〕戴维·罗特科普夫:《国家不安全:恐惧时代的美国领导地位》,孙成昊、张蓓译,社会科学文献出版社,2016,第209页。

④ "PRM/NSC-10, Military Strategy and Force Posture Review Final Report," p. I-5, 美国科学家联盟网站, http://fas.org/irp/offdocs/prm/prm10.pdf。

战争"理论。无论是总统、国务卿、国防部长还是军备控制署主任,在此时都倾向于"确保相互摧毁"理论,唯独布热津斯基属于后一类①。

此时,如果卡特利用类似国安会正式会议这样的正式机制解决这一分歧的话,布热津斯基显然会在大部分内阁成员面前失势,美国核战略的发展史也会被更改。然而卡特却暂时保留了意见,同时在 8 月 24 日以另一份总统指令文件 PD – 18 号对 PD – 10 号文件做出回应,授权国防部对"有限核战争"进行进一步的研究②。1978 年 12 月,研究成果问世。这份名为《核打击目标政策回顾》(Nuclear Targeting Policy Review)的报告所提出的崭新的"有限核战争"战略被五角大楼和国安会幕僚视为"革命性"突破,并将以布朗为首的国防部拉入了布热津斯基的阵营③。

尽管如此,卡特还是心存疑虑,仍旧没有放弃通过"确保相互摧毁"战略来实现削减核武器的希望,因此他对国务院的研究成果没有做出回应。直到 1979 年年底,关于美国总体核战略的问题暂时被搁置。而 1979 年 11 月爆发的伊朗革命、紧接着出现的人质危机以及 12 月苏联对阿富汗的入侵改变了这一情况。面对即将到来的美国大选,卡特开始重新对自己的核战略进行审视。布热津斯基抓住了这个机会,在 1980 年初开始与自己的国安会幕僚班子一起为总统起草一份最终确定"有限核战争"核政策的总统指令。这一次,卡特没有再犹豫,彻底放弃了正式机制提供给他的意见和结论。从指令的起草到签署的整个过程中,国务院始终持反对意见。但卡特没有再利用任何国安会系统的机制,而是选择开始与布朗和布热津斯基单独会面,并将国务卿逐渐排除出这一圈子④。1980 年 7 月 25日,卡特签署了 PD – 59 号总统决策备忘录,正式确立美国"有限核战争"的核战略⑤。

PD – 59 号文件的出台过程展示了卡特在任期内是如何通过绕开正式

---

① "Meeting of the Special Coordination Committee," July 7, 1977, *USDDO*, CK2349044848.

② "Presidential Directive/NSC – 18," August 24, 1977, 美国科学家联盟网站, http://fas. org/irp/offdocs/pd/pd18. pdf。

③ "Nuclear Targeting Policy Review," December 13, 1978, 美国国家档案馆电子档案, https://www. archives. gov/files/declassification/iscap/pdf/2011 – 002 – doc1. pdf。

④ William W. Newmann, "Causes of Change in National Security Processes: Carter, Reagan, and Bush Decision Making on Arms Control," *Presidential Studies Quarterly*, Vol. 31, No. 1, 2001, pp. 287 – 288.

⑤ "Presidential Directive/NSC – 59," July 25, 1980, 美国科学家联盟网站, http://fas. org/irp/offdocs/pd/pd59. pdf。

机制来达成自己的目的的。值得注意的是，在这一过程中，虽然布热津斯基个人发挥了很大作用，但做出选择的仍是总统本人。在卡特任期内，他还通过其他方式来排除与自己意见不同的政策谏言者，甚至发展出了专门的非正式会议。比较有代表性的是 1977 年 6 月开始不定期召开的"周五早餐会"（Friday Foreign Policy Breakfast，FFPB）。与约翰逊时期的"周二午餐会"相似，这一私密聚会在每周五的早餐时刻举行，参与者最初包括卡特、万斯、布热津斯基以及副总统沃尔特·蒙代尔（Walter Mondale），国防部部长布朗、总统特别顾问汉密尔顿·乔丹（Hamilton Jordan）以及其他白宫幕僚也曾经加入过。布热津斯基在自己的回忆录里这样写道：

> 我非常高兴，因为我感觉到未来的外交政策能够得到更加有效的整合。仅仅通过与总统短暂的私人会面无法达到这一效果，因为那样的谈话很难涉及实质性问题，同时也缺乏其他人的参与。（周五早餐会）能够使我们更加连贯地回顾外交政策。我希望我们能够坚持这一机制，不要轻易放弃它。①

从布热津斯基的文字中可以看出，"周五早餐会"在卡特的决策进程中发挥了良好的作用，同时也被核心决策团体的成员所接受。实际上，这位国家安全事务助理也拥有自己的非正式午餐会，甚至出现时间比"周五早餐会"还要早。1977 年 3 月，布热津斯基开始召开"V－B－B 午餐会"，名称来源于万斯、布热津斯基和布朗的姓氏首字母大写，而参与人员自然也只有他们三人，以及一名负责记录的国安会幕僚。这一机制一直持续到卡特任期结束。在万斯辞职、马斯基接任国务卿后，布热津斯基还特意将其名称更改为"M－B－B 午餐会"。这一机制主要是为卡特的"周五早餐会"预热，提前对国务卿、国防部长以及国家安全事务助理三人的意见进行整合和协调，并"将会议纪要和结论尽快送到总统手中"②。这一机制的建立不禁让人想起前国安会时期的三方协调委员会，而三方协调

---

① Zbigniew K. Brzezinski, *Power and Principle: Memoirs of the National Security Adviser*, 1977 – 1981, New York: Farrar, Straus, Giroux, 1983, p. 68. 在这部回忆录中，布热津斯基称当时没有留下任何有关周五早餐会的会议纪要。

② "Memorandum for Zbigniew Brzezinski on VBB Lunch, "July 11, 1979, *USDDO*, CK23 49615698. 这份文件显示，负责记录的国安会幕僚还需要在会后分别为国务卿和国防部长各准备一份会议纪要。

委员会是一个战时机制，其建立的目的是应对外部危机、做出快速反应。

由于"周五早餐会"与"V－B－B午餐会"留下的会议议程和纪要屈指可数，在短期内仍难以对其所产生的效果和影响进行衡量。然而约翰逊时期的经验向人们证明，一旦这种机制在总统的决策进程中站稳脚跟，正式渠道就很难再发挥应有的作用。有学者注意到，卡特"一方面提倡正式、组织化的国安会结构，并且依靠其研究来做决策；另一方面，他也偏好灵活的（非正式）机制，例如有规律且参与者为顶级国家安全顾问的非正式午餐会"①。这种非正式决策模式的出现不可逆转地改变了卡特的外交及国家安全决策模式，让他与初期做出的"将更多责任分担给内阁各部门成员"的许诺渐行渐远。

尽管这位总统在任期内时刻不忘与尼克松时期的国安会系统划清界限，但在不知不觉中却成为自基辛格以来试图融合"统筹－协调"与"咨议－顾问"国安会运作模式的第二位先驱者。与其前任不同的是，他没有试图通过强化国安会内部的所有机制达到这一目的，而是建立了"统筹－协调"的国安会框架，并以"咨议－顾问"的理念去运作，以期同时追求机制化和灵活性。然而，这种方式却让卡特的国安会运作模式在外人眼中充满了矛盾：他希望让自己的国安会系统采取一种更为均衡、注重团队的合作模式，然而自己却很少利用它；他利用国安会幕僚制定出一套又一套宏观战略，但在处理危机时却对细节问题缺乏了解；他时刻都在强化布热津斯基的职权，但又希望利用万斯对其进行限制；他想让内阁发挥更重要的作用，却利用非正式机制将异议部门排除在外；他希望能够制定长期、连贯的政策，却对于国务卿和国家安全事务助理之间的矛盾置若罔闻。这些在决策进程上暴露出的矛盾源于机制设计上的误区，也间接造成卡特在20世纪80年代初错失了连任总统的机会。

三 里根政府时期的国安会与国际战略

自尼克松政府时期开始，美国所推行的缓和战略使得苏联在不发动核大战这一"红线"之下反复试探美国，对第三世界甚至欧洲各国发起广泛的战略攻势。这一点无疑给美国造成了巨大的地缘政治压力。在这种情况

---

① Dom Bonafede, "Zbigniew Brzezinski, "in Karl F Inderfurth, Loch K. Johnson, eds. , *Decisions of the Highest Order: Perspectives on the National Security Counci*l, California: Brooks/Cole, 1988, p. 171.

下，始于 20 世纪 70 年代的缓和战略，尤其是其中"确保相互摧毁"的战略理念招致美国国内政界学界的广泛批评。在 1981 年里根成为总统时，美苏间的"第二次缓和"趋于终结。面对苏联在全世界范围内扩张的严重挑战，里根顺应美国国内呼声，一改从尼克松到卡特时期的对苏战略，提出"以十字军的方式"对苏联这个"现代世界的祸根"进行讨伐，并致力于从本质上变革苏联体制[①]。从经验上来看，这种宏观战略的转向往往会带来相应机制的变化和调整。

此时，美国政府内部以及学界对于国安会系统的组织文化已经形成一种潜在的"共识"，即"自杜鲁门以来的民主党总统倾向于建立简单的国安会结构，利用非正式的国安会进程，并将国家安全政策的责任推给各部门"，而"自艾森豪威尔以来的共和党总统则视国安会为国家安全政策审议的主要论坛，倾向于建立细化的结构，利用更为正式的政策进程解决问题"[②]。按照这种推测，若是身为共和党的里根当选，将很有可能遵循艾森豪威尔、尼克松和福特时期的国家安全理念和国安会组织原则，建立"统筹-协调"模式的国安会系统。

然而里根却带领国安会系统走上了一条崭新的道路：他全盘削弱了国安会系统中的每个有机组成部分。这不仅造成了长达六年的机制混乱，而且使国安会成为一个从事具体事务的执行机构，导致了"伊朗门"事件的发生。1987 年后，里根对国安会系统进行了改革，让国安会系统的架构首次具备了"动态平衡"的特征，为后冷战时期稳定的斯考克罗夫特组织模式打下了基础。

（一）"消失的一年"：里根政府早期的国安会机制建构

在 1980 年大选年前，卡特政府所诉诸的、延续自尼克松政府时期的缓和战略已经无法应对苏联日益增长的挑战，同时其国家安全机制也暴露出诸多弊病，万斯的卸任更是让这种糟糕的情况雪上加霜。然而出人意料的是，里根并没有在大选期间就美国跨部门决策机制出现的问题进行过多的发挥。里根只是在 1980 年 10 月 19 日的电视演讲中指责卡特"无法确

[①] "Address before a Joint Session of the Congress on the State of the Union,"January 25, 1983, 美国科学家联盟网站，http://www. presidency. ucsb. edu/ws/index. php?pid = 41698&st = &st1 = 。

[②] Cody M. Brown, *The National Security Council: A Legal History of the President's Most Powerful Advisers*, Project on National Security Reform, Center for Study of the Presidency, p. 47.

保外交政策的统一性"，并声称"这一点必须得到改变。我将以更为连贯的方式来运作美国的外交政策"。里根许下了与当初卡特上任前相同的承诺——在外交政策进程中更多地依赖内阁成员。他明确声明若是成功当选总统，"早期的优先事项是对外交决策机制进行结构性改革，确保国务卿为总统的首席发言人和顾问"①。

也许是意识到了国安会系统在历史上长期处于"强顾问、弱协调"局面，里根希望通过改革使"国安会所扮演的角色再次回到政策进程的协调者。其主要任务是确保总统能够获得有序、平衡的信息及相关分析"。而对于国家安全事务助理，里根仅仅指出其"将与国务卿和正式会议的其他成员密切合作"②。这句话的言外之意是国家安全事务助理的决策地位将次于国务卿，同时其身份将很有可能由"主导者"转变为"协作者"。

尽管没有提到国安会正式会议，但从这段话中仍可以判断出里根是倾向于建立"统筹－协调"国安会机制的。相比前几任总统，里根能够着重强调国安会系统的协调职能是非常不容易的。"协调"是国安会在最初创立时最重要的职能目标，也是 1947 年《国家安全法》赋予这一机制的根本属性，然而自肯尼迪时期以来，这一国安会的本职工作被不断模糊、弱化。

在顺利入主椭圆形办公室后，里根在过渡政府时期选择了曾是基辛格副手的黑格和竞选团队中的顾问艾伦（Richard Allen）分别出任国务卿和国家安全事务助理。对于黑格来说，曾经深入参与"超级内阁"的经历让其充分体会到权力在官僚决策结构中的重要作用，而里根明确表示将恢复国务卿在决策进程中的首要地位更给予他足够的信心成为总统在外交和国家安全领域的"代理人"。而艾伦似乎从一开始就表现出对这种角色转变的默许。在过渡政府时期，他就曾对《纽约时报》的记者表示国家安全事务助理应当适当地控制自己的势力范围，"将政策制定的权力归还给国务卿"。为此，他称自己将"确保所有可供选择的方案都被提交给总统"，

---

① "Televised Address by Governor Ronald Reagan: A Strategy for Peace in the '80s'," October 19, 1980，里根总统图书馆，https://www.reaganlibrary.archives.gov/archives/Reference/10.19.80.html。

② "Televised Address by Governor Ronald Reagan: A Strategy for Peace in the '80s'," October 19, 1980，里根总统图书馆，https://www.reaganlibrary.archives.gov/archives/Reference/10.19.80.html。

并"主要关注跨部门问题的协调,同时参与'长期问题的规划'"①。在另一次采访中,艾伦也明确表示"日常工作不属于这儿(国安会系统),我们不需要每十分钟确认一次情况。那是国务院的活儿"②。

无论艾伦这种坦然的态度是否发自真心,他的职务将被弱化已是在所难免。"里根政府一建立,国家安全事务助理和总统手下几位关键人物就显然不属于同一个圈子……艾伦从基辛格以前争取到的西翼办公室中搬了出来,重新回到了地下室里"③。这不仅意味着总统与这位国家安全事务助理之间的距离在空间上拉大了,还使得艾伦沦落到需要通过总统的顾问米斯(Edward Meese)传达国家安全相关报告的地步,因此成为历史上首位无权与总统直接接触的国家安全事务助理④。

国家安全事务助理不再担任政策顾问的这一变化为总统身边留下了权力的空洞。依照总统最初的承诺,填补这一空缺的应当是黑格与国务院。然而事实证明,在国家间相互依存的全球化时代里,美国总统是很难放弃已经掌握的"微观控制"(micro-management)能力的。里根在标榜黑格重要作用的同时,又在自己身边打造了一支非常强势的白宫办公厅团队,控制着内阁成员及政府内其他人员接近总统的渠道。米斯与幕僚长贝克(James A. Baker Ⅲ)以及副幕僚长笛福(Michael K. Deaver)是这个团队的核心,被称为里根政府的"三驾马车"(troika)⑤。在这种情况下,尽管各个部门都尝试提交更多的信息,但由于白宫团队的存在,总统在大部分时间内与这些信息的"细节"相互隔绝,而这些细节往往具有潜在的重要性。

在这种情况下,黑格能够做的就是尽可能争取对国安会系统的主导权,以便让自己在未来与白宫办公厅团队不可避免的竞争中占得先机。实际上,黑格早在里根就职前就尝试过向总统表达自己试图控制国安会系统

① Richard Burt, "Regan Aids Tell of Plans to Strengthen Secretary of State and Curbsecurity Adviser,"September 19,1980, *The New York Times*, A. 28.

② Karl F Inderfurth, Loch K. Johnson, eds. , *Decisions of the Highest Order: Perspectives on the National Security Council*, California: Brooks/Cole, 1988, p. 100.

③ John Prados, *Keepers of the Keys: A History of the National Security Council from Truman to Bush*, New York: William Morrow and Company, Inc. , 1991, p. 449.

④ "History of the National Security Council, 1947 - 1997,"美国科学家联盟网站, http://fas. org/irp/offdocs/NSChistory. htm#Reagan。

⑤ "The President Troika,"April 19,1981, *The New York Times*, http://www. nytimes. com/1981/04/19/magazine/the - presidential - troika. html?pagewanted = all.

甚至国家安全决策进程的愿望。在 1 月 6 日，这位即将上任的国务卿与里根进行了一次长达一个半小时的面谈，并为这次谈话特意准备了一份提纲。这份后来被《华盛顿邮报》曝光的文件字里行间都显示了黑格的"霸道"。文件的主旨思想就是"国务卿应当成为总统在外交事务上的'代理人'（Vicar）"。为此，他提出了"除了财政部与国防部等有特殊利益的群体以外，所有的国安会下属委员会都应当由国务卿来担任领导者""所有与外事人员的交流都应该通过国务院（而不是国安会幕僚）""必须确保您的国家安全事务助理及其办公室成员与新闻媒体间没有独立的联系。必须由我担任您外交事务的唯一发言人"[①] 等一系列要求。

现在来看，黑格这种过于自信甚至"狂妄"的要求源于他错误地解读了里根对他的期望。如果国安会按照他这份文件所指的方向发展，毫无疑问将会导致"超级内阁"的再次出现。这种情况会造成总统在国家安全以及外交政策制定进程中权力的极大流失，是任何一位后基辛格时期的领导者都在尽全力避免的。里根不可能不清楚这一点。因此，这一文件不仅没有起到黑格希望的作用，反倒为他未来的辞职埋下了伏笔。

而黑格似乎没有意识到这一点。按照传统，新政府的国安会系统机制应当在总统宣誓就职后的第一时间以总统决策指令的形式确定。为此，黑格在就职典礼当天向里根提交了一份关于新政府国安会系统机制框架的备忘录。这份备忘录明确指出了国务院在行政机构中的领导地位——"国务院将领导跨部门委员会，广泛处理政策问题"，"国防部与中情局只处理与其相关的跨部门问题"，"危机管理的责任由过去的白宫转至国务院"，"国家安全事务助理及其幕僚将主要负责人事管理，不具备参政或协调职能"[②]。毫无疑问，这份备忘录最后石沉大海了。总统只在该日签署了一份决策指令，"换汤不换药"地将卡特时期的总统回顾备忘录与总统指令改为了国家安全研究指令（National Security Study Directive，NSSD）与国

---

① "Talking Paper for Meeting between President-elect Regan and Secretary – Designate Haig," January 6, 1981, in "The Document That Sowed The Seed of Haig's Demise," July 11, 1982, *The Washington Post*, https://www.washingtonpost.com/archive/opinions/1982/07/11/the - document - that - sowed - the - seed - of - haigs - demise/972a2546 – aeb0 – 4b9d – bccc – bd848021bb74/?utm_term = .346c3715e723.

② Ivo H. Daalder and I. M. Destler, *In the Shadow of the Oval Office: Profiles of the National Security Advisers and the Presidents They Served—From JFK to George W. Bush*, New York: Simon & Schuster, 2009, p. 13.

家安全决策指令（National Security Decision Directive，NSDD）①。直到1981年年底，里根政府没有发布任何定义国安会系统的正式文件。

此后，国安会系统的各个组成部分先后遭到不同程度的弱化。艾伦差不多等同于国安会行政秘书，在黑格和"三驾马车"面前不具备任何实质性发言权。不仅如此，这位国家安全事务助理还劝说他的幕僚班子成员试着接受这种角色转换的命运，称"如果你寻求的是每日行动、发送电报以及备忘录的活儿，那这儿不是你该待的地方——你应该去那些参与具体行动的机构。但是如果你对参与制定连贯、专业化程度高的长期政策倡议感兴趣的话，那么你很适合这里"②，试图让这些专家理解他们参与的是更为宏观的政策规划工作。而讽刺的是，整个1981年没有一份国家安全研究指令文件被总统签署，充分证明这些成员的工作是不被重视的。

尽管国安会正式会议在这一年中召开了35次③，但这些会议皆由以米斯为首的"三驾马车"所把持。虽然大部分会议纪要仍未解密，但通过有限的文件仍可以判断出白宫在国家安全政策领域与日俱增的影响力，以及正式会议的"报告会"性质。例如在7月6日的会议中，包括总统和副总统在内共有27人参加，而其中来自白宫的就有7人。国防部和国务院加起来也不过5人参会，而国安会方面只有艾伦1人，且在整个会议过程中没有机会发表意见④。在正式会议之外，里根建立了一个崭新的非正式机制，即"国家安全规划小组"（National Security Planning Group，NSPG）。这一小组"在某种程度上与约翰逊的'周二午餐会'和卡特的'周五早餐会'很像"，逐渐成为"里根政府探讨国家安全政策的首要论坛"⑤。这种非正式的机制仅在有足够的人员为其提供会前支持的情况下才能够顺利运作。在过去的"咨议－顾问"国安会系统中，这些工作由国安会幕僚全权负责。然而米斯却阻止艾伦和他的手下过多参与这一非正式进程。这导

---

① "National Security Decision Directive–1，"February 25，1981，里根总统图书馆，https://reaganlibrary. archives. gov/archives/reference/Scanned% 20NSDDs/NSDD1. pdf。

② Hedrick Smith，"A Scaled–Down Version of Security Adviser's Task，"*The New York Times*，March 4，1981.

③ "NSC Meetings of the Reagan Administration，"History in Pieces，http://historyinpieces. com/research/nsc–meetings–reagan–administration–2.

④ "Minutes of a 11:09 a. m.–12:22 p. m. National Security Council(NSC) meeting，"July 6，1981，*USDDO*，CK2349696331.

⑤ Karl F. Inderfurth，Loch K. Johnson，ed.，*Fateful Decisions: Inside the National Security Council*，New York: Oxford University Press，2004，pp. 75–76.

致"问题往往在没有充分准备的情况下讨论"。"有时在没有得到透彻的
理解和考虑前就做出了决策"①。这一非正式机制的建立严重削弱了正式
会议的重要性。

没有正式的、指导国安会系统机制的总统指令文件颁布意味着里根在
最初并不想在这一框架内建立任何委员会。但是这种没有结构支撑的决策
进程在处理协调方面的问题时相当脆弱，注定会在具体运作时遭遇重重麻
烦。为此，总统断断续续地以非正式的方式在国安会系统内部建立了一些
"高级跨部门小组"（Senior Interdepartmental Group，SIG）。这些小组下面
还有一系列负责为其处理基本事务的"跨部门工作小组"（Interdepartmental
Working Group，IG）②。然而，这些小组竟然没有一个归艾伦领导。这再
次体现了总统将国安会系统与政策实施的相关一切进行隔离的意图。

整个 1981 年，没有决策文件提供指导思想的国安会系统被严重边缘
化。自 1950 年朝鲜战争爆发后，这一机制的发展首次陷入了迷茫。没人
知道国安会应当在决策进程中扮演"统筹－协调"还是"咨议－顾问"
角色。1981 年也因此成为国安会发展历史中"消失的一年"。

（二）　NSDD－2 号文件与国安会机制发展的误区

黑格试图将自己塑造成里根政府"代理人"的努力最终失败。不仅如
此，这位国务卿还因为自己过于自负的性格逐渐被白宫和外交政策圈所孤
立，在 1982 年年中便辞职了。与黑格一同离开白宫的还有艾伦，他当时
深陷收受贿赂风波。尽管受贿最终没有被证实，但艾伦认为"很明显有人
希望他离开"，于是在 1982 年 1 月 4 日宣布辞职③。接替艾伦的克拉克
（William P. Clark）是黑格在国务院的副手。相比艾伦，他与里根的关系

---

① Ivo H. Daalder and I. M. Destler, *In the Shadow of the Oval Office: Profiles of the National Security Advisers and the Presidents They Served—From JFK to George W. Bush*, New York: Simon & Schuster, 2009, p. 140.

② Michael Getler, "Scaled - Down National Security Adviser Still a White House Pillar," April 7, 1981, *The Washington Post.* 这些小组以其应对的具体问题命名，例如 3 月相继建立的巴基斯坦 SIG、西奈和平计划 SIG 以及利比亚问题 SIG 等，见 "Memorandum for Richard V. Allen," March 24, 1981, *USDDO*, CK2349554259; 相应地，次级的 IG 也与其对应的 SIG 名称相同，例如巴基斯坦 IG，见 "Memorandum for Richard V. Allen," February 20, 1981, *USDDO*, CK2349721559。

③ David Shribman, "Analysis: How Richard Allen Finally was Forced to Resign," *The New York Times*, January 8, 1982.

更加亲密。克拉克的任命也正好与里根将政策优先权由国内事务转移到外交事务的时间节点相吻合。据称，里根在椭圆形办公室的一次会议中曾经对自己的顾问们说，"先生们，我们今年主要关注国内问题，我希望你们现在开始在外交、国防以及情报问题上大干一场"[①]。

里根政府开始处理过去一年国家安全系统的混乱状态，而首要举措便是发布一份一年前就该问世的总统决策文件，确立国安系统的具体架构和机制。1982 年 1 月 12 日，里根签署并发布了 NSDD - 2 号文件。文件首先例行公事地指出，"国安会应当作为总统国家安全决策制定进程中的主要论坛"，"其功能和职责应当继续遵循 1947 年《国家安全法》及其修正案的规定"[②]。同时，文件也再次强调了国务卿在国安会系统中的优先地位和作用，并将制定国安正式会议文件和外交政策文件的责任交给了国务院。

NSDD - 2 号文件将 1981 年建立的 SIG 合法化，并调整了其运作模式。原有以具体行动命名、各自为政的小组按照不同的行动性质被重新归为三个大类目，分别为"外交政策方向的高级跨部门小组"（SIG - FP），"国防政策方向的高级跨部门小组"（SIG - DP），以及"情报方向的高级跨部门小组"（SIG - I）。其中 SIG - FP 负责确保政府关于外交政策以及外交事务的指示能够准确、迅速地传达，同时负责评估美国在海外的跨部门计划以及行动。SIG - DP 下的小组负责国防军事方面的跨部门协作。而 SIG - I 下的小组则注重情报界的协调，并且监管和负责"美国海外情报计划"（National Foreign Intelligence Program）[③]。依照决策指令中的描述，对原有的高级跨部门小组进行整合是确保跨部门问题能够在各自机构中得到有效传达，同时保证政策能够得到较好实施的重要保障[④]。从名称就可以看出，

---

① Cody M. Brown, *The National Security Council: A Legal History of the President's Most Powerful Advisers*, Project on National Security Reform, Center for Study of the Presidency, p. 49.

② "National Security Decision Directive 2," January 12, 1982, 美国科学家联盟网站，http://fas. org/irp/offdocs/nsdd/nsdd - 2. pdf。

③ "美国海外行动计划"是 20 世纪 70 至 80 年代一系列情报计划和隐蔽行动的总称。在 1981 年年末发布的第 12333 号行政命令中，总统将评估和行使这一计划的权力全部交予中情局局长，同时指出"在国安系统内建立相应的委员会负责该计划"。然而在 SIG - I 被合法化前，始终没有负责该计划的国安会委员会建立。见 "Executive Order 12333—United States Intelligence Activities," December 4, 1981, The American Presidency Project, http://www. presidency. ucsb. edu/ws/index. php?pid = 43324&st = 12333&st1 = 。

④ "National Security Decision Directive 2," January 12, 1982, 美国科学家联盟网站，http://fas. org/irp/offdocs/nsdd - 2. pdf。

这三个类目小组的负责人分别来自国务院、国防部以及中情局。而为了给予高级跨部门小组足够的支持，NSDD-2号文件中也同样保留了隶属于不同SIG下的IG系统。每个SIG小组的负责人有权力根据其涉及的具体问题在各自分管的SIG下同时设立多个IG。SIG-IG的结构强化了国务院在国家安全进程中的领导地位，并使得国安会系统内部被国务院、国防部和中情局的人员所占据。幕僚团队的成员仍旧处于边缘地位。

尽管没有被NSDD-2号文件提及，但作为非正式机制的NSPG也与正式会议、SIG和IG一同被保留了下来。至此，里根的国安会系统框架暂时得到了确认（见图5-2）。通过对比可知，NSDD-2号文件只是对1981年业已建立的机制进行了确认和叙述，没有引入新的机制和进程。当时就曾有国安会幕僚团队成员对《纽约时报》的记者指出："这份指令文件没有建立什么新东西……只是将已经存在的、基于某种共识而建立的结构正式化了。"①

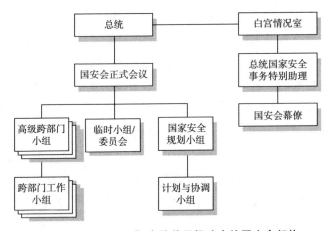

图5-2　"伊朗门"事件前里根政府的国安会架构

资料来源：笔者根据相关文献自制。

同时，这种乍看上去非常严谨、简洁的国安会机制框架中包含了一个致命的缺陷。NSDD-2号文件实质上没有建立具体的委员会，而仅是为委员会的未来发展框定了一个方向。里根可以自由建立符合自己偏好的SIG，而这些SIG中的内阁成员也有建立相应的IG的权力。这使得国安会

---

① Steven R. Weisman, "Clark is Staking Out His Turf as Security Adviser," *The New York Times*, January 19, 1982.

系统在未来的发展中不可避免地会逐渐走向膨胀。

负责经济事务的高级跨部门小组是其中比较有代表性的机制，也能充分显示里根政府是如何根据事件和国际局势、国家诉求而增添国安会委员会的。在 NSDD－2 号文件出台后不到一个月的时间里，里根政府开始准备对美国整体冷战战略进行评估和考量。2 月 5 日，里根发布了自己任期内的第一份研究指令，即 NSSD－1/82 号文件。在这份文件中，里根下令对"苏联军事力量的影响以及美国国家安全战略"进行一次宏观、全面的研究[1]，并授权建立一支以克拉克为领导、包含国安会幕僚的回顾小组专门负责进行这项研究。3 个多月后，这个回顾小组的报告经里根签署形成了 NSDD－32 号决策文件。这份文件重申了里根政府战胜苏联、获得冷战胜利的根本目标，是"里根主义"的集中体现，也成为总统整个任期内对苏国家安全政策的指导性文件。文件强调美国不应拘泥于传统的遏制战略，而是要"逆转苏联在全世界范围内军事扩张的态势"[2]。为此，美国应与盟友通力合作，抓住苏联在经济方面的短板，一举将其摧毁。为了将这种思想付诸实践，里根还特意发布了 NSDD－48 号文件，建立了负责经济政策的高级跨部门小组（SIG－IEP）。该小组由财政部长担任组长，国务卿担任副组长，负责"发展、梳理以及准备与外交政策问题相关的国际经济政策意见"[3]。财政部长与国务卿又在其之下建立了若干个 IG，为 SIG 的决策提供数据支持。至此，国安会系统便完成了一次扩张。打个比方，如果说国安会系统是"树干"的话，那么 SIG－IEP 就是其中的一根根"树枝"，诸多 IG 则是"树枝"上的"叶子"。

随着时间的推移，"树干"岿然不动，"树枝"和"叶子"却呈几何级数增长。众多证据表明，里根滥用了这一机制，将国安会系统引入了误区。当时，始终关注该机制动向的布热津斯基洞察到了这一点，发表了题为《国安会的中年危机》的文章对里根政府的国安会系统进行了批判。据他描述，到 1986 年年底，SIG 的数量已经扩张到了 25 个，仅处理美苏关

---

① "National Security Study Directives－1/82: U. S. National Security Strategy,"February 5, 1982, 美国科学家联盟网站，http://fas. org/irp/offdocs/nssd/nssd－1－82. pdf。

② "National Security Decision Directive－32,"May 20, 1982, 美国科学家联盟网站，http://fas. org/irp/offdocs/nssd/nssd－32. pdf。

③ "National Security Decision Directive－48,"July 23, 1982, 美国科学家联盟网站，http://fas. org/irp/offdocs/nssd/nssd－48. pdf。

系的就有 5 个。而相应的 IG 数量则更加夸张，达到了 55 个；IG 下还发展出了超过 100 个的任务小组。"结果是国安会机制逐渐失去控制，并更多地浸染了官僚习气，同时也牺牲了其原本的制定战略和政策协调的职能"①。同时，在这些委员会中，"有些仅仅是为单一的目的而设立，有些从创立到解散竟然只开过一次会议"②。例如于 1985 年成立的"美印关系高级跨部门小组"（SIG on Indo – U. S. Relations）仅仅是为甘地访美进行铺路。这一小组在首次会议上敲定了美印首脑会谈的具体内容后便宣告解散③。这样的例子数不胜数。不仅如此，为诸多 SIG 提供支持的 IG 也没有具体的运作路径以及固定的政策产出模式。一方面，各部门的领导人对于他们在国安会委员会内部还从属于其他部门感到非常不满；另一方面，这种情况也给参与这一阶段国安会系统的人们一种错觉，即政策的制定和实施已经不存在明显的界限，且为了达到目的完全可以不择手段。在贝克（James Baker Ⅲ）看来，这一时期的国安会简直就像是"一个终日酝酿阴谋、自大、排斥他人且不停嚷嚷着要独立的巫婆"④。面对这种混乱局面，里根始终无动于衷。委员会机制的冗杂、运作理念的缺失与总统的放任态度共同成为"伊朗门"事件的起因。

（三）从"伊朗门"事件到国安会的"机制融合"

尽管国家安全事务助理及幕僚团队的成员们被排除在核心政策圈之外，但由于大量委员会的存在和运作，国安会系统在表面上仍显得非常活跃。然而，虽然委员会的职能包罗万象，可没有一个由国家安全事务助理直接领导。实际上，在里根政府时期国安会系统成员更换频繁，其领导者甚至自顾不暇。在 1983 年 10 月克拉克卸任后，麦克法兰（Robert McFarlane）与波因德克斯特（John Poindexter）相继出任了里根政府的第三、第四任国家安全事务助理。尽管得到了一定的实质性权力，但这两人与麾下的办公室成员仍受制于强大的白宫与内阁势力，无力对庞大且混乱

---

① Zbigniew Brzezinski, "The NSC's Midlife Crisis," *Foreign Policy*, Vol. 69, No. 80, 1987, p. 92.

② 〔美〕约翰·普拉多斯：《掌权者：从杜鲁门到布什》，封长虹译，时事出版社，1992，第 561 页。

③ "Summary of a Senior Interagency Group(SIG) Meeting Regarding Indian – U. S. Relations," April 9, 1985, *USDDO*, CK2349545302.

④ James Baker Ⅲ, *Politics of Diplomacy*, New York: Putnam Adult, 1995, p. 26.

的国安会系统做出任何改变，只能在日益泛滥的机制中随波逐流，沦为各部门的附庸。《纽约时报》在 1985 年的一篇评论员文章中一针见血地指出："国安会的幕僚们并不是真正为委员会工作，而是为总统、副总统、国务卿和国防部长工作。"① 在这些人的指示下，国家安全事务助理、国安会幕僚以及诸多行动小组在缺乏统一机制管理的情况下各行其是，逐渐忽略了其"统筹""协调""咨议""顾问"等本职职能，转而成为各大部门的"施政打手"，最终酿成了美国历史上少见的外交政策危机。

在"伊朗门"事件被新闻媒体披露并持续发酵的时间里，里根迫于压力，在 1986 年年末发布了一份决策指令，建立了"总统特别审查委员会"（President's Special Review Board）。该委员会由前任参议员托尔（John Tower）担任主任，因此也被称为"托尔委员会"。除托尔以外，委员会的正式成员只有前国务卿马斯基和福特时期的国家安全事务助理斯考克罗夫特。委员会的职能是对美国国安会系统在"伊朗门"事件中扮演的角色进行调查，继而提出改良这一系统的建议和意见②。该委员会的建立是国安会系统的转折点，意味着里根不仅承认了自己的国家安全决策机制存在弊病，也希望通过改革来扭转国安会系统的颓势。

1986 年 12 月，弗兰克·卡卢奇（Frank Carlucci）接替深陷丑闻的波因德克斯特出任国家安全事务助理。他选择了科林·鲍威尔（Colin Power）担任自己的副手，并和这位前军事将领共同着手推进国安会系统的改革。在 24 日，卡卢奇向里根提交了一份备忘录，勾勒出了自己对国安会改革的大致构思。在这份备忘录中，他特别强调要通过这次改革"在外交与国家安全政策方面为美国留下强大且持久的遗产"③。为了确保改革能够顺利进行，卡卢奇在刚刚上任后首先"打扫屋子"，开除了原有 59 名国安会幕僚中的 24 人，而后又开除了 12 人④。这些被扫地出门的人大

---

① Leslie H. Gelb, "National Security Council: Where Anonymous Power Accrues," *The New York Times*, June 4, 1985, A. 22.

② "Executive Order 12575—President's Special Review Board," December 1, 1986, The American Presidency Project, http://www. presidency. ucsb. edu/ws/index. php? pid = 36770&st = 12575 &st1 =. 关于托尔委员会的研究结论对国安会系统机制产生的影响，本书将在第七章做出进一步分析。

③ "Memorandum for the President on NSC Activities," December 24, 1986, http://www. thereaganfiles. com/19861224 - nsc. pdf.

④ James Bamford, "Carlucci and the NSC," *The New York Times*, January 18, 1987.

多数是波因德克斯特的心腹，而代替他们的则是更为专业的外交政策专家。然而与邦迪和罗斯托等领导的"咨议－顾问"国安会系统不同的是，卡卢奇对行政人员进行精简不是为了增加而是为了削弱他们的权力。前国安会幕僚阿伦（David Aaron）在 1987 年 1 月 12 日的《洛杉矶时报》上恰当地形容了这种变化：

> 国安会必须再次由精英组成，才符合美国政府的利益……为此，一道围墙将国安会幕僚和白宫隔开。在过去，天天和政治权贵擦肩而过影响了这些幕僚的判断和客观性。我们应该回到国安会幕僚没有乱七八糟的白宫特权、没有行政大道的停车通行证、没有国宴的邀请以及上镜机会的日子。①

1987 年 2 月，托尔委员会完成了他们的调查和研究，并给总统提交了一份详细的报告。作为回应，里根在一个月后发布了 NSDD－266 号决策指令文件来将委员会的成果投入实践。这份文件主要框定了美国国家安全决策进程中的重要组成人员、机构的职能，并在此基础上提出该机制未来的发展理念。在这里，理念"融合"的思想再次被体现：一方面，该文件要求国安会系统按照 1947 年《国家安全法》与 1949 年修正案中的规定，继续发挥"统筹－协调"职能；另一方面，该文件还特别指出国家安全事务助理"是总统主要的国家安全政策方面的顾问……在确保其他国安会参与者的观点被呈送给总统的同时也要向总统提出自己的观点"，并要求幕僚团队"规模小、能力高、经验丰富"且"对国安会系统内的组织机构实行明确、纵向的控制和问责"，充分发挥"咨议－顾问"机制的特性②。

除此之外，文件明令禁止国家安全事务助理参与国际安全决策实施过程，并指示在国安会幕僚中安排一名"有权阅读所有国安会相关文件和信息"的法律顾问，借此杜绝非法行为的再次发生③。

NSDD－266 号文件没有对 NSDD－2 号文件中建立的国安会架构提出

---

① David Aaron, "NSC is Easy to Abuse but Crucial to the Presidency," *Los Angeles Times*, January 12, 1987.

② "National Security Decision Decision－266," March 31, 1987, 美国科学家联盟网站, http://fas. org/irp/offdocs/nsdd/nsdd－266. htm。

③ "National Security Decision Decision－266," March 31, 1987, 美国科学家联盟网站, http://fas. org/irp/offdocs/nsdd/nsdd－266. htm。

具体的改革方案，而是将这一任务留给了卡卢奇，授权他对当时已经杂乱无章的架构进行一次整体梳理和评估。在几个月的研究后，里根基于卡卢奇的评估结论签署了 NSDD - 276 号文件。这份文件对国安会系统框架进行了实质性调整，可以被视为 NSDD - 266 号文件思想的具体实践。

NSDD - 276 号文件再次强调了 1947 年《国家安全法》及修正案中的描述，即国安会正式会议是总统做出国家安全决策的首要论坛。同时，文件也将之前的非正式会议机制 NSPG 合法化，将其正式安插在国安会系统框架之内。NSPG 主要负责"梳理国家安全政策的发展与实施情况"①，并由国家安全事务助理负责安排会议议程和内容。NSPG 的正式化减少了它对国安会正式会议的负面影响。这种"双轨式"的机制弥补了正式会议的不足。此后，美国国家安全事务相关关键人员都有机会参与政策商议、宣布以及回顾。

同时，NSDD - 276 号文件对国安会委员会机制进行了调整，实质性地改变了整个国安会系统的架构。首先，文件取缔了以政策为导向的 SIG 机制，建立了单一的"高级回顾小组"（Senior Review Group，SRG），并将其定性为"内阁级别跨部门小组"（Cabinet Level Interagency Group）。该小组由国家安全事务助理担任主任，成员包括国务卿、国防部长、白宫幕僚长、中情局局长以及参联会主席。利用 SRG 代替诸多 SIG 的改变不仅从根源上解决了"委员会泛滥"问题，也使国安会具备了足够的能力，从政府决策的制高点处理跨部门政策协调相关事务。

其次，NSDD - 276 号文件在 SRG 下建立了"政策回顾小组"（Policy Review Group，PRG）。这个被定性为"高级副内阁级别跨部门小组"（Senior Sub - Cabinet level interagency group）的委员会是卡卢奇在 1986 年 12 月给总统的备忘录中提议建立的②，也是这次国安会系统改革中最大的创新。该小组由副国家安全事务助理担任主任，成员包括各国家安全相关机构中的副手，负责"处理日常的跨部门具体事务"③。相比 SRG，PRG

---

① "National Security Decision Decision - 276," June 9, 1987, 美国科学家联盟网站，http://fas. org/irp/offdocs/ nsdd/nsdd - 276. htm。

② "Memorandum for the President on NSC Activities," December 24, 1986, http://www. thereaganfiles. com/19861224 - nsc. pdf.

③ "National Security Decision Decision - 276," June 9, 1987, 美国科学家联盟网站，http://fas. org/irp/offdocs/nsdd/nsdd - 276. htm。

的工作更为具体，处于国安会系统结构中"承上启下"的重要位置。在卡卢奇担任国家安全顾问期间，政策回顾小组由其助手、后来的国务卿科林·鲍威尔担任主任。

最后，尽管 NSDD - 2 号文件中的 IG 机制在 NSDD - 276 号文件中得以保留，但数量被大幅削减。尽管内阁各部门领导者仍有资格发起建立新 IG 的请求，但批准建立 IG 的权力转移到了国家安全事务助理手中。同时，单独的 SRG 也杜绝了 IG 再次泛滥的可能。得以留存的 IG 仍旧作为 SRG 和 PRG 的延伸，扮演工作小组的角色。国安会幕僚对这些小组的控制避免了其被狭隘的部门利益所主导，从而限制能够提供给总统的政策选项的数量。新的国安会系统同时阻止了"许多问题从较低级别的工作组直接跃升到国安会正式会议，从而导致正式会议成员激烈争吵，给总统造成不便"的情况①。

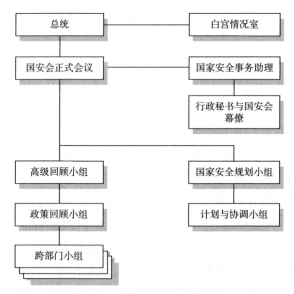

图 5 - 3　前斯考克罗夫特模式

资料来源：笔者根据相关文献自制。

NSDD - 266 号与 NSDD - 276 号文件在美国国安会系统的发展史上具有里程碑式意义。在这两份指令文件的影响下，里根不仅在自己的任期末

---

① 　John Burke, "The National Security Advisor and Staff, "The White House Transition Project 1997 – 2017, Report 2017 – 24, July 2017, p. 32.

较为成功地将"统筹－协调"与"咨议－顾问"的国安会运作理念相融合，同时也将这种理念的转变体现在了国安会系统的结构上，将国安会系统从一个高度复杂、难以管理的机构转变为一个有系统化架构又精简的组织，单从机制上来说，这一时期由 SRG－PRG－IG 组成的"三级结构"是冷战时期唯一一个理论上兼具灵活性和机制化的国安会结构。

然而，这一组织结构实际上也存在几个致命问题。

首先，从下往上看，三级结构将不可避免地使政策选项减少，从而限制长期战略改革其至调整的可能性。该组织模式人为地设置了权力的壁垒，并限制了信息在每个层级之间的流动。诚然，位于最底层的政策建议与安全议题经"过滤"后再流动到上一层级的设计确实有助于化繁为简、提升效率，但在某种程度上也提高了阻碍有效意见的可能性，或人为操纵议题的风险。这种情况与艾森豪威尔时期"政策山"中的"酸浴"非常相似。

其次，自上往下看，三级结构将进一步强化本就逐步增强的"帝王式总统权"，增加了美国总统垄断决策的风险。依据 1947 年《国家安全法》的规定，国安会这一跨部门决策机制的精髓在于尽可能地为决策提供可能的政策选项，使其尽可能在信息对称的情况下做出相对而言更好的最终决策，在提高了决策合法性的同时，对可能出现的权力集中情况予以某种程度上的约束。然而，新的国安会结构割裂了总统与其顾问之间的沟通纽带，减少了系统内幕僚与总统直接接触的机会。鉴于正式会议从结构上看处于三层支撑性委员会之上，这一体系假设总统只需与正式会议的成员进行直接商讨即可。在这种情况下，若是总统将国安会视为"咨议－顾问"机构，那么无疑总统将有能力在白宫内"肆无忌惮"地做出决策。

最后，三级结构在纵向上的稳定性意味着其具备横向扩张的潜在可能性。随着科技的进步与国家安全概念的一再泛化，美国所面临的安全威胁只会在可见的未来越发增加。面对新的安全议题，这一结构的适应性调整无疑是在其第二、第三层级内增加区域性问题（如东北亚问题、东南亚问题等）或功能性问题（反恐问题、气候问题）小组。在冷战时期，这些小组数量不多，尚且可以管理；然而一旦议题膨胀，不仅会出现"区域性与功能性割裂"（regional vs functional cleavages）①，同时亦会带来无尽的

---

① David A. Cooper, Nikolas K. Gvosdev, Jessica D. Blankshain, "Deconstructing the 'Deep State': Subordinate Bureaucratic Politics in U. S. National Security,"*Oribis*, Vol. 62, No. 4, 2018, pp. 518 – 540.

官僚纷争。在这种情况下，国安会进行长期国际战略规划的能力将会被削弱。这一点我们在下文探讨奥巴马政府时期的国安会时将会具体叙述。

尽管如此，这些问题在当时的战略背景下很难被察觉，更多只是一种"隐患"。虽然国安会的新系统也引发了美国政府内其他部门领导者的不满，如国务卿舒尔茨就表示不理解为何总统缺席时由国家安全顾问来主持会议①，但这一体系一出还是为大多数人所接受了。罗特科普夫就曾指出，"在里根任期的最后几年里，他们似乎终于学会该怎么做了"②。经历了整整40年的发展，在冷战即将步入尾声之时，美国终于建立了一个与过去截然不同的体系。尽管这一体系在实施时，里根政府已经处于风雨飘摇的状态，但其还是挽救了分崩离析的国家安全机制，为国安会运作理念长期以来的摇摆不定暂时画上了句号，毫无疑问，也为后冷战时期的斯考克罗夫特模式铺平了道路。与此同时，三级结构中缺陷的种子也一起被深埋在孕育后冷战时期美国国家安全跨部门决策机制的土壤之中。

---

① John Burke, "The National Security Advisor and Staff, "The White House Transition Project 1997 – 2017, Report 2017 – 24, July 2017, p. 33.

② 〔美〕戴维·罗特科普夫：《国家不安全：恐惧时代的美国领导地位》，孙成昊、张蓓译，社会科学文献出版社，2016，第292页。

第六章　后冷战时期国安会与美国"首要地位"大战略的互塑

冷战的结束标志着旧有国际体系的崩溃，也预示了长期以来美国决策层以意识形态为导向的大战略规划模式告一段落。美国失去了最为明确的敌人，一跃成为政治、经济与军事实力首屈一指的国际行为体，在国际社会中拥有了无可厚非的"首要地位"；然而，正如美国中情局前局长伍尔西（James Woolsey）"杀掉一只巨龙，却发现自己身处遍布毒蛇的丛林中"① 的描述，国际政治真空所引发的一系列问题给美国带来了持续不断的威胁。因此，美国的决策精英尝试借助这一时期无可比拟的优势，推行自身创设的一整套规则并广泛且深度介入国际事务，以此维持其在国际社会中独一无二的领导地位。这种维护其"首要地位"的大战略潜在地成为后冷战时期美国决策者在探讨国际战略议题时所遵循的行为准则。

新的国际环境与利益诉求对美国的战略决策机制提出了新的挑战，但国安会并没有做出任何"适应性变革"，而是延续了卡卢奇设置的三级模式，并通过老布什（George H. W. Bush）政府的国家安全顾问斯考克罗夫特得以强化和再次确认。在外部威胁缺失的情况下，美国国安会机制调整与改革的动力渐弱。斯考克罗夫特模式成为后冷战时期美国国安会组织建构的"黄金标准"。然而伴随时间推移，美国政府对于这种模式的长期遵循使国安会系统内部逐渐出现了"组织惯性"。组织惯性所带来的路径依赖使美国国安会在某种意义上失去了做出长期国际战略规划的能力，难以为经历了阿富汗战争、伊拉克战争两场战争而处于相对衰落状态的美国调转其继续前行的方向盘。

---

① Douglas Jehl, "C. I. A. Nominee Wary of Budget Cuts," *The New York Times*, February 3, 1993, https://www.nytimes.com/1993/02/03/us/cia-nominee-wary-of-budget-cuts.html.

一 后冷战时期美国的"首要地位"国际战略与斯考克罗夫特模式的形成

作为战后美国国际战略的集中表现形式，美国"首要地位"大战略的形成并非一蹴而就，而是经历了一个曲折的自我验证过程。"9·11"事件并没有动摇"首要地位"的合法性，而是继续丰富了支撑这一战略的战术，从而强化了战略的既定路径。探寻这种强延续性的根源成为后冷战时期，尤其是 2010 年前后国际政治学者们辩论的重要议题。在本书第一章中，我们对于围绕这一议题的既有研究进行了系统性梳理，并得出了"组织层面的因素未得到中外学者的有效审视"这一结论。本章我们将就这种大战略的实质进行细致探讨，并通过组织惯性模型这一工具以及国安会这一分析对象对美国国际战略的延续性做出解释。

（一）后冷战时期美国"首要地位"国际战略的理论基础

正如本书第一章所言，冷战结束后，美国大战略的既定目标长期保持一致，即长期稳定维持自身的"首要地位"，而达成该目标的前提条件在于确保国家安全。美国的执政者为实现相对于其他国家的优势地位，试图通过确立数量多、内涵广且相互交错的长期目标来确保其核心利益，维护自身国土安全和经济繁荣，并对国际环境进行治理，从而削弱自身面临的各种威胁。同时，美国亦希望通过推动自由经济秩序，扩大全球经济繁荣，借此实现国内利益的最大化，并在此基础之上建立、维持和修订全球秩序，以有利于美国利益的条件确保必要的国家间合作[1]。也正是在这种情况下，美国政府内外出现了一系列"首要地位主义者"（primacist），将美国的绝对优势地位视为国际社会良性运转的根本，以及各国国际行为的动力源泉[2]。

然而，对于实现这一既定目标的具体手段，美国决策层的倾向却不尽相同，这也是美国学界围绕大战略实施路径的争论自始至终未曾停歇的重要原因。冷战结束之初，面对"单极时代"的来临，华盛顿决策层选择以

---

[1] Stephen Brooks, John Ikenberry, William Wohlforth, "Don't Come Home, American: The Case against Retrenchment," *International Security*, December, 2012, p. 10.

[2] 有关"首要地位主义"的探讨，参见 Henry Nau, Richard Leone, *At Home Abroad: Identity and Power in American Foreign Policy*, Cornell: Cornell University Press, 2002, pp. 51–55。

积极介入国际事务来确保自身的利益并维护自身的首要地位。伴随这一战略逐步深入，学界出现了两种相左的声音，辩论的焦点无疑是美国应通过诉诸何种手段来应对国际秩序的深刻变化。如华尔兹（Kenneth Waltz）和米尔斯海默（John Mearsheimer）这样的现实主义者认为，苏联的崩溃并非意味着美国单极时代的到来，唯有继续维系国际社会的权力均衡，方能够保持美国的首要地位[①]；而伊肯伯里（John Ikenberry）等秉持自由主义观点的学者则认为，通过建立和发展国际机构，加之全球范围内民主的传播，美国主导的世界秩序将会得以延伸[②]。"和平都是权力失衡的结果"的经典论断也正是在这种情况下被提出的。可见，在冷战结束伊始，围绕大战略的实施方式，两种不同策略的萌芽便根植于美国思想界。

此后，美国在国际社会中相对优势的下降自然而然地引发了该国学界围绕美国大战略的辩论，多种可供选择的替代方案也陆续出现在人们的视野之中。按照波森的总结，大战略的论辩流派可以被分为合作安全论、主导论、选择性参与论和孤立主义四种。而"9·11"事件后，选择性参与论和孤立主义日渐式微，合作安全论与主导论占据主流。前者无疑是美国长期倡导的自由主义的体现，倡导控制军备、建立安全合作机制并保持科技领先；而后者则是现实主义与新保守派的融合，实际上是新保守主义对现实主义的胜利。此外，近几年也有一部分学者从其他视角看待美国大战略的推进模式，例如新古典现实主义者认为，尽管系统层面的相对权力转移勾勒了国际政治的轮廓，但意识形态、价值观和国内政治等层面的变量也改变了国家认知的方式，并予以反馈[③]；同时，也有一些学者注意到针

[①]　华尔兹和米尔斯海默的观点主要发表于《国际安全》上，见 Kenneth Waltz, "The Emerging Structure of International Politics," *International Security*, Vol. 18, No. 2, 1993, pp. 44 – 79; "Structural Realism after the Cold War", *International Security*, Vol. 25, No. 1, 2000, pp. 5 – 41; John Mearsheimer, "Back to the Future: Instability in Europe After the Cold War", *International Security*, Vol. 15, No. 1, 1990, pp. 5 – 56。

[②]　20 世纪末到 21 世纪初期，伊肯伯里在一系列连贯的文章中充实并发展了这一观点，参见 John Ikenberry, "Institutions, Restraint, and the Persistence of American Postwar Order," *International Security*, Vol. 23, No. 3, 1998, pp. 43 – 78; John Ikenberry, *After Victory: Institutions, Strategic Restraint, and the Rebuilding of Order after Major Wars*, Princeton: Princeton University Press, 2001, pp. 220 – 258; Stephen Brooks, John Ikenberry, William Wohlforth, "Don't Come Home, American: The Case against Retrenchment," *International Security*, December, 2012, pp. 10 – 13。

[③]　Nicholas Kitchen, "Systemic Pressures and Domestic Ideas: A Neoclassical Realist Model of Grand Strategy Formation,"*Review of International Studies*, Vol. 36, No. 1, 2010, pp. 117 – 143.

对美国大战略的探讨忽略了"次国家层面"（sub – national layer）的诸多问题，因而做出的论断是不完整的①。

无疑，有关美国大战略理论模式的论争基本上都是围绕着美国是否应该积极介入国际事务、承担国际社会的主导性责任所进行探讨的变式，其实质"不外乎现实主义与自由主义、孤立主义与国际主义、单边主义与多边主义之辩，各种假想模式几乎都可以划归上述不同思想流派范畴之内"②。总之，不同时期美国所面对国际环境的差异，以及自身相对力量的变化，使美国实践自身大战略的方式长期处于动态调整之中。没有任何一届政府的大战略考量可以被单纯视为"现实主义"或"自由主义"的，而是这些思想的交错杂糅指导实践。总的来看，实践中的美国大战略时刻没有脱离下述五个要素，即

（1）捍卫国土安全，尤其是"9·11"事件后，这一诉求变得更加强烈；

（2）维持权力平衡，以确保后冷战时期自身业已建构的国际秩序良好运行；

（3）遏制"流氓国家"，防止伊朗、朝鲜等国对现有国际秩序进行破坏；

（4）建立民主和平，为世界各国强加意识形态属性，并借此划分阵营；

（5）协助海外盟友，确保美国盟国的政治与经济稳定发展，达到"良性治国"。

自冷战结束以来，上述五个要素是美国决策精英群体进行战略考量时的重中之重。在经历长期实践后，最终形成了美国大战略内部的"五大支柱"③。其中，前三点无疑处于现实主义的理论范畴之内，而后两者则是自由主义精神的集中体现。正是在这些重叠、纷杂甚至相互抵触的思想的

---

① Doug Stokes, Kit Waterman, "Beyond Balancing? Intrastate Conflict and US Grand Strategy," *Journal of Strategic Studies*, 2017, Vol. 41, No. 3, pp. 1 – 24.

② 潘忠岐：《冷战后美国大战略的理论思辨》，《国际观察》2006年第1期，第25页。

③ "五大支柱"的说法最初由美国国防大学战略学教授米勒提出，参见 Paul Miller, "Five Pillars of American Grand Strategy," *Survival*, Vol. 54, No. 2, 2012, pp. 23 – 44。此前，菲弗也曾提出相似的观点，见 Peter Feaver, "American Grand Strategy at the Crossroads,"in Richard Fontaine and Kristin M. Lord, eds. , "America's Path: Grand Strategy for the Next Administration," Center for a New American Security Report, 2012, pp. 57 – 70。

共同作用下，美国政府大战略的实践路径被塑造，并起到了两方面的效果：一方面，正是对这些要素的遵循，美国在后冷战初期在最短时间内便形成了自身大战略的运作模式，使其充分利用自己的优势地位，有效塑造了有利于自身的国际环境；另一方面，长期相对固定的发展模式使美国大战略逐渐产生了对既定路径的依赖，致使美国的决策者难以在短期内对其进行调整。

可见，"首要地位"的实质在于"以实力求安全"。为了对这一战略进行诠释，美国势必要另辟蹊径，通过另一种方式延续冷战时期的遏制战略与威慑战略，从而在国际舞台上夯实美国的领导者地位。这就对美国的国家安全决策机制提出了更高的要求。为了追求绝对的安全，美国就必须对可能发生的潜在威胁进行面面俱到的评估与应对。然而，在美国后冷战时期的历任决策者看来，肇始于冷战末期的斯考克罗夫特模式足以应对后冷战时期安全议题的持续扩展。

（二）国安会斯考克罗夫特组织模式的形成

自1989年入主白宫以来，亲历冷战终结的老布什政府通过一系列措施率先奠定了"后遏制时期"美国大战略的基础。在1990年与1991年的两次国情咨文中，总统明确表达了美国将在未来逐步建立民主和平的宏观愿景，其中不仅提到了"美国处于不断扩大的自由圈的中心"的论断，更力图建立"能够实现和平与安全、自由与法治等人类普遍愿望的新秩序"[1]。这一系列共同的预期奠定了后冷战时期美国大战略发展的基调。

"单极时刻"的国际环境以及维持优势的战略预设对美国国家安全决策机制提出了新的要求。其中，国安会因其接近决策权力中心的位置而备受关注。正如第五章所述，在冷战结束前，这一系统因成为"伊朗门"丑闻的"策源地"被布热津斯基认为经历了"中年危机"[2]。为寻找国安会存在的症结，托尔委员会通过与政学两界的通力合作，在短短60天时间

---

① George H. W. Bush, "State of the Union Address, 1990," http://stateoftheunionaddress. org/1990 – george – hw – bush; "State of the Union Address, 1991," http://stateoftheunionaddress. org/1991 – george – hw – bush.

② Zbigniew Brzezinski, "The NSC's Midlife Crisis," *Foreign Policy*, Vol. 69, No. 80, 1987, p. 92.

内完成调研并发布报告①。报告结论部分指出，国安会的问题"在于人而非机制本身"，因此应当在增强组织内部监管机制的基础上，重新明确国家安全顾问与幕僚的职权范围，并建立起"纵向的权力责任传导"，完成"由上至下"的战略决策推进工作②。

托尔委员会报告的理念在里根政府末期投入试用，并经斯考克罗夫特传承到了老布什政府的国安会内。作为托尔委员会的一员、前国家安全顾问及国安会运作进程的亲历者，斯考克罗夫特深知肯尼迪、约翰逊及里根政府过度人性化的"咨议－顾问"组织模式缺乏机制约束，存在致命问题，同时又认为艾森豪威尔时期过于机制化的"统筹－协调"组织模式过于僵化，并非最佳选择③。政治生涯中长期辗转于五角大楼和白宫的斯考克罗夫特无疑是美国当代历史上重要的战略家之一。对于美国官僚体制的轻车熟路令他能够深入洞悉美国国家安全决策过程的实质，并指出其中的症结所在。在接到任命后，斯考克罗夫特在第一时间对里根政府最后的国家安全顾问鲍威尔表示，国安会的组织成员"应该了解，他们不会理所当然地在办公室继续留任"，因为他将通过彻底的改革证实新的政府与新的机制已经到来④。

然而，国安会的过渡时期却异常顺利，并未掀起过多"血雨腥风"。一方面，鲍威尔与斯考克罗夫特的交接较为顺利。有学者就曾指出，"鲍威尔和斯考克罗夫特在从里根到布什的过渡政府期间一起工作得很好，尽管他们并不总是在问题上保持一致"⑤。两位国家安全顾问在对待国安会

---

① 值得注意的是，委员会在研究过程中特意邀请了国际政治领域组织行为理论的奠基人艾利森担任其顾问，后者与其诸多哈佛同僚通力合作，为委员会提供了多达 14 项围绕国安会的案例研究。这一经历为艾利森 1991 年再版其著作《决策的本质》提供了重要借鉴也从侧面印证了"组织行为模式"的理论更新吸纳了美国国安会发展过程中所提供的经验。参见 "Case Studies Prepared for the Board,"in John Tower, *The Tower Commission Report*, New York: Bantam, 1987, pp. 509 – 510。

② John Tower, *The Tower Commission Report*, New York: Bantam, 1987, pp. 90 – 91.

③ 有关对美国政府国家安全团队"统筹－协调"与"咨议－顾问"决策模式的描述，参见杨楠、刘国柱《20 世纪 50 年代末的"杰克逊小组委员会"与美国国安会机制改革》，第 167～176 页。也有学者做出"正式程序"、"非正式程序"以及"总统与顾问个人关系"三种决策模式的区分，参见李柟《美国国家安全委员会决策体制研究》，《美国研究》2018 年第 6 期，第 135～138 页。

④ Bartholomew H. Sparrow, *The Strategist: Brent Scowcroft and the Call of National Security*, New York: Public Affairs, 2015, p. 489.

⑤ Bartholomew H. Sparrow, *The Strategist: Brent Scowcroft and the Call of National Security*, New York: Public Affairs, 2015, pp. 494 – 495.

的问题上能够求同存异，夯实了机制转型的基础。另一方面，斯考克罗夫特所倡导的组织结构实际上在里根政府末期已经大体上被搭建完毕了。卡卢奇与鲍威尔已经先行将三级会议模式投入运营，而斯考克罗夫特要做的只是给予这种组织模式更多的合法性。除了这两点，最为重要的是，老布什在国安会问题上给予了斯考克罗夫特重组的信任和支持，使他能够坚定地将自己在托尔委员会时期的理念投入实践。斯考克罗夫特回忆称，老布什的行为"向外界和自己内阁的成员传递了一个信号，即国安会将在未来政府任内在国家安全决策体系中占据至关重要的地位"[1]。

通过阅读老布什和斯考克罗夫特合著的《重组的世界》一书，可以感觉两人都非常重视人员选拔和明确组织程序的重要性[2]。也如斯考克罗夫特一再强调的，他选拔国安会幕僚的参照标准"主要是人格"[3]。从 1988 年 11 月下旬到就职典礼当天，两人几乎每天都会就人事任命问题进行探讨，经常在戴维营周边散步，讨论国安会幕僚和其他部门的人事任命。

1989 年 1 月 30 日，老布什政府发布了自己的第一个国家安全指令（National Security Decision）文件。这份文件除了重申国安会正式会议作为总统首要论坛的重要地位以外，还将里根政府末期的高级回顾小组、政策回顾小组与跨部门小组名称分别命名为"部长委员会"（Principles Committee，PC）、"副部长委员会"（Deputies Committee，DC）以及"政策协调委员会"（Policy Coordinating Committee，PCC）[4]。与此前相似，国安会仍保持了自上而下的三级结构，其权限和管辖范围依次递减，职能与具体事务逐步增多。其中，大部分国安会幕僚被安排在依据各类议题所命名的政策协调委员会之中，包括地区性委员会（如苏联、欧洲、非洲、拉美等）以及功能性委员会（国防、情报等）。这些委员会的良好运作是各类研究备忘录、总统行政指令的起草、酝酿及分发工作顺利进行的重要保障。因此，斯考克罗夫特模式的"发动机"实际上位于这一体系的底部。

---

① Bartholomew H. Sparrow, *The Strategist: Brent Scowcroft and the Call of National Security*, New York: Public Affairs, 2015, p. 496.

② George H. W. Bush, Brent Scowcroft, *A World Transformed*, New York: Vintage, 1999, p. 36.

③ The Brookings Instituion, *Oral History Roundtables: The Role of the National Security Advisor*, p. 34, https://www.brookings.edu/wp-content/uploads/2016/07/19991025.pdf.

④ The White House, "National Security Directive-1,"美国科学家联盟网站，https://fas.org/irp/offdocs/nsd/nsd1.pdf。

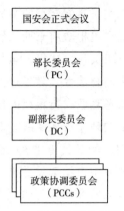

图 6 - 1　斯考克罗夫特模式

资料来源：笔者根据相关文献自制。

　　对于"人格"的重视使得斯考克罗夫特在上任后第一时间雇用了盖茨（Robert Gates）作为自己的副手。作为一名曾在美国空军服役的军官，盖茨曾长期关注苏联战略武器计划的发展，对这一领域有深刻见解。在斯考克罗夫特担任福特的国家安全顾问时期，他是国安会幕僚团队中的一名年轻顾问；在里根政府时期，他升任中情局副局长。1987 年，盖茨获得了升任局长的提名，但出于保护里根和白宫免受进一步的政治攻击的考虑，他选择了放弃这一机会。在斯考克罗夫特看来，这一事实是盖茨性格和品质的保证，并认为他会成为一个理想的副手①。

　　除了盖茨以外，斯考克罗夫特还亲自精挑细选了一群富有能力和才干的国安会幕僚。例如，斯考克罗夫特聘请前蒙特雷海军研究生院教授、国务院的大使泽利科（Philip D. Zelikow）担任国安会幕僚，负责斡旋和协调白宫与国务院之间的事务。这段时间的经历启发了他。一方面，他在卸任该职来到哈佛大学肯尼迪学院后，协助已经是院长的艾利森再版了其重要著作《决策的本质》，并在其中加入了自己的一些精妙观点②；另一方面，在 2001 年撞机事件发生后，泽利科旋即被任命为"9·11 委员会"的执行主任。委员会结论中很重要的一点便是美国的国家安全机制没有适应战

①　Bartholomew H. Sparrow, *The Strategist: Brent Scowcroft and the Call of National Security*, New York: Public Affairs, 2015, p. 503.

②　〔美〕格雷厄姆·艾利森、菲利普·泽利科：《决策的本质：还原古巴导弹危机真相》，王伟光、王云萍译，商务印书馆，2015。

后的国际战略环境，泽利科也借此策动了国安会在后冷战时期的第一次组织学习进程。我们将在第十章中就这一过程再做说明。

对这些新兴安全挑战的担忧直接反映在美国国安会的组织架构之中。在1989年5月7日的第10号国家安全指令文件（NSD-10）中，9个新的政策协调委员会建立，分别负责反恐，特殊行动，难民，国际海洋、环境与科学事务，国际事务项目，紧急动员规划，不扩散政策，技术转让政策，以及国家安全电信①。可见，这些功能性议题基本上涵盖了美国在后冷战时期几乎所有传统/非传统安全领域的关注重点。在国安会这一级别建立与这些事务相关的跨部门协调机制证明这些议题已经通过"安全化"（securitization）②进入了美国政治议程，得到了决策者们的高度关注。这无疑是国安会参与美国后冷战时期大战略构建的制度证明，对美国在这些领域的长足发展起到了重要的推动作用。

如果说组织设置可以体现国安会在机制层面对美国大战略的参与，那么承担撰写《国家安全战略报告》的任务则说明国安会从整体上融入了美国大战略的发展进程。1986年，美国国会通过了《戈德华特-尼科尔斯国防部重组法案》（Goldwater-Nichols Defense Reorganization Act）。这部旨在强化参联会主席职能、提升国防部效率并重新明确其内部职责的重要法律中规定了一项内容，即要求总统提交关于国家安全战略的年度报告。而这一任务落在了国安会幕僚身上③。从理论上讲，总统对于战略的正式表述旨在使政府预算和具体投入保持一致；明确说明相关目标和概念，以及实现这些目标可获得的利益，对国会清楚了解、提供总统战略所需的资源大有裨益，有助于提高国会的拨款效率④。1987年，里根政府发布了美国历史上第一份《国家安全战略报告》。然而，由于时间仓促，这份报告与《戈德华特-尼科尔斯国防部重组法》所要求的"全面的、系统的战

---

① The White House, "National Security Directive - 10," May 7, 1989, 美国科学家联盟网站，https://fas.org/irp/offdocs/nsd/nsd10.pdf.

② 有关"安全化"理论的进一步阐释，参见〔英〕巴里·布赞《新安全论》，朱宁译，浙江人民出版社，2003。

③ Public Law 99-433, *Goldwater - Nichols Defense Reorganization Act of 1986*, October 1, 1986, https://history.defense.gov/Portals/70/Documents/dod_reforms/Goldwater - NicholsDoDReord Act1986.pdf.

④ Don M. Snider, *The National Security Strategy: Documenting Strategic Vison*, Second Edition, New York: Create Space Independent Publishing Platform, 1995, p. 3.

略评估"相去甚远①。1988 年，伴随国安会重组完毕、机制运作正常化，报告的质量明显好转。

　　就如同对于国安会的重视，老布什将《国家安全战略报告》视为自己的政府"传达国际战略意图，做出长效规划"的核心工具之一。在斯考克罗夫特的有效策动下，国安会幕僚在老布什政府时期广泛征集各部门意见，在华盛顿的"官僚迷雾"中探寻清晰的线索，并倾其所能完善每份代表着美国最高国际战略的导向性文件。在 1990 年 3 月的第一份《国家安全战略报告》中，"超越遏制"战略被提出，美国试图通过预先支持苏联的转型来确保其不会重蹈覆辙，并将其"作为一个有益的伙伴纳入国际体系中"②。在苏联突然解体、冷战落幕之后，1991 年的《国家安全战略报告》仍能够以理性视角，指出"世界上仍存在着自发动乱的根源"③。也正是从这段时间开始，美国寻求通过建立压倒性的军事优势来支撑自身的大战略。这种强调将"硬实力"作为自身战略护盾的思维为老布什政府及其后政府的外交政策方向奠定了重要基础。自此，美国开始将焦点转移到捍卫国土安全、惩治由"流氓国家"（rough state）、"失败国家"（failed state）以及包括恐怖组织在内的诸多非国家行为主体所带来的区域性冲突，防止这些因素对美国首要地位的损害。

　　在这些文件的指导下，美国加紧海外干预，通过构建持续不断的影响力来塑造和扩大自由主义秩序。在 1992 年 3 月由《纽约时报》披露的"防务规划指南"（Defense Planning Guidance）可以被视为美国维持并长期延续自身"首要地位"的具体战术框架。该文件指出，美国必须展现自身在国际秩序中的领导能力，以让一些"潜在的竞争者"充分认识到其"不需要追求自身更大的作用"，也没必要以"更积极的姿态来维护自己的合法利益"④。文件明确表示美国应当对挑战或尝试推翻其既定秩序的

---

①　The White House, "National Security Strategy of the United States, "1987, http://nssarchive. us/NSSR/1987. pdf.

②　The White House, "National Security Strategy of the United States, "1990, http://nssarchive. us/NSSR/1990. pdf.

③　The White House, "National Security Strategy of the United States, "1991, http://nssarchive. us/NSSR/1991. pdf.

④　"Excerpts from Pentagon's Plan: Prevent the Re-emergence of a New Rival, "*The New York Times*, March 8, 1992, https://www. nytimes. com/1992/03/08/world/excerpts - from - pentagon - s - plan - prevent - the - re - emergence - of - a - new - rival. html.

国家予以压制，同时尝试维持大国权力均衡，以防止新的竞争对手出现。

在这种背景下，美国的大战略带来的是一种目光更为长远的全新行动范式，而巩固自身主导的国际秩序是诠释这一范式的主要手段。伊拉克对科威特的入侵，以及此后爆发的第一次海湾战争加强了美国诉诸这一战略的合法性，也随之为美国大战略中涉及防务规划的部分带来了一些启示。1993 年 1 月，老布什在一次演讲中称，如果美国继续保持"被动和冷漠"，那么无疑"将面对一个混乱不堪的世界"，而"美国公民也会比以往任何时候都更危险"①。这种主张认为美国的"首要地位"将会为其国家安全和国际安全带来益处。也正是在此时，美国的大战略开始强调维持自身在世界关键地区存在的必要性，开始纳入处理多地区冲突的考虑，以便在冲突发生时能够迅速做出反应，并大力发展军事能力与核能力来遏制可能存在的国际秩序破坏者。相对应地，国安会内部的区域功能性政策协调委员会的能力和权力都得到了进一步强化，为后来国安会幕僚团队的"区域性/功能性议题割裂"埋下了伏笔。

（三）美国国安会系统组织惯性的形成

在里根、老布什两任总统的首肯，以及卡卢奇、鲍威尔和斯考克罗夫特三位国家安全顾问持续构建等因素的共同推动下，美国国安会的三级会议组织模式被正式确立，其组织进程亦在日复一日的运行中趋于成熟，成为推动美国"首要地位"大战略的重要支撑机制。一方面，苏联这一旧有威胁的消失给予了美国相对稳定的外部战略环境，进而使得政府内外更多相关人员投入对长期战略的思考和规划之中；另一方面，斯考克罗夫特模式在明确划分政府内部相关人员职能和权责的同时，仍能赋予总统更多的决策自由和更大的行动权力。在这种情况下，国安会不再具备调整、改革的动力和条件，斯考克罗夫特模式顺势成为后冷战时期国安会机制的准绳，主导了后冷战至今国安会的组织设置。

稳定而持续的斯考克罗夫特模式令这一机制的参与者们默认了三级会议的合法性，趋于在现有框架内遵循规则行事，强化并稳固了国安会在国家安全与国际战略决策体系中的地位，终结了冷战时因长期结构调整而导

---

① George H. W. Bush, "Remarks at the United States Military Academy," January 5, 1993, https://www.gpo.gov/fdsys/pkg/WCPD-1993-01-11/pdf/WCPD-1993-01-11-Pg9-2.pdf.

致的组织文化波动。与此同时，随着时间的推移，三级会议的固定运作模式逐渐成为一种"标准化操作程序"（standard operational process），而国安会幕僚人事更迭速度的减缓也促成了根深蒂固的、不遗余力支持"首要地位"大战略的组织文化。由于对美国国际霸权地位与威胁缺失的固有意识，国安会从上至下都趋向于对"方式"而非"目的"进行思考，冷战时期效用颇高的政府委员会亦不再拘泥于主动策动国安会系统的改革。在这种情况下，国安会出现了对既定模式的路径依赖，即我们在第一章所提到的组织惯性。

1. 标准化操作程序的形成与支配性组织文化的建构

标准化操作程序是"在标准情境下运行的组织常规"①。在这种常规的指导之下，大量个人得以协调，且可以在不假思索的情况下日复一日处理大量事务。这种依赖固有路径的重复性行为源于最初被精密设置的组织结构。在组织结构规范的带动下，组织内部个体的行为被"标准化"。评价标准化程序是否合适，需要比照组织在职能范围内的平均成绩与标准化后的成绩。如果前者高于后者，则意味着标准化后的操作程序是失败的。对于国安会幕僚来说，标准化操作程序如同一把"双刃剑"。对于文职类幕僚来说，标准化有助于其高效地完成文书任务；但对于从事具体政策及战略研究的军事人员和学者幕僚来说，标准化无疑是他们思维的桎梏。尽管这一固定机制框定了国安会系统内的人员权限，有助于组织中的个体遵照"结果逻辑"而非"行为逻辑"去履行职责，降低了类似"伊朗门"丑闻再次重演的可能性，但在面对日趋多样化的非传统安全威胁时，美国决策者则通过增设"功能性单元"或"区域性单元"的方式，从横向扩展议题范围，进而使作为国安会系统根基的政策协调委员会数量逐日增多，形成一种"头轻脚重"的组织架构。总之，国安会正式会议的重要性日益降低，系统越发凸显自身的战略推进与协调职能。这无疑非常利于"帝王式总统权"的巩固，降低了总统进行组织改革的意愿。外部威胁的缺失与主观变革意图的缺乏使得斯考克罗夫特模式长盛不衰，而标准化操作程序则是这种状态的直接产物。

而国安会支配性组织文化的根源则可以追溯至里根政府时期。在托

---

① 〔美〕格雷厄姆·艾利森、菲利普·泽利科：《决策的本质：还原古巴导弹危机真相》，王伟光、王云萍译，商务印书馆，2015，第202～203页。

尔委员会的最终报告中，一项并不引人注目的建议提及了隐藏在国安会幕僚中的一个重要缺陷，即这一团队缺乏"组织记忆"（institutional memory）[1]。该问题源自历任总统在上台时通过替换组织成员而提高部门忠诚度的手段。国安会的历史证实，每当该机制面临理念和架构上的巨大变动时，重要的技术幕僚往往也被一并替换。比较有代表性的是冷战时期的"万圣节大屠杀"，以及后冷战初期斯考克罗夫特的人事改革。在一些学者眼中，这种"一网打尽"式的人员更换将降低决策与战略的延续性，同时也会极大损伤团队士气。委员会指出，若美国的政策精英把国安会"视为一个机构"，那么便需要重视缺乏"组织记忆"所蕴含的危机[2]。托尔委员会的提议受到了美国决策精英的重视。几位新任总统都倾向于"保留大部分国家安全系统内的专业人员，以确保政策的连贯性"[3]。

　　人员的稳定性带来了观念的传承。一方面，在老布什政府时期，国安会正式会议的成员及其幕僚先后参与主导或亲自见证了东欧剧变、海湾战争与苏联崩溃，对于美国强大政治、经济与军事力量的笃信"使得这些人成为冷战后首要地位大战略的坚定支持者"[4]，并逐渐形成了与建制主义者相似的战略观念，认为美国的绝对优势地位是国际社会良性运转的根本。另一方面，国安会延续并扩大了充当大型企业、传统智库与美国国际战略间重要桥梁的作用。通过分析阿佩尔顿（Bastiaan van Apeldoorn）等人的研究成果可知，在对克林顿与小布什政府战略分别产生至关重要影响的 28 位与 29 位重要成员中，分别有 14 位与 17 位属于国安会系统，

---

① "组织记忆"是管理学中的一个重要概念，意指那些存储于组织内部、可以用于当前决策的信息。这些信息并非集中存于组织的某一单元，而是分布于各不相同的组织存储介质。有关组织记忆的模型给予政府以及企业的管理人员改进组织架构的机会，并通过塑造和影响这些存储单元更好地利用其记忆潜力。参见 Christine Moorman, Anne Miner, "Organizational Improvisation and Organizational Memory," *The Academy of Management Review*, Vol. 23, No. 4, 1998, pp. 698 – 723; 陈丽、韵江：《国外组织记忆研究：回顾与展望》，《国外社会科学》2014 年第 1 期，第 53 ~ 61 页。在托尔委员会看来，由于国安会幕僚缺乏统一、连贯的组织记忆，这一团队内部的成员大多数倾向于为领导者而非团队本身服务。

② John Tower, *The Tower Commission Report*, New York: Bantam, 1987, p. 83.

③ Patrick Porter, "How the U. S. Foreign Policy Establishment Constrains American Grand Strategy," June 8, 2018, https://www. belfercenter. org/publication/how – us – foreign – policy – establishment – constrains – american – grand – strategy.

④ Hal Brands, "Choosing Primacy: U. S. Strategy and Global Order at the Dawn of the Post-Cold War Era," *Texas National Security Review*, Vol. 1, No. 2, 2018, p. 14.

而这些人几乎全部拥有跨国公司或外交关系委员会（Council on Foreign Relations）、三边委员会（Trilateral Commission）等传统保守智库的背景①。出于利益驱使与固有认知，这些成员将坚定维持并扩展国安会中"首要地位"的组织文化，反对战略收缩与克制。约定俗成的信念从根源上抵制任何改变，不仅令国安会系统逐渐成为建制派成员的聚集之地，同时也逐渐奠定了维护"首要地位"的支配性组织文化。

2. 操作思维定式的出现与评价性思维的消退

对既定进程与文化的遵循不仅在组织内部建构起独特的认同，也逐渐形成了对组织人员的一种限制。无论是国家安全顾问，还是国安会幕僚团队的新晋成员，都在入职初期面临巨大的"从众压力"（conformist pressure），大大增加了其提供替代性战略的成本。对于战略规划委员会的成员来说，尽管国安会的平台如同"棒球场"，为他们提供了言论和思想的发挥空间，但这些先行者的规则同时为这些人"划定了提问与执行的合法思想边界"②。这种"政治纪律"严重降低了专业人士在美国战略规划中的参与度。

随着时间的推移，具备战略规划职能的国安会正式会议的影响力被持续削弱，而区域小组与功能小组在系统底部得以大量扩张。美国国安会幕僚会按照预设的路径开展工作，通过调动政府资源、协调跨部门决策实施的方式，最大限度地实现战略目标。无论是克林顿政府时期成立的国家安全经济协调委员会，还是小布什政府时期组建的反恐事务协调委员会，都是战略手段调整在国安会内部的集中体现。为这些委员会服务的国安会幕僚仅"在操作层面行事"，具备了强大的操作思维定式。随着国家安全议题的扩展，协调人员的力量日益增强，引发了学者的关注。库珀（David Cooper）等将这些处于组织权力底端的实务人员称为"次官僚层级参与者"（sub - bureaucratic players）③，并认为其已具备了影响国家决策与战略的能力。由于幕僚的大部分精力用来整合战略议

---

① Bastiaan Van Apeldoorn, Naná de Graaff, *American Grand Strategy and Corporate Elite Networks: The Open Door since the End of the Cold War*, New York: Routledge Press, 2015, pp. 247 – 274.

② Michael Mandelbaum, *The Frugal Superpower: America's Global Leadership in a Cash - Strapped Era*, New York: Public Affairs Press, 2010, p. 32.

③ David A. Cooper, Nikolas K. Gvosdev, Jessica D. Blankshain, "Deconstructing the 'Deep State': Subordinate Bureaucratic Politics in U. S. National Security,"*Oribis*, Vol. 62, No. 4, 2018, p. 538.

程、处理不同部门和机构的信息，长期的战略规划与评估被搁置了。在操作思维定式的影响下，国家战略步入了如加迪斯所描述的"自动驾驶状态"①。

自 1947 年以来，以问题为导向的政府委员会几乎每隔一段时间便会对国家安全体制进行评估并提出建议，成为国安会重要的纠错机制。然而，后冷战时期的此类机制再也无法发挥像冷战时期的胡佛委员会、杰克逊小组委员会或托尔委员会那样的影响力，难以开启国安会的组织学习进程并引发该系统的深层次改革。例如，1998 年组建的新世纪国家安全小组委员会（U. S. National Security Commission for 21 Century）明确指出，国家安全顾问及其幕僚应当通过发展长期战略眼光"抵制来自集中化权力的压力"②。可这无法掩盖自老布什政府时期后，底层成员在高位政治问题上保持缄默，却在具体议题上不断争论的事实。2002 年，旨在完善美国防恐机制的"9·11 委员会"再次指出，国安会幕僚"被日复一日的工作所消耗，分身乏术"，他们"无法就更宏观的战略政策问题向总统提出建议"③；小布什政府的国安会反应迟缓，直接造成了伊拉克与阿富汗战争中战略整合的失调。在布鲁金斯学会开展的"国安会口述史圆桌会议"上，即便是斯考克罗夫特本人亦承认该体系确实存有致命缺陷④。然而，无论决策者或国安会的成员，都对目前的机制缺乏客观、公允的评估。曾经存在于组织中的评价性思维在后冷战时期日渐式微。

二　从组织惯性到战略惯性：国安会与美国国际战略的调整困境

正如前文所言，艾利森在探寻古巴导弹危机的背后因素时指出，国际

---

① John Gaddis, "Foreign Policy by Autopilot," *Hoover Digest*, July 30, 2000, https://www. hoover. org/research/foreign – policy – autopilot.

② The United States Commission on National/ 21st Century, *Road Map for National Security: Imperatives for Change*, Washington, D. C. : Government Printing Office, February 15, 2001, p. 51, https://govinfo. library. unt. edu/nssg/PhaseIIIFR. pdf.

③ National Commission on Terrorist Attacks, *The 9/11 Commission Report: Final Report of the National Commission on Terrorist Attacks Upon the United States*, New York: W. W. Norton & Company, 2004, p. 402.

④ The Brookings Institution, "The Role of the National Security Adviser," October 25, 1999, p. 20, https://www. brookings. edu/wp – content/uploads/2016/07/19991025. pdf.

政治中发生的现象可以被视为组织的输出①。在他看来，政府行动是组织输出的直接结果，因此组织的行为会对某一与该组织相关的特定决策产生直接影响。这一理论经历了时间的考验，逐渐成为外交决策分析中的一个重要范式。那么，如果组织长期、稳定且持续地在相关决策中发挥相似的影响，会对国家造成何种影响呢？为证明"组织惯性会造成战略惯性"这一假设，应当对"战略惯性"这种说法本身的内涵和外延进行界定，并在此基础上搭建从组织惯性到战略惯性的桥梁，进而探析美国国安会对于"首要地位"大战略的塑造作用。

（一）战略惯性的内涵

本书认为，国家战略惯性的定义应当建立在组织战略惯性的基础之上，即"国家长期推行的战略预设对后续战略目标选择所形成的路径依赖效用"。总的来说，导致国家战略惯性产生并增强的因素有以下三点。

（1）遵守承诺：在宏观层面，对既有承诺的遵守是国家在国际社会中行为合法化的重要根基，也是国家大战略惯性的重要成因。这一"义务"存在于国家决策群体的潜意识之中，强化并约束着国家的施政理念，使其难以对既有战略进行较大的调整。如美国这样的超级大国若是要维持其绝对优势，或击败国际秩序的挑战者，势必要进行大规模物质资本和人力资本的投资，以遵守其对他国的战略承诺。而这无疑是战略惯性形成的根本原因之一。

（2）有限理性：在中观层面，国家本身的有限理性导致其在进行决策时，可能会面临信息不对称的窘境，也有可能出现对局势的误判，更无法知晓既定战略的执行效果。因此，决策群体只能退而求其次，做出相对合理的选择。在这种情况下，当国家进行战略抉择时，本能地倾向于在原有基础上进行调整，而忽视了更广范围内的选择，体现出一种"短视"的特质。冷战期间，美国决策精英群体就曾多次做出错误的预判，结果小则招致猪湾事件的失败，大则深陷越南战争的泥潭。

（3）固化认知：在微观层面，个人特定的教育背景及行业轨迹将使政

---

① 〔美〕格雷厄姆·艾利森、菲利普·泽利科：《决策的本质：还原古巴导弹危机真相》，王伟光、王云萍译，商务印书馆，2015，第188页。

治家形成固定的思维模式，进而演变为认知惯性。更重要的是，政府内部的惯例、流程、规章制度以及部门协调等因素会长期对这种旧有思维进行强化，从而使得这种惯性增强。例如，在美国的官僚政治话语体系中，执政者冲击固有势力、挑战内部权力的尝试将使其面临失去大多数人支持的风险。可见，基于认知的思维惯性会以一种社会化的"风气"内嵌于国家决策群体内部，克服起来也更为困难。

需要注意的是，战略惯性并非一个纯粹意义上的贬义词。在一国成立初期，战略惯性有助于提高国家战略的实施效率；然而从长期来看，这种作用力之于国家的发展无疑是弊大于利的。鉴于质量是惯性大小唯一的量度，大国易借助惯性在短期内让自身大战略快速步入正轨，更易在长期过程中更多地受到战略惯性的负面影响。

（二）从组织惯性到战略惯性：美国国安会强化"首要地位"的路径

冷战结束之初，来自国安会的组织惯性提高了"首要地位"大战略的实施效率：无论是在危机情势下应对东欧剧变，还是在平稳局势中推进北约东扩，国安会系统都能通过遵循既定方案，将惯性迅速转化为战略实施的推动力[①]。然而，在贯彻"首要地位"的同时，组织惯性也为其未来发展预设了固定路径，不仅严重降低了美国对现有战略有效性的判断力，同时也削弱了替代性方案出台的可能性，进而使得"首要地位"战略长盛不衰。总的来说，由安会系统组织惯性所诱发的战略惯性体现在以下三个方面。

首先，操作性思维定式长期影响并左右国安会幕僚的行动，致使其难以为决策群体提供有效、客观的战略评估。正如上文所述，理想状态下，由国安会主导的战略评估应当是一个自下而上的缓慢过程：系统内负责具体协调事务的幕僚结合自身专业知识与经验，对既定战略的实施状况及问

---

① 例如在推进北约东扩的过程中，两任国家安全顾问莱克（Anthony Lake）、伯杰（Samuel Berger）与国安会幕僚转而成为"渐进东扩"的坚定支持者，并在这一进程中发挥了至关重要的作用，参见 Kimberly Marten, "Reconsidering NATO Expansion: A Counterfactual Analysis of Russia and the West in the 1990s," *European Journal of International Security*, Vol. 3, No. 2, 2018, pp. 135 – 161；陶文钊：《北约东扩与美俄关系（1993～1997年）》，《世界经济与政治》2018年第10期，第77～104页。

题予以总结，并通过公开渠道将意见反馈至部长委员会及国安会正式会议探讨，从而确定战略是否依旧适配现有环境。在多伊尔（Richard Doyle）看来，国安会这种"记忆储存与回放"（memory storage and recall）能力是大战略能够有效推进的关键①。在艾森豪威尔政府时期，国安会幕僚开始承担这一职能，其撰写的政策回顾文件通过计划委员会（Planning Board）这一"山脊"到达"政策山"的顶端。即使在杰克逊委员会倡导的"人性化"改革后，历任政府仍旧在国安会内部设立单独的规划单元，负责跟进评估战略的有效性②。然而，自斯考克罗夫特模式出现以来，这一独立单元被彻底取消，国安会幕僚的工作重心发生了明显的偏移，"由于将所有精力放在整合会议议程、协调不同部门与机构上，长期战略规划职能被搁置了"③。克林顿政府以来，尽管政策协调委员会的成员每天忙于日常事务，却鲜有部长、副部长委员会召开以商讨战略问题，例如就北约东扩问题，部长委员会仅召开过一次会议，且没有相关备忘录留存④。这些日常工作令幕僚团队的专家们将目光局限于操作层面的内容，逐渐丧失了宏观视野。有学者建议，国安会幕僚团队中应重建例如计划委员会这样的次级组织，使专家独立于其他协调人员，从而从日复一日的标准化操作程序中脱离出来⑤。然而，这一机制目前仍未出现。

其次，国家安全顾问长期积极促成"首要地位"相关战略决策的出台，进而带动幕僚团队的组织文化进一步固化。尽管"诚实掮客"

---

① Richard Doyle, "The U. S. National Security Strategy: Policy, Process, Problems," *Public Administration Review*, Vol. 67, No. 4, 2007, p. 628.

② 例如尼克松政府时期的"国防计划回顾委员会"（Defense Program Review Committee），卡特政府时期的"政策回顾委员会"（Policy Review Committee）以及里根政府后期的"国家安全规划小组"（National Security Review Group）。

③ Francis Hoffman, Ryan Neuhard, "Avoiding Strategic Inertia: Enabling the National Security Council," Vol. 60, No. 2, 2016, p. 223.

④ Patrick Porter, "Why America's Grand Strategy Never Changed? Power, Habit and the U. S. Foreign Policy Establishment," *International Security*, Vol. 42, No. 4, 2018, p. 33.

⑤ 例如 Paul Miller, "Organizing the National Security Council: I Like Ike's," *Presidential Studies Quarterly*, Vol. 43, No. 3, 2013, pp. 592 – 606; John Hamre, "The National Security Council at 70: Charting the Future of America's Security," Center for Strategic and International Studies, October 10, 2017, https://www.csis.org/analysis/national – security – council – 70 – charting – future – americas – security; Luke Strange, "The National Security Council: A Tool for Decision," American Enterprise Institute Report, March 2018, http://www.aei.org/publication/the – national – security – council – a – tool – for – decision/。

（honest broker）被公认为衡量国家安全顾问的"黄金标准"①，但这种行为模式也会令其自身在官僚化的华盛顿圈子里丧失权力优势。正因如此，后冷战时期的国家安全顾问大多倾向于与非正式小决策集团合流，成为总统战略意图的捍卫者。这带来了两方面的影响。一方面，国家安全顾问肩负着为正式会议设置议题的责任，议题的选择在不同程度上迎合了"首要地位"战略的需要，如小布什政府时期的正式会议"总是争辩如何诉诸战争，而并不关注是否应当发动战争"；而时任国务卿鲍威尔等则会建议总统降低战争的烈度，却从未真正反对过这种行为②。另一方面，在国家安全顾问的领导以及组织文化的影响下，国安会幕僚出现了明显的两极分化现象。"部长与副部长委员会的成员缺乏时间，而孤立又缺乏经验的国安会幕僚又缺乏影响力。这两者都难以将政府的长期战略规划有效地抽象成强有力的、有远见的政策选择"③。以北约东扩为例，该构想之所以在克林顿政府获得了广泛支持，源于"将美国的权力投射到真空区域"的战术完全契合"首要地位"大战略的内在逻辑。而为迎合主流思想，以高级顾问弗雷德（Dan Fried）为代表的国安会幕僚在并未对其进行有效评估的情况下转而从众，"选择成为这一布局的积极支持者"④。

最后，国安会系统的诸多政策协调委员会在战略动员、推动决策的进程中逐步政治化，成为"首要地位"战略意图的诠释者。这种情况源于国安会系统内部长期缺乏有力的监管机制。国安会成立初期，由国务卿牵头、内阁各部门成员参与的行动协调委员会（Operation Coordination Board）有力地制约了正式会议成员"越俎代庖"，直接参与国家战略决策实施进程的情况。此后，美国决策层为了精简机制，将这种监管职能逐步让渡给国家安全顾问与国安会幕僚，进而造成了里根政府时期国安会的

---

① David Rothkopf, "A National Security Council Everyone can Love, or at Least be a Member of, " *Foreign Policy*, February 27, 2009, https://foreignpolicy.com/2009/02/27/a - national - security - council - everyone - can - love - or - at - least - be - a - member - of/. 有关"诚实掮客"国家安全顾问模式的具体阐释，参见 John Burke, "The Neutral/Honest Broker Role in Foreign-Policy Decision Making: A Reassessment,"*Presidential Studies Quarterly*, Vol. 35, No. 2, 2005, pp. 229 - 258. 本书将在第八章对这一模式进行进一步阐释。

② Bob Woodward, *Plan of Attack*, New York: Simon & Schuster, 2004, p. 153.

③ Francis Hoffman, Ryan Neuhard, "Avoiding Strategic Inertia: Enabling the National Security Council," Vol. 60, No. 2, 2016, p. 223.

④ Ronald Asmus, *Opening NATO's Door: How the Alliance Remade Itself for a New Era*, Boston: Columbia University Press, 2002, pp. 72 - 73.

"放养"模式及此后丑闻的爆发。即便在托尔委员会明确提出提醒的情况下，系统性的监管机制至今尚未建立。正如哈德利（Stephen Hadley）所说："如果我给国安会促进政策出台的能力打分是'B'，那么给其处理跨部门政策监管的能力的打分则只能是'D'。"①

与此同时，伴随后冷战时期国家安全议题的泛化，美国政府内部包括国务院、国防部在内的诸多安全战略相关部门都出现了严重的"功能性与区域性的割裂及冲突"现象②。贝茨（Richard Betts）认为，为了不使国家安全战略成为"一棵挂满所有外交利益集团诉求的圣诞树"③，政策协调委员会必须对部门的利益诉求进行权衡、取舍与重组，高效运作因此变得更为艰难。在"远离具体业务不应成为解决纠纷不力的借口"的理念下，这些委员会有效地抓住了国安会系统弱监管的特质，利用"威胁通胀"（threat inflation，指夸大威胁）为战略文件中涉及"首要地位"的部分附加更多的合法性，进而实现动员效率最大化。而这种源自杜鲁门时期的传统手段经过后冷战历任政府的推演与实践，已逐步被内化为国安会幕僚标准化操作程序的重要组成部分④。

---

① Joseph Collins, Nicholas Rostow, "An Interview with Stephen Hadley," *Prism*, Vol. 5, No. 3, 2015, p. 146.

② 这种因不合理的组织结构造就组织冲突的现象在管理学中得到了较多研究，参见 Thomas Hammond, Paul Thomas, "The Impossibility of a Neutral Hierarchy," *Journal of Law, Economics & Organization*, Vol. 5, No. 1, 1989, pp. 155 – 184; Anne – Claire Pache, Filipe Santos, "Inside the Hybrid Organization: An Organizational Level View of Responses to Conflicting Institutional Demands," ESSEC Working Paper , May 2011, https://hal – essec. archives – ouvertes. fr/hal – 00580128v3/document; 反观政治学领域，该问题近期刚刚受到重视，参见 David A. Cooper, Nikolas K. Gvosdev, Jessica D. Blankshain, "Deconstructing the 'Deep State': Subordinate Bureaucratic Politics in U. S. National Security," *Oribis*, Vol. 62, No. 4, 2018, pp. 536 – 538。

③ Richard Betts, *U. S. National Security Strategy: Lenses and Landmarks*, The Princeton Project on National Security, Woodrow Wilson School of Public and International Affairs, 2004, p. 8, http://inbody. net/research/nss/NSS/betts. pdf.

④ 在美国政治专栏作家史蒂芬·格兰（Stephen Glain）看来，NSC – 68 号文件的出台便是美国决策者借助国安会这一机制，利用"威胁通胀"影响大战略走向的经典案例，参见 Stephen Glain, *State vs. Defense: The Battle to Define America's Empire*, New York: Crown Press, 2011, pp. 94 – 95; 在小布什政府时期，总统在保留国安会幕僚中原有负责处理反恐事务人员的基础上，另外建立专门的"反恐小组"，借此通过所谓"威胁通胀"的方式强化政府内的反恐怖政策导向，参见 Benjamin Friedman, "Perception and Power in Counterterrorism," in Trevor Thrall, Jane Cramer, eds. , *American Foreign Policy and The Politics of Fear: Threat Inflation Since 9/11*, New York: Routledge, 2009, pp. 220 – 222。

（三）"首要地位"战略惯性的具体表现

1. 克林顿政府与大战略路径的强化

尽管在竞选期间较为强调国内政策在未来政策体系中的核心地位，克林顿在组建政府后在短期内继承了老布什政府时期的大部分外交与国家安全政策遗产，使得美国的大战略在总体上体现出一种延续性。其更加强调发挥自身民主价值和多边主义的重要意义，进一步夯实了这一后冷战初期美国大战略思维体系的基础。1993 年，时任国防部部长阿斯平（Les Aspin）在防务报告中再一次警示称美国所面临的威胁并没有伴随冷战终结而消失，并指出美国"在一个民主化、多元化制度存在的世界中更为安全，而维持一个开放的国际经济体系无疑会增进民众的福祉"。他特别指出，美国应该"通过促进民主"以及"发展自由市场"来促进之，同时妥善处理那些对其"利益至关重要的地区"，打造一种"自由、繁荣与和平的国际伙伴关系"[①]。阿斯平的报告出台于克林顿政府时期，其有力地呼应了老布什政府期间美国大战略中蕴含的自由主义逻辑，并在此基础上予以适当扩展。

同时，克林顿政府的美国决策精英群体也试图进一步对美国大战略中涉及"硬实力"的部分进行完善和扩充。1994 年，国家安全顾问莱克（Anthony Lake）在著名杂志《外交事务》中明确指出，美国需要严肃对待古巴、朝鲜、伊拉克、伊朗和利比亚等"逆流国家"（backlash states）。在他看来，这些政权不仅会破坏美国所主导的国际秩序，更易被诱发"受困心态"（siege mentality），通过发展大规模杀伤武器来确保自身安全[②]。莱克的报告体现了美国决策层逐渐形成的一种思维模式，即美国有责任和义务来制裁这些国家，确保美国在世界主要地区的战略利益，从而促进民主、自由市场和人权等理念的传播。在这一逻辑的引导下，克林顿政府在海地、索马里和科索沃等地积极实施干预，反对军事政变，并尝试颠覆非经民主方式选举而产生的政府。

除此之外，相比老布什时期，克林顿政府试图融合美国大战略中军事与意识形态的部分。在这段时间内，其先后颁布了 7 份国家安全报告。其

---

① Les Aspin, "Report on the Bottom – Up Review, "United States Department of Defense, October, 1993, http: //www. dtic. mil/get – tr – doc/pdf? AD = ADA359953.

② Anthony Lake, "Confronting Backlash States, " *Foreign Affairs*, No. 46, 1994, https://www. foreignaffairs. com/articles/iran/1994 – 03 – 01/confronting – backlash – states.

中，1994 年的报告将原有主题"参与战略"调整为"参与和扩大战略"，较为明确地体现了美国将以积极和明确的态度维护自身"首要地位"的意图。该文件明确指出，美国的所有战略利益都是通过扩大民主和自由市场国家的共同体来实现的。美国决策精英团体意图通过利用苏联解体所带来的机会，促进自身繁荣，消除有可能威胁其领土的全球威胁，同时寻求将冷战时代的现实主义思维与物质力量的效用结合起来作为其重要工具，并以更为自由主义的思想促进民主、自由市场和人权等理念的扩散①。在克拉克（Michael Clarke）等看来，这表现为，美国政府一方面积极促进北约的东扩，并在波斯尼亚和科索沃进行了无休止的血腥战争；另一方面，其又与处于快速发展进程中的中国建立了一种"可控的"关系，使之成为美国全球贸易的重要支持者②。

可以说，老布什和克林顿两届政府有效地利用了后冷战初期的权力真空所赋予该国的优势地位，推动一种结合了自由主义与现实主义的扩展型大战略，并为未来这一战略的运作模式定下了基调。然而，大战略所具备的路径依赖特质使得政府的施政合法性长期基于对既定路径的被动遵循，尤其是在克林顿执政末期，这种惯性作用已颇为明显。例如，1993 年，美国在索马里严重受挫。迫于政治影响，克林顿戏剧性地退出索马里，并迅速而彻底地抛弃了所谓人道主义议程。就在几个月后，卢旺达爆发了种族灭绝危机，美国再次处于被动之中。为恢复信誉、遵守承诺，克林顿决策团队不得已重启该议程，并最终在波斯尼亚和科索沃套用旧有模式。在 20 世纪 90 年代后期，这种方法已经无法应对日益增长的恐怖主义威胁。尽管美国的一些中级官员一再催促，克林顿及其政治顾问们却无力对危险做出有效的回应。随着克林顿总统的任期即将结束，这种大战略所导致的军事干预困境继续困扰着美国政府。

2. 小布什政府与大战略转型的阻力

尽管在 20 世纪 90 年代末期，已经有批评者意识到美国大战略惯性的负面效应，并明确指出美国为维护其"首要地位"而在世界范围内诉诸霸

---

① "A National Security Strategy of Engagement and Enlargement," July 1994, http://nssarchive. us/NSSR/1994. pdf.

② Michael Clarke, Anthony Ricketts, "US grand Strategy and National Security: The Dilemmas of Primacy, Decline and Denial," *Australian Journal of International Affairs*, Vol. 71, No. 5, 2017, p. 486.

权的行为"可能会引发本应避免的国际阻力",并获得适得其反的效果①,然而,固化的认知严重影响了该届政府对大战略效能的评估。包括伍尔夫维茨(Paul Wolfowitz)、赖斯(Condoleezza Rice)以及拉姆斯菲尔德(Donald Rumsfeld)等小布什政府的鹰派顾问仍坚持美国在国际体系中无与伦比的实力在本质上是一种"良性力量"。这些秉持"霸权现实主义理念"的决策精英对一个多极国际社会嗤之以鼻②,认为"单极时刻"(unipolar moment)才是确保美国自身利益和国家安全的最佳手段③。在1992年沃尔福威茨提交给副总统切尼的《防务规划指导》(Defense Planning Guidance)中,这位国防部部长呼吁采取强有力的单边手段来进一步延续美国在后冷战时期的统治地位。文件直言不讳地指出,美国"不会允许潜在的地缘政治竞争对手崛起",并主张利用美国的绝对力量来击败其威胁,并塑造全球环境④。该文件尽管因泄密而不得不重新起草,但其可以被视为小布什政府时期决策团体所秉持战略理念的缩影。

小布什政府实践大战略的手段仍没有受到太大的影响,与其前任保持了较高的一致性。与此同时,由于外部战略环境的变化,其有目的地调整了美国大战略中几个支撑要素的优先次序。上任初期,小布什便有针对性地指出,自身与克林顿政府"最大的不同"在于其治下的美国不会依赖不可靠的、为"流氓国家"提供便利的国际军控协议,而是通过发展弹道导弹防御能力、扩充美国的核武库来实现⑤。同时,赖斯2000年在《外交事

① Hal Brands, "Choosing Primacy: U. S. Strategy and Global Order at the Dawn of the Post – Cold War Era, "*Texas National Security Review*, Vol. 1, No. 2, 2018, p. 167.

② 例如,时任国家安全顾问赖斯就认为国际社会的多极化"从来不是一个共同的期望或愿景,而是一个邪恶的想法",最终会导致大国的无休止的竞争,甚至爆发战争。在她看来,"为自由服务的力量是值得尊重的";华盛顿利用其军事力量来确保全球共同利益、保护盟友的安全、促进国际繁荣,理应赢得国际社会的尊重与认可。参见 Condoleezza Rice, "Remarks at the International Institute for Strategic Studies, "June 26, 2003, https: //2001 – 2009. state. gov/p/eur/rls/rm/2003/21989. htm; " Dr. Condoleezza Rice Discusses President's National Security Strategy, "October 1, 2002, https: //georgewbush – whitehouse. arc-hives. gov/ news/releases/2002/10/20021001 – 6. html。

③ William Wohlforth, "The Stability of a Unipolar World, "*International Security*, Vol. 24, No. 1, 1999, pp. 5 – 41.

④ Hal Brands, "Choosing Primacy: U. S. Strategy and Global Order at the Dawn of the Post-Cold War Era, "*Texas National Security Review*, Vol. 1, No. 2, March 2018, p. 27.

⑤ George W. Bush, "A Distinctly American Internationalism, "November 19, 1999, https: //www. mtholyoke. edu/acad/ intrel/bush/wspeech. htm.

务》杂志上表达了与之相似的观点，强调新任政府的重要任务便是"重建和加强固有联盟"，确保美国拥有遏制战争、在世界范围内投射权力并保护自身利益的军事能力，以限制和应对"流氓国家"、大规模杀伤性武器扩散以及恐怖主义①。在"9·11"事件后，小布什政府坚定了这种"维持绝对军事实力为主，构建世界秩序为辅"的大战略实践模式。

因此，小布什政府的决策思路自始至终颇为明确，即只有制定基于美国价值普遍性和美国力量首要性的大战略，才能确保国家和国际安全。"9·11"事件使得小布什政府坚定了原有信念，美国也正是在这种背景下被拖入到了旷日持久的伊拉克与阿富汗战争中。在2002年1月的国情咨文中，小布什指出朝鲜、伊朗和伊拉克由于"支持恐怖主义"和"大规模杀伤性武器扩散"而构成了"邪恶轴心"，也使得自己的任期成为"自由的历史上富有决定性意义的十年"。对于美国来说，其在这段历史中则扮演了一种独特的角色②，发展国家的防务并不单纯为了自身安全，更是为了在全世界确保"利于人类自由"的公正与和平，这既是"美国的机会，也是美国的责任"③。在同年9月发布的《国家安全战略报告》中，美国面临的主要威胁和挑战被描述为"恐怖主义、极端势力与高科技的结合"④。其明确指出，若美国的"力量足够强大，将可以阻止潜在的对手进行军事集结"，在这种语境下，"先发制人"的战略最终形成。而后，美国政府通过成立国土安全部等举措将捍卫国土安全的理念机制化了。

相比之下，尽管小布什政府的"先发制人"理念为美国大战略中增添了单边主义的色彩，但其仍没有完全抛弃国际合作这一重要的战略支撑。正如他在自己第二任期的就职宣言中提到的，"支持民主运动的发展是美国长期以来的政策"，而最终目标无疑是"终止我们的世界的暴政"⑤。同样是在

---

① Condoleezza Rice, "Campaign 2000: Promoting the National Interest," *Foreign Affairs*, Vol. 79, No. 1, 2000.

② George W. Bush, "Full Transcript: State of the Union Address," January 29, 2002, http://edition. cnn. com/2002/ALLPOLITICS/01/29/bush. speech. txt/index. html?_s = PM: ALLPOLITICS.

③ George W. Bush, "Remarks of President George W. Bush to the US Military Academy," June 1, 2002, http://www. cfr. org/world/remarks - us - military - academy/p5664.

④ "Text of Bush's Speech at West Point," *The New York Times*, June 1, 2002, https://www. nytimes. com/2002/06/01/international/text - of - bushs - speech - at - west - point. html.

⑤ George W. Bush, "Second Inaugural Address," January 20, 2005, http://www. npr. org/templates/story/story. php?storyId = 4460172.

2002 年的《美国国家安全战略》报告中，小布什政府还同时强调了国际协调与大国合作的重要性和必要性。在该报告中，小布什政府开宗明义地指出，美国的国家安全战略目标是为了"建立有利于实现自由的均势"，不仅在于维护自身的和平与安全，而且致力于帮助世界变得更安全与美好①。为此，美国应同其他国家通力合作，并发挥国际组织的作用，以击败全球恐怖主义。

在苏联解体后，结合国际安全格局的转变，美国几届政府有效地利用了自身的优势实力，对支撑美国大战略发展的五大支柱予以平衡，并以不同方式实践了自身的大战略。正是在这一时期，通过两党的持续合作，几届政府的大战略之间虽各有侧重，但表现出了一种高度延续性，即在目标上维持美国的"首要地位"，并以不同手段维系以美国实力作为支撑的自由国际秩序②。历经连续三届政府的自我强化，这种延续性最终形成了后冷战时期美国的大战略惯性。然而与之相矛盾的是，在"干涉主义""反恐战争""单边主义"等一系列思想的共同作用下，美国所重视的"首要地位"却处于一种日渐衰减的尴尬境地，在两次大量耗费美国资源的战争后，虐囚等人道主义灾难陆续发生，要求美国"回家"的呼声此起彼伏。这无疑"不是权力的平衡，而是世界有史以来最明显的不平衡"③。因此，美国开展了调整旧有大战略的尝试。其中，对于国安会组织惯性的削弱成为克服战略惯性的重要举措。

三 奥巴马和特朗普政府时期"克服惯性"的举措及其效果

在小布什任期将尽的时候，美国在后冷战初期的绝对优势地位因"两场战争"及 2008 年全球金融危机受到了一定程度的损害，"其余国家的崛起"④ 又使美国所面对的国际战略环境变得更为复杂。在这种情况下，2008 年与 2016 年美国总统大选的话语环境发生了明显转向，引

---

① The White House, "National Security Strategy of the United States, "2002, https://www. state. gov/documents/organization/63562. pdf.

② Robert Kagan, *The World America Made*, New York: Vintage Press, 2012, p. 18.

③ Hal Brands, Eric Edelman, "America and the Geopolitics of Upheaval, " *National Interest*, June 21, 2017, http://nationalinterest. org/feature/america – the – geopolitics – upheaval –21258.

④ Fareed Zakaria, *The Post-American World: And the Rise of the Rest*, New York: Penguin Press, 2008, p. xxiii.

发了政府内外众多"首要地位"支持者的担忧。在竞选期间，奥巴马声称亟须阻止小布什政府单边主义行径的进一步深化，而特朗普则表示应当终结奥巴马治下自由多边主义对美国利益的侵害。这两位将"变革"作为执政理念关键词的"局外人"在上任之初，都体现出一种克服大战略惯性的特征，并通过不同方式奠定了自己任内的改革预期及施政基调。

（一）奥巴马政府"克服惯性"的举措与效果

1. 奥巴马"克服惯性"的举措

对于奥巴马来说，削减小布什政府庞大的军费开支是其战略调整理念的根本。为此，他采取了一种被称为"责任分担"的离岸平衡手段，通过与盟友集体行动、发展"当地伙伴关系"（local friendship）等方式转嫁"首要地位"中美国的责任及消耗，从而提高美国的对外行为的性价比[①]。然而，奥巴马在进行战略理念的调整时，并未触及组织层面，没有相应地对存在问题的国家安全协调机制进行改革。同时，该时期问世的各类研究影响力略显不足，也未能再次掀起一轮全面的组织学习进程[②]。这使得国安会的组织惯性进一步强化，进而导致总统在推进战略时每每遭遇掣肘。

一方面，从组织构建与日常管理来看，奥巴马政府的国安会是一个"竞争性"的系统。在其执政的 8 年中，国安会保留并维系着斯考克罗夫特组织框架及衍生的标准化操作程序。为了让"代理人战争"、"轻足迹"与"幕后领导"等具体策略融入中东及亚太等区域的传统战略思维框架，国安会的中、高层领导者不得不任由该系统底端的功能性和区域性委员会

---

①　Ross Douthat, "The Obama – Trump Grand Strategy, "*The New York Times*, June 12, 2018, https://www.nytimes.com/2018/06/12/opinion/obama – trump – north – korea – summit.html.

②　例如，由美国国会发起的国家安全改革计划项目（Project on National Security Reform, PNSR）发布的报告仅指出了国安会系统在操作层面存在的问题，如国家安全顾问协调职能不当等，而对于该系统在组织结构层面的缺陷则鲜有提及。在项目报告的建议下，奥巴马整合了国安会与国土安全部的幕僚班子，进一步造成了团队职能的冲突与规模的膨胀。参见 Gordon Lederman, "National Security Reform for the Twenty-first Century: A New National Security Act and Reflections on Legislation's Role in Organizational Change, "*Journal of National Security Law & Policy*, Vol. 3, No. 363, 2009, pp. 367 – 368。

横向扩张,造成原本就臃肿的幕僚团队进一步膨胀。在 2016 年,国安会系统人数飙升至 400 余人,达到历史峰值①。如此庞大的协调集团不仅与"灵活""快速"等词无缘,同时也使得成员间的关系由"合作倾向"转为"竞争倾向"。可以说,无论是在对抗巴沙尔政权、处理"茉莉花革命",还是在推动"亚太再平衡"、实施对朝制裁中,国安会系统都受制于其冗杂的机制、迟缓的反应和"功能性与区域性的割裂"。国安会的所有层级都难以就某问题达成一致,从而导致更多的会议,大大降低了其战略协调与动员能力。这种情况使"奥巴马主义"在战术层面面临诸多困难。

另一方面,从组织文化与学习模式来看,奥巴马的国安会又是一个"排他性"的系统。正如前国防部部长盖茨(Robert Gates)在回忆录中所说,"自 20 世纪 70 年代尼克松和基辛格政府以来,奥巴马的白宫是我所见过决策权力最为集中和具控制性的"②。尽管拥有一个"利维坦"级别的大型官僚机构,但真正能够对奥巴马的决策施加影响的人寥寥无几。正如《大西洋月刊》的特约记者克莱蒙斯(Steven Clemons)所说,"世界的现实实际上是被与奥巴马关系好的人所塑造的"③。鉴于其核心决策圈内的成员几乎都是建制主义者,奥巴马的小集团决策模式实际上大大强化了国安会系统内基于"首要地位"的组织文化。正因感受到了这种压力氛围,负责战略联络的副国家安全顾问罗茨(Ben Rhodes)在卸任后公开批判该"聚团"(blob)向国家战略不断施加压制性观念的行为。支配性组织文化的长期存在,加之奥巴马本身对于大战略不屑一顾的态度④,使得国安会幕僚越过副部长、部长委员会与正式会议,尝试直接与奥巴马的小

---

① Russell Berman, "Republicans Try to Rein in the National Security Council, "*The Atlantic*, May 20, 2016, https://www.theatlantic.com/politics/archive/2016/05/republicans - try - to - shrink - the - national - security - council/483596/.

② 〔美〕罗伯特·盖茨:《责任:美国前国防部长罗伯特·盖茨回忆录》,陈逾前等译,广东人民出版社,2016,第 566 页。

③ Steve Clemons, "Core Chicago Team Sinking Obama Presidency, "*Huffpost*, February 7, 2010, https://www.huffingtonpost.com/steve - clemons/core - chicago - team - sinking _ b _ 45 2664. html.

④ 例如奥巴马甚至曾公开表示,自己"已经不需要乔治·凯南了"。David Remnick, "Going the Distance: On and Off the Road with Barack Obama, "*The New Yorker*, January 27, 2014, https://www.newyorker.com/magazine/2014/01/27/going - the - distance - david - remnick.

决策群体合流①。这强化了原本就在该群体中趋于严重的操作思维定式，导致战略思想极度缺失。奥巴马时期国安会的组织惯性某种程度上转化为"组织惰性"②。

2. 奥巴马政府"克服惯性"的效果评估

在奥巴马看来，尽管相对力量有所衰落，美国在国际社会的核心地位仍旧不可撼动，国际秩序仍非常有利于其自身的发展。因此，他只是希望通过更小的军事代价，以及更加灵活有力的外交手段，来维持美国在国际社会中的领导地位。从这一点上讲，奥巴马政府的大战略仍旧没有脱离五大支柱的支撑，并在此基础上尽可能降低战争和武力干涉所造成的损耗。这一治理方略成为其处理全球和区域问题的重要框架。自 2009 年起，所有美国的重大战略文件都再三重申要"维持美国的首要地位"，并继续致力于"塑造一个反映美国利益和价值观的国际秩序"③。这种战略重心的转移是奥巴马政府实践自身大战略的显著特征，其直接结果便是对战略支撑的优先次序进行了调整。

其一，尽管奥巴马政府意识到庞大的军费开支正在逐步将美国的"首要地位"消耗殆尽，并因此尽可能地减少军费支出，但实际上其在捍卫国土安全方面付出了更多的努力。大部分观察者倾向于将"奥巴马主义"的核心原则视为一种"责任分担"（shared responsibility），然而，其实际上是一种较为实际的离岸平衡手段。这一理念强调通过联合盟友，诉诸集体行动，或通过发展"当地伙伴关系"（local friendship）及加强盟国建设等手段来减少美国的消耗，并在此基础上使美国的军事行动的性价比最大化。而在技术层面，奥巴马政府更多依靠"秘密战争"（covert war）和特

---

① 例如奥巴马政府后期负责南亚事务的国家安全幕僚拉沃伊（Peter Lavoy)在巴基斯坦和阿富汗问题上对奥巴马的影响。拉沃伊在美国政府外部并不知名，但对于军方和情报界却是"知名人物"。他认为痴迷于军队数量是奥巴马政府的"阿喀琉斯之踵"。参见 Bob Woodward, *Fear: Trump in the White House*, New York: Simon & Chuster, 2018, pp. 249 – 250。

② Daniel Drezner, ed. , *Avoiding Trivia: The Role of Strategic Planning in American Foreign Policy*, New York: Brookings Institution Press, 2009, p. 19.

③ 参见 The White House, "National Security Strategy of the United States, "2010, http://nssarchive. us/NSSR/2010. pdf; The White House, "National Security Strategy of the United States, "2015, http://nssarchive. us/wp – content/uploads/2015/02/2015. pdf. 此外，美国国防部于 2012 年年初发布的一份有关维持美国领导力和优势地位的报告同样秉持这一观点，参见 U. S. Department of Defense, "Sustaining U. S. Global Leadership: Priorities for 21st Century Defense, " 2012, http://archive. defense. gov/news/Defense_Strategic_Guidance. pdf.

种行动，引入更为先进、前沿的技术，并增加情报人员的参与度，来完成指定任务，从而达成既定战略及行动目标。这种被称为"代理人战争"（surrogate war）的模式间接影响了奥巴马的外交政策，甚至形成了一种名为"替代战争"的理论，即将战争的负担"外化给其代理人"①。在叙利亚战争时，奥巴马通过这一战争模式进一步推进了他的大战略，通过提供一定程度的援助来支持叙利亚反对派组织推翻巴沙尔政权，从而达成美国的战略目标；而在利比亚战场上，这一方法强调"幕后领导"（leading from behind），并将无人机、特种作战部队（SOF）和其他"轻足迹"策略作为打击"基地"组织等恐怖主义团体的主要工具，这些手段被视为奥巴马寻求将责任转嫁给美国盟友的尝试②。上述这些因素，加之 2011 年"预算控制法案"所导致的两党僵局，使得美国的国防支出从 2010 年的 7590 亿美元下降到 2015 年的 5960 亿美元③。

其二，尽管强调撤出美国在海外的军事因素，奥巴马政府仍旧认为美国的"首要地位"是建立在军事实力的绝对优势之上的。因此，奥巴马在强调"代理人战争"的同时实际上进一步扩大了美国与海外盟友的联系，因而不得不维持一个基于安全承诺的庞大盟友系统。同时，由于科技的进步以及全球流动性的进一步增强，相比小布什时期，奥巴马政府不得不花费更多的精力与财力来应对核扩散、恐怖主义以及其他非传统安全威胁。在这种情况下，奥巴马政府为完成既定的大战略目标，亟须更大的投入来应对对于他们来说最为严重的威胁，无论是 2009 年至 2011 年对"基地"组织的报复性打击，还是 2014 年的反"伊斯兰国"，这种资源的投入都体现得十分明显。因此，尽管 2010 年后美国国防预算大幅削减，但统计赫然显示，其在 2015 年军事上的开销比第二名的中国高出近三倍之多④。

其三，奥巴马政府尝试寻求新的国际经济建设支点，并倡导加强与盟友之间的合作。在其政府组建初期，奥巴马的政策团队中如助理国务卿坎

---

① Andreas Krieg, "The Obama Doctrine and US Foreign Policy in the Middle East," *International Affairs*, Vol. 92, No. 1, pp. 104 – 105.

② Jeffrey Goldberg, "The Obama Doctrine," *Atlantic Monthly*, Vol. 317, No. 3, 2016, pp. 71 – 90.

③ 军费支出具体数据来自斯德哥尔摩国际和平研究所军费支出数据库（SIPRI Military Expenditure Database），https://www.sipri.org/databases/milex。

④ Aaron Mehta, "Global Military Spending Grows for First Time since 2011," *Defense News*, April 4, 2016, http://www.dw.com/en/sipri – global – military – spending – rises – for – the – first – time – since – 2011/a – 19163819.

贝尔（*Kurt Campbell*）意识到"21 世纪的大部分历史将写在亚太地区"①，在早期便做出了战略判断，并随之提出了"重返亚太"的口号，主张通过签署包括"跨太平洋伙伴关系协定"（TPP）和"跨大西洋贸易与投资伙伴关系协议"（TTIP）等国际协定来巩固美国在全球化进程中的主导地位，同时进一步推动其长期倡导的自由贸易的发展，并随之整合以亚太地区为首的经济体系。尽管美国从未在亚太地区缺席，但在中国快速发展的背景下，这一倡议仍然为美国维持其在该地区的影响力提供了极大支持。最终，美国将海、空两军开支的 60% 投入亚太地区，同时转向重点发展并保留美国常规威慑所需的先进能力。"亚太再平衡"战略还体现在加强美国对非盟友的援助方面。通过加强目标国家的现代化，以及长期保持美国的军事存在，美国同时与印度、印尼等非盟国也建立了更深层的防务关系。

与此同时，人权和民主仍是奥巴马政府时期的首要议题之一。根据奥巴马所述，自 2011 年起在利比亚诉诸的军事干预行为"旨在保护平民……同时引入更为多元化的国家治理模式"。可见，奥巴马时期的大战略思维仍是在全球范围内扩散美国的自由民主思想。一方面，这种手段为美国在中东地区所采取的克制和紧缩倾向提供了合法性；另一方面，这种手段也可以被视为其吹捧"亚太再平衡"背后的逻辑。

其四，借助前几种支撑，奥巴马政府希望进一步维系后冷战时期的国际秩序，保持包括中国在内的大国权力平衡，并加强自身在国际秩序中的主导地位。鉴于中国的快速发展带来美国相对实力的衰落，奥巴马时期美国大战略中有很大一部分涉及美国对新兴国家崛起的应对策略，被称为"衰退管理"（decline management）。2013 年 3 月，国家安全顾问多尼伦（Tom Donilon）详细阐述"亚太再平衡"的核心内容时，有限度地表示美国的"首要地位"已经受损，并强调通过避免小布什时期的过度扩张来维持美国的优势地位②。事实上，在 2012 年连任后，奥巴马的决策班子更加

---

①　"The Obama Administration's Pivot to Asia: A Conversation with Assistant Secretary Kurt Campbell, "https://www. youtube. com/watch?v = i2c8L5XwCvI. 此后，坎贝尔在自己的书中再次强调了亚太地区在美国战略规划中的重要意义，见 Kurt Campbell, *The Pivot: The Future of U. S. Statecraft in Asia*, New York: Grand Central Publishing, 2016。

②　Tom Donilon, "The United States and the Asia – Pacific in 2013, "March 11, 2013, https://obamawhitehouse. archives. gov/the – press – office/2013/03/11/remarks – tom – donilon – national – security – advisor – president – united – states – an.

意识到对美国首要地位构成威胁的因素是"多方面的",其中既包括"崛起的中国",也涵盖"自信的俄罗斯",两者构成了美国"首要地位"最有力的挑战者。同时,突尼斯、利比亚、埃及、叙利亚、伊拉克和也门等相关次区域地区的不稳定态势造成了以色列、沙特阿拉伯和菲律宾等长期盟友对美国安全承诺可信度的怀疑,不仅动摇了美国人民"对于本土的信心和基本乐观态度",也造成了一种国家相对衰退、政治体系失调的感觉[①]。

对于奥巴马时期美国大战略的评估,人们各执一词。一些观察家认为,奥巴马政府的大战略"明智且经过良好的整合",可以增强美国在"长期博弈"过程中的力量[②]。相比之下,批评者们则认为,奥巴马政府在军事、外交以及经济等方面的全面紧缩姿态对美国的国家安全来说是有害的,甚至是"毁灭性的"[③]。而盖尔布(Leslie Gleb)等观察家则认为奥巴马的一系列政策设置缺乏连贯性,因此甚至不认为其有成形的大战略[④]。而奥巴马本人对大战略亦不屑一顾,他曾说:"我现在甚至都不需要乔治·凯南了。"[⑤]

总的来说,奥巴马政府时期确实存在一个非常清晰且连贯的大战略,而且左右美国大战略的五大支柱都较为完整地被保留了下来。而相比小布什时期,尽管大战略的变化程度有时比奥巴马政府所声称的要小,但确实发生了富有意义的转变。在许多方面,奥巴马时期的大战略仍与后冷战时期美国治国路径的大致轮廓相契合,即维持美国的"首要地位",捍卫自身主导的自由主义国际秩序。而在具体手段的选择上,奥巴马无疑非常希望汲取波森"克制"(restraint)思维的精华,将财力和精力更为精细地投入到美国军事力量的使用上,并通过发展盟友关系减轻美国的责任。奥巴

---

① David Rothkopf, "National Insecurity: Can Obama's Foreign Policy be Saved?" *Foreign Policy*, Vol. 208, 2014, pp. 44 – 51.

② Derek Chollet, *The Long Game: How Obama Defied Washington and Refined America's Role in the World*, New York: Public Affairs, 2016, p. 5; Jeffrey Goldberg, "The Obama Doctrine," *Atlantic Monthly*, Vol. 317, No. 3, 2016.

③ Colin Dueck, *The Obama Doctrine: American Grand Strategy Today*, New York: Oxford University Press, 2015, p. 2.

④ Leslie Gelb, "The Elusive Obama Doctrine," *National Interest*, September/October 2012, pp. 18 – 28.

⑤ David Remnick, "Going the Distance: On and Off the Road with Barack Obama," *The New Yorker*, January 27, 2014.

马最终成为"跛脚鸭总统"(lame‐duck president)。然而，大战略本身固有的惯性让奥巴马在政策实施进程中遇到诸多瓶颈，这使得在其政府末期，有一种为小布什辩护的言论趋势形成。人们认为小布什在美印和中美关系等方面取得的成果被严重低估，他在第二任期努力纠正第一任期的例如疏远关键盟友、占领伊拉克等错误的努力亦没有受到重视①。而对于奥巴马来说，无论在伊拉克和叙利亚等问题上，还是美国更广泛的全球部署，奥巴马的治国方略总是能定期地让人们产生疑问，怀疑总统"不仅没有从前任的错误中吸取教训，反而自己也犯了相同的错误"②。从这个意义上讲，奥巴马政府并未有效阻止美国大战略的惯性，更没能解决美国大战略所面临的困境。

(二) 美国失去"首要地位"了吗?

在奥巴马任期即将结束的时候，美国相对衰落、中国快速发展似乎已成为国际社会的既定事实，美国大战略所追求的"首要地位"已经面临重大困境。在这种情况下，围绕"极性"(polar) 这一地缘政治变革的起点，国际上展开了一场有关美国"单极时代"(uni‐polar moment) 是否结束，以及一个新的"多极世界"(multi‐polar world) 是否已经出现的辩论。而其中相互对立的两种观点无疑是政治界对于美国内外部战略环境感知的集中体现。

一方面，相当一部分人认为美国确实处于衰落的进程之中，而其长期所追求的"首要地位"也在这一过程中逐渐丧失。根据相关统计数据，第二次世界大战结束时，美国占全球 GDP 的比重约为 50%，而 2020 年则缩减至约 24%；相比之下，中国在全球经济中的份额从 1990 年的不到 2% 增长至 2020 年的约 17%。同时，自冷战时期以来，全球经济活力出现了从西向东的转变，欧盟在全球经济中的集体份额下降了 12%，而东亚区域经济体的份额则增长了 8%。但对于国内生产总值相对较低的超级大国来说，防务开支难以控制。即使是最积极的建设，军费开支也只占国内生产总值的 4% 左右，而冷战高峰期的军费开支占 10% – 12%。内外相叠加

---

① 〔美〕戴维·罗特科普夫:《国家不安全:恐惧时代的美国领导地位》，孙成昊、张蓓译，社会科学文献出版社，2016，第 159 ~ 173 页。

② Hal Brands, "Barack Obama and the Dilemmas of American Grand Strategy," *The Washington Quarterly*, Vol. 39, No. 4, p. 102.

的压力使得美国不仅在处理国际事务时不得不支付高昂的成本；同时从财政角度而言，如果税收问题得到解决，那么原有的大战略路径尚可维持，但如果这些问题没有得到解决，无论消费性支出增多或减少，美国的财政政策都会"站不住脚"①。

在国内方面，美国同样面临巨大压力。统计显示，2000 年至 2016 年，美国制造业岗位数量减少了近 500 万个；相比冷战高峰时期近四分之一的美国人从事制造业，2016 年只有 8% 的人愿意从事相关职业②。与此同时，美国公民将对恐怖主义的恐惧归咎于南部的"渗透性边境"。这种对个人安全的担忧将大大降低低成本劳动力向美国境内流入的趋势。著名学者福山（Francis Fukuyama）认为，在这种背景下，美国人"将对民主政府应对挑战的能力越发怀疑"，而这种态度的结果便是倾向于选出强有力的政治领袖领导国家③。

与此同时，也有相当一部分人认为所谓的美国衰弱论是一种对美国战略环境的错误感知。他们指出美国经济下滑的论断是一种"被夸大了的事实"，实际上美国的强大"仍是无可争议的"。正如观察员利伯（Robert Lieber）所言，"从实质角度来看，尽管美国的相对地位有所下降，但仍然是无与伦比的"④。秉持这种观点的观察者认为，若按照市场汇率计算，2014 年美国国内生产总值的全球占比为 22.54%，而到 2017 年这一数字达到了 24.32% 左右。相比之下，被视为其首要潜在竞争对手的中国在 2014 年约占 11%，而在 2017 年约占 14.84%。从这个角度来看，美国仍保持相对于中国的绝对优势。而在军费方面，美国的军费支出优势则更为明显，仍远远领先于竞争对手。在 2015 年，美国的军费开支为 5960 亿美

---

① Hal Brands, Eric Edelman, "Avoiding a Strategy of Bluff the Crisis of American Military Primacy," Center for Strategic and Budgetary Assessments Report, March 20, 2017, https://csbaonline.org/research/publications/avoiding – a – strategy – of – bluff – the – crisis – of – american – military – primacy.

② Heather Long, "The US had Lost 5 Million Manufacturing Jobs Since 2000," CNN News, March 29, 2016, http://money.cnn.com/2016/03/29/news/economy/usmanufacturing – jobs/index.html.

③ Francis Fukuyama, *Political Order and Political Decay: From the Industrial Revolution to the Globalization of Democracy*, New York: Farrar, Strauss & Giroux, 2014, p. 28.

④ Robert Lieber, "The Rise of the BRICS and American Primacy," *International Politics*, Vol. 51, No. 2, 2014, pp. 137 – 154.

元，而中国为 2150 亿美元，俄罗斯为 664 亿美元①；而到 2017 年，美国为 6187 亿美元，中国为 1517 亿美元，俄罗斯为 491 亿美元。这些数据令持这一观点的人坚定地认为尽管华盛顿的优势已经减弱，但它在全球范围内仍保持与其潜在挑战者之间绝对的"首要地位"。颇为有说服力的论据是，和与其最接近的竞争对手中国相比，美国仍然拥有巨大的经济优势。截至 2015 年，美国近 18 万亿美元的 GDP 仍比中国的 11 万亿美元多出 60% 以上，而人均国内生产总值则是中国的 4 倍。在国防开支方面，美国的具体数额仍是中国的 3 倍左右。在技术方面，美国仍保持着巨大的优势，例如航空母舰、先进战术飞机、核动力潜艇等，这使其仍可控制全球公共区域，并在世界各地施加影响。

（三）特朗普政府的"克服惯性"举措对国安会的影响

奥巴马克服战略惯性的举措未能系统地深入到组织层面，这也使其在执政生涯的中后期遭遇多方面的掣肘，难以正确传达并贯彻自己的战略意图。基于"衰退管理"的国家治理模式未能减少"首要地位"对美国的损耗②，在伊拉克、叙利亚等相关地区增加军事部署很难说是一条更为克制的路径。美国民众开始因奥巴马与前任的殊途同归而备感无奈与愤怒。

在这种情况下，带有浓厚民粹色彩的特朗普顺势入主白宫，承诺将"美国第一"的国家主义战略构想投入实践，从而扭转长期以来的大战略。特朗普在上任之初便积极在美国国内建构一种外部危机观念，即国际环境深刻变化已成事实，美国和西方无可争辩的优势日渐消退，意识形态斗争和大国碰撞增多，其应对全球安全而建立的合作体系也即将崩溃。在其政治语境中，当前的世界已经"重回更为正常的状态"，而这是一种更危险和不稳定的状态，即"后冷战时期的结束"。对特朗普来说，除了反对党在国会持续不断的抗争，其最初所面对的最大阻碍莫过于美国政府内部以国安会系统为代表、长时间受到组织惯性影响的国家

---

① 数据来自斯德哥尔摩国际和平研究所网站，"Trends in World Military Expenditure,"April 2015, https://www.sipri.org/sites/default/files/ EMBARGO%20FS1604%20Milex%202015.pdf。

② Michael Clarke, Anthony Ricketts, "US Grand Strategy and National Security: The Dilemmas of Primacy, Decline and Denial,"*Australian Journal of International Affairs*, Vol. 71, No. 5, 2017, pp. 489 – 493.

安全建制群体（national security establishment）对"特朗普主义"的怀疑①。自竞选期间起，特朗普便频频在公开场合表达自己对该群体的不满，从而引发了人们的揣测，认为其将以改革国家外交决策机制为枢轴来带动美国的整体战略转向。有学者坚信，保守主义的决策机制"尽管伪装成政治实用主义，但却是发达资本主义的核心"，因而定会成为特朗普改革的关键②。

1. 特朗普政府"克服惯性"的举措

纵观其整个任期，特朗普的"小政府理念"推动战略改革均不同程度地触及组织层面，多重阻力也随之出现。在最初的决策阵容中，作为首席战略顾问的班农（Steve Bannon）获得了参与国安会正式会议的"许可证"，为这一长期被保守主义者占据的论坛注入了不确定因素。而在政府最初运作的一年中，该系统内一些与特朗普秉持同样观点的人因各种原因陆续离职，而麦克马斯特（Herbert McMaster）、科恩（Gary Cohn）、蒂勒森（Rex Tillerson）等全球主义者却崭露头角，尝试与旧有民族主义者争夺政府的话语权③。为此，特朗普通过采取辞退国务卿蒂勒森、任命更为激进的保守主义者博尔顿（John Bolton）出任国家安全顾问等一系列措施，缓慢推动关键岗位的成员迭代。此后，据悉博尔顿在多项议题上与特朗普出现龃龉，导致总统的多项决策无法推行、贯彻。为此，特朗普以经验相对单薄但"任何事情上都不会与总统唱反调"的罗伯特·奥布莱恩取而代之。尽管特朗普政府试图以更换关键人选的方式来克服存在于国安会系统中的组织惯性，但在其四年任期告一段落时，这种"机制掣肘"缺点仍没有被克服。

首先，国安会系统内部的标准化操作程序及其衍生的操作思维定式仍然存在。特朗普并未对国安会系统的既有组织架构及进程予以调整，

① John Cassidy, "How Important is the Protest against Trump from the National - Security Establishment?" *The New Yorker*, August 17, 2018, https://www.newyorker.com/news/our - columnists/how - important - is - the - protest - against - trump - from - the - national - security - establishment.

② 〔美〕约瑟夫·马奥尼：《美国价值观发生了民粹主义转向——来自马克思主义的分析》，张永红译，《国外理论动态》2017年第7期，第84页。

③ Herbert McMaster, Gary D. Cohn, "America First Doesn't Mean America Alone," *The Wall Street Journal*, May 30, 2017, https://www.wsj.com/articles/america - first - doesn't - mean - america - alone - 1496187426.

而是通过频繁更换关键成员的方式完善团队建设，从而打造一支与自己秉持同样理念的国家安全决策及协调班子。尽管对于前任的国安会系统多有诟病，但为确保平稳完成政府的过渡，特朗普不得不依靠这些他本不信任的官僚机构来推进政策，除了保留斯考克罗夫特模式别无选择。稳定且进一步固化的框架将使得存在于三级委员会模式中的根本性弊病难以根除。为应对多变的突发情势，负责政策协调的功能性、区域性单元仍将延续其扩张趋势，致使该系统更加勤于危机治理而疏于战略规划。

其次，尽管幕僚成员变动频繁，对于长期存在于国安会系统中下层级中的支配性组织文化是否能被随之扭转，却仍旧难下定论。一方面，特朗普对国安会行政秘书（NSC Staff Secretary）这一岗位的强化使其从单纯的文职人员管理者进化为诸多政策协调委员会的管理者。与此同时，对于该岗位的任用人员也颇为考究。无论是具有军方将领经验的凯洛格（Keith Kellogg）、博尔顿的前任幕僚长弗莱茨（Frederick H. Fleitz），还是副总统彭斯（Mike Pence）的前任助理欧哈拉（Joan O'Hara），都凸显了决策者试图通过加强组织管理的方式来改变这些"次官僚层级参与者"的文化认同的决心[1]。而另一方面，尽管幕僚团队的领导者对现政府的向心力愈发增强，但"聚团"施加于国安会系统组织文化的影响始终难以摒除。例如，在保留负责战略联络的副国家安全顾问的基础上，特朗普政府又增设了专职负责战略事务的副国家安全顾问职务。该岗位的出现无疑是特朗普政府重新重视国安会系统战略规划职能的体现。在麦克马斯特治下，该职务先后由高盛集团前高管鲍威尔（Dina Powell），以及外交关系委员会前高级研究员斯恰德罗（Nadia Schadlow）担任[2]。这两名被公认为"国家安全建制派新星"[3] 的成员成为 2018 年美国《国家安全战略报告》思想

---

① Margaret Talev, Jennifer Epstein, "Bolton Adds Loyalists to National Security Council Staff," Bloomberg, May 30, 2018, https://www.bloomberg.com/news/articles/2018 - 05 - 29/bolton - adds - loyalists - to - national - security - council - staff.

② Peter Fever, "A Step Toward Better National Security Coordination in the Trump White House," *Foreign Policy*, March 16, 2017, https://foreignpolicy.com/2017/03/16/a - step - toward - better - national - security - coordination - in - the - trump - white - house/.

③ David E. Sanger, "Who Was in the Room? These Advisers Joined Trump for the Syria Strike," *The New York Times*, April 7, 2017, https://www.nytimes.com/2017/04/07/us/politics/trump - mar - a - lago - room - syria - strike.html.

的提供者与主要撰写者。鉴于这种情况，博尔顿在走马上任后旋即采取"休克疗法"，暂停了大部分幕僚岗位的人事任命①。这将不可避免地影响国安会系统参与战略规划的能力。

最后，在上述两种情况的综合影响下，特朗普政府在对美国大战略进行调整的进程中仍旧遭遇诸多阻力。不仅部长和副部长委员会仍旧聚焦危机治理、缺乏战略视野，而且其间研讨的内容也常常与特朗普的关注点脱节。例如，依据伍德沃德（Bob Woodward）的描述，2017年3月1日与10日，负责阿富汗事务的国安会幕僚卢扬（Fernando Lujan）连续召开了两次副部长会议，试图调和长期存在于幕僚团队中有关美在阿富汗境内反恐事务的不同意见。大部分人认为奥巴马时期的离岸平衡手段应当延续，从而让阿富汗政府承担更多的执法责任，同时令美国从旷日持久的海外反恐活动中脱身。尽管如此，认为美国应当延续自身国际义务的"首要地位"战略思想主张仍在国安会的中下层级中具有重要的影响力。双方思想上的差异使得这一分歧悬而未决，进而导致国防部与国务院的代表在此后召开的部长委员会会议期间出现了激烈争执。反观特朗普却在整个过程中与这些会议保持距离②。替代性支配组织文化的缺失使得特朗普的政策难以脱离传统思维的惯性，也将国安会系统的战略规划能力消耗殆尽。如班农就曾明确指出，在阿富汗、伊朗、中国、俄罗斯与朝鲜等问题上，国安会幕僚"从众而缺乏组织原则"③；蒂勒森也不止一次在部长会议上表示，国安会系统的根基内部出现无谓的消耗，使得他"始终看不到任何战略相关文件"，并指出"这是非常严肃的问题"④。

2. 特朗普政府"克服惯性"的效能

鉴于特朗普在施政方面体现出的任意性与随机性，以及他持续不断地对美国外交政策体系的去结构化，美国国内有一部分学者认为特朗普政府

---

① 截至2019年4月，据称，相当一部分国安会幕僚岗位仍无人上岗，造成相当严重的行政缺编。参见 Hanhal Toosi, "Inside the Chaotic Early Days of Trump's Foreign Policy," *Politico*, March 1, 2019, https://www. politico. com/magazine/story/2019/03/01/trump - national - security - council - 225442; Graeme Wood, "Will John Bolton Bring on Armageddon—Or Stave It Off?" *The Atlantic*, April 2019, https://www. theatlantic. com/magazine/archive/2019/04/john - bolton - trump - national - security - adviser/583246/。

② Bob Woodward, *Fear: Trump in the White House*, New York: Simon & Chuster, 2018, pp. 250 - 260.

③ Bob Woodward, *Fear: Trump in the White House*, New York: Simon & Chuster, 2018, p. 402.

④ Bob Woodward, *Fear: Trump in the White House*, New York: Simon & Chuster, 2018, p. 466.

不存在所谓大战略①。在 2016 年竞选过程中，特朗普所阐述的"美国第一"原则尽管可以被视为总统本人一系列思想感知的汇集，然而这些想法无疑是"新瓶装旧酒"。"美国第一"的愿景无疑重新确立了其任期内大战略的主要目标仍是追求长期、持续的"首要地位"，而其更倾向于利用民粹主义和单边主义来达成这一目标。因此，特朗普看似随性且凌乱的外交思想实际上有其大战略机理，而这也无疑是对美国外部战略环境深刻变化以及强大的战略惯性所做出的回应。

总的来说，特朗普政府试图对长期主导美国政策走势的既定大战略予以调整、尝试克服大战略惯性的论断基于以下几个方面。

首先，特朗普政府认为"美国治下的和平"（Pax Americana）并非一种合情合理的选择。在他看来，美国"已经与世界达成了一项无能为力的协议"，这一协议不但没为美国带来繁荣和和平，反而让其"殚精竭虑"；相对应地，由连续几任政府所塑造的后冷战自由主义外交政策传统"并不是自身利益的更高表现"，而是"一个天真的赠品，以美国消耗自身为代价铸造了一个忘恩负义的世界"②。尽管美国国内有很大一部分反对声音认为以"堡垒美国"的心态规避当前面临的挑战是一个严重的错误，可实际上，特朗普对于国际事务的基本看法"早已有之"，其在竞选期间便将当前的国际局势描述为"温和的国际无序状态"（mild international disorder）③。这种情况使得如卡根（Robert Kegan）等学者认为

---

① 例如 Rebecca Lissner, Micah Zenko, "There is No Trump Doctrine, and There will Never be One," *Foreign Policy*, July 21, 2017; Stephen Sestanovich, "The Brilliant Incoherence of Trump's Foreign Policy," *The Atlantic*, May 2017; Peter Dombrowski, Simon Reich, "Does Donald Trump Have a Grand Strategy?" *International Affairs*, Vol. 93, No. 5, 2017, pp. 1013 – 1037; Reinhard Wolf, "Donald Trump's Status – Driven Foreign Policy," *Survival*, Vol. 59, No. 5, 2017, pp. 99 – 116; Eliot Cohen, "How Trump is Ending the America Era," *The Atlantic*, October 2017; Matthew Kroenig, "The Case for Trump's Foreign Policy: The Right People, the Right Positions," *Foreign Affairs*, Vol. 96, No. 3, 2017, pp. 30 – 35; John Ikenberry, "The Plot against American Foreign Policy: Can the Liberal Order Survive?" *Foreign Affairs*, Vol. 96, No. 3, 2017, pp. 2 – 9; Elliott Abrams, "Trump the Traditionalist: A Surprisingly Standard Foreign Policy," *Foreign Affairs*, Vol. 96, No. 4, 2017, pp. 10 – 16; 等等。

② Victor Morton, "Trump Says He'd Force U. S. Military to Commit War Crimes," *The Washington Times*, March 3, 2016, https://www. washingtontimes. com/news/2016/mar/3/donald – trump – says – hed – force – us – military – commit – war/.

③ Thomas Wright, "Trump's 19th Century Foreign Policy," Politico, January 20, 2016, https://www. politico. eu/article/donald – trump – 19th – century – foreign – policy – presidential – campaign/.

"当选总统对承担全球秩序负担毫无兴趣",而特朗普的一系列行为"意味着美国已最终接近长达 70 年历史自由主义世界秩序的末期"①。

其次,特朗普在竞选早期便着重强调,维持大国权力平衡并非美国的责任,亦不能对维护其自身利益起到决定性作用。不断变化的权力平衡意味着美国的竞争对手在当前有更大的余地来改变国际秩序,借此适应自身的偏好,这也成为推动当今全球政治发生变革的重要因素。在奥巴马政府时期,中国积极的经济外交获得许多国家的认可,加之美国国内在经济上的疲软,使得一部分美国旧有盟友不认为其能够继续承担维持国际社会秩序的重任,例如菲律宾总统杜特尔特在 2016 年高调宣布"美国已经失去了争夺地区优势的斗争"②。因此,深谙经营之道的特朗普笃信美国没有必要耗费巨大的精力和财力致力于维护既有国际秩序。

从这点来看,特朗普似乎在一定程度上继承了布尔(Hedley Bull)的思想,后者认为国际政治的首要特征是有序和无序的力量之间持续不断的冲突,亦是国际政治生态中的常态③。对于美国来说,非理性与具备威胁性质的非国家行为体交错对其塑造的国际秩序形成挑战,同时跨国问题和全球问题的复杂性似乎超过了现有自由主义框架下诸多国际组织和多边机构的承受能力。所有这些现实性问题共同营造了一种不稳定的国际环境。有人认为国际社会"正遭受着与三十年战争期间欧洲所遭遇的相似的秩序崩溃",但由于当前迅速的技术变革和全球化等诸多因素,美国所面对的潜在威胁似乎比以往更大④。在这种视角下,特朗普尝试推卸国际责任,并将中东等地的乱局视为"一种可笑的轻描淡写"便不足为奇了。

最后,特朗普在竞选期间曾多次表示,其无意进一步拓宽或深化与固有盟友之间的合作,亦不希望改善与潜在敌人之间的关系。美国国内有人认为,中国和俄罗斯等的迅速发展"并非多极化的直接结果",而是前几

---

① Robert Kagan, "Trump Marks the End of America as World's 'Indispensable Nation'," *Financial Times*, November 20, 2016, https://www.ft.com/content/782381b6 – ad91 – 11e6 – ba7d – 76378e4fef24.

② Ben Blanchard, "Duterte Aligns Philippines with China, Says U. S. has Lost," Reuters, October 20, 2016, https://www.reuters.com/article/us – china – philippines – idUSKCN12K0AS.

③ 有关布尔的思想,参见〔英〕赫德利·布尔《无政府社会:世界政治秩序研究》,张小明译,世界知识出版社,2003。

④ Robert Muggah, "The Global Liberal Order is in Trouble – Can it be Salvaged, or will It be Replaced?" World Economic Forum, 10 April, 2018, https://www.weforum.org/agenda/2018/04/can – the – global – liberal – order – be – salvaged.

届政府长期屈从于大战略惯性的"懦弱表现",造成了"对自由主义秩序的消耗"①。特朗普与美国国家主义者秉持相同的观点,认为尽管美国在支持海外民主方面有着悠久的历史,但其并没有可靠的手段和系统的方法予以支撑。而另一方面,特朗普的理念在美国政治思想界不具普遍性,大部分民主党人支持有利于维护和延续自由主义世界秩序的政策,而即使在右翼势力阵营,反对国际主义的思潮也绝非普遍。特朗普认为北约已经过时,而欧洲国家对军费的分摊远远小于美国国内的要求。这严重冲击了自小布什时期就呈现分裂之势的美欧关系;与此同时,特朗普在上任前更是对美国的最大潜在对手中国予以抨击,称中国是"敏感的敌人",如果当选,将发动对华的经济和贸易战争。诸如此类的言辞层出不穷。

小结

后冷战时期美国国安会的组织惯性与美国"首要地位"大战略之间的互动再次印证了著名政治学家蒂利"战争塑造国家,国家制造战争"的经典论断②。作为一种存在于国家战略规划体系中关键单元的固有属性,组织惯性在短期有助于决策者汇聚相关部门力量,是推动大战略投入实践的重要动力;但在长期看则会导致这些部门出现不同程度的路径依赖,最终成为国家战略转型的掣肘与阻力。冷战结束初期,稳定的外部环境与强大的相对实力使美国政府积极诉诸基于自由主义霸权的"首要地位"大战略,而诸多政府组织在贯彻该大战略的进程中衍生了不同程度的组织惯性,进而使得美国在自身相对衰落的情况下仍坚持既定路径,难以接受更为克制的战略抉择。

作为美国政府内的核心跨部门机制,国安会系统无疑是"首要地位"大战略惯性的最大动力源。自1989年以来,该系统始终沿用斯考克罗夫特模式的组织架构,并维持了30年的机制稳定。然而,这一过程也在该系统内部催生了标准化操作程序和支配性组织文化,并导致国

---

① Jack Thompson, "Trump and the Future of US Grand Strategy,"*CSC Analyses in Security Policy*, No. 212, September 2017, http://www.css.ethz.ch/content/dam/ethz/special – interest/gess/cis/center – for – securities – studies/pdfs/CSSAnalyse212 – EN.pdf.

② Charles Tilly, "Reflections on the History of European State – Making," in Tilly, ed., *The Formation of National Security States in Western Europe*, Princeton: Princeton University Press, 1975, p. 42.

安会幕僚的操作思维定式以及外部评价思维缺失。不仅使组织成员难以履行长期战略规划的职能,国务院、国防部等众多内阁部门中持不同意见者参与及塑造大战略的能力也被间接削弱,沦为组织惯性的牺牲品。这也解释了为何现有美国学界的相关研究将加强机构间决策过程、增强组织在处理复杂的日常事务进程中的团结能力看作一项"战略要务"(strategic imperative)①。

总的来看,组织惯性会为执政者的大战略改革施加诸多额外成本。因此,外部环境的深刻变化仅仅给予决策者克服惯性的动力,更为重要的是其是否愿意承担改革所付出的成本。尽管奥巴马与特朗普两任政府都采取了较为明显的改革举措,但前者选择以收缩决策权力并边缘化国安会系统的方式策动改革,反而在某种程度上助长了该系统的组织惯性,进一步制约了大战略的转向,最终令其难以实现最初的战略预设。反观特朗普,作为抗衡"外交政策建制派"这一牵制性力量的副产品,"美国优先"理念所带来的政治变革自始便在不同程度上触及国安会系统的各个层面。然而,鉴于特朗普仍不得不依靠被其谴责为"永久性政府"(permanent government)的"次官僚层级参与者"完成大部分任务,其改革不可避免地受到制约。

---

① Gabriel Marcella, "Understanding the Interagency Process," in Gabriel Marcella, ed., *Affairs of State: The Interagency and National Security*, Carlisle, Pennsylvania: Army War College Press, 2008, p. 2.

第七章　国安会正式会议与美国国际战略

自 1947 年创建以来，美国国安会最为核心的职能始终是整合与国家安全相关的内政、外交与军事事务，并强化各政府机构与多军事部门之间的协作。为了实现这一基本目标，国安会系统以正式会议为核心，并在此基础上衍生出各类会议，国安会也因此被深深打上了"论坛"的烙印。在70 余年的发展历史中，尽管美国国安会正式会议在不同时期发挥的作用不尽相同，但其重要性始终未曾降低；美国战略界与学术界始终将其视为筹谋和推进美国国际战略的重要平台，甚至将国安会正式会议等同于国安会本身。

尽管美国总统把持着对于行政机构的最终决策权，然而历经多年发展，国安会正式会议以及为其服务的幕僚已成为制定美国国家安全政策及战略的主要因素，有时甚至"操刀"政策的推进与实施。与此同时，作为国安会正式会议议程的制定者，以及国安会幕僚的领导者，国家安全顾问同样是国安会会议体系中的关键因素。

诚如上文所述，国安会正式会议的影响和作用因政府而异，而会议本身的形式也存在一定差异，包括"高度结构化"的正式系统以及"松散的专家团队"。尽管当前人们普遍认为国安会正式会议的议程设置应"满足"总统的战略考量和工作习惯，但历史证明，任何国安会的组织结构均有其优势和缺陷。

本章将重点探讨美国国安会中的"会议机制"（meetings mechanism），分析其对美国国际战略的塑造性作用。首先探讨冷战时期国安会会议机制的发展，而后探讨冷战后国安会会议机制的调整及延续，最后分析国安会会议机制与美国国际战略之间的内在逻辑。

一　冷战时期国安会会议机制的演进特质

在国安会初建之时，美国战略界已明确对国安会正式会议的属性进行了界定。在整个冷战时期，这种属性本身几乎没有受到外部影响，而历任总统也根据其政策优先选项来考虑是否接受这种属性。在美国 1947 年《国家安全法》中，国安会被描述为总统探讨国家安全政策的重要论坛，被政界人士广泛视为"总统办公厅的外延部分"。该法律出台前，时任预算部长韦伯在呈交杜鲁门的备忘录中明确厘清了国安会与内阁之间的关系，阐明了国安会会议"不应取代内阁"的组织理念，其核心主旨意在确立国安会正式会议时刻作为一个"中性"会议论坛的重要意义①。可以说，无论是福莱斯特所倡导的"统筹－协调"模式，还是史东和韦伯所提倡的"咨议－顾问"模式，均是从"如何看待正式会议"这一问题出发，来打造属于总统的国安会体系。

与此同时，国安会的人事安排亦围绕正式会议这一机制建立。在最初设立时，国安会仅配备了一名负责"安排会晤事务"的行政秘书，用以协调会议日程和准备相关文件等非政策性事务，而没有为与会人员增加额外的政策顾问，同样是该体系的"论坛－会议"属性的集中体现。从人员安排上看，杜鲁门选择曾参与《埃伯斯塔特报告》写作且为人低调的索尔斯出任这一职务，无疑是希望其在不影响会议产出的基础上，将设立国安会预期的论坛属性诉诸实践。正如前文所述，在国安会最初设立的时期，包括美国国务院、军事部门以及其他内阁部门均希望增强自身在国安会内的话语权，因此竭力扩充自身在国安会系统中的人员数量。而索尔斯的重要成就之一，便是在杜鲁门本人的支持下，通过各类制衡和斡旋，"巧妙地"维持了各部门在国安会正式会议上的权力均衡，从而令国安会会议在最初建立时便呈现一种"去中心化"结构②。

在这种机制理念之下，冷战时期的历任美国总统及其国家安全顾问开始以正式会议为中心，打造系统化且符合自身预期的国安会系统，并在此基础上诠释自身的组织战略理念。纵观冷战时期美国 8 任政府所出台的、奠定任内国安会机制系统的指令文件，针对国安会正式会议的描述始终未曾出现较大改变，其"总统首要咨政论坛"性质的定位始终延续。这对于

① James E. Webb to Truman, Aug. 8, 1947, James E. Webb Papers (Harry S. Truman Library, Independence, Mo.), 转引自 Alfred D. Sander, "Truman and the National Security Council, 1945 – 1947," *The Journal of American History*, Vol. 59, No. 2, 1972, p. 369。

② Christopher Briem, "How Admiral Souers Shaped the National Security System," *Naval History Magazine*, Vol. 43, No. 4, 2020, p. 55.

二战时期政策协调出现混乱的美国行政办公室来说，是一次"理念上的创新"；而对于长期提倡"小政府"理念的美国执政群体来说，同时又是一种崭新的尝试。

与国安会正式会议地位相对应的，则是与会人员的设置安排。通过1947 年最初版本的《国家安全法》可以看出，美国国安会正式会议的法定参与成员包括总统、国务卿、军方代表以及国家安全资源委员会主任。这些人承担了参与的义务，占据正式会议的主导性地位；而这种设置不仅是基于国家安全议题的考量，同时也是总统收束权力，以及部门博弈和妥协折中的结果。正因如此，在 1947 年 9 月 26 日国安会历史上首次正式会议上，杜鲁门着重强调，国安会是"一个纯粹的顾问机构……没有任何政策制定或监管的职能。而这种原则应被严格遵守"①。

基于这种运行理念，不同时期的总统及其决策班子结合自身的管理风格，对国安会正式会议的"论坛"性质进行诠释和延伸，而其彼此之间的差异则成为区分国安会系统"咨议－顾问"和"统筹－协调"模式的重要参照。总的来看，这两种主导冷战时期国安会系统的组织理念折射至国安会正式会议，令这一"论坛"呈现出不同特质，具体体现在以下三方面。

首先，两种理念下国安会正式会议的规模和人数差异较大。在"咨议－顾问"的组织理念下，国安会正式会议参会人员数量得到严格限制，以便总统能够在推行自身战略决策时面临较小的阻力。在国安会刚刚创立的前三年中，正式会议参会人员的数量始终维持在 15 人左右，约为同时期其他相关部门会议的二分之一②。杜鲁门任期内的最后一次国安会正式会议仅有 6 人参会。1961 年 2 月 1 日，肯尼迪执政后的首次正式会议上，情况室内仅有 17 人在列，契合其规模"更小"、人数"更少"和资历"更高"的管理理念。里根政府时期，美国国家安全概念已经得到了极大泛化，但国安会正式会议平均与会人数仍仅维持在 27 人，其中来自白宫方面的人员不超过 10 人③。

---

①　"National Security Council, Opening Statement at First Meeting of the President on National Security Council, "September 26, 1947, *USDDO*, CK2349431608.

②　John Burke, "The National Security Advisor and Staff: Transition Challenges, "*Presidential Studies Quarterly*, Vol. 39, No. 2, 2009, p. 285.

③　"Minutes of a 11:09 a. m. – 12:22 p. m. National Security Council(NSC) Meeting, "July 6, 1981, *USDDO*, CK2349696331.

相比之下，"统筹－协调"的组织理念要求国安会正式会议为总统提供最为广泛和全面的政策建议，因此尽可能囊括所有涉及特定议题的专家参会。艾森豪威尔执政后，第一次会议便邀请了 24 名专家与会，此后的参会人员则"很少有低于 30 人的时候"。在尼克松政府时期，尽管正式会议的人员数量多而稳定，但国安会系统的委员会机制得到长足发展，有越来越多的政策顾问借助各类方式参与到正式会议之中。卡特执政后，布热津斯基在增加正式会议的参与人员数量的同时，也开始注重这些人的专业背景。

其次，两种理念下国安会正式会议的与会人员有所不同。在历史上的首次国安会正式会议后，杜鲁门要求总统行政办公室对 1947 年《国家安全法》进行修改。该修正案削减了军方的人数，将副总统纳入法定成员，并将参联会主席和中情局局长认定为参会的军事和情报顾问。调整后，文官和武官的比例由原来的 3：4 变为 4：1。在历任遵循"咨议－顾问"传统的国安会系统内部，总统倾向于和其诸多顾问保持一种"垂直关系"，一方面强调总统将完全保持最终决策的制定权，另一方面也意味着总统一旦做出战略决策，相关部门将"不遗余力"地推进和践行相关决策。例如，杜鲁门政府时期，国安会正式会议在美国冷战"战略基石"NSC－68 号文件的出台过程中几乎没有发挥任何作用。又如里根政府时期，总统领导建立的多个小组没有一个归时任国家安全顾问理查德·艾伦领导，并试图将国安会系统与政策实施相关的一切进行隔离。

相比之下，在"统筹－协调"国安会系统内，总统则倾向于保持与其顾问的"平行关系"，从而最大限度地获取各类可能的政策建议，同时将相关部门的决策和利益纳入其战略决策规划之中。这种模式是以牺牲"灵活度"为代价，换取政策的最大合法性。艾森豪威尔政府时期，国安会正式会议参会人员数量急剧扩张，其中不乏许多"后座成员"（back banchers）到场聆听，且随着时间推移数量逐渐增加。在尼克松政府首个任期，基辛格治下的国安会以平行委员会的形式，给予了政府内外大量专家"各抒己见"的机会。在卡特政府时期，布热津斯基和万斯领导的两个委员会成员深度参与国安会正式会议，并就同一议题发表不同见解。

最后，总统在两种国安会正式会议中扮演的角色存在差异，同时也对议题设置造成了一定程度的影响。在最初塑造国安会运作理念时，杜鲁门及其顾问们致力于塑造总统"不可替代"的作用。自此，该会议的发展再也无法脱离总统对其施加的影响。在"咨议－顾问"理念下的国安会系统中，总统更多倾向于在正式会议中扮演主导角色，强化"总统的国安会"原则。同时，总统往往将最终决策的"场所"和权力预留给由其亲信和顾问组成的非正式机制。无论是杜鲁门政府时期国安会的"国务院化"，还是肯尼迪政府时期的执委会，或约翰逊政府时期、卡特政府后期的"周二午餐会""周五早餐会"等，均属正式会议外的"平行机制"。

与其相对的，在基于"统筹－协调"理念打造的国安会正式会议机制中，总统则扮演着疏导政策和吸纳意见的角色，进而对正式会议进行强化，最终令其成为自身制定决策的首要平台。艾森豪威尔政府任内，国安会正式会议成为"日光浴计划"酝酿、商议和推行的重要平台。在尼克松政府时期的"超级内阁"成形前，国安会正式会议及其附属的 8 个小组委员会囊括了大量专家，而总统及其国家安全顾问也深度参与这些会议，并策划了包括入侵柬埔寨在内的一系列行动。尽管在行动上疏远正式会议，但卡特最初在以"统筹－协调"理念打造国安会系统的过程时，与林恩着重强调了正式会议的重要意义，并将其视为融合"强总统"和"强国安会"的重要节点①。

二　冷战后国安会会议机制的调整与延续

综观冷战时期国安会系统的会议机制，可以发现，无论是处于意在将其打造为首席战略论坛的"统筹－协调"机制理念下，还是处于意在将其塑造为诠释总统意图的"咨议－顾问"机制理念下，国安会正式会议均难以同时兼顾灵活性和全面性，其发挥的效用也因此长期处于不稳定状态。其原因无疑在于，历任政府的国安会正式会议均难以将议题相关人士全部囊括进会议之内，也无法把厘定的政策选项完全推行和协调至相关部门内。这种"参与感"和"筛选度"之间的矛盾成为冷战时期国安会正式会议长足发展的重要掣肘。

正如前文所述，1947 年美国《国家安全法》对国安会正式会议的规定是"就与国家安全相关的国内、国外和军事政策的整合向总统提供

---

① Document 2, "Paper Prepared by L. E. Lynn, Jr. : What should be the Future of the National Security Council System and Staff?"September 16, 1976, *FRUS*, 1977 - 1980, Volume XXVIII.

建议，从而使军队和其他部门和机构能够在涉及国家安全的事务上更有效地合作"。从理论上看，该法律允许总统"自由地组织和使用他认为合适的国安会会议模式"。但在实践中，会议参与人员以及为会议提供服务的国安会幕僚更为"活跃"，甚至其活动已经超出了提供政策建议的范围。

正因如此，在"伊朗门"事件后，以斯考克罗夫特为代表的美国战略界在重塑国安会系统时，充分考虑了安全议题泛化为国安会会议机制带来的压力。为了能够就某个议题更好地协调美国国内各机构，美国国安系统引入了三级会议制度，将原有"平行"的会议机制进行纵向拉伸，从而令战略界人士围绕国家安全议题的研讨更加"立体化"。此后，国安会正式会议下出现了部长委员会（PC）、副部长委员会（DC）和跨部门政策委员会（IPCs）的三级结构，作为正式会议的"强力支撑"。

斯考克罗夫特等策动这次改革的动因有两点。首先，正如斯考克罗夫特本人所指出的，政策的"精确执行"往往需要白宫的参与，尤其是在任务需要保密的情况下。其次，无论是后冷战时期美国在巴尔干地区、伊拉克和阿富汗的军事行动，还是恐怖主义、贩毒以及人口贩运等跨国非传统威胁，其重要性在后冷战时期始终持续上升，向美国提出了所谓"全政府"（whole – of – government）的重要性，需利用包括外交和军事手段在内的各类"工具箱"道具来应对国家安全威胁。

斯考克罗夫特模式被后冷战时期历任总统所接受，也成为主导国安会会议机制的重要理念基石。然而，正如上文所述，国安会是协调此类反应的核心机制。随着国际安全环境变得更加复杂，以"全政府"形式应对危机的反应变得更加频繁，而这种反应最终会转化为对国安会正式会议更大程度的参与。这种不断扩大的作用导致许多美国学者和国家安全专业人士质疑国安会会议制度的规模、范围和作用①。斯考克罗夫特本人亦承认这一体系存在缺陷。

对于应当如何对国安会会议机制进行改革，美国学界目前主要存在两种观点。第一种观点基于美国在伊拉克和阿富汗战争时期的经验教训，认为国安会会议难以令美国在取得所谓"军事成功"之后巩固成果，因此需

---

① Shawn Brimley, Julianne Smith and Jacob Stokes, "Reforming the NSC: What the Next President Needs to Know,"War on the Rocks, July 1, 2015, http://warontherocks. com/ 2015/07/reforming – the – national – security – council – what – the – next – president – needs – to – know/.

要"更大程度的国家权力介入",以实现"更高层次的同步和整合"。在秉持这种观点的学者看来,美国军事与国家安全的"战术协调"已经非常高效,但问题往往出现在国安会正式会议的"战略协调"层面。面对复杂的安全态势,这些学者主张通过扩充正式会议规模的方式,来实现更多议题的融入,并减轻跨部门的"僵化"。①

另一部分学者则认为,鉴于国安会正式会议的本职工作就是协助总统制定战略并监督其实施,如果让更多的人参与进国安会会议机制中,不但会降低总统决策的效率,同时也很有可能令一些人员在会议上承担不适当的"行动角色"(operational role)。聚焦这部分学者的核心论据可以发现,后冷战时期国安会正式会议及其幕僚体系的持续扩张是其反对正式会议规模扩大的重要原因:在小布什政府时期,国安会会议及支撑其运行的幕僚平均约为 50 人;在奥巴马执政后,这一数字急速增加,最终到达了 300至 400 人的历史峰值。庞大的政策顾问体系将导致行政部门的"微观管理"(micromanagement,即派遣其级别较低的人前往国安会系统任职),成为奥巴马执政末期在国安会系统外进行决策的重要诱因。因此,这些人秉持"限制规模"观点,认为小型会议是驱使国家安全人员专注于其核心战略职责的前提要件。

2016 年,美国智库外交政策研究所(FPRI)刊发了美国国防大学学者弗朗西斯·霍夫曼(Francis Hoffman)以及赖恩·纽哈德(Ryan Neuhard)针对国安会机制的研究论文。两位学者指出,自小布什政府时期以来,美国国安会会议机制总是呈现"统一性不足"(inadequate unity)的缺陷。在他们看来,当代危机具有较大的不确定性和复杂性,且爆发速度极快,通过缓慢的官僚化机制进行管理无法应对这种危机。"当某个事件需要同时运用美国军事、外交和其他领域的工具时,硬实力和软实力无法充分整合,结果往往非常不理想。"② 美国陆军战争学院理查德·维茨(Richard Weitz)也在该校 2012 年推动的"国家安全改革项目"研究报告中认为,"国安会系统内的会议不应当仅仅是交换备忘录……孤立且缺乏工作经验的与会人员将影响政府将相关线索整合成有

---

① Kathleen J. McInnis, "Goldwater – Nichols at 30: Defense Reform and Issues for Congress," CRS Report, June 2, 2016, https://fas.org/sgp/crs/natsec/R44474.pdf.

② Francis Hoffman, Ryan Neuhard, "Avoiding Strategic Inertia: Enabling the National Security Council," *Orbis*, Vol. 60, No. 2, 2016, pp. 218 – 219.

效战略的能力"①。

特朗普执政后，意图在短期内对存在于美国国际战略规划中的"惯性思维"进行削弱，围绕美国国安会正式会议的改革得以被缓慢推进。国家安全顾问和副国家安全顾问开始将更多的"谏言"权力从国安会幕僚处进行"回收"，同时对参与会议的人数进行限制。在这种情况下，国安会会议机制影响战略决策的能力开始日趋式微，总统主导战略转型的能力得以强化。正是在这种环境下，特朗普及其国家安全"小圈子"有更多的空间对美国的"自由主义霸权"全球战略进行塑造和调整。据报道，在特朗普政府时期所召开的为数不多的国安会正式会议中，各类顾问更多聚焦于诠释和推动总统的既有政策。在这种改革进程中，大量国安会幕僚的参会权力被剥夺，同时也有一批专业人士因无法表述自己的观点而选择离开白宫。2020年大选期间，这些人员通过各种方式表达了对拜登的支持。执政后，拜登意图恢复国安会系统决策程序的合法性，在短期内重建了国安会会议机制。拜登的举措标志着特朗普政府时期"克服惯性"的举措日趋式微。

三 国安会会议机制与美国国际战略

作为美国外交与国家安全高级官员的主要论坛，美国国安会正式会议对美国国家安全战略起到重要的塑造性甚至是决定性作用。与此同时，纵观美国国安会历史可以发现，这种影响在一些特定历史时期是极其有限的。

总的来看，在美国国安会会议机制的影响因素中，总统的影响是"毋庸置疑"的，因此对于美国国际战略的影响力也是最大的；总统意图进行战略调整、克服"战略惯性"时期，国安会对国际战略的影响就会减弱，反之国安会就会成为美国国际战略的"策源地"。与此同时，随着时间的推移，国家安全顾问的权力日趋增加，其"框定议题"的能力也得以夯实。这种能力势必将对国际战略产生塑造性影响。最后，与会人员在"统筹－协调"和"咨议－顾问"框架下，均能不同程度上发挥参与塑造国际战略的能力，因此也是非常重要的影响因素。本部分将对美国国安会

---

① Richard Weitz, ed., "Project on National Security Reform: Case Studies National Security Reform," U. S. Army War College Strategic Studies Institute Report, March 2012, p. 9.

议机制影响美国国际战略的三种具体路径、方式和效用，以及其对美国"战略惯性"的影响机制进行集中探讨。

（一）"总统 - 国安会 - 国际战略"路径

历任美国总统在参与竞选时，均体现出一种"克服惯性"的特质，在不同程度上批驳或"否定"其前任的外交及国家安全战略，并表示将对其缺陷进行调整。在执政后，美国总统在调整既有政策和战略时，有时将国安会正式会议作为这种调整的"最初起点"。在后冷战时期，随着美国国家安全议题的泛化，历任美国总统均试图将自己选举时的政策侧重作为施政重心，纳入国安会会议议程之中。这种趋势不可避免地影响了美国宏观战略的设置与推行。

其中，总统策动"国土安全"概念融入国家安全决策体系，将非传统安全议题"嵌入"传统美国国家安全议题的过程，无疑符合"总统 - 国安会 - 国际战略"的影响机制路径。就在"9·11"恐怖袭击事件发生四天后，时任总统小布什任命宾夕法尼亚州州长汤姆·里奇（Tom Ridge）为国土安全顾问（Homeland Security Advisor, HSA），并给予他参与国安会正式会议的资格。

2001年10月29日，第1号国土安全总统指令（HSPD - 1）建立了国土安全委员会（Homeland Security Council, HSC）。最初，该委员会被设计为一个在功能和目的上与国家安全委员会大致平行的组织，其主要任务是协调广泛的、与国土安全相关的活动和制定国土安全政策。国土安全部最初由11个政策协调委员会组成，涉及执法、边境控制、灾害响应和准备，以及重要基础设施保护和公共卫生等议题。[①]

在国土安全委员会的基础上，国土安全部（Department of Homeland Security）最终建立。该部门旨在应对发生在美国境内的非军事、非传统安全威胁。在冷战时期，国安会是美国应对外部威胁的主要组织机制，而后冷战时期，尤其是在"9·11"事件发生后的时期，美国则需要对本不属于国家安全范畴内的机构进行重新统筹，将这些机构也"拉入"国家安全界。在这一过程中，美国"国家安全"的概念实现了极大程度的泛化。

---

① U. S. Homeland Security Council, "Homeland Security Presidential Directive 1: Organization and Operation of the Homeland Security Council," October 29, 2001, https://www.hsdl. org/? abstract&did = 1132.

奥巴马执政后，于 2009 年 2 月发布了其第 1 号总统研究指令（Presidential Study Directive 1，PSD - 1），限定相关部门在 60 天内完成对白宫国土安全与反恐等议题相关组织机构的审查。此后，奥巴马在 5 月底将国土安全委员会并入国安会系统，国土安全委员会主任也成为国家安全事务顾问的副手，但仍被授予直接会见总统的权力①。

除了将国土安全职能整合进白宫以外，该总统指令还建立了包括网络安全、防扩散、边境安全与国家弹性能力建设相关的部门。此外，该指令也建立了一个国际参与部，用以与全球各国沟通符合美国国家安全的议题。在这种背景下，包括气候、能源、网络安全、减灾救灾等非传统安全议题被更多地融入了美国国家安全决策体系，以及美国国家安全战略。

2017 年 4 月，特朗普签署了第 4 号总统国家安全备忘录（NSPM - 4），对国安会系统组织架构进行了调整。令多家美国媒体诧异的是，该备忘录推翻了此前 NSPM - 2 文件的改动，包括移除了"总统首席战略顾问"（President's Chief Strategist）参与国安会正式会议和部长委员会的权力。该职位此前正是由史蒂夫·班农（Steve Bannon）担任的。同时，该文件也恢复了参联会主席和国家情报总监作为部长委员会常规参与者的身份②。

此外，NSPM - 4 文件将"确定国家安全委员会或国土安全委员会议程"的责任赋予国家安全顾问；此前，NSPM - 2 文件将该责任"均分"给国家安全顾问和国土安全顾问。在这种背景下，"国土安全"与"国家安全"之间再次延续了奥巴马政府时期的"从属"而非"平行"关系。

（二）"国安会议程 – 国安会 – 国际战略"路径

美国国安会的会议议程对国际战略预设有塑造作用。该职责自肯尼迪政府时期便开始逐渐由国家安全顾问承担。在冷战末期，《戈德华特 – 尼科尔斯国防部重组法》的颁布加之国安会斯考克罗夫特组织模式的出现，进一步强化了国家安全顾问的"影响力"。

---

①　The White House, "Presidential Study Directive – 1," February 23, 2009, https: //fas. org/irp/offdocs/psd/psd – 1. pdf.

②　The White House, "National Security Presidential Memorandum – 4: Organization of the National Security Council, the Homeland Security Council, and Subcommittees," April 4, 2017, https: //fas. org/irp/offdocs/nspm/nspm – 4. pdf.

正如布热津斯基所说，国家安全顾问最为重要的能力之一便是"规定议程"①。通过这种手段，国家安全顾问可以将契合自己意图的议题融入会议议题之中，并通过调整优先次序，将议题的重要性"升级"或"降级"。

在冷战期间，国家安全顾问逐渐在与总统的互动之中发展并强化了这种能力。在"统筹－协调"机制中，为更好地捍卫总统的利益，国家安全顾问一般谨慎使用这种能力，采取相对克制的姿态来推动会议的机制化。而在"咨议－顾问"机制中，国家安全顾问具有相对鲜明的个性，并通过会议议程的规划能力，为符合自身预期的政策"保驾护航"。后一种模式曾广泛招致美国各大主流报刊的批评，称其"夹带私货"。

冷战结束后，斯考克罗夫特模式在两种组织理念中找到了相对的平衡点，也有效地框定了国家安全顾问的能力限度。这一方面是由于冷战后美国国家安全议题的泛化，尤其是在2001年小布什政府开启全球"反恐战争"后，国家安全顾问的职责更多要"护航"其国际战略的总体方向。另一方面，国安会系统规模持续扩大，并在奥巴马政府时期达到"高峰"。面对该涉及议题范围广、人员繁多且职权交叉重叠的官僚机制，国家安全顾问在更多情况下倾向于保持中立，而非带有鲜明的政治偏好，以利于维系与总统和同僚之间的关系。

作为一名意图克服美国"战略惯性"的总统，对于国家安全顾问，特朗普无疑需要一名"政策守卫"而非"谏言大臣"。这一点可以从特朗普与其任内第三位国家安全顾问约翰·博尔顿之间的互动看出。作为美国右翼国家安全阵营的"常客"，博尔顿一方面是特朗普激进国际战略理念的积极阐释者，但同时也在某些特定议题上比特朗普更"鹰派"。这将不可避免地导致其与总统之间的战略理念出现冲突。

据报道，博尔顿本人在任职期间，致力于打造、管理和运行一个"非传统国安会"（nontraditional NSC）。他对正式会议和其他会议机制"并不感冒"，对于国安会及其背后的官僚顾问体制"嗤之以鼻"，将其视为"阻碍"而非对于总统的"协助"。而他的这种倾向源自其长期在美国官僚体系中的"浸淫"，以及他坚决维护特朗普克服美国自由主义"战略惯

---

① John Burke, "The National Security Advisor and Staff,"The White House Transition Project 1997 – 2017, 2017, p. 7.

性"的信心①。2019 年以来，博尔顿积极推进特朗普的各类对外政策，并将自身的战略倾向融入政策制定进程之中。同时，据美国媒体报道，博尔顿在某些议题上比特朗普"走得更远"，并不惜冒着违反特朗普决策的"风险"，来坚持推行自己的理念，并将该理念融入国安会为数不多的会议进程之中。其中，两者在伊朗和朝鲜问题上的分歧较大，且在阿富汗、叙利亚、乌克兰、俄罗斯和委内瑞拉等问题上亦存在龃龉。

以伊朗问题为例。长期以来，博尔顿始终主张对伊朗进行"极限施压"。为此，其在担任国家安全顾问后，竭力主张和推行对伊强硬政策。2019 年，伊朗伊斯兰革命卫队以"入侵伊朗领空"为由，击落美国在霍尔木兹海峡执行任务的无人机。博尔顿旋即向特朗普建议，应当对伊朗进行军事打击报复。据报道，特朗普在听取博尔顿的建议后，一度批准了针对伊朗的导弹打击命令，但在最后时刻取消了该命令。次日，特朗普在推特上表示，进攻伊朗是"不正确的"。一周后，特朗普在接受美国全国广播公司（NBC）采访时直言，他班子中的某位"高级外交政策顾问想把美国卷入多起国际冲突中"，并称自己在中东问题上与此人"极端不和"，矛头直指博尔顿。在同年 9 月 9 日举行的国安会正式会议上，特朗普曾提出放宽对伊朗的制裁，以便与伊朗总统鲁哈尼举行会谈。对此，财长姆努钦表示支持，但博尔顿激烈反对。隔日，特朗普在推特上表示，博尔顿不再出任国家安全顾问一职，并将其称为"强硬先生"（Mr. Tough Guy）。②

与多次更换国家安全顾问形成鲜明对比的是，特朗普政府对国安会系统中层人员的任用体现出一种"稳定性"。这一方面是由于其承诺削减奥巴马政府时期日益扩张且膨胀的人员编制，同时也更加利于减少官僚主义对其战略调整的制约，有助于其"全政府"组织理念的体现。在这种情况下，特朗普政府时期的白宫出现了自冷战结束以来最多的岗位空缺。

国安会人员遭受削减，导致针对国际事务的判断能力下降，而这实际

---

① "How the National Security Council Has Changed Under Trump," NPR, September 11, 2019, https://www.npr.org/2019/09/11/759899351/how – the – national – security – council – has – changed – under – trump.

② Quint Forgey, "'Mr. Tough Guy': Trump Delivers Vicious Takedown of Bolton," Politico, September 11, 2019, https://www.politico.com/story/2019/09/11/trump – takedown – bolton – national – security – 1489690.

上也契合特朗普的想法。例如，在针对是否应刺杀伊朗革命卫队指挥官卡西姆·苏莱曼尼（Qassim Suleimani）一事上，特朗普与其国安会顾问出现了相左的看法，后者时刻提醒前者采取该行动将产生"灾难性后果"。然而，特朗普仍坚持执行该行动，而后者所预测的结果也并未出现。这同时也强化了特朗普本人意图跳过决策机制来处理国际问题的倾向。

（三）"与会人员－国安会－国际战略"路径

如果某个议题在国安会正式会议中失去了支持者，那么这一政策在会议期间通过并最终出台的可能性微乎其微。通过这种方式，总统与国家安全顾问可以共同将"不受欢迎的"非法定成员排除在正式会议外，进而强化其战略得以实施和推行的能力。实际上"这种姿态对于到场的人无疑是一种挑战，这意味着他们的工作重心将关注于如何证明或阐释特朗普的政策，而非对总统应当'如何行事'来建言献策"。这无疑与国安会在1947年建立时的初衷相去甚远。

与博尔顿相比，奥布莱恩召开国安会正式会议更加频繁，参与人员也更具包容性，但对制定政策"并不感冒"。这无疑十分契合特朗普对这一岗位人选的预期。正如《纽约时报》记者戴维·桑杰（David Sanger）所述，"在担任总统第四年，先后换了四任国家安全顾问之后，特朗普终于得到了他想要的———一位对他深表支持，而非事事挑战他的忠诚者"。

相比博尔顿和麦克马斯特，奥布莱恩并没有丰富的军事或外交工作经验，亦缺乏鲜明的政策观念。在特朗普看来，奥布莱恩的这两位前任均在不同程度上试图"引导"他的政策。特朗普的"原始团队"中，包括很多能够对抗其"政治冲动"的"成年人"，如国防部部长马蒂斯、国务卿蒂勒森以及国家情报总监丹·科茨。在奥布莱恩进入国安会时，这些"主要人物"已经先后离开了特朗普团队。而留给奥布莱恩的要务，则是协助特朗普打造一支忠诚于总统、忠诚于总统政策的国安会班子，从而为特朗普的宏观战略规划铺路。

在这种背景下，针对国安会的改革便逐步深入至第二、三级别，即主要以副部长委员会和政策协调委员会共同组成的"行事机制"。2020年7月8日，时任国安会内乌克兰问题专家亚历山大·温德曼（Alexander Vindman）在为国会弹劾特朗普作证后，被迅速"扫地出门"。当被问及解聘理由时，奥布莱恩表示，美国"不是香蕉共和国，不是一个由一群中校聚在一起就能决定政策的国家"①。

与此同时，由各部门指派而来到国安会的职业官员也遭到"清洗"。其原因无疑在于，这些人员往往被视为反映了部门而非总统的观点。据美国华盛顿一些观察人士了解，特朗普认为这部分人员不仅难以迅速将其政策转化为行动，还不时向媒体"泄露信息"，进而损害其利益。

为了"抽干沼泽"（drain the swamp），进而调整其宏观战略规划，特朗普与奥布莱恩采取"缩编"的方式强化了对国安会的实际控制。然而，这种方式也并非一蹴而就，而且组织的"士气"将不可避免地因此受到打击。正如特朗普政府第二任国安会行政秘书纳迪亚·斯恰德罗（Nadia Schadlow）所言，迅速缩小国安会的规模虽然将提升战略制定能力，但同时也会相应地损害战略执行能力。

拜登执政后，开始重拾在特朗普政府末期被一度搁置的国安会正式决策程序。其大部分战略决策是在跨部门协调及政策回顾之后做出的，其中就包括美国调整其针对也门问题的政策，以及将缅甸军方夺权的行为称为"政变"，等等。与此同时，拜登及其团队开始系统回顾特朗普政府时期的各类对外政策。2021 年 1 月 28 日，新任国家安全顾问杰克·沙利文（Jake Sullivan）组织召开了首个"全体成员"（all‐staff）参与的国安会正式会议，而此前该会议机制已停滞近一年之久。这些举动无疑向美国政界与民众传递了一个较为明确的信号，即拜登不会延续其前任的排他性决策程序，而是将在吸收专家与官员建议的基础上进行决策②。

这一点无疑应顺应了特朗普政府时期兴起的"全政府"国家安全组织理念。该理念主张美国联邦与各州政府通过积极的跨部门协调与整合，来实现针对某个议题的联动，从而最大限度且最快地推进相关议题。然而，在特朗普政府时期，这种组织理念受制于总统个人决策风格的限制，部门之间协调的"门槛"不降反升，最终导致美国决策机制近乎"停摆"。

---

①　"Alexander Vindman, Witness ' Bullied by Trump,' Quits US Military, " BBC, July 8, 2020, https://www.bbc.com/news/world‐us‐canada‐53337818.

②　Alex Ward, "Biden Wants America to Trust the Process Again," VOX, February 10, 2021, https://www.vox.com/22272240/biden‐trump‐national‐security‐council‐yemen‐myanmar.

第八章　国家安全顾问与美国国际战略

国家安全顾问尽管不是职业外交官，不一定具备丰富的军旅经验，也不是国家安全政策的具体执行者，甚至不是国安会正式会议的法定成员，但自艾森豪威尔政府时期设立以来，已逐渐成为美国总统在外交、国家安全政策领域的主要协调者及重要建议来源，并在美国国安会系统乃至整个美国国家安全决策进程中占据独特位置。随着时间的推移，国家安全顾问在美国战略规划体系中地位稳步上升，最终发展成为一个重要职位。目前，几乎没有学者能够在忽视国家安全顾问的情况下探寻美国对外决策与国际战略的形成。

通过上文对冷战时期美国国安会发展史的梳理，我们可以了解到大部分政府在塑造这一系统运作理念和机制架构的进程中都无法摆脱国家安全顾问的影响；同时，既定的国安会发展路径又会反过来对国家安全顾问在体系内扮演的角色和发挥的作用进行强化，给予其参与国家长期战略规划的机会。然而，与国安会类似，这一职务自创生之日起也面临一组内化的矛盾：一方面，美国总统将这位国安会系统的领导者视为"政策掮客"，希望其能够秉持公平、理性的态度协调国家安全机制；另一方面，总统也将其视为自己麾下诸多"政策顾问"之一，亟待其提出有力、鲜明的观点。这种内生的角色矛盾注定是历任国家安全顾问无法回避的。现实表明，国家安全顾问履行这两种职能侧重点的不同是决定国安会系统发展为"统筹－协调"还是"咨议－顾问"模式的关键因素之一，亦决定了国家安全顾问在美国国际战略规划中所起的作用。

一　国家安全顾问的职能演进

国家安全顾问在国安会系统中的职能伴随历史的发展而改变。在早期，国家安全顾问更像是一名中立的信息协调员，大部分时间忙于为国安会正式会议服务。肯尼迪在 20 世纪 60 年代对艾森豪威尔国安系统的改革间接地促成了该职务的转变，使其具备了独立参与国家安全政策进程的能力，并逐渐融入美国的官僚体系之中。整个冷战时期，国家安全顾问的职能不仅取决于美国总统对自身总统权的考虑与定夺，也是国安会运作理念的直接体现。在后冷战时期，斯考克罗夫特模式主导了美国国安会的组织架构，而斯考克罗夫特本人也在某种程度上成为国家安全顾问的典范①。总体而言，国家安全顾问的权限处于不断上升过程之中，其个性与行事风格对国安会机制的塑造起到重要作用，从而间接影响美国短期的对外决策与长期的国际战略。

（一）前国家安全顾问时期的职能预期

尽管国家安全顾问一职在艾森豪威尔政府时期才得正式设立，但对这一职务的诉求早在 20 世纪 40 年代的 "军种论战" 时期便被提出来了。国安会的奠基者之一埃伯斯塔特将该职务视为复杂的国安会进程中不可或缺的一部分。他在 1945 年提交给福莱斯特的报告中明确指出，"国安会应当安排一名常任秘书（permanent secretariat），并由另一名全职专员（full-time executive）领导。常任秘书负责准备会议议程、提供会议讨论中至关重要的数据，并将结论分发给各相关部门和机构，以便于它们获取有用的信息并采取适当的行动"②。不言自明的是，"常任秘书" 在后期发展为国安会系统的行政秘书，而具有更大权力的 "全职专员" 在职能上与日后的国家安全顾问如出一辙。

正如前文所述，为了保证福莱斯特和海军部的利益，埃伯斯塔特在建构国安会的理念时将其视为国家安全政策进程中的 "统筹-协调" 机制。在这种相对复杂的体系中，单一的 "常任秘书" 孤木难支，且在级别上难以胜任更高层级的协调工作。而《埃伯斯塔特报告》的犀利之处在于提出了 "双领导者" 的国安会系统管理模式，额外安排一名 "全职专员" 的做法不仅能有效地缓解 "常任秘书" 的压力，也可以让国家安全政策进程

---

① 小布什政府时期的国家安全顾问哈德利对斯考克罗夫特的模范性作用进行了细致分析，参见 Stephen Hadley, "The Role and Importance of the National Security Advisor," Scowcroft Institute of International Affairs, April 26, 2016, https://oaktrust.library.tamu.edu/handle/1969.1/158834。

② "Report to Hon. James Forrestal, Committee on Naval Affairs," June 19, 1949, in Karl F. Inderfurth, Loch K. Johnson, eds., *Fateful Decisions: Inside the National Security Council*, New York: Oxford University Press, 2004, p. 20.

的整合和推进更有效率。

　　然而，福莱斯特在推进《埃伯斯塔特报告》的过程中遭遇了来自政府内部各方面的阻力，而"双领导者"的设计被认为是国安会汲取白宫资源和分散总统权力的手段，受到了来自白宫方面的质疑。这种质疑对国会的立法进程产生了影响，来自众议院的意见就特别指出，国安会"应当设立，但仅需设立一位主管人员……该职务的实质是办公室主任，而且此人必须是一名文官"①。出于对总统权的捍卫，1947年出台的《国家安全法》仅设立了作为办公室主任的行政秘书一职，而对《埃伯斯塔特报告》中的"全职专员"只字未提。

　　然而讽刺的是，众多白宫顾问和美国国会的立法者在国安会系统领导者问题上忽略了重要的一点，即脱离个人因素，单凭机制本身难以实施政策的协调与监管。历史证明，相比死板的机制，美国总统更倾向于利用个人引导自己的国家安全政策进程。这种试图从根源上扼杀国家安全顾问的做法不仅未能成功，反倒使该职务在日后一出现便脱离了国会的监管，为国家安全顾问在冷战时期的权力膨胀甚至在后期参与政策实施埋下了伏笔。

　　在这种情况下，为了能够让国安会系统顺利发挥应有的职能，首任行政秘书索尔斯不仅要行使办公室主任的职责，还要在一定程度上填补国家安全顾问的空白。而杜鲁门之所以选择索尔斯担任行政助理，也不仅是由于两人关系亲密无间。作为一名前军官，索尔斯不仅能在军队中游刃有余，同时也对国务院及情报界的成员了如指掌，这是协调跨部门政策进展顺利的前提。在索尔斯任期内，他大多数时间内扮演的是"中立的协调者"②的角色，领导国安会办公厅处理跨部门机制的运作，却不作为实质性政策的来源。

　　总的来说，作为行政秘书的索尔斯更像是国家安全顾问的样板。他并不像基辛格一样主动寻求权力，而是"耐心地指导总统使用国安会的方法"③。

①　U. S. Congress, "Legislative debate on the National Security Act of 1947," in Karl F. Inderfurth, Loch K. Johnson, eds. , *Fateful Decisions: Inside the National Security Council*, New York: Oxford University Press, 2004, p. 22.

②　Anna Kasten Nelson, "John Foster Dulles and the Bipartisan Congress," *Political Science Quarterly*, Vol. 102, No. 1, 1987, p. 369.

③　Baker Institute, "The National Security Advisor and Staff," *The White House Transition Project Report* 2017, p. 3, http://whitehousetransitionproject. org/wp – content/uploads/2016/03/WHTP 2017 – 24 – National – Security – Advisor. pdf.

他对自己的职务有着超出其本身的理解，称自己为"国安会的匿名服务者，也是诸多跨领域政策意见的掮客"；为了发挥更大的作用，这一职务"应当成为总统的非政治性知己，并将主要精力放在协调不同观点上，同时把自己的意见和观点放在次要位置"[1]。即便在离职时，他也不忘提醒杜鲁门国安会领导者的工作"不是向总统提出某种他所赞成的观点，而是保证所有有关部门和机构的意见得到反映"[2]。

尽管如此，杜鲁门时期的国安会系统更多地体现为"咨议－顾问"机制。索尔斯的理念很难为总统所接受——他需要的仍然是一名有鲜明观点的顾问。杜鲁门对哈里曼的任命很好地佐证了这一点。相比行政秘书，哈里曼的任命更具非正式性，且"总统特别助理"的头衔也让他更具有对现实政策的潜在影响力。在杜鲁门任期内，哈里曼不仅负责马歇尔计划，而且深度参与了朝鲜战争相关事务，甚至作为总统特使出使战地，与麦克阿瑟进行会晤。在日记里，杜鲁门甚至将哈里曼列为除艾奇逊、马歇尔和参联会主席布拉德利（Omar Bradley）以外能够影响美国国家安全政策的第四人。在这种情况下，这一职务是否处于国安会体系框架之内已经不重要了。

综上所述，虽然杜鲁门政府时期并没有设立正式的国家安全顾问一职，但作为行政秘书的索尔斯和作为总统特别助理的哈里曼却潜移默化地履行了日后国家安全顾问日常工作中的大部分职能。而两人对同一岗位的不同理解则充分体现了蕴含在该职务中的内在矛盾，这将对未来国安会系统运作模式的分化起到推动作用。

（二）国家安全顾问的职务成因

在杜鲁门政府后期，作为总统特别助理的哈里曼很好地承担了国家安全政策相关的协调、监管甚至实施工作，而这些行动也强化了这一时期国安会系统的"咨议－顾问"机制。在这种背景下，政府内部出现了一些试图将该职务常态化的呼声。

---

[1] Sidney W. Souers, "Policy Formulation for National Security," *The American Political Science Review*, Vol. 43, No. 3, 1949, p. 537.

[2] "Memorandum for Souers to President Truman," undated, 转引自 John Prados, *Keepers of the Keys: A History of the National Security Council from Truman to Bush*, New York: William Morrow and Company, Inc., 1991, p. 34。

其中，颇有代表性的意见来自曾在"军种论战"中成功捍卫了美国总统利益的预算部。在 NSC-68/1 号文件的第 9 号附录（Annex 9）中，由该部门幕僚组成的小组委员会意识到，行政秘书在本质上"等同于内阁成员"，在参与具体政策进程中带有较大的局限性。为此，他们提出在国安会系统内额外设置一名总统国家安全事务特别顾问，并让他"独立发挥机构的职能"①。委员会认为，这名特别顾问的任务包括确定政策的发展方向、协调政策的制定、帮助总统监督政策的实施、带动国安会幕僚、调和不同部门之间的矛盾和分歧等。

附录中提议设立的"特别顾问"与《埃伯斯塔特报告》中提到的"全职专员"十分相似，但这位"特别顾问"显然被赋予了更大的权力，其对政策的制定、危机处理等事务拥有实质性影响，等同于一名对国安会系统负有义务的总统参谋。原本预算部便是"咨议－顾问"国安会运作模式的支持者，而这种提议无疑是他们对自身既有观念的进一步强化。

与此同时，虽然小组委员会十分推崇自己的设计，但他们也同样预见到了这一职务中潜在的隐患：

> 对于总统特别顾问来说，带领国安会幕僚建立小圈子，并在国家安全问题领域排除内阁各部门的干扰是非常容易的事情。从短期看来，这也许会对总统制定决策起到促进作用；但从长远的角度看，这将会对美国国家安全体系造成严重损害。原因就在于这种方法会大大削弱那些内阁部门，并且将国安会幕僚团队变成一个不切实际的超级机构。②

后来尼克松政府时期国家安全顾问职能的膨胀以及"超级内阁"对国安会系统带来的灾难性后果，足以证明小组委员会的分析和判断是非常具有前瞻性的。他们意识到利用个人而非机制推动国安会系统运作有本质性差异——前者会为了增强自己在官僚体系中的影响而主动寻求权力。尽管

① "Annexes to NSC-68/1: United States Objectives and Programs for National Security," September 21, 1950, *Microfilm: Documents of The National Security Council, Eighth Supplement, Reel* 1. （国图缩微胶片，卷号 0001）

② "Annexes to NSC-68/1: United States Objectives and Programs for National Security," September 21, 1950, *Microfilm: Documents of The National Security Council, Eighth Supplement, Reel* 1. （国图缩微胶片，卷号 0001）

这名顾问会给总统带来诸多便利，但若不加以控制，会对国家安全机制的发展造成严重的负面影响。

除第9号附录以外，还有许多人意识到具有实质权力的国家安全顾问对"咨议－顾问"国安会模式的必要性。1953年的过渡政府时期，来自国防部的高级顾问胡普斯（Townsend Hoopes）在一份备忘录中重申了强大的国家安全顾问的概念。胡普斯预言，国家安全顾问会在未来的日子中成为国安会正式会议的成员，他将带领国安会幕僚冲破美国官僚政治体系的限制，"提出政策性的建议……而且无须经过政府便可制订计划"，使"国安会从一个协调机构转为具有执行或指挥职能的机构"①。胡普斯的报告在当时的美国决策圈中产生了很大影响。

第9号附录和胡普斯备忘录为"铁腕式"国家安全顾问的出现奠定了坚实的理论基础。然而这一职务真正在艾森豪威尔时期出现时，却呈现了一种完全不同的面貌。在最初向总统提交的改组计划中，卡特勒对自己的职权进行了束缚和克制。他虽然将国家安全顾问视为"国安会的主要负责人"，但认为其"不具备和国安会正式会议法定成员同等的地位，也不应主持会议"②。这种观念对整个艾森豪威尔政府时期的国安会运作模式产生了影响。卡特勒及其继任者在国安会中扮演的角色"始终不是提出私人意见，而是公平地呈现其他人的观点，以保证讨论始终不偏题"③。作为艾森豪威尔的特别顾问，卡特勒更像是一位管理者，而不是潜在的政策影响者。在总统默许卡特勒对这一职务的定位时，他也从侧面完成了自己对国安会机制的改革。卡特勒专注于协调职能使艾森豪威尔能够充分利用国家安全相关内阁部门和机构的资源。

艾森豪威尔时期的国家安全顾问没有走上政策顾问的道路，充分证明了这一职务的预期在很大程度上是由国安会系统的性质所决定的。卡特勒和总统之所以有保留地回应了政府内"增加一名强力的国安会领导人"的呼声，很大程度上是为了迎合"统筹－协调"国安会系统的需要。相比

---

① Herbert Mitgang, "Books of The Times The Evolution of Power Over Nine Presidencies," May 3, 1991, *The New York Times*, http://www.nytimes.com/1991/05/03/books/books-of-the-times-the-evolution-of-power-over-nine-presidencies.html.

② "Report by the Special Assistant to the President for National Security Affairs(Cutler)," March 16, 1953, *FRUS*, 1952-1954, Volume Ⅱ, Part 1, p. 252.

③ John Burke, "The National Security Advisor and Staff," The White House Transition Project 1997-2017, 2017, p. 287.

"强顾问",艾森豪威尔更青睐利用"强机制"来推动这一体系的运作,而这种理念又潜移默化地左右了后来的国家安全顾问的行为。正如著名学者洛德所提到的,对于国家安全顾问来说,"他的立场决定了他的观点"(where you stand depends on where you sit)①。

(三) 国家安全顾问职能的变化

大部分西方学者认为,肯尼迪针对国安会的改革让国家安全顾问从纯粹服务于国安会需要的行政职务发展成为总统身边强大的政策顾问,因此这些人倾向于将这一时期视为国家安全顾问职能演变的分水岭②。而通过前文对国家安全顾问发展历史的梳理可以看出,这种所谓的变化实际上是对第 9 号附录以及胡普斯备忘录的回归,是"统筹-协调"向"咨议-顾问"国安会运作模式转换的副产品。从这个角度看,比起用"发展"形容国家安全顾问职能的变化,似乎称其为"转向"更加合适。

如果说索尔斯和卡特勒是将各部门的意见公正地传递给总统,那么邦迪则将自己视为总统的心腹。国安会的资料显示,邦迪参与具体的政策讨论,提供实质性政策建议,并且让国安会幕僚以及政策进程服务于总统的特定利益。在这种情况下,他很难避免在国家安全政策进程中"党同伐异"。这种特质在古巴导弹危机期间尽显:执委会的会议记录显示邦迪始终坚持表达自己的政策观点,而不是专注于衡量其他人意见中的优势和弱点,也没有对诸多假设性意见提出质疑,更没有提示其他与会人员关注那些处于弱势的论断③。

也正是在肯尼迪时期,国家安全顾问的办公室由过去的旧行政办公大楼被转移到了白宫西翼办公楼中,这一转变包含了两项重要的意义。首先,国家安全顾问是只身来到了美国政治的核心地带,国安会众幕僚的办公地点仍在旧行政办公大楼中。这从空间上证明了国家安全顾问"既属于国安会系统,又不属于国安会系统"的特性,也从心理上拉近了总统与国

---

① Carnes Lord, *The Presidency and the Management of National Security*, New York: Free Press; London: Collier MacMillan, 1988, p. 33.

② Amy Zegart, *Flawed by Design: The Evolution of the CIA, JCS, and NSC*, California: Stanford University Press, 2000, p. 85.

③ 关于古巴导弹危机时执委会的会议记录(录音资料),参见 Ernest R. May and Philip D. Zelikow, *The Kennedy Tapes: Inside the White House During the Cuban Missile Crisis*, Cambridge, MA: Harvard University Press, 1997。

家安全顾问的距离；同时，国家安全顾问最初的办公室位于办公楼的地下一层，毗邻情况室。这让邦迪在一个政策倡导者的基础上有限度地参与了具体的情报行动。这令国家安全顾问的性质发生了变化，能够体现业已适应了"咨议－顾问"体系国安会运作模式的国家安全顾问是如何反过来利用自己的力量对这一模式进行强化的。

尽管如此，结合"咨议－顾问"的国安会机制背景，邦迪所发挥的这些越权职能都可以被视为是合理的。在肯尼迪至之后约翰逊的国家安全体系中，国家安全顾问的第一要务并不是维持机制化的国安会系统顺利运作，而是应当以个人的能力简化总统的政策选择范围。邦迪已经逐渐发展成了"总统自己的顾问"，向总统提出的建议也不局限于国家安全问题，而是从一个私人顾问的角度为总统的宏观政策进行考量①。

选定罗斯托担任邦迪的接班人揭示了美国的外部冷战环境与国家安全顾问角色预期的内在联系。在1966年2月2日给约翰逊的一份备忘录中，邦迪提到了自己辞职的想法，并认为理想中首选的继任者是在约翰逊刚上任时就成为特别助理的莫耶斯（Bill Moyers）②。此人长期参与约翰逊的外交政策进程，在政府内颇具影响力。然而相比肯尼迪，约翰逊似乎更加依赖邦迪。为了挽留邦迪，总统甚至把特别助理的母亲接到白宫中，希望让她劝说自己的儿子留任③。约翰逊需要的是一位有能力代表国安会系统的成员。此人能够等同国安会，总统也就不需要再额外花费时间与众多国安会其他成员接触了。因此，在邦迪离任后，尽管麦克纳马拉和白宫助理瓦伦蒂（Jack Valenti）分别强烈推荐莫耶斯和科莫来接替他的职务④，但总

---

① 能够体现这一点的是邦迪在约翰逊获取连任的前一天对他提交的备忘录。在这份备忘录中，邦迪的口吻更像是一位私人助理，向约翰逊提出了许多关于新任政府面临的内政以及外交问题。见 Document 149, "Memorandum from the President's Special Assistant for National Security Affairs(Bundy) to President Johnson," September 2, 1964, *FRUS, 1964 - 1968*, Volume XXXIII。

② Document 153, "Memorandum from the President's Special Assistant for National Security Affairs (Bundy) to President Johnson," February 2, 1965, *FRUS, 1964 - 1968*, Volume XXXIII.

③ Kai Bird, *The Color of Truth: McGeorge Bundy and William Bundy, Brothers in Arms: A Biography*, New York: Simon & Schuster, 1998, p. 268.

④ Document 161, "Telephone Conversation between President Johnson and Secretary of Defense McNamara," February 27, 1966, *FRUS, 1964 - 1968*, Volume XXXIII; Document 163, "Memorandum from the President's Special Assistant(Valenti) to President Johnson," March 1, 1966, *FRUS, 1964 - 1968*, Volume XXXIII.

统最后还是力排众议选择了与邦迪同属知识分子的罗斯托。作为"查尔斯河学派"的代表人物，罗斯托的思想与约翰逊"伟大社会"的国家安全理念高度契合。相比为自己分担更多协调和组织工作，约翰逊更加看重的是这位"冷战斗士"丰富的专业知识，寄希望于他能为自己提供更多的实质性意见。这一点也是与"咨议－顾问"国安会系统机制中总统对国家安全顾问的角色预期相吻合的。

如果说从罗斯托的任命可以看出国家安全顾问的角色预期在很大程度上是从属于国安会运作模式与冷战外部环境的话，那么基辛格建立"超级内阁"的过程足以证明这一职务的另一特性，即已经处于政策进程中的国家安全顾问可以通过自己获取的权力对国安会系统的机制产生影响，进而左右美国国内外政策的走势及方向。在尼克松政府初期，国安会系统呈现"统筹－协调"的机制特性。但随着时间的推移，基辛格疏于管理和协调的职能，不断凭借与总统的亲密关系汲取权力，控制政府内关于国家安全与外交政策领域的话语权，未能成功扮演与这一体系兼容的国家安全顾问角色，最后也改变了美国国家安全政策结构，这种改变影响了尼克松政府在国内外的政策选择。

而卡特政府时期国安会机制的变动再次印证了这一判断。这一时期，国安会系统最初的设计融合了"统筹－协调"与"咨议－顾问"的运作理念，这直接体现在对国家安全顾问的定位上：一方面，卡特不仅十分信任自己的国家安全顾问，同时也对他所具备的专业知识寄予厚望，这使得布热津斯基成为历史上第一位拥有内阁身份的国家安全顾问；另一方面，总统又对这一职务做了一定的限制，政策回顾委员会的出现让国安会系统的一半听命于国务卿以及其他内阁成员。在最初，布热津斯基并没有提出异议。在接受《华盛顿邮报》和《纽约时报》记者采访时，这位国家安全顾问明确表示自己"并不负责政策制定工作"；相比之下，他认为自己的职责是"领导总统的行政官员，帮助总统整合政策建议，而最为重要的是帮助他疏通决策的渠道"，他只在卡特向他提出要求时"才会提出自己的观点"①。然而随着时间的推移，布热津斯基逐渐突破了体系对他职权的束缚。他不仅在新闻媒体中代替国务卿成为总统的代言人，也逐渐成为

① Murrey Marder, "Carter and Brzezinski Stress What NSC Chief will DO, "*The Washington Post*, January 24, 1977, A3; Leslie Gelb, "Brzezinski Says He'll Give Advice to Carter Only When He Asks for It, "*The New York Times*, December 17, 1977, p. 33.

卡特政府外交事务的重要政策来源。万斯的辞职意味着最初设计中用来控制国家安全顾问职能扩张的"安全阀"已经失去作用，而国安会系统的性质也因此改变了。

里根在上任初期对于国安会系统没有明确的运作理念，这直接导致了在"伊朗门"事件爆发前的四位国家安全顾问职能的迥异。早在过渡政府时期，艾伦就曾对《纽约时报》的记者表示国家安全顾问应当适当地控制自己的势力范围，并"将政策制定的权力归还给国务卿"。在一年多的任期内，艾伦也确实"确保所有可供选择的方案都提交给了总统"，并"主要关注跨部门问题的协调"[①]，接替他的克拉克也发挥了同样的作用。与这两人形成鲜明对比的是，麦克法兰与波因德克斯特则是积极地在政策进程中推进自身的想法和意见，甚至参与到具体的行动之中。可是，由于国安会系统定位的混乱以及理念的缺失，这四位本能够在"统筹 - 协调"和"咨议 - 顾问"模式国安会系统中发挥重要作用的国家安全顾问走入了误区。

斯考克罗夫特模式因其职能分工明确的三级会议架构而成为后冷战时期国安会的组织范式，而斯考克罗夫特本人也因其管理得当而备受赞誉。在老布什政府时期，斯考克罗夫特获得了总统的高度信任，同时也与白宫内大部分机构的重要人员关系甚密。这使得国安会在这四年之中深度参与了美国国家安全决策与国际战略规划，且运作较为流畅。斯考克罗夫特"启发了自其之后大部分担任该职的人员"[②]。而总统在挑选国家安全顾问时也不再将其思维模式和战略视野作为唯一标准，而更多地考虑其与自身的关系、与国家安全人员体系的适配性，以及驾驭庞大官僚系统的能力。这也使得后冷战时期上任的国家安全顾问都能够较快地进入工作状态，并在未来的工作进程中更多地为政府提供协调服务。尽管大部分国家安全相关文件尚未解密，但纵观克林顿至小布什政府时期，四位国家安全顾问（安东尼·莱克、桑迪·伯杰、康多丽扎·赖斯以及史蒂芬·哈德利）无疑都在各自政府的重要决策中发挥了相当重要的作用。奥巴马上任后，尽

---

① Richard Burt, "Regan Aids Tell of Plans to Strengthen Secretary of State and Curbsecurity Adviser," *The New York Times*, September 19, 1980, A. 28.

② Alana Wise, "George H. W. Bush's National Security Adviser Endorses Clinton for President," *Haaretz*, Jun 22, 2016, https://www.haaretz.com/world - news/top - george - h - w - bush - official - endorses - clinton - 1. 5399940.

管其倾向于小团体的决策偏好以及诉诸战略调整的选择使国安会出现了一种偏向于"咨议－顾问"的组织文化①，但其任内的后两位国家安全顾问（汤姆·多尼伦与苏珊·赖斯）皆处于美国的核心决策圈之内②。然而，在特朗普政府时期，国家安全顾问的职务却在某种程度上被扭曲了。在不考虑"未站稳脚跟"的迈克尔·弗林与作为代理人的基斯·凯洛格的情况下，麦克马斯特和博尔顿两人之间的对比可以体现国家安全顾问职能的异化：前者为诉诸"国王的大臣"的职能而常常与总统唱反调，最终被扫地出门；后者则忠心耿耿地担任"宫殿守卫"，甚至可以弃国安会幕僚团队于不顾③。

总而言之，国家安全顾问这一角色在很大程度上是总统国安会机制理念的直接产物。当国家安全顾问的职能角色与国安会系统的运作理念相契合时，例如艾森豪威尔时期的卡特勒与肯尼迪时期的邦迪等，其便会利用自身的行动为原有机制锦上添花；而在国家安全顾问与政府初期打造的国安会系统运作理念格格不入时，国安会系统的体制便很有可能受到影响，甚至出现架构上的变动。

二　国家安全顾问的"角色矛盾"对国安会机制的影响

尽管设置国家安全顾问是为了更好地对国安会系统进行管理，但这一角色在很大程度上也是国安会运作模式和总统办事风格的直接产物。作为国安会系统的领导者和带头人，国家安全顾问在面对来自国家安全相关部门不同甚至相互冲突的意见时，必须作为"诚实掮客"，将这些意见客观、如实地呈报给总统；而作为总统的私人顾问之一，他有义务向总统提出自己对特定问题的判断。历史证明，国家安全顾问如果成为某种观点的坚定鼓吹者，他作为"诚实掮客"的作用就会减弱。这种内生的角

---

① Jeffrey Goldberg, "A Withering Critique of Obama's National Security Council," *The Atlantic*, November 12, 2014, https://www. theatlantic. com/international/archive/2014/11/a – withering – critique – of – president – obamas – national – security – council/382477/.

② 有关奥巴马政府时期国家安全顾问所发挥的职能及起到的作用，参见 David Rothkopf, "National Insecurity: Can Obama's Foreign Policy be Saved?" *Foreign Policy*, Vol. 208, 2014; 刘柱、杨楠：《"镜中的敌人"〈国家非安全：恐慌时代的美国领导地位〉评介》，《美国研究》2016 年第 2 期，第 136～146 页。

③ Nahal Toosi, "Inside the Chaotic Early Days of Trump's Foreign Policy," *Politico*, March 1, 2019, https://www. politico. com/magazine/story/2019/03/01/trump – national – security – council – 225442.

色矛盾对国安会系统机制的发展与转换产生了重要影响。

（一）"诚实掮客"：国家安全顾问的本职角色

国家安全顾问一职最初确立于艾森豪威尔时期。在这一阶段，总统依照自身偏好打造了"统筹－协调"的国安会系统运作模式。为了让这一机制更为有效地运转，国家安全顾问被预期为一名"诚实掮客"，负责将各种问题清晰地呈报给总统、提醒总统注意一切合理的可选方案，并将国家安全相关顾问的观点如实反映给他，在国家安全进程中更多地扮演"管理者"与"协调者"的角色。"诚实掮客"也因此被视为国家安全顾问的本职角色。

长期以来，学界普遍认为，认真做好一名"诚实掮客"是国家安全顾问最难能可贵的品质，也是让国家外交及安全政策进程变得更为高效的重要基础①。尽管对于"诚实掮客"的具体内涵众说纷纭，但大体上可以归纳为两点，即能够在政策审议进程中公平、客观地将来自不同方面的意见呈现给总统，同时通过有效的监管确保这些意见的质量。

就像托尔委员会报告的结论中所强调的：

> 国家安全顾问的职责是确保提交给国安会正式会议的问题能够包括所有重要的问题，这些问题正是撰写政策回顾文件时所必需的。他应确保这些问题能够尽可能地被审议、确保政策预期与潜在风险都分别得到了充分探讨；确保所有相关情报以及信息都被国安会正式会议的成员所了解；这些在实施的过程中面临诸多问题。②

对这一角色重要性最有力的证明还是来自当事者。尽管冷战时期众多

---

① 比较有代表性的人物为著名政府管理学者乔治（Alexander George）. 他将专注于管理与协调的"诚实掮客"型国家安全顾问称为"看护监理人"（custodian manager），并指出这一角色的六项基本任务：在政策制定系统中平衡资源、强化处于弱势地位的谏言、为总统和其他顾问引入新的信息渠道、在必要时独立对政策意见进行评估以及对政策制定进程进行实时监管。见 Alexander L. George, *Presidential Decisionmaking in Foreign Policy: The Effective Use of Information and Advice*, Boulder, Colo. : Westview Press, 1980, pp. 195 – 196。必须承认的是，乔治笔下的国安会"看护监理人"过于理想化，即便在象征着"统筹－协调"国安会机制高峰的艾森豪威尔政府时期，卡特勒及其继任者也未能同时完成上述六项任务。

② John Tower, *The Tower Commission Report*, New York: Bantam Books & Times Books, 1987, p. 8.

国家安全顾问在各自的国安会系统中扮演的角色不尽相同，但他们中的大多数人将"诚实掮客"视为评价这一职务是否成功的关键要素。虽然身处定位混乱的国安会系统中，但里根的首个国家安全顾问艾伦坚持认为他当时尽力扮演"诚实掮客"、专注于发挥协调和管理职能是正确的选择，这种观念在 20 多年后也没有改变①。而里根时期的另一位国家安全顾问波因德克斯特由于将大部分精力用在参与具体政策运作上，因此很难被人们认为扮演了"诚实掮客"的角色。尽管如此，他还是认为这"是国家安全顾问最为主要的职责"②，并断定这种角色有利于推进众官僚机构公平、公正地呈现自己部门的观点，也便于寻求机构间的共识，让政策的实施与总统的决策紧密契合。

　　尽管"咨议－顾问"系统更看重国家安全顾问独立提出政策意见的能力，但这位国安会进程的策动者若是选择彻底抛弃"诚实掮客"的职能，也会给该系统带来负面效应。正如前文所述，在肯尼迪政府时期，邦迪更多地专注于顾问职能，而未能将充足、正确的情报传递到总统处，导致了猪湾事件。而学者博克（William P. Burke）与格林斯坦在自己的书中又证明了在约翰逊政府时期，缺乏能够扮演"诚实掮客"角色的国家安全顾问是越南战争自 1965 年以来步步升级的主要原因③。这种问题在尼克松政府后期达到了高潮。当基辛格逐渐在这一时期的决策机制中占据领导性地位后，他便不屑于扮演国家安全进程中的管理者与协调者角色了。"超级内阁"形成了总统与内阁部门之间的第三层级，来自底层的政策意见受到了极大阻碍。这也导致了国安会系统运作模式的质变。

　　国家安全顾问扮演"诚实掮客"的角色起源于"统筹－协调"的国安会运作模式，但并非仅在这种特定的环境下才能发挥作用。事实证明，尽管国安会的运作理念在艾森豪威尔政府后发生了多次更迭，但管理与协调始终是国家安全顾问的本职职能。同时，无论国安会系统呈现哪种状

---

① Brookings Institution, The National Security Council Project, *Oral History Roundtables: The Role of the National Security Advisor*, October 25, 1999, p. 3, http://www. brookings. edu/fp/research/projects/nsc/transcripts/19991025. htm.

② Brookings Institution, The National Security Council Project, *Oral History Roundtables: The Role of the National Security Advisor*, October 25, 1999, p. 66, http://www. brookings. edu/fp/research/projects/nsc/transcripts/19991025. htm.

③ John P. Burke, Fred I. Greenstein, *How Presidents Test Reality: Decisions on Vietnam*, 1954 and 1965. New York: Russell Sage Foundation, 1989, pp. 174－194.

态，在国家安全顾问的"诚实掮客"角色职能式微时往往会面临机制上的混乱，也极易导致总统走入决策误区。从这个意义上讲，国家安全顾问的"诚实掮客"角色相当于给了总统一条能够引导整个国家安全系统顺利运作的"鞭子"，从侧面将其塑造成体系内的一名"策动者"。无论总统的决策风格是否需要这种角色职能提供支撑，作为"诚实掮客"的国家安全顾问都会在政府内外为决策进程建构出一种"公平""公正"的外貌。而这对任何一种国安会运作模式来说都是至关重要的。

斯考克罗夫特被公认为是历任国家安全顾问中最接近"诚实掮客"的[①]。在他看来，只有"做到绝对的公正，才有机会把最为适合的政策建议带到核心决策层……这无疑最为符合总统的利益，也最为符合美国的国家安全利益"[②]。除了对国安会幕僚和政府其他部门所汇聚的意见进行梳理和分析，斯考克罗夫特还能够从更广泛的地方集思广益，如工业企业、高校、智库以及兰德公司这样的政府承包商[③]。因此，尽管没有如同基辛格或布热津斯基一样鲜明的政策理念，斯考克罗夫特仍被认为是美国历史上一位重要的战略家。在斯考克罗夫特之后，多位继任的国家安全顾问表示自己应当像斯考克罗夫特一样开展国安会的相关工作，比较有代表性的如桑迪·伯杰和史蒂芬·哈德利等。

（二）"政策顾问"：国家安全顾问的衍生角色

在艾森豪威尔政府最初设立单独的国安会领导者职务时，其被命名为"总统国家安全事务特别助理"。到了尼克松时期，基辛格将其简化为"总统国家安全事务助理"，并沿用至今。然而随着时间的推移，人们似乎更习惯使用"国家安全顾问"这种非正式的名称来称呼它。应当注意的是，从"助理"（assistant）到"顾问"（advisor）的称谓演变并非仅仅是一种字面上的差异，更体现了该职务权力的扩张与性质的变化。

美国总统在政府内任命非内阁成员担任自己的私人顾问甚至全权大使

---

① 老布什在卸任后接受采访时表示斯考克罗夫特是他认为最为理想的国家安全顾问，是名副其实的"诚实掮客"。参见 Bartholomew H. Sparrow, *The Strategist: Brent Scowcroft and the Call of National Security*, New York: Public Affairs, 2015, p. 496。

② Bartholomew H. Sparrow, *The Strategist: Brent Scowcroft and the Call of National Security*, New York: Public Affairs, 2015, p. 422.

③ Bartholomew H. Sparrow, *The Strategist: Brent Scowcroft and the Call of National Security*, New York: Public Affairs, 2015, p. 360.

早有传统。早在威尔逊政府时期，总统就曾指派没有政府机构背景也未担任过任何政治职务的"豪斯上校"（Edward M. House）参加1919年的巴黎和会，履行本应由国务卿完成的职能。在二战期间，罗斯福的外交顾问和首席私人参谋霍普金斯参与了几乎所有美国与苏联、英国之间的重大战略决策。虽然这些头衔都不是正式的，但他实际上是这一时期除总统以外白宫内的二号人物，也因此被称为"影子总统"。在艾森豪威尔政府时期，即便总统打造了标准的"统筹－协调"国安会系统运作模式，也有专心扮演"诚实掮客"的卡特勒等支撑这一结构，总统还是在系统化的结构外为自己增添了一名"参谋秘书"。

历史证明，尽管"诚实掮客"在国家安全决策机制中非常重要，但单凭这一角色是很难进一步拉近国安会系统与总统之间的距离的。面对国会、内阁与政党，美国总统更需要一名"政策心腹"，一位能够和自己有更多默契、了解自己工作思路和政策导向的密友。作为国安会的领导者，国家安全顾问具备扮演这一角色的天然优势：他们的身份使其不需要得到参议院的认可，也无须到国会作证。而总统也没有理由不利用这一优势。正因如此，肯尼迪在1960年对国安会采取的"咨议－顾问"改革中自然而然地将古德帕斯特与卡特勒的职能合二为一，完成了这一职务从"国安会的国家安全事务助理"到"总统的国家安全顾问"的转换。在此后的发展中，国家安全顾问在这次改革的基础上衍生出了多种职责，逐步充实了"政策顾问"的角色内涵。

首先，大部分扮演"政策顾问"角色的国家安全顾问都是某种具体国家安全政策的积极倡导者，而这种行为是"诚实掮客"角色所极力避免的："自从肯尼迪政府以来，总统国家安全事务助理发挥了两种职责：一为日常政策进程的管理者，二为实质性政策的指导者……很明显，总统需要国家安全顾问同时发挥两种职能，但这两者之间却是存在矛盾的"[①]。相比管理和协调，政策倡导有可能发生在正式场合，例如国安会正式会议中；或在非正式讨论环节，例如在约翰逊时期的周二午餐会或卡特时期的周五早餐会上；也很有可能是在与总统的私下一对一交流中。而无论处于哪种环境下，国家安全顾问在提交自己的判断的时候很容易演变

---

①　Brookings Institution, The National Security Council Project, *Oral History Roundtables: The Role of the National Security Advisor*, October 25, 1999, p. 68, http://www. brookings. edu/fp/research/projects/nsc/transcripts/19991025. htm.

为自己观点的强硬鼓吹者，这就不免对"诚实掮客"的角色特性造成侵蚀。根据戴斯特勒的说法，国家安全顾问过于专注于政策倡导会导致"国安会幕僚从调解总统和高级官僚的意见转为代替这些高级官僚，从而减少总统获取信息的既定渠道"①。可见，政策倡导是以总统对国家安全顾问的信任为基础的，也是以牺牲公正、客观的政策进程为代价的。在整个冷战时期，很少有国家安全顾问能够巧妙地对这两种职能角色进行平衡。多数人都因在"咨议–顾问"的国安会系统中过度从事政策倡导而为总统的团队带来了不和谐的声音。

其次，"政策顾问"也会时常出现在媒体面前，扮演政府发言人的角色。而这一点在拥有"统筹–协调"国安会运作模式的政府中被认为是多余的。卡特勒在他的回忆录中指出，"一位'匿名'的总统助理没资格在公众场合替他的上司发言"，而"艾森豪威尔也经常以是否守口如瓶来衡量他的顾问们的忠诚度"②。然而在肯尼迪的改革后，国家安全顾问更多地被视为"咨议–顾问"机制中的重要政策来源之一，他们也就因此没有必要再去扮演"匿名服务者"了。到了约翰逊任期时，邦迪在镜头上出现的频率大大增加了，这使他成为美国政府越南政策的主要捍卫者之一。这位国家安全顾问与华盛顿的媒体界保持密切联系，多次接受包括李普曼（Walter Lippman）在内的来自《纽约时报》和《华盛顿邮报》的记者的采访。而他甚至与著名国际关系理论学者摩根索（Hans J. Morgenthau）在公开场合进行过辩论。根据历史学家普雷斯顿（Andrew Preston）的记载，邦迪在这次辩论中"以富有攻击性的言辞显示了他的心胸狭窄"，让"局面一度很尴尬"，这对约翰逊政府的信誉"造成了负面影响"③。而当约翰逊禁止邦迪再接触媒体时，这位国家安全顾问很失望，对约翰逊表示"我承认我很喜欢这种事情"④。在此后的历任政府中，包

---

① I. M. Destler, "National Security Management: What Presidents have Wrought, "*Political Science Quarterly*, Vol. 95, No. 4, 1980, p. 583.

② 据卡特勒称，艾森豪威尔常常以"自言自语"的方式泄露一些无关紧要的情报给周围的人。如果这些情报出现在报纸上的话，那么这些人便再也无法走入艾森豪威尔的核心决策圈。因此卡特勒认为，自己的三缄其口增进了他与总统的关系。参见 Robert Culter, *No Time for Rest*, Boston: Little, Brown and Company, 1966, p. 295。

③ Andrew Preston, *The War Council: McGeorge Bundy, the NSC, and Vietnam*, Cambridge: Harvard University Press, 2006, pp. 197 – 198.

④ Kai Bird, *The Color of Truth: McGeorge Bundy and William Bundy, Brothers in Arms: A Biography*, New York: Simon & Schuster, 1998, p. 300.

括基辛格和斯考克罗夫特在内的大部分国家安全顾问都会选择在公共场合发声，而"匿名的激情"① 则有限度地体现在福特政府时期的布热津斯基和里根政府的艾伦身上。

邦迪的这种行为体现了国安会系统的领导者们一种试图借助独立政策谏言者的身份突破旧有的在政府内默默无闻形象的尝试，但在媒体上频频抛头露面对于"统筹－协调"和"咨议－顾问"中任何一种国安会运作模式来说都不是必要的。卡特时期的经验教训证明，一旦承担了这一角色，总统就要确保国家安全顾问与其他行政机构中的关键公众角色（如国务卿）在国家安全政策上的观点是统一和连贯的。反之，政府就会陷入非常被动的境地。

最后，作为"政策顾问"的国家安全顾问会通过政策监管的方式参与到具体国家安全政策的运作中，而且可能在该过程中成为一名"操作者"（operator）。这一点在"咨议－顾问"国安会机制中表现得非常明显。在艾森豪威尔时期，政策监管的职能是通过政策协调委员会来履行的。尽管这一机制是国安会系统和"政策山"的重要组成部分，但其领导者是副国务卿而非国家安全顾问。利用机制监管从根本上杜绝了国家安全顾问参与到具体行动之中。而在肯尼迪的改革之后，连续三届政府都采用了"咨议－顾问"的国安会系统运作模式，这使得这一时期的国家安全顾问有更大的权限对政策的实施情况进行过问。当判断实施情况不合意的时候，国家安全顾问甚至尝试参与到政策的实施进程之中。在尼克松政府早期由基辛格建立的"基辛格－多勃雷宁秘密渠道"便是这种情况的具体体现②。这一非正式沟通渠道让基辛格在"绕开了国务院"的情况下参与到战略武器限制会谈之中，是促使后期"超级内阁"形成的重要因素之一。

基辛格对于尼克松时期的国安会来说就相当于一战前欧洲大陆联盟体系中的俾斯麦一样，是至关重要的。他让国安会系统转为"咨议－顾问"机制，甚至成为"超级内阁"的举措也离不开冷战时期美国外部环境的影响。这种独特的外部环境又给了基辛格充分的理由参与到具体行动之中，例如与中国寻求关系正常化的谈判。正如曾在尼克松政府任职的麦克法兰所指出的，如果当时基辛格没有诉诸行动，利用正规渠道处

---

① Fred I. Greenstein, Richard H. Immerman, "Effective National Security Advising: Recovering the Eisenhower legacy,"*Political Science Quarterly*, Vol. 115, No. 3, 2000, p. 339.

② Document 29, "Editorial Note,"*FRUS*, 1969 – 1976, Volume Ⅱ.

理这一问题的话，"无论如何也不会成功"，因为"一旦我们提出这一要求，就会引发民主党和政府内的其他官僚的骚动，泄露不可避免，提议也定会搁浅"①。这证明了国家安全顾问参与国家安全政策的实施进程并不总是会为美国政府带来负面影响。在"咨议－顾问"的国安会系统中，国家安全顾问有限度地参与这种政策实施进程是该机制顺利运转的重要基础。

在总统试着融合"统筹－协调"与"咨议－顾问"国安会运作理念之前，国家安全顾问已经根据自己所处的环境发展出了诸多超出"诚实掮客"的角色职能。图8－1能够很好地体现这一时期国家安全顾问们的角色职能差异。这种差异是不断增加和复杂化的国际局势的必然反映，是国安会系统对他们的客观要求，也是他们的个性与自我意识的副产品，直接结果是国家安全顾问不得不完成更多的任务。据当时的国安会行政秘书史密斯统计，邦迪与罗斯托的职责多达11项②。然而，这些人既不能忘记"诚实掮客"的本职角色，也要扮演"政策顾问"的衍生角色，这种两难的局面导致"在强势的国家安全顾问的领导下不会非常顺利地完成；但没有强势的国家安全顾问的话，一切就会陷入停滞"③。

（三）"多重倡议"：国家安全顾问角色矛盾的缓解方略

在国安会系统步入"统筹－协调"与"咨议－顾问"机制的融合期后，针对国家安全顾问角色矛盾所带来的问题，政府内外的专业人士纷纷提出了自己认为可行的解决之道。这些人中的大多数认为国家安全顾问的"诚实掮客"与"政策顾问"角色之间存在着一种"零和博弈"，必须在其中做出取舍。卡特时期的国防部长布朗（Harold Brown）曾在任期内与布热津斯基通力合作，成功处理包括核政策转向等在内的诸多国家安全及

① Brookings Institution, The National Security Council Project, *Oral History Roundtables: The Role of the National Security Advisor*, October 25, 1999, p. 68, http://www.brookings.edu/fp/research/projects/nsc/transcripts/19991025.htm.

② Bromley K. Smith, "Organizational History of the National Security during the Kennedy and Johnson Administrations,"Monograph written for the National Security Council, pp. 67 – 69. 这些职能包括：管理国安会正式会议、管理国安会委员会、与总统顾问合作、会晤国外政府领导人、与美国政府成员共事、辅助总统与国外领导人的交流、担任总统的代理人、为总统起草文件、参加新闻广播电视节目、引导国安会幕僚以及为总统提供情报信息。

③ Karl F. Inderfurth, Loch K. Johnson, eds., *Fateful Decisions: Inside the National Security Council*, New York: Oxford University Press, 2004, p. 296.

	管理者	政策顾问	发言人	执行者
索尔斯 （1947~1950）	是 （"中立媒介"）	是 （"1950年后很少"）	否	否
莱 （1940~1952）	是 （"中立媒介"）	否	否	否
卡特勒等 （1953~1960）	是 （"在政策规划上 活跃"）	是 （"很少"）	否 （"很少，私下场合"）	否
邦迪 I （1961~1963）	是 （"在所有问题上 都活跃"）	是	是 （"给新闻媒体背景 资料"）	是 （"白宫方面"）
邦迪 II （1964~1966）	是	是 （"频率越来越高"）	是 （"逐渐出现在媒体 面前"）	是 （"白宫内与海外 行动"）
罗斯托 （1966~1968）	是	是	是 （"媒体宠儿"）	是 （"白宫方面"）
基辛格 （1969~1975）	是 （"前所未有的监管 与塑造"）	是 （"首席顾问"）	是 （"首席发言人"）	是 （"白宫内与海外 行动"）

图 8－1　国安会机制融合期前的国家安全顾问角色

资料来源：David K. Hall，"The 'Custodian Manager' of the Policymaking Process," Karl F Inderfurth, Loch K. Johnson, eds., *Decisions of the Highest Order*：*Perspectives on the National Security Council*，California：Brooks/Cole，1988，p. 152，原图题目为"Roles of National Security Advisor"，本书利用了其中部分数据。

国防事务，可以被视为强势国家安全顾问的受益者。为此，他在自己的著作中明确指出，"国安会的协调工作应当交给行政秘书……国家安全顾问应当专注当总统的私人顾问，并鲜明地反映他的观点"[1]。而里根时期的国务卿黑格坚持内阁——尤其是国务院——主导外务政策进程，因而强调"国家安全顾问应当是工作人员而不是政策制定者……让他们参加政策进程是不现实，也是危险的"[2]。更有甚者，例如学者戴斯特勒，直接建议废弃国家安全顾问，只留下国安会行政秘书一职[3]。

实际上，这三种对策都有一定的局限性。如果国家安全顾问成为总统

---

[1]　Harold Brown, *Thinking about National Security: Defense and Foreign Policy in a Dangerous World*, Boulder, Colo. : Westview Press Inc. , 1983, p. 202.

[2]　Alexander Haig, "Caveat: Realism, Regan, and Foreign Policy," *Foreign Affairs*, Vol. 62, No. 5, 1984, p. 58.

[3]　I. M. Destler, "A Job That doesn't Work," *Foreign Policy*, Vol. 52, No. 38, 1980, pp. 80 – 88.

的专职私人顾问的话，那么国安会正式会议便不再是总统政策来源的主要论坛，国安会幕僚也会沦为平庸的文书工作者；而让国家安全顾问回到艾森豪威尔时期，仅作为"诚实掮客"而远离决策圈甚至取消这一职务的想法也同样是不切实际的。事实证明，担任了"政策顾问"的国家安全事务助理很难放弃其业已取得的权力，无法回到纯粹的管理者与协调者。里根时期国安会系统的混乱状况，很大程度上是由于米斯和黑格希望让国家安全事务助理和国安会回到过去的日子。记者格尔布（Leslie Gelb）曾贴切地将这一情况形容为"妄想让王子再变回青蛙"①。

在这种情况下，决策者与学者们选择到更为宏观的背景下去寻找国家安全顾问职能矛盾的解决方略。这些人逐渐意识到，自冷战后期初露端倪的全球化趋势使美国总统不得不面对日益复杂的国家安全环境，许多单一轨道的传统政策进程都在失去效用。而在这种背景下，不仅决策机制应当兼顾系统化与灵活性，这一机制的策动者也应当扮演一种相对包容和平衡的职能角色。

以乔治为首的一群学者将这种需求抽象化，提出了一种名为"多重倡议"（multiple advocacy）的决策模式。该决策模式赋予国家安全顾问一种立体化的角色预期：在横向上，国家安全顾问为其上司出谋划策，扮演"顾问"的角色；在纵向上，国家安全顾问搜集并分析来自各部门的观点和信息、规划政策的走向以及对替代意见进行评估。在乔治看来，"多重倡议"的国家安全顾问不仅能坦然提出自己的建议，也可以有效避免"集体迷思"情况的出现②。这种提议的本质是将该职务"诚实掮客"角色中的"协调""管理"职能，与"政策顾问"角色中的"顾问"等职能进行调和，达成一种与融合后的"统筹－协调"和"咨议－顾问"国安会机制相对应的动态均衡状态。

图8－2是因德弗斯和约翰逊国家安全顾问活跃度与他在国安会系统中扮演角色之间的关系。而顾问和协调者之间及两侧的区域便属于"多重

①　Lawrence J. Korb and Keith D. Hanh, eds. , *National Security Policy Organization in Perspective*, Washington, D. C. : American Enterprise Institute Press, 1981, p. 24.

②　Alexander L. George, Eric K. Stern, "Harnessing Conflict in Foreign Policy Making: From Devils to Multiple Advocacy," *Presidential Studies Quarterly*, Vol. 32, No. 3, 2002, p. 490; Alexander L. George, *Presidential Decisionmaking in Foreign Policy: The Effective Use of Information and Advice*, Boulder, Colo. : Westview Press, 1980.

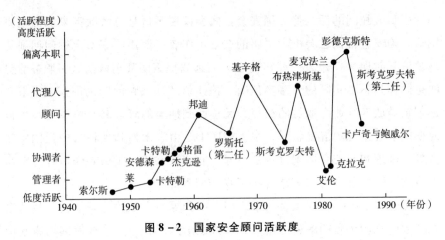

图 8 - 2　国家安全顾问活跃度

数据来源：Karl F. Inderfurth, Loch K. Johnson, ed., *Fateful Decisions: Inside the National Security Council*, New York: Oxford University Press, 2004, p. 20, 本书仅利用了其部分数据，并在此基础上做了修改。

倡议"决策模式所提倡的国家安全顾问理想类型。可见，只有福特时期的斯考克罗夫特最贴近这一角色预期，而他本人的职务理念似乎也确实非常契合该模式。在布鲁金斯学会的口述史会议上，他明确指出，做总统的顾问与管理国安会都是国家安全顾问必须发挥的职能，而对于他本人来说，"第一步是先（向总统）如实反映国家安全体系中所有人的观点和意见"，而完成这一职责后，国家安全顾问便可以"自由地做总统的顾问"①。不能否认这种观点对他打造后冷战时期国安会的斯考克罗夫特模式是大有裨益的。此外，尽管卡卢奇与鲍威尔被一些学者认为在斯考克罗夫特之前便达到了这种状态，但实际上他们对于国家安全顾问职务的认知仍有差异。例如，鲍威尔在回忆录中指出，"在这届（里根）政府中，舒尔茨是外交政策的唯一合法来源，我确保国安会的幕僚理解这一点并一直支持他"②。而对于斯考克罗夫特来说，做一位"诚实掮客"意味着不能对"官僚霸权"言听计从。

　　尽管如此，除斯考克罗夫特以外，大部分后基辛格时期的国家安全顾问在实际参与国安会系统进程的过程中很难准确拿捏"诚实掮客"与

---

① Brookings Institution, The National Security Council Project, *Oral History Roundtables: The Role of the National Security Advisor*, October 25, 1999, p. 68, http://www. brookings. edu/fp/research/projects/nsc/transcripts/19991025. htm.

② Colin Powell, *My American Journey*, New York: Random House, 1995, p. 368.

"政策顾问"的轻重,最后还是会走入因角色冲突而产生的误区。在特朗普政府时期,由于决策者理念传递的模糊性,国安会机制陷入停滞,而国家安全顾问也重新成为总统各类政策的诠释者与捍卫者,几乎完全失去了"多重倡议"的功能①。因此,不得不承认的是,这种"多重倡议"的国家安全顾问角色更多地体现为一种理想的状态。然而,尽管自斯考克罗夫特之后美国的国家安全顾问不断尝试向这一区间靠拢,在特朗普政府时期,由于其模糊的施政理念与强势的执政风格,国家安全顾问再次偏离这一"黄金标准",从而失去了从事战略规划的能力。

三　国家安全顾问的府内角色互动及其对美国国际战略的意义

在大部分时间内,美国国际战略的形成并非一蹴而就,而是美国政界、民间、媒体、金融界、战略界以及学界等基于当前的国际环境与国内情势,进行漫长的综合判断分析及系统性探讨,最终得出的一种长期规划。这其中,美国政府内部各官僚势力的互动对于国际战略的最终形成无疑具有最为重要的影响。作为华盛顿的一支独立力量,美国国安会历经数十年的发展,逐步具备了参与战略塑造的强大实力。而国家安全顾问作为这支力量的领导者和缩影,长期处于与政府内其他代表性人物进行沟通的互动过程之中。这种互动过程无疑是美国国际战略形成不可或缺的。

虽然国家安全顾问的地位及作用使他们在美国对外决策进程中长期维持较大的影响,但应当认识到的是,该职位在国家安全体系中并非孤立。美国外交及国家安全领域的人际网中长期存在着与国家安全顾问密切互动的人物,这些人形成了与该职务角色预期和未来走势所勾连的另一组决定性因素,对国家安全顾问在历史上的发展与变动同样产生了重要影响。其中,国家安全顾问与总统以及国务卿之间的关系在这些因素中占据格外重要的地位。

(一) 美国总统与国家安全顾问的关系

作为美国外交及国家安全政策的最终定夺者,美国总统的权威是建立

---

① Karen DeYoung, Greg Jaffe, John Hudson, Josh Dawsey, "John Bolton Puts His Singular Stamp on Trump's National Security Council, "*The Washington Post*, March 4, 2019.

在宏观的政治基础之上的，是美国国内外形势改变的集中体现。在冷战期间，这一点尤为明显：美苏之间的关系在不同时期呈现缓和或紧张态势，致使总统的执政基础和施政理念有很大的差别。处于不同国际背景下的总统将自己的国家安全理念转化为具体的机制，并借此诉诸行动。对他们来说，国家安全顾问这一职务的定位与国安会系统的机制理念是息息相关的。在美苏缓和的背景下上任的总统倾向于建立颇有结构性的"统筹－协调"机制，并希望自己的国家安全顾问专注于维护国安会乃至整个国家安全系统的架构，同时对国安会各组成部分进行有效的组织与协调；而在外部局势紧张的背景下走马上任的总统寄希望于国家安全顾问及国安会幕僚们在"咨议－顾问"的国安会机制中更多地发挥出谋划策的职能。

国家安全顾问与总统之间的关系是重要的。这种关系将直接影响他们工作的效率，且那些与总统没有亲密个人关系的国家安全顾问很难拥有实际的政治权力。正如一篇 80 年代的社论指出的，"布热津斯基的权力来源于他一天见总统四五次的能力……如果艾伦有同样的能力的话，其权力不可能不增长的"①。那些缺乏华盛顿政治圈敏感性的国家安全顾问，例如麦克法兰和波因德克斯特，更容易在具体问题上遭到内阁成员与国会领导人的强烈反对。

对于总统来说，国家安全顾问的作用并非绝对的，在其眼中，其等同于麾下众多政策顾问中的一员，甚至只是一位协调者。因此，尽管国家安全顾问在上任初期往往可以得到总统的支持，但这种支持的长期和持续性是难以保证的。尼克松政府时期的情况说明国家安全顾问的权力增长是以部分牺牲总统权为基础的，这就决定了该职务不可能超越总统的权力，也不能摆脱美国政治制度的束缚。

随着时间的推移，这种信任大多数会发展成为一种"双相促进"的良性循环过程。汲取了总统权力的国家安全顾问会逐渐在美国的官僚体系中发挥特殊的作用。在这种情况下，国家安全顾问就会主动设身处地去"想总统之所想"，成为"总统个人倾向、目的以及政策意愿的晴雨表"②。正

① Richard Burt, "Regan Aids Tell of Plans to Strengthen Secretary of State and Curbsecurity Adviser,"*The New York Times*, September 16, 1989.

② Baker Institute, "The National Security Advisor and Staff," *The White House Transition Project Report* 2017, p. 23, http://whitehousetransitionproject. org/wp－content/uploads/2016/03/WHT P2017－24－National－Security－Advisor. pdf.

如同里根时期的国家安全顾问鲍威尔所指出的，"到头来，国家安全顾问的职责就是尽可能让自己与总统的个性及需求相吻合"①。这种"总统利益代言人"的角色反过来会加强总统在外交及国家安全领域的领导权，提高其决策效率，并有助于总统将决策权牢牢掌握在自己手中。

值得注意的是，该循环过程中的任意一方出现问题，都会造成国家安全顾问与业已建立的国安会系统运作模式不兼容。在这种情况下，无论是总统的利益，还是国家安全顾问的行动能力，必定都会受到不同程度的影响。为此，斯考克罗夫特以自己的亲身经历提示"国家安全顾问必须对总统需要的信息做出回应"，否则"总统就会感到泄气，亲自在国安会系统中寻找他所需要的信息"②。这样一来，所谓良性循环的过程便被打破了。

尽管这种"双向促进"在大多数情况下会使国安会系统的运作模式得到夯实，运转更为顺畅，但也会出现特例。一些总统的个性与施政偏好不仅是决策中的短板，也可能会成为制约总统和国家安全顾问间关系发展的主要因素。这破坏了上文所述的良性循环，也给国安会系统乃至国家安全决策进程带来了负面影响。例如肯尼迪政府时期，总统与邦迪之间的关系非常融洽，两者长期处于"双相促进"状态。在过渡到约翰逊时期时，新任总统也表示他"知道邦迪及其幕僚成员是不同的，因为没有泄密事件的发生，也没有尖锐的批评"③。为此，他希望邦迪继续扮演他既定的角色。然而，不同于肯尼迪，约翰逊的脾气更为糟糕，对外交及国家安全决策的考量也更加偏执，这使得邦迪无法按照原有的角色预期来履行自己的职能，最终导致罗斯托的上台以及越战的逐步深入。而尼克松政府时期则呈现了另外一种情况：总统对秘密行动的偏好使其不断对国家安全顾问赋权，而国家安全顾问也逐渐为了迎合总统的偏好而放弃国安会系统正式机制，建构了排他性的"超级内阁"。这很难称得上是良性互动。

后冷战时期的历任国家安全顾问基本上都以斯考克罗夫特为标准，

① Brookings Institution, The National Security Council Project, *Oral History Roundtables: The Role of the National Security Advisor*, October 25, 1999, p. 2, http://www. brookings. edu/fp/research/projects/nsc/transcripts/19991025. htm.

② Brent Scowcroft, "Ford as President and His Foreign Policy,"in Kenneth W. Thompson, ed. , *The Ford Presidency: Twenty-Two Intimate Perspectives of Gerald R. Ford*, Lanham, MD: University Press of America, 1988, p. 312.

③ Document 143, "Memorandum for Record: Daily White House Staff Meeting,"February 10, 1964, *FRUS*, 1964 – 1968, Volume XXXⅢ.

努力扮演政府内部积极斡旋者角色。这一方面是由于国家安全顾问的职能在经历了冷战时期的波动后已经趋于稳定，同时也是"帝王式总统权"进一步得到加强的结果。长期处于这种情况下，总统若是有意对现有战略进行调整，就会赋予国家安全顾问更多的权力，令其成为自己的代理人，反之则会将后者排除在自己的决策核心圈之外。特朗普政府时期的麦克马斯特与博尔顿两位国家安全顾问的命运体现了这一点：前者因无法支持总统的意见而被迫辞职，后者则在国际战略规划体系中扮演了重要角色。

（二）美国国务卿与国家安全顾问的关系

冷战前，国务院长期保持在美国外交及国家安全政策进程中的支配性地位。然而自1947年国安会成立以来，原本国务院的外交顾问和决策贯彻等重要职能在历任美国政府时期被不同程度地逐渐转移到国安会，国家安全政策制定的相关权力也因此逐渐从国务卿手中流入白宫内部。这种外务定夺权的转移是美国对极度敏感的外部环境的合理反应，也是总统借以夯实自己的权力的重要手段，可以被视为冷战"国家安全国家"建构的一部分。与此同时，国安会与国务院在职能上的交叉与重叠也给大多数人造成了一种感觉，即这两个部门的领导者之间存在一种天然的冲突。

单从美国政府的结构上看，国务卿属内阁成员，由国会任命，主要负责美国外交相关事务；而国家安全顾问是非法定职务，由总统直接任命，更多地侧重与国家安全问题相关的跨部门工作。他们都只接受总统的领导，并对总统负责，但彼此之间并不存在直接的职务交叉，维持一种"通过总统这一媒介形成的工作关系"①。从理论上讲，他们之间是不应存在职务上的矛盾的。只要总统对自己的决策层级每个人发挥作用的定位明确，无论国安会系统体现为"统筹－协调"还是"咨议－顾问"机制，国家安全顾问和国务卿都可以在政策进程中扮演自己的角色。

艾森豪威尔政府时期两位国安会领导者的状态可对该结论进行佐证。国家安全顾问正是艾森豪威尔在对国安会系统进行"统筹－协调"的机制化改革后正式登上历史舞台的，同时，国家安全政策规划的权力也开始由

---

① 北京太平洋国际战略研究所：《应对危机：美国国家安全决策机制》，时事出版社，2001，第197页。

国务院向国安会倾斜。在这种情况下，国务院和国安会系统的冲突本是在所难免的。然而，被视为"20 世纪最强势国务卿"①的杜勒斯却在整个任期内与卡特勒相安无事。这可以说是国务卿和国家安全顾问在外交及国家安全政策进程中保持克制的结果。

一方面，杜勒斯将国家安全顾问与国务卿的职务进行了明确分工，声明自己与国务院只负责日常外交活动，而卡特勒与国安会系统则负责处理相关政策文件的制定及梳理。为此，他在上任第一天就告诉尼采政策规划委员会的工作应该由国安会来完成，他也愿意将百分之九十的政策规划交给国安会幕僚处理②。同时，作为国务院的领导者，杜勒斯并不像大部分他的继任者那样本能地排斥国安会正式会议，而是积极参与其中，引领讨论。为此他得到了艾森豪威尔的赞赏，称他"几乎参加了每一场国安会正式会议，且其间总是能够阐明观点，做出强有力的判断，并以公正的态度协助我制定了诸多政策……他所表现出的品质正是国会建立这一机制的主要目的"。③

另一方面，卡特勒本人在这一时期专注扮演"诚实掮客"的角色是他与国务卿关系良好的基础。这位国家安全顾问将职能重心放在跨部门协调上，尽量远离相关政策的制定与宣传，并拒绝涉足行动监管和实施这些国务院的传统职权范围。其态度颇具代表性地体现在他对于担任行动协调委员会的副部长不是十分情愿这一点上④。

卡特勒与杜勒斯的融洽关系证明，在分工得当的情况下，作为管理者和协调者的国家安全顾问与积极参与国安会政策进程的国务卿之间是不存在职务上的冲突的。福特时期的国家安全顾问斯考克罗夫特也正是因这一点广受赞誉。然而，在肯尼迪对国安会进行"咨议-顾问"机制的改革后，国家安全顾问开始扮演起"政策顾问"的角色，这使得国家安全顾问与国务卿之间的关系开始逐渐呈现紧张状态，甚至走向了公开对立。

---

① Margaret Jane Wyszomirski, "The De – Institutionalization of Presidential Staff Agencies, "*Public Administration Review*, Vol. 42, No. 5, 1982, p. 453.

② Leonard Mosley Dulles, *A Biography of Eleanor: Allen and John Foster Dulles and Their Family Network*, New York: Dial Press, 1978, pp. 307 – 308.

③ "Record of Actions by the National Security Council at Its 402nd Meeting, "April 17, 1959, *USDDO*, CK2349282469.

④ John P. Burke, Fred I. Greenstein, *How Presidents Test Reality: Decisions on Vietnam*, 1954 *and* 1965, New York: Russell Sage Foundation, 1989, p. 288.

首先，总统对国务院的偏见是国务卿与国家安全顾问之间关系恶化的重要原因。冷战的逐步深入对美国政府的快速反应能力提出了越来越高的要求，而层次繁多、规模庞大且办事节奏一成不变的国务院很难跟上这种变化的步伐。肯尼迪的高级顾问索伦森（Theodore Sorensen）观察到了这种变化，指出"总统几乎一上台就对国务院感到失望。他觉得国务院好像有一种天生的惯性，这抑制了他们的创造力"①，这也成为国家安全顾问逐步跟进并影响政策的主要原因之一。

到了尼克松上台时，总统对国务院甚至有了一种与生俱来的反感。基辛格在回忆录中描述，尼克松称他"对国务院没什么信心"，国务院的人员不效忠于他。在他当副总统的时候，外事机构"瞧不起"他，他一下台，立刻就对他不予理睬②。在这种情况下，基辛格可谓是在总统的授意下去挑战国务卿的权威，而国务卿罗杰斯自然对此不满。两人关系紧张致使以国安会为核心的白宫与国务院在一系列重大问题上产生裂痕。职权受到侵蚀的罗杰斯曾对属下公开表示"基辛格的话'一文不值'"，自己并不打算听他的③。而基辛格则进一步汲取了顾问们的建议④，依靠自己在总统方面的优势地位，逐步在国家安全政策进程中排斥国务院。罗杰斯恼羞成怒，甚至在电话中对基辛格恶语相向⑤。双方的冲突是如此明显，以至于政府内外的人都能感受到行政机构的紧张气氛。这给了美国新闻媒体大肆炒作的机会。1971 年 1 月，《纽约时报》的一篇文章便指出"曾经是

---

① Theodore Sorensen, *Kennedy*, New York: Harper and Row, 1965, p. 287.

② 〔美〕亨利·基辛格：《白宫岁月——基辛格回忆录》（第一册），陈瑶华等译，世界知识出版社，1980，第 17 页。

③ Document 68, "Notes of Telephone Conversation between Secretary of State Rogers and the Under Secretary of State for Political Affairs(Johnson) ," August 26, 1969, *FRUS*, 1969 – 1976, Volume II.

④ 在 1969 年的一份备忘录中，黑格向基辛格指出"与国务院的关系还在持续恶化中……这可能会对我们的国家利益造成严重的损害……为此我们不能坐以待毙"，见 Document 85, "Memorandum from the President's Military Assistant(Haig) to the President's Assistant for National Security Affairs(Kissinger) ," October 29, 1969, *FRUS*, 1969 – 1976, Volume II；这种情况也影响了基辛格与国防部之间的关系。在另一份备忘录中，林恩向基辛格指出"我意识到，你不能在任何事情上都与这些官僚机构进行对抗，但我们要是持续容忍这种情况，这些问题就会不断累积，最终酿成大祸"。见 Document 90, "Memorandum from the Director of the Program Analysis Staff, National Security Council(Lynn) to the President's Assistant for National Security Affairs(Kissinger) ," December 8, 1969, *FRUS*, 1969 – 1976, Volume II。

⑤ Document 123, "Transcript of Telephone Conversation between Secretary of State Rogers and the President's Assistant for National Security Affairs(Kissinger) ," September 25, 1970, *FRUS*, 1969 – 1976, Volume II.

外交政策无可争议的管理者的国务院，终于失去了掌控美国外交事务的权力"①。国家安全顾问与国务卿之间的矛盾最终以后者辞职告终，这成为尼克松政府挥之不去的阴影。

其次，国安会系统机制的缺陷会导致国务卿和国家安全顾问职能上的重叠，进而导致两者在具体参与国家安全政策进程时发生争执。这种情况在卡特政府时期的布热津斯基与万斯之间非常明显。早在过渡政府时期，两人都曾对卡特表示对方是担任其职务的最佳人选②。而在接受记者采访时，布热津斯基也表示"大部分政策相关工作都由国务卿来负责"③。双方关系非常和谐。然而，国安会系统机制的设置使得这种关系急转直下。作为政策回顾委员会与特别协调委员会的领导者及带头人，万斯与布热津斯基缺乏统一、连贯的国家安全理念的引领，在处理具体问题时各自为政。同时，卡特也将两者之间的分歧错误地视为是可以产出优秀政策建议的良性辩论，在很长一段时间内对这种尴尬的情况置之不理，任凭双方关系恶化，导致这一时期的外交政策出现了明显的不连贯性。

实际上，卡特从主观上诱使国家安全顾问与国务卿之间产生竞争的做法并不是不合理的。只要将这种竞争控制在一定范围内，就可以有效保证双方在政策上求同存异，引导更有效的政策产生。然而，将双方的冲突建构于矛盾的机制之上却非常容易导致混乱。学者马尔卡西（Kevin Mulcahy）就曾指出，"国务院和国安会之间的制度化冲突仅仅会产生无秩序的政策建议，并使决策进程陷入混乱"④。卡特在上任时试图通过改变国安会系统的机制来尽可能避免基辛格时期相关问题的出现，最后却让自己的政府面临同样的窘境，这不得不说非常具有讽刺性。

最后，国务卿与国家安全顾问的矛盾同样体现在对外交及国家安全政

---

① Terence Smith, "Foreign Policy: Decision Power Ebbing at the State Department," January 18, 1971, *The New York Times*, http://www.nytimes.com/1971/01/18/archives/foreign - policy - decision - power - ebbing - at - the - state - department.html?_r = 0 .

② Jimmy Carter, *Keeping the Faith: Memoirs of a President*, New York: Bantam Books, 1982, p. 54.

③ Murrey Marder, "Carter and Brzezinski Stress What NSC Chief will Not Do," *The Washington Post*, January 24, 1977.

④ Kevin Mulcahy, "The Secretary of State and The National Security Adviser: Foreign Policymaking in the Carter and Reagan Administrations," *Presidential Studies Quarterly*, Vol. 16, No. 2, 1986, p. 286.

策的公开发言权上。从下面这张国务卿与国家安全顾问在《纽约时报》上提及次数的对比图可以明显地看出（见图8-3），国家安全顾问与国务卿曝光率持平的时期，正是两者关系最为紧张的时期。国务卿长期担任美国总统在外交事务方面的第一发言人，该职权若是受到本应"低调行事"的国家安全顾问的侵蚀的话，双方的冲突是在所难免的。

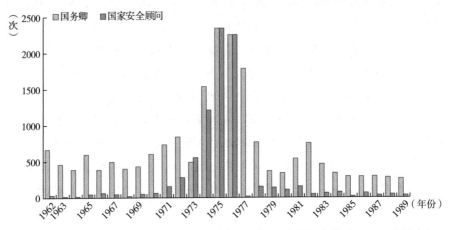

图8-3　国务卿与国家安全顾问在《纽约时报》上的提及次数（1962~1989年）

资料来源：Brookings Institution, The National Security Council Project, *Oral History Roundtables*: *The Role of the National Security Advisor*, October 25, 1999, http：//www. brookings. edu/fp/research/projects/nsc/transcripts/19991025. htm。

国家安全顾问与国务卿之间的微妙关系将在未来很长时间内得以延续。由于美国总统长期重视自身权力的巩固，因此不大可能完全恢复内阁政治；同时，为了防止"超级内阁"的出现，总统也必须对国家安全顾问的权力进行抑制。因此，两者之间可能经常性地处于相互牵制和平衡状态。这一点将对国安会系统的制度走势产生重要影响。

第九章　国安会幕僚与美国国际战略

国安会幕僚是指那些行政编制在总统幕僚内，受国家安全顾问或总统的直接或间接领导，为国安会正式会议、国家安全顾问以及总统提供有关国家安全或外交政策的服务的工作人员。他们是国安会系统的重要组成部分，可以被视为整个国家安全体系的"发动机"。

1947 年《国家安全法》同样没有对国安会幕僚的具体职能进行明确的定义。为了应对错综复杂的国际冷战环境，更好地服务于不同模式的国安会系统，这一团体在国家安全顾问的领导下逐步增加了自己所承揽的具体事务。这种职能的变化与扩张不仅对国安会系统的性质产生了关键的影响，也使其在美国战略规划体系中占据了重要地位。

一　国安会幕僚机制的源起及运作模式的分野

（一）国安会幕僚机制的源起

除国安会正式会议外，1947 年《国家安全法》同样建立了国安会幕僚这个从属于正式会议的工作团体。法律"惜字如金"所导致的模糊性同样波及了这一团体，除指出"国安会应当设立一支幕僚团队，并由一名总统任命的、年薪一万美元的文官行政秘书负责管理"① 以外，法律并未对这一机制的具体建构路径做过多阐释，也没有提及任何其应当处理和执行的事项。在这种情况下，最初组建国安会幕僚团队的重任便自然而然地落在了首任行政秘书索尔斯的肩上。

由于杜鲁门将国安会视为边缘性的"咨议－顾问"机制，国安会幕僚团队不仅未能获得与白宫幕僚同等的地位，甚至工作地点也被安排在白宫之外的旧行政办公大楼中。索尔斯以及三名专家组成了最初的国安会幕僚

---

① 1947 年《国家安全法》，Section 101(c)。

团队。在朝鲜战争前，尽管正式会议的召开次数极少，国安会幕僚们也没有太多的用武之地，但索尔斯还是致力于发展这一团队。在朝鲜战争爆发时，国安会幕僚不仅在数量上扩展到了 15 人，还在行政秘书的带领下进行了"办公人员"（staff members）、"顾问"（consultants）以及"秘书"（secretariat）的团队内部职能性质划分①。其中，办公人员负责文案整理及资料编写工作，顾问则是某个或多个特定国家安全领域的专家，而秘书则担任索尔斯的私人助理。

除了对国安会幕僚进行功能性划分以外，索尔斯对这一集体的另一个贡献在于他通过对"国安会幕僚可能会出现的问题加以预估"的方式初步厘清了合理的成员任命比例。在索尔斯看来，如果"幕僚完全由永久雇员组成，那将会让国安会的整个工作进程变为'政策象牙塔'，与现实脱节"；而另一方面，如果"人员仅由各国家安全相关部门派出的人员组成"，那将不可避免地"在政策规划的过程中出现观念上的偏颇，进而丧失政策的延续性"②。因此，索尔斯建议对这两种极端、非正常的情况进行折中，让幕僚尽量由这两种类型的人混合组成。

可以看出，索尔斯在最初的潜意识里并没有将国安会幕僚视为单纯的办公职员，而是预见到了这一团队将在未来的某个时候对国家外交及安全战略可能产生实质性影响。这种成员属性的划分奠定了国安会幕僚运作模式的基础，具有非常深远的意义。尽管后来这一团队在不同时期形态各异，但成员的安排始终依照"办公人员"、"顾问"和"秘书"三种根本属性进行划分。同时，作为"顾问"的成员在后来成为国安会幕僚的中坚力量，在政策制定中发挥了越来越重要的作用，等同于国安会系统汲取总统权力的"吸铁石"。

尽管如此，在杜鲁门政府时期，幕僚成员的选择体系仍不完善，这些为数不多的办公人员、顾问及秘书大部分来自国家安全相关部门。这些人将国安会幕僚工作当成自己的兼职，在处理具体工作时带有强烈的部门利益色彩。整体幕僚团队在大部分时间里所扮演的角色是正式会议下属的办事处。国安会幕僚负责进行长期研究，但最主要的国家安全战略导向文件

---

① Sidney W. Souers, "Policy Formulation for National Security," *The American Political Science Review*, Vol. 43, No. 3, 1949, p. 537.

② Sidney W. Souers, "Policy Formulation for National Security," *The American Political Science Review*, Vol. 43, No. 3, 1949, p. 537.

都来自国务院的政策规划小组，以及重要的国家安全部门。最为明显的例子是杜鲁门政府任期内头号国家安全文件——NSC-68号文件是由来自国务院以及国防部的人员组成的联合工作小组而非国安会幕僚制定的。因此，国安会幕僚在杜鲁门时期大部分专注于纯粹的文字工作，而作为领导者的索尔斯和莱都没有能力参与国务院和国防部等国家安全相关部门的讨论。尽管到杜鲁门任期结束时，国安会幕僚总数已经增加到23人，还增添了一名副行政秘书①，但这些人始终游走于官僚政治的角斗场之外，不具备协助发展政策的能力，更难以称得上具有战略规划的视野。

（二）国安会幕僚机制的分野与独立幕僚班子的形成

如果说索尔斯确立了国安会幕僚的基本结构，那么艾森豪威尔则是在这种结构的基础上对其进行了进一步的充实。在这一时期，相对缓和的美苏关系让总统更加倾向于建立更为系统、机制化的国家安全政策进程。在"统筹-协调"国安会运作理念的指导下，国安会幕僚的地位与重要性得到了自建立以来的首次跃升。这体现在以下三个方面。

首先，最能体现这种跃升的便是国安会幕僚在职权上的延伸。在卡特勒最初提交给艾森豪威尔的备忘录中，国家安全顾问将国安会幕僚定性为"正式会议的秘书处"以及"由官方认可的正式会议成员间的沟通渠道"②。他们还负责制定正式会议的议程，并提前向副总统汇报。最为重要的是，作为艾森豪威尔"政策山"支撑机制的计划委员会和行动协调委员会的基层工作都是由国安会幕僚完成的。

其次，作为国安会幕僚领导者的行政秘书的权力也有所增长。他能够借助膨胀的国安会系统接触到更多美国国家安全政策的核心决策成员。无论是国安会正式会议，还是计划委员会和行动协调委员会的小组会议，行政秘书和他的副手这两位国安会幕僚的领导者都作为正式会议记录者参会。这实际上是打通了核心决策圈与国安会幕僚之间的通道，白宫成员们探讨的首要政策问题能在第一时间为幕僚所知悉，提升了他们履行职责时的效率。

---

① Document 50, "Report by the Special Assistant to the President for National Security Affairs (Cutler)," March 16, 1953, *FRUS*, 1952–1954, Volume Ⅱ.

② Document 50, "Report by the Special Assistant to the President for National Security Affairs (Cutler)," *FRUS*, 1952–1954, Volume Ⅱ.

最后，在卡特勒的建议下，艾森豪威尔在国安会幕僚团队中增加了一个"特别参谋部"（Special Staff），负责"在计划委员会的报告提交到正式会议前进行审查和回顾"①。尽管这个幕僚中的小型机制仅由 6 位顾问组成，但这种实质性权力却真正地将索尔斯时期便赋予了国安会幕僚的参与实质性政策规划的潜能激发了出来。

随着时间的推移，艾森豪威尔政府国安会系统的机制化程度逐步加深，而国安会幕僚的数量也随之直线上升。到 20 世纪 60 年代初，幕僚的规模相比杜鲁门时期扩大了近 3 倍。其成员遍布美国国家安全体系的各个角落，在政策规划和监督等方面做得非常出色。然而，国安会幕僚也同样遭遇了国安会系统"过度机制化"带来的问题，被艾森豪威尔政府的批评者指责为"试图通过利用非正式跨部门斡旋这种'私了'（out of court）的方式处理关于重要问题的矛盾和纠纷……或是采取'迂回战术'将他们认为适当的政策推销给总统"②。他们认为这种情况让总统失去了选择的机会。

肯尼迪对国安会系统进行的"咨议－顾问"模式改革尽管缩小了国安会幕僚的规模，却拉近了团体中顾问与总统之间的距离。最为重要的是，这些成员不再仅仅由各部门选派，许多来自政府外部的专家也加入了这一团队，为其带来了新鲜空气。与国家安全顾问一样，国安会幕僚中那些精明强干的专家逐渐成为总统的私人帮办。从邦迪在 1965 年给总统准备的一份备忘录中可知，在肯尼迪任期结束时，幕僚成员的总数被削减了近三分之一，由原来的 71 人减少为 48 人③。此时这一团队中，身份为"工作人员"的幕僚除了几位仍留守旧行政办公大楼以外，有很大一部分来到了白宫地下室，与中情局成员共同负责处理情况室中接收的情报信息。同时，身份为"顾问"的幕僚数量大幅度缩水，仅留存了 17 位，其中包括行政秘书史密斯和副国家安全顾问切斯（Gordon Chase）。然而，在邦迪看来，这些人是幕僚团队中"真正的核心"。尽管人数不多，由于强调地区

① Document 50, "Report by the Special Assistant to the President for National Security Affairs (Cutler)," *FRUS*, 1952 – 1954, Volume Ⅱ.

② "Staff Report of the Subcommittee on National Policy Machinery," Decemebr 12, 1960, in Sin Senator Henry M. Jackson, eds., *The National Security Council: Jackson Subcommittee Papers on Policy – Making at the Presidential Level*, New York: Frederick A. Praeger, 1965, pp. 167 – 191, 33.

③ Document 155, "Memorandum from the President's Special Assistant for National Security Affairs (Bundy) to President Johnson," August 2, 1965, *FRUS*, 1964 – 1968, Volume XXXIII.

和职能上的分工，这些顾问中的每个人都能独当一面。邦迪也因此骄傲地表示："说真心话，我绝不愿意将我幕僚团队中的任何一人与华盛顿政界进行交换。"①

对比艾森豪威尔和肯尼迪时期的国安会幕僚可以清晰地看出两种运作模式迥异的国安会系统对国安会幕僚职务侧重点的影响，这也恰是美国国家安全机制对变动中的国际环境做出的直观反应。为了迎合艾森豪威尔高度机制化的国安会系统，国安会幕僚团队庞大而面面俱到；而肯尼迪颇具灵活性和面向危机治理的国家安全决策模式则要求国安会幕僚人数少而精，侧重迅速和灵活的反应能力。艾森豪威尔时期的国安会幕僚是复杂机制的重要"润滑剂"，更多注重文职人员的基础工作；而肯尼迪时期的国安会幕僚则悉数参与重要领域的决策，独立地向总统提供观点和情报，在运作上更加简单直接。

（三）后肯尼迪时期国安会幕僚发展进程中的"变"与"不变"

从杜鲁门时期的机制初步确立，到艾森豪威尔及肯尼迪时期不同国安会运作模式对机制的塑造，国安会幕僚在国家安全顾问的带领下摆脱了建立初期官轻势微的状态，逐渐向着一支运作顺畅且地位举足轻重的白宫团队发展。此后，这一团队无论是在体制还是机制上都始终处于调整状态。同时，国安会幕僚的这种变动又具有国安会系统所远不及的延续性。这使得后肯尼迪时期的国安会幕僚团队在整体上呈现了一种既"变动"又"不变"的矛盾特征。总的来说，这一点在以下几个方面得到了非常明显的体现。

首先，自约翰逊时期以来，尽管国安会幕僚团队的总人数处于波动状态，但团队中担任"顾问"职务的人员人数相对稳定。一方面，在肯尼迪遇刺后，尽管约翰逊继承了肯尼迪国安会系统的架构和机制，甚至比前者更依赖小集团决策模式，但在他任期结束时，国安会幕僚的规模居然出人意料地扩大了；到尼克松时期，国安会幕僚的工作班子成员总数陡然上升到114人，这一数字在整个冷战时期是无出其右的。而由于卡特强调内阁决策的重要性，他在自己的任期内又将国安会幕僚的数量猛然削减为35

---

① Document 155, "Memorandum from the President's Special Assistant for National Security Affairs (Bundy) to President Johnson," August 2, 1965, *FRUS*, 1964 - 1968, Volume XXXIII.

人，这一数字仅是其前任的约三分之一。而另一方面，通过表9-1可以明显地看出，国安会幕僚团队中作为"顾问"的成员数量自约翰逊任期时却始终维持在40到50人的规模。哪怕是在尼克松政府时期作为"超级内阁"的国安会系统内，顾问的数量也被基辛格控制在55人。可见，这些顾问的数量保持相对稳定，并没有受幕僚总数的增多或减少的太大影响。

表9-1　国安会幕僚团队顾问数量变化①

单位：人

时间	总统	国家安全顾问	幕僚中政策顾问的数量
1961～1963	肯尼迪	邦迪	17
1963～1966	约翰逊	邦迪	15～20
1966～1969	约翰逊	罗斯托	35～40
1969～1975	尼克松/福特	基辛格	55
1975～1977	福特	斯考克罗夫特	40
1977～1980	卡特	布热津斯基	35
1981～1989	里根	—	40～60
1989～1993	老布什	斯考克罗夫特	45～55
1993～2001	克林顿	—	45～110
2001～2009	小布什	—	100～150
2009～2017	奥巴马	—	170～400
2017～2021	特朗普	—	小于170
2021～	拜登	沙利文	350～370

资料来源：Daniel Lippman, Hanhal Toosi, Quint Forgey, "Biden's Beefed-up NSC," POLITICO, August 2, 2021, https://www.politico.com/newsletters/national-security-daily/2021/08/02/bidens-beefed-up-nsc-493813。

---

① 鉴于国安会幕僚团队的涉密特点及"旋转门"性质，幕僚的总数始终处于变动之中。对这一团队统计成员总数是一项非常困难的任务。同时，业已解密的档案文件也仅能说明某一具体时期成员的大体总数。这些数字只能说明大致的数量范围。美国学者倾向于利用马里兰大学和布鲁金斯学会在国安会口述史中的记录，但这一数字仅仅是国安会幕僚团队中"顾问"的数量。参见 I. M. Destler and Ivo H. Daalder, "A New NSC for a New Administration," November 15, 2000, https://www.brookings.edu/research/a-new-nsc-for-a-new-administration/; John P. Burke, "The National Security Advisor and Staff: Transition Challenges," *Presidential Studies Quarterly*, Vol. 39, No. 2, June 2009, pp. 283-321; R. D. Hooker, Jr., "The NSC Staff: New Choices for a New Administration," INSS Strategic Monograph, November, 2016, https://ndupress.ndu.edu/Portals/68/Documents/strat-monograph/The-NSC-Staff.pdf?ver=2016-11-15-154433-837。

不难理解为何会出现这样一种矛盾的情况。国安会幕僚团队中的"顾问"都是专精世界某一特定区域问题的专家，因此这一团体的数量保持相对稳定也是情理之中。在这种情况下，处于数量变化中的成员大部分是从事国安会及国家安全政策基础工作的行政人员，而其数量的增加大体上取决于自 20 世纪 70 年代初以来的科技进步。肯尼迪时期，情况室的出现为幕僚们开辟了职能上的"新大陆"，也为其中"工作人员"这一团体规模的扩张奠定了重要基础。由于频发的国际危机越来越带有突然性和威胁性，美国政府不惜将大把资金投入国家安全相关科学研究中，这为国安会幕僚们充分使用各种尖端技术成果提供了机会。到里根时期，在危机处理中心任职的国安会幕僚已可以熟练使用台式计算机，并通过网络与白宫通信署控制的大型计算机连接①。这种工作模式大大改变了白宫内部尤其是国家安全委员会的工作模式，也不可避免地增加了国安会幕僚的工作量。为此，他们除了增加雇员别无他法。

其次，冷战时期的历任美国政府都会在特定的总统指令、国安会文件或其他官方文件中强调对国安会幕僚机制的重组，借此与前任加以区分。然而实际上，这些划分基本上都可以被视为一种对当时国际局势的权衡和选择，做出的改变在实质上大多是对幕僚中"顾问"职能定位的进一步细化。相比之下，幕僚岗位的性质却从未改变过，始终围绕索尔斯的"秘书""工作人员""顾问"三种职能划分予以任命。在尼克松政府时期，基辛格希望结合艾森豪威尔与肯尼迪国安会系统的长处，将幕僚团队划分为四个组成部分，分别为负责对主要重大问题（例如越南问题）所造成的长期影响进行研究的"项目助理"（assistants for programs）；由五位高级官员和少量助手组成，依照各自划定的区域或功能来监管相应行政部门日常工作的"行动办事处"（operations staff）；负责综合各部门的文件，并在国家安全研究备忘录无法达到国安会预期时进行进一步研究，并对原有文件进行补充的"计划办事处"（planning staff）；以及负责军事相关问题，协助情报资料整理工作的"军事助理"（military assistant）②。而到了卡特时期，尽管幕僚的总数被削减了很多，但布热津斯基坚持对剩余的为数不

---

① 〔美〕约翰·普拉多斯：《掌权者：从杜鲁门到布什》，封长虹译，时事出版社，1992，第 599 页。

② Document 1, "Memorandum from the President's Assistant for National Security Affairs – Designate (Kissinger) to President-elect Nixon, "12/27/1968, *FRUS*, 1969 – 1976, Volume Ⅱ.

多的成员进行更为细致的重组与归类。

　　自冷战结束以来，相对稳定的国际战略环境以及强大的综合实力令美国承担了稳定并塑造后苏联时代世界秩序的重要责任。在"首要地位"的大战略预设下，安全议题持续泛化，相应的国安会"第三层级"——政策协调委员会及专业政策幕僚的数量也持续增加。在奥巴马时期，这一数字曾经达到史无前例的 400 人，其中百分之九十的人是"职业政策人员"（policy career staff）[①]。从表 9－2 中可以看出，从事"顾问"工作的成员被明显细化了。

　　对于管理这样一支庞大的队伍，国家安全顾问自然是分身乏术，其首要帮手——副国家安全顾问的重要性也因此日益提高。自肯尼迪政府时期设立这一职务以来，副国家安全顾问的数量一般保持在两人。在里根政府时期，这一数字开始增长，其职能权限和管辖范围也逐渐扩大。到了后冷战时期，副国家安全顾问已经发展成为国安会幕僚最为重要的管理者。这体现在两个方面。首先，出现了负责特殊事务的副国家安全顾问，其负责议题一般为这一时期政府的最高战略要务，如小布什政府在"9·11"事件后立即设立了负责反恐事务的副国家安全顾问，由四星上将唐宁（Wayne A. Downing）担任，其直接向时任国家安全顾问赖斯和国土安全部部长里奇（Tom Ridge）汇报。同样，2009 年，奥巴马政府设立了负责国土安全事务的副国家安全顾问，对备受关注的国土安全问题进行国安会内部监督和处理。其次，鉴于国安会政策幕僚是美国战略文件的起草者与思想源泉，对于这一群体战略规划能力的统筹始终是该系统领导者的首要要务。然而正如前文所述，伴随幕僚群体数量的一再增多，国安会的战略规划能力遭到了一定程度的削弱，这一点引发了政府内外的高度关注[②]。2009 年，专门负责战略联络的副国家安全顾问岗位被创立，由罗茨担任这一职务。正是由于在该岗位任职长达 8 年时间，罗茨深切感受到若推动美国大战略转型将会遭遇强大阻力，并在卸任

---

① Susan Rice, "Reflecting on the National Security Council's Greatest Asset: Its People, "January 17, 2017, https://obamawhitehouse. archives. gov/blog/2017/01/17/reflecting－nscs－greatest－asset－its－people－0.

② Colin Dueck, "Strategic Planning for the Next President, Part Two: Recommendation for the NSC Process, "Foreign Polciy Research Institute, January 19, 2016, https://www. fpri. org/article/2016/01/strategic－planning－next－president－part－two－recommendations－nsc－process/.

时将这一阻力的来源，即"聚团"带到了美国媒体的镁光灯下①。尽管从特朗普上任后的施政进程中很难看出其对整体战略思维的重视，但其却出人意料地没有废除该岗位，只是将其名称简化了（负责战略的副国家安全顾问）。

对这种情况的理解必须超越旧有"总统按自己的个人喜好以及工作方式来塑造国安会幕僚"的传统观点，站在更为宏观的角度进行考量。可以说，全球一体化趋势对美国的影响是十分深远的。由于美国视自身为国际秩序的维护者，认为自身负有对世界范围内所有已经发生的危机和潜在威胁进行评估和排查的责任，这就使国安会幕僚不得不通过扩大编制的方式来满足日益增长的需求；同时，自古巴导弹危机开始，"危机"的内涵和性质已发生了变化，对突发事件的反应速度成为评价对于特定危机的治理是否成功的重要指标。作为幕僚团队中的核心，增加"顾问"团队成员的人数意味着内部出现意见分歧的可能性增大。这成就了国安会幕僚在职能性质上的"变动"与"不变"。可以看出的是，这种"不变"正是国安会幕僚团队所具有的重大缺陷之一。作为来自美国政府内外诸多政策建议的"过滤器"与"安全阀"，尽管国安会幕僚由于国家安全的需求而不断扩大，但真正能够影响政策走势甚至在某些时候左右国际情势发展的，始终也就是四五十人而已。这极易促使总统在为数不多的政策意见中进行抉择，最终形成狭隘的决策考量。

再次，国安会幕僚的定位也始终带有"不变"和"变动"的两面性特征。按照1947年《国家安全法》的规定，国安会幕僚是一支不属于政府内任何部门的团队，只对国安会负责。每届政府在最初宣布这一机制的具体运作时，也都会强调幕僚团队的这一性质。但实际上，这一团队的领导权始终在总统和国安会间转移，这实际上是受到不同时期国安会系统运作理念和具体架构的影响，例如在艾森豪威尔和尼克松时期的"统筹－协调"机制中，幕僚们更多地在正式会议的框架内行事，被视为"国安会的幕僚"；而在肯尼迪等"咨议－顾问"的国安会系统时期，国安会幕僚则与国家安全顾问一同被提升到了介于总统与正式会议之间的位置，具有更大的独立性，成为"总统的幕僚"。尽管这两种领导权之间的切换对幕僚

---

① Thomas E. Ricks, "A Stunning Profile of Ben Rhodes, the Asshole Who is the President's Foreign Policy Guru," *Foreign Policy*, Decemeber 28, 2017, https://foreignpolicy.com/2017/12/28/a - stunning - profile - of - ben - rhodes - the - asshole - who - is - the - presidents - foreign - .

团队的成员安排和机制外貌影响甚微，却会对他们的行为方式产生非常深远的影响。

表 9 - 2　卡特时期国安会幕僚团队的内部职能划分

英文名称	中文名称	负责事务	小组性质
Europe, USSR and East - West	欧洲事务组	宏观冷战战略	顾问
North - East	南北组	"三边"事务	顾问
International Economics	国际经济组	经济安全评估	顾问
Global Issues	全球问题组	安全援助、防止核扩散、难民、人权等全球性问题	顾问
Security Analysis	安全评估组	区域潜在威胁评估	顾问
Coordinator of Security Planning	安全计划协调组	国安会文件的起草、具体计划的协调	顾问
Middle East	中东组	中东事务、"伊朗门"	顾问
Far East	远东组	远东事务、中美关系	顾问
Press and Congressional Liaison	新闻与国会联络组	与媒体、国会联络	秘书
Intelligence	情报组	情况室、情报或隐蔽行动	秘书
FOIA	解密组	定期解密相关的文件	行政
Special Projects	特别计划组	评估、监管临时的行动	行政

资料来源：卡特总统图书馆，https：//www.jimmycarterlibrary.gov/documents/nsc.phtml。

实际上，出于对"帝王式总统权"的巩固，国安会幕僚逐渐独立已经成为一种不可逆的趋势。在被并入总统办公厅之后，其便逐步开始呈现一种"与白宫幕僚团队融为一体"的发展趋势[1]。整个幕僚团队的工作班子，特别是身为"顾问"的成员，不再代表部门的利益，不再具有其原属各部门的约束力和凝聚力，这使其具备了一种超越官僚结构的特性。正如《纽约时报》的评论员文章所指出的，"国安会幕僚实际上不为国安会工作……它是一个'迷你政府'，他们的部门包括了世界每一个区域，职能也延伸到了军事计划、武器控制、情报搜集以及公共外交等每个角落"[2]。从理论上讲，这种情况下起草的文件中蕴含更为中立的观点，制定的政策

---

① Bradley H. Patterson, Jr., *The White House Staff: Inside the West Wing and Beyond*, Washington, D. C.: Brookings Institution Press, 2000.

② Lesile H. Gelb, "National Security Council: Where Anonymous Power Accrues," *The New York Times*, June 4, 1985.

往往可以避免偏见，具有更充足的说服力。这可以被理解为国安会幕僚的一个进步。

最后，在历史发展中，国安会幕僚始终没有放弃对国安会系统的管理以及对国家安全政策的规划、协调及监管等"主要业务"。与此同时，大部分时间内受国家安全顾问领导的幕僚也因国际环境的变化、总统的更迭和国安会运作模式的切换而衍生出了多样化的职能。早在艾森豪威尔和肯尼迪的过渡政府时期，古德帕斯特就预见到了国安会幕僚在未来的职能发展趋势。在一次与邦迪的谈话中，他利用"光谱"来打比方，阐明自己的观点。他指出，该光谱的"一端是国安会幕僚的职能，另一端是美国的国家安全需求，而中间的'灰色区域'就是国安会与其他传统国家安全政策的团队易发生冲突的地带"。光谱的两端区分明显，但越是靠近中间的地方就越容易发生利益的重叠和冲突，极易引发人们的误解和混淆，而"对具体职能的商议和划分是政府新人们的重要责任"①。

实际上，这种商议与划分是造就国安会系统"咨议－顾问"或"统筹－协调"运作模式的重要因素之一。在不同理念下的国安会系统中，幕僚团队会在发挥原有职能的基础上服务于更广泛的国家安全需要。曾经担任卡特和里根时期国安会幕僚，并作为"顾问"人员的舒梅克（Christopher C. Shoemaker）在自己的著作中将这种"由多元化的国际环境所决定，同时独立于总统心理预期"的角色职能称为国安会幕僚的"功能要素"（functional requisites）②。接下来，本书将对国家安全幕僚的这种角色职能进行梳理和分析，并探讨这些"必要性功能"与美国国际战略发展、演变之间的关系。

二　国安会幕僚的职能及其对美国国家战略规划的影响

1947年《国家安全法》同样没有对国安会幕僚的职能做过多规定。仅从字面上理解的话，这一团队唯一且恰当的作用便是"尽一切可能辅佐国安会正式会议"。冷战时期美苏之间力量的对比左右着美国决策精英们的战略侧重点，这就使得作为国家安全机制服务者的国安会幕僚在不同时期所肩负的任务差异很大。总的来说，国安会幕僚的职能是在以下两个方

---

① Document 3, "Memorandum for Reocrd, "January 11, 1961, *FRUS*, 1961 – 1963, Volume XXV.

② Christopher C. Shoemaker, *The NSC Staff: Counseling the Council*, New York: Westview Press, 1991, p. 22.

向进行发展和延伸的。

（一）文案工作与政策协调：国家安全幕僚的本职职能

无论国际局势和总统风格如何变动，国安会幕僚始终具备一些基础性功能要素。这也是确保这一团体始终不至于偏离《国家安全法》的重要前提。这其中就包括文案工作，以及政策的协调与整合。

首先，文案工作是国安会幕僚存在的根源与基础。

对于身为服务者的幕僚们来说，文案工作自然是他们最为基础且必须承担的职能。通过审视 20 世纪 40 年代的军种博弈可以看出，国安会的缔造者中有很大一部分人不希望这一系统成为美国国家安全政策的主要产出机制，这也同样抑制了幕僚们参与政策实质的能力。作为一个论坛性质的协助团体，国安会幕僚在一开始实际上是作为纯粹的办公成员出现的。在会议上，国安会行政秘书承担了正式会议的记录工作。会议之后，国安会的幕僚们则需要将行政秘书的记录总结成政策文件。在总统集权度较高的"咨议－顾问"机制内，这些幕僚还具有将这项职能直接转化为政策规划的权力。通过正确行使该项职能，国安会办公厅可以让决策进程更加有序，增加有用信息的流动，增加探讨关键问题的可能性。可以说，这项职能是国安会幕僚最为基础的职能，也是确保美国国家安全体系机制得以顺利运行的重要保障。

这项工作实际上贯穿了整个国安会系统的进程，其包括两个组成部分，即书写会议纪要，以及安排会议议程、管理会议文件。

整个冷战时期大部分国安会正式会议的纪要都是由行政秘书负责书写的。在水门事件前，会议纪要主要是作为总统政策回顾的备忘录，而经历了 1966 年著名的"富布莱特听证会"以及 1967 年《信息自由法》出台后，书写会议纪要成为一种强制性要求。作为曾经的国安会幕僚，舒梅克认为行政秘书在履行这一职能的过程中很难做到完全中立，容易出现"借题发挥"现象，即有意无意强调特定论点，同时贬低其他论点[1]。

一旦国家安全顾问与总统确定了正式会议的召开时间，国安会幕僚便马上投入到会议议程的准备之中。尽管在表面上看来这是一项非常基础的

---

[1] Christopher C. Shoemaker, *The NSC Staff: Counseling the Council*, New York: Westview Press, 1991, p. 25.

任务，国家安全顾问却往往将其视作自身控制国家安全政策进程的工具。他们可以调整除法定成员之外的与会人员，借此引导会议的讨论；也可以将符合自身利益的议案提上会议日程，并对那些存疑的议案使用"搁置权"，让其永远无法到达总统身边。最能体现这一点的例子是在 1979 年 11 月的伊朗人质危机事件中，国务卿万斯强烈反对卡特和布热津斯基的人质解救计划。为了让该计划顺利在国安会正式会议中通过，布热津斯基特意选择万斯不在华盛顿的时候召开这次会议，同时仅邀请一位国务院成员即副国务卿克里斯托弗（Warren Christopher）参会①。在这种情况下，势单力孤的国务院自然无力阻止这次行动。在万斯的回忆录中，他称自己当时得知这一消息时"震惊且错愕……不理解为何总统可以在我缺席的情况下做出这么重大的决策"②。从这个角度看，文案工作看上去无足轻重，却有足够的能力去影响国安会正式会议进程甚至总统的最终决策。里根时期的国务卿黑格也因此将其称为国家安全系统中为数不多的"实权"（real power）之一③。

冷战末期，美国出台《戈德华特－尼科尔斯国防部重组法》。该法律对于国安会的意义在于，在强调军方成员在美国国安会中重要战略职能的同时，赋予国安会幕僚承担了起草年度《国家安全战略》报告这一重要文件的法定责任④。自冷战结束以来，该报告的重要性与日俱增，成为了解和洞悉美国国际战略导向的重要窗口，国安会幕僚也因此从幕后走向台前，成为新闻媒体和各类从事国际安全与战略研究的学者所关注的对象。近年来，特朗普对"深层国家"的大肆抨击更让这些原本默默无闻的工作人员成为美国外交决策分析中的焦点。有学者观察到，这些处于国家战略规划体系底端的"次官僚层级"实际上已经成为把控国家未来走势的核心部分⑤。

---

① Document 21, "Editorial Note," *FRUS*, 1977 – 1980, Volume XXVIII.

② Cyrus Vance, *Hard Choices: Critical years in America's Foreign Policy*, New York: Simon and Schuster, 1983, p. 409.

③ Alexander Haig, "Caveat: Realism, Regan, and Foreign Policy," *Foreign Affairs*, Vol. 62, No. 5, 1984, p. 83.

④ Public Law 99 – 322, *Goldwater – Nichols Department of Defense Reorganization Act of 1986*, October 1, 1986, https://history. defense. gov/Portals/70/Documents/dod _ reforms/Goldwater – NicholsDoDReordAct1986. pdf.

⑤ David A. Cooper, Nikolas K. Gvosdev, Jessica D. Blankshain, "Deconstructing the 'Deep State': Subordinate Bureaucratic Politics in U. S. National Security," *Oribis*, Vol. 62, No. 4, 2018, pp. 518 – 540.

其次，政策与战略的协调、整合也是国安会幕僚承担的必要职能。

与文案工作一样，国安会幕僚们在国家安全进程中所行使的政策协调与整合职能是为了呼应 1947 年《国家安全法》的需求。毋庸置疑，国安会系统建立的首要原因就是解决长期困扰美国政府的内部跨部门运作不力问题。因此国安会幕僚的这一职能也可以被视为他们工作的重中之重。

简单来说，国安会幕僚的协调－整合职能可以被概括为对国安会系统中可供交换的政策信息进行筛选与重组。其中，"协调"与"整合"两种手段在实施的方式上体现出一贯性，但在具体运作中有先后顺序之分。首先，国安会幕僚需要通过"协调"对来自诸多美国国家安全相关机构的政策建议进行审议，并将这些差别很大甚至彼此相左的观点加以整理，突出急需解决的问题，消除不切实际或冗杂的提议；而后，国安会幕僚发挥"整合"的职能，将多种不同的观点进行融合，并统一归纳到一份国安会文件之中，在正式会议之前将该文件提交到总统及其他与会者手中。在这一过程中，国安会幕僚完成了从政策建议的"被动接受者"到"主动塑造者"的角色转换。

通过梳理国安会系统发展的历史可知，即便国安会幕僚的政策协调与整合职能是历任政府时期美国国安会系统的"刚性需求"，但这并不是幕僚们的一种信手拈来能力。只有在国家安全顾问和国安会幕僚分别担任国安会下属重要委员会机制的领导者时，参与者才能在相对公平的情况下提交他们所思考的问题，否则协调与整合便无从谈起。里根政府初期的国安会系统便是一个典型的例子：首任国家安全顾问艾伦及其幕僚班子不享有担任国安会委员会领导者的优势地位，自然无法发挥良好的协调及整合职能，进而导致了整个政府在国家安全政策统筹方面的混乱。因此，托尔委员会在其提出的国安会改革意见中，尤其重点强调了给予国安会幕僚"明确的权力范围、责任以及可信度"对于"良好的管理协调"是非常重要的①。

尽管政策协调与整合是国安会幕僚的重要职能，但其在实施过程中存在一定的内部矛盾。一方面，从理论上讲，国安会幕僚在进行政策协调和整合的过程中应当尽可能扮演一种与国家安全顾问相似的"诚实掮客"角色，从公平、公正的角度对各部门的观点进行总结。即使幕僚针对某个问题存有异议，也要做到态度上的不偏不倚，让总统尽可能全面

---

① John Tower, *The Tower Commission Report*, New York: Bantam Books & Times Books, 1987, p. 92.

地了解来自内阁机构的政策建议；而另一方面，由于冷战环境的瞬息万变，每日都有数不清的、来自国家安全相关部门的政策建议涌向美国的决策层，可以确定的是，没有任何一位美国总统或政策精英希望逐个对这些文件进行浏览。在这种情况下，国安会幕僚又要通过履行政策协调和整合职能为决策层"减负"，利用相对主观的方式来去除不必要的政策建议，并将剩余的观点共同压缩进一份文件之中，作为总统进行最终决策的基础。

实际上，大部分冷战时期的国安会幕僚都是结合当时的国际局势以及国安会运作模式对这两种协调与整合的方式进行选择的。在如肯尼迪和约翰逊政府时期的"咨议－顾问"国安会机制内，国安会幕僚本身也是政策建议的重要来源，他们的政策协调与整合能力也因此会受到限制。如果协调和整合程度过低，就会面临决策"一言堂"的风险。在福特政府时期，这种风险已经为国安会内部的人们所意识到了。在一份为国安会幕僚准备的备忘录中就明确记载过这一职能不彰可能会出现的后果，即"总统有时不会听到所有适当的声音。鲜有笔记留存的非正式决策模式最终会导致官僚机制的混乱，做出草率的决策"①。正如前文所指出的，1961年猪湾事件的发生正是缺乏政策协调和整合的直接结果。

而在"统筹－协调"的国安会机制中，政策协调与整合的职能则被视为国安会幕僚工作的重中之重。在这种情况下，美国的国家安全机制非常容易出现"过度协调"的问题。所谓过度协调，是指国安会幕僚在没有弄清楚某件事情是否需要进行协调的情况下，便将与其有关或无关的机构全部牵扯进协调进程之中；同时，这种协调会导致国安会幕僚由于太过于追求部门间的妥协，而在较低的政策层级就达到了被艾奇逊称为"精疲力竭的一致"（agreement by exhaustion）的状态②，反倒使得最终到达总统处的政策建议无关痛痒。20世纪60年代初，在杰克逊小组委员会举办的听证会上，许多参与者公开指责艾森豪威尔政府出现了这种问题，并认为这是导致

---

① Document 15, "Talking Points Prepared by the National Security Council Staff, "undated, *FRUS*, 1969 – 1976, Volume XXXVIII.

② Subcommittee on National Policy Machinery, *Organizing for National Security: Hearings before the Subcommittee on National Policy Machinery of the Committee on Government Operations*, *United States Senate*, Vol. 2, Washington: U. S. Government Print Office, 1961, p. 292.

国安会会议规模逐步扩大、计划委员会和行动协调委员会机制日趋冗杂的罪魁祸首。曾担任行动协调委员会主任的国务卿赫特（Christian A. Herter）就指出，"当你因反复修改一个单词或是一句话而陷入工作停滞状态的时候，你就会反问自己'天呐，为什么我要花这么多时间做这个?'"①。

除了会造成工作量增大以外，国安会幕僚的"过度协调"也升高了未授权信息及敏感信息泄露的可能性。一般来说，关于某个议题的协调和整合次数越多，泄密的可能性就越大。这一点同样是在艾森豪威尔时期体现得非常明显。在一次与顾问们的私下会议中，艾森豪威尔表示他"已经深深地被频繁的媒体泄密事件所困扰"②。而对于"咨议－顾问"机制来说，由于协调的次数相对较少，这种情况出现的概率自然就大大降低了。这也是约翰逊称邦迪的团队"密不透风"的原因③。有鉴于此，自尼克松时期开始，国安会幕僚往往在进行政策协调及整合前先对其可行性进行评估。在确定需要履行这一职能时，也仅对相关部门进行协调，希望借此确保国安会系统不被过多的信息所淹没，同时也降低不必要的信息泄露。

尽管在两种国安会运作模式中都有相应的问题存在，国安会幕僚的政策协调及整合职能是任何时期美国国家安全决策机制中不可或缺的职能。总的来说，国安会幕僚在杜鲁门政府之后都能够相对成熟地履行这一职能，而这对于国务院等传统机构来说却是难以完成的任务。

（二）政策计划与政策监管：国家安全政策进程中的国安会幕僚

从法律来看，国安会幕僚并不具备从事政策及战略规划的能力，这很大程度上是由于该职能已经逾越了这一团体身为幕僚的根本属性，更多地涉及实质性政策。同时，长期以来，美国政府内大多数成员的头脑中根深蒂固地将国务院视为进行外交及国家安全政策规划的首要机制；相比之下，国安会幕僚无论是在规模上还是在视野上都有较大的局限性，因此并

---

① Senator Henry M. Jackson, ed. , *The National Security Council: Jackson Subcommittee Papers on Policy-Making at the Presidential Level*, New York: Frederick A. Praeger, 1965, p. 38.

② "Memorandum of Conference with the President, "July 17, 1959, *USDDO*, CK2349493462.

③ Document 143, "Memorandum for Record, "February 11, 1964, *FRUS*, 1964 – 1968, Volume XXXIII.

不被传统的政策精英看好。

国安会幕僚刚刚出现时，这一团队确实也没有足够的能力去承担这一重任。在杜鲁门时期，国务院仍主导国家安全政策的规划，由尼采领导的国务院计划小组甚至承担了大部分国安会政策文件的起草工作，对总统的决策有着无可匹敌的影响力。在艾森豪威尔对国家安全机制进行了改革后，尽管计划委员会被安排在国安会的框架内，并由国家安全顾问领导，但国安会幕僚在这一机制中的主要任务并非政策规划，而是整理和协调来自各国家安全部门的建议，更多地发挥了一种"帮办"的作用。同时，尽管在幕僚团队中已经出现了不少身为顾问的成员，但此时这些人的编制仍在诸内阁部门，思维中带有强烈的部门利益色彩，而且还由一名来自国务院的代表领导。这些情况都注定了总统在这一时期不会考虑利用国安会幕僚来行使颇具重要性的政策规划职能。

肯尼迪的上任与"咨议－顾问"国安会运作模式的出现为国安会幕僚团队参与美国国家安全政策规划提供了机会。这一时期，美苏间的紧张对峙影响到了总统的决策风格，相比艾森豪威尔，肯尼迪希望掌握更多的政策细节，以实现对国家安全政策进程的全面控制。为此，他不仅亲自参与到政策规划的进程之中，也希望由在决策层级或彼此关系上更为接近自己的人或机制来承担这一重任。作为总统幕僚的重要集体，国安会幕僚此时已在邦迪的领导下完成了重组，通过去部门意识化逐步摆脱了各自机构的掣肘，成为代表总统利益、具有独立思维、更能提出实质性政策意见的团队。在这种情况下，肯尼迪逐渐开始利用规模小但富有创造力的国安会幕僚团队进行国家安全政策的规划，试图更为灵活和快速地应对瞬息万变的国际局势，并在此基础上更为明确地实践自己的管理哲学。可以看出，国安会幕僚最初被赋予政策规划的职能并不是因为他们能够比内阁部门更好地完成这一任务，而更多是为了迎合国际环境的变化、满足总统巩固自身权力的需要，可以被视作"咨议－顾问"模式国安会系统下的必然结果。

自肯尼迪时期之后，国安会幕僚团队，尤其是其中作为顾问的成员长期保持自己在美国国家安全政策规划端的存在，在"咨议－顾问"机制中则尤为突出。总的来说，他们利用以下两个方式来参与这一进程。

首先，自肯尼迪政府开始，国安会幕僚逐渐获得了参与国安会正式会议的机会，也有能力参与总统决策从酝酿到出台的过程。众所周知，肯尼迪的国安会幕僚中有很多人都是"出类拔萃之辈"（the best and the brightest），包括凯森、科莫、索伦森、基辛格以及施莱辛格等，他们具有杰出的专业知识或相关经验，彼此之间关系也十分融洽①。他们以出众的个人能力影响着总统的战略决策，同时也消解了其他专家与各部门领导者的狭隘观念。比较有代表性的例子是幕僚团队中重要顾问对美国在中东地区战略的深度参与。在1962年9月，也门发生了军事革命，推翻了统治北也门长达44年之久的巴德尔王朝。这次革命很快演变成了中东地区的一次军事对峙，以沙特和约旦王室为代表的传统力量支持北也门巴德尔王朝的复辟，而埃及总统纳赛尔则派遣军队支持新政权。作为一名中东问题专家，科莫对此事深表关注。1963年2月7日，他在一份给邦迪的备忘录中指出"纳赛尔在'摸着石头过河'，是不会自愿放手的"②，强调局势将会进一步升级；同日，他也给肯尼迪送去了一份表达同样意见的备忘录，建议总统尽早控制局势发展③。科莫的坚持使得肯尼迪与邦迪在2月25日特地召开了一次国安会正式会议来探讨该问题。在这次会议上，总统听从了科莫的建议，并在两天后出台了第227号NSAM文件，将科莫的提议转化为具体政策④。

科莫的经历能够清楚体现国安会幕僚已经完全具备决策与战略的规划能力。到了约翰逊政府时期，总统留任了整个国安会幕僚班子，这些成员也依旧享有政策规划的权力，甚至有些人还受邀参加了作为总统非正式决策机制的"周二午餐会"，影响了美国的战略导向。至此，国安会幕僚已经巩固了自身在这一职能领域的地位。

其次，自尼克松时期开始，国安会系统启用了"双轨制"政策文件模式。除原有的总统决策文件以外，国安会系统还会产出一定数量的、用来进行政策研究的备忘录。尽管这些备忘录在不同政府时期的名称不尽相同，但其实质都是一种对特定问题的梳理和回顾。而书写这一文件的重任

---

① 尽管施莱辛格不属于国安会幕僚中的成员，但他的薪酬与开支是记在国安会账目上的。

② Document 151, "Memorandum from Robert W. Komer of the National Security Council Staff to the President's Special Assistant for National Security Affairs(Bundy) ,"February 7, 1963, *FRUS*, 1961 – 1963, Volume XVIII, Near East, 1962 – 1963.

③ Document 155, "Memorandum from Robert W. Komer of the National Security Council Staff to President Kennedy,"February 7, 1963, *FRUS*, 1961 – 1963, Volume XVIII.

④ "National Security Action Memorandum 227," February 27, 1963, 美国科学家联盟网站，https://fas. org/irp/offdocs/nsam – jfk/nsam227. htm。

在一开始便落在了国安会幕僚的头上。总的来说，他们的任务就是以个人或国安会委员会的名义将国家安全相关部门的意见悉数列举在某份文件中，同时酌情加入自己的意见，以做到让政府内部的成员未雨绸缪，对可能出现的挑战做好准备。相比通过亲身参与国安会系统或国家安全决策进程来完成政策规划职能，对政策研究备忘录的书写可能在短期内无法达到影响总统决策的目的，但从长远看来，这种手段可以让幕僚们对美国的宏观战略走势产生深刻影响，是一种更为潜移默化的政策规划形式。

相应地，国安会幕僚团队中也发展出了专门履行这一职能的团体。在尼克松时期，为了突出他们的职务性质，这一团体被称为"国安会计划小组"（NSC Planning Staff）。在一份国安会幕僚奥斯古德（Robert Osgood）给基辛格的备忘录中，他明确指出了计划小组对于美国国家安全机制的重要性，认为其不仅能够"为那些参与具体国家安全行动的重要成员，例如总统和国家安全顾问，提供教育与启迪"，同时也可以在某些适当的场合"更加直接地参与到政策的塑造以及权衡之中"[1]。而在卡特政府时期，由于参与的国际事务相对较多，总统和国家安全顾问已经开始更为主动地引导国安会幕僚参与到政策规划的进程之中。有鉴于此，布热津斯基特地为自己幕僚班子的成员们准备了一份关于如何更好地行使战略规划职能的备忘录。在这份备忘录中，这位国家安全顾问明确地对幕僚们指出，"你们应当就政府和国安会所采取的具体行动提出自己的建议"，同时建议他们"以相对长远的目光"在政策文件中"引入你们专精领域的设想"[2]。在这一时期，国安会幕僚团队中负责政策规划的正是享誉盛名的政治学家亨廷顿（Samuel P. Huntington）[3]。

后冷战时期，国安会幕僚更因其在白宫中"近水楼台"的有利地位强化了自身的这一职能。无论是负责战略联络的专属副国家安全顾问岗位的设立，还是幕僚团队中专业负责长期国际战略规划的成员的出现与增加，都能够体现白宫对美国未来国家走势的重视程度。在信息时代，国防部

---

① "Memorandum for Dr. Kissinger from Robert E. Osgood," September 19, 1969, *USDDO*, CK2349573731.

② "Memorandum for the NSC Staff on Action/Decision Calendar and Strategic Planning," January 22, 1977, *USDDO*, CK2349620749.

③ 关于卡特时期国安会幕僚团队的具体成员名单，参见 "The NSC Staff and Organization, 1977-81,"卡特总统图书馆，https://www.jimmycarterlibrary.gov/documents/nsc.phtml。

与国务院的传统规划部门（国务院政策规划委员会、国防部净评估委员会等）所做出的战略考量在到达椭圆形办公室之前都会遇到国安会幕僚这一"气隙"（air gap）。尽管由于监管的加强以及自我克制，麦克法兰与波因德克斯特时期"肆意妄为"的幕僚集群没有再次在后冷战时期的美国出现，不过这一"气隙"将难以避免地成为总统与一线人员之间的障碍。

国安会幕僚不仅以自己的方式诠释政策与战略规划的职能，也将其视为一种实质性的权力，并试图利用这种权力扩大自身在美国决策圈内的影响。然而，这种影响力的扩大是以牺牲国务院在该领域的优势地位为代价的。国安会幕僚与国务院在政策制定职能上存在着某种程度上的"零和博弈"。尽管在美国政府的决策层级设置上，国务院享有对政策规划毋庸置疑的主导性地位，但自肯尼迪上任以来，"历任总统在踏入白宫之前都发誓恢复国务院在外交以及国家安全政策方面的主导作用，但每位总统也最终都对国务院提供给他的东西感到失望"①。这种情况导致总统越来越倾向于利用国安会幕僚来进行国家安全的政策规划。可以说，国务院正是在以下几个方面存在致命的弊端，才使得国安会幕僚在政策规划上先入为主。

首先，相比国安会幕僚这个长期保持在几十人规模的小团体，国务院肩负着与世界大部分国家保持外交联系的重任，更像是一台规模庞大、机制冗杂的官僚机器。在历史的发展中，这台机器逐渐形成了一种一成不变的办事程序和节奏。而驾驭这台机器的国务卿也忙于日常事务，无暇对国际局势进行深思熟虑。在这种情况下，国务院所提出的观点更多是着眼于当前问题的考量，难以抓住长期政策规划的实质，具有明显的局限性。相比之下，国安会幕僚则有更加充足的时间和精力对长时段的国际局势进行评估和考量。

其次，国安会幕僚大部分位于美国政府的"旋转门"机制之中，来去皆由总统和国家安全顾问定夺，因此人员更换非常频繁。同时，国安会幕僚中向来有一部分人员来自政府外部，可以时刻给团队带来"新鲜空气"。而对于国务院来说，通常只有在政府更迭时这一机构才会发生人员变动，

①　Christopher C. Shoemaker, *The NSC Staff: Counseling the Council*, New York: Westview Press, 1991, p. 41.

且这种变动往往局限于领导层，外交官及办公人员则鲜有调整。在长期的职业生涯中，这些成员不免形成有关国际事务的思维定式，在某种程度上失去了政策规划工作中所必需的创造力。在这种情况下进行的政策规划不仅难以应对诡谲多变的国际局势，也无法满足总统在新形势下的政策需求。正如卡特在自己的回忆录中指出的："我非常希望对已有的政策进行改良，并让它们更加适应变化的世界。然而我很难从国务院的成员那里搜集到带有创新性的观点。"①

最后，国务院的工作人员都有自己狭隘的部门和个人利益需要维护，这使得部门之间难以避免地走向竞争，激化了彼此在利益上的矛盾。在这种情况下，国务院提出的政策建议或多或少地带有偏见，有时甚至会出现部门之间相互拆台的尴尬情况。而对于国安会幕僚来说，正如前文所述，他们在政策规划方面的主要优势就是在邦迪改革后其相对于其他机构的独立性。同时，国安会幕僚直接听命于国家安全顾问和总统，因此他们实现自己最大利益的方式便是保证总统的利益。这点能够促使他们做出的政策规划带有最大限度的中立性。

以上几点便是总统自冷战时期就倾向于利用国安会幕僚而非国务院来进行政策规划的主要原因。尽管如此，国安会幕僚在政策规划方面也具有明显的缺陷，例如其相对较小的规模制约了他们履行这一职能的能力，人员的频繁更迭制约了政策规划的延续性等。美国总统寄希望于通过幕僚团队制定出面向长期、更为宏观的政策规划，但国安会系统发展的历史证明这样的规划文件是寥寥无几的。为此，在国安会机制的融合期，美国的决策精英们便更为注重利用国安会幕僚组织国务院、国防部、中情局等其他国家安全相关机构共同参与政策规划进程。

尽管政策规划并非国安会幕僚的法定职能，但鉴于冷战环境以及美国国家安全政策进程——尤其是政策规划端的客观需要，幕僚团队的这一职能被很好地保留了下来，并在历史发展中得到强化，成为一种广为政府内外所认可的职务权力。不同于国家安全政策规划端，1947 年《国家安全法》对国安会"纯顾问性论坛"的定位意味着这一系统内部的几个机制在一开始就与具体行动无缘，这使得国安会幕僚似乎在政策实施端没有相应的"容身之地"。然而，伴随时间的推移，国家安全顾问和幕僚也逐渐

---

① Jimmy Carter, *Keeping Faith: Memoirs of a President*, New York: Bantam Books, 1982, p. 53.

在这一领域被赋予了"政策监管"的职责，即"监督行政各部门为执行总统的国家安全政策所采取的行动"，并"就这些行动是否与总统的政策相符以及在一段时间后这些基本政策是否仍然能为美国的利益服务"进行评估①。这可以被理解为在美国国家安全政策实施端的协调职能。通过行使这一职责，国安会的成员们成功地染指了内阁部门的固有职责范围，使得国安会系统的根系能够进一步在美国国家安全政策的土壤之中得以延伸。

白宫缺乏有效政策监管的情况早已有之。有人就曾指出："美国政府之所以在行政方面处于弱势，是因为他们将百分之八十的精力用来制定政策，但是仅用百分之二十的精力执行政策。"② 舒梅克认为，与实际情况脱节是造成这种情况的主要原因。在理想状态下，国安会相关成员对于某些政策的分歧往往出现在计划阶段。而在总统做出决策后，这种分歧便会消失。同时，所有参与总统决策实施进程的部门将会同心协力，在第一时间内确保总统的政策得到良好的实施。然而这种情况却鲜有发生。从实际上看，计划阶段的分歧往往在决策阶段很难消解，同时决策相关部门对于总统的决策指令也存在一定的惰性。在一个缺乏监管的国家安全体系中，对总统决策不满的部门首脑很容易忽略总统的决策，或者是通过人为的方式对决策施加诸多障碍，致使其最终流产。因此，利用有效的监管来避免这种惰性的发生是非常必要的。国安会幕僚也具备履行这一职能的能力。

然而，与政策规划职能不同，总统一开始是曾明令禁止国安会幕僚进入政策实施端、履行政策监管职能的。在 1947 年 9 月 26 日的首次国安会正式会议上，杜鲁门明确指出幕僚"没有任何政策制定或政策监管的职能"③，试图从根本上将这一团队与美国国家安全政策的实施端相隔绝。实际上，作为国安会行政秘书的索尔斯在大部分时间都忙于协调有关部门的意见和建议，与各内阁部门的行动尚且保持着很大的距离，作为各部门

---

①　北京太平洋国际战略研究所：《应对危机：美国国家安全决策机制》，时事出版社，2001，第 190 页。

②　Christopher C. Shoemaker, *The NSC Staff: Counseling the Council*, New York: Westview Press, 1991, p. 30.

③　"National Security Council, Opening Statement at First Meeting of the President on National Security Council, "September 26, 1947, *USDDO*, CK2349431608.

成员代表集合的国安会幕僚则更是无力也无心参与政策实施进程。相比之下，担任总统私人顾问的哈里曼在上任后承担了政策监管的职责：他充当了马歇尔计划的协调员，又代表杜鲁门前往朝鲜与麦克阿瑟进行协商。哈里曼的活跃也证明了在机制度较低的"咨议－顾问"国安会系统中，总统倾向于利用个人来监管和策动决策的实施。

而在机制度较高的"统筹－协调"国安会系统中，总统便倾向于通过建立特定机制来行使政策监管职能。这一机制在艾森豪威尔时期被称为计划委员会。尽管如此，由于总统仍旧秉持国安会与具体政策相互割裂的理念，政策监管职能仍旧未能落在国家安全顾问和国安会幕僚身上。在这一时期，国安会幕僚是在国家安全的政策规划端履行政策上的协调与整合职能；尽管政策实施端同样需要相应的团队来完成这一任务，但由于涉及具体行动，国安会幕僚无法涉足，而由国务卿和国务院来牵头负责监管。因此，卡特勒与国安会幕僚主要是在计划委员会与国安会正式会议之间，即"政策山"的上坡处进行政策的协调与整合。而一旦决策被做出并加以实施，国务卿便在行动协调委员会中发挥带头作用，在"政策山"的下坡处履行政策实施监管职责。正如前文所述，行动协调委员会的建立实际上是与美国冷战总体战略的客观需要相符的。凡是涉及例如心理战等具体决策行动的，在理论上都要通过这一机制来实行，因此政策实施监管便显得尤为重要，也有人曾明确提出"让国务卿来统一监管所有美国跨部门海外行动"的建议①。然而杰克逊小组委员会的报告却证明这一机制"对于政策实施产生的真正影响寥寥无几"②。

国安会幕僚真正开始参与国家安全政策的监管始于肯尼迪政府时期。通过肯尼迪的改革，国家安全政策计划与实施端的机制壁垒被打破，国家安全顾问成为政策谏言者，并且有更大的权力影响总统的政策规划甚至实施。这种权力的扩张相应地带动了国安会幕僚职能范围的扩大，让这一团队中的"出类拔萃之辈"以及一些工作人员有限度地参与总统决策的实施

---

① "Maxwell Taylor Recommends Assignment to the Secretary of State for the Overall Direction, Coordination and Supervision of Interdepartmental Activities Overseas," March 9, 1966, 美国中情局网站电子解密档案, https://www.cia.gov/library/readingroom/docs/CIA‐RDP80B01676 R000100130010‐8.pdf。

② "Staff Report of the Subcommittee on National Policy Machinery," December 12, 1960, in Senator Henry M. Jackson, ed., *The National Security Council: Jackson Subcommittee Papers on Policy‐Making at the Presidential Level*, New York: Frederick A. Praeger, 1965, p. 38.

进程，发挥协调职能。于 1962 年 1 月围绕越南问题建立的 "反叛乱小组"（Special Group Counter - Insurgency）便是一个由国安会幕僚成员参与的、主要职能为 "确保（在越南）某一区域或全国方案的协调与整合，并对方案的实施情况予以核查" 的机制①。尽管如此，国安会参与政策监管的能力还是相对有限的，有时也会引发政府内其他成员的不满。到了尼克松政府时期，政策监管大部分时间都由国家安全顾问来完成。尽管国安会幕僚只是起到协助他的作用，但这也给予他们在这一职能上更大的责任，让这一团队在总统最终决策前后皆发挥影响。例如，1965 年，基辛格在一份备忘录中确认了国家安全政策的计划者与实施者 "将在国安会行政秘书的领导下进行协调"②。此后，甚至有国安会幕僚提议打破原有规定的界限，在团队中增加一位 "计划与行动主管"（Director of Planning and Operations）以 "确保更加密切的协调、监管"③。虽然这一提议始终未落实，但足以体现国安会幕僚的政策监管职能已经得到官方的默许。

与政策规划相同，观点上的中立是行使这一职能的过程中最为重要的元素。总统之所以将这一本不属于国家安全顾问和国安会幕僚的重任交付给他们，很大程度上是由于这一团队的去官僚化特征。在美国的行政机构中，包括国务院在内的所有的部门都带有自己的利益偏好，在某些具体政策上带有 "唯己独大" 的色彩。然而，正如美国政策精英所担心的，国安会幕僚发挥政策监管的职能也使得他们具备了参与具体行动的能力，而对于这一团队来说，他们是无论如何也没有专业知识或足够的规模去主导总统决策实施的。尽管如此，"伊朗门" 事件的发生也证明了国安会幕僚在从事监管的同时是多么容易趋向于亲自主导行动。正是因为这样，托尔委员会才对这一团体提出了十分精准的警告："政策实施是各部门和机构的强项以及职责。国家安全顾问以及国安会幕僚并没有足够的资源实施此类行动。同时，当他们一旦这么做了，他们就失去了

---

① "National Security Action Memorandum No. 124," January 18, 1962, 美国科学家联盟网站，https://fas. org/irp/offdocs/nsam - jfk/nsam124. htm。

② Document 72, "Memorandum from the Staff Secretary, National Security Council (Watts) to the President's Assistant for National Security Affairs (Kissinger) ," September 14, 1965, *FRUS*, 1969 - 1976, Volume Ⅱ.

③ Document 203, "Memorandum from Clinton E. Granger of the National Security Council Staff to the President's Assistant for National Security Affairs (Scowcroft) ," September 4, 1975, *FRUS*, 1973 - 1976, Volume ⅩⅩⅩⅧ, Part 2.

他们的中立性。"①

　　在冷战结束后，国安会幕僚的权限伴随数量的膨胀而扩展。在履行对其他部门推动战略情况的监管职责时，自己却缺乏相应的监管措施。有学者指出，"缺乏对国安会幕僚行之有效的监管实际上纵容了其依据自身偏好推动议程的优先顺序，进而使得国家的对外战略被以扭曲的方式诠释"②。有人为此曾建议在国安会内部增加一个监管幕僚群体的独立岗位③，然而这一岗位至今也未曾设立。缺乏自我约束能力的国安会实际上有成为"政策沙皇"的潜在可能性，而这一可能性的高低完全取决于这些幕僚是否能够坚持自己公正、独立思考的职业操守。尽管相关文件尚未解密，但根据如伍德沃德等的描述，后冷战时期的国安会幕僚都保持了较为高度的自我克制。在可见的未来，国安会幕僚是为协助决策者诠释其思想并诉诸战略转型，还是应当继续将重心置于梳理日常繁复的国家安全议题？这一现实问题意味着美国国安会幕僚正处于一个新的十字路口。

---

① John Tower, *The Tower Commission Report*, New York: Bantam Books & Times Books, 1987, p. 90.

② 关于这种观点，参见 Derek Chollet, "What's Wrong with Obama's National Security Council?" April 26, 2016, https://www.defenseone.com/ideas/2016/04/whats-wrong-obamas-national-security-council/127802/, 以及 F. G. Hoffman and Ryan Neuhard, "Avoiding Strategic Inertia: Enabling the National Security Council," *Orbis*, Vol. 60, No. 2, 2016, p. 216。

③ F. G. Hoffman and Ryan Neuhard, "Avoiding Strategic Inertia: Enabling the National Security Council," *Orbis*, Vol. 60, No. 2, 2016, p. 217.

第十章　冷战时期美国国安会的组织学习进程

通过前文的归纳和分析可知，冷战时期美国国安会系统机制的形成与调整至少取决于两方面的因素，即美国核心决策圈对美苏力量对比的感知，及国家安全政策班子对自身执政风格的考量。实际上，在国安会系统机制的运作面临困境、需要进行调整或重组时，美国政府除了从自身出发对其进行改造以外，往往也会建立一系列以评估国家安全机制为主要目的的研究委员会。这些委员会的成员不仅涵盖了与美国国家安全系统有较大交集的"圈内人"，也吸纳了诸多来自政府外部各界的精英。这使其研究结论带有较大的客观性和准确性，同时还会产生一定程度的社会影响，对国安会机制变化所产生的塑造性作用不容小觑。毫无疑问，这些集体智慧的结晶是除"外部力量感知"以及"内部风格考量"以外第三类不易察觉却着实对国安会系统机制产生了至关重要影响的因素。本章主要聚焦以改革美国政府行政体制为目的的第一次胡佛委员会、基于美国国会对国安会的调查而建立的杰克逊小组委员会以及在"伊朗门"事件后因总统的需求而创设的托尔委员会这三个对冷战国安会发展影响颇大的研究委员会，梳理它们建立的背景与研究进程，并分析它们的成果之于国安会机制的意义。

一　第一次胡佛委员会

（一）第一次胡佛委员会设立的背景

作为美国政府内最早尝试对国安会系统进行系统分析和研究的委员会，第一次胡佛委员会是在 20 世纪 30 至 40 年代美国政府行政改革的大背景下创设的。早在 1936 年，时任总统罗斯福试图提升美国政府日益增多的行政机构的规范性以及效率，以便于其进行自我管理。为此，他建立了布朗罗委员会（The Brownlow Committee），对行政机构相关组织的管理问题进行研究。尽管委员会在1937年发布的报告拉开了这次改革的序幕，但由于此后不久第二次世界大战爆发，改革陷入停滞。

战后，为了让美国从战时状态恢复到正常状态，对政府内机制的改革再次被当政者提上日程。为此，美国国会在1947年7月7日通过第162号法案，授权设立"政府行政部门组织委员会"（Commission on Organization of the Executive Branch of the Government），延续布朗罗委员会未竟的改革事业①。该委员会由美国第31届总统胡佛（Herbert Hoover）担任主席，因此也被称为"胡佛委员会"。委员会的目的是对美国政府内部的机构进行全面评估，并借此继续再度推动始于罗斯福政府时期的改革。由于胡佛委员会并不是一个民意代表组成的政治机构，而是由各路专家进行研讨和调查的小组，能够"保持高度的独立性、科学性"，因此，其一成立便得到了杜鲁门的大力支持，并迅速成为美国社会关注的焦点②。

根据法律规定，第一次胡佛委员会应"在国会的指导下，研究和调查现有行政机构的组织以及运作方式。并且提出相应的建议，让它们能够以更为节约、高效的方式运作，最终达成提高政府公共事务管理方式的目的"③。毫无疑问，委员会很难通过仅有的12名成员完成这一广泛而宏观

① 1953年，美国国会再次建立了由胡佛担任主席的"政府行政部门组织委员会"。为了对这两者加以区分，人们通常习惯性地将1947年成立的委员会称为"第一次胡佛委员会"，而将1953年的称为"第二次胡佛委员会"。与其前身相似，第二次胡佛委员会同样关注美国政府机构改革，提倡在一定程度上放松对各机构的管制。然而，该委员会却没有成立专门的小组对国安会或国家安全机制相关内容进行研究。参见 William R. Divine, "The Second Hoover Commission Reports: An Analysis, "*Public Administration Review*, Vol. 15, No. 4, 1955, pp. 263 – 269。

② 委员会的独立性、高层次以及科学性是其广受关注的三大原因。该委员会"由12人组成，分别由总统、参议院议长和众议院议长各推荐四人，其中政府公职人员和民间人士在4人中各占2名"。他们是"依据其在联邦政府或其他组织中的任职经历、资格才能而不依据选票或政治压力集团力量分配的"，因此"排除了党派成见"。同时，委员会的成员包括参众两院的议员、国防部长、文官委员会成员、公司总裁及董事长、律师、大学教授、前总统以及政府官员，大多擅长组织协调；除了委员会的12名委员，在调查和起草报告的过程中，先后有三百多位各个领域的专家参与了整个设计。参见施文波《美国行政改革纵横——兼析两届胡佛委员会》，《中国行政管理》1994年第3期；方堃：《论美国独立管制委员会的兴衰》，华东师范大学博士学位论文，2012年3月。

③ Commission on Organization of the Executive Branch of the Governmen National Security Organization, *A Report with Recommendations Prepared for the Commission on Organization of the Executive Branch of the Government*, Washington: U. S. Government Print Office, 1949, p. ix.

的任务。为此他们将这一目标细化为行政首长管理、外交与国防、自然及战略资源、农业与国营企业、福利及劳工关系、联邦商业贸易、独立机制、联邦与州关系等方面的议题，而后组织专门的研究小组来搜集相关材料，展开对应研究，并向委员会提交研讨结果。后者将这些结果加以总结和梳理后形成结论性建议，并提交给国会。这种工作程序十分讲求程序性，同样被第二次胡佛委员会所沿用。

就在第一次胡佛委员会建立后不久，1947 年《国家安全法》出台。围绕该法律而建立的、以国安会为代表的一系列国家安全政策相关机构自然地受到了第一次胡佛委员会的关注。随着时间的推移，胡佛逐渐意识到对由这些机构组成的国家安全系统进行评估和考察的重要性，为此，他在 1948 年 5 月 21 日宣布建立"国家安全组织委员会"（Committee on the National Security Organization），将第一次胡佛委员会的研究范围扩展到"国家安全"这个新兴概念领域。作为美国政府外对国安会机制最富有说服力的人物，埃伯斯塔特当之无愧地担任了这一研究小组的主任，该委员会也因此得名"埃伯斯塔特小组"。

（二）埃伯斯塔特小组对国安会的批判

在得到任命后，埃伯斯塔特迅速建立了一个由 25 位来自美国政府内外的专家组成的研究班子。关于班子中成员的身份，有三点非常值得注意。

第一，与胡佛委员会的人员安排遥相呼应，埃伯斯塔特的班子中的大部分正式成员来自美国政府外部。这些人中有一部分是"旋转门"机制的亲历者，拥有曾在政府担任要职的经历，例如战争部前部长帕特森（Robert P. Patterson）；而另一部分则是高校以及科研机构的领导者，例如时任洛克菲勒基金会主席、著名政府管理学学者伯纳德（Chester L. Barnard）等。这种人员安排使研究从一开始便带有高度的独立性和科学性。

第二，班子成员中有三分之一是现任或前任军官。这些人以"军事顾问"身份参与历次讨论及听证会，并发表自己关于此前不久刚刚尘埃落定的军事改革的看法。这不仅意味着来自军界的观点将不可避免地左右研究小组的结论，同时也体现了这一时期美国政策精英阶层仍旧将传统武力因素视为国家安全概念的重中之重。实际上，埃伯斯塔特小组的主要任务之一便是对仍旧分立的美国军事机制进行进一步整合。

第三，非常容易被忽略但却非常重要的一个事实是，此时担任哥伦比亚大学校长的艾森豪威尔受到了胡佛本人的邀请，以顾问和观察员的身份参与了小组的所有讨论。艾森豪威尔本人十分重视这次机会，特意致信胡佛称"接受这一邀请不仅是我的责任，更是我的荣幸……我将尽我所能为这一小组提供帮助"，他甚至强调自己不会接受任何相关的报酬，因为这是他"对政府应尽的义务"[①]。艾森豪威尔参与胡佛委员会的研究对美国国家安全机制的发展起到了双重作用，一方面，这位下届总统毫无疑问地在讨论中多次听取了埃伯斯塔特贯穿于整个研究进程的"提高国安会在国家安全系统中的地位"的呼吁，也深深认识到了这一机制的重要性。这不免对他产生了潜移默化的影响，从侧面促进了国安会系统在几年后的"统筹－协调"模式改革；另一方面，参与这次研究的经历也让艾森豪威尔意识到了改革政府内部机制的必要性，为胡佛委员会在几年后的再度建立、国安会机制改革的进一步深化做好了铺垫。

在埃伯斯塔特的领导下，研究小组的成员们迅速投入了调查和研究之中。此时虽然距1947年《国家安全法》出台还不足半年时间，但杜鲁门试图通过边缘化国安会来达到"驯服"这一机制的态度已经昭然若揭。伴随埃伯斯塔特小组研究的逐步推进，"杜鲁门主义"与"马歇尔计划"等美国早期冷战战略开始得以实施，《布鲁塞尔条约》等分化东西方阵营的文件被陆续签订，美苏之间对峙的紧张情势也进一步加深。外部环境的变化对美国国内的反应机制提出了更高的要求，但在这种情况下，国安会被弱化的趋势越来越明显。这难免会引发作为该机制重要缔造者、将国安会视为国家安全机构中的"基石"的埃伯斯塔特的强烈不满。为此，研究小组无时无刻不在强调1947年《国家安全法》的重要意义。这一举动实际上也是为整个研究进程定下一个基调，即法律所创立的、以国安会为代表的国家安全机构实际上仍未被当前政府有效、正确地利用。

经历了近半年的听证与研讨，埃伯斯塔特小组于1949年1月向第一次胡佛委员会和美国国会提交了自己的研究报告。在这份120多页的

[①] "Letter from Eisenhower to Hoover," May 15, 1948, in Timothy Walch, ed., *Herbert Hoover and Dwight D. Eisenhower: A Documentary History*, New York: Palgrave MacMillan, 2013, p. 42.

报告中，小组共提出了多达 77 项针对美国军方及国家安全机构的改革意见，其中有 36 项涉及国安会。鉴于第一次胡佛委员会的宗旨是精简美国政府的组织结构，研究小组的结论自然也要紧扣这一主导思想，试图找出通过利用国家安全机制来达成最少资源损耗的同时让美国享受"最大安全"的方式和途径。在这种情况下，埃伯斯塔特小组对当前政府在机构上存在的症结进行批判，并强调国安会的重要作用就显得"名正言顺"了。因此，小组报告在最开始便一针见血地指出，"尽管 1947 年《国家安全法》中所提到的国家安全相关机构都以相对合理的方式被建立了起来，但目前看来运作并不良好"。为了对外部冷战环境做出快速的反应，也为了应对以苏联为首的、来自社会主义阵营的挑战，美国"必须改变当前的状态……并将国安会逐步恢复到与法律规定对等的重要地位"[1]。

首先，埃伯斯塔特小组对国安会正式会议的有效性表示怀疑，认定会议的法定成员设置出现了重大缺陷。在研究报告的第 36 项建议中，小组明确指出"国防部长应当作为国安会正式会议中的唯一军事代表"。这一点实际上是回应了大部分曾经参与听证会的成员对军事机构代表在国安会正式会议中占了"半壁江山"的质疑之声。这些人认为，这种情况将会对美国国家安全机构的权威性造成不可挽回的损害，"不仅公众，就连政府内部的工作人员都会认为国安会实际上是军方的机构"[2]。同时，这些成员也都认为三军部长同时存在于国安会正式会议的情况将会不可避免地导致军方引领会议的讨论，迫使总统做出片面的国家安全决策。对于这种情况，研究小组的具体建议便是去除三军部长的法定与会成员身份，只保留国防部长一人作为军方意见的全权代表。如果讨论的具体问题过多地涉及某一个单独军种的话，该军种的领导者完全可以以受邀成员的身份出席正式会议。同时，正式会议中军方代表数量的下降不会影响他们派遣到国安会幕僚中担任工作人员和顾问的比例。在研究小组看来，这种改变实际上

① Commission on Organization of the Executive Branch of the Governmen National Security Organization, *A Report with Recommendations Prepared for the Commission on Organization of the Executive Branch of the Government*, p. 3.

② Commission on Organization of the Executive Branch of the Governmen National Security Organization, *A Report with Recommendations Prepared for the Commission on Organization of the Executive Branch of the Government*, p. 62.

是对国防部长提出了更高的要求，希望他"在国安会和军方之间建立起更充足、系统化的沟通渠道"①。

尽管小组的领导者埃伯斯塔特在 1945 年最初设计国安会机制时受到了来自以福莱斯特为首的军方的重要影响，这一结论是研究小组在很大程度上摆脱了狭隘的部门利益、以美国国家安全利益作为首要考量的力证。值得注意的是，小组还着重提及了国安会与参联会之间的尴尬关系：参联会"长期缺乏国安会的政策指导"，而国安会也同样"承受着参联会中一部分成员的冷漠态度"②。可以说研究小组能够意识到这一点并及时指出其中的问题对国安会未来的发展来说是弥足珍贵的。在国安会成立后的很长一段时间内，参联会并不认为这一机制能够产出像样的建议，而国安会幕僚中也没有来自参联会的成员③。后来的实践证明，这两种能够凝聚集体智慧的机制的互动是一种"互惠互利"的正确举动，能够大幅度促进美国国家政策与军事力量的整合。因此，小组的该项建议非常重要。解决之道是参联会指派一名专门成员，以常任顾问的身份参与大部分议题中涉及具体军事行动的国安会正式会议④。

其次，埃伯斯塔特小组也对国安会在国家安全政策进程中仅发挥了有限的作用这一点提出了批判。他们认为国安会自建立以来完全没有发挥应有的顾问与协调作用，制定的长期政策规划更是寥寥无几。在研究小组的第 39 条建议中，埃伯斯塔特再次重申了自己在 1945 年报告中的重要观点，即"国安会是国家安全机构的基石"。研究小组认为，国安会具有其他内阁部门不具备的宏观视野，"是整个国家安全组织结构中最为重要的

---

① Commission on Organization of the Executive Branch of the Governmen National Security Organization, *A Report with Recommendations Prepared for the Commission on Organization of the Executive Branch of the Government*, p. 62.

② Commission on Organization of the Executive Branch of the Governmen National Security Organization, *A Report with Recommendations Prepared for the Commission on Organization of the Executive Branch of the Government*, p. 62.

③ 关于 20 世纪 40 年代末到 50 年代初参联会与国安会之间的关系，参见 Paul Y. Hammond, *Organizing for Defense: The American Military Establishment in the Twentieth Century*, Princeton: Princeton University Press, 1961, pp. 101 – 138。

④ 然而，在报告的注释中，研究小组也解释称这一原则并不需要被严格遵循，因为在很多情况下，国安会的大部分成员并不希望参联会成员参与——这会不可避免地导致泄密情况的发生。为此，小组也提倡加强参联会与国安会幕僚团队之间顾问的交往，从而在两种机制之间培养一种"更为密切的多边关系"。

部分", 可以摆脱狭隘的部门利益, 推动美国政府制定长期、连贯的战略。然而, 研究小组在听证会上却发现了该机制在这一年多的运作中所出现的问题, 即 "处理紧急危机的时候表现出奇效", "却从未做出一份涉及长期政策的完整综述"①。研究小组将国安会对长期政策规划的疏忽归咎于诸多紧急问题造成的压力, 并列举了几件由于国安会未能完成长期规划职能而为美国政府战略规划带来的不便之处。例如在 1948 年 7 月 10 日, 防务部长向国安会寻求有关下一财年有关军事预算的指导性意见。按照正常情况, 这一任务完全应当由正式会议承担, 然而由于杜鲁门没有有效地利用这一机制, 军方到 1948 年底仍未得到来自国安会方面的评估。这无论是给白宫还是五角大楼都带来了诸多不便。

研究小组也借机委婉地批判了杜鲁门对国安会的 "冷漠" 态度, 称 "他未能有效利用正式会议征求多方面的重要意见", 但 "总统本人从未主动拒绝接受来自国安会的意见"②。实际上, 通过已有的解密文件可以看出, 这种说法忽略了杜鲁门对国安会的抵触, 过于含蓄。为了弥补委员会的这些缺陷, 主要的补救措施就是更好地体现和发挥该机制真正的责任以及潜力。国家安全法已经建立了国安会, 但是其成员必须让这个机构以法律设计的方式运作。

此外, 针对尚未成熟的国安会机制, 研究小组还补充了一系列富有前瞻性的建议。例如在第 74 项建议中, 研究小组强调了心理战的重要性, 称其 "会决定世界的走向……因此必须得到进一步的重视和支持"③。然而美国政府现有的机构远远不足以承担这一重任。为此, 研究小组认为政策层必须对国安会进行强化, "建立一些相应的机制来协调该领域的不同行动"④,

---

① Commission on Organization of the Executive Branch of the Governmen National Security Organization, *A Report with Recommendations Prepared for the Commission on Organization of the Executive Branch of the Government*, p. 75.

② Commission on Organization of the Executive Branch of the Governmen National Security Organization, *A Report with Recommendations Prepared for the Commission on Organization of the Executive Branch of the Government*, p. 75.

③ Commission on Organization of the Executive Branch of the Governmen National Security Organization, *A Report with Recommendations Prepared for the Commission on Organization of the Executive Branch of the Government*, p. 96.

④ Commission on Organization of the Executive Branch of the Governmen National Security Organization, *A Report with Recommendations Prepared for the Commission on Organization of the Executive Branch of the Government*, p. 96. 除心理战以外, 研究小组还建议国安会制定出相应的战略, 应对有大规模杀伤性武器出现的现代战争。

从而让其成为组织并实践心理战略的主要场所。

总的来说，埃伯斯塔特小组的报告认为国安会的运作状况是不尽如人意的，小组中的大部分顾问认为造成这一情况的原因并不单纯是总统忽视利用这一重要机制，而是其本身没有在国家安全系统中找准自身的定位。在埃伯斯塔特小组的研究尘埃落定时，胡佛委员会之中的另一支研究团队——外交事务小组（Task Force on Foreign Affairs）也同样在自己的研究报告中对国安会进行了评估。该小组的成员大部分有曾在国务院任职的经历，并由肯尼迪政府时期的国家安全顾问麦克乔治·邦迪的父亲、前美国助理国务卿哈维·邦迪（Harvey H. Bundy）担任主任，主要负责对以国务院为首的诸多美国外事机构提供改革意见①。这一团队得出了与埃伯斯塔特小组截然不同的结论，认为国安会是"一个运作良好的机构"，没有必要对其进行过多的调整和改组②。在这种情况下，胡佛委员会不得不在最终结论中对这两种相左的意见进行取舍。

（三）胡佛委员会的报告的意义以及其对国安会机制的影响

除了因 1948 年的总统大选而耽搁了少量时间外，胡佛委员会的各项研究始终处于紧锣密鼓的运作之中。到 1949 年，该委员会已经先后向国会提交了多达 19 卷的报告，总字数超过 200 万字，对杜鲁门政府产生了深远影响。据统计，这些报告向美国政府提出的建议多达 273 条，其中72% 后来得到了贯彻和实施③。截至 1950 年，大约百分之二十的委员会建议已经被落实，共计为政府每年节省 12.5 亿美元。其中，百分之三十五到四十的建议都在没有经过国会二次审议的情况下就直接被政府所采纳。这种高质量、高接受率的重组计划在美国历史上是非常罕见的④。

胡佛委员会有关国家安全机构重组的最终研究报告于 1949 年 2 月问世。此时，距埃伯斯塔特小组提交自己的研究结论尚不足一个月。该研究

---

① 关于这一小组的研究报告，参见 Harvey H. Bundy, ed. , *The Organization of the Government for the Conduct of Foreign Affairs*, *Prepared for the Commission on Organization of the Executive Branch of the Government*, Washington: U. S. Government Print Office, 1949。

② Anna Kasten Nelson, "President Truman and the Evolution of the National Security Council," *The Journal of American History*, Vol. 72, No. 2, 1985, p. 370.

③ 施文波：《美国行政改革纵横——兼析两届胡佛委员会》，《中国行政管理》1994 年第 3 期，第 41 页。

④ Ralph Purcell, "The Hooover Commission," *The Georgia Review*, Vol. 4, No. 1, 1950, p. 3.

报告基本上采纳了埃伯斯塔特小组的观点，可以被视为其结论的浓缩与精华；而在涉及国安会方面的建议和意见上，委员会的报告更是与埃伯斯塔特小组的结论高度一致。

总的来说，胡佛委员会的结论承认以国安会为首的美国国家安全机制确实存在较大的问题，这实际上也从某程度上否定了外交事务小组"国安会是一个处于良好运作状态的机构"的论断。一方面，报告在其开篇部分便指出，在1947年《国家安全法》授权下创立的一系列国家安全机构"表现出持续的不协调，以及缺乏统一的规划……体现出严重的组织化缺陷"。报告将这种情况归咎于三个相互关联的内因，即"军方缺乏权力中心""僵化的国家安全结构""相互割裂的责任"①，这将直接导致长期贯穿于美国历史的"文官执政"原则被破坏。另一方面，在胡佛委员会看来，国安会是整合国内政策、外交政策以及军事政策的中心，为总统提供了一个主要的政策研发渠道，是总统重要的顾问和参谋机构。这一机制尽管已经得以建立，但未能发挥应有的作用。为此，美国政府应以"改良"而非"改革"的态度对待国安会，将重点放在发挥其法定职能而不是调整现有机制上。这一点响应了埃伯斯塔特小组的结论，即"我们的国家安全系统建立在坚实的基础之上。关键问题不是如何替换它，而是如何塑造它，让它变得稳固而又睿智"②。

如果说埃伯斯塔特小组的结论是指导国安会进行调整的具体行动方式，那么这份最终研究报告则更多地体现为一种宏观角度的指导意见。因此，在被问及研究成果时，胡佛委员会往往是将这两份文件同时递交给国会和需要指导性建议的相关部门的，试图通过建构一个相对完整、系统化的路径来实现自身对国安会等国家安全机制的塑造及改良，体现了一种专业性③。与委员会的其他结论一样，这两份文件引起了美国国会与政府内诸多成员的高

① The Commission on Organization of the Executive Branch of the Government, *The National Security Organization*, p. 6.

② Commission on Organization of the Executive Branch of the Governmen National Security Organization, *A Report with Recommendations Prepared for the Commission on Organization of the Executive Branch of the Government*, p. 10.

③ 与其他研究小组的报告不同，埃伯斯塔特小组的结论中有一定数量的涉密内容，埃伯斯塔特本人也称这一报告"尽可能以少数人了解为宜，如果可能甚至不要进行复制"。尽管如此，该报告中的信息仍"对大多数政府内部的机构和部门开放"，也足以体现其重要性。见"Memorandum from Assistant General Council to Director of Hoover Commission, Report on the National Security Organization,"February 18, 1949, 美国中情局网站电子解密档案，https: // www. cia. gov/ library/ readingroom/ document/ cia - rdp86b00269r000200010 015 - 2。

度重视，其结论不仅影响了杜鲁门政府对国安会的态度，也在潜移默化之中推动了国安会向"统筹－协调"运作模式的过渡。总的来说，自胡佛委员会的研究报告公布后，美国政府先后采取的以下几个举动能够充分体现委员会对国安会机制的重要塑造作用。

首先，在胡佛委员会的最终报告出台仅几个月后，美国国会便通过并颁布了"1949年《国家安全法》修正案"。这份修正案几乎全盘接受了胡佛报告中与国安会正式会议成员调整相关的建议，取消了三军部长作为国安会正式会议法定成员的资格，同时增加副总统作为法定成员，使得文官在国安会正式会议中占据了压倒性优势地位。同时，修正案建立了参谋长联席会议主席这一职务，作为"总统和国安会的首席顾问"以及国安会与参联会之间的第一联络人①。从短期来看，这一调整对增强国防部长的权力大有裨益，但从长远角度看永久性地降低了新生的国防部在国安会中的影响力。这样一来，国安会正式会议便具备了成为"总统的工具"的条件，这也是杜鲁门在胡佛委员会的结论出台后一反常态、开始逐步倾向于利用这一机制商议国家安全政策的重要原因之一。

与此同时，通过在军事系统内部加强权力集中，并限制国安会正式会议中军方代表数量的方式，胡佛委员会削弱了军事系统在国家安全政策进程中的力量，重申并巩固了"文官治国"原则。在胡佛委员会看来，"建立国安会的一个重要原因就是确保美国军队的规模既不大也不小，能够恰好契合美国的国家安全利益需求，以及国内经济、资源的承受度"。十分明显的是，如果国安会失去了这种能力，军队的规划职能就会落在他们自己的机构身上，造成需求和实践不成正比的情况，最终出现"尾巴摇狗"（the tail wags the dog）的情况，让军方本末倒置地掌控外交政策。正如埃伯斯塔特小组报告中提到的，虽然"文官完全控制军事事务的行为可能会造成进程的拖沓和冗杂，甚至导致严重的技术层面的失误"，但"军事力量若是完全从文官的控制下脱离出来，将会导致更为严重的错误，而这种错误是无法弥补的"②，这也是美国政府所要极力避免的情况。

---

① "The National Security Act of 1947 as Amended by Public Law 216, 81st Congress," August 10, 1949, http://legisworks.org/congress/81/publaw–216.pdf.

② Commission on Organization of the Executive Branch of the Governmen National Security Organization, *A Report with Recommendations Prepared for the Commission on Organization of the Executive Branch of the Government*, p. 1.

其次，胡佛委员会报告中非常重要的一项结论便是国安会未能有效行使规划中长期国家安全政策的职能，该结论对当时担任行政秘书的索尔斯产生了重要影响。1949 年年底，他在一份为国安会正式会议准备的备忘录中呼吁法定成员们不要忽视 1947 年《国家安全法》及其修正案赋予国安会的"以国家安全为根本利益，依据现实和潜在的军事力量，对美国的目标、义务和风险予以评估"的职能。索尔斯认为国安会自建立以来出台的"一系列单独的政策声明难以满足国家安全的需求"，原因就在于"没有对潜在的军事力量进行评估"。为此，"国安会正式会议应当在各部门和机构的协助下，引导国安会幕僚制定出一份衡量了我们的现实或潜在军事力量、国家利益的宏观战略，以应对在未来可能出现的战争"①。这一提议有效地调动了大部分国家安全相关部门的资源和力量，并在不久后促成了国安会历史上为数不多的总体战略文件——NSC – 68 号文件的出台。这种宏观视野下的政策制定正是胡佛委员会认为国安会最为重要的职能。此后，由于朝鲜战争的爆发，国安会正式会议的召开次数逐渐增多，重要性也日益凸显，这是该机制向"统筹 – 协调"运作模式转换的重要基础。

再次，尽管没有直接的证据表明胡佛委员会的报告是促成心理战略委员会建立的重要因素，但委员会结论中对心理战略重要性的强调，以及"倡导建立由国安会管理的独立机制来践行该战略"等提议为美国政策层创设这一机构提供了额外的理论支撑，可以被视为其建立的重要契机之一。作为国安会发展史上的第一个下属委员会机制，心理战略委员会的出现是国安会走向机制化、立体化的开端。到了艾森豪威尔政府时期，心理战略委员会发展成为行动协调委员会，在机构内涵和职能范围上得到了进一步延伸，成为"政策山"的重要组成部分之一。

最后，胡佛委员会邀请艾森豪威尔作为埃伯斯塔特小组的顾问是促成"统筹 – 协调"国安会运作模式后来形成的重要因素。在投入到小组的工作中后，艾森豪威尔旋即意识到这一新兴国家安全机制的重要作用。1948年年底，埃伯斯塔特向胡佛报告称，国安会引发了这位著名军事将领的极

---

① Document 157, "Memorandum by the Executive Secretary of the National Security Council (Souers) to the Council," December 20, 1949, *FRUS*, 1949, Volume Ⅰ.

大兴趣，后者在给胡佛的一封信中表示他与研究小组——尤其是埃伯斯塔特的观点"高度一致"，认为这一机制完全具备成为"总统的工具"的基础，也可以在长期政策规划以及协调其他政策部门方面发挥更大的作用。为此，他希望"尽全力帮助胡佛委员会研究出一个真正的国安会运作理念"，并且"通过研究成果让国家安全机制变得更为高效"[①]。可见，艾森豪威尔在胡佛委员会工作的经历进一步拓展了他对国安会机制的独特观念，促成了他在出任总统前便已经将国安会视为驱动整个国家安全机制运行的"发动机"的理念。同时，小组的研究进程和结论也更加夯实了这一理念在艾森豪威尔心中的地位，为他三年后进一步提升国安会在国家安全系统中的地位打下了坚实基础。

综观 1947 年胡佛委员会及其下属埃伯斯塔特小组的成果可以发现，他们在某些过于敏感的问题上"蜻蜓点水"，没有进行深入的探索和发掘，也不会旗帜鲜明地对某种存在问题的现象进行有针对性的抨击。这一点与委员会的行动进程处在总统大选的关口、国安会系统尚处于机制的发展时期等因素不无关系。针对这种情况，政府内外也出现了不少批评委员会的声音，例如著名政治学者费内尔就称"在很多重大问题上，我们可以看到委员会的结论不仅含糊甚至扭曲了事实，使情况变得混乱不堪"[②]。实际上，委员会的结论或多或少地体现了这一点。除了少数几个重要的弊端以外，大部分关于国安会的意见都是对现存问题的单纯阐释，而没有提出具体的改进路径。尽管如此，作为历史上最早尝试对国安会进行系统研究及分析的美国政府委员会机制，胡佛委员会及埃伯斯塔特小组仍不失其重要意义，为未来"统筹－协调"国安会运作理念的出现与发展奠定了重要基础。

二　1959 年杰克逊小组委员会

国安会自创立以来的首次重大机制改革发生于 1961 年年初。基于对艾森豪威尔政府时期国安会的批判，新任总统肯尼迪在入主白宫后，于第一时间对该机构运作模式进行了大刀阔斧的简化和调整，"咨议－顾问"

---

① "Letter, Hoover to Eisenhower," November 12, 1948, in Timothy Walch, ed. , *Herbert Hoover and Dwight D. Eisenhower: A Documentary History*, New York: Palgrave MacMillan, 2013, pp. 45 – 46.

② Herman Finer, "The Hoover Commission Reports," *Political Science Quarterly*, Vol. 64, No. 3, 1949, p. 408.

的国安会运作模式应运而生。其间，一个仅有 5 名正式成员的美国国会参议院小组委员会——国家政策机制小组委员会（Subcommittee on National Policy Machinery）的研究成果为这次改革提供了理论依据。该委员会由知名参议员亨利·M. 杰克逊（Henry M. Jackson）领导，因此又被称为"杰克逊小组委员会"。1959 年年初，杰克逊小组委员会针对艾森豪威尔政府的国安会开展了一次大规模的质询及研究，留下的重要文献汗牛充栋，在当时的美国政府、学界和社会中引发了极大反响。一方面，该委员会的大部分研究成果为肯尼迪政府所采纳，对国安会在 1961 年的改革及日后发展产生了重要影响；另一方面，委员会结论中所隐含着的矛盾同样在这次改革中被嵌入肯尼迪政府的国安会机制中，并在后来成为该机构发展的制约因素。本文试图梳理并解读杰克逊小组委员会的研究成果，分析其对 1961 年国安会转型的作用，进而探析这种作用之于美国国安会机制发展的影响。这对于理解美国国安会的制度演进以及美国国家安全体系的运作至关重要。

（一）杰克逊小组委员会的设立与"探研"进程

正如前文所述，艾森豪威尔在上任后便立即对国安会进行了重大改革，建立起了标准化的运作进程及复杂的跨部门协作机制，并在其中贯彻"统筹－协调"的机构运作理念。计划委员会－国安会正式会议－行动协调委员会的机制框架以及高度规范的运作理念让艾森豪威尔政府的国安会系统达到了整个冷战时期国家安全机构制度化的顶峰。然而在 20 世纪 50 年代末期，制度化也成为该系统招致一系列猛烈批判的诱因，致使"冷战自由主义"重新兴起。

作为一名典型的"冷战自由主义者"，来自华盛顿州的参议员杰克逊希望自己能够在对艾森豪威尔政府的安全战略的批判中扮演更加积极与重要的角色。由于未能在国会中外交事务领域最有影响力的外交关系委员会（Foreign Relations Committee，FRC）中谋得一职，他放弃了以现任政府对外政策作为批判的突破口，转而回到曾任职的另一重要国会委员会——政府运作委员会（Government Operations Committee），通过关注艾森豪威尔政府国安会的机制缺陷来实践自己的理念。有学者认为，杰克逊对艾森豪威尔的批判可谓"双赢"之策："国安会占据艾森豪威尔决策体系的核心位置，（对其）开展深入的研究便于对外交政策展开批判……同时，通过对机构的建构而非政策进行质询，杰克逊又可以更好地履行作为一名政府运作委员会成员的本分。"[1] 1959 年 4 月，杰克逊在美国国防大学进行了一次公开演说，对艾森豪威尔政府的国安会系统进行了猛烈批判，称其为"极具误导性的表象"（dangerously misleading façade）。他呼吁美国国会开展一次"针对国家安全政策机构的全面、无党派偏见的质询"并在此基础上提出"明确、富有建设性意义的补救措施"[2]。

　　虽然这项提议遭到艾森豪威尔政府的反感和阻挠，但经过杰克逊的努力，国会最终还是于 1959 年 7 月通过参议院第 115 号决议，批准成立国家政策机制小组委员会。杰克逊担任该小组委员会的主任。委员会的四名正式成员为明尼苏达州议员赫伯特·汉佛莱（Hubert H. Humphrey）、北达科他州共和党议员卡尔·蒙特（Karl E. Mundt）[3]、缅因州议员埃德蒙德·马斯基（Edmund S. Muskie）以及纽约州议员雅各布·杰维斯（Jacob K. Javits）。同时，杰克逊挑选了数量不多但经验丰富的精英担任小组委员会的顾问，由与他关系密切的 J. K. 曼斯菲尔德（J. K. Mansfield）领导。这些人中，既有如罗伯特·塔夫茨（Robert W. Tufts）这样的政府要员，也有如诺伊施塔特等知名学者[4]。小组委员会的建立迅速引发了人们的关注，包括美国政界、军界及学界的多位知名人物对委员会即将开展的行动寄予厚望，著名国际关系理论家汉斯·摩根索（Hans Morgenthau）甚至认为"该小组委员会的成败将决定国家的命运"[5]。

　　杰克逊的一系列高调举动引发了艾森豪威尔及其幕僚的担忧。为此，总统亲自与林登·约翰逊、威廉·富布莱特等参议院多数党领袖进行接

①　Robert David Johnson, "The Government Operations Committee and Foreign Policy during the Cold War," *Political Science Quarterly*, Vol. 113, No. 4, 1998, p. 651.

②　Henry M. Jackson, "How shall We Forge a Strategy for Survival," 16 April 1959, Address at the National War College, https://www.jstor.org/stable/973205.

③　作为一名共和党参议员，蒙特的加入使得杰克逊小组委员会与胡佛委员会一样，成为"两党委员会"，从侧面加强了此次研究的客观性与说服力。

④　Grenville Garside, "The Jackson Subcommittee on National Security," in Dorothy Fosdick, ed., *Staying the Course: Henry M. Jackson and National Security*, Seattle: University of Washington Press, 1987, pp. 48 – 49.

⑤　Hans Morgenthau, "Can We Entrust Defense to a Committee: Our Cold War Strategy Board – the National Security Council – is, by Its Very Nature, Says a Critic, Given to Excessive Compromise and the Dilution of Executive Responsibility. Defense and the N. S. C," *The New York Times Section Magazine*, June 7, 1959, p. SM9, http://query.nytimes.com/gst/abstract.html?res = 9F03 E3DD1530E73BBC4F53DFB0668382649EDE.

触，试图通过他们劝说杰克逊撤销此次质询[①]；同时，总统指派他的幕僚长伯森斯、顾问格雷以及哈尔等来回应杰克逊的挑战。这些人向国会声明，白宫"不会就任何涉及国安会或 OCB 实质性政策或行动的问题做证……若是国会坚持，（受质询者）仅会以假设的方式列举国安会、PB 与 OCB 的运作机制"[②]。白宫的强硬姿态迫使杰克逊对艾森豪威尔政府做出保证：他们开展的是一次安静的"探研"（inquiry and study），而非调查（investigation）；在此过程中，他们仅关注国安会的目标、组成、机构以及政策进程，对于任何涉及实质性政策内容的问题都将保持缄默；同时，为避免分散总统的精力，杰克逊保证将在召开听证会前向参议院领导层进行请示[③]。带着半信半疑的态度，艾森豪威尔逐渐减少了对杰克逊的压力。

这逐步背离了艾森豪威尔希望低调化该小组委员会行为的意图。总体上看，小组委员会所采取的行动大体上是杰克逊个人意志的体现，其目标大致有以下几点。

首先，杰克逊希望通过该小组委员会的所谓探研进程来了解国安会的历史发展，探析国安会的运作机理，从而更好地展开对艾森豪威尔政府国家安全机制的批判。当时，美国各界对艾森豪威尔政府的外交以及国家安全政策的批判随处可见，杰克逊希望自己能够引领这股批判的潮流，并在其中充当"旗手"的角色。为此，小组委员会的行动将为他提供难能可贵的机会，将这种批判系统化、合理化。

其次，杰克逊希望为即将到来的 1960 年总统大选贡献自己的力量。作为一名民主党人及总统位置的觊觎者，杰克逊虽然声称此次"探研"不具备任何党派色彩，但又不能否认其在整个研究进程中秉持的观点——对现有国安会及国家安全体制进行深刻反思与彻底改革——正与民主党的竞选策略高度一致。杰克逊希望尽可能地提高小组委员会在政府内外的知名度，从而引发主流思想界与公众舆论的共鸣和反思，为即将到来的竞选做

---

①　John Prados, *Keepers of the Keys: A History of the National Security Council from Truman to Bush*, New York: William Morrow and Company, Inc. , 1991, p. 92.

②　John Prados, *Keepers of the Keys: A History of the National Security Council from Truman to Bush*, New York: William Morrow and Company, Inc. , 1991, p. 93.

③　Robert David Johnson, "The Government Operations Committee and Foreign Policy during the Cold War, "*Political Science Quarterly*, Vol. 113, No. 4, 1998, p. 651.

更加充分的准备①。

再次，进入冷战以来，美苏两极对峙情势的深化与核武器的出现逐渐打破了 20 世纪 30 年代后立法机构与执法机构之间的势力均衡，取而代之的是"帝王式总统权"的加强，以及国会在外交和国家安全事务中权力的式微②。作为一名参议员，杰克逊希望通过小组委员会的积极行动，进一步打破美国政府对国家安全决策的垄断，改善美国国会对国家安全事务原有的缄默态度，从而弥补国会在该领域的信息、权力不对称。

最后，出于个人私利，杰克逊希望通过该小组委员会的"探研"成果，营造自己在该领域的"专家"形象，增强在外交及国家安全方面的影响力，提高在政界的地位和知名度。他不但希望以这次研究为契机，让自己在更广泛的领域介入美国国家安全议程，而且希望借此提出一套针对现有国安会及机制的改革方针，作为下一任政府打造国家安全系统的指导性纲领。

以上几个初衷使得杰克逊小组委员会在建立伊始便注定带有鲜明的强硬"夺权"色彩，这可以说是国会小组委员会传统职能的一次飞跃和升华。同时，为完成从职能认知到具体行动的转化，顺利实现上述目标，委员会在一开始便采取了仔细、谨慎的行动。

杰克逊小组委员会的具体行动分为准备、质询和研究三个阶段。自 1959 年 8 月到 1960 年 1 月，小组委员会花费半年多的时间，通过两百多次访谈，对与美国国安会相关的背景资料进行了搜集、归纳和研究。无论是凯南、基辛格、李奇微（Matthew Ridgway）等政治、学术和军事领域的精英，还是各大高校中政治学、国际关系学及外交史学等专业的在读学生，均在委员会的访谈名单之列。这些人大多数对艾森豪威尔政府的国安会运作模式持怀疑或否定态度③。1960 年 1 月 12 日，委员会在总结这些

---

① John Prados, *Keepers of the Keys: A History of the National Security Council from Truman to Bush*, New York: William Morrow and Company, Inc. , 1991, p. 91.

② 杨生茂：《试论美国宪法与美国总统在外交事务中的权力》，《世界历史》1988 年第 5 期；胡晓进、任东来：《美国总统与国会的对外事务权之争》，载孙哲主编《美国国会研究 Ⅱ》，复旦大学出版社，2003。

③ United States, Congress Senate, *Committee on Government Operations, Subcommittee on National Policy Machinery: Organizing for National Security*, Vol. 2, Washington, D. C. : U. S. Government Printing Office, 1961, pp. 191 – 290.

访谈资料后发布了第一份中期报告，列举了政府在国家安全机制方面存在的重大问题①。

1960 年 2 月 23 日，委员会终于迎来了自己的首次公开听证会，参与者是杜鲁门政府时期的助理国务卿及国防部长洛维特。洛维特的出现迅速为小组委员会的质询增加了公信力。基于自己的工作经验及感悟，洛维特分别指出了美国国防部、国务院以及财政部等国家安全有关机构在制度及职能上存在的缺陷，进而引出对国安会的意见和建议。首先，在他看来，国防部和国务院的现有组织结构是相对合理的，问题出在这两个部门的领导者身上——不仅国防部长和国务卿这两个"重要、关键的人物"应当被"给予足够的权力"②，两个部门间的合作也应得到加强；其次，洛维特认为应当削弱财政部在国家安全体系中的地位，该机构对国家安全进程的过度介入会导致决策的踟蹰，同时"仅一年时长的预算规划在大部分时间内是远远不够的"，应当将这个时间段延伸，"5 到 7 年内都适用"③；最后，他认为应当限制美国国安会的规模，"（参与国安会的）人数越少越好……我非常质疑在人员冗杂的环境下运行国安会机制的可能性"④。他的大多数证词中暗含了对当时美国国安会制度的怀疑与批驳。

同年 5 月 10 日，国安会行政秘书索尔斯参加了听证会。基于其 1947 到 1950 年的工作经历，索尔斯针对美国国安会的建设与发展提出了自己的看法。他的证词分为两部分。在第一部分中，他列举了国安会应当遵循的七项原则：①国务卿应当在所有参与国安会的内阁成员中起到"领头羊"的作用；②军方在国安会中的作用十分重要；③国安会在专注于"少数重大国家安全问题"时运作最为顺畅；④国安会的参与者应仅限于直接涉及当前问题的人；⑤衡量国家安全政策的开销固然重要，但是财政部的意见不应对决策起决定性作用；⑥国务院中，存在一支强大的政策规划团

① "Major Issues, Interim Report of the Subcommittee on National Policy Machinery, "January 12, 1960, in Senator Henry M. Jackson, ed. , *The National Security Council: Jackson Subcommittee Papers on Policy - Making at the Presidential Level*, New York: Frederick A. Praeger, pp. 3 – 16.

② Senator Henry M. Jackson, ed. , *The National Security Council: Jackson Subcommittee Papers on Policy-Making at the Presidential Level*, New York: Frederick A. Praeger, p. 81.

③ Senator Henry M. Jackson, ed. , *The National Security Council: Jackson Subcommittee Papers on Policy-Making at the Presidential Level*, New York: Frederick A. Praeger, pp. 90 – 91.

④ Senator Henry M. Jackson, ed. , *The National Security Council: Jackson Subcommittee Papers on Policy-Making at the Presidential Level*, New York: Frederick A. Praeger, pp. 94 – 95.

队是国安会高效运作的先决条件；⑦国安会处理的问题应当由参与其中的内阁成员完成，而不应该过度依赖国安会幕僚（NSC staff）①。在证词第二部分，索尔斯就国安会在具体工作中所面临的诸多问题提出了看法。与洛维特的观点相似，索尔斯认为国安会"规模不宜过大，所涉及问题也应当处于国家安全战略的核心领域，而不是鸡毛蒜皮的小事"②，字里行间将矛头直指艾森豪威尔复杂、庞大的国安会架构。

此外，包括乔治·凯南以及保罗·尼采等多位杜鲁门政府时期参与国家安全决策的高级成员都参与了该小组委员会的质询。这些人的证词无一不对现有国安会的结构以及运作模式提出了质疑与批判。这些证词不仅成为杰克逊小组委员会对国安会体制改革进行研究的理论基础，更成为1960年总统竞选中民主党对共和党国家安全政策进行抨击的"军火库"③。

针对来自反对者的指责，以时任国家安全顾问卡特勒为代表的诸多艾森豪威尔政府重要成员试图在众多的质询中为国安会所遭受的质疑和批评进行辩解。1960年5月24日，卡特勒来到国会山，参加小组委员会举办的听证会。如前文所述，为避免泄密，他没有向小组委员会提供任何实质性的政策内容。在进行具体陈述之前，这位国家安全事务助理简述了五点有关国安会运行中的重要原则，分别为：①国安会的法定职能是就国家安全政策向总统建言献策，它并不是进行政策规划和执行的机构；②国安会的法定职能是整合所有关于国家安全政策的意见，并将这些意见呈于总统；③国安会有责任评估国家面临的潜在风险和威胁；④国安会为总统而设立，但并非仅供总统一人使用的机制；⑤国安会仅负责提供相关意见和建议，最终决策权在总统手中④。这五项原则所涉及的内容恰恰是大多数人对艾森豪威尔政府国安会的质疑之处。而后，卡特勒以假设的

---

① Senator Henry M. Jackson, ed. , *The National Security Council: Jackson Subcommittee Papers on Policy-Making at the Presidential Level*, New York: Frederick A. Praeger, pp. 100 – 101.

② Senator Henry M. Jackson, ed. , *The National Security Council: Jackson Subcommittee Papers on Policy-Making at the Presidential Level*, New York: Frederick A. Praeger, p. 104.

③ Anna Kasten Nelson, "The 'Top of Policy Hill' : President Eisenhower and the National Security Council, "*Diplomatic History*, Vol. 7, No. 4, 1983, p. 320.

④ Senator Henry M. Jackson, ed. , *The National Security Council: Jackson Subcommittee Papers on Policy-Making at the Presidential Level*, New York: Frederick A. Praeger, pp. 112 – 113.

方式列举并分析了当前政府国安会的运作程序——为了应对来自某国①的外部威胁，艾森豪威尔政府的国安会将逐次采取包括战略评估、召开会议、起草文件等多达 14 个步骤来完成其机构职能。在此基础上，卡特勒结合自己的经验，归纳了一套关于国安会运作的"指导方针"（guiding points）。

卡特勒急切希望以自己的证词来扭转大部分听众对艾森豪威尔国安会制度的曲解。针对穆斯克"国安会复杂的运作是否能够处理突发、紧急事件"的质疑，卡特勒试图以"国安会并不是为了应对紧急事件而存在的机构"这一论点来回击②；而面对杰克逊"国安会在国家安全领域是否权力过大"的提问时，卡特勒更是搬出了"帕金森定律"以解释总统行为的合理性③。在整场质询中，卡特勒始终试图向人们证明，艾森豪威尔政府的国安会拥有相对完善的政策规划 - 制定 - 实施进程，而非一支程序烦琐、过于官僚化的机构，试图以此来消除人们对当前国安会及国家安全系统的偏见。然而，由于他采取假定的方式描绘国安会的运作模式，同时过于赘述国家安全决策实质，最终加深了质疑者的困惑。

伴随质询的进一步升温，华盛顿政界普遍认为该小组委员会这场"充满学术色彩、客观且无党派偏见的行动将会成为几年内立法机构最为正确和重要的举措"④。在第二阶段听证接近尾声时，小组委员会分别于 12 月 12 日和 16 日发布了两篇阶段性报告。值得注意的是，在其中一篇报告中，小组委员会对当时政府内部提倡建立"超级内阁"以及"第一秘书"的呼声进行了驳斥。发出这种呼声的政府成员认为，白宫内部的官僚政治结构使得各部门不得不"求同存异"，最终商议的决策无法代表美国利益；

---

① 原文中，卡特勒使用的是"Ruritania"一词，即传说中的浪漫国。

② Senator Henry M. Jackson, ed. , *The National Security Council: Jackson Subcommittee Papers on Policy-Making at the Presidential Level*, New York: Frederick A. Praeger, pp. 138 - 139.

③ Senator Henry M. Jackson, ed. , *The National Security Council: Jackson Subcommittee Papers on Policy-Making at the Presidential Level*, New York: Frederick A. Praeger, pp. 135 - 136. "帕金森定律"是英国历史学家诺斯古德·帕金森于 20 世纪中期提出的一系列用以解释西方官僚主义现象的范式。卡特勒利用该范式阐释了艾森豪威尔政府国安会议题涉及面"过大"的原因：本应是国安会的分内之事若是在国安会之外被解决，就会让政府内其他机构产生一种错觉，即自己的部门也可绕过国安会来解决相关问题，最终导致国安会成为被架空的机构。解决该问题的最好方法就是将与国家安全相关的部门悉数囊括进国安会的机制之中。

④ Grenville Garside, "The Jackson Subcommittee on National Security, " in Dorothy Fosdick, ed. , *Staying the Course: Henry M. Jackson and National Security*, Seattle: University of Washington Press, 1987, pp. 50 - 51.

而国务院的复杂结构和军方的政策偏见也越发难以应对日益频发的外部危机。为此，应当建立一支凌驾于政府内白宫班子和内阁班子的"超级内阁"团队，由国会批准的"第一秘书"领导，从更为宏观的角度对政策进行统筹及协调。围绕该诉求，小组委员会举办了多次听证会①。而最终的结论证明，此机制不仅不能解决现有的问题，反而会让问题更加复杂："超级内阁"在行动上最终会与现实脱节，并成为总统与各部门之间的阻碍②。

1961 年 8 月，小组委员会的最后一场质询落下帷幕。至此，委员会共举办了 50 场听证会，积累了大量有关美国国安会及诸多国家安全机制的资料。同时，过长的时间跨度以及堆积如山的数据逐步使委员会力不从心。在这种情况下，杰克逊宣布小组委员会的工作进入总结和收尾阶段。1961 年年底，三卷本著作《国家安全组织》作为小组委员会的研究成果最终问世③。其中，第一、二卷收录了委员会在前期准备和质询阶段的访谈资料、会议记录、研究素材及相关信件，而第三卷的内容则主要是委员会对国安会系统提出的改革建议，是整部著作中的精华部分。基于对艾森豪威尔国安会系统的批判，杰克逊小组委员会倡导下一任政府对国安会系统进行一场"去机制化"（de-institutionalize）与"人性化"（humanize）④的改革，认为这种改革理念应贯穿于国安会每个有机组成部分。

首先，小组委员会认为应当对国安会正式会议进行改革，这体现在三个方面：第一，委员会认为"国安会的会议以及议程不应被仪式化"，而应在总统有需求时再召开，反对正式会议的例会制度；第二，委员会认为

①　例如 7 月 1 日对时任纽约市市长尼尔森·洛克菲勒（Nelson Rockefeller）举办的听证会，见 "The Executive Office of the President," in Senator Henry M. Jackson, ed. , *The National Security Council: Jackson Subcommittee Papers on Policy-Making at the Presidential Level*, New York: Frederick A. Praeger, pp. 167 - 191。

②　"Super - Cabinet Officers and Super - Staffs," in Senator Henry M. Jackson, ed. , *The National Security Council: Jackson Subcommittee Papers on Policy-Making at the Presidential Level*, New York: Frederick A. Praeger, pp. 17 - 29.

③　Subcommittee on National Policy Machinery, *Organizing for National Security: Hearings before the Subcommittee on National Policy Machinery of the Committee on Government Operations, United States Senate*, Vol. 1 - 3, Washington, O. C. : U. S. Government Print Office, 1961, 1965. 杰克逊将该报告精简后重新出版，并将之直接命名为《国家安全委员会》。

④　Senator Henry M. Jackson, ed. , *The National Security Council: Jackson Subcommittee Papers on Policy-Making at the Presidential Level*, New York: Frederick A. Praeger, p. 39.

会议的"规模不宜过大,并应当严格控制国安会办公室成员参会……但同时保证会议纪要的记载"①,这是对艾森豪威尔后期与会人员逐渐增多的修正;第三,委员会认为过多且未经筛选的政策谏言将导致总统本人无所适从,因此,会议目的并不是为总统提供尽可能多的意见,而是为总统提出适当数量但相对合理的选择。

国安会幕僚及其领导者同样也是委员会提倡改革的主要对象。建议中指出,幕僚的成员应当"数量少但彼此联系紧密",并以"体系之外"的眼光向总统建言献策②;同时,办公室的领导者,即国家安全事务顾问不应是主管政策协调的"秘书",而是总统关于外交和国家安全政策的顾问。

作为艾森豪威尔国安会体系内的标志性机构,计划委员会与行动协调委员会遭到了小组委员会的彻底否定。研究结论中指出,计划委员会的存在已经失去意义,应以一个能够"批判和评估来自总统或其他机构制定的政策"的组织取而代之。为此,白宫可以更加依赖"非正式工作组织"(informal working groups)以及来自政府外部的顾问来完成这一职能。同时,结论中也明确提出了废除协调委员会的建议,原因是该组织的"实施"及"监管"职能超出了《国家安全法》对国安会职能的规定,且跨部门协调机制"本身也具有内部缺陷",会造成个人职责的缺失、过多的妥协以及整个政府效率的下降,应"建立专门的部门、任用专门的官员来处理整合与协调工作"③。

此外,杰克逊小组委员会还在书中梳理了国安会的发展史,厘清了国安会与其他美国国家安全机构之间的关系。高屋建瓴的国会背景、翔实的相关资料以及鲜明的改革理念使小组委员会的研究成果不出意外地成为同时期美国国内关于国安会最为系统、全面的著作。综观20世纪60年代,"几乎所有对国安会的研究都是基于杰克逊小组委员会的成果完成的"④。

---

① Senator Henry M. Jackson, ed. , *The National Security Council: Jackson Subcommittee Papers on Policy-Making at the Presidential Level*, New York: Frederick A. Praeger, pp. 39 – 40.

② Senator Henry M. Jackson, ed. , *The National Security Council: Jackson Subcommittee Papers on Policy-Making at the Presidential Level*, New York: Frederick A. Praeger, p. 41.

③ Senator Henry M. Jackson, ed. , *The National Security Council: Jackson Subcommittee Papers on Policy-Making at the Presidential Level*, New York: Frederick A. Praeger, pp. 6 – 7.

④ Anna Kasten Nelson, "The ' Top of Policy Hill' : President Eisenhower and the National Security Council, "*Diplomatic History* 7, No. 4, 1983, p. 325.

（二）杰克逊小组委员会与"咨议－顾问"国安会运作模式改革

早在竞选期间，仍为参议员的肯尼迪便曾公开表达对杰克逊小组委员会"探研"进程的关注与赞赏。1960 年 6 月 14 日，在参议院的一次演说中，肯尼迪指出，"我们的政府内部已经存在诸多贯彻外交政策的相关工具，包括统一的军事机制……以及国安会等。然而，伴随着世界局势的不断变化，除了参议员杰克逊及其领导的小组委员会在最近开展的质询外，几乎没有人对这些机制的有效性进行重新评估"[1]。

随着小组委员会最终报告的出台，美国大选也落下了帷幕。新总统在上台之初面临的首要问题之一就是对国安会的框架与机制进行改造、重组，以便其早日发挥枢纽性体制的效用，借此实现自己竞选时期"简化国家安全机制"的承诺。肯尼迪于 1961 年 1 月 1 日发表的声明是这种改革启动的标志。虽然这次声明的主要目的在于宣布任命麦克乔治·邦迪（McGeorge Bundy）担任总统国家安全顾问，并突出总统与邦迪在国安会改革中的领导性地位，但肯尼迪也同时在公告中强调了杰克逊小组委员会的研究报告对于改革的重大意义。肯尼迪称，报告中的诸多"建设性批判意见"令他"印象深刻"，对"增强"和"简化"国安会运作机制具有重要意义，也会"为邦迪接下来开展的工作提供重要帮助"。在此基础上，肯尼迪提出了一系列改革的原则与纲领，即对艾森豪威尔时期的国安会机制进行"尽可能简化"，进而打造一支"单一、规模相对较小，但强有力的国安会办公团队"，以"灵活"的运作方式，为他和政府内其他机构"提供有关国家安全问题的建议，协调有关国家安全领域的政策"[2]。可以说，这份公告充分体现了小组委员会对新总统的重要影响，也突出了委员会研究成果在国安会机制改革中的指导性地位。

---

[1]　John Kennedy, "Remarks of Senator John F. Kennedy in the Senate," June 14, 1960, http://www. jfklibrary. org/Research/Research – Aids/JFK – Speeches/United – States – Senate – U – 2 – Incident_19600614. aspx.

[2]　John Kennedy, "Announcement by President-elect Kennedy of the Appointment of McGeorge Bundy as Special Assistant to the President," January 1, 1961, http://www. jfklibrary. org/Asset – Viewer/Archives/JFKCAMP1960 – 1060 – 017. aspx.

　　同时，小组委员会也对国安会改革产生了间接影响。1960 年 9 月
18 日，杰克逊亲自安排小组委员会的重要顾问、哥伦比亚大学教授诺伊
施塔特与肯尼迪会面。在会面中，诺伊施塔特向肯尼迪递交了一份有关
政府机制过渡的备忘录。这份备忘录带有杰克逊委员会的烙印，反复强
调机制的灵活性在政府日常运作中发挥的重要作用①。在这次会面后，
诺伊施塔特逐步成为艾森豪威尔－肯尼迪过渡政府时期最为重要的顾问，
而肯尼迪自己也承认，自此诺伊施塔特便牵着他走了②。同年 12 月，诺
伊施塔特向肯尼迪提交了名为《国家安全委员会：第一步》的备忘录，
明确声明自己对杰克逊小组委员会研究成果的支持与认可，并在此基础
上向肯尼迪提出国安会改革的建议。这些建议与小组委员会的报告结论
是高度吻合的③。

　　可见，肯尼迪非常重视杰克逊小组委员会的研究成果，而这些成果对
总统的影响也十分深刻。系统化的探研在某种意义上成为国安会改革的理
论依据，同时也为改革赋予了合法性。1961 年 2 月 1 日，邦迪在新政府的
首次国安会正式会议上为该机构在日后的发展定下了基调："从今以后，
国安会将采取新的组织架构与工作程序，办公人员数量变少，规模变小，
但都由高级人才组成。"④ 在改革实施进程中，肯尼迪政府更是从委员会
的报告中汲取了诸多养分。这可以从以下几点看出来。

　　第一点是对国安会系统进行"去机制化"的改革。肯尼迪于 1961 年
2 月 19 日——他走马上任仅一个月后——发布一项声明，宣布废除艾森豪
威尔政府国安会中的标志性机构行动协调委员会，由国务院负责该机构的
原有职能。肯尼迪在声明中指出，"并非仅靠复杂的正式机制才能完成协
调的任务……为此国务卿将指派一名专门的助理国务卿负责部门政策间的

①　Richard Neustadt, "Memo1, Organizing the Transition, For: Senator John F. Kennedy, (through
　　Senator Henry M. Jackson, D－Washington), September 15, 1960, in Charles O. Jones, ed. ,
　　Preparing to be President: The Memos of Richard E. Neustadt, Washington D. C. : The AEI Press,
　　2001, pp. 21 – 37.

②　〔美〕小阿瑟·施莱辛格：《一千天》，仲宜译，生活·读书·新知三联书店，1981，第
　　45 页。

③　Richard Neustadt, "The National Security Council: First Steps. For: President-elect John
　　F. Kennedy,"December 8, 1960, in Charles O. Jones, ed. , *Preparing to be President: The Memos of
　　Richard E. Neustadt*, Washington, D. C. : The AEI Press, 2001, pp. 75 – 81.

④　National Security Council meetings No. 475, February 1, 1961, 肯尼迪总统图书馆, http://
　　www. jfklibrary. org/Asset－Viewer/Archives/JFKNSF－313－002. aspx。

统筹与整合"①。这迎合了小组委员会报告中"任用专门官员来负责此类事务"的观点。该声明发表于小组委员会最终报告出台仅两个月后，也从侧面体现了总统对其研究成果的重视程度。此后不久，计划委员会也被废除，其职能交由国务院的政策计划委员会行使②。至此，肯尼迪政府在建设国安会制度框架方面完全采纳了杰克逊委员会的建议，通过"摧毁委员会"（committee – killing）③的方式消解了上届政府国安会中复杂的机制，打破了以往"整合"与"规划"两项职能的机构壁垒，极大地简化了国安会的组织架构。

第二点是对国安会职能进行"人性化"的调整，体现为国家安全顾问与国安会幕僚地位的大幅度提升。肯尼迪在 1961 年的声明中明确表示，希望邦迪能够"仔细研究现有国安会系统，并在此基础上尽可能对其（制度）进行简化，争取建立一支规模小但高度机制化的团队"以协助总统处理国家事务④。在引领此次国安会改革的过程中，邦迪逐步完成了国家安全顾问在国家安全体系中地位与职能的提升：从办公环境看，国家安全顾问在白宫中拥有了专属办公室，位置紧邻美国总统的椭圆形办公室，增加了其与总统进行非正式沟通的机会；从职能上看，这一时期的国家安全顾问完全成为"总统的私人助理"，他们参与政治讨论，在具体问题上建言献策，不通过任何固定机制而是以总统的偏好履行国安会的职能。相应地，总统也给予国家安全事务助理以极大的信任，赋予其规划外交政策与国家安全战略的机会。该职位此时已经"潜在具备参与和影响（战略规划）的能力"⑤，这是杰克逊小组委员会所提倡的国安会"人性化"的体

---

①　"Statement by President Kennedy Abolishing the Operations Coordinating Board, "February 19, 1961, The American Presidency Project, http://www. presidency. ucsb. edu/ws/?pid = 8389.

②　"Memorandum from the Counselor of the Department of State and Chairman of the Policy Planning Council(McGhee) to the President's Special Assistant for National Security AffairsBundy, "March 28, 1961, FRUS, 1961 – 1963, Volume XXV.

③　Karl F. Inderfurth, Loch K. Johnson, eds. , Fateful Decisions: Inside the National Security Council, New York: Oxford University Press, 2004, p. 63.

④　John Kennedy, "Announcement by President-elect Kennedy of the Appointment of McGeorge Bundy as Special Assistant to the President, "The American Presidency Project, http:// www. presidency. ucsb. edu/ws/?pid = 8360.

⑤　I. M. Destler, "National Security II: The Rise of the Assistant(1961 – 1981) , "in Hugh Heclo and Lester M . Salamon, eds. , The Illusion of Presidential Government, Boulder: Westview Press, 1981, p. 282.

现：国家安全顾问地位的提升与转变有助于总统汲取直接且未经干扰的意见，从而摆脱机制对政策的影响与干扰。

第三点是对国安会幕僚结构和职能的转换。从 1961 年到 1965 年，邦迪逐步将办公室职员数量由原来的 71 人削减至 48 人，其规模被压缩近三分之一①；与此同时，办公室的职能范围有所延伸，重要性逐步增加。过去的办公室职员更加侧重国安会的运作进程，大部分时间只单纯扮演文职人员角色；而邦迪的团队则专注于政策研究，并为总统提供意见。这些人皆为政府内外的专家，由总统而非国会任命，并在其专精的领域发挥重要作用，彼此间联系也非常紧密。这使得幕僚不再身处艾森豪威尔时期复杂的官僚体系之中，而成为"邦迪的耳目""总统的工作班子"。"人数少但联系紧密，由内、外部专家共同组成"的国安会幕僚团队与杰克逊小组委员会报告中所倡导的机构如出一辙。

第四点是对国安会正式会议逐步进行削弱。通过改革，艾森豪威尔时期国安会的例会制度被取消，取而代之的是由幕僚所主导的非正式会议。这类会议的召开带有极大的随意性和偶然性：不仅会议召开的时间不确定，而且参与人员也因议题的不同而不同。在理论上，这种调整不仅可以使总统更好地面对外部冷战局势，同时还能避免时间和资源的浪费并减少泄密。显而易见，例会制度的取消带有明显的"去机制化"特色，会议规模的缩小与人员配置的调整也非常贴近小组委员会所提出的理想模式。

杰克逊委员会的理论支撑使肯尼迪政府在仅仅半年的时间内便完成了国安会系统的机制改革。到 6 月末，国安会幕僚成员"已经有多于三分之二的人员在工作上步入正轨"②。9 月，邦迪在给杰克逊的回信中对自肯尼迪上任以来国安会在机制上的调整进行了概述，并肯定了小组委员会在此进程中发挥的重要作用③。同年 11 月，小组委员会受到美国政府的嘉奖，杰克逊本人也得到了肯尼迪总统的肯定④。至此，随着肯尼迪政府国安会

---

① "Memorandum from the President's Special Assistant for National Security Affairs (Bundy) to President Johnson, "August 2, 1965, *FRUS, 1964 – 1968*, Volume XXXIII.

② "Memorandum for President Kennedy, "June 22, 1961, *FRUS, 1961 – 1963*, Volume VIII.

③ McGeorge Bundy, "Letter to Jackson Subcommittee, "in Karl F. Inderfurth, Loch K. Johnson, eds. , *Fateful Decisions: Inside the National Security Council*, New York: Oxford University Press, 2004, pp. 81 – 84.

④ Robert David Johnson, "The Government Operations Committee and Foreign Policy during the Cold War, "*Political Science Quarterly*, Vol. 113, No. 4, 1998, p. 657.

以及国家安全系统的最终形成与运作，小组委员会完成了自己的使命，最终于 1962 年初解散。

通过这次改革，国安会正式会议的作用下降，国家安全顾问与幕僚的地位相对上升，旧有国安会系统的大部分机制被拆解，取而代之的是一套被政府标榜为运作更灵活、职能偏向"危机治理"的体系。在肯尼迪的三年任期内，国安会体系内尽管设立了诸多"常设委员会"，然而发挥主要作用的大多是针对某一具体事件所设立的临时工作小组与特别小组。比起艾森豪威尔时期相对僵化的国安会机制，这种类似小组委员会所倡导的"去机制化"与"人性化"的国安会制度架构似乎更加适应当时冷战局势的变化、顺应美国的国家安全诉求。同时，旧有国安会系统的"计划"与"实施"职能被移交给国务院，幕僚也变得专业化，使得肯尼迪时期的国安会更加突出其顾问职能（advisory role）。国安会在经历了艾森豪威尔政府时期职能的扩张后再次回到了 1947 年《国家安全法》中所规定的机构，杰克逊本人也被认为是"行使了保罗·尼采的职责"[1]。

（三）小组委员会的结论与后肯尼迪时期国安会机制走势

尽管杰克逊小组委员会最终解散，但其对国家安全相关机构的影响并没有随之式微。作为肯尼迪政府国安会改革的理论源泉，其对整个冷战时期美国国家安全相关机制的设置均产生了不同程度的影响。总的来看，后肯尼迪时期的国安会大体上都奉行该小组委员会所倡导的"去机制化""人性化"的理念，在运作机制上呈现共同的特点：国家安全事务助理逐步成为总统的私人顾问，而非过去国安会和总统之间的中立协调者；幕僚不再由仅关注长期政策规划、没有实质权力的各部门雇员组成，而是涵盖了众多侧重短期危机治理、被赋予实质权力、来自政府内外部的专家；国安会正式会议再无严格意义上的例会制，重要性日渐式微，有时甚至仅仅等同于为政策赋予合法性的"橡皮图章"。经历了改革的国安会最终成为"总统的工具"（president's instrument）[2]，免去了繁复的机制对总统行动

---

[1] Robert David Johnson, "The Government Operations Committee and Foreign Policy during the Cold War," *Political Science Quarterly*, Vol. 113, No. 4, 1998, p. 656.

[2] Senator Henry M. Jackson, ed., *The National Security Council: Jackson Subcommittee Papers on Policy-Making at the Presidential Level*, New York: Frederick A. Praeger, p. 39.

以及思想的掣肘。可以说，此类"总统中心"的运作模式是杰克逊委员会颇为推崇的。

　　然而，这种讲求机动性的运作模式在具体实施时却出现了诸多弊病，例如人员职责的模糊、文件管理的混乱、部门间协调的困难以及长期政策的规划的缺乏等。这些缺陷使得冷战时期历届美国政府的国安会机制始终处于变动之中。对于这种不稳定性，杰克逊小组委员会难辞其咎，原因就在于探研所得出的结论内部蕴含着巨大的矛盾。作为其结论部分的核心概念，"去机制化"与"人性化"实质是通过拆解原有国安会架构的方式将本属于制度与规则的权力赋予国家安全事务助理以及国安会幕僚团队的顾问们，意图利用个人能力维持机制的运作，取代原有死板的制度框架。但是，令杰克逊小组委员会没有预料到的是，由于国安会正式会议的衰落，缺乏制度约束的总统会越发倾向利用非正式渠道咨议国家安全及外交等相关问题；与此同时，跃升为总统私人顾问的国家安全顾问以及国安会幕僚成员则逐步把持了总统汲取相关政策建议的重要通道。这些人的观点对总统的影响举足轻重，而来自政治象牙塔底层的建议则很难"接近"总统，以至于让总统最终处于"政策孤岛"之中。这种"政策包围圈"形成了介于总统与内阁各部门之间的新一层级，其本质正是杰克逊小组委员会嗤之以鼻的"超级内阁"。

　　正如前文所述，在吸收了小组委员会大部分研究成果的同时，肯尼迪政府也将该矛盾一同埋藏于自己的国安会机制之中；总统在改革之初便宣称对国安会系统的机制进行既"增强"又"简化"的调整，这种自相矛盾的观点正是小组委员会结论中所含矛盾的集中体现，也从一开始就为"现代国安会系统"的机制埋下了制度上的祸根。这一时期，猪湾事件被公认为国家安全决策层的重大失误，也被大多数人总结为非正式国家安全运作模式下决策失败的典型案例，却没有人意识到这次失败早在肯尼迪借鉴杰克逊小组委员会的理论成果时就埋下了伏笔。

　　到了约翰逊政府时期，国安会"去机制化"与"人性化"的程度进一步加深。这体现在三个方面。首先，在面临诸如越南问题等具体国家安全诉求时，约翰逊倾向于绕过正式咨议机制，直接向国家安全顾问邦迪、国务卿腊斯克以及国防部长麦克纳马拉这"三巨头"征求意见。其次，国安会正式会议机制在这一时期进一步衰退：如果说肯尼迪时期国安会正式会议的目标是"将消息通知每个人，并让这些人感受到自己是政策进程的一员"①，那约翰逊时期的大部分正式会议则仅仅成为"周二午餐会"的预演，前者甚至在某些情况下被后者所取代。最后，国家安全事务助理以及国安会幕僚的权力继续扩大。肯尼迪时期，改革的理念使国安会幕僚成员的数量急剧减少并在职能上专业化，而约翰逊总统则是直接将国安会幕僚抽离国安会机制，让他们成为"总统办公室的成员"，其内部的18位专家的重要性远超国安会正式会议。甚至连约翰逊自己也承认，在提到"国安会"时，他指的是国安会幕僚，而非国安会正式会议②。"三巨头"、"周二午餐会"以及国安会幕僚共同造就了约翰逊政府时期国家安全政策制定与规划的机制，在一定程度上具备了"超级内阁"的雏形。

也许是看到了约翰逊政府国安会机制的诸多弊端，也是由于曾经在艾森豪威尔政府时期担任副总统的经历，尼克松在入主白宫前便希望阻止国安会系统的"去机制化"趋势，并让其"重回过去的优势地位"③。为此，尼克松授意基辛格对国安会机制进行改革。尽管在改革进程中，基辛格认识到应当"结合艾森豪威尔政府与约翰逊政府国安会机制的优势"④，也在这种指导思想下建立了包括跨部门小组、高级回顾小组、国家安全研究备忘录以及国家安全决策备忘录等相关机制，但仍旧没有能够化解杰克逊小组委员会结论中的矛盾，以至于基辛格与其领导的国安会幕僚人员职权不断增大，发展成为总统与行政机构之间的"第三层级"。"超级内阁"最终在尼克松政府时期出现了，基辛格也成为美国历史上唯一的一位"第一秘书"⑤。

不难解释为何基辛格尝试的改革未能抑制"超级内阁"的出现。在这一时期，国安会的机制仅是从表面上缓解了"去机制化"所带来的问题。许多政府成员认定该系统是"利用繁忙的机制与诸多文件作掩护，以便让

---

① Theodore C. Sorensen, *The Kennedy Legacy: A Peaceful Revolution for the 70's*, New York: Macmillan Pub Co. 1969, p. 248.

② David Humphrey, "Tuesday Lunch at the Johnson White House: A Preliminary Assessment," *Diplomatic History*, Volume 8, No. 1, 1984.

③ 〔美〕亨利·基辛格：《白宫岁月——基辛格回忆录》（第一册），陈瑶华等译，世界知识出版社，1980，第38页。

④ Document 1, "Memorandum from the President's Assistant for National Security Affairs – Designate (Kissinger) to President-elect Nixon," *FRUS*, 1969 – 1976, Volume Ⅱ.

⑤ 基辛格完全契合杰克逊小组委员会对"第一秘书"的定义，唯一不同的就是在当时没有得到国会的认可。而在福特时期，基辛格兼任国务卿后，这种唯一的不同点也消失了。

尼克松和基辛格在没有干扰的情况下处理真正的事务"①。就连基辛格自己也承认,"许多关键决策是在没有国家安全研究备忘录、国家安全决策备忘录以及脱离了官僚机制的情况下做出的"②。因此,这种"去机制化"在大部分时间都是与基辛格和国安会幕僚分离的。与此同时,国安会"人性化"的程度却在进一步加深。不仅基辛格无限制地摄取外交与国家安全方面的权力,其手下幕僚的成员更是在职权与人员数量方面急剧膨胀。国务院本应作为国安会权力的重要制约,但由于罗杰斯被排除在决策圈之外,这种制约形同虚设。徒有其表的"机制化"以及越发严重的"人性化"使"超级内阁"的出现具备了充分的条件。与其说国务院的大部分职能被转移到了国安会,不如说两者的职能被合二为一了。这也解释了为何到了福特政府时期,尽管基辛格转任国务卿,美国的国家安全机制却并未发生明显的变化和改观。

"超级内阁"最大的弊端是抑制了总统听取广泛的意见的可能性,并且让国安会的运作长期脱离既定的制度路径,带有较大的随机性和任意性。这不仅抹杀了国安会最为重要的咨议职能,更在某种程度上等同于对总统权的掠夺。后基辛格时代,美国总统似乎意识到了过度"去机制化"与"人性化"的恶果,试图采取各种措施来扭转这一趋势。卡特任命了相对强势的国家安全顾问布热津斯基,希望利用他的个人能力带动国安会机制的运作,与此同时也任命了同样强势的国务卿万斯对国安会进行制衡,借此抑制"超级内阁"的出现,维护自己的总统权。然而高度对立的国安会与国务院却最终导致国家安全政策与外交政策严重脱节,缺失了应有的连贯性,具体表现为在朝鲜撤军问题上的举棋不定以及对伊朗人质危机的处理。里根则是采取任命弱势国家安全事务助理以及将国安会体系排除于核心决策圈之外的方式从根本上控制"超级内阁"的出现,但缺乏了总统的指导方针的国安会幕僚在决策的制定与实施上自行其是,犹如"脱缰的野马",最终导致了"伊朗门"的发生。

尽管杰克逊小组委员会的"探研"在结论中存在矛盾,但不可否认的是,其成果在很大程度上维护了美国总统的权力,为未来的美国国家安全

---

① I. M. Destler, "National Security Advice to U. S. Presidents: Some Lessons from Thirty Years," *World Politics*, Vol. 29, No. 2, 1977, p. 154.

② I. M. Destler, "National Security Advice to U. S. Presidents: Some Lessons from Thirty Years," *World Politics*, Vol. 29, No. 2, 1977, p. 154.

机制留下了宝贵的遗产。"去机制化"与"人性化"的概念对精简美国国安会机制、提高国安会效率大有裨益。然而在传统与非传统安全问题交织的今天，对于美国这个世界秩序的重要塑造者来说，机构的机制化可谓良性政策产出的重要保障；机构的灵活性同样是不可或缺的重要品质。因此，杰克逊小组委员会结论中存在的矛盾必须在短期内得到解决。这也将是美国未来执政者与政治精英面临的主要问题。

三　1986 年托尔委员会

在国安会创立的早期，胡佛委员会与杰克逊小组委员会分别通过自身的研究成果推动了"统筹－协调"与"咨议－顾问"这两种国安会运作模式走向成熟。此后的很长一段时间内，尽管美国政府也先后成立了一些对国安会组织结构、运行状态和改进方法进行研究的委员会，但它们的结论大多倡导对国安会在现有的运作模式上进行微调①。这种和谐的局面在20 世纪 80 年代末里根政府时期被打破。"伊朗门"事件的持续发酵暴露了当时美国国家安全机制中的诸多弊病，国家安全顾问与国安会幕僚参与秘密交易的行为更是让国安会处于风口浪尖上。在这种情况下，总统建立的托尔委员会承担了深入调查国安会机制并发掘其中问题所在的重任。此时，据国安会的建立已过去了近十四年的时间。相比之前的调查研究机制，托尔委员会有更多的历史可以借鉴，而由其研究结论所带动的改革时到今日仍发挥着重要影响。

（一）"伊朗门"事件与托尔委员会的建立

"伊朗门"事件的根源最早可以追溯到 20 世纪 80 年代初。在 NSDD－32 号文件出台后，里根又于 1983 年 1 月 17 日签署了 NSDD－75 号文件，更为详细地阐明了美国对苏联的政策立场。该文件提出了三个战略目标：

---

① 例如 1972 初年美国国会授权建立的"政府外交政策机构委员会"（The Commission on the Organization of the Government for the Conduct of Foreign Policy）. 该委员会由艾森豪威尔政府时期负责政治事务的助理国务卿墨菲担任主任，因此也被称为"墨菲委员会"。该委员会提议国安会加强自身的顾问职能，强化国际经济政策制定能力，同时建议对国家安全顾问"去行政化"，削弱其作为政策顾问的能力。参见"Report by the Commission on the Organization of the Government for the Conduct of Foreign Policy: Background and Principal Recommendations,"福特总统图书馆网站，https://www. fordlibrarymuseum. gov/library/document/0005/1561355. pdf。

在外部抵御"苏联帝国主义"的扩张，对内部施加压力以削弱苏联的影响，通过谈判解决双方之间悬而未决的分歧①。同时，NSDD - 75 号文件还预测称，未来美苏在中美洲尤其是古巴将会发生激烈对峙。针对这一点，里根在半年后通过第 12433 号行政指令建立了"中美洲两党委员会"（National Bipartisan Commission on Central America），负责"研究美国在中美洲地区的利益，以及可能对这些利益构成威胁的因素"②。该委员会的研究结论显示，1979 年在尼加拉瓜推翻索摩查政权、建立民族复兴政府的桑蒂诺民族解放阵线得到了苏联、古巴等社会主义国家的长期援助，应当成为南美洲战略中美国的首要问题。

实际上，里根对桑蒂诺政权的偏见早在委员会的结论出台前便昭然若揭。在 1983 年 4 月，里根在国会两院联席会议上的发言中态度鲜明地对民族复兴政权进行了斥责，并将桑蒂诺政权称为专制独裁政权。他质问："如果美国在美洲都难以保护好自己，何以在世界其他地方取得胜利？"③可见，对于里根来说，尼加拉瓜是阻挡"多米诺骨牌效应"的重要一块"骨牌"，是确保"门罗主义"国家安全观、平衡美苏全球力量对比的关键因素。而两党委员会的研究结论又证实了他判断的合理性。于是在 9 月 19 日发布的总统调查令中，里根指出对尼采取隐蔽行动"完全符合美国的国家安全利益"④。为此，他代表美国政府通过各种途径寻求资金，武装所谓的民主斗士，资助反政府武装的颠覆活动。

起初，美国国会对这些隐蔽行动持纵容态度，还分别在 1981 年 3 月、1985 年 6 月和 1986 年 6 月先后为中情局和尼加拉瓜反政府武装进行了额外的拨款⑤。然而社会各界以及国会内部对于该问题逐渐产生了分歧，而

① "National Security Decision Directive - 75," January 17, 1983, 美国科学家联盟网站，http://fas. org/irp/offdocs/nsdd/nsdd - 75. pdf。

② "Executive Order 12433—National Bipartisan Commission on Central America," July 19, 1983, The American Presidency Project, http://www. presidency. ucsb. edu/ws/index. php? pid = 41605&st1 = 12433&stl = 。

③ "Address Before a Joint Session of the Congress on Central America," April 27, 1983, 里根总统图书馆，https://reaganlibrary. archives. gov/archives/speeches/1983/42783d. htm。

④ "Presidential Finding on Covert Operations in Nicaragua," 9/19/1983, 乔治华盛顿大学电子国家安全档案，http://101. 96. 10. 65/nsarchive. gwu. edu/NSAEBB/NSAEBB210/1 - Reagan% 20Finding% 209 - 19 - 83% 20(IC% 2000203). pdf。

⑤ 孙晨旭：《"伊朗门事件"与里根政府的尼加拉瓜政策》，《世界近现代史研究》（第五辑），中国社会科学出版社，2008，第 314 页。

中情局还在一次行动中擅自在尼加拉瓜港口设雷而没有提前通知国会委员会①。在这种情况下，国会对这一问题的态度发生了转向。1982 年，国会通过了"博兰修正案"（Boland Amendment），要求美国政府停止为叛军提供任何军事装备及援助。1984 年，国会又对这一法案进行了修正，禁止将中情局、国防部或其他国家安全相关机构的经费"直接或间接地"用于支持尼加拉瓜的军事或准军事活动②。

在这种情况下，里根不得不寻找其他可以筹措资金的渠道。在 6 月 25 日的一次 NSPG 会议上，里根与副总统老布什（George H. W. Bush）、国务卿乔治·舒尔茨（George Shultz）、国防部部长卡斯帕·温伯格（Caspar W. Weinberger）、中情局局长威廉·凯西（William J. Casey）以及麦克法兰和波因德克斯特等商议对策。与会人员分成了意见明显对立的两派：老布什和凯西希望寻求第三方的资金援助；而舒尔茨则表示反对，认为这一做法"相当于（对尼加拉瓜的）无端冒犯"③。然而，有证据表明，在会议召开之前，麦克法兰曾经受到美国政府内康斯坦丁·门杰斯（Constantine Menges）等反共政治掮客的威胁和操纵，致使国安会幕僚们在会前就已开始寻求外界资助④。1985 年 3 月 16 日，国安会幕僚奥利弗·诺斯（Oliver North）向麦克法兰提交了一份备忘录，列举了一系列可以作为美国潜在金主的国家，例如沙特阿拉伯等⑤。这份备忘录意味着国家安全顾问已经走入了秘密交易的歧途。此后，在"以武器换人质"的想法逐渐成熟后，麦克法兰开始将这次不法行动作为自己和属下国安会幕僚们的第一要务。他不但在 1985 年特意起草了一份国家安全指令文件，试图

---

① Cody M. Brown, *The National Security Council: A Legal History of the President's Most Powerful Advisers*, Project on National Security Reform, Center for Study of the Presidency, p. 53.

② Andrews Hayes, "The Boland Amendments and Foreign Affairs Deference," *Columbia Law Review*, Vol. 88, No. 7, 1988, pp. 1534 – 1574.

③ "National Security Planning Group Meeting on Central America(U) ," June 25, 1984, 乔治华盛顿大学电子国家安全档案，http://101. 96. 10. 63/nsarchive. gwu. edu/NSAEBB/NSA-EBB210/2 – NSPG%20minutes% 206 – 25 – 84%20(IC% 2000463). pdf。

④ 〔美〕约翰·普拉多斯：《掌权者：从杜鲁门到布什》，封长虹译，时事出版社，1992，第 606 页。

⑤ "Memorandum from Oliver L. North to Robert C. McFarlane, Fallback Plan for the Nicaraguan Resistance," March 16, 1985, 乔治华盛顿大学电子国家安全档案，http://101. 96. 10. 61/nsarchive. gwu. edu/NSAEBB/NSAEBB210/4 – North% 20Fallback% 20memo% 203 – 16 – 85%20(IC% 2000952). pdf。

利用总统的权力确认对伊出售武器行为①，还在离任后仍亲自前往德黑兰与伊朗高层官员会晤②。接替他担任国家安全事务助理的波因德克斯特也是这一行动的主要参与者。

正如罗特科普夫指出的，"伊朗门"事件的发生"一是因为里根政府把对伊政策以及对尼政策合二为一；二是因为国安会从一个负责规划和协调的总统行政机构，沦落为国务院和中情局的附属物"③。比起在任期之初从"统筹－协调"或"咨议－顾问"的运作理念中进行抉择，里根对国安会系统的态度更倾向于"无为而治"，对正式会议、国家安全顾问、国安会幕僚以及委员会机制进行了整体弱化。这种情况让本应作为政策建议到达总统办公桌最后一站、发挥"仲裁者"效用的国安会系统失去了用武之地，随后发展成为某一特定政策的"鼓吹者"。

1986 年 11 月，美国政府参与与伊朗之间的秘密武器交易的事件最终浮出水面并持续发酵。该事件之所以迅速成为人们关注的焦点，是因为美国在 6 年前两伊战争结束时曾颁布过一个非常中立的政策，即宣布禁止对伊朗销售和运送武器，也称其不会给劫持人质的人提供任何资金。这一政策旨在孤立伊朗以及其他试图支持恐怖主义的国家。而这种秘密的武器交易似乎直接与美国公开宣布的政策相悖。然而，公众关注的焦点并不在于这项政策本身。人们的质疑大多集中在国家安全顾问与国安会幕僚从事这些行动上。大部分人弄不清楚将武器运送给伊朗的决策是在何种背景下被制定的，同时也对这些人参与行动的正当性提出了质疑。据称国会从未得到一点消息。发挥重要作用的是一系列中间人，他们来自政府内外，有些人的动机存疑。看起来，是国安会幕僚而不是中情局是运作这场行动的主谋，总统似乎对事件的实质一无所知。美国民众开始对美国国家安全决策的制定以及出台过程产生了信任危机，同时也对国安会幕僚扮演的角色以及职能产生了怀疑。

---

① "Draft National Security Decision Directive(NSDD), 'U. S. Policy Toward Iran', "June 17, 1985, 乔治华盛顿大学电子国家安全档案，http://nsarchive. gwu. edu/NSAEBB/NSAE-BB210/17 - Draft%20NSDD%20on% 20Iran%206 - 17 - 85 % 2 0(IC% 2001217). pdf。

② 托尔委员会的调查报告中详细叙述了麦克法兰秘密出访伊朗的过程，本书中不再赘述。可参考 John Tower, *The Tower Commission Report*, New York: Bantam Books & Times Books, 1987, pp. 256 - 286。

③ 〔美〕戴维·罗特科普夫：《国家不安全：恐惧时代的美国领导地位》，孙成昊、张蓓译，社会科学文献出版社，2016，第 277 页。

正是基于这种考量，里根在 1986 年 12 月 1 日发布了第 12575 号行政命令，宣布建立由托尔、斯考克罗夫特和马斯基三人组成的"总统特别回顾委员会"。这份文件规定了委员会的职能是"全面研究国安会幕僚在制定、协调、监督以及执行外交及国家安全政策中所扮演的角色，以及梳理国安会幕僚在参与具体行动——尤其是极为敏感的外交、军事以及情报行动中的适当角色"，并在此基础上向总统提出相关建议①。可见，尽管委员会的出现是基于"伊朗门"事件的刺激，但里根的初衷并不是追责某个特定人物，也不希望其成为最终事实的仲裁者，而是让委员会将目光放长远，对亟须调整的国安会机制进行研究，借此发掘出改革的具体路径。因此，委员会只是将"伊朗门"事件视为一个主要案例，并以此为基础，重新审视国安会的历史发展进程。

由于行政命令只给予委员会短短 60 天的时间完成这次调查，这个仅有三人的班子自建立以来便处于紧张的运作状态。从 1986 年 12 月开始，委员会花了大量时间聆听前任政府重要官员的看法，这些人不仅包括尼克松、福特、卡特这些总统，还有罗斯托、基辛格、布热津斯基等曾经的国家安全顾问，更囊括了万斯、舒尔茨、莱尔德、麦克纳马拉以及黑格等国务院和五角大楼的领导者②。相比胡佛委员会和杰克逊小组委员会，托尔委员会所访谈的高官阵容堪称"豪华"，几乎所有仍在世的且曾与国安会进程紧密相关的重要人物都参与其中。然而遗憾的是，"在最后写调查报告时这些材料都毫无用处"③，这些成员的观点没有被记录在委员会的最终报告中，其观点是否影响了报告的结论更是无从得知。

同样是由于时间紧迫，委员会没有额外的精力对除"伊朗门"以外的事件进行细致的具体分析。为此，他们在研究过程中特意邀请了著名的政府管理学者、时任哈佛大学肯尼迪学院院长的格雷厄姆·艾利森为其准备历史上与国安会机制相关的案例以供委员会参考，后者与众多哈

① "Executive Order 12575—President's Special Review Board," December 1, 1986, The American Presidency Project, http://www. presidency. ucsb. edu/ws/index. php?pid = 36770.

② "Appendix F: President's Special Review Board Interviews," in President's Special Review Board, John Tower, *The Tower Commission Report*, New York: Bantam Books & Times Books, 1987, pp. 509 – 510.

③ 〔美〕约翰·普拉多斯：《掌权者：从杜鲁门到布什》，封长虹译，时事出版社，1992，第 606 页。

佛同僚通力合作，选取并评估了从杜鲁门到里根政府时期共 14 项由国安会参与制定的具体政策，或通过国安会机制处理的危机事件①。尽管缺少权威性，但这些学者的成果仍体现了当时这一领域研究的最高水平。

（二）托尔委员会的研究报告及其结论

在几乎动用了当时美国政府内外与国安会相关的全部重要资源的情况下，托尔委员会如期完成了调查，并于 1987 年 2 月底发布了最终的研究报告。在这份长达 300 余页的报告中，托尔委员会将"伊朗门"事件定性为一系列决策上的失误，并认为这些失误不应归咎于美国现有的政府与法律制度。在接受《洛杉矶时报》记者的采访时，委员会的成员之一斯考克罗夫特便明确指出"问题出自某些人，而非进程本身"②。委员会认为如果整个国家安全决策机制得到更好的管理和监管的话，那么这一系列决策上的失误是完全可以被避免的。

托尔委员会最终报告的内容层次非常分明，大体上可以被分为三个相互关联的部分。除了再现国家安全顾问与国安会幕僚向伊朗出售武器并将所得资金资助尼加拉瓜反政府武装分子的过程以外，委员会还将大部分篇幅用于梳理、审视国安会的发展历程，并在将这两者相结合的基础上，于报告的结尾提出改良国安会系统的建议。相比此前的同类研究机制，托尔委员会的进步在于其已经意识到，国安会的概念在经历 40 多年的发展后已经发生了延伸和扩张，不再仅仅意味着总统汲取政策意见的高级论坛，而是一个宏观、立体化的系统。这一系统中包括正式会议、国家安全顾问、国安会幕僚以及跨部门委员会在内的每个组成部分都对总统的决策产生至关重要的影响，因而任何一个环节出现问题都会"牵一发而动全身"，导致整体政策进程出现纰漏。基于这种认识，委员会将国安会系统进行了

---

① 相关的案例研究包括：NSC－68 号文件、U－2 飞机事件、猪湾事件、古巴导弹危机、智利的隐蔽行动、入侵柬埔寨、中美关系、"马亚克斯"号事件、伊朗伊斯兰革命、伊朗人质斡旋、人质救援行动、贝鲁特事件、1985 年恐怖分子劫机事件以及"阿基莱·劳伦"号（Achille Lauro）事件。参见 "Appendix F: President's Special Review Board Interviews," in President's Special Review Board, John Tower, *The Tower Commission Report*, New York: Bantam Books & Times Books, 1987, pp. 509－510。

② Robert C. Toth, "The Tower Commission Report: NSC Staff is Faulted for Making Policy in Secret," *Los Angeles Times*, February 27, 1987.

拆分，并逐次对其内部四个重要元素进行分析，试图借此找到问题出现的关键点。

也正是通过这种方法，托尔委员会得到了与里根最初的预期大相径庭的结论。总统在"伊朗门"事件爆发时便认定国安会的机制或结构出现了问题，建立委员会的目的也是寻求改革这一机制的方法和途径。然而，托尔委员会却认为，处于国安会系统核心地位的正式会议在历史发展中始终未曾偏离 1947 年《国家安全法》对其加以限定的轨道，"除了在不同时期被使用的频率不同以外，国安会正式会议始终是一个严格意义上的顾问集体"①；同时，为辅助正式会议顺利运作、监管政策良好实施而在国安会框架内建立的一系列跨部门委员会机制是国家安全进程得以"灵活而不致僵化"的重要保障，因此也不存在致命的缺陷。这两项机制化的因素在国安会发展史上时刻处于正常状态，因此并不是造成"伊朗门"事件的罪魁祸首。相反，委员会认为问题大部分是出在国家安全顾问与国安会幕僚这两个国安会系统中的"人性化"因素上。

为此，托尔委员会对国家安全顾问进行了重点分析。在委员会看来，这一职务不受法律束缚，因此在不同时期所发挥的职能不尽相同，而具体的表现形式与总统的管理风格是有很大关系的。大体上，自国家安全顾问出现以来，无论是向总统传达信息或提供建议，还是国家安全政策的监管或回顾，其都会在掌权者的许可下积极地参与其中。这虽然使其权力得到了持续的扩张，但也不可避免地导致了诸多内在矛盾的出现。在最终报告里，托尔委员会总结了这些矛盾带来的五种"职务困境"（role dilemmas），分别为：

（1）总统越是依赖向国家安全顾问寻求政策建议，其他内阁成员就越发对其不满；

（2）国家安全顾问越是成为某个观点的强烈倡导者，他作为"诚实掮客"的能力就越弱，总统听取正式会议中其他成员建议的可能性就越低；

（3）国家安全顾问越是参与具体的政策实施——例如与外国政府进行谈判或是深入参与军事、情报事务，其合法性及权威就越容易受到质疑和挑战；

---

① President's Special Review Board, John Tower, *The Tower Commission Report*, New York: Bantam Books & Times Books, 1987, pp. 509 – 510.

（4）国家安全顾问越深入某一具体行动，就越无法对该行动公正地进行回顾，难以评价这一政策是否能继续服务于美国总统和美国国家利益；

（5）国家安全顾问越是在公共场合担任国家安全及外交事务问题的发言人，总统的政策就越容易出现不连贯性①。

委员会的这一结论同样可以佐证本书第五、第六章中曾强调过的观点，即这些国家安全顾问的"职务困境"往往会直接带动受其领导的国安会幕僚团队在白宫工作班子中的职能定位不明确、人员分工模糊。委员会在结论中明确指出，"伊朗门"事件正是这种模糊性所导致的直接后果；鉴于国安会幕僚同样"是总统个人意志的体现"，里根本人没有在任期之初对国家安全顾问的职务进行明确框定的行为导致本身就"逐渐远离公众视线、不受国会直接监管"的国安会幕僚团队进一步走入法律的盲区，促使"精力充沛、喜欢做事的幕僚主动发起未经授权的行动"②。这也是"伊朗门"事件发生的根本诱因。

以上便是斯考克罗夫特所谓"问题在人而非机制本身"的含义。在委员会看来，如果处理好国安会系统中"人"的因素，诸如"伊朗门"事件或其他决策性失误是完全可以避免的；1947年《国家安全法》尽管建立了相对完善的国安会体制，但未能对国安会幕僚和国家安全顾问的职能给予恰当的规定。基于这种认识，托尔委员会对国安会系统及其内部机制的未来发展给出了自己的建议。总的来看，委员会的建议可以被归纳为以下几点。

首先，托尔委员会认为国家安全顾问的职务性质亟须做出明确的定位。委员会认为，归根究底这一职务"并不是对总统负责，而是为国安会正式会议的法定成员们负责"，其最为重要的职能应当是协调各部门意见、做好会议记录、定期回顾政策和监管政策的实施，而后才是作为总统国家安全事务的重要信息来源。因此，担任这一职务的人选的三个最重要特质是"技巧性、敏感性以及正义感"③。而在提到其"顾问"职能时，托尔

---

① President's Special Review Board, John Tower, *The Tower Commission Report*, New York: Bantam Books & Times Books, 1987, pp. 10 – 11.

② President's Special Review Board, John Tower, *The Tower Commission Report*, New York: Bantam Books & Times Books, 1987, pp. 12 – 13, 92.

③ President's Special Review Board, John Tower, *The Tower Commission Report*, New York: Bantam Books & Times Books, 1987, p. 90.

委员会做了额外的补充，强调"其不能利用自己在总统身边之便利操纵整个机制的运行，借此'以权谋私'……同时也要避免成为总统和国安会正式会议之间的额外层级"①。尽管如此，委员会还是承认了这一职务"双重责任"的合理性，可以被视为一种进步。

除了担任这一职务本身的特质以外，托尔委员会还明确指出国家安全顾问不应与国务卿或国防部长在塑造公共政策的问题上竞争，应时刻保持低调。这一点呼应了索尔斯在早期就强调过的"匿名的激情"；同时，里根对自己前四任国家安全顾问前后不一的态度似乎也受到了委员会的注意，因此后者也特意提到国家安全顾问"必须有直接接触总统的权力"。可以看出，委员会描述了一种近似"教科书"般的国家安全顾问形象，也非常贴近斯考克罗夫特本人在福特政府时期国安会与国家安全决策系统内扮演的角色。然而在大多数情况下，这一职能预期是过于理想化的。基辛格与布热津斯基在各自任期内的权力扩张便是极为有力的证明。

尽管如此，托尔委员会也驳斥了长期以来存在于美国政府内外的"应当由参议院来任命国家安全顾问"的呼吁。秉持这种观点的人认为，如此重要的职务必然应当长期处于国会的监管之下，并定期去国会接受听证，唯有如此才能让该角色获得与其重要性相匹配的可信度。而委员会则明确指出这种做法只会让其定位更加混乱。一方面，一旦国会掌握了国家安全顾问的任命权，就相当于承认该职务具备了参加具体政策实施的职能，这与其"远离决断，仅提供建议"的职能存在根本性矛盾；另一方面，国会利用听证会对国家安全顾问的持续监管行为将会进一步扩大其与国务卿之间的职务冲突。"'谁是总统的国家安全政策的发言人'这样的问题将会越来越多，来自外国政府的代表也会感到迷惑，这些人将处于不停'换地方打官司'的情况"②。而最重要的是，这种白宫内部"秘密顾问"的角色在美国历史上长期有之，可以被视为总统的"刚性需求"。一旦承担了该角色的国家安全顾问得到了国会的承认，那么美国总统很有可能转而任命另外的人从事同样的工作，让国会的行为失去意义。综上所述，委员会坚持应在未来的日子里继续保持国家安全顾问的非法定职务地位。

---

① President's Special Review Board, John Tower, *The Tower Commission Report*, New York: Bantam Books & Times Books, 1987, pp. 90 – 91.

② President's Special Review Board, John Tower, *The Tower Commission Report*, New York: Bantam Books & Times Books, 1987, p. 95.

其次，托尔委员会也对导致国安会幕僚团队混乱的原因进行了细致分析，而研究表明国安会幕僚"应当时刻保持很小的规模"，同时"政府内部成员与外来成员的数量应当维持巧妙的平衡"，"挑选人员时也应当加倍小心"。值得肯定的是，委员会敏锐地发现了隐藏在国安会幕僚中的一个重要缺陷，即这一团队缺乏所谓的"组织记忆"。而造成这一问题的首要原因便是总统总是替换这些本应当不随政府更迭而调整的顾问成员，目的是让他们成为"总统的人"。通过观察国安会的历史确实可以发现，每当这一机制面临理念上的巨大变动时，最先被更替的往往是国安会幕僚。这不仅造成了政府之间在国家安全政策上缺乏连贯性和延续性，同时也极大地损伤了这一团队的士气。托尔委员会指出，如果美国的政策精英们把国安会"视为一个机构的话"，那么便需要重视缺乏"组织记忆"所蕴含的危机。为此他们建议要么在国安会内部"建立一个永久的、规模极小的'行政秘书处'（permanent executive secretariat）"，要么"将行政秘书的任用改为终身制"。尽管这一提议是托尔委员会少数没有被采纳的意见之一，但对该问题的强调也让包括美国总统在内的决策层开始重新考虑对国安会幕僚机制的利用方式。

再次，托尔委员会的结论显示，除了对自身职能的定位不明确以外，国家安全顾问与国安会幕僚之所以能够在这次秘密交易中坦然行事，另一个重要原因便是国安会系统内缺乏有力的政策监管机制。早在艾森豪威尔时期，国安会内便建立了国务卿牵头、内阁各部门成员参与的行动协调委员会，有力地制约了处于政策规划端的国安会成员"越俎代庖"，直接参与国家安全政策实施进程的情况。此后，美国决策层为了精简机制，便趋向于利用国家安全顾问甚至国安会幕僚来协调、监管有关政策的实施。在里根时期，由于总统实行职能分工并不明确的"放养"管理模式，依靠国安会中的成员来实行监管的手段实际上是极为无力的。委员会正是在意识到这点的基础上，颇为明确地对里根政府的政策监管进程进行了批判。在他们看来，政策监管的重要性在很长一段时间被忽略了，其应当得到与政策规划同样的重视；同时，美国政府不能仅依靠国家安全顾问以及国安会幕僚来践行该职能，总统同样应当承担这一责任，带头在国安会内部建立起强大的政策监管体系，来确保"伊朗门"这样的事情不会再发生。

最后，在综合上述几点结论的基础上，托尔委员会在报告中详谈了一种其认为更加合理的国安会系统运作模式。他们承认实施了近 40 年的 1947 年《国家安全法》"仍旧是国家安全决策制定最为可靠和基本的框架",法律的规定"使得国安会系统在正规性和灵活性之间找到了某种平衡,让每位总统都能按照自己的意愿去塑造这个国家安全体系",因此认为"对《国家安全法》中对于国安会系统结构和运作方式的规定不应做出实质性更改"①。与胡佛委员会和杰克逊小组委员会不同的是,托尔委员会提出的这一模式并不提倡对该系统进行过多的改革,而是试图将过去国安会历史中行之有效的东西结合起来,并在原有的基础上进行"精修"。为此,委员会一方面强调国安会正式会议的成员们应担负起更多的责任,不仅在其管辖政策范围内担任总统的最高顾问,同时也包揽所有决策的执行工作,而国家安全顾问和国安会幕僚则要远离政策实施进程;另一方面,委员会强调"监管"在整个国安会系统中的重要性,同时认为这一职能由国家安全顾问和国安会幕僚行使最为合适。委员会建议"由国家安全顾问担任国安会系统中重要跨部门委员会的领导者",以最大限度地发挥协调职能。在他的带动下,国安会幕僚明确了"纵向的权力责任",完善了相关工作由上至下的传递过程,并在每个级别建立起完整的"各级负责制"②。

此外,委员会也建议在国安会幕僚团队中增加一名额外的法律顾问,从而抑制"伊朗门"这种未经授权的隐蔽行动再次发生。在当时,司法部长已经是国安会正式会议的法定顾问了,负责给总统以及国安会的正式成员提供法律支持。而委员会的建议可以确保在工作人员层级也能拥有这样一个"安全阀",同时提高国安会幕僚在工作进程中对法律问题的敏感度。

总之,托尔委员会对国安会系统提出的建议中最为重要的便是"加强监督"。围绕这一核心概念,委员会建议在国安会机制内部建立纵向、明确的职权范围划分,对处于整个国安会政策进程中不稳定的个人因素加以制约和控制,促使他们在合理的范围内行事,做出更为理性的判断。托尔委员会将国家安全政策机制出现混乱的诱因归咎于过度的"人性化",在

---

① President's Special Review Board, John Tower, *The Tower Commission Report*, New York: Bantam Books & Times Books, 1987, pp. 90 – 91.

② President's Special Review Board, John Tower, *The Tower Commission Report*, New York: Bantam Books & Times Books, 1987, pp. 94 – 96.

某种程度上是对杰克逊小组委员会结论的理性反思。其结论证明经历了 40 年的发展，美国的决策精英们已经能够更加成熟、理性地考虑国安会这一国家安全枢纽性机制了，这些人多半已经意识到国安会所谓"完美的范式"恐怕是不存在的。

（三）托尔委员会对后冷战时期国安会机制发展的影响

托尔委员会的调查报告一经问世即在当时的美国政府内外激起了巨大反响。报告对"伊朗门"事件来龙去脉的高度还原给予了那些持续关注该丑闻的美国民众一个较为合理的解释，同时其在此基础上所提出的有关美国国安会及国家安全机制的改良方案也引起了美国政府决策层成员的高度重视，并引发了诸多华盛顿政界人士对国家安全机制的讨论。

其中，大部分人对委员会的研究结论是持肯定态度的，并尽力对其进行声援。其中，比较有代表性的人物是梅尔文·莱尔德（Mlevin Laird）。这位卡特政府时期的国防部长特地在美国企业研究所（American Enterprise Institution，AEP）进行了一次名为《托尔委员会之后》的演讲，并高度赞扬了委员会的调查结论。在演讲中，莱尔德称托尔委员会的研究是"可靠的依据"，表示自己"完全同意委员会的意见"，并认为"这些论断有助于提高美国的国家安全政策进程"[①]。正如前文所述，莱尔德在自己的任期内对于国安会的态度曾经经历了一个从抵触到逐渐接受的转变过程，而产生这种转变的关键原因在于他发现比起规模庞大、人员冗杂的国务院等传统外交政策机构，由国家安全顾问与国安会幕僚组成的集体更加灵活、有效率，非常有助于将难以达成的政策目标转化为现实。而国安会团队的这种灵活性毫无疑问来自 1947 年《国家安全法》对其的模糊规定，因此对该法律进行修改、增强对国安会系统的限制性规定不仅不会让这一机制得到进一步发展，在长远看来还会降低美国国家安全政策的产出效率。在这一点上，莱尔德与托尔委员会的结论保持了高度一致，认为"单纯修改国安会的组织和结构没什么价值"，"选好了合适的人并且让他们在工作中

---

① Melvin R. Laird, "Beyond the Tower Commission, Speech at the G. Warren Nutter Lectures in Political Economy," The American Enterprise Institute, 1987, https://www.aei.org/wp - content/uploads/2016/03/NutterLectures15. pdf.

紧密合作，我们就不需要（对现有国安会结构的）改组计划了"①。

值得一提的是，莱尔德还在演讲中特别提到了参议员杰克逊及其领导的小组委员会。在他看来，以杰克逊小组委员会为代表的诸多美国政府研究型机制在 20 世纪 50 年代末 60 年代初所得出的结论在当时仍是适用的，而托尔委员会只是在此前成果基础上更进一步，以更为理性的方式看待"人"与"机制"之间的关系。莱尔德的话再次证明，尽管相隔了近 30 年，这些委员会的研究结论之间却存在前后相关的联系，符合美国政策圈子对国安会机制的认知。

与此同时，也有少数对托尔委员会的研究结论表示不满的声音。如有些人认为委员会对里根的批评闪烁其词，过于温和，"完全丧失了一份调查报告应有的独立性"②。这其中也不乏来自媒体的意见，例如 1987 年 2 月 27 日《纽约时报》的一篇评论员文章中就明确指出委员会对里根提出批评的语言"异乎寻常地模糊"③。同时，也有人对委员会将"伊朗门"归咎于个人而非机制提出了质疑。这些人大部分是主张对美国政府体制进行大幅改革的激进主义者，认为托尔委员会忽略了由个人引发的问题往往出自机制上的缺陷。正如普拉多斯所述，"由于里根的国家安全委员会是一个政策掮客体制，它的运行机制极像第二次世界大战前日本军国主义时期的政府……在托尔的调查报告里，人们看不到有关这件事的半点暗示，其调查结论是每一个错误都不是运行机制的毛病，而仅仅是个人的失误"④。尽管在某种程度上有失偏颇，但这些批评的出现是完全可以理解的。相比之前的同类机制，托尔委员会的结论相对温和，没有体现剧烈的变革要求，因此很难满足一部分里根政府的反对者及批判者的"胃口"。

---

① Melvin R. Laird, "Beyond the Tower Commission, Speech at the G. Warren Nutter Lectures in Political Economy," The American Enterprise Institute, 1987, https://www.aei.org/wp-content/uploads/2016/03/NutterLectures15.pdf.

② 〔美〕戴维·罗特科普夫：《国家不安全：恐惧时代的美国领导地位》，孙成昊、张蓓译，社会科学文献出版社，2016，第 286 页。

③ Steven Roberts, "The White House Crisis: The Tower Report Inquiry Finds Regan and Chief Advisers Responsible for 'Chaos' in Iran Arms Deals; Regan also Blamed," The New York Times, February 27, 1987.

④ 〔美〕约翰·普拉多斯：《掌权者：从杜鲁门到布什》，封长虹译，时事出版社，1992，第 662 页。

尽管如此，大部分美国政府内外了解国安会以及国家安全进程的人基本秉持同一种观点，即托尔委员会的研究报告具备重要的价值，不仅公平地向美国民众呈现了"伊朗门"事件的调查结果，也对美国决策层提供了未来国安会系统的重要改良路径，可以被视为美国政策界对于该机制相关研究的最高水平。作为托尔委员会的缔造者，总统本人也是这种观点的有力支持者。1987年3月4日，里根特地以一次电视讲话的形式表达了美国政府对委员会工作成果的赞许和肯定。当时，据报告发布尚不到半个月的时间。在讲话中，里根对托尔、马斯基和斯考克罗夫特表达了谢意，称"他们不仅为我，也是为国家奉献良多，他们的报告不仅完整而且具备深度"①。在否认自己对国安会幕僚参与武器换人质的行为知情但承认自己负有重大责任的基础上，里根表示他已特地与新的国安会幕僚团队会面，并向他们再次强调了报告中所警示的相关问题。而里根最希望通过这次讲话向美国民众传达的莫过于政府会尽可能地听取委员会的意见。他指出，"我希望美国人民能够清楚过去几个月的努力不会白费，我会接受托尔委员会提出的每一项建议。实际上，我也将在某种程度上超越这些建议，旨在让白宫变得更为高效"②。里根表示，为达到这一目的，他除了会对白宫内的人员进行调整并对现有的国家安全、隐蔽行动相关政策进行回顾以外，最为重要的一点便是"全盘接受托尔委员会报告的国安会运作模式（Tower Report NSC Model）"。

在这次电视讲话后不久，里根便先后发布了一系列总统文件，以具体行动来兑现自己在这次电视讲话中的承诺。1987年3月31日发布的NSDD-266号文件结合了里根任期之初NSDD-2号文件及托尔委员会的报告的内容，是美国历史上内容最为丰富的、关于国家安全组织进程的总统指令文件之一。该文件重申国安会正式会议是国家安全政策的主要论坛，同时强调在会议上应当依法进行完整的会议记录；同时最能够体现托尔委员会结论影响的是，NSDD-266号文件取消了国务卿、国防部部长以及中情局局长为国安会正式会议起草文件的职能，同时使他们的决策作用

①　"President Reagan's Address to the Nation Regarding the Tower Commission Report," March 4, 1987, https://www.youtube.com/watch?v=j2Ic4_EaC0s.

②　"President Reagan's Address to the Nation Regarding the Tower Commission Report," March 4, 1987, https://www.youtube.com/watch?v=j2Ic4_EaC0s.

"处于国安会进程的监管之下"①。为了响应托尔委员会"明确定位国安会系统内重要角色"的号召，NSDD - 266 号文件对国家安全顾问与国安会的行政秘书两个职务首次进行了清晰的区分与规定。文件声明前者负责"管理国安会进程"、"监督政策的实施情况"、"倡导个人的观点"以及"如实地向总统反映国安会与会成员的观点"；而对于行政秘书，文件则继续沿用了 1947 年《国家安全法》中的规定。而 6 月 9 日的 NSDD - 276 号文件则在机制上采纳了托尔委员会的建议，将国安会的架构设立为纵向的、权力自上向下逐级递减的结构，这也是后冷战时期斯考克罗夫特模式的主要特征。鉴于具体的改动在第四章中已经进行过描述，此处不赘述。

　　至此，由托尔委员会报告中提出的国安会机制终于在里根任期末得以建立，终结了自肯尼迪时期以来的美国总统在塑造国安会机制时面临的两难境地，使国安会系统发展出了一个立体、严谨而又稳定的结构。到老布什政府时期，再度出任国家安全顾问的斯考克罗夫结合自己在托尔委员会中的宝贵经验，对这种模式进行了进一步的延伸和改良，最终形成了被诸多学者称为斯考克罗夫特模式的国安会运作模式。斯考克罗夫特模式的国安会系统由自上至下的部长委员会、副部长委员会以及政策协调委员会的三级结构组成，权限和管辖范畴依次递减，职能与具体事务逐步增多。应当认识到，作为后冷战时期历任美国政府所沿用的国安会机制，斯考克罗夫特模式的实质仍是维持"过度机制化"与"超级内阁"两极之间的一种动态平衡。尽管其结构并不冗杂，不至于"过度机制化"，但由于注重各部门在中下层级的合作，国安会失去了宏观政策规划能力；同时，为了在保证"人性化"的同时不至于让权力过度集中，委员会中大部分人员都是兼职，这难免会导致美国外交与国家安全政策失去连贯性。尽管斯考克罗夫特模式被认为是一种相对稳定的运作模式，但斯考克罗夫特自己也承认，该系统"存在缺陷"②，随时可能出现"权力失衡"。其与托尔委员会的解决方案一致，并没有试图解决存在于 1947 年《国家安全法》中的矛盾，可谓一种权宜之计。

---

① "National Security Decision Decision - 266," March 31, 1987, 美国科学家联盟网站, http://fas. org/irp/offdocs/nsdd/nsdd - 266. htm。

② Brookings Institution, The National Security Council Project, *Oral History Roundtables: The Role of the National Security Advisor*, October 25, 1999, http://www. brookings. edu/fp/research/proje-cts/nsc/transcripts/19991025. htm, p. 20.

　　斯考克罗夫特模式主导了后冷战时期近 30 年的国安会机制框架。然而到奥巴马政府时期，其所维持的平衡在某种意义上被打破了。一方面，国安会再度出现了"过度机制化"的倾向：在奥巴马 8 年任期内，国安会系统的规模急剧膨胀，成员数量大幅度增长。截至 2016 年年中，国安会幕僚数量多达 400 余人，这在美国历史上是绝无仅有的，也违背了托尔委员会结论中"幕僚团队应当维持小规模"的原则①。同时，对政策制定细节的过分管控、对政策实施环节的反复插手以及对诸多内阁部门固有权力的大肆掠夺不仅让国安会成员成为"霸道"和"偏执"的代名词，也让整个国家安全系统的运作机制日趋冗杂，效率逐步走低②。另一方面，随着时间的推移，国安会的机制再次走入了僵局：也许是感受到了国安会系统政策产出的迟钝，奥巴马越发倾向于"圈内决策"为导向的国家安全政策管理模式。其圈内成员大多来自 2008 年奥巴马的竞选团队③，处于圈外的成员则基本上不具备左右政策走向的能力。这种模式让内阁成员深受其害，也严重挫伤了团队士气。

　　鉴于奥巴马时期的国安会系统饱受诟病，美国国会在 2016 年 4 月 28 日通过的《国防授权法案》中，明确要求白宫对国安会系统进行大规模裁员，将其幕僚成员数量在 2017 财年前降至 150 人左右④。

---

①　Karen DeYang, "How the Obama White House Runs Foreign Policy," August 4, 2015, The Washington Post, https://www. washingtonpost. com/world/national – security/how – the – obama – white – house – runs – foreign – policy/2015/08/04/2befb960 – 2fd7 – 11e5 – 8353 – 1215475949f4_story. html.

②　Karoun Demirjian, "Republicans to Take Aim at the National Security Council," *The Washington Post*, April 24, 2017, https://www. washingtonpost. com/news/powerpost/wp/2016/04/24/republicans – to – take – aim – at – the – white – house – national – security – council/.

③　奥巴马政府公认在国家安全方面的"圈内成员"包括托马斯·多尼伦（Thomas Donilon）、苏珊·赖斯（Susan Rice）、丹尼斯·麦克多诺（Denis McDonough）、本·罗兹（Ben Rhodes）等。见 David J. Rothkopf, *National Insecurity: American Leadership in an Age of Fear*, New York: Public Affairs, 2014, pp. 208 – 220。

④　Russ Read, "New Defense Budget will Drastically Cut National Security Council's Bloated Staff," May 20, 2016, The Daily Caller, http://dailycaller. com/2016/05/20/defense – budget – will – cut – the – staff – of – the – national – security – council/.

结　语

美国国家安全委员会，一个被全世界范围内各国政府、学界甚至新闻媒体长期关注的核心协调部门，长期以来在美国的复杂国家安全决策系统中扮演着至关重要的角色。纵观整个冷战时期，尽管美国国安会的机制始终处于变动之中，但这并不妨碍其在整体上沿着良性发展轨道演进。经历了整整 40 年的调整及变革，该系统的组织结构由单一走向多元，运作理念由模糊逐渐清晰，最终换来了后冷战时期持续至今多达 30 余年的机制稳定期。由于与生俱来的冷战烙印，以及与美国政府行政部门中诸多机构相比迥异的发展路径，美国国安会不出意外地成为西方政治学及政府管理学界长期以来的重点关注对象。2006 年，美国学者罗特科普夫的著作更是一经问世就引发了学术界有关美国国安会系统的大讨论①。尽管将美国国安会称作"操纵世界的手"听上去略显夸张，但这也恰恰说明了主流学界已经意识到，这一最初在杜鲁门执政时期被设计成协调和顾问机制的"总统的工具"，已经具备了能够左右美国外交、国家安全政策乃至美国国际战略的"实质性力量"②。在这种情况下，若是继续将美国国安会视为政治系统理论中不可触及内部实质的

---

① 由这部著作引发的美国学界有关美国国安会机制的后续讨论，参见 Richard Samans, Klanus Schwab, Mark Mallonch – Brown, "Running the World, after the Crash," *Foreign Policy*, No. 184, 2011, pp. 80 – 83; John A. Williams, "Advice for the Prince," *The Review of Politics*, Vol. 68, No. 4, 2006, pp. 709 – 711; Loch Johnson, "Running the World," *International Affairs*, Vol. 81, No. 5, 2005, p. 1170 等。在美国国安会相关研究中颇有建树的学者、布鲁金斯学会 "国家委员会课题" 的领导人戴斯特勒也在《外交事务》上撰写了对这部著作的评论，并随之探讨了 21 世纪初美国国安会的发展与变化，参见 I. M. Destler, "The Power Brokers: An Uneven History of the National Security Council," *Foreign Affairs*, Vol. 84, No. 5, 2005, pp. 155 – 160。

② Carnes Lord, "NSC Reform for the Post-Cold War Era," *Orbis*, Vol. 44, No. 3, 2000, pp. 435 – 450.

"黑箱"①，便失去了一条能够深入了解美国国际战略的重要渠道。

一　美国国安会机制的发展史及其对国际战略的影响

以政治学家蒂利"战争塑造国家，国家制造战争"② 的著名论断来形容美国在 20 世纪后半叶的状态及行为可谓恰如其分：长期缺乏统一跨部门协调机制导致美国在二战时期不时陷入政策规划及实施的混乱之中，这无疑给美国的决策层敲响了警钟；而如果长期缺乏有效的组织协调体系，系统且稳定的国际战略规划则无从谈起。在二战结束后不久，为了令自身在对苏冷战这场"没有硝烟的战争"中占得先机，美国在刚刚步入战场时便尝试以建立国内诸多机制，以主动的姿态去缓解来自苏联的压力，通过系统性战略规划来应对外部国际环境变化所带来的挑战。作为 1947 年《国家安全法》的支撑性机制以及"国家安全国家"建设进程中的重要一环，美国国安会的创立虽然处于冷战的大背景之下，但其发展历程证明该机制的意义远远超越了这一背景所赋予它的角色及意义。这也解释了为何美国国安会机制在冷战结束后仍旧持续成为美国国际战略的"发动机"，重要性不降反升。

从这个意义上讲，美国国安会既是冷战的产物，又绝非单纯是冷战的产物，其演进历程始终伴随着美国政府对包括外交、军事、经济、反恐等多个维度的国家战略所进行的整合与调整。美国国安会是连接美国国内政界决策与国际政治实践的重要桥梁之一，且无论环境如何，这一渠道始终呈现一种国内外"双向联通"的状态。在梳理国安会的历史后，尤为清楚的一点便是，旧有学界将国安会单纯理解为"总统的产物"是有失偏颇的，对国安会的研究也不等同于单一的"总统权研究"。美国政府决策者的偏好及考量绝非这一机制发生变迁甚至改革的唯一动力。归结来看，至少有三个方面的因素导致了冷战时期国安会的机制变动，进而左右美国国际战略的调整。

---

① 政治系统理论是 20 世纪 50 年代以来日渐流行的一种政治学理论范式。这种理论认为政策决策的输入端与输出端之间有一只掺杂人治操控的"黑箱"，其内部运作机理难以洞悉。参见〔美〕戴维·伊斯顿《政治体系——政治学状况研究》，马清槐译，商务印书馆，1993，第 93 页。

② Charles Tilly, "Reflections on the History of European State-Making," in Charles Tilly, ed, *The Formation of National States in Western Europe*, Princeton: Princeton University Press, 1975, p. 42.

首先，冷战时期不断变化的国际安全环境促使国安会机制调整及改革，而这种调整又进一步塑造了美国国际战略的形态。

二战结束后，美苏同处于雅尔塔国际体系下，两国都面临如何在英法等传统守成大国实力衰弱的情况下维持以及扩张自身力量的挑战。从地缘政治的角度来讲，美苏都试图通过某种新的方式和路径去填补世界范围内由于非殖民化运动而产生的权力真空，同时试图尽可能利用意识形态的同化力去对各国及其人民施加影响，谋求通过"新殖民主义""新帝国主义"完成扩张。一方面，在这一时期国家安全理念的内涵变得更加丰富，比起传统的"硬实力"，经济与制度文化方面的影响力成为达成扩张目标更为现实的手段，即"安全环境的变化催生新的安全议题"[1]；另一方面，尽管在国际行为主体相互依存的核时代，传统战争并非获取权力的最佳手段，但美苏这两个超级大国仍十分重视传统军事领域，并在铁幕落下后相当一段时间内仍时刻将扩充和发展军备作为自身实力扩张的基础。从这个意义上讲，"国家安全"的内涵并非发生了变化，而是在原有基础上得以延伸和扩充。这也对两国政府内部的高层次跨部门协调提出了非常高的要求。

相比美国三权制衡的政治结构，苏联的政治体制似乎在执行力上更胜一筹：鲜有干扰的权力集中模式有助于领导者在决策层级顶端进行更好的统筹协调，同时由上至下的政策传导方式也便于提高各相关部门的执行效率。中情局苏联研究办公室在 1982 年的一份秘密研究报告中就曾明确指出，"苏联的政治结构有其明显的优势……不仅国家安全决策能够在最短时间传达到各个执行机构，上级的权威也足以迫使这些机构在第一时间将决策付诸实践"[2]。而反观美国，其政府内诸多机制彼此制约的政治结构无疑成了政策统筹、协调以及实施进程的最大掣肘。美国的决策者也早已意识到了这一点，因此在类似 NSC - 20/4 号这样重要的宏观国家安全战略系列文件中反复强调需要"增强国内相应的国家安全机制"从而"应对

---

① 刘建华：《美国国家安全体制改革：历程、动力与特征》，《美国研究》2015 年第 2 期，第 80 页。

② Office of Soviet Analysis, "The Soviet Political Succession: Institutions, People, and Policies," April 20, 1982，美国中情局网站电子解密档案，https://www.cia.gov/library/readingroom/docs/DOC_0000500590.pdf。

可能与苏联间长期存在的紧张状态"①。在情势瞬息万变的冷战时期，在制度上有先天劣势的美国只能通过不断调整其协调机制的方式来实现上述诸多目标。这便是将外部国际安全环境与内部国安会机制相联结的关键点。

在这种近乎零和博弈的国际竞争模式下，美苏两国的"相互制衡"只是一种理想化状态。在大多数时间，两者之间的力量处于不均衡状态。尽管在著名国际政治学家杰维斯（Robert Jarvis）看来，这种"力量差"在信息流通性不佳的冷战时期更多体现为一种"错误的知觉"②，但即便如此，这种感知仍旧对两国的政治决策产生了重要影响。通过前文的叙述与分析所得出的结论足以证实，该因素是促使美国国安会机制调整甚至变革的重要"自变量"之一。

整个冷战时期，国际形势、美苏关系的变化与美国国安会的调整始终保持着高度的一致性，更加佐证了国际环境能够影响国内机制走势的这一判断，即"力量的均衡或者不均衡程度也就决定了竞争的性质及其对竞争双方国内机制建设的影响"③：在美苏刚刚步入冷战、彼此冲突激化的40年代末到50年代初，古巴导弹危机爆发、越南战争逐步升级的60年代初到70年代末，以及"星球大战"计划及"新遏制战略"提出并实施的80年代前期，美国国安会都表现为"咨议-顾问"机制，甚至在某些双边关系特别紧张的时段沦落为边缘化机制，在某种意义上成为"帝王式总统权"的牺牲品；相比而言，冷战中的三次缓和期——美苏领导者分别提出"遏制-解放"策略与"三合路线"的50年代、美国从越南撤军并遭遇经济危机的70年代，以及苏联经济改革失利、"新思维"提出的80年代中后期——都造就了能够长足发展的"统筹-协调"国安会机制、"超级内阁"甚至主导后冷战时期国安会架构的斯考克罗夫特模式，在美国国家安全决策体系中占据中流砥柱的地位。鉴于美国国安会系统的根本要务在于服务国家安全政策协调及产出这一"最高要务"，其机制因国际社会环

---

① "NSC - 20/4, A Report to the President of National Security Council on U. S. Objectives with respect to the USSR to Counter Soviet Threats to U. S. Security, "September 23, 1948, *USDDO*, CK2349354052.

② 〔美〕罗伯特·杰维斯：《国际政治中的知觉与错误知觉》，秦亚青译，上海人民出版社，2015，第2页。

③ 肖河：《美国国家安全委员会机制的创立与演变》，《国际经济评论》2015年第6期，第131页。

境的变化而出现不同方式的调整也是完全符合逻辑的。

其次，美国国内政治环境尤其是来自行政机构中总统顾问系统的内部压力同样是导致国安会机制变动的主要因素。

作为美国政府行政部门系统的"后来者"，美国国安会的发展史上充斥着"挥之不去的部门主义和恶性竞争"①。职能涉及诸多国家安全核心议题的国安会在机制发展和调整过程中，或多或少地对政府内部的权力秩序产生了影响，甚至在某些特定时期具备了足以打破原有秩序的能力，从而危及其他部门正常行使自身职责的权力。因此，美国政府中的诸多"传统机构"时常会本能性地对国安会系统产生抗拒心理。这种情况在20世纪40年代的"军种论战"时期便可初见端倪，而在国安会的发展史上更是屡见不鲜。与此同时，国安会领导者及其幕僚在行使协调职能的时候，不得不插足各内阁部门的职权领域，这毫无疑问也会引发一部分机构的反感和抵触。来自政府内部多方面的压力对国安会系统内的各个组织产生了不同程度的影响，这时常迫使其进行机制上的调整。

国安会所承受的、来自国内政治系统的压力更多地来源于国务院和国防部这两个规模庞大的传统部门。一般来讲，两者都不愿意看到有一个庞大并且能够对总统决策产生实质性影响的国安会系统存在。因这种心态所导致的矛盾与对立大多数体现在领导者身上。例如在20世纪70年代初国安会系统逐渐形成过程中，国防部部长与国务卿都感受到了自身的固有权力受到侵蚀，进而导致矛盾甚至对立，前者是对基辛格充满了怀疑，面对国安会的政策协调时常反复追问"这是总统的意思，还是你自己的意思"②。而后者与国家安全顾问的矛盾则在当时便成了公开的秘密③。在这种背景下，国家安全顾问如果选择放弃既有权力的话，无疑会被淹没在华盛顿官僚主义汹涌的潮水之中。这种国家安全顾问、国

---

① 孙成昊、肖河：《美国国家安全委员会的发展经验及教训》，《国际关系研究》2014 年第5 期，第 50 页。

② Document 91, "Editorial Note, "*FRUS*, 1969 – 1976, Volume Ⅱ, p. 201. 国安会幕僚林恩记录了国安会与国防部之间关系转向对立的过程及原因，参见 Document 90, "Memorandum from the Director of the Program Analysis Staff, National Security Council(Lynn) to the President's Assistant for National Security Affairs(Kissinger), Deteriorating Relationships with DOD, "December 8, 1969, *FRUS*, 1969 – 1976, Volume Ⅱ, p. 198。

③ Warren Unna, "Resurrection of the Security Council, "*The Washington Post*, January 20, 1969, B7.

务卿、国防部部长之间的非良性互动也最终从侧面促成了"超级内阁"的形成。

　　除了机构领导者间的矛盾会导致国安会自身机制的变动以外，长期位于白宫行政圈之中的国安会幕僚也会因承受类似的压力而在职能和规模上发生变化，间接导致国安会系统的部分职能越权或失调。在国安会成立之初，时任预算部部长韦伯就曾敏锐地预见到了这一点，并提醒总统"国安会幕僚与总统周围所有重要的正式、非正式机制之间都存在一定程度上的职能重叠，因此在人事任用时应当格外注意"①。在杜鲁门政府时期，国安会幕僚的政策规划职能始终由国务院的政策计划小组来承担。这无疑是由于时任部门领导者索尔斯认识到国安会幕僚中的顾问无力在谏言体系中发挥作用，国安会更是难以在可能发生的官僚斗争中与国务院抗衡。而在艾森豪威尔和卡特勒改革国安会并向其中引入"统筹－协调"运作理念后，这些外部压力随之消失，国安会幕僚机制也得到了长足发展，并带动了其职能范围的扩展。

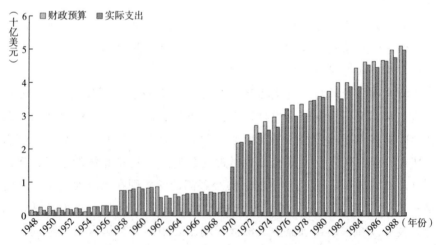

图 11 - 1　冷战时期美国国安会财政预算与实际支出①

资料来源：笔者根据相关文献自制。

---

① Document 12, "Memorandum of Conversation, by the Under Secretary of State Webb," May 4, 1949, *FRUS*, 1949, National Security Affairs, Foreign Economic Policy, Volume I, pp. 296 - 297.

② 该数据整理自美联储 FRASER 经济数据库所收录的 1947 年至 1990 年间美国财政部先后发布的 44 份《美国政府年度财政预算》（"The Budget of the United States Government," 1947 - 1990, U. S Government Printing Office, https://fraser. stlouisfed. org/title/54#19011）。

冷战时期国安会财政预算的增加可以佐证这一结论。通过图 11 - 1 可以看出，国安会的财政预算与实际支出共发生了三次明显波动。第一次波动出现在 1957 年到 1958 年间。这一时期，由于艾森豪威尔的"政策山"效应，国安会没有受到太多来自其他官僚部门的压力，在美国国家安全体系中占据了首屈一指的地位。行动协调委员会的出现也让国安会部分幕僚的职能延伸到了政策实施领域。在这一时期，国安会的预算中突然增加了"行动协调"（operations coordination）一项，且其预算高达 445000 美元，而相比之下"政策协调"（policy coordination）这一本职职能的预算仅为 265000 美元①。在这种背景下，其推行的"大规模报复战略"得以逐渐铺开，"解放政策"、政治战、心理战和宣传战等一系列非战手段逐渐成为美国战略界的重要对外政策选项。第二次波动则发生于 1962 年，当时政府内部对于艾森豪威尔国安会的批判使肯尼迪对国安会进行改革，先后解散了计划委员会和行动协调委员会。国安会机制的变化不仅导致其幕僚数量急剧下降，也让其权限受到进一步限制。肯尼迪政府通过弱化国安会幕僚参与和推动安全政策的方式，来实现从"大规模报复"战略向"灵活反应"战略的过渡和转换，"和平竞赛"的口号得以逐渐变为现实。第三次波动则出现在尼克松政府初期。担任国家安全顾问的基辛格基于个人能力以及总统的信任逐渐排除了来自外界的干扰，幕僚团队也因此进化为庞大的"超级内阁"。尼克松与基辛格始终保持决策核心圈的独立性，为其推动中美关系正常化这一战略调整预留了较大空间。

最后，美国总统的主观认知以及施政偏好既是促成国安会机制改革的强大动因，也是促使国安会成为美国国际战略"发动机"的重要因素。为了让国安会更加契合自身的施政偏好，几乎所有美国总统都在入主白宫的第一时间便确定了这一系统的具体架构，从而令其成为自身战略理念的推动机制。在更多的情况下，国家安全顾问负责将总统的运作理念付诸实践，并厘定对原有机制进行微调或改革的具体路径。长期以来，"总统决定国安会走势"的思维方式为大部分西方学者所秉持。这些人将这位处于国家安全政策层级顶端的决策者视为这一机制发生变革的唯一动力源。然而，如果说单纯将国安会视为"总统思维的产物"尚且能

---

①　"The Budget of the United States Government, 1958, "U. S Government Printing Office, p. 60, https: //fraser. stlouisfed. org/scribd/? item_id = 19011&filepath = /files/docs/publications/usbudget/bus_1958. pdf.

够解释冷战时期该机制的变化的话，其难以对后冷战时期斯考克罗夫特模式所体现出 30 余年的稳定性做出交代。因此，尽管总统的理念足以对国安会机制设置产生重要影响，但也绝非能够左右其变化的唯一因素，而是与上述两种因素共同作用，以相对复杂化、多元化的形式对这一系统施加影响。

二　美国国安会的内部矛盾：官僚主义掣肘

长期以来，美国政府行政机构中存在的部门主义和官僚主义为国家政策的规划和实施设置了障碍。跨部门协调进程的不力甚至缺失不仅极大地降低了政策落实的效率，更难以对那些来自决策金字塔底端的冲突和分歧进行有效调和。在冷战开始前的大部分时间里，国务院、军事机构、情报界以及内阁各部门的观点和意见相互交织，错综复杂，形成了一个难以处理的"戈尔迪之结"①，令历任美国政府领导者都感到头疼。作为战后美国国家安全体制的基石以及"国家安全国家"建设进程中的重要理论依据，1947 年《国家安全法》最为重要的成就便是建立了国安会这一专门的跨部门协调机制，用以解开这个缠绕于美国政体中的"死结"。

然而，尽管法律赋予国安会的职能是十分明确的，对于应当采取何种手段、遵循哪条路径去履行这一职能却惜字如金。正如前文所述，在法律出台的过程中，美国政府内利益相互冲突的多方力量先后参与其中。尽管这些力量在相互妥协后最终达成了一致，但不能否认的是，该过程使得《国家安全法》在某种程度上沦为了一种折中的产物。法律对国安会具体架构和机制颇为模糊的描述足以体现这一点。尽管法律的留白在最初被有关人士广泛地解释为能够给予掌权者充分的自由去塑造国内安全机制，令其能够更加适应瞬息万变的外部安全环境，然而，这种看似颇具灵活性的

---

① "戈尔迪之结"的典故来源于古希腊传说。作为小亚细亚弗里几亚的国王，戈尔迪曾在自己的牛车上打了一个分辨不出头尾的复杂绳结，并将其置于宙斯的神庙之中，被称为"戈尔迪之结"。神示能够解开此结的人能够统治亚洲，然而无数聪明智慧的人对其无可奈何，直到亚历山大远征波斯时，一剑将其斩为两段，自此破解了"戈尔迪之结"。后世将"戈尔迪之结"比喻为缠绕不已、难以理清的复杂问题。知名美国政府管理学者威尔逊（James G. Wilson）曾利用其来比喻美国行政机构复杂且难以协调的外交、国家安全政策进程，参见〔美〕詹姆斯·G. 威尔逊《官僚机构：政府机构的作为及其原因》，孙艳等译，生活·读书·新知三联书店，2006，第 369 页。

法律规定实则是一种"设计上的缺陷"①，从根源上给国安会系统埋下了难以消解的内生性矛盾，并在后来影响了该系统内部诸多支撑机制从事跨部门协调工作的效率。

毋庸置疑的是，存在于 1947 年《国家安全法》中的内生性矛盾是国安会这个美国国家安全系统中的枢纽性单元创立后便遭遇了整整 40 年机制动荡的根本原因。这种矛盾体现为政府的决策精英们在同时面对来自外部冷战环境与内部官僚机构的双重压力时无法认清国安会系统的实质，不知应当将其视为一种搜集政策建议意见、带有论坛性质的"机制"（mechanism），还是将其视为一个存在独立思维能力、具备部门壁垒的"机构"（organization）。随着时间的推移，这种内生性矛盾逐渐发展成为前文所总结的两种国安会系统运作理念——"统筹－协调"模式以及"咨议－顾问"模式，并在实践过程中造就了不同时期国安会迥异的职能、架构以及规模，让决策者们在"系统性"和"灵活性"之间做出一种不均衡的取舍。国安会的发展是以总统牺牲自己权力的集中度为前提的。

将国安会视为"机制"的传统来源于其建构初期。作为首个有资格对国安会具体机制进行塑造的总统，杜鲁门的运作理念正是外部冷战环境与国内部门双重压力的直接结果。在首次正式会议上确立了"唯总统马首是瞻"②的基调后，国安会在后来的运作中便更多地体现了一种辅助机制的形态，不仅在决策体系中无法占据首要地位，其内部支撑机制也迟迟未能发挥除文职工作以外的作用。跨部门协调的职能在大多数情况下唯有通过国安会正式会议或第三方部门来完成，尽管效率不高，却有助于处于决策层级顶端的掌权者集中并维持自身的权力。在"政策山"出现之前，由于国家安全顾问一职尚未出现，国安会委员会机制也尚未兴起，这一时期的国安会在严格意义上很难称得上是某种"系统"，更无法将其等同于"咨议－顾问"机制，而更多地体现为具有若干工作人员的政策论坛。也正是看到了这种理念对于总统集权以及灵活施政的重要意义，肯尼迪顺势而为，在 20 世纪 50 年代末美国举国上下感受到美苏力量差距持续缩小的背景下，推动了"去机制化"的改革，充实了"咨议－顾问"国安会运作

---

① Amy Zegart, *Flawed by Design: The Evolution of the CIA, JCS, and NSC*, California: Stanford University Press, 2000, pp. 5 - 8.

② "National Security Council, Opening Statement at First Meeting of the President on the Secretariat and staff," September 26, 1947, *USDDO*, CK2349431611.

理念的内涵，使国安会成为一个颇为人性化的灵活机制。这种理念在约翰逊政府时期以及越南战争进一步升级的背景下得到进一步延续。国安会的发展史证明，在美苏对峙情势趋于紧张的情况下，总统毋宁保持较高的集权度，以"咨议－顾问"理念来运作国安会系统，以便令国家安全团队时刻保持灵活性与机动性，同时也让自己不至于为繁复的规则所束缚。

　　另一方面，将国安会视为一个实体"机构"的尝试始于艾森豪威尔与卡特勒上任初期的改革。前者曾经参与了 20 世纪 40 年代的国防大辩论，认为国安会应当是一个"高度组织化的""与杜鲁门政府截然不同的"重要组织①，并授权后者基于这种理念对原有机制进行大幅度调整。这次改革对于国安会发展的意义在于，其不仅塑造了不同以往的"政策山"架构及艾森豪威尔运作模式，更首次确立了"统筹－协调"的国安会运作理念。正式会议重要性的增加以及委员会机制的兴起是这一理念得以实践的主要标志。尽管在 20 世纪 60 年代，这一运作理念一度因被批判为"过度机制化"而在行政机构中销声匿迹，但恢复国安会正式会议应有地位、复兴"统筹－协调"国安会运作模式的呼声从未停止。美苏迎来"第二次缓和"给了尼克松再次实践这一理念的机会，并使这一时期的国安会系统走上了机制化的巅峰。然而正如杜鲁门时期预算部部长韦伯所预测的，"职权范围不加以限制的国安会"，发展成为美国行政机构中的"利维坦"②。需要指出的是，"超级内阁"的出现基于基辛格出众的个人能力，具有极大的不稳定性。在这位美国政府的"俾斯麦"离开白宫、步入雾谷后，其精心打造的复杂体系也随之式微了。

　　尽管来自机制根源的内生性矛盾使国安会在不同理念下的架构有所不同，其目的却是殊途同归的，即都是为了尝试解开美国行政机构"因跨部门协作不力而导致议政、施政效率低下"的"死结"。自尼克松政府后期开始，美国的决策者对"长期冷战"的概念有了更为深刻的认识，也试图突破"咨议－顾问"以及"统筹－协调"两种理念的束缚，将国安会转

---

① "Report by the Special Assistant to the President for National Security Affairs(Cutler)," March 16, 1953, *FRUS*, 1952 – 1954, pp. 253 – 255.

② "Minutes of a Meeting Held in Secretary Forrestal's Office," September 25, 1946, Records of the Office of the Secretary of Defense, National Archives, 转引自 Anna Kasten Nelson, "The 'Top of Policy Hill': President Eisenhower and the National Security Council," *Diplomatic History* 7, No. 4, 1983, p. 360。

化为一个兼顾灵活性与机制化的枢纽性部门。然而，70年代中后期至80年代末这段时间的"试水"被证明是不成功的。卡特试图重新在跨部门协调进程中引入国务院的力量，让其与国安会共同处理这一难题。然而两者旗鼓相当的权限却导致双方在处理如何破解"死结"的问题上产生了无法缓解的矛盾，充分证明了"多一只手"并不能让问题趋于简单化。

里根则是首个尝试斩断"戈尔迪之结"的决策者。他在执政初期完全放弃利用国安会系统来进行政策协调，并尝试引入"三驾马车"这样的个人单元来履行这一职能。而国家安全顾问及其幕僚的职能又是怎样的呢？对此，威尔逊进行了简短且精确的叙述：

> ……国家安全委员会的人员不仅要制定战略，还要将战略变为具体计划，并实施它。因此，国家安全委员会的人员获得了不仅制定而且实施政策的权力——简单地说，国家安全委员会成了一个执行机构……①

对政策实施这一领域的涉足最终酿成了美国政府历史上为数不多的巨大丑闻之一。在托尔委员会报告发布的当天，里根不得不承认自己"理应担负起这一事件的大部分责任"②。

也正是看到了国安会系统多年的纷纷扰扰，斯考克罗夫特这位兼具学识与实践经验的前国家安全顾问终于意识到解开甚至斩断存在于美国行政机构内部的"戈尔迪之结"并不现实，美国的执政者应当做的是超越这一固有思维，将这一复杂绳结"分段处理"，在控制其不再扩展、成为掣肘的基础上，尽可能缩小被其束缚住的主体，以便从绳结的缝隙中取出被束缚住的外交与国家安全政策。在这种理念下，斯考克罗夫特国安会运作模式得以在原有国安会机制的废墟上重生，并主导了冷战终结后至今美国国安会系统的架构。

斯考克罗夫特国安会运作模式始于里根政府末期的NSDD-276号文件，并在小布什政府的首份国家安全决策文件（NSD-1）中得以正式确立。前者明确推翻了原来由国务院、国防部和中情局主导的国安会系统机

---

① 〔美〕詹姆斯·G.威尔逊：《官僚机构：政府机构的作为及其原因》，孙艳等译，生活·读书·新知三联书店，2006，第369页。

② Ronald Regan, "President Reagan's Address to the Nation Regarding the Tower Commission Report," March 4, 1987, https://www.youtube.com/watch?v=j2Ic4_EaC0s.

制并初步建立了"高级回顾小组"、"政策回顾小组"以及"跨部门小组"三级协调模式雏形①；后者则正式沿袭了这一思路，并将这三个委员会确立为"部长委员会"、"副部长委员会"以及"政策协调委员会"，同时明确了国家安全顾问、副国家安全顾问对前两个委员会的管辖权②。

表 11 – 1　不同运作理念下国安会内部机制的预期及其差异

	国安会正式会议	国家安全顾问	国安会幕僚	下属委员会
"咨议－顾问"模式	决策者的政策意见来源之一	重要政策顾问过大的权力	总统的顾问"王室大臣"	职能单一数量少
"统筹－协调"模式	决策者的主要政策意见来源	"诚实掮客"有限的权力	会议的支撑"宫殿守卫"	职能多元数量多
"超级内阁"	决策者的主要政策意见来源	首席政策顾问是决策参与者	总统的顾问会议的支撑	职能多元数量多
斯考克罗夫特模式	被拆分为权限依次递减的三级会议，针对性强	在"诚实掮客"的基础上提出政策意见	政策协调政策整合政策顾问	纵向确定为三级结构，横向不限

通过表 11 – 1 可以对比斯考克罗夫特模式与此前几种国安会运作模式之间的差异。可以看出，斯考克罗夫特模式是一种折中的方案，不仅能够让国安会在"机构"和"机制"之间维持一种动态平衡，包含"咨议""顾问""统筹""协调"在内的多种职能，还兼具"灵活性"和"机制化"的特征。这一理念在没有解开和破坏"戈尔迪之结"的基础上摆脱了旧有冗杂且难以协调的跨部门政策问题对美国决策核心的束缚，开启了国安会机制在后冷战时期的新篇章。

三　后冷战时期的美国国安会与国际战略

在斯考克罗夫特国安会运作模式问世并正式投入运作仅两年后，冷战便迎来了最后的阶段。从 1989 年末的东欧剧变，到 1991 年 12 月苏联解体、东方阵营瓦解，存在于美国外部长达 40 余年的安全威胁在短短两

①　"National Security Decision Directives – 1: National Security Council Interagency Process," June 9, 1987, 美国科学家联盟网站，https://fas. org/irp/offdocs/nsdd/nsdd – 276. htm。

②　"National Security Directives – 1: Organization of the National Security Council System," January 30, 1989, 美国科学家联盟网站，https://fas. org/irp/offdocs/nsd/index. html。

年内便土崩瓦解。这种外部环境的急剧变化标志着雅尔塔国际体系的崩溃，也预示了长期以来美国决策层以意识形态为导向的宏观战略规划模式就此告一段落。美国失去了最为明确的敌人，一跃成为国际社会中政治、经济与军事实力首屈一指的国际行为体。这种角色的转化使得美国决策精英们的国家安全观发生了微妙的变化。在时任总统老布什的眼中，美国面临着"由政治真空和不稳定构成的新威胁"①。1991 年，老布什政府的《国家安全战略报告》明确指出，美国外部的威胁并未伴随苏联的解体而式微，国际范围内"仍存在自发动乱的根源"②。

尽管如此，与苏联集团这种实质性的威胁相比，这些来自经济方面或非传统安全领域的外部压力少了许多"紧张感"，难以为国安会以及其他国家安全相关机制改革和演变提供动力。在这种情况下，斯考克罗夫特国安会运作模式便在美国官僚体系内显示出了惊人的稳定性。在这一运作模式的创始人斯考克罗夫特亲自参与并领导国安会日常工作的情况下，这一时期的幕僚团队被业内人士公认为"国安会历史上最好的班子之一"③。在克林顿接替老布什出任总统后，美国决策层对于后冷战时期国家安全战略目标的认识及预期变得更为清晰。在 1997 年白宫发布的《新世纪国家安全战略报告》中，时任国家安全顾问莱克明确指出，美国"在冷战后已经遏制了全球范围内针对民主制市场经济国家的威胁……因此必须以新的'扩张战略'取代旧有的遏制战略，从而令这些国家组成的自由共同体的力量在世界范围内得以扩展"④。在这种思维的指导下，美国的全球性义务在 90 年代中后期迅速增加。这种"参与与扩展"的战略思想反映在国安会系统机制上，便是在保留原有斯考克罗夫特模式核心三级委员会架构的同时，

---

① 潘忠岐：《利益与价值观的权衡——冷战后美国国家安全战略的延续与调整》，《社会科学》2005 年第 4 期，第 43 页。

② "National Security Strategy of the United States," August 1, 1991, http://nssarchive. us/national - security - strategy - 1991/.

③ 斯考克罗夫特对国安会的治理得到学界广泛认可，例如有学者曾称"老布什政府时期，在斯考克罗夫特治下的国安会系统无疑是业界的'黄金标杆'（Golden Standard)"，参见 Mark Wilcox, "The National Security Council Deputies Committee: Engine of the Policy Process," *Interagency Journal*, Vol. 5, No. 1, 2014, p. 23; R. D. Hooker, Jr., *The NSC Staff: New Choices for a New Administration, INSS Strategic Monograph*, Washington, D. C. : National Defense University Press, November 2016, p. 3。

④ "A National Security Strategy for a New Century," December 2, 1999, https://www. hsdl. org/? view&did =487539.

通过增加国安会幕僚的人数，以及扩展各级委员会会议与会成员的范围，来完成国安会在职责上的横向扩张①。这一时期，美国政府也成立了平行于国安会的国家经济委员会（National Economic Council，NEC），分化了原有大部分国安会承担的经济政策协调职能。与此同时，国家安全顾问也是该委员会的正式会议的与会人员，确保了这两个委员会对国内外经济安全相关问题有关信息的对称性②。

　　整个 90 年代，国安会系统体现了前所未见的稳定性。这一方面源自美国外部安全环境得到了实质性改善，但更多程度上取决于斯考克罗夫特模式运作理念下三级委员会结构本身的良性特质。由上至下的职权分配成为后冷战时期国安会机制内部巨大的"缓冲区"，让参与这一系统的每位成员都能明确地了解自身的任务，并在此基础上各司其职。然而，伴随时间的推移，美国的国家安全威胁变得更为多样化，这就对国安会的成员们提出了新的要求。鉴于国安会幕僚在本质上是一个开放度高、流动性强的"旋转门"团队，因此每当现有的成员无法满足国家安全相关研究需求时，这一集体便自觉性地倾向于从外界引入新的顾问。这就不可避免地使得国安会幕僚的人数持续增加。据统计，国安会幕僚成员的数量（包括工作人员以及顾问）在老布什政府时期增长到 134 人，到克林顿政府末期更是高达 177 人③。庞大的体量直接导致了职能效率的下降，斯考克罗夫特模式所存在的问题似乎开始浮出水面了。

　　美国在刚刚迈入 21 世纪的大门不久便遭遇了"9·11"事件，这加强了原本就存在于小布什政府班子中的保守主义安全观。不同于冷战刚刚结束之时，美国决策层再次感到了来自外部的威胁。2002 年美国《国家安全战略报告》中所提到的"新时期的最大威胁"——"极端主义与技术的结合"④ 对国安会系统提出了新的要求。在赖斯（Condoleezza

①　"Presidential Decision Directives/NSC – 2,"January 20,1993,美国科学家联盟网站，https://fas. org/irp/offdocs/pdd/pdd – 2. pdf.

②　"Executive Order 12835—Establishment of the National Economic Council,"January 25,1993,The American President Project，http://www. presidency. ucsb. edu/ws/index. php? pid = 61531&st = 12835&st1 = .

③　夏立平：《美国国家安全委员会在美对外和对华政策中的作用》，《国际观察》2002 年第 2 期，第 11 页。

④　"National Security Strategy of the United States,"September 17,2002，http://nssarchive. us/national – security – strategy – 2002/.

Rice）被任命为国家安全顾问后，她意识到人员冗杂是存在于上届政府国安会系统中的最重大问题。为此，她在上任初期便着手将国安会幕僚团队人数削减了三分之一①，希望借此提高国安会整体的效率。然而，现实却事与愿违。尽管赖斯在最初定下了精简国安会的基调，但这一系统在整个小布什任期内并没有停止自我膨胀。据统计，国安会幕僚的数量在2005年赖斯卸任时再次升至155人，而在2008年年中，这一数字又创新高，达到了200余人②。

奥巴马上任后，美国国安会的运作同样遵循斯考克罗夫特模式，在机构设置上仅增设了网络安全办公室（National Cyber Security Division，NCSD），以及若干名白宫网络安全协调专员，并将新设立的国土安全办公室并入国安会体系，除此之外没有进行更多的调整③。

由于奥巴马政府时期的国安会相关文件大部分尚未解密，短期内尚难以对这一系统进行客观、细致的评估。然而值得注意的是，在奥巴马任期末期，大部分学界以及新闻媒体都"一边倒"地对奥巴马政府的国安会系统加以诟病④。其中，来自《操纵世界的手》一书作者罗特科普夫的声音具有更大的说服力。他利用自己的人脉关系，先后对超过二百位曾在奥巴马政府国安会中任职或深度参与这一时期国安会进程的政府要员进行了采访。在他2014年出版的《国家不安全》一书中，罗特科普夫通过引用这些翔实的访谈资料，尽可能地还原了奥巴马政府的国安会系统的机制及运作进程。

在罗特科普夫看来，奥巴马政府时期的美国国安会是一种"竞争性系统"。据统计，国安会幕僚的人数在这一时期达到了自1947年成立以来的

① 傅梦孜、袁鹏：《美国国家安全委员会》，《国际资料信息》2001年第10期，第10页。
② Daalder, Ivo H., and I. M. Destler, "A New NSC for a New Administration,"The Brookings Institution, 2000; George J. Saba, *The Power of the National Security Adviser*, Center for International Security and Cooperation Freeman Spogli Institute for International Stidies, California: Stanford University Press, 2015, p. 117。
③ "Presidential Policy Directive – 1,"February 13, 2009, 美国科学家联盟网站，https://fas. org/irp/offdocs/ppd/ppd – 1. pdf。
④ 在奥巴马政府执政的后半段，诸多美国主流媒体表达了对其任期内国安运作方式的怀疑与批判，例如 David Rohde, Warren Strobel, "Micro-manager in Chief,"*The Atlantic*, October 9, 2014, https://www. theatlantic. com/international/archive/2014/10/obama – micromanager – syria – foreign – policy/381292/; Karen DeYoung, "How the White House Runs Foreign Policy,"*The Washington Post*, August 5, 2015, https://www. washingtonpost. com/world/national – security/how – the – obama – white – house – runs – foreign – policy/2015/08/04/2befb960 – 2fd7 – 11e5 – 8353 – 1215475949f4_story. html。

顶峰，总数超过 400 人，是 1991 年幕僚成员数量的 10 倍①。如此庞大的决策团体不仅与"灵活""快速"等词无缘，也使得成员间的关系由"协作"转为"竞争"。面对瞬息万变的国际形势，冗杂的机制、迟缓的反应以及冲突的意见往往会让事态向不可控的方向发展，"茉莉花革命"的步步深入正体现了这一点。与此同时，奥巴马时期的美国国安会也是一种"排他性系统"。虽然拥有着一支规模庞大、人数众多的"超级"国家安全决策团体，但真正能够影响奥巴马政府政策制定的人寥寥无几。奥巴马政府的管理方式以"圈内决策"为导向，这些圈内成员大多来自 2008 年奥巴马的竞选团队，圈外人员则基本没有左右政策走向的能力。这种模式让内阁成员深受其害，也严重挫伤了团队士气②。

　　实际上，斯考克罗夫特模式会造成国安会幕僚人员无限膨胀的缺陷早在小布什政府时期便被注意到了。"9·11"事件后成立的"对美恐怖袭击研究委员会"（National Commission on Terrorist Attacks Upon the United States，又被称为"9·11委员会"）在评估国家安全政策时已经注意到了长期存在于国安会机制中的问题。委员会在最终报告中称"为国安会系统提供服务的人员数量持续增多，而这种膨胀似乎是不可避免的"。与此同时，他们也注意到，"国安会幕僚们被日常公务缠身，而无暇顾及为总统提供更为宏观的政策意见"③。然而，委员会的建议在当时似乎没有引起美国行政机构内各部门的注意，致使国安会的规模进一步膨胀，终在奥巴马政府时期引发了政府内外诸多人士的不满。有学者认为，斯考克罗夫特模式国安会系统所存在的最大问题"并非被繁文缛节缠身，而是因无法控制的人数增多而产生了一种'战略惰性'"④。在奥巴马政府末期，美国国

---

① "Republicans Try to Rein in the National Security Council," *The Atlantic*, May 20, 2016, https://www.theatlantic.com/politics/archive/2016/05/republicans – try – to – shrink – the – national – security – council/483596/.

② 刘国柱、杨楠：《镜中的敌人——〈国家非安全：恐慌时代的美国领导地位〉评介》，《美国研究》2016 年第 2 期，第 143 ~ 144 页。

③ National Commission on Terrorist Attacks Upon the United States, the"9/11 Commission," *The 9/11 Commission Report*, New York: W. W. Norton, 2004, pp. 401 – 402, http://avalon. law. yale. edu/sept11/911Report. pdf.

④ 关于"战略惰性"的称谓，可参见 F. G. Hoffman and Ryan Neuhard, "Avoiding Strategic Iner-tia: Enabling the National Security Council," *Orbis*, Vol. 60, No. 2, 2016, p. 218; Daniel W. Drezner, ed. , *Avoiding Trivia: The Role of Strategic Planning in American Foreign Policy*, Washington, D. C. : Brookings Institution Press, 2009, p. 19。

会在《2017 财年国防预算法案》中明确指出，要在短期内将国安会幕僚的人员数量从 400 人削减到 150 人左右[①]。

在迎接 1986 年《国防部改组法》出台 30 周年之际，时任助理国防部长洛赫尔（James Locher）于 2015 年年底在美国国会参议院军事委员会的演讲中公开挑明了国安会系统在当下的窘境：

> 这个以美国国安会及其下属委员会为核心，但涵盖了美国政府内部所有国家安全相关机构的系统，其制度已经被极度地破坏了。所有与国家安全有关的政策、任务都需要调动"整个政府"之力来进行协调，但是我们却一再目睹该系统在整合内阁各部门、机构的过程中的乏力。[②]

四 克服惯性 vs 回归惯性：特朗普政府之后的国安会与美国国际战略

特朗普意图对美国的"首要地位"国际战略进行调整，削弱长期存在于美国决策界的"战略惯性"。毫无疑问，存在于华盛顿的官僚主义掣肘是其首先打压的对象，这种意图被其称为"抽干沼泽"（drain the swamp）。尽管在大选期间没有争取到斯考克罗夫特本人的支持，特朗普在执政后仍然沿用了斯考克罗夫特模式的国安会架构，并在此基础上对一些细节进行了微调，例如允许其首席战略师班农（Steve Bannon）参与所有的部长级别委员会正式会议[③]。然而在新一届国安会幕僚班子刚刚开始运作时，上任仅仅 23 天的国家安全顾问弗林（Michel Flynn）便因泄密问题而被迫辞职，创造了这一职务在任的最短纪录[④]。此后，弗林

---

① "S. 2943—National Defense Authorization Act for Fiscal Year 2017," December 23, 2016, https://www. congress. gov/bill/114th－congress/senate－bill/2943/text.

② U. S. Congress, Committee on Armed Service, "Hearing to Receive Testimony on 30 Years of Goldwater—Nichols Reform," November 10, 2015, http://www. armed－services. senate. gov/imo/media/doc/15－85%20－%2011－10－15. pdf.

③ "National Security Presidential Memorandum－2," January 28, 2017, 美国科学家联盟网站, https://fas. org/irp/offdocs/nspm/nspm－2. pdf; Kelly Magsamen, "What Trump's Reshuffling of the National Security Means," *The Atlantic*, January 30, 2017, https://www. theatlantic. com/politics/archive/2017/01/the－trump－national－security－council－an－analysis/514910/。

④ "Michael Flynn, Trump's National Security Adviser, Resigns over Russia Lies," February 14, 2017, http://www. vox. com/policy－and－politics/2017/2/14/14607034/michael－flynn－resigns－russia－news.

事件让美国国安会尤其是国家安全顾问一职再次成为国际舆论的热点话题。

在执政期间，特朗普为扭转"深层政府"所带来的战略惯性，始终高举"反建制派"旗帜，大肆打压并边缘化国家安全技术官僚，并在国安会内任命一批"非专业人士"。同时，其多次在公开场合诋毁专业人士的判断，例如讽刺情报界人员"需要回校重造"、攻击国安会成员是"深层政府"等。在这种理念下，国安会人事缩编严重，规模持续"缩水"。截至2020年上半年，其内部政策顾问的数量已经由174名降至110名左右。特朗普在国家安全领域表现出的"反智主义"饱受美国各界批评。这种以"忠诚度"而非"能力"作为选拔指标的任职模式不仅导致麦克马斯特、博尔顿等尝试参与战略塑造的国家安全顾问被"扫地出门"，也迫使大量国家安全从业者离开国安会，服务于高校、研究机构或私营部门。根据美国作家迈克尔·伍尔夫（Michael Wolef）的传记小说《火与怒》，特朗普在中东问题、朝鲜问题以及中国台湾问题上基本忽略情报界的前期评估，并跳过国安会及国务院内区域政策专家的意见和建议，实行"自治模式"，导致"小圈子文化"泛滥，常规机制"失灵"①。这一点被大多数美国国家安全研究人员及新闻媒体记者所诟病。诚如上文所述，特朗普的这些举措为其进行国际战略调整做了充分的"铺垫"。

特朗普"克服惯性"的举措无疑引发了华盛顿"专业人士"的抵触和反感。这些人纷纷倒向"特朗普的对立面"，试图借助新政府的力量令美国国际战略"回归正轨"。在大选期间，拜登承诺将在上任后迅速恢复美国国家安全系统的专业性，驱动具有技术背景和实操经验的人员重新回归国安会，服务政府。这也让拜登获得了大量国家安全事务相关人员的支持。2019年11月，133名前国家安全官员通过联名信的方式表达了对拜登的支持②；2020年8月，70名前民主党国家安全官员在网络上声援拜登③；2020年

①　Michael Wolff, *Fire and Fury: Inside the Trump White House*, New York: Macmillan, 2018.

②　Craig Melvin, "Biden Endorsed by 133 Former National Security Officials from 7 Different Administrations," MSNBC, November 13, 2019, https://www.msnbc.com/craig－melvin/watch/biden－endorsed－by－133－former－national－security－officials－from－7－different－administrations－73334341769.

③　Luke Barr, "More Than 70 Republican Former National Security Officials Come out in Support of Biden," ABC, August 21, 2020, https://abcnews.go.com/Politics/70－republican－national－security－officials－support－biden/story?id=72501455.

10月，多达780名来自两党的前国家安全官员对拜登表示支持①。在执政后，拜登政府迅速发布NSM-2号文件，成为其"兑现承诺"的重要组成部分。根据《外交政策》杂志与《纽约时报》等报道，目前，拜登政府在其国家安全顾问杰克·苏利文的策动下，已陆续任命一系列技术官僚出任国安会各委员会要职。在这种"让专业的人做专业的事"理念下，特朗普政府时期一度"出走"的技术官僚陆续回归政府，重新掌控了美国战略规划权。这种趋势或将进一步降低未来美国对外政策的不确定性，促使"美国优先"的战略逐步回归正常。

从组织结构上看，拜登政府的国安会再度延续了特朗普政府时期所采用的斯考克罗夫特模式框架，由上至下仍然分为三个层级：重点负责"战略规划"的部长委员会（PC）、重点负责"政策推行"的副部长委员会（DC）与重点负责"事务协调"的政策协调委员会（PCC），其权限及管辖范畴依次递减，职能与具体事务逐步增多。在NSM-2号文件中，拜登政府将第三级结构更名为"跨机构政策委员会"（IPC），但其职能与原有的政策协调委员会相同。从内部细节上看，拜登政府的国安会体现出一定程度的"机制变动"，但大体上回归了后冷战时期的"正式轨道"。

首先，在机构设置方面，拜登政府恢复了特朗普政府时期被撤销的"全球卫生安全与生物防御委员会"，并增设"印太事务委员会"、"总统气候问题特使办公室"与"网络安全与新兴科技委员会"，这种组织变动无疑回应了此前拜登所强调的"国家安全要务"。其次，在人员安排方面，该文件恢复了国土安全顾问与副国家安全顾问的参会权——这两者在特朗普政府时期一度被"排斥"在正式会议之外。

从侧重点看，与国土安全议题相关委员会的地位得到了强化和提升。从组织文化上看，拜登政府强化国安会在决策机制中的作用，从而提振了该机构的士气。特朗普在任期间，忽视国安会内部各政策专家的意见和建议，跳过以国安会为代表的正式国家安全决策机制，并在中东问题、朝鲜半岛问题等具体议题领域实行"自治模式"，最终导致华盛顿"小圈子文化"泛滥，国安会士气低迷。在此次NSM-2号文件的结尾，拜登明确提

① Richard Sisk, "List of Former Senior Military Leaders Backing Biden Now Outnumbers Trump's," October 20, 2020, https://www.military.com/daily - news/2020/10/20/list - of - former - senior - military - leaders - backing - biden - now - outnumbers - trumps. html.

出，"我与副总统将参与此备忘录所提及的任何国安会下设机构举办的会议"。① 该表述在国安会机构历史上尚属首次，足以体现出拜登对该体系的重视程度，及其提升机构人员从业信心的意图。

从特朗普政府时期的"克服惯性"之举，到拜登执政后的"重回正轨"措施，美国总统及战略界重新回答了萦绕于美国国家安全体制中的一个"老问题"：如何调和国安会机制中的"统筹－协调"以及"咨议－顾问"理念，从而令其更好地契合自身国际战略的调整与实施？对于特朗普来说，实现其"美国优先"的战略意图意味着应当削弱机制为其施加的掣肘；对于拜登而言，重塑同盟体系、恢复领导性地位的关键则在于借助恰当的机制实现"人尽其用"。在美国相对权力衰落的背景下，两者意图以不同的组织理念实现战略转型，但从结果看大体上殊途同归。可以预见的是，美国战略界在未来仍将长期处于探索国安会组织机制的过程之中。

---

① The White House, "Memorandum on Renewing the National Security Council System," February 4, 2021, https://fas. org/irp/offdocs/nsm/nsm - 2. pdf.

参考文献

一 来自美国政府的解密文件与公开文件

1. 网络数据库

（1） United States Declassified Document Online, Farmington Hills, Mich. : Gale Group. （USDDO 是美国 Gale 公司开发的数据库，收录了来自美国白宫、国务院、国安会、中情局等国家安全机构的大量解密文件。）

（2） The Federal Reserve Archival System for Economic Research, Federal Reserve Bank of St. Louis. （FRASER 是位于圣路易斯的美联储银行于 2004 年建立的数据库，目前已包含 39 个与美国国家金融与经济相关的专题，是进行经济类相关研究的重要档案来源。该数据库包含了自 1947 年以来每个财政年度国安会正式会议及幕僚团队的预算与实际支出。）

2. 网络资源

（1）《美国外交关系文件集》（ *Foreign Relations of the United States* ）

FRUS, 1917 Supplement 2, Vol. I, Washington, D. C. : Government Printing Office.

FRUS, Conference at Washington and Quebec, 1943.

FRUS, 1944, General, Volume I, Diplomatic Papers.

FRUS, The British Commonwealth; Europe, Vol. Ⅲ.

FRUS, 1949, National Security Affairs, Foreign Economic Policy, Vol. I.

FRUS, 1950, National Security Affairs; Foreign Economic Policy, Vol I, pp. 203 – 205.

FRUS, 1952 – 1954, National Security Affairs, Volume Ⅱ, Part 1, Government Printing Office, 1984.

FRUS, 1955 – 1957, National Security Policy, Volume ⅩⅨ, Government Printing Office, 1990.

FRUS, 1955 – 1957, Suez Crisis, July 26 – December 31, 1956, Volume XVI, Government Printing Office, 1990.

FRUS, 1958 – 1960, National Security Policy; Arms Control and Disarmament, Volume III, Government Printing Office, 1996.

FRUS, 1958 – 1960, Vol. II, United Nations; General International Matters, GPO, 1991.

FRUS, 1961 – 1963, Volume XI, Cuban Missile Crisis and Aftermath, Government Printing Office, 1996.

FRUS, 1961 – 1963, Vol. VIII, National Security Policy, GPO, 1996.

FRUS, 1961 – 1963, Vol. XXV, General; United Nations, GPO, 2002.

FRUS, 1961 – 1963, Volume XXV, Organization of Foreign Policy; Infor-mation Policy; United Nations; Scientific Matters.

FRUS, 1961 – 1963, Volume XXV, Organization of Foreign Policy; Infor-mation Policy; United Nations; Scientific Matters, Government Printing Offi-ce, 2001.

FRUS, 1961 – 1963, Volume XVIII, Near East, 1962 – 1963.

FRUS, 1964 – 1968, Volume XXXIII, Organization and Management of Foreign Policy; United Nations, Government Printing Office, 2004.

FRUS, 1964 – 1968, Vol. X, National Security Policy, GPO,

FRUS, 1964 – 1968, Volume II, Vietnam, January – June 1965.

FRUS, 1969 – 1976, Volume II, Organization and Management of U. S. Foreign Policy, 1969 – 1972, Government Printing Office, 2006.

FRUS, 1969 – 1976, Volume XXXVIII, Part 2, Organization and Management of Foreign Policy; Public Diplomacy, 1973 – 1976, Government Printing Office, 2014.

FRUS, 1969 – 1976, Volume XXXIII, SALT II, 1972 – 1980.

FRUS, 1977 – 1980, Volume XXVIII, Organization and Management of Foreign Policy, Government Printing Office, 2016.

FRUS, 1977 – 1980, Volume XIII, China.

（2）《美国总统公开文件集》

Public Papers of the Presidents of the United States, The American Presidency Project, http://presidency. proxied. lsit. ucsb. edu/ws/. （提供了从 1789

年到 2016 年美国历任总统的行政指令、国情咨文、就职演说等公开文件）

（3）美国总统图书馆拥有数量众多的解密文件、公开的总统文件、总统私人信件及文稿等。

富兰克林·罗斯福总统图书馆：

https：//fdrlibrary. org/

杜鲁门总统图书馆：

https：//www. trumanlibrary. org/archivesearch/

艾森豪威尔总统图书馆：

https：//www. eisenhower. archives. gov/

肯尼迪总统图书馆：

http：//www. jfklibrary. org/

约翰逊总统图书馆：

http：//www. lbjlibrary. org/

尼克松总统图书馆：

https：//www. nixonlibrary. gov/

福特总统图书馆：

https：//fordlibrarymuseum. gov/

卡特总统图书馆：

https：//www. jimmycarterlibrary. gov/

里根总统图书馆：

https：//www. reaganfoundation. org/

老布什总统图书馆：

https：//bush41. org/

克林顿总统图书馆：

https：//www. clintonlibrary. gov/

小布什总统图书馆：

https：//www. georgewbushlibrary. smu. edu/

（4）美国中情局网络图书馆：

https：//www. cia. gov/library

（5）美国国家档案馆：

http：//aad. archives. gov/aad/

3. 缩微胶片

自 1980 年起，美国大学出版有限公司（University Publications of America）、国会信息服务公司（Congressional Information Service, Inc.）及律商联讯（LexisNexis）受美国政府委托，开始对解密后的国安会文件进行整理，并将缩微胶片作为其载体出版发行。截至 2017 年初，该公司已陆续发布二十余期相关的胶片合辑，涵盖了大部分美国国安进程中产出的文件。其中，可以在中国国家图书馆或华东师范大学冷战史中心查阅、浏览到的有：

（1）*Documents of the National Security Council*（《国安会文件》系列缩微胶片），包括：

[1] National Security Council（U. S.），*Documents of the National Security Council*, 1947 – 1977, edited by Paul Kesaris, Washington, D. C.: University Publi-cations of America, Inc., 1980.

[2] National Security Council（U. S.），*Documents of the National Security Council*, *First Supplement*, edited by Paul Kesaris, guide compiled by Kenneth D. Schlessinger, Frederick, Md.: University Publications of America, 1981.

[3] National Security Council（U. S.），*Documents of the National Security Council*, *Second Supplement*, edited by Paul Kesaris, guide compiled by Robert Lester, Frederick, Md.: University Publications of America, 1983.

[4] National Security Council（U. S.），*Documents of the National Security Council*, *Third Supplement*, edited by Paul Kesaris, guide compiled by Martin Schipper, Frederick, Md.: University Publications of America, Inc., 1985.

[5] National Security Council（U. S.），*Documents of the National Security Council*, *Fourth Supplement*, edited by Paul Kesaris, guide compiled by L. Lee Yanike and Blair D. Hydrick, Frederick, Md.: University Publications of America, 1987.

[6] National Security Council（U. S.），*Documents of the National Security Council*, *Fifth Supplement*, edited by Paul Kesaris, guide compiled by Blair D. Hydrick, Bethesda, Md.: University Publications of America, 1989.

[7] National Security Council（U. S.），*Documents of the National Security*

Council, *Sixth Supplement*, edited by Paul Kesaris, guide compiled by Blair D. Hydrick, Bethesda, Md. : University Publications of America, 1993.

［8］ National Security Council（U. S. ）, *Documents of the National Security Council*, *Seventh Supplement*, edited by Paul Kesaris, guide compiled by Blair D. Hydrick, Bethesda, Md. : University Publications of America, 1996.

［9］ National Security Council（U. S. ）, *Documents of the National Security Council*, *Eighth Supplement*, edited with a guide compiled by Dale Reynolds, Bethesda, Md. : Congressional Information Service, Inc. , 2003.

［10］ National Security Council（U. S. ）, *Documents of the National Security Council*, *Ninth Supplement*, project coordinated by Robert E. Lester, guide compiled by Dan Elasky, Bethesda, Md. : LexisNexis, 2006.

（2）*Minutes of Meetings of the National Security Council*（《国安会会议纪要》系列缩微胶片），包括:

［1］ National Security Council（U. S. ）, *Minutes of Meetings of the National Security Council*, *with Special Advisory Reports*, edited by Paul Kesaris, guide compiled by Robert Lester, Frederick, Md. : University Publications of America, Inc. , 1982.

［2］ National Security Council（U. S. ）, *Minutes of Meetings of the National Security Council*, *First Supplement*, edited by Paul Kesaris, guide compiled by Maria Schlesinger, Frederick, Md. : University Publications of America, Inc. , 1988.

［3］ National Security Council（U. S. ）, *Minutes of Meetings of the National Security Council*, *Second Supplement*, edited by Paul Kesaris, guide compiled by Blair D. Hydrick, Bethesda, Md. : University Publications of America, 1989.

［4］ National Security Council（U. S. ）, *Minutes of Meetings of the National Security Council*, *Third Supplement*, edited by Paul Kesaris, guide compiled by Blair D. Hydrick, Bethesda, Md. : University Publications of America, 1996.

［5］ National Security Council（U. S. ）, *Minutes of Meetings of the National Security Council*, *Fourth Supplement*, coordinated by Adam Beckwith, guide compiled by Joseph C. Gutberlet, Bethesda, Md. : LexisNexis, 2005.

4. 美国民间网站提供的解密文件

（1）"美国科学家联盟"（Federation of American Scientists）网站：

https：//fas. org/irp/offdocs/direct. htm

（2）乔治·华盛顿大学国家安全档案（The National Security Archive of George Washington University）网站：

http：//nsarchive. gwu. edu/NSAEBB/index. html

（3）伍德罗·威尔逊冷战史研究中心电子档案（Wilson Center Digital Archive）网站：

http：//digitalarchive. wilsoncenter. org/

（4）"碎片化历史"（History in Pieces）网站：

http：//historyinpieces. com/

二 有关国安会的研究报告

［1］ Advisory Group on Public Diplomacy for the Arab and Muslim World, *Changing Minds Winning Peace: A New Strategic Direction for U. S. Public Diplomacy in the Arab & Muslim World*, Edward P. Djerejian, Chairman. Washington, D. C. : The Advisory Group on Public Diplomacy for the Arab and Muslim World, 2003.

［2］ Arana, Julio, Jonathan M. Owens, and David Wrubel, *Strengthening the Interagency Process: The Case for Enhancing the Role of the National Security Advisor*, Norfolk, Va. : Joint Forces Staff College, Joint and Combined War Fighting School, 2006.

［3］ Baker Institute, "The National Security Advisor and Staff," *The White House Transition Project Report* 2017.

［4］ Brown, Cody M. , *The National Security Council: A Legal History of the President's Most Powerful Advisers*, Project on National Security Reform, Center for Study of the Presidency.

［5］ Cambone, Stephen A. , *A New Structure for National Security Policy Planning*, CSIS Significant Issues Series, Washington, D. C. : Center for Strategic and International Studies, 1998.

［6］ Celada, Raymond J. , *National Security Adviser: Accountability to Congress*, Washington, D. C. : Congressional Research Service, 1986.

CRS, 86 – 1025.

[7] Crocker, Chester. "The Nixon – Kissinger National Security Council System, 1969 – 1972: A Study in Foreign Policy Management," in *Report of the Commission on the Organization of the Government for the Conduct of Foreign Policy*, Washington, D. C. : Government Printing Office, 1975.

[8] Commission on the Organization of the Executive Branch of the Government, *National Security Organization*, Washington, D. C. : U. S. Government Printing Office, 1949.

[9] Commission on the Organization of the Executive Branch of the Government, *Task Force Report on National Security Organization. Appendix G. "Eberstadt Report"* of the Hoover Commission, Washington, D. C. : U. S. Government Printing Office, 1949.

[10] Commission on the Organization of the Government for the Conduct of Foreign Policy, *The Murphy Commission Report*, Washington, D. C. : Government Printing Office, 1975.

[11] Daalder, Ivo H. , and I. M. Destler, *A New NSC for a New Administration*, Washington, D. C. : The Brookings Institution, 2000.

[12] Daalder, Ivo H. , and I. M. Destler, "Organizing for Homeland Security," Statement prepared for the Committee on Governmental Affairs, United States Senate, Oct. 12, 2001.

[13] Daalder, Ivo H. , James M. Lindsay, and James B. Steinberg, *The Bush National Security Strategy: An Evaluation*, Washington, D. C. : The Brookings Institution, 2002.

[14] David, Charles-Philippe, *"Foreign Policy is Not What I Came Here to Do." Dissecting Clinton's Foreign Policy – Making*, Montreal, Quebec: Center for United States Studies of the Raoul Dandurand Chair of Strategic and Diplomatic Studies, University of Quebec at Montreal, 2004.

[15] Davis, Lynn E. *Organizing for Homeland Security*, RAND Corporation, 2002. RAND, IP – 220.

[16] Davis, Lynn E. , Gregory F. Treverton, Daniel Byman, et al. , *Coordinating the War on Terrorism*, RAND Corporation, 2004, RAND, OP – 110 – RC.

[17] Davis, Lynn E. " Four Ways to Restructure National Security in the
        U. S. Government, " In Robert Klitgaard and Paul C. Light, ed. , *High -*
        Performance Government: *Structure, Leadership, Incentives*, Santa Monica,
        Calif. : RAND Corporation, 2005.

[18] Donley, Michael, "Rethinking the Interagency System, " McLean, Va. :
        Hicks & Associates, Inc. , 2005, HAI Occasional Paper, 05 – 01.

[19] Donley, Michael, "Rethinking the Interagency System: Part 2, " Mc-
        Lean, Va. : Hicks & Associates, Inc. , 2005. HAI Occasional Paper,
        05 – 02.

[20] Deutch, John, Arnold Kanter, and Brent Scowcroft, "Strengthening
        the National Security Interagency Process, " in *Keeping the Edge*: *Mana-*
        ging Defense for the Future, ed. by Ashton B. Carter and John P. White,
        Cambridge, Mass. : Preventive Defense Project, 2000. Reprint, Cam-
        bridge, Mass. : The MIT Press, 2001.

[21] Dulles, Allen Welsh, William Jackson, and Mathias Correa, *The Central*
        Intelligence Agency and National Organization for Intelligence: *A Report to the*
        National Security Council. The " Dulles – Jackson – Correa Report" (" *Dulles*
        Report") , Washington, D. C. , 1949.

[22] Eberstadt, Ferdinand, *Unification of the War and Navy Departments and*
        Postwar Organization for National Security: *Report to James Forrestal, Secretary*
        of the Navy, The " Eberstadt Report, " Washington, D. C. : U. S. Go-
        vernment Printing Office, 1945.

[23] Isenberg, David, " The Pitfalls of U. S. Covert Operations, " Washin-
        gton, D. C. : Cato Institute, 1989. CATO Policy Analyses Paper, 118.

[24] Jablonsky, David, Ronald Steel, Lawrence Korb, Morton H. Halpe-
        rin, & Robert Ellsworth, *U. S. National Security*: *Beyond the Cold War*,
        Carlisle, Pa. : Strategic Studies Institute, United States Army War Co-
        llege, 1997.

[25] Kanter, Arnold, *Vicars and Managers*: *Organizing for National Security*,
        Santa Monica, Calif. : RAND Corporation, 1998, RAND Corpo-
        ration, P – 7501.

[26] Korb, Lawrence J. , and Keith D. Hahn, eds. , *National Security Policy*

Organization in Perspective, Washington, D. C. : American Enterprise Institute for Public Policy Research, 1981. AEI Special Analysis, 81 – 1.

[27] Meck, John F. , *The Administration of Foreign Affairs and Overseas Operations of the United States Government*: *A Staff Memorandum on the National Security Council*, Washington, D. C. : Brookings Institution, 1951.

[28] Mueller, Karl P. , Jasen J. Castillo, Forrest E. Morgan, eds. , *Striking First*: *Preemptive and Preventive Attack in U. S. National Security Policy*, Santa Monica, Calif. : RAND Corporation, 2006.

[29] Nerheim, Steven William, *NSC – 81/1 and the Evolution of U. S. War Aims in Korea June – October* 1950, Strategy Research Project, Carlisle Barracks, Pa. : U. S. Army War College, April 10, 2000.

[30] O'Halloran, Michael, *NSC – 68 and the Global War on Terrorism*, USAWC Strategy Research Project, Carlisle Barracks, Pa. : U. S. Army War College, March 18, 2005.

[31] O'Hanlon, Michael E. , Susan E. Rice, and James B. Steinberg, "The New National Security Strategy and Preemption," Washington, D. C. : The Brookings Institution, 2002. Brookings Policy Brief, 113.

[32] *Panel Discussion Focuses on Role of National Security Adviser*, Baker Institute Report 16 (July 2001) .

[33] Pearson, James C. , *Midcourse Corrections for the National Security Adviser*, Ala. : Air War College, Air University, Maxwell Air Force Base, 1995.

[34] Shapiro, Sherry B. , *National Security Council*: *Selected References*, 1976 – 1987, Washington, D. C. : Congressional Research Service, 1987. CRS, 87 – 255.

[35] Shapiro, Sherry B. , and Frederick Kaiser, "*The U. S. Intelligence Community*: *A Selective Bibliography*, Washington, D. C. : Congressional Research Service, 1979, CRS, 79 – 237.

[36] Steinberg, James B. , "Erasing the Seams: An Integrated, International Strategy to Combat Terrorism," Brookings Paper. Washington, D. C. : The Brookings Institution, May 3, 2006.

[37] Taylor, Eric R. , "The New Homeland Security Apparatus: Impeding the Fight against Agile Terrorists," Washington, D. C. : Cato Institute,

2002. CATO Foreign Policy Briefing, 70.

[38] The United States Commission on National Security/21st Century, *Road Map for National Security: Imperative for Change*, Washington, D. C. : U. S. Government Printing Office, 2001.

[39] United States Institute of Peace, "Passing the Baton: Challenges of State-craft for the New Administration," With remarks by Samuel R. Berger and Condoleezza Rice, Washington, D. C. : United States Institute of Peace, 2001. USIP Peaceworks, 40.

[40] United States. Interdepartmental Committee on Internal Security, "New-ly declassified annexes of A Report to the National Security Council by the Executive Secretary on United States Objectives and Programs for National Security, (NSC – 68) April 14, 1950," *SAIS Review* 19, No. 1 (Winter – Spring 1999): 13 – 32.

[41] Whittaker, Alan G. , Frederick C. Smith, and Elizabeth McKune, *The National Security Policy Process: The National Security Council and Interagency System*, Research Report, August 2005 Annual Update. Washington, D. C. : Industrial College of the Armed Forces, National Defense University, U. S. Department of Defense, 2005.

三　来自国会的文件

[1] National Security Act of 1947, as Amended through September 30, 1973. Washington, D. C. : U. S. Government Printing Office, 1973.

[2] Tower Board, NSC Function Hearing: Joint Hearing of the Investigations Subcommittee and the Defense Policy Panel of the Committee on Armed Services, House of Representatives, One Hundredth Congress, First Session, April 30, 1987, Washington, D. C. : U. S. Government Printing Of-fice, 1988.

[3] United States Congress, Reorganization Plans of 1949: Hearings, Reports, Act. 81st Cong. Washington, D. C. : U. S. Government Pringting Of-fice, 1949.

[4] United States Congress, House Committee on Armed Services, Full Co-mmittee Consideration of S. 2350 to Amend the National Security Act of

1947, Washington, D. C. : U. S. Government Printing Office, 1975.

[5] United States Congress, House Committee on Expenditures in the Executive Departments, National Security Act of 1947, Hearing, 80th Congress, 1st Session, H. R. 2319, June 27, 1947, Washington, D. C. : U. S. Government Printing Office, 1982.

[6] United States Congress, House Committee on Foreign Affairs, Executive – Legislative Consultation on Foreign Policy: Strengthening Executive Branch Procedures, Washington, D. C. : Government Printing Office, 1981.

[7] United States Congress, House Permanent Select Committee on Intelligence. H. R. 6588, the National Intelligence Act of 1980. Hearings, 96th Congress, 2nd Session, Washington, D. C. : U. S. Government Printing Of-fice, 1980.

[8] United States Congress, Senate Committee on Armed Services, National Security Council Membership for the Secretary of the Treasury: Hearing before the Committee on Armed Services, United States Senate, Ninety-Fourth Cong-ress, First Session, on S. 2350, September 26, 1975, Washington, D. C. : U. S. Government Printing Office, 1975.

[9] United States Congress, Senate Committee on Foreign Relations, The National Security Adviser: Role and Accountability: Hearing before the Commi-ttee on Foreign Relations, United States Senate, Ninety-Sixth Congress, Second Session, April 17, 1980, Washington, D. C. : U. S. Govern-ment Printing Office, 1980.

[10] United States Congress, Senate Committee on Foreign Relations, The Senate Role in Foreign Affairs Appointments, Washington, D. C. : U. S. Government Printing Office, 1982.

[11] United States Congress, Senate Committee on Government Operations, Subcommittee on National Policy Machinery, Organizing for National Security, 3 vols, Washington, D. C. : U. S. Government Printing Of-fice, 1961.

[12] United States Congress, Senate Committee on Foreign Relations, Orga-nizing for National Security: Selected Materials, Washington, D. C. :

U. S. Government Printing Office, 1960, Reprint, New York: Arno Press, 1979.

[13] United States Congress, Senate Committee on Government Operations. Subcommittee on National Security and International Operations, The National Security Council: New Role and Structure, Washington, D. C. : U. S. Government Printing Office, 1969.

[14] United States Congress, Senate Committee on Government Operations, Subcommittee on National Security Staffing and Operations, Administration of National Security: Staff Reports and Hearings, Washington, D. C. : U. S. Government Printing Office, 1965.

[15] United States, Department of State, Foreign Relations of the United States, 1945 – 1950, Emergence of the Intelligence Establishment, Washington, D. C. : U. S. Government Printing Office, 1996.

[16] United States, General Accounting Office, Improved Executive Branch Oversight Needed for the Government's National Security Information Classification Program, Report to the Congress by the Comptroller General of the United States, Mar. 9, 1979.

[17] United States, General Accounting Office, National Security: The Use of Presidential Directives to Make and Implement U. S. Policy: Report to the Chairman, Legislation and National Security Subcommittee, Committee on Government Operations, House of Representatives, Washington, D. C. : U. S. Government Printing Office, 1992.

[18] United States, Interdepartmental Committee on Internal Security, "Newly Declassified Annexes of a Report to the National Security Council by the Executive Secretary on United States Objectives and Programs for National Security, (NSC – 68) April 14, 1950," SAIS Review, Vol. 19, No. 1 (Winter – Spring 1999).

四　学位论文

[1] Hall, David K. , "Implementing Multiple Advocacy in the National Security Council, 1947 – 1980," Ph. D. diss. , Stanford University, 1982.

[2] Sorknaes, Mikael, "Decisions in Crises," MA. thesis, 1999.

[3] Olszowka R. Adam, "Strengthing Multiple Advocacy in the National Security Council," MA. Thesis, 2011.

五 英文著作

[1] Acheson, Dean, *Present at the Creation: My Years in the State Department*, New York: Norton, 1969.

[2] Ambrosius, Lloyd E., *Wilsonism: Woodrow Wilson and His Legacy in American Foreign Relations*, New York: Palgrave MacMillan, 2002.

[3] Andrianopoulos, Gerry A., *Kissinger and Brzezinski: The NSC and the Struggle for Control of US National Security Policy*, New York: St. Martin's Press, 1991.

[4] Arendt Hannah, *The Origins of Totalitarianism*, New York: Harcourt, 1994.

[5] Randall B. Ripley and James M. Lindsay, eds., *U. S. Foreign Policy after the Cold War*, Pittsburgh, Pa.: University of Pittsburgh Press, 1997.

[6] Bacevich, Andrew J., *The Long War: A New History of U. S. National Security Policy since World War II*, New York: Columbia University Press, 2009.

[7] Bacevich, Andrew J., *The New American Militarism: How Americans are Seduced by War*, New York: Oxford University Press, 2013.

[8] Bacevich, Andrew J., *Washington Rules: America's Path to Permanent War*, New York: Metropolitan Books, 2010.

[9] Best, Richard A., Jr., *The National Security Council: An Organizational Assessment*, New York: Nova Science Publishers, 2001.

[10] Bird, Kai, *The Color of Truth: McGeorge Bundy and William Bundy, Brothers in Arms: A Biography*, New York: Simon & Schuster, 1998.

[11] Bland, Larry, ed., *The Papers of George Catlett Marshall: Aggressive and Determined Leadership, June 1, 1943 – December 31, 1944 (Volume 4)*, Washington, D. C.: Johns Hopkins University Press, 1996.

[12] Bock, Joseph G., *The White House Staff and the National Security Assistant: Friendship and Friction at the Water's Edge*, New York: Greenwood Press, 1987.

[13] Boll, Michael M., *National Security Planning: Roosevelt through Reagan*,

Lexington: University Press of Kentucky, 1988.

[14] Bose, Meena, *Shaping and Signaling Presidential Policy: The National Security Decision Making of Eisenhower and Kennedy*, Texas: Texas A&M University Press, 1998.

[15] Bowie, Robert R. , and Richard H. Immerman, *Waging Peace: How Eisenhower Shaped an Enduring Cold War Strategy*, New York: Oxford University Press, 1998.

[16] Brown, Harold, *Thinking about National Security: Defense and Foreign Policy in a Dangerous World*, Boulder, Colo. : Westview Press Inc. , 1983.

[17] Brzezinski, Zbigniew K. , *Power and Principle: Memoirs of the National Security Adviser, 1977 – 1981*, New York: Farrar, Straus, Giroux, 1983.

[18] Burke, John P. , and Fred I. Greenstein, *How Presidents Test Reality: Decisions on Vietnam, 1954 and 1965*, New York: Russell Sage Foundation, 1989.

[19] Bush, George, and Brent Scowcroft, *A World Transformed*, New York: Random House, 1998.

[20] Bush, Vannevar, *Pieces of the Action*, New York: Morrow, 1970.

[21] Caraley, Demetrios, *The Politics of Military Unification: A Study of Conflict and the Policy Process*, New York: Columbia University Press, 1966.

[22] Carter, Jimmy, *Keeping the Faith: Memoirs of a President*, New York: Bantam Books, 1982.

[23] Cashman, Sean Dennis, *America Ascendant: From Theodore Roosevelt to FDR in the Century of American Power, 1901 – 1945*, New York: NYU Press, 1998.

[24] Cimbala, Stephen J. , ed. , *National Security Strategy: Choices and Limits*, New York: Praeger Publishers, 1984.

[25] Clark, Keith C. , and Laurence J. Legere, eds. , *The President and Management of National Security*, New York: Praeger, 1969.

[26] Clarke, Duncan L. , *American Defense and Foreign Policy Institutions: Toward a Sound Foundation*, New York: Harper & Row, 1989.

[27] Cohen, William S. , and George J. Mitchell, *Men of Zeal: A Candid Inside Story of the Iran – Contra Hearings*, New York: Viking, 1988.

[28] Collins, John M. , U. S. *Defense Planning*: *A Critique*, Boulder, Colo. : Westview Press, 1983.

[29] Crabb, Cecil V. , Jr. , and Kevin V. Mulcahy, *Presidents and Foreign Policy Making*: *From FDR to Reagan*, Baton Rouge, La. : Louisiana State University Press, 1986.

[30] Crabb, Cecil Van Meter, and Kevin V. Mulcahy, *American National Security*: *A Presidential Perspective*, Pacific Grove, Calif. : Brooks/Cole, 1991.

[31] Cutler, Robert, *No Time for Rest*, Boston, Mass. : Little, Brown, 1966.

[32] David Halberstam, *The Best and the Brightest*, Robbinsdale, Minnesota: Fawcett Publications, 1972 .

[33] Destler, I. M. , *Presidents, Bureaucrats, and Foreign Policy*: *The Politics of Organizational Reform*, Princeton, NJ: Princeton University Press, 1972.

[34] Destler, I. M. "The Rise of the National Security Assistant, 1961 – 1981," In Charles W. Kegtey, Jr. and Eugene R. Wittkopf, eds. , *Perspectives on American Foreign Policy*, New York: St. Martin's, 1983.

[35] Dockrill, Saki, *Eisenhower's New – Look National Security*, 1953 – 1961, New York: St. Martin's Press, 1996.

[36] Donovan, Robert, *Conflict and Crisis*: *The Presidency of Harry S. Truman*, 1945 – 1948. New York: W. W. Norton, 1977.

[37] Draper, Theodore, *A Very Thin Line*: *The Iran – Contra Affairs*, New York: Hill and Wang, 1991.

[38] Drew, S. Nelson, ed. , *NSC – 68*: *Forging the Strategy of Containment*, Washington, D. C. : National Defense University, 1994.

[39] Edwards, Ⅲ, George C. , and Wallace E. Walker, eds. , *National Security and the U. S. Constitution*: *The Impact of the System*, Baltimore, Md. : Johns Hopkins University Press, 1988.

[40] Ferrell, Robert, ed. , *The Eisenhower Diaries*, New York: W. W. Norton, 1981.

[41] Felix, Antonia, *Condi*: *The Condoleezza Rice Story*, New York: Newmarket Press, 2002.

[42] Fosdick, Dorothy, ed. , *Staying the Course*: *Henry M. Jackson and Natio-*

nal Security, Seattle: University of Washington Press, 1987.

[43] Gaddis, John Lewis, *The United States and the End of the Cold War: Implications, Reconsiderations, Provocations*, New York: Oxford University Press, 1994.

[44] Garrison, Jean A. , *Games Advisors Play: Foreign Policy in the Nixon and Carter Administrations*, Texas: Texas A&M University Press, 1999.

[45] George, Alexander L. , *Presidential Decisionmaking in Foreign Policy: The Effective Use of Information and Advice*, Boulder, Colo. : Westview Press, 1980.

[46] Graebner, Norman A. , ed. , *The National Security: Its Theory and Practice 1945 – 1960*, New York: Oxford University Press Inc. , 1986.

[47] Halperin, Morton H. , *National Security Policy-Making: Analyses, Cases, andProposals*, Lexington: Lexington Books, 1975.

[48] Hamby, Alonzo L. , *Liberalism and Its Challengers: From F. D. R. to Bush*, New York: Oxford University Press, 1992.

[49] Hammond, Paul Y. , *Organizing for Defense: The American Military Establishment in the Twentieth Century*, Princeton: Princeton University Press, 1961.

[50] Hartmann, Frederick H. , and Robert L. Wendzel. , *Defending America's Security*, New York: Pergamon Press, 1988.

[51] Hersh, Seymour M. , *The Price of Power: Kissinger in the Nixon White House*, New York: Summit Books, 1983.

[52] Hobbs, Edward H. , *Behind the President: A Study of Executive Office Agencies*, Washington, D. C. : Public Affairs Press, 1954.

[53] Hobkirk, Michael D. , *The Politics of Defense Budgeting: A Study of Organisation and Resource Allocation in the United Kingdom and the United States*, Washington, D. C. : National Defense University Press, 1983.

[54] Hogan, Michael J. , *A Cross of Iron: Harry S Truman and the National Security State*, 1945 – 1954, New York: Cambridge University Press, 1998.

[55] Hogan, Michael J. , The Marshall Plan: America, Britain and the Reconstruction of Western Europe, New York: Cambridge University

Press, 1987.

[56] Hunter, Robert E. , *Organizing for National Security. Significant Issues Series*, Washington, D. C. : Center for Strategic and International Studies, 1988.

[57] Hunter, Robert E. , *Presidential Control of Foreign Policy: Management or Mishap?* New York: Praeger, 1982. 2nd Edition, 1987.

[58] Hutchings, Robert L. , *American Diplomacy and the End of the Cold War: An Insider's Account of US Diplomacy in Europe*, 1989 – 1992, Baltimore: Johns Hopkins University Press, 1997.

[59] Hyland, William, *Mortal Rivals: Superpower Relations from Nixon to Reagan*, New York: Random House, 1987.

[60] Inderfurth, Karl F. , and Loch K. Johnson, eds. , *Decisions of the Highest Order: Perspectives on the National Security Council*, Pacific Grove, Calif. : Brooks/Cole, 1988.

[61] Inderfurth, Karl F. , and Loch K. Johnson, eds. , *Fateful Decisions: Inside the National Security Council*, New York: Oxford University Press, 2004.

[62] Jackson, Henry M. , ed. , *The National Security Council: Jackson Subcommittee Papers on Policy-Making at the Presidential Level*, New York: Praeger, 1965.

[63] Johnson, Loch K. , *Bombs, Bugs, Drugs, and Thugs: Intelligence and America's Search for Security*, New York: New York University Press, 2001.

[64] Jones, Charles O. , ed. , *Preparing to Be President: The Memos of Richard E. Neustadt*, Washington, D. C. : The AEI Press, 2001.

[65] Jones, Matthew, *Conflict and Confrontation in South East Asia*, 1961 – 1965: *Britain, the United States and the Creation of Malaysia*, Cambridge: Cambridge University Press, 2001.

[66] Kamath, P. M. , *Executive Privilege Versus Democratic Accountability: The Special Assistant to the President for National Security Affairs*, 1961 – 1969, New Delhi: Radiant, 1981.

[67] Kelser, Gordon W. , *The U. S. Marine Corps and Defense Unification* 1944 – 47, Washington, D. C. : National Defense University Press.

[68] Kissinger, Henry A. , *The National Security Council*, Washington, D. C. :

U. S. Government Printing Office, 1970.

[69] Kissinger, Henry A. , *White House Years*, Boston: Little, Brown, 1979.

[70] Kissinger, Henry A. , *Years of Upheaval*, Boston: Little, Brown & Co. , 1982.

[71] Koh, Harold, *The National Security Constitution: Sharing Power after the Iran - Contra Affair*, New Haven, Conn. : Yale University Press, 1990.

[72] Korb, Lawrence J. , *Implementing a New National Security Policy: Options for the Post - 9/11 World*, Council Policy Initiative, New York: Council on Foreign Relations, 2003.

[73] Laird, Melvin R. , *Beyond the Tower Commission*, Washington, D. C. : American Enterprise Institute for Public Policy Research, 1987.

[74] Lasswell Harold D. , *National Security and Individual Freedom*, New York: McGraw - Hill Press, 1950.

[75] Lee, Mordecai, *Nixon's Super-Secretaries: The Last Grand Presidential Reorganization Effort*, Texas: A&M University Press, 2012.

[76] Link, Arthur S. , ed. , *The Papers of Woodrow Wilson*, Vol. 38, Princeton: Princeton University Press, 1982, p. 269.

[77] Little, Wendell E. , *White House Strategy-Making Machinery*, 1952 - 1954, Maxwell: U. S. Air University Press, 1954.

[78] Lobel, Aaron, *Presidential Judgment: Foreign Policy Decision Making in the White House*, Hollis: Hollis Publishing Company, 2000.

[79] Lord, Carnes, *The Presidency and the Management of National Security*, New York: Collier Macmillan, 1988.

[80] Lowenthal, Mark M. , *The National Security Council: Organizational History*, Washington, D. C. : U. S. Government Printing Office, 1978.

[81] Lowenthal, Mark M. and Richard A. Best, Jr. , *The National Security Council: An Organizational Assessment*, Washington, D. C. : Congressional Research Service, 1993.

[82] Peter Mangold, *National Security and International Relations*, London: Rutledge, 1990.

[83] May, Ernest R. , *American Cold War Strategy: Interpreting NSC - 68*, Boston: Bedford Books of St. Martin's Press, 1993.

[84] May, Ernest R., Philip D. Zelikow, *The Kennedy Tapes: Inside the White House during the Cuban Missile Crisis*, Cambridge, MA: Harvard University Press.

[85] Menges, Constantine C., *Inside the National Security Council: The True Story of the Making and Unmaking of Reagan's Foreign Policy*, New York: Simon & Schuster, 1988.

[86] Miscamble, Wilson D., *George F. Kennan and the Making of American Foreign Policy*, 1947 – 1950, Princeton: Princeton University Press, 1992.

[87] Moens, Alexander, *Foreign Policy under Carter: Testing Multiple Advocacy Decision Making*, Boulder, Colo.: Westview, 1990.

[88] Murray, Williamson, ed., *National Security Challenges for the 21st Century*, Carlisle, Pa.: Strategic Studies Institute, U. S. Army War College, 2003.

[89] *Organizational History of the National Security Council during the Truman and Eisenhower Administrations*, Washington, D. C.: National Security Council, 1960. Reprint, 1988.

[90] *Statutory Functions of the Council.* Washington, D. C.: U. S. National Security Council, 1958.

[91] Nixon, Richard M., *U. S. Foreign Policy for the 1970s: A New Strategy for Peace*, Washington, D. C.: U. S. Government Printing Office, 1970.

[92] Nixon, Richard M., *U. S. Foreign Policy for the 1970s: Building for Peace*, Washington, D. C.: U. S. Government Printing Office, 1971.

[93] Nixon, Richard M., *U. S. Foreign Policy for the 1970s: The Emerging Structure of Peace*, Washington, D. C.: U. S. Government Printing Office, 1972.

[94] Patterson, Bradley H., Jr., *The White House Staff: Inside the West Wing and Beyond*, Washington, D. C.: Brookings Institution Press, 2000.

[95] Pfaltzgraff, Robert L., Jr., *National Security Decisions: The Participants Speak*, edited by Jacquelyn K. Davis, Lexington, Mass.: Lexington Books, 1990.

[96] Powell, Colin L., *My American Journey*, New York: Random House, 1995.

[97] Prados, John, *Keepers of the Keys: A History of the National Security*

Council from Truman to Bush, New York: W. Morrow, 1991.

[98] Preston, Andrew, *War Council: McGeorge Bundy, the NSC, and Vietnam*, Cambridge, Mass.: Harvard University Press, 2006.

[99] Preston, Thomas, *The President and His Inner Circle: Leadership Style and the Advisory Process in Foreign Affairs*, New York: Columbia University Press, 2001.

[100] Randolph, Stephen P, *Powerful and Brutal Weapons: Nixon, Kissinger, and the Easter Offensive*, Cambridge, Mass.: Harvard University Press, 2007.

[101] Romm, Joseph J., *Defining National Security: The Nonmilitary Aspects*, Washington: Council on Foreign Relations, 1993.

[102] Rostow, Walt W., *The Diffusion of Power: An Essay in Recent History*, New York: Macmillan, 1972.

[103] Rothkopf, David J., *Running the World: The Inside Story of the National Security Council and the Architects of American Power*, New York: Public Affairs, 2005.

[104] Rothkopf, David J., *National Insecurity: American Leadership in an Age of Fear*, New York: Public Affairs, 2016.

[105] Jason Saltoun – Ebin, *The Reagan Files: Inside the National Security Council (Discovering Reagan)* (Volume 2), New York: Seabec Books, 2014.

[106] Sale, Sara L., *The Shaping of Containment: Harry S Truman, the National Security Council, and the Cold War*, New York: Brandywine Press, 1998.

[107] Sanchez, James J., *Index to the Iran – Contra Hearings Summary Report*, New York: McFarland, 1988.

[108] Schlesinger, Arthur M., Jr., *The Imperial Presidency*, New York: Houghton Mifflin, 1973, p. 205.

[109] Shoemaker, Christopher C., *The National Security Council Staff: Structure and Functions*, Arlington, Va.: Institute of Land Warfare, 1989.

[110] Shoemaker, Christopher C., *The NSC Staff: Counseling the Council*, Carlisle, Pa: Boulder, Colo.: Westview Press, 1991.

[111] Shoemaker, Christopher C., *Structure, Function and the NSC Staff: An Officer's Guide to the National Security Council*, Carlisle, Pa.: Strategic Studies Institute, U. S. Army War College, 1989.

[112] Shultz, George P. , *Turmoil and Triumph*: *My Years as Secretary of State*, New York: Maxwell Macmillan International, 1993.

[113] Sick, Gary, *All Fall Down*: *America's Tragic Encounter with Iran*, New York: Random House, 1985.

[114] Simpson, Christopher, ed. , *National Security Directives of the Reagan and Bush Administrations*: *The Declassified History of U. S. Political and Military Policy, 1981 – 1991*, Boulder, Colo. : Westview Press, 1995.

[115] Smith, Bromley K. , *Organizational History of the National Security Council during the Kennedy and Johnson Administrations*, Washington, D. C. : National Security Council, 1988.

[116] Solliday, Michael, *The Special Assistant to the President for National Security Affairs and the National Security Council*: *A Comparative Study in Presidential Decision-Making*, Carbondale: Southern Illinois University, 1975.

[117] Sorensen, Theodore C. , *Decision-Making in the White House*, New York: Columbia University Press, 1963.

[118] Sorensen, Theodore C. , *Kennedy*, New York: Harper and Row, 1965.

[119] Sorensen, Theodore C. , *The Kennedy Legacy*: *A Peaceful Revolution for the 70's*, New York: Macmillan Pub Co. 1969.

[120] Stanley, Timothy W. , and Kevin V. Mulcahy, *American Defense and National Security*, Washington, D. C. : Public Affairs Press, 1956.

[121] Strickland Jeffrey, *The Men of Manhattan*: *Creators of the Nuclear Era*, New York: Lulu Press, 2011.

[122] Stern, Sheldon M. , *Averting 'the Final Failure'*: *John F. Kennedy and the Secret Cuban Missile Crisis Meetings*, Stanford: Stanford University Press, 2003.

[123] Stuart, Douglas T. , *Organizing for National Security*, Carlisle, Pa: Strategic Studies Institute, U. S. Army War College, 2000.

[124] Stuart, Douglas T. , *Creating the National Security State*: *A History of the Law that Transformed America*, New York: Princeton University Press, 2012.

[125] Trout, Thomas, and James E. Harf, *National Security Affairs*: *Theoretical Perspectives and Contemporary Issues*, Wichita, Kansas: The Regents

Press, 1980.

[126] Tuunainen, Pasi, *The Role of Presidential Advisory Systems in US Foreign Policy-Making: The Case of the National Security Council and Vietnam, 1953 – 1961*, Helsinki: Suomalaisen Kirjallisuuden Seura, 2001.

[127] Tower John, *The Tower Commission Report*, New York: Bantam, 1987.

[128] Vance, Cyrus, *Hard Choices: Critical years in America's Foreign Policy*, New York: Simon and Schuster, 1983.

[129] Walch, Timothy, ed., *Herbert Hoover and Dwight D. Eisenhower: A Documentary History*, New York: Palgrave MacMillan, 2013.

[130] Walker, William O., *National Security and Core Values in American History*, New York: Cambridge University Press, 2009.

[131] Watson Mark S., *United States Army in WWII, Chief of Staff: Prewar Plans and Preparaions*, Washington, D. C.: U. S. Government Printing Office, 1950.

[132] Worley, Robert, *Orchestrating the Instruments of Power: A Critical Examination of the U. S. National Security System*, Washington: John Hopkins University Press, 2012.

[133] Woolner, David B., Warren F. Kimball, David Reynolds, *FDR's World: War, Peace, and Legacies*, New York: Palgrave Macmillan, 2008.

[134] Zegart, Amy B., *Flawed by Design: The Evolution of the CIA, JCS, and NSC*, Stanford, Calif.: Stanford University Press, 1999.

[135] Yergin, Daniel, *Shattered Peace: The Origins of the Cold War and the National Security State*, Boston: Houghton Mifflin, 1977.

六　英文论文

[1] Acheson, Dean, "The Eclipse of the State Department," *Foreign Affairs* 49 (July 1971), pp. 593 – 606.

[2] Anderson, Paul A., "Decision Making by Objection and the Cuban Missile Crisis," *Administrative Science Quarterly* 28, No. 2 (June 1983), pp. 201 – 222.

[3] Bailey, Norman, and Stefan A. Halper, "National Security for Whom?" *Washington Quarterly* 9, No. 1 (Winter 1986), pp. 187 – 192.

[4] Block, Fred, "Economic Instability and Military Strength: The Parado-
xes of the 1950 Rearmament Decision," *Politics and Society* 10, No. 1
(1980), pp. 35 – 58.

[5] Bock, Joseph G. , and Duncan L. Clarke, "The National Security Assis-
tant and the White House staff: National Security Policy Decisionmaking
and Domestic Political Considerations, 1947 – 1984," *Presidential Studies
Quarterly* 16, No. 2 (Spring 1986), pp. 258 – 279.

[6] Brands, H. W. , "The Age of Vulnerability: Eisenhower and the National
insecurity State," *The American Historical Review* 94, No. 4 (Oct. 1989),
pp. 963 – 989.

[7] Bundy, William P. , "The National Security Process: Plus ca change…?"
International Security 7, No. 3 (Winter 1982/1983), pp. 94 – 109.

[8] Burke, John P. , "The Contemporary Presidency: Condoleezza Rice as
NSC Advisor: A Case Study of the Honest Broker Role," *Presidential
Studies Quarterly* 35, No. 3 (Sept. 2005), pp. 554 – 575.

[9] Burke, John P. , "The Neutral/Honest Broker Role in Foreignpolicy
Decision Making: A Reassessment," *Presidential Studies Quarterly* 35, No. 2
(June 2005), pp. 229 – 258.

[10] Carpenter, Ted Galen, "That was Then, This is Now: Toward a New
NSC – 68," *SAIS Review* 19, No. 1 (Winter – Spring 1999), pp. 72 – 84.

[11] Cutler, Robert, "The Development of the NSC," *Foreign Affairs* 34
(April 1956), pp. 441 – 458.

[12] Dale, William N. , "U. S. National Security Policies in the Cold War
and the War on Terror: A Comparision," *American Diplomacy* (June 28,
2003) .

[13] David, Charles, "The National Security Council and United States
Foreign Policy toward South Africa, 1969 – 1976," *Etudes Internationales*
12, No. 4 (1981), pp. 657 – 690.

[14] Davis, Vincent, "American Military Policy: Decisionmaking in the
Executive Branch," *Naval War College Review* 22, No. 9 (May 1970),
pp. 4 – 23.

[15] Delaney, Douglas E. , " 'Us' and 'Them' : Colin Powell and American

Civil-military Relations, 1963 – 1993," *Canadian Military Journal* 3 (Spring 2002), pp. 49 – 56.

[16] Destler, I. M. , "Comment: Multiple Advocacy: Some 'Limits and Costs'," *American Political Science Review* 66, No. 3 (Sept. 1972), pp. 786 – 790.

[17] Destler, I. M. , "A Job That doesn't Work," *Foreign Policy*, No. 38 (Spring 1980), pp. 80 – 88.

[18] Destler, I. M. "National Security Advice to U. S. Presidents: Some Lessons from Thirty Years," *World Politics* 29, No. 2 (Jan. 1977), pp. 143 – 176.

[19] Destler, I. M. , "National Security Management: What Presidents have Wrought," *Political Science Quarterly* 95, No. 4, (Winter 1980 – 81), pp. 573 – 588.

[20] Falk, Stanley, "George Washington's National Security Council," *Military Review* 51, No. 7 (1971), pp. 23 – 27.

[21] Falk, Stanley, "The National Security Council under Truman, Eisenhower, and Kennedy," *Political Science Quarterly* 79, No. 3 (Sept. 1964), pp. 403 – 434.

[22] Fautua, David T. , "The 'Long Pull' Army: NSC – 68, the Korean War, and the Creation of the Cold War United States Army," *The Journal of Military History* 61, No. 1 (Jan. 1997), pp. 93 – 120.

[23] Figliola, Carl L. , "Considerations of National Security Administration: The Presidency, Policy Making and the Military," *Public Administration Review* 34, No. 1 (Jan. – Feb. 1974), pp. 82 – 88.

[24] Finer, Herman, "The Hoover Commission Reports," *Political Science Quarterly*, Vol. 64, No. 3, 1949, pp. 405 – 409.

[25] Flournoy, Michele A. , Shawn W. Brimley, "Strategic Planning for National Security: A New Project Solarium," *Joint Force Quarterly* 41, 2nd quarter (April 1, 2006), pp. 80 – 86.

[26] Fordham, Benjiamin O. , "Revisionism Reconsidered: Exports and American Intervention in World War I," *International Organization* 61, No. 2 (Spring, 2007), pp. 277 – 310.

[27] Franck, Thomas M. , "The Constitutional and Legal Position of the National Security Adviser and Deputy Adviser," *American Journal of International Law* 74 (July 1980), pp. 634 – 639.

[28] Gaddis, John L. , "NSC – 68 and the Problem of Ends and Means," *International Security* 4, No. 4 (Spring 1980), pp. 164 – 170.

[29] Garfinkle, Adam M. , "NSC – 68 Redux?" *SAIS Review* 19, No. 1 (Winter – Spring 1999), pp. 41 – 54.

[30] Garrison, Jean A. , "Framing Foreign Policy Alternatives in the Inner Circle: President Carter, His Advisors, and the Struggle for the Arms Control Agenda," *Political Psychology* 22, No. 4 (Dec. 2001), pp. 775 – 807.

[31] George, Alexander L. , "The Case for Multiple Advocacy in Making Foreign Policy," *The American Political Science Review* 66, No. 3 (Sept. 1972), pp. 751 – 785.

[32] George, Alexander L. , "Rejoinder to 'Comment' by I. M. Destler," *American Political Science Review* 66, No. 3 (Sept. 1972), pp. 791 – 795.

[33] George, Alexander L. , and Eric K. Stern, "Harnessing Conflict in Foreign Policy Making: From Devil's to Multiple Advocacy," *Presidential Studies Quarterly* 32, No. 3 (Sept. 2002), pp. 484 – 508.

[34] Goodpaster, Andrew J. , "Four Presidents and the Conduct of National Security Affairs – Impressions and Highlights," *Journal of International Relations* 2 (Spring 1977), pp. 26 – 37.

[35] Greenstein, Fred I. , and Richard H. Immerman, "Effective National Security Advising: Recovering the Eisenhower Legacy," *Political Science Quarterly* 115, No. 3 (Fall 2000), pp. 335 – 345.

[36] Hammond, Paul Y. , "The National Security Council as a Device for Interdepartmental Coordination: An Interpretation and appraisal," *American Political Science Review* 54, No. 4 (Dec. 1960), pp. 899 – 910.

[37] Henderson, Phillip G. , "Advice and Decision: The Eisenhower National Security Council reappraised," *The Presidency and National Security Policy Proceedings* 5, No. 1 (1984).

[38] Henderson, Philip G. , "Organizing the Presidency for Effective Leade-

rship: Lessons from the Eisenhower Years," *Presidential Studies Quarterly* 17, No. 1 (Winter 1987), pp. 43 – 69.

[39] Hoffman F. G. , Ryan Neuhard, "Avoiding Strategic Inertia: Enabling the National Security Council," *Obris* 60, No. 2 (Spring 2016), pp. 217 – 236.

[40] Hoxie, R. Gordon, "The National Security Council," *Presidential Studies Quarterly* 12 (Winter 1982), pp. 108 – 113.

[41] Humphrey, David, "NSC Meetings during Johnson Presidency," *Diplomatic History* 18, Issue 1 (January 1994), pp. 29 – 45.

[42] Humphrey, David, "Tuesday Lunch at the Johnson White House: A Preliminary Assessment," *Diplomatic History* 8, Issue 1 (January 1984), pp. 81 – 102.

[43] Jablonsky, David, "The State of the National Security State," *Parameters* 32, No. 4 (Winter 2002 – 2003), pp. 4 – 20.

[44] Jackson, Michael Gordon, "Beyond Brinkmanship: Eisenhower, Nuclear War Fighting, and Korea, 1953 – 1968," *Presidential Studies Quarterly* 35, No. 1 (March 2005), pp. 52 – 75.

[45] Johnson, Loch K. , and Karl F. Inderfurth, "The Evolving Role of the National Security Adviser: From Executive Secretary to Activist Counselor," *White House Studies* 4, No. 3 (June 22, 2004) .

[46] Johnson, Robert David, "The Government Operations Committee and Foreign Policy during the Cold War," *Political Science Quarterly* 113, No. 4 (Winter, 1998 – 1999), pp. 645 – 671.

[47] Kagan, Frederick W. , "Back to the Future: NSC – 68 and the Right Course for America Today," *SAIS Review* 19, No. 1 (Winter – Spring 1999), pp. 55 – 71.

[48] Kengor, Paul. "The Vice President, the Secretary of State, and Foreign Policy," *Political Science Quarterly* 115, No. 2 (Summer 2000), pp. 175 – 200.

[49] Kohl, Wilfrid L. "The Nixon – Kissinger Foreign Policy System and U. S. -European Relations: Patterns of Policy Making," *World Politics* 28, No. 1 (Oct. 1975), pp. 1 – 43.

[50] Kolodziej, Edward A. "The National Security Council: Innovations and Implications," *Public Administration Review* 29, No. 6 (Nov. – Dec. 1969), pp. 573 – 585.

[51] Lay, James S., Jr., "National Security Council's Role in the U. S. Security and Peace Program," *World Affairs* (Summer 1952), pp. 33 – 63.

[52] Leacacos, John P., "Kissinger's Apparat," *Foreign Policy*, No. 5 (Winter 1971 – 1972), pp. 3 – 27.

[53] Lilly, Edward, "The Psychological Strategy Board and Its Predecessors: Foreign Policy Coordination 1938 – 1953," in Gaetano L. Vincitorio, ed., *Studies in Modern History*, New York: St. John's University Press, 1968, pp. 337 – 382.

[54] Lord, Carnes, "Executive Power and Our Security," *The National Interest*, No. 7 (Spring 1987), pp. 3 – 13.

[55] Madar, Daniel, "Patronage, Position, and Policy Planning: S/P and Secretary Kissinger," *The Journal of Politics* 42, No. 4 (Nov. 1980), pp. 1065 – 1084.

[56] May, Ernest R., "The Development of Political-Military Consultation in the United States," *Political Science Quarterly* 70, No. 2 (June 1955), pp. 161 – 180.

[57] McCall, James H., "Comments on Footnotes to Near History," *SAIS Review* 19, No. 1 (Winter – Spring 1999), pp. 9 – 12.

[58] Menarchick, Douglas, "Organizing to Combat 21st Century Terrorism," In James M. Smith and William C. Thomas, eds., *The Terrorist Threat and the U. S. Governmental Response: Operational and Organizational Factors*, U. S. Air Force Academy, Colo.: U. S. Air Force Institute for National Security Studies, 2002.

[59] Mitchell, David, "Centralizing Advisory Systems: Presidential Influence and the U. S. Foreign Policy Decision-making Process," *Foreign Policy Analysis* 1, No. 2 (July 2005), pp. 181 – 206.

[60] Moore, John Norton, "Law and National Security," *Foreign Affairs* 51, No. 2 (1973), pp. 402 – 421.

[61] Morley, Morris, and Steven Smith, "Imperial Reach: U. S. Policy and

the CIA in Chile," *Journal of Political and Military Sociology* 5, No. 2 (1977), pp. 203 – 216.

[62] Mulcahy, Kevin V., "The Secretary of State and the National Security Advisor: Foreign Policy Making in the Carter and Reagan Administrations," *Presidential Studies Quarterly* 16, No. 2 (Spring 1986), pp. 280 – 299.

[63] Mulcahy, Kevin V., "Rethingking Groupthink: Walt Rostow and the National Security Advisory Process in the Johnson Administration," *Presidential Studies Quarterly* 25, No. 2 (Spring 1995), pp. 237 – 250.

[64] "National Security Decision Making in the White House and Its Organization," *World Affairs* 146 (Fall 1983).

[65] Nelson, Anna Kasten, "The Importance of Foreign Policy Process," in Gunter Bischof and Stephen E. Ambrose, eds., *Eisenhower: A Centenary Assessment*, Baton Rouge, La.: Louisiana State University Press, 1995.

[66] Nelson, Anna Kasten, "President Truman and the Evolution of the National Security Council," *The Journal of American History* 72, No. 2 (Sept. 1985), pp. 360 – 378.

[67] Nelson, Anna Kasten, "The 'Top of Policy Hill': President Eisenhower and the National Security Council," *Diplomatic History* 7, No. 4 (Fall 1983), pp. 307 – 326.

[68] Newmann, William W., "Causes of Change in National Security Processes: Carter, Reagan, and Bush Decision Making on Arms Control," *Presidential Studies Quarterly* 31, No. 1 (Mar. 2001), pp. 69 – 103.

[69] Newmann, William W., "Reorganizing for National Security and Homeland Security," *Public Administration Review* 62, No. 1 (Sept. 2002), pp. 126 – 137.

[70] Newmann, William W., "The Structures of National Security Decision making: Leadership, Institutions, and Politics in the Carter, Reagan, and G. H. W. Bush Years," *Presidential Studies Quarterly* 34, No. 2, (June 2004), pp. 272 – 306.

[71] Nitze, Paul, "The Development of NSC – 68," *International Security* 4, No. 4 (Spring 1980), pp. 170 – 176.

[72] Nitze, Paul, "Perspective on U. S. Foreign Policy Today," *SAIS Review*

19, No. 1 (Winter – Spring 1999), pp. 1 – 8.

[73] O'Connor, Raymond G. "Truman: New Powers in Foreign Affairs," *Australian Journal of Politics and History* 25, No. 3 (1979), pp. 319 – 326.

[74] Odeen, Philip A., "Organizing for National Security," *International Security* 5, No. 1 (Summer 1980), pp. 111 – 129.

[75] Preston, Andrew, "The Little State Department: McGeorge Bundy and the National Security Council Staff, 1961 – 65," *Presidential Studies Quarterly* 31, No. 4, (Dec. 2001), pp. 635 – 659.

[76] Rockman, Bert A., "America's Departments of State: Irregular and Regular Syndromes of Policy Making," *American Political Science Review* 75, No. 4 (Dec. 1981), pp. 911 – 927.

[77] Rothkopf, David J., "Inside the Committee that Runs the World," *Foreign Policy*, No. 147 (March/April 2005), pp. 30 – 41.

[78] Rudalevige, Andrew, "The Structure of Leadership: Presidents, Hierarchies, and Information Flow," *Presidential Studies Quarterly* 35, No. 2 (June 2005), pp. 333 – 360.

[79] Ralph Purcell, "The Hooover Commission," *The Georgia Review* 4, No. 1 (Spring – 1950).

[80] Sander, Alfred D., "Truman and the National Security Council, 1945 – 1947," *The Journal of American History* 59, No. 2 (Sept. 1972), pp. 369 – 388.

[81] Schuyler, Robert Livingston, "The British War Cabinet," *Political Science Quarterly* 33, No. 3 (Sep. 1918), pp. 378 – 395.

[82] Shoemaker, Christopher C., "The NSC Staff: Rebuilding the Policy Crucible," *Parameters* 19, No. 3 (Sept. 1989), pp. 35 – 45.

[83] Siniver, Asaf, "Source Material: The Truth is Out There: The Recently Released NSC Institutional Files of the Nixon Presidency," *Presidential Studies Quarterly* 34, No. 2 (June 2004), pp. 449 – 454.

[84] Siracusa, Joseph M., "NSC – 68: A Reappraisal," *Naval War College Review* 33 (Nov. – Dec. 1980), pp. 4 – 14.

[85] Souers, Sidney W., "Policy Formulation for National Security," *American Political Science Review* 43, No. 3 (June 1949), pp. 534 – 543.

[86] Stark, Matthew J. , "Wilson and the United States Entry into the Great War," *OAH Magazine of History* 17, No. 1, World War I (Oct. 2002) .

[87] Steiner, Barry H. , "Policy Organization in American Security Affairs: An Assessment," *Public Administration Review* 37, No. 4 (July – Aug. 1977), pp. 357 – 367.

[88] Szanton, Peter, "Two Jobs, Not One," *Foreign Policy*, No. 38 (Spring 1980), pp. 89 – 91.

[89] Szulc, Tad, "Dateline Washington: The Vicar Vanquished," *Foreign Policy* 43 (Summer 1981), pp. 173 – 186.

[90] Taylor, Maxwell D. "The Legitimate Claims of National Security," *Foreign Affairs* 52, No. 3 (Apr. 1974), pp. 577 – 594.

[91] Thayer, Frederick C. , "Presidential Policy Process and 'New Administration': A Search for Revised Paradigms," *Public Administration Review* 31, No. 5 (Sept. – Oct. 1971), pp. 552 – 561.

[92] Thomson, James C. , Jr. , "On the Making of U. S. – China Policy, 1961 – 1969: A Study in Bureaucratic Politics," *China Quarterly* 50 (Apr. – June 1972), pp. 220 – 243.

[93] Trachtenberg, Marc, "Making Grand Strategy: The Early Cold War Experience in Retrospect," *SAIS Review* 19, No. 1 (Winter – Spring 1999), pp. 33 – 40.

[94] Trachtenberg, Marc, ed. , "White House Tapes and Minutes of the Cuban Missile Crisis: Introduction to Documents," *International Security* 10, No. 1 (Summer 1985), pp. 164 – 203.

[95] Trager, Frank N. "The National Security Act of 1947: Its Thirtieth Anniversary," *Air University Review* 29 (Nov. – Dec. 1977), pp. 2 – 15.

[96] Turner, Stansfield, and George Thibault, "Intelligence: The Right Rules," *Foreign Policy* 48 (Fall 1982), pp. 122 – 138.

[97] Westad, Odd Arne. "Containing China? NSC – 68 as Myth and Dogma," *SAIS Review* 19, No. 1 (Winter – Spring 1999), pp. 85 – 91.

[98] "White House Tapes and Minutes of the Cuban Missile Crisis: Introduction to Documents," *International Security* 10, No. 1 (Summer 1985), pp. 164 – 203.

[99] Wyeth, George A., "The National Security Council: Concept of Op-
eration, Organization, Actual Operations," *Journal of International Affairs*
8, No. 2 (1954), pp. 185 – 195.

[100] Yarmolinsky, Adam, "Bureaucratic Structures and Political Outcomes,"
Journal of International Affairs 23, No. 2 (1969), pp. 225 – 235.

[101] Yost, Charles W., "The Instruments of American Foreign Policy,"
Foreign Affairs 50, No. 1 (1971), pp. 59 – 68.

七 英文报刊

[1] Aaron, David, "NSC is Easy to Abuse but Critical to the Presidency,"
Los Angeles Times, 12 January 1987.

[2] "All Committees to be Abolished, Work of the Council of National De-
fense to be Simplified," *Meriden Morning Record*, October 10, 1917.

[3] Alter, Jonathan, "Tinker, Tailor, Soldier, Bureaucrat: The Appren-
ticeship of Alexander Haig," *Washington Monthly* 13 (Mar. 1981).

[4] Anderson, Dillon. "The President and National Security," *Atlantic Mon-
thly* 197 (Jan. 1956).

[5] Anderson, Patrick, "The Only Power Kissinger has is the Confidence of
the President," *The New York Times*, 1 June 1969.

[6] Apple, R. W., Jr., "A Domestic Sort with Global Worries," *The New
York Times*, 25 August 1999.

[7] Apple, R. W., Jr., "Kissinger Named a Key Nixon Aide in Defense
Policy: Job of Overhauling Work of National Security Council Given
Harvard Expert," *The New York Times*, 3 December 1968.

[8] Associated Press, "Roster of Council on Security Filled: Leaders of Many
National Bodies Join Owen J. Roberts in Preparedness Drive," *The
Washington Post*, 7 December 1947.

[9] Babcock, Charles R., and Don Oberdorfer, "The NSC Cabal: How
Arrogance and Secrecy Brought on a Scandal," *The Washington Post*, 21
June 1987.

[10] Bamford, James, "Carlucci and the N. S. C," *The New York Times
Magazine*, 18 January 1987.

[11] Berger, Marilyn, "Vance and Brzezinski: Peaceful Coexistence or Guerilla War?" *The New York Times Magazine*, 13 February 1977.

[12] Boyd, Gerald M. , "U. S. Says N. S. C. will Face Changes," *The New York Times*, 8 January 1987.

[13] Broder, David S. , "Brzezinski: A New Household Word?" *The Washington Post*, 6 November 1977.

[14] Brzezinski, Zbigniew, "Deciding Who Makes Foreign Policy," *The New York Times Magazine*, 18 September 1983.

[15] Brzezinski, Zbigniew, "The NSC's Midlife Crisis," *Foreign Policy*, No. 69 (Winter 1987 – 1988) .

[16] Brzezinski, Zbigniew, and Owen Harries, "A Conversation with Zbigniew Brzezinski," *National Interest*, No. 5 (Fall 1986) .

[17] Bumiller, Elisabeth, "The Powers and the Puzzles of Richard Allen: The Disappearing 'Disappearing Act' of the National Security Adviser," *The Washington Post*, 28 June 1981.

[18] Burt, Richard, "Regan Aids Tell of Plans to Strengthen Secretary of State and Curbsecurity Adviser," *The New York Times*, 19 September 1980.

[19] Burt, Richard, "Carlucci Cleans up the Act at the NSC; But will He Get the President's Attention?" *Newsweek* 109 (Jan. 19, 1987) .

[20] Carroll, Wallace, "Bundy of Harvard to be Security Aide – Post for Finletter seen," *The New York Times*, 30 December 1960.

[21] Casey, Steven, "Selling NSC – 68: The Truman Administration, Public Opinion, and the Politics of Mobilization, 1950 – 51," *Diplomatic History* 29, No. 4 (Sept. 2005) .

[22] Cline, Ray S. , "Policy without Intelligence," *Foreign Policy*, No. 17 (Winter 1974 – 1975) .

[23] Covington, Cary R. , "Development of Organizational Memory in Presidential Agencies," *Administration & Society* 17, No. 2 (Aug. 1985) .

[24] Cyr, Arthur, "The NSC: Assessing the Present in Light of the Past," *Chicago Tribune*, 12 January 1987.

[25] Demirjian, Karoun, "Republicans to Take Aim at the National Security Council," *The Washington Post*, April 24, 2017.

[26] DeYoung, Karen, and Steven Mufson, "A Leaner and Less Visible NSC: Reorganization will Emphasize Defense, Global Economics," *The Washington Post*, 10 February 2001.

[27] Drew, Elizabeth, "A Reporter at Large: Brzezinski," *The New Yorker* 54, No. 11 (May 1, 1978).

[28] Dobbs, Michael, "Ford and GM Scrutinized for Alleged Nazi Collaboration," *The Washington Post*, September 30, 1998.

[29] "Eisenhower Names Top Security Aide," *The New York Times*, 9 March 1955.

[30] "Eisenhower Shifts Coordinating Unit," *The New York Times*, 26 February 1957.

[31] Evans, Rowland, and Robert Novak, "National Security Council Continues to Gain Influence under Kissinger," *The Washington Post, Times Herald*, 18 June 1969.

[32] Folliard, Edward T., "Eisenhower Summons Group to Discuss Tense Situation: Ike Summons Council to Denver Meeting," *The Washington Post, Times Herald*, 9 September 1954.

[33] Folliard, Edward T., "Ike Names Cutler to White House Staff," *The Washington Post*, 30 December 1952.

[34] "Foreign Policy by Committee can It Really Work?" *U. S. News & World Report* (Feb. 21, 1977).

[35] Friedman, Saul, "Scowcroft a 'Model' Adviser; Bush Nominee for Security Post has Experience with Compromise," *Newsday*, 25 November 1988.

[36] Gelb, Leslie H., "Brzezinski Says He'll Give Advice to Carter Only When He Asks for It," *The New York Times*, 17 December 1976.

[37] Gelb, Leslie H., "Muskie and Brzezinski: The Struggle over Foreign Policy," *The New York Times Magazine*, 20 July 1980.

[38] Gelb, Leslie H., "Nixon Role in Foreign Policy Altered; Some Assert Kissinger is Now in Charge," *The New York Times*, December 24, 1973.

[39] Gelb, Leslie H., "National Security Council: Where Anonymous Power Accrues," *The New York Times*, June 4, 1985.

[40] Gertz, Bill, "Clinton's NSC Staff Lacks Coordination: President Sometimes Out of Loop," *Washington Times*, 10 November 1993.

[41] Getler, Michael, "Scaled – down National Security Adviser still a White House Pillar," *The Washington Post*, 7 April 1981.

[42] Gordon, Michael R. "At Foreign Policy Helm: Shultz vs. White House," *The New York Times*, 26 August 1987.

[43] Gordon, Michael R. , "The White House Crisis: Changes? N. S. C. Being Restructured to Give More Focus to Coordinating Policy," *The New York Times*, 22 December 1986.

[44] "Gray is Appointed President's Aide: Succeeds Cutler in National Security Affairs Post Hoegh Set for Shift," *The New York Times*, 25 June 1958.

[45] Greer, Peter, "Military in Top Civilian Jobs: In Light of Iran – Contra Affair, Observers Ask if Military Produces People Unsuited for High Civilian Positions," *Christian Science Monitor*, 5 January 1987.

[46] Gwertzman, Bernard, "Brzezinski Revamps Security Unit Staff: Kissinger Impact removed Youth and Education are Stressed," *The New York Times*, 16 January 1977.

[47] Harris, John F. , "Berger's Caution has Shaped Role of U. S. in War," *The Washington Post*, 16 May 1999.

[48] Henze, Paul B. , "When the NSC Worked," *Wall Street Journal*, 8 January 1987.

[49] Hersh, Seymour M. , "Kissinger and Nixon in the White House," *Atlantic Monthly* 249, No. 5 (May 1982) .

[50] Hiatt, Fred, "Role of National Security Council again Uncertain," *The Washington Post*, 6 January 1986.

[51] Hoffman, David, "President Scales Back National Security Council," *The Washington Post*, 3 February 1989.

[52] House, Arthur H. , "National Security Process—or Buddy System?" *Hartford Courant*, 27 February 2005.

[53] House, Arthur H. , "Under Ford, the National Security System Worked," *Hartford Courant*, 2 January 2007.

[54] House, Arthur H. , "West Wing Workings; Condi Rice should be

Gatekeeping," *Hartford Courant*, 20 July 2003.

[55] Hyman, Sidney, "When Bundy Says 'The President Wants'," *The New York Times*, 2 December 1962.

[56] Isby, David C., "The New National Security Council," *The Washington Times*, 26 April 2005.

[57] Kennedy, William V., "Why America's National Security Planning Process Went Awry: Military Mentality Took Control When Checks and Balances Failed," *Christian Science Monitor*, 12 January 1987.

[58] Kessler, Glenn, and Peter Slevin, "Rice Fails to Repair Rifts, Officials Say; Cabinet Rivalries Complicate Her Role," *The Washington Post*, 12 October 2003.

[59] Kilpatrick, Carroll, "Johnson's 'Little State Dept.' Fades," *The Washington Post*, *Times Herald*, 2 April 1966.

[60] Krock, Arthur, "In the Nation: New Government Machinery that is Working," *The New York Times*, 22 October 1953.

[61] Krock, Arthur, "In the Nation: On 'Broadening' the National Security Council," *The New York Times*, 4 April 1950.

[62] Krock, Arthur, "In the Nation: The N. S. C.'s Development under Cutler," *The New York Times*, 18 March 1955.

[63] Leviero, Anthony, "Eisenhower Sets up Unit to Implement Security, strategy: Operations Coordinating Board in National Security Council Ends Psychological Panel," *The New York Times*, 4 September 1953.

[64] Leviero, Anthony, "President Names 7 as Policy Advisers: National Security Council Gets Consultants to Formulate 'New, Positive,' Strategy," *The New York Times*, 12 March 1953.

[65] Leviero, Anthony, "Revamped Council Weighs U. S. Policy: Bowie Fills Out Planning Staff as President Gears Security Panel to New Global Aims," *The New York Times*, 4 May 1953.

[66] Leviero, Anthony, "Shake-up is Urged in Psychological War: Presidential Unit Recommends New Board to Plan Execution of National Security Policy," *The New York Times*, 9 July 1953.

[67] Leviero, Anthony, "'Untouchable, Unreachable and Unquotable':

That Sums up Robert Culter, the President's Alter Ego on the National Security Council, Where 'Cold War' Policy is Hammered into Shape," *The New York Times*, 30 January 1955.

[68] Linzer, Dafna, "The NSC's Sesame Street Generation," *The Washington Post*, 12 March 2006.

[69] Marder, Murrey, "Carter, Brzezinski Stress What the NSC will Not Do," *The Washington Post*, 24 January 1977.

[70] Milbank, Dana, "Down to the Nuts and Bolts at NSC; Deputy Ad-viser Stephen J. Hadley Says His Job, and Agency's, is to 'Facilitate' Foreign Policy," *The Washington Post*, 25 July 2001.

[71] Mitgang, Herbert, "Books of the times The Evolution of Power over Nine Presidencies," *The New York Times* May 3, 1991.

[72] Moffett, George D., III. "US Security Council Unleashed: Role Under Reagan Departs from Historical Models," *Christian Science Monitor*, 13 November 1986.

[73] Morgan, Dan, "Counterterrorism Policy Fed North's Power and Influence in NSC," *The Washington Post*, 17 February 1987.

[74] Morgenthau, Hans, "Can We Entrust Defense to a Committee: Our Cold War Strategy Board – the National Security Council – is, by Its Very Nature, Says a Critic, Given to Excessive Compromise and the Dilution of Executive Responsibility. Defense and the N. S. C," *The New York Times Section Magazine*, June 7, 1959.

[75] Moseley, Harold W., Charles W. McCarthy, and Alvin F. Richardson, "The State – War – Navy Coordinating Committee," *The Department of State Bulletin*, Vol. 13, No. 33 (11 November 1945).

[76] Neikirk, Bill, "Inside Jimmy Carter's White House," *Chicago Tribune*, 24 July 1977.

[77] Oberdorfer, Don, "Colin L. Powell: A Key Figure in Policy at the Revamped NSC," *The Washington Post*, 23 March 1987.

[78] Perlez, Jane, "With Berger in Catbird Seat, Albright's Star Dims," *The New York Times*, 14 December 1999.

[79] Phillips, Cabell, "The Super-Cabinet for Our Security," *The New York*

Times, 4 April 1954.

［80］ Prados, John, "The Pros from Dover: President Bush Surrounded Himself with What should have been a Crack Team of National Security Experts. So what Went Wrong? Did Their System just not Work, Or did They have the Wrong Agenda?" *Bulletin of the Atomic Scientists* 60, No. 1（Jan. 1, 2004）.

［81］ "President Names Defense Advisers," *The New York Times*, 12 October 1916.

［82］ "Puritan - Up to a Point: Robert Cutler," *The New York Times*, 24 May 1957.

［83］ Range, Peter R. , Kenneth T. Walsh, "The NSC Bypasses the System - and Pays for It," *U. S. News & World Report* 101, No. 21（Nov. 24, 1986）.

［84］ Raymond, Jack, "U. S. Security Council Assailed; Senators Report Time - Wasting," *The New York Times*, 20 December 1960.

［85］ Reagan, Ronald, "National Security Council Structure: Statement on the Issuance of a Presidential Directive," *Weekly Compilation of Presidential Documents* 18（Jan. 18, 1982）, pp. 21 – 24.

［86］ Reynolds, Maura. "Rice, a Puzzle to Some, has a Place at Rush's Table," *Los Angeles Times*, 30 May 2003.

［87］ Roberts, Chalmers M. , "Kissinger Runs a Taut Shop," *The Washington Post*, *Times Herald*, 25 May 1969.

［88］ Roberts, Chalmers M. "Nixon Expected to Use NSC as Ike did," *The Washington Post*, *Times Herald*, 5 December 1968.

［89］ Roberts, Steven, "The White House Crisis: The Tower Report Inquiry Finds Regan and Chief Advisers Responsible for 'Chaos' in Iran Arms Deals; Regan Also Blamed," *The New York Times*, 27 February 1987.

［90］ Saikowski, Charlotte, "Brent Scowcroft: Quiet Adviser," *Christian Science Monitor*, 14 February 1989.

［91］ Saikowski, Charlotte, "Security Council Hums under Powell," *Christian Science Monitor*, 8 April 1988.

［92］ Scheer, Robert, "In search of Brzezinski: The Elusive Ideas of 'Carter's

Kissinger'," *The Washington Post*, 6 February 1977.

[93] Schneider, Keith, "Poindexter at the Security Council: A Quick Rise and a Troubled Reign," *The New York Times*, 12 January 1987.

[94] Semple, Robert B., Jr., "Nixon to Revive Council's Power: Aims to Give Security Board Decision-making Role it had under Eisenhower," *The New York Times*, 1 January 1969.

[95] Shribman, David, "Analysis: How Richard Allen Finally was Forced to Resign," *The New York Times*, 8 January 1982.

[96] Smith, Hedrick, "A Scaled – Down Version of Security Adviser's Task," *The New York Times*, 4 March 1981.

[97] Smith, Terence, van "Foreign Policy: Decision Power Ebbing at the State Department," *The New York Times*, 18 January 1971.

[98] Suro, Roberto, and Dana Priest, "Plan to Overhaul Antiterrorism Strategy would Boost NSC's Role," *The Washington Post*, 24 March 1998.

[99] "The Document that Sowed the Seed of Haig's Demise," *The Washington Post*, 11 July 1982.

[100] "The President Troika," *The New York Times*, 19 April 1981.

[101] Thomas, Evan, "The Quiet Power of Condi Rice," *Newsweek*, 16 December 2002.

[102] Toth, Robert C., "The Tower Commission Report: NSC Staff is Faulted for Making Policy in Secret," *Los Angeles Times*, 27 February 1987.

[103] Truman, Harry S., "Our Armed Forces must be Unified," *Collier's Weekly*, 26 August 1944.

[104] Unna, Warren, "Resurrection of the Security Council," *The Washington Post, Times Herald*, 20 January 1969.

[105] Wallace, David A., "Electronic Records Management Defined by Court Case and Policy; Armstrong v. Executive Office of the President," *Information Management Journal* 35, No. 1 (Jan. 2001).

[106] Weinraub, Bernard, "Bush Backs Plan to Enhance Role of Security Staff," *The New York Times*, 2 February 1989.

[107] Weisman, Steven R., "Clark is Staking Out His Turf as Security Ad-

viser," *The New York Times*, 19 January 1982.

［108］"Zbigniew Brzezinski, *Special to the New York Times*," *The New York Times*, 17 December 1976.

八　中文译著

［1］〔美〕埃里克·方纳:《给我自由:一部美国的历史》,王希译,商务印书馆,2010。

［2］〔英〕爱德华·卡尔:《20 年危机 (1919—1939):国际关系研究导论》,秦亚青译,世界知识出版社,2005。

［3］〔美〕安德鲁·克雷佩尼维奇、巴里·沃茨:《最后的武士:安德鲁·马歇尔与美国现代国防战略的形成》,张露、王迎晖译,世界知识出版社,2018。

［4］〔美〕戴维·伊斯顿:《政治体系——政治学状况研究》,马清槐译,商务印书馆,1993。

［5］〔美〕戴维·罗特科普夫:《操纵世界的手:美国国家安全委员会内幕》,孙成昊、赵亦周译,商务印书馆,2013。

［6］〔美〕戴维·罗特科普夫:《国家不安全:恐惧时代的美国领导地位》,孙成昊、张蓓译,社会科学文献出版社,2016。

［7］〔美〕法利德·扎卡利亚:《从财富到权力》,门洪华、孙英春译,新华出版社,2001。

［8］〔法〕菲利普·戈卢布:《动摇的霸权:美帝国的扩张史》,廉晓红、王璞译,中国民主法制出版社,2014。

［9］〔美〕格雷厄姆·艾利森、菲利普·泽利科:《决策的本质:还原古巴导弹危机的真相》,王伟光、王云萍译,商务印书馆,2015。

［10］〔美〕亨利·基辛格:《白宫岁月——基辛格回忆录》(全四册),陈瑶华等译,世界知识出版社,1980。

［11］〔美〕刘易斯·加迪斯:《遏制战略:战后美国国家安全政策评析》,时殷弘等译,世界知识出版社,2005。

［12］〔美〕罗伯特·杰维斯:《国际政治中的知觉与错误知觉》,秦亚青译,上海人民出版社,2015。

［13］〔美〕欧文·贾尼斯:《小集团思维:决策及其失败的心理学研究》,张清敏、孙天旭译,中央编译出版社,2016。

［14］〔美〕乔治·华盛顿：《华盛顿选集》，聂崇信等译，商务印书馆，2012。

［15］〔美〕沃尔特·拉菲伯等：《美国世纪：1890 年以来的美国史》（第5 版），黄磷译，海南出版社，2008。

［16］〔美〕小阿瑟·施莱辛格：《一千天》，仲宜译，生活·读书·新知三联书店，1981。

［17］〔美〕约翰·普拉多斯：《掌权者：从杜鲁门到布什》，封长虹译，时事出版社，1992。

九　中文著作

［1］杨生茂主编《美国外交政策史（1775~1989）》，人民出版社，1991。

［2］刘德斌主编《国际关系史》，高等教育出版社，2003。

［3］余志森主编《崛起和扩张的年代（1898~1929）》，刘绪贻、杨生茂总主编"美国通史丛书"，人民出版社，2001。

［4］北京太平洋国际战略研究所：《应对危机：美国国家安全决策机制》，时事出版社，2001。

［5］黄爱武：《战后美国国家安全法律制度研究》，法律出版社，2011。

［6］李少军主编《国际战略学》，中国社会科学出版社，2009。

［7］周建明、王成志主编《美国国家安全战略解密文献选编（1945~1972）》（全三册），社会科学文献出版社，2010。

［8］周琪主编《美国外交决策过程》，中国社会科学出版社，2011。

十　中文论文

［1］白云真：《国家安全委员会何以必要》，《国际关系研究》2014 年第5 期。

［2］毕雁英：《美国国家安全委员会变迁探析》，《国际安全研究》2014 年第5 期。

［3］陈征：《国家安全顾问在美国外交决策机制中的角色与作用》，北京外国语大学博士学位论文，2015。

［4］蔡舒皖：《论国家安全委员会在外交决策中的作用》，外交学院硕士学位论文，2011。

［5］储昭根：《美国"国安会"及启示》，《决策与信息》2014 年第 1 期。

［6］ 楚天舒：《我国国家安全委员会法律规制探析》，湖南师范大学硕士学位论文，2014。

［7］ 韩莉：《评美国1935年中立法的产生及应用》，《北京师范学院学报》（社会科学版）1992年第6期。

［8］ 胡晓进、任东来：《美国总统与国会的对外事务权之争》，孙哲主编《美国国会研究Ⅱ》，复旦大学出版社，2003。

［9］ 李因才：《国家安全委员会的国际比较：地位、职能与运作》，《当代世界与社会主义》2014年第6期。

［10］ 刘建华：《美国跨部门安全政策协调模式评析》，《现代国际关系》2014年第6期。

［11］ 刘建华：《美国国家安全体制改革：历程、动力与特征》，《美国研究》2015年第2期。

［12］ 刘鹏、刘志鹏：《国家安全委员会体制的国际比较》，《经济社会体制比较》2014年第3期。

［13］ 刘永涛：《国家安全指令：最为隐蔽的美国总统单边政策工具》，《世界经济与政治》2003年第11期。

［14］ 卢林：《美国NSC的外交决策地位和作用探讨》，《复旦学报》（社会科学版）1990年第6期。

［15］ 马岭：《国家安全委员会的法律地位探讨》，《上海政法学院学报》2014年第6期。

［16］ 牛可：《美国"国家安全国家"的创立》，《史学月刊》2010年第1期。

［17］ 牛可：《早期冷战中美国的国家建设》，北京大学北京论坛学术委员会：《文明的和谐与共同繁荣：危机的挑战，反思与和谐发展：北京论坛（2009）论文选集》，北京大学出版社，2009。

［18］ 潘忠岐：《利益与价值观的权衡：冷战后美国国家安全战略的延续与调整》，《社会科学》2005年第4期。

［19］ 任方：《美国国家安全委员会第73号系列文件对朝鲜战争走向的影响》，《史学集刊》2010年第4期。

［20］ 施文波：《美国行政改革纵横——兼析两届胡佛委员会》，《中国行政管理》1994年第3期。

［21］ 石斌：《美国"黩武主义"探源》，《外交评论（外交学院学报）》

2014 年第 4 期。

[22] 史澎海：《美国心理战略委员会研究：1951～1953》，陕西师范大学博士学位论文，2012。

[23] 孙晨旭：《"伊朗门事件"与里根政府的尼加拉瓜政策》，《世界近现代史研究》（第五辑），中国社会科学出版社，2008。

[24] 孙成昊：《奥巴马对美国国安会的调整评析》，《国际研究参考》2014 年第 1 期。

[25] 孙成昊：《美国国家安全委员会的模式变迁及相关思考》，《现代国际关系》2014 年第 1 期。

[26] 孙成昊、肖河：《美国国家安全委员会的发展经验及教训》，《国际关系研究》2014 年第 5 期。

[27] 孙成昊：《特朗普执政后美国国家安全委员会的变化》，《现代国际关系》2019 年第 11 期。

[28] 孙艳姝：《试论尼克松时期美国 NSC 系统的重新建构》，《社会科学辑刊》2010 年第 6 期。

[29] 王燕军：《我国国家安全会议组织定位与功能运作之研究》，中山大学硕士学位论文，2014。

[30] 夏立平：《美国国家安全委员会在美对外和对华政策中的作用》，《国际观察》2002 年第 2 期。

[31] 夏亚峰：《试析尼克松政府对外政策决策机制、过程及主要人员》，《史学集刊》2009 年第 4 期。

[32] 肖河：《美国国家安全委员会机制的创立与演变》，《国际经济评论》2015 年第 6 期。

[33] 薛澜：《国家安全委员会制度的国际比较及其对我国的启示》，《中国行政管理》2015 年第 2 期。

[34] 杨生茂：《试论美国宪法与美国总统在外交事务中的权力》，《世界历史》1988 年第 5 期。

[35] 张骥：《比较视野下的国家安全委员会》，《现代国际关系》2014 年第 3 期。

[36] 张逯婧：《论冷战初期美国国家安全委员会的建立》，陕西师范大学硕士学位论文，2012。

[37] 张清敏：《"小集团思维"：外交政策分析的特殊模式》，《国际论

坛》2004年第2期。

[38] 张若凡:《美国国家安全委员会体制及功能变迁研究》,天津师范大学硕士学位论文,2016。

[39] 张鑫:《试论主要决策者对美国国安会运作的影响》,《学理论》2015年第7期。

[40] 张杨:《艾森豪威尔时期美国国家安全委员会制定西藏政策研究》,东北师范大学硕士学位论文,2006。

[41] 周亚楠:《冷战后美国"国家安全"理念下的国家安全委员会变革》,吉林大学硕士学位论文,2011。

[42] 周琦、付随鑫:《中美国家安全观的比较与分析》,《当代世界与社会主义》2014年第6期。

[43] 周琪:《中美国家安全观的分析与比较》,《当代世界与社会主义》2014年第6期。

[44] 钟开斌:《国家安全委员会运作的国际经验、职能与中国策略》,《改革》2014年第3期。

[45] 朱婧:《"多方辩护理论"与美国国家安全委员会的决策机制》,《湖北行政学院学报》2009年第5期。

附录一　英汉缩略语对照表

A

ABM：antiballistic missile 反弹道导弹

AEP：American Enterprise Institution 美国企业研究所

ACDA：Arms Control and Disarmament Agency 军备控制与裁军署

AEC：Atomic Energy Commission 原子能委员会

APNSA：Assistant to the President for National Security Affairs 总统国家安全事务助理

APSA：American Political Science Association 美国政治学会

ASC：Armed Services Committee 参议院军事委员会

B

BNSPR：Basic National Security Policy Review 基本国家安全政策回顾文件

C

CIA：Central Intelligence Agency 中央情报局

CRS：Congressional Research Service 美国国会研究机构

D

DCI：Director of Central Intelligence 中央情报局局长

DNSA：Digital National Security Archive 数字化的国家安全档案

DOD：Department of Defense 国防部

DPRC：Defense Program Review Committee 国防计划回顾委员会

E

EO：Executive Orders 行政指令

EOP：Executive Office of the President 总统幕僚

ExCom：Executive Committee 执委会

F

FAS：Federation of American Scientists 美国科学家联盟

FFPB：Friday Foreign Policy Breakfast "周五早餐会"

FOIA：Freedom of Information Act 信息自由法

FRC：Foreign Relations Committee 参议院外交关系委员会

FRUS：Foreign Relations of the United States《美国对外关系文件》

G

GAO：General Accounting Office 美国审计署

GM：General Motors 通用汽车公司

H

HSPD：Homeland Security Presidential Decision 国土安全总统指令

I

ICBM：intercontinental ballistic missile 洲际弹道导弹

IPCOG：Informal Policy Committee on Germany 德国政策非正式委员会

IRG：Interdepartmental Regional Group 跨部门区域小组

IWC：Imperial War Cabinet 英国战时内阁

IWG：Interdepartmental Working Group 跨部门工作小组

J

JCS：Joint Chiefs of Staff 参谋长联席会议

JSSC：Joint Strategic Survey Committee 联合战略调研委员会

M

MIRV：Multiple Independently Targetable Re-entry Vehicle 多弹头分导重返大气层运载工具

N

NASA：National Aeronautics and Space Administration 美国国家宇航局

NCSD：National Cyber Security Division 国家网络安全工作室

NDRC：National Defense Research Committee 国防研究委员会

NSA：National Security Advisor（Adviser）国家安全顾问

NSAM：Nation Security Action Memorandum 国家安全行动备忘录

NSSD：National Security Study Directive 国家安全研究指令

NSSM：National Security Study Memorandum 国家安全研究备忘录

NSC：National Security Council（Documents）国家安全委员会（文件）

NSD：National Security Directive 国家安全指令

NSDD：National Security Decision Directive 国家安全决策指令

NSDM：National Security Decision Memorandum 国家安全决策备忘录

NSPD：National Security Presidential Directive 国家安全总统指令

NSPG：National Security Planning Group 国家安全规划小组

NSPM：National Security Presidential Memoranda 国家安全总统备忘录

O

OAH：Organization of American Historians 美国历史学家组织

OAG：Operations Advisory Group 行动顾问小组

OCB：Operations Coordinating Board 行动协调委员会

ODM：Office of Defense Mobilization 国防动员办公室

OMB：Office of Management and Budget 美国行政管理和预算局

P

PB：Planning Board 计划委员会

PD：Presidential Directive 总统决策指令

PPS：Policy Planning Staff 国务院政策规划办公室

PRC：Policy Review Committee 政策回顾委员会

PRM：Presidential Review Memorandum 总统回顾备忘录

PSAC：President's Science Advisory Committee 总统科学顾问委员会

PSB：Psychological Strategy Board 心理战略委员会

PSD：Presidential Study Directive 总统研究指令

R

RAND：Research and Development Corporation 兰德公司

S

SALT：限制战略武器会谈

SCC：Special Coordination Committee 特别协调委员会

SG：Standing Group 常设小组

SIG：Senior Interdepartmental Group 高级跨部门小组

SLBM：Submarine Launched Ballistic Missile 潜射弹道导弹

SLC：Standing Liaison Committee 常驻联络委员会

SRG：Senior Review Group 高级回顾小组

SSG：Special Situation Group 特别情况小组

SWNCC：State – War – Navy Coordinating Committee 三方协调委员会

U

UN：United Nations 联合国

USDDO：United States Declassified Documents Online 美国解密文件在线

USC：Under Secretaries Committee 副部长委员会

USCDM：副部长委员会决策备忘录

USCSM：副部长委员会研究备忘录

USIA：United States Information Agency 美国新闻署

USIB：United States Intelligence Board 美国情报委员会

USSR：Union of Soviet Socialist Republics 苏联

V

VP：Verification Panel 核查小组

W

WSAG：Washington Special Actions Group 华盛顿特别行动小组

附录二 美国历任国安会行政秘书及国家安全顾问名录

行政秘书（NSC Executive Secretary）

西德尼·索尔斯（Sidney W. Souers），1947～1950

詹姆斯·莱（James S. Lay, Jr.），1950～1961

马里恩·博格斯（代理）（Marion W. Boggs），1961～1962

布罗姆利·史密斯（Bromley K. Smith），1962～1969

理查德·穆斯（Richard B. Moose），1969～1970

威廉·瓦茨（William Watts），1970～1971

简宁·戴维斯（Jeanne W. Davis），1971～1977

迈克尔·霍恩布洛（Michael Hornblow），1977

克里斯汀·多德森（Christine Dodson），1977～1981

罗伯特·金米特（Robert Kimmitt），1984～1986

威廉·马丁（William F. Martin），1986

罗德尼·麦克丹尼（Rodney B. McDaniel），1986～1987

格兰特·格林（Grant S. Green, Jr.），1987～1988

保罗·史蒂文斯（Paul S. Stevens），1989

菲利普·休斯（Philip Hughes），1989～1991

威廉·席特曼（William Sittmann），1991～1993

威廉·伊藤（William H. Itoh），1993～1995

安德鲁·杉斯（Andrew D. Sens），1995～1997

格琳·戴维斯（Glyn T. Davies），1997～2000

罗伯特·布拉德克（Robert A. Bradtke），2000～2001

史蒂芬·拜根（Stephen E. Biegun），2001～2003

格里高利·舒尔特（Gregory L. Schulte），2003～2005

内特·蒂比茨（Nate Tibbits），2009～2011

布莱恩·麦基恩（Brian P. McKeon），2011～2014

苏西·乔治（Suzy George），2014～2017

基斯·凯洛格（Keith Kellogg），2017～2018

弗雷德·弗莱茨（Fred Fleitz），2018

琼安·欧哈拉（Joan O'Hara），2018～2019

马蒂亚斯·密特曼（Matthias Mitman），2019～2021

约翰内斯·亚伯拉罕（Yohannes Abraham），2021～

总统国家安全事务特别助理（Special Assistant to the President for National Security Affairs）

罗伯特·卡特勒（Robert Cutler），1953～1955

迪龙·安德森（Dillon Anderson），1955～1956

威廉·杰克逊（代理）（William A. Jackson），1956～1957

罗伯特·卡特勒（Robert Cutler），1957～1958

古登·格雷（Gordon Gray），1958～1961

麦克乔治·邦迪（McGeorge Bundy），1961～1966

沃尔特·罗斯托（Walt W. Rostow），1966～1969

总统国家安全事务助理（Assistants to the Presidents for National Security Affairs）

亨利·基辛格（Henry A. Kissinger），1969～1975

布伦特·斯考克罗夫特（Brent Scowcroft），1975～1977

兹比格纽·布热津斯基（Zbigniew Brzezinski），1977～1981

理查德·艾伦（Richard V. Allen），1981～1982

威廉·克拉克（William Clark），1982～1983

罗伯特·麦克法兰（Robert McFarlane），1983～1985

约翰·波因德克斯特（John Poindexter），1985～1986

弗兰克·卡卢奇（Frank Carlucci），1986～1987

科林·鲍威尔（Colin Powell），1987～1989

布伦特·斯考克罗夫特（Brent Scowcroft），1989～1993

安东尼·莱克（Anthony Lake），1993～1997

桑迪·伯杰（Sandy Berger），1997～2001

康多丽扎·赖斯（Condoleezza Rice），2001～2005

史蒂芬·哈德利（Stephen Hadley），2005～2009

詹姆斯·琼斯（James Jones），2009～2010

汤姆·多尼伦（Tom Donilon），2010～2013

苏珊·赖斯（Susan Rice），2013～2017

迈克尔·弗林（Michael Flynn），2017

赫伯特·麦克马斯特（Herbert McMaster），2017～2018

约翰·博尔顿（John Bolton），2018～2019

罗伯特·奥布莱恩（Robert O'Brien），2019～2021

杰克·沙利文（Jake Sullivan），2021～

副总统国家安全事务助理（Deputy Assistants to the Presidents for National Security Affairs）

沃尔特·罗斯托（Walt W. Rostow），1961

卡尔·凯森（Carl Kaysen），1961～1963

罗伯特·科莫（Robert Komer），1965

弗朗西斯·贝特（Francis M. Bator），1965～1967

理查德·艾伦（Richard V. Allen），1969

亚历山大·黑格（Alexander Haig），1970～1973

布伦特·斯考克罗夫特（Brent Scowcroft），1973～1975

威廉·海兰德（William G. Hyland），1975～1977

戴维·阿伦（David L. Aaron），1977～1981

詹姆斯·南斯（James W. Nance），1981～1982

罗伯特·麦克法兰（Robert McFarlane），1982～1983

约翰·波因德克斯特（John Poindexter），1983～1985

唐纳德·弗杰（Donald Fortier），1985～1986

彼得·罗德曼（Peter Rodman），1986～1987

科林·鲍威尔（Colin Powell），1987

约翰·内格罗蓬特（John Negroponte），1987～1989

罗伯特·盖茨（Robert Gates），1989～1991

乔纳森·豪（Jonathan Howe），1991～1993

桑迪·伯杰（Sandy Berger），1993～1997

詹姆斯·斯坦伯格（James Steinberg），1997～2001

史蒂芬·哈德利（Stephen Hadley），2001～2005

杰克·克劳奇（Jack Dyer Crouch II），2005～2007

詹姆斯·杰弗里（James Jeffery），2007～2008

汤姆·多尼伦（Tom Donilon），2009～2010

丹尼斯·麦克多诺（Denis McDonough），2010～2013

托尼·布林肯（Tony Blinken），2013～2015

艾薇儿·海恩斯（Avril Haines），2015～2017

凯瑟琳·麦克法兰（Kathleen. T. McFarland），2017

里基·沃德尔（Ricky L. Waddell），2017～2018

米拉·里卡德（Mira Ricardel），2018

查尔斯·库珀曼（Charles Kupperman），2019～

负责反恐事务的副国家安全顾问（Deputy Advisor for Combatting Terrorism）

韦恩·唐宁（Wayne Downing），2001～2002

负责战略联络的副国家安全顾问（Deputy Advisor for Strategic Communications）

本·罗茨（Ben Rhodes），2009～2017

凯文·哈灵顿（Kevin Harrington），2017～2019

负责国土安全事务的副国家安全顾问（Deputy Advisor for Homeland Security）

约翰·布伦南（John O. Brennan），2009～2013

丽莎·默纳克（Lisa Monaco），2013～2017

负责战略事务的副国家安全顾问（Deputy Advisor for Strategy）

迪娜·鲍威尔（Dina Powell），2017～2018

纳迪亚·斯恰德罗（Nadia Schadlow），2018

附录三　有关美国国安会机制的政府文件

时间	文件名称	备注
杜鲁门政府		
1947.07.26	1947 年《国家安全法》	
1949.08.10	1949 年《国家安全法》修正案	
1949.08.20	"第四号重组法案"	
1950.07.19	杜鲁门国安会重组指令	重组国安会幕僚
1951.10.10	《共同安全法》	
艾森豪威尔政府		
1953.03.13	第 10438 号行政命令	将国家安全资源委员会的部分职能交予国防动员委员会
1953.03.22	《卡特勒报告》	大体上确立了艾森豪威尔时期国安会系统的架构
1953.06.12	"1953 年第三号重组计划"	
1953.06.30	"1953 年第六号重组计划"	
1953.08.01	"1953 年第七号重组计划"	
1953.09.02	第 10483 号行政命令	建立行动协调委员会
1955.02.28	第 10610 号行政命令	
1957.02.25	第 10700 号行政命令	进一步确立行动协调委员会的职能范围
1958.06.01	"1958 年第一号重组计划"	
肯尼迪政府		
1961.02.18	第 10920 号行政命令	撤销第 10700 号行政命令，解散行动协调委员会
1962.10.22	第 196 号国家安全行动备忘录	建立执行委员会
约翰逊政府		
1965.03.18	第 327 号国家安全行动备忘录	终止国安会下属净值评估小组委员会的任务
1966.03.02	第 341 号国家安全行动备忘录	确立了跨部门海外行动的协调与监管路径

续表

时间	文件名称	备注
尼克松政府		
1969.01.20	第2号国家安全决策备忘录	初步确立了尼克松政府时期国安会系统的架构
1973.07.01	"1973年第一号重组计划"	
福特政府		
1973.08.09	第265号国家安全决策备忘录	确立国安会系统架构
1976.02.18	第11905号行政命令	
1976.04.21	第326号国家安全决策备忘录	调整国安会系统架构
卡特政府		
1977.01.20	第2号总统指令	确立国安会系统架构
1977.05.18	第11985号行政命令	确立了国安会负责的美国海外情报行为范围
1978.01.24	第12036号行政命令	
里根政府		
1981.12.08	第12333号行政命令	
1982.01.12	第2号国家安全决策指令	确立国安会系统架构
1982.04.02	第12356号行政命令	国安会与国家安全相关信息的流动
1984.04.03	第12472号行政命令	紧急时期国家安全相关信息的通信渠道
1986.10.01	1986年《国防重组法案》	
1986.12.01	第12575号行政命令	建立以调查"伊朗门"事件为目的的托尔委员会
1987.03.31	第266号国家安全决策指令	落实托尔委员会的建议
1987.06.09	第276号国家安全决策指令	初步确立国安会斯考克罗夫特运作模式
乔治·H.W.布什政府		
1989.01.30	第1号国家安全指令	正式确立国安会斯考克罗夫特运作模式
1989.10.25	第1A号国家安全指令	补充第1号国家安全指令,正式赋予国安会危机管理职能
1992.10.24	1992年《情报机构法》	
克林顿政府		
1993.01.20	第2号总统决策指令	确立国安会系统架构
1996.10.11	1996年《情报改革法》	
乔治·W.布什政府		
2001.02.13	第1号国家安全总统指令	确立国安会系统架构

续表

时间	文件名称	备注
乔治·W.布什政府		
2001.10.08	第 13228 号行政命令	建立国土安全委员会
2001.10.29	第 1 号国土安全总统指令	确立国土安全委员会的组织架构及其与国安会的关系
2002.03.19	第 13260 号行政命令	建立国土安全总统委员会，建立国土安全高级顾问委员会
2002.11.25	2002 年《国土安全法》	
2004.12.17	2004 年《情报改革与反恐法》	
奥巴马政府		
2009.02.13	第 1 号总统政策指令	确立国安会系统架构
2016.12.23	2017 财年《国防授权法》	大幅度削减国安会幕僚数量
特朗普政府		
2017.01.28	第 2 号国家安全总统备忘录	确立国安会系统架构
拜登政府		
2021.02.04	第 2 号国家安全备忘录	更新国安会系统

图书在版编目（CIP）数据

霸权的惯性：美国国家安全委员会与美国国际战略 /
杨楠著 . -- 北京：社会科学文献出版社，2022.4
国家社科基金后期资助项目
ISBN 978 - 7 - 5201 - 9806 - 6

Ⅰ.①霸…　Ⅱ.①杨…　Ⅲ.①美国对外政策 - 研究
Ⅳ.①D871.20

中国版本图书馆 CIP 数据核字（2022）第 033475 号

·国家社科基金后期资助项目·

霸权的惯性
——美国国家安全委员会与美国国际战略

著　　者 / 杨　楠

出 版 人 / 王利民
组稿编辑 / 高明秀
责任编辑 / 许玉燕
责任印制 / 王京美

出　　版 / 社会科学文献出版社·国别区域分社（010）59367078
　　　　　 地址：北京市北三环中路甲 29 号院华龙大厦　邮编：100029
　　　　　 网址：www.ssap.com.cn
发　　行 / 社会科学文献出版社（010）59367028
印　　装 / 天津千鹤文化传播有限公司

规　　格 / 开　本：787mm × 1092mm　1/16
　　　　　 印　张：30　字　数：503 千字
版　　次 / 2022 年 4 月第 1 版　2022 年 4 月第 1 次印刷
书　　号 / ISBN 978 - 7 - 5201 - 9806 - 6
定　　价 / 138.00 元

读者服务电话：4008918866